Das Ringen um den Tonfilm
Strategien der Elektro- und Filmindustrie in den 20er und 30er Jahren

SCHRIFTEN DES BUNDESARCHIVS
54

Wolfgang Mühl-Benninghaus

Das Ringen um den Tonfilm

Strategien der Elektro- und der Filmindustrie
in den 20er und 30er Jahren

Droste Verlag Düsseldorf

Die Deutsche Bibliothek – CIP-Einheitsaufnahme

Mühl-Benninghaus, Wolfgang:
Das Ringen um den Tonfilm : Strategien der Elektro- und der Filmindustrie in den 20er und 30er Jahren / Wolfgang Mühl-Benninghaus. – Düsseldorf : Droste, 1999
  (Schriften des Bundesarchivs ; 54)
  ISBN 3-7700-1608-4
NE: Bundesarchiv <Koblenz>: Schriften des Bundesarchivs

ISBN: 3-7700-1608-4

© 1999 Droste Verlag GmbH · Düsseldorf
Sämtliche Rechte am Werk einschließlich aller seiner Teile, insbesondere für Vervielfältigungen, Übersetzungen, photomechanische Wiedergabe und die Einspeicherung und Verarbeitung in elektronischen Systemen, vorbehalten.
Schutzumschlaggestaltung unter Verwendung von Filmplakaten des Bundesarchivs

Printed in Germany · Herstellung: MVR Druck GmbH

Geleitwort

Die gesellschaftlichen und politischen Folgen der Entwicklung der Nachrichtentechnik seit dem Ende des 19. Jahrhunderts sind von der historischen Forschung nur zögernd thematisiert worden. Ähnliches gilt für die Erweiterung der Telegrafen-und Telefonsysteme in den ersten Jahrzehnten des 20. Jahrhunderts und deren Bedeutung für die wirtschaftliche Entwicklung. Der unerwartet rasche Ausbau des Rundfunks nach dem Ersten Weltkrieg beruhte im wesentlichen auf dem engen Zusammenwirken staatlicher Institutionen mit der Elektroindustrie. Die Bedeutung der technischen Fortschritte in der breiten Nutzung der Tonwiedergabe für die Unterhaltungsindustrie ist in ihren gesellschaftlichen und politischen Folgen zwar erkannt, in der Entwicklung der an den technisch-industriellen Entscheidungen und derer Nutzung durch die Medien beteiligten Institutionen aber nur unzureichend erforscht. Welche gesellschaftlichen Gruppen unter wechselnden Voraussetzungen Nutzen aus dem technologischen Fortschritt ziehen konnten, mit welchen politischen Zielvorstellungen sie die Organisation der industriellen Verwertung betrieben, welche Einflußnahme auf jeweils vermittelte Inhalte der Programme stattfand, sind Fragen, die sich nicht nur den Medien- und Kommunikationswissenschaften stellen. Die enge Verpflechtung des technischen Fortschritts, der industriellen Verwertung, der ökonomischen Bedingungen und deren politische Folgen wird in Zeiten des Umbruchs besonders deutlich.

Für die Elektro- und Filmindustrie an der Wende der 20er zu den 30er Jahren war die Einführung der Tonfilm-Technologie ein wichtiger Einschnitt. Wolfgang Mühl-Benninghaus von der Humboldt-Universität in Berlin hat in der als Band 54 der Schriften des Bundesarchivs vorgelegten Studie über das „Ringen um den Tonfilm" von der Forschung bislang wenig genutzte archivalische Überlieferungen nicht zuletzt aus dem Bundesarchiv ausgewertet. Dabei wird deutlich, welche Bedeutung dem engen Zusammenwirken der Filmindustrie mit dem international etablierten Firmen der Elektroindustrie zukam. Auf dem Höhepunkt patentrechtlicher Auseinandersetzungen zwischen US-Konzernen und europäischen Firmen im Sommer 1930 konnten sie auf Grund ihrer Kapitalkraft ihre gegenseitigen Marktinteressen universell abgrenzen und Bedingungen für deren weitere Ausnutzung verabreden. Dabei hatten sich bereits Medienkonzerne im Ansatz gebildet, die entsprechende Kompositionen wie Stoffe multimedial auswerteten. Die ersten Tonfilme basierten in der Regel auf populären Textvorlagen, die in Zeitschriften oder als Trivialromane für ein breites Publikum bereits bekannt waren. Ihre Titelsongs und leitmotivischen Melodien konnten als Schallplatte ebenso konsumiert werden wie sie Eingang in die Millionen empfangenen Rundfunkprogramme fanden. Die Studie von W. Mühl-Benninghaus liefert eine Reihe von Belegen für ein überaus modernes Produkt-Management durch die Filmindustrie am Ende der 20er Jahre.

Die vorliegende Studie verdeutlicht an einem frühen Fallbeispiel die Pilotfunktion der Industrie für universelle Neuerungen im Bereich der Medien und die gleichzeitige Ferne der jeweiligen staatlichen Ordnungskräfte bzw. deren verspätete Einflußnahme. Dabei ist dem Zeithistoriker bewußt, daß das Fallbeispiel Tonfilm nur eine frühe Form des technischen Fortschritts der Kommunikations- und Unterhaltungstechnologie darstellt. Die Etablierung des Fernsehens nach dem Zweiten Weltkrieg, die Entwicklung des Farbfernsehens, vor allem der Satellitentechnik und – in der Gegenwart – die revolutierenden Folgen der Digitalisierung unterstreichen die Revelanz des in der vorliegenden Studie benannten Forschungsfeldes.

Die redaktionelle Betreuung des Bandes lag im Bundesarchiv in den Händen von Kollegen Achim Baumgarten, dem ich dafür danke. Der Arbeit von W. Mühl-Benninghaus wünsche ich eine breite Resonanz.

Koblenz, Dezember 1998
                                            Friedrich P. Kahlenberg
                                            Präsident des Bundesarchivs

Inhaltsverzeichnis

Einleitung:
Die Tonfilmumstellung im Geflecht einer interdisziplinären
Mediengeschichte 1

1. Von den ersten deutschen Tonfilmexperimenten bis zur
   Gründung der Tobis 11
   1.1. Die ersten Tonbilder vor 1914 11
   1.2. Die Entwicklung des Tri-Ergon-Verfahrens 21
   1.3. Die Weiterentwicklung des Tri-Ergon-Verfahrens nach der
        Uraufführung 29
   1.4. Weitere Tonfilmaktivitäten der Ufa 41
   1.5. Zum Problem der Kinomusik in der Stummfilmzeit 46
   1.6. Erste Verbindungen zwischen Tonfilm und Rundfunk ... 53
   1.7. Die Anfänge medialer Verflechtungen 66
        1.7.1. Film und Rundfunk 66
        1.7.2. Film – Rundfunk – Schallplatte 74

2. Von der Gründung der Tobis bis zum Urteil des Berliner
   Kammergerichts im Dezember 1929 81
   2.1. Die Entstehung des Küchenmeisterkonzerns 81
   2.2. Die Gründung der Tonbild-Syndikat AG, Berlin (Tobis)
        und der Klangfilm GmbH 86
   2.3. Die Bildung eines europäischen Tonfilmblocks und die ersten
        Auseinandersetzungen mit der amerikanischen Konkurrenz ... 96
   2.4. Der Ufa-Klangfilm-Vertrag und seine Umsetzung 109
   2.5. Die Schwierigkeiten deutscher Tonfilmproduktion vor dem
        Hintergrund des Ausschlusses amerikanischer Filme
        in Mitteleuropa 128

3. Der Weg zum „Pariser Tonfilmfrieden" und seine Folgen für die
   Kinematographie 149
   3.1. Kinematographische Probleme zu Beginn des Jahres 1930 ... 149
   3.2. Erste deutsche Tonfilmerfolge – Patent- und Lizenzstreitigkeiten
        in Deutschland und die Unterzeichnung des Warners-Tobis
        Abkommens 153
   3.3. Der „Pariser Tonfilmfrieden" 164
   3.4. Die Tonfilmateliers 175
   3.5. Die „goldene Zeit" der frühen deutschen Tonfilmproduktion ... 180
   3.6. Zu den Veränderungen in den Lichtspielhäusern 186

4. Die Umstellung auf den Tonfilm im Kontext medialer
   Verflechtungen.. 207
   4.1. Die ersten deutschen Tonfilme und die ästhetisch – drama-
        turgische Debatte über das neue Medium 207
   4.2. Zum Problem der Internationalität des Tonfilms 241
   4.3. Tonfilm und Rundfunk...................................... 251
   4.4. Tonfilm – Rundfunk – Schallplatte......................... 264
5. Exkurse: 287
   5.1. Bemerkungen zum Verhältnis von Tonfilm und Theater 287
   5.2. Zu rechtlichen Konsequenzen der Umstellung vom stummen
        auf den Tonfilm 299
6. Die Entwicklung der deutschen Tonfilmindustrie bis zur Unterzeichnung des Tobis-Klangfilm-Abkommens im Mai 1933............. 315
   6.1. Die Lizenzpolitik und die Tonfilmherstellungskosten
        der Tobis... 315
   6.2. Die wirtschaftliche Entwicklung der Ufa nach dem Pariser
        Tonfilmabkommen 324
   6.3. Zu den ersten tönenden Wochenschauen in Deutschland 332
   6.4. Aspekte der Internationalisierung der Tonfilmproduktion und
        die weiteren Verhandlungen zwischen den europäischen
        und amerikanischen Tonfilmgruppen 340
   6.5. Die Krise der deutschen Filmwirtschaft am Beginn
        der 30er Jahre 345
   6.6. Die Krise des Küchenmeisterkonzerns und der Neuaufbau
        der Tobis... 357
7. Ausblick und Ende: Das Tonfilmmonopol während der
   NS-Herrschaft.. 379
   7.1. Das Tonfilmmonopol in den dreißiger Jahren............... 379
   7.2. Die Continuing Agreements während der dreißiger Jahre 390
   7.3. Zu Einschränkungen des Tonfilmpatentmonopols in den
        dreißiger und vierziger Jahren............................ 392
   7.4. Die Entwicklung der Patentsituation nach dem Ende des
        II. Weltkrieges... 400
8. Schlußbemerkungen... 403

Quellen und Auswahlbibliographie 407
Personenregister 417
Abkürzungsverzeichnis 421
Danksagung 423
Anhang 424

Noch ein paar Jahre und die Jugend wird nicht mehr verstehen, was das Wort 'Film' einer ganzen Generation bedeutet hat.
René Clair (Anfang der 30er Jahre)[1]

Einleitung:

Die Tonfilmumstellung im Geflecht einer interdisziplinären Mediengeschichte

Gegenwärtig sind wir Zeugen einer in ihren Konsequenzen noch kaum überschaubaren Zunahme, Beschleunigung, Verdichtung, Verflechtung und Globalisierung von Kommunikationsprozessen. Sie sind unübersehbare Zeichen für die Ablösung der Industriegesellschaft durch die Kommunikationsgesellschaft. Begleitet werden die Veränderungen von einer inzwischen weitverzweigten Anzahl an Diskursen, die sich mit einzelnen Aspekten oder in Form von allgemeinen Analysen bzw. Interpretationen mit diesen Prozessen auseinandersetzen. Der gegenwärtige Schub innerhalb der Kommunikationstechnologie einschließlich seiner Konsequenzen ist für die Gesellschaft wie auch für das einzelne Individuum gegenwärtig nur in groben Umrissen absehbar. Die Vielgestaltigkeit der sich aus den Umbrüchen ergebenden Fragestellungen zwingt seit jeher, sich den Prozessen mit unterschiedlichen wissenschaftlichen Methoden, zu denen auch die historische Betrachtungsweise zählt, zu nähern.

Medienhistorisch sind die gegenwärtigen Ausmaße, die Innovationsgeschwindigkeit und der Drang zur Marktauswertung sowie die damit verbundenen Erwartungen an die Informations-, Bildungs- und Arbeitsplatzchancen völlig neu. Der sich abzeichnende Wandel der Kommunikationssysteme schafft und verändert den industriellen Markt von Kommunikations- und Medienangeboten. Es findet ein harter Kampf um Marktanteile statt, denn die permanente Zunahme und Verbesserung der Technologien und die Vermehrung der Inhalte scheinen auch in Zukunft hohe Gewinne zu versprechen und besonders relevant für kommende politische, wirtschaftliche und technische Entwicklungen zu sein. Die nach mehr als zehn Jahren dualen Rundfunksystems in Deutschland vorliegenden Bilanzen weisen jedoch nur für drei private Fernsehanbieter Gewinne aus, während alle übrigen zum Teil mit erheblichen Anlaufverlusten zu kämpfen

---

[1] Clair, Vom Stummfilm zum Tonfilm, S. 19

haben[2]. Insofern besteht zwischen den zunächst gehegten Erwartungen und der Realität gegenwärtig eine deutliche Diskrepanz.

Unabhängig von vielen negativen Bilanzen im Fernsehbereich scheinen die täglichen Meldungen über neue Verflechtungen zwischen international operierenden Medienimperien[3] die unbegrenzten Wachstumsprognosen zu unterstreichen. Ein Blick in die Mediengeschichte zeigt, daß im Zusammenhang mit grundlegenden Veränderungen von Kommunikationstechniken bereits mehrfach versucht wurde, mit Hilfe von Kartellbildungen Kommunikationssysteme und -inhalte zu beeinflussen, um die Verwertungsbedingungen der Medienprodukte zu verbessern. Erste Bestrebungen zur Schaffung globaler Kommunikationsnetze sind bereits aus dem vorigen Jahrhundert im Kontext der Verbreitung von Telegraphie und dem Zeitalter der beginnenden Massenpresse bekannt. Nach einem ersten einjährigen Vertrag im Jahre 1866 zwischen den Nachrichtenagenturen Wolff und Reuter schlossen im Januar 1870 Agence Havas, Reuter Telegramm Co. und das Wolffsche Telegraphenbüro einen Kartellvertrag, der den gegenseitigen Nachrichtenaustausch und die Abgrenzung von Interessengebieten in bezug auf die Nachrichtenberichterstattung vorsah. Dieser zunächst auf 20 Jahre begrenzte Vertrag[4], dem sich vor der Jahrhundertwende weitere europäische Agenturen und ab 1903 über Associated Press auch Nordamerika anschlossen, war auf die Nachrichteninhalte beschränkt. Sein Ziel bestand vor allem darin, den am Vertrag beteiligten Ländern eine weltweite Berichterstattung zu ermöglichen[5]. Durch die Aufteilung der Welt unter den beteiligten Agenturen verbilligte sich die Informationsbeschaffung wesentlich. Dennoch zeigte etwa das 1865 notwendig gewordene finanzielle Engagement Preußens beim WTB, daß sich die an das Kartell gestellten Gewinnerwartungen zunächst nicht erfüllten[6]. Auch in der Folgezeit litt die halboffizielle deutsche Nachrichtenagentur immer wieder unter Geldmangel, der allerdings auch den wirtschaftlichen Rahmenbedingungen geschuldet war. Zugleich waren die Nachteile der getroffenen Absprachen unübersehbar. Sie bestanden vor allem im Fehlen von miteinander konkurrierenden Journalisten, so daß Einseitigkeiten in der Berichterstattung möglich und die übermittelten Informationen nur schwer überprüfbar waren. Mit dem Ausbruch des Ersten Weltkrieges wurde das Abkommen für das Deutsche Reich zeitweilig gegenstandslos, weil die ausländischen Agenturen den Nachrichtenaustausch mit dem Kriegsgegner einstellten. Zu

---

[2] vgl. u.a.: Sat I macht 1997 165 Mio Verlust, in: Funk Korrespondenz 8.5. 1998, Nr. 19, 46. Jg.

[3] vgl. u. a.: Hans J. Kleinsteuber, Konzentrationsprozesse im Mediensystem der USA, in: Aus Politik und Zeitgeschichte. Beilage zur Wochenzeitung Das Parlament B 8 – 9 / 96 S. 22 ff.

[4] BArch N 2106 / 62 Bl. 8 ff.

[5] BArch N 2106 / 63 Bl. 53 ff.

[6] Höhne, Nachricht, S. 48

Beginn der 20er Jahre trat das Wolffsche Telegraphenbüro dem Kartell wieder bei. 1934 wurden die Abkommen zwischen den Agenturen aufgelöst[7].

Die im folgenden darzustellende Umstellung des Stummfilms auf den Tonfilm stellte den zweiten Versuch dar, weltweiten Einfluß auf den Medienmarkt zu nehmen. Im Unterschied zu dem Kartell der Nachrichtenbüros, die vor allem auf der Ebene der Kommunikationsinhalte agierten, versuchten zwischen dem Ende der 20er Jahre und dem Ende des Zweiten Weltkrieges vor allem deutsch/niederländische und amerikanische Unternehmen, ihren weltweiten Einfluß über die Kommunikationstechnik sicherzustellen. Die Medieninhalte, die sich zwar infolge der Umstellung grundlegend änderten, blieben – von Ausnahmen abgesehen – für das 1930 entstandene Kartell von begrenzter Bedeutung.

Der aktuelle Kommunikationsumbruch hat neben den Kartellbildungen eine Reihe weiterer historischer Analogien, auf die im folgenden kurz hingewiesen werden soll. Dem unterschiedlichen Mediengebrauch auf der Seite der Rezipienten entsprechen seit Jahrzehnten interne Verflechtungen auf der Ebene der Inhaltsanbieter. Bereits vor dem Ersten Weltkrieg hatte der Berliner Scherl-Verlag das Filmunternehmen Eiko gegründet, das während des Krieges vor allem durch die bis 1917 produzierte *Eiko-Wochenschau* bekannt wurde. 1915 wurde der Verlag von Alfred Hugenberg erworben, dem es in der Folgezeit mit der Gründung der Auslands-Anzeigen-Gesellschaft sowie Beteiligungen an der Deutschen Überseedienst-Transocean GmbH, der Unabhängigen Nationalkorrespondenz und der Patria Literarischer Verlag GmbH gelang, die Grundlage für den ersten deutschen Medienkonzern zu schaffen, der in der Folge weiter ausgebaut wurde. So beteiligte sich Hugenberg 1917 führend an der Gründung der Deutschen Lichtspiel-Gesellschaft (Deulig) und übernahm 1927 schließlich die wirtschaftlich stark angeschlagene Ufa, das größte deutsche Filmunternehmen, das auf der Ebene der Produktion, des Vertriebs/Verleihs und des Theatergeschäfts agierte. Darüber hinaus waren der Ufa bedeutende Atelierbetriebe und das Kopierwerk (Afifa) angegliedert. Dem konservativ national orientierten Hugenberg-Imperium stand der von kommunistischer Seite geführte Münzenberg-Konzern gegenüber. Zu letzterem gehörte neben Presse- und Buchverlagen mit der Prometheus GmbH ein bekanntes, wenn auch kleines Filmunternehmen.

Gemeinsam war den beiden Konzernen, daß sich die jeweiligen Produkte inhaltlich und ästhetisch aufeinander bezogen. Hugenberg hatte für sein Imperium inhaltliche Rahmenbedingungen vorgegeben, die er als „Kristallisationspunkte" bezeichnete: der nationale Gedanke sowie die Wiederdurchsetzung des Persönlichkeitsgedankens in Kultur und Wissenschaft[8]. Im Rahmen dessen orientierten sich die Inhalte der Presse – wie

---

[7] vgl. u. a.: Fuchs, Nachrichtenbüros, S. 198 ff.; Groth, Kulturmacht, S. 795 ff.
[8] Bernhard, 'Hugenberg-Konzern', S. 59

auch später des Films – inhaltlich und ästhetisch primär „am Geschmack der Masse"[9]. Diese Grundorientierung bedeutete zum einen, daß der Wechsel in den politischen Anschauungen, wie er sich in der Weimarer Republik vollzog, auch in den Medieninhalten seinen Niederschlag fand[10]. Zum zweiten ließ Hugenberg mit der Tageszeitung „Der Tag" und der Kulturfilmproduktion auch weniger rentable Erzeugnisse herstellen, wenn die verantwortlichen Unternehmen insgesamt gewinnbringend arbeiteten.

Die Kommunisten interpretierten die öffentliche Kommunikation in klassenmäßigen – und damit jeweils bestimmte Interessen bedienenden – Bezügen, Massenkommunikation im allgemeinen und der Film im besonderen dienten nach ihrer Auffassung ausschließlich der Legitimierung der Kapitalherrschaft mit all ihren Konsequenzen für die unterdrückten Klassen. Die eigenen Medienproduktionen, die inhaltlich von einem permanenten Klassenkampf und der Überzeugung vom letztendlichen Sieg des Sozialismus geprägt waren, sprachen, da sie von vornherein auf das sogenannte „people switching" keine Rücksicht nahmen, inhaltlich nur einen beschränkten Personenkreis an. Ästhetisch gelang es jedoch mit einer Reihe sowjetischer Importfilme, wie der Ejzenstejn-Produktion *Bronenosez Potemkin* und weiteren Montagefilmen, mit Eigenproduktionen, wie etwa *Mutter Krausens Fahrt ins Glück* (Regie: Piel Jutzi), sowie mit den Illustrierten „Hammer und Sichel", der späteren „Arbeiter Illustrierte-Zeitung" (AIZ) und anderen eigene unverwechselbare und aufeinander verweisende Akzente zu setzen. Wirtschaftlich blieb nicht zuletzt infolge der begrenzten Akzeptanz von seiten der Rezipienten die Kapitaldecke des Münzenberg-Imperiums gering. Deshalb konnte es in technische Medienentwicklungen, die man sehr genau beobachtete[11], in keiner Weise eingreifen. Insofern können der Münzenberg-Konzern und die meisten chronisch unterkapitalisierten deutschen Filmunternehmen, in dem hier zu beschreibenden Prozeß der Umstellung vom Stummfilm auf den Tonfilm unberücksichtigt bleiben. Letztere nutzten die neue Technik mit unterschiedlichem Erfolg. Die Prometheus GmbH stellte mit *Kuhle Wampe oder Wem gehört die Welt?* (Regie: Slatan Dudow) 1932 aus den verbliebenen Mitteln ihrer Konkursmasse einen einzigen Tonspielfilm her. Wie bereits vorausgegangene Stummfilme stellte er noch einmal völlig unkritisch die revolutionäre kommunistische Gegenöffentlichkeit der Weimarer Republik als einzige Antwort auf die Weltwirtschaftskrise dar.

---

[9] ebenda, S. 71; vgl. auch: Dietrich: Alfred Hugenberg, S. 72
[10] vgl. BArch R 8119 / 19070 Bl. 120 ff.
[11] Die Komintern in Moskau widmete sich am Ende der 20er und zu Beginn der 30er Jahre im Rahmen ihres Informationsdienstes ausführlich und regelmäßig der Tonfilmumstellung. Vgl. RCChIDNI op. 538 op. 2 Nr. 60. Zeitgleich begannen in Moskau die ersten Tonfilmexperimente, die darauf abzielten, eigene Apparaturen zu entwickeln, um vom Ausland unabhängig zu sein: Peter Murr: Der Kinotrust der Sowjets. Aufbau des Tonfilms, in: Vossische Zeitung 26.10. 1930, Nr. 506

Die unterschiedliche Einflußnahme vom Münzenberg-Konzern und dem Hugenberg-Imperium auf die Tonfilmumstellung verdeutlichen erstmals im Rahmen der audio-visuellen Mediengeschichte, daß überwiegend führende kapitalkräftige Unternehmen grundlegende innovative Medienentwicklungen promoten und in diesem Rahmen auch erste ästhetische Maßstäbe setzen. Ihren technischen Vorsprung konnte die Ufa – dieses Phänomen ist singulär – nutzen, um kurzzeitig zusätzliche Rezipientenkreise zu erschließen. Mit den zusätzlichen Geldern amortisierten sich zum Teil die hohen Anfangsinvestitionen in relativ kurzer Zeit.

Der Prozeß der technischen Umstellung vom Stummfilm auf den Tonfilm weist noch einige weitere Charakteristika auf, die für die Einführung neuer Medien typisch sind. Der Idee, den stummen Film zum „Sprechen" zu bringen, widmeten sich zunächst kleine Firmen. Erst nachdem die Technik gewinnbringend vermarktet werden konnte, übernahmen große Unternehmen die Weiterentwicklung bis zur Serienreife. Generalisierender im Hinblick auf die gesamte Mediengeschichte kann man sagen, daß, nachdem die grundlegenden Erfindungen oft von kleinen Unternehmen ausgingen, setzen in der Regel Großunternehmen die neuen Medien durch. Die Mehrheit der Entwicklungen verläuft getrennt nach Soft- und Hardware. Dies zeigt neben der Evolution von Funk und Fernsehen auch die Herausbildung neuerer Medien. Softwareproduzenten, wie in den 30er Jahren die Ufa, übernahmen dann die Verbreitung der Inhalte und den damit verbundenen Kampf um die Rezipienten. Die neuen Medieninhalte orientieren sich ihrerseits zunächst an bereits vorhandenen Angeboten. Sie dienen den neuen Medien als Grundlage für das Herausbilden eigener Ästhetiken. In bezug auf den Hörfunk, den Tonfilm und das Fernsehen bildete das Theater als traditionelles Medium einen wichtigen Orientierungspunkt[12]. In der Gegenwart weisen die vorliegenden Nutzerdaten aus, daß vor allem die Internetseiten von Fernsehsendern sowie von Zeitungen, Zeitschriften und Illustrierten besonders häufig angeklickt werden. Die bereits vorhanden beeinflussen also auch gegenwärtig bis zu einem gewissen Grad den Gebrauch der digitalen Medien.

In jüngster Zeit wurden erste gesetzliche Regelungen im Multimediabereich erlassen. Die Festlegungen zum Sport im Free- und Pay-TV oder die Entscheidungen zur D-Box im Pay-TV-Bereich zeigen, daß staatliches Engagement – dies bedeutet meist das Einsetzen staatlicher Regulierung – erst im Zuge einer breiteren Nutzung der neuen Medien einsetzt. Gleiches galt auch für die historischen Prozesse. So lassen sich etwa in den Akten des Auswärtigen Amtes nur wenige sporadische Hinweise zum Streit der deutschen und amerikanischen Konzerne über die Tonfilmapparaturen finden. Bereits 1928, also mit dem Aufkommen des Tonfilms, wurde in der dem

---

[12] Wolfgang Mühl-Benninghaus: Zum Verhältnis von Theater und Medien in Deutschland, in: Rundfunk und Geschichte Nr. 2/3 / 1996, 22. Jg., S. 109 ff.

Ministerium des Innern zugeordneten Filmzensurstelle darüber diskutiert, ob auch der Ton der Filmzensur unterliege oder nicht. Der Grund der Auseinandersetzung lag in der Weimarer Verfassung. Deren Artikel 118 garantierte die Zensurfreiheit und erlaubte in Absatz 2 nur für das Lichtbild Einschränkungen. Ausgehend von diesem Tatbestand äußerte sich Wilhelm Kahn, Beisitzer der Oberprüfstelle in Berlin dahingehend, daß auch zukünftig nur die Bilder der Filmzensur unterliegen dürfen[13]. Nachdem bereits im Mai 1930 der erste Tonfilm in Deutschland verboten wurde und nach einer intensiven Reichstagsdebatte über die Filmzensur, die ohne Ergebnis endete, gab der Haushaltsausschuß dem Antrag des Innenministers statt, 25 000,- RM für die Anschaffung einer Tonfilmapparatur zu genehmigen. Auf diese Weise wurden fiskalisch Tatsachen geschaffen, ohne daß es zusätzlicher Gesetze bedurfte[14]. Die Etablierung der Stelle eines Reichsfilmdramaturgen im Ministerium für Volksaufklärung und Propaganda verkehrte schließlich das Lichtspielgesetz von 1920 in sein Gegenteil. Für die gesamte Zeit des Nationalsozialismus bildete vor allem das Drehbuch und kaum noch das Bild die Basis für Zensurentscheidungen. Das Eingreifen des Reichskommissars für Preisüberwachung, das hinsichtlich der Lizenzgebühren in Abstimmung mit dem Auswärtigen Amt Ende 1931 erfolgte, zeigt, daß zum Teil Jahre vergehen können, bis staatliche Instanzen sich zu Regulierungsmaßnahmen entschließen können.

Die Ausbreitung des Tonfilms warf schließlich juristische Fragen, insbesondere die des Urheberrechts auf[15]. Deshalb begleitete eine Reihe von Prozessen die Etablierung des neuen Mediums. In deren Ergebnis wurde das Urheberrecht neu definiert. Die juristische Definition der durch die Etablierung neuer Kommunikationstechniken hervorgerufenen neuen Verwertungsbedingungen von Rechten ist somit ein integraler Bestandteil von Medienumbrüchen. Darauf verweisen nicht zuletzt auch gegenwärtige Diskussionen und Auseinandersetzungen[16].

Vor dem skizzierten medienhistorischen Hintergrund wird das Neue im Zeitalter der zunehmenden Digitalisierung der Medien deutlich. Der Streit zwischen den international operierenden Kommunikationsunternehmen Bertelsmann-CTL/ Deutsche Telekom/ Kirch um die zum Empfang digitalisierter Fernsehprogramme notwendige Decoder-Box (Set-Top-Box) zeigt, daß die international operierenden Konzerne versuchen, auf den

---

[13] Wilhelm Kahn: Hörfilm vor der Oberprüfstelle. Ist der akustische Teil von Tonfilmen zensurpflchtig?, in: LBB 30.8. 1928, Nr. 200, 21. Jg.

[14] Jahrbuch der Filmindustrie 1933, S. 28

[15] vgl. u.a.: Rudolf: Das Urheberecht des Tonfilms. Zum sogenannten Tonfilm-Problem, in: LBB 19.4. 1930, Nr. 94/95, 23. Jg.

[16] vgl. u.a.: Jürgen Kasten: Der Kampf um eine faire Urheber-Beteiligung an den Kabelerlösen, Nachrichtenbrief des Verbandes Deutscher Drehbuchautoren 3-4 / 1993; ders.: Auf der Medienautobahn. Das Symposion „Urheber im Zeitalter der digitalen Reproduzierbarkeit", in: ebenda 2/1995, S. 8 ff

Kommunikationsprozeß im Hard- und Softwarebereich Einfluß zu nehmen, während sich bisher die Kartellbildungen entweder auf die Inhalte oder auf die Technik bezogen. Zugleich wird die gegenüber der Vergangenheit ausdifferenziertere Medienlandschaft stärker als bisher in der Geschichte beobachtbar in den Prozeß eingebunden. Die Spannbreite reicht von traditionellen Druckerzeugnissen, Hörfunk, Film und Fernsehen bis zu Audio- und Videokassetten.

Während gegenwärtige mediale Verflechtungen innerhalb und zwischen den Unternehmen in der Öffentlichkeit immer wieder thematisiert werden, ist die Beschäftigung mit historischen Formen medialer Verflechtungen in Deutschland noch relativ gering. Einen der diesbezüglich ersten Vorstöße unternahm Tobias Behrens[17], der auf der Basis einer umfangreichen Literaturrecherche die Entwicklung von Film, Hörfunk und Fernsehen unter wirtschaftlichen und politischen Aspekten beschreibt und anschließend die Gemeinsamkeiten der untersuchten Medien unter den genannten Gesichtspunkten grob, vor allem im Hinblick auf die damals noch in den Anfängen befindlichen neuen Medien umreißt. Das chronologische Handbuch zur „Medien- und Kommunikationspolitik der Bundesrepublik Deutschland" von Gerd G. Kopper[18] vermittelt, selbst wenn die angebotene Datenauswahl nicht immer nachvollziehbar ist, doch wichtige Hinweise auf die Herausbildung medialer Verflechtungen in der Bundesrepublik, so etwa im Bereich von privatem Hörfunk und Fernsehen sowie von Presse- und Buchverlagen.

Einen anderen Weg, mediale Verflechtungen in der Historie zu beschreiben, wählte Siegfried Zielinski in seiner Monographie „Audiovisionen". Ausgehend von dem Entwicklungsstand der audiovisuellen Medien am Ende der 80er Jahre beschreibt er die historischen Linien von Kino und Fernsehen sowie deren Auswirkungen auf die soziale Kommunikation. Dabei zeigt er nicht nur die „Vernetzung" der Medien „im funktionierenden Sachsystem" sondern auch, daß deren „einzelne Bausteine auf Kompatibilität hin angelegt" sind[19]. Ein dritter grundlegend anderer Ansatz interdisziplinärer Mediengeschichte wird von Friedrich A. Kittler vertreten[20]. Er untersuchte vor allem den „selbstreferentiellen" Eigensinn der sozialen und technischen Kommunikationsmechanismen. So unterschiedlich die jeweiligen wissenschaftlichen Ansätze auch sind, so ist ihnen doch gemein, daß keine der vorliegenden Publikationen den gesamten historischen Prozeß von Medienumbrüchen beschreibt, also die technische Entwicklung, die Ausbreitung, die Versuche staatlicher Einflußnahme, die Veränderungen der Inhalte und Ästhetiken sowie die Auswirkungen des neuen Mediums

---

[17] Behrens, Massenmedien
[18] Kopper, Medien- und Kommunikationspolitik
[19] Zielinski: Audiovisionen, S. 268
[20] Kittler, Grammophon,

auf die Rechtssprechung. Dieser Ansatz wird mit der vorliegenden Monographie erstmals innerhalb der deutschen Mediengeschichtsschreibung verfolgt.

Die Umstellung vom Stummfilm zum Tonfilm vollzog sich in Deutschland am Ende der 20er und zu Beginn der 30er Jahre. 1935 waren auch die letzten deutschen Lichtspieltheater mit entsprechenden Wiedergabegeräten ausgestattet. Entsprechend der bedeutenden Stellung des Films als Unterhaltungsmedium wurde der Prozeß publizistisch zum Teil sehr kontrovers reflektiert. Keine andere Medienveränderung hatte bis dahin vergleichbare Aufmerksamkeit in der Presse gefunden. Mehrere Dissertationen und Bücher über die Tonfilmumstellung und den frühen Tonfilm ergänzten in der Folgezeit die zeitgenössischen Reflektionen und faßten diese partiell unter dem Blickwinkel nationalsozialistischer Geschichtsbetrachtung zusammen. Im Mittelpunkt der Monographien standen vor allem wirtschaftliche, technische und juristische Fragestellungen. Die stoffliche und formalästhetische Seite des Gesamtprozesses beleuchteten sie dagegen – wenn überhaupt – nur peripher.

In der Filmgeschichtsschreibung nach 1945 blieb die Tonfilmumstellung in Deutschland – abgesehen von einigen Aufsätzen in der Fachpresse der 50er Jahre – über mehrere Jahrzehnte hinweg weitgehend unreflektiert. Die Mitte der 80er Jahre publizierte Dissertation von Harald Jossé beschreibt primär die technischen Entwicklungslinien der deutschen und amerikanischen Tonfilmentwicklung. Die Monographie endet mit dem Pariser Tonfilmfrieden 1930. Sie blendet deshalb – einige kursorische Bemerkungen ausgenommen – die gesamten Folgen der Umstellung aus. Unberücksichtigt in der Tradition der bisherigen Darstellungen zum Gegenstand blieb die Reflexion zeitgleicher Entwicklungen im Rundfunk und in der Schallplattenindustrie, die inhaltlichen Bezüge der jeweiligen Medienproduktionen, Distribution sowie die ästhetischen und rechtlichen Folgen. Des weiteren konnte die Arbeit jene Archivquellen nicht berücksichtigen, die sich zum damaligen Zeitpunkt auf dem Gebiet der DDR befanden. Dazu zählen vor allem die für das Thema relevanten Akten der Deutschen Bank. In dem folgenden Jahrzehnt wurde die Umstellung des Stummfilms auf den Tonfilm mehrfach in unterschiedlichen filmhistorischen Zusammenhängen gestreift, so etwa in Publikationen, die zum 75. Jahrestag der Ufa-Gründung oder zum 100jährigen Jubiläum der Kinematographie erschienen. Da hier keine neuen Quellen erschlossen wurden, referierten sie im wesentlichen den bisherigen Kenntnisstand.

Die vorhandenen Forschungsdefizite versucht die vorliegende Monographie zu beseitigen. Darüber hinaus möchte sie verdeutlichen, daß mit Veränderungen in den Medientechnologien zwangsläufig auch ökonomische, juristische und formalästhetische Probleme zu lösen sind. Am Beispiel des Theaters wird zudem deutlich, daß auch die traditionellen Künste ihre Positionen innerhalb des sozialen und des interkulturellen Kommunikationsgefüges neu bestimmen müssen. Insofern dient die Darstellung der Umstellung vom Stummfilm auf den Tonfilm auch der Beschreibung des Medienumbruchs am Ende der 20er und zu Beginn der 30er Jahre. In wie weit die erzielten Ergebnisse für andere Medienumbrüche charakteristisch sind, müssen weitere Untersuchungen ergeben.

Der signifikante Unterschied zu allen anderen bisherigen Medienumbrüchen ist das erstmalige völlige Verschwinden eines Mediums, des Stummfilms. Alle anderen Umbrüche führten dagegen zur Eingliederung des jeweils Neuen in eine bestehende Medienlandschaft, die sich im Laufe dieses Prozesses veränderte, ohne einen ihrer traditionellen Bestandteile aufzugeben. Die zunehmende Ablösung der analogen Übertragungstechnik, die digitale Bild-, Ton- und Schriftproduktion sowie die bereits erkennbare Einführung von Rückkanälen im Bereich von Fernsehen und Hörfunk beginnen gegenwärtig, überlieferte Produktions-, Distributions- und Konsumtions- bzw. Rezeptionsprozesse zu verdrängen. Es ist unbestritten, daß die neuen Technologien die bestehenden Medien verändern werden. Ob die neue Technik etablierte Medien auch völlig verdrängt, ist beim gegenwärtigen Entwicklungsstand noch nicht zu beantworten.

Unberücksichtigt blieb in der vorliegenden Darstellung das frühe Fernsehen. Das damals noch in der Entwicklung befindliche Medium bediente sich ab 1930 versuchsweise verschiedener Filme, die die Ufa der Reichspost zur Verfügung stellte, weil deren Vorstand in dem neuen Medium keine Konkurrenz sah[21]. 1934 wurde der entsprechende Vorstandsbeschluß noch einmal bestätigt[22]. 1935 knüpfte die Ufa an die Bereitstellung weiterer Filme die Hoffnung, früher als andere Lichtspieltheater funktionstüchtige Fernsehapparate zu bekommen. Sie versprach sich von ihrer Installation in den konzerneigenen Häusern einen stärkeren Publikumszulauf[23]. Nachdem der Kiepenheuer-Verlag im Zusammenhang mit der Ausstrahlung des Spielfilms *Schuß im Morgengrauen* (Regie: Alfred Zeisler) durch die Reichs-Rundfunk-Gesellschaft Urheberansprüche geltend machte, gehörten ab Juni 1935 Regelungen zu den Fernsehrechten zum integralen Bestandteil der Filmverträge[24]. Auf die Tonfilmentwicklung hatten beide Aspekte im Untersuchungszeitraum keinen Einfluß und konnten deshalb hier vernachlässigt werden.

Da über die Tonfilmtechnik bereits mehrfach publiziert wurde, beleuchtet dieses Buch die technische Seite der Gesamtentwicklung nur in dem Maße, wie es für deren Grundverständnis unabdingbar ist. Die Darstellung der ersten Tonfilmversuche vor dem Ersten Weltkrieg ist knapp gehalten, weil sie für die im Nachkriegsdeutschland einsetzenden Ton-

---

[21] BArch R 109 I / 1027b Bl. 192
[22] BArch R 109 I / 1029b Bl. 208.
[23] BArch R 109 I / 1030a Bl. 174
[24] BArch R 109 I / 1030b Bl. 168

filmexperimente weitgehend folgenlos blieben. Hier dienen sie nur als Folie für die Weiterentwicklung des Mediums in der Weimarer Republik. Im Zentrum der Darstellung stehen vor allem die wirtschaftlichen, unternehmens- und medienpolitischen Fragen. Einen weiteren inhaltlichen Schwerpunkt bilden die Konsequenzen, die mit der Umstellung vom stummen auf den Tonfilm für die anderen elektroakustischen Medien verbunden waren, wie die Veränderungen in der Produktion und im Kino, die Auswirkungen auf die Filmdramaturgie und die zeitgenössische Rezeption. Das Nachzeichnen des von technischen Veränderungen und wirtschaftlichen Interessen dominierten Prozesses erfordert in der Beschreibung einen permanenten Perspektivenwechsel, der die gegenseitigen Interdependenzen verdeutlichen soll. Von daher versucht die vorliegende, ansonsten überwiegend chronologisch gegliederte Darstellung, innerhalb der einzelnen Kapitel jeweils mehrere mit der Tonfilmumstellung zusammenhängende Aspekte in ihrer Bezogenheit aufeinander zu beleuchten. Um dem Leser die Orientierung in bezug auf die vielfältigen Vertragsbeziehungen und Kapitalverflechtungen zu erleichtern, wurden der Monographie zwei Schemata über den Aufbau des Küchenmeister-Konzerns sowie über die deutsch/niederländischen und amerikanischen Verbindungen beigefügt.

Die Aussagen und Ergebnisse stützen sich primär auf Dokumente des Bundesarchivs. Darüber hinaus konnten vor allem Bestände des Siemens-Archivs und des Filmmuseums Amsterdam ausgewertet werden. Dieses Basismaterial wurde ergänzt durch Akten anderer Archive, wie des Geheimen Staatsarchivs Stiftung Preußischer Kulturbesitz, Berlin-Dahlem und des Stadtarchivs Frankfurt. Als Quellen dienen des weiteren die Branchenpresse von Filmindustrie, Schallplattenindustrie und Rundfunk sowie eine Reihe von überregionalen Tageszeitungen und Zeitschriften.

Bei der Zitierung der Quellen wurde die Orthographie weitgehend aktualisiert. Auf die Kennzeichnung von Unterstreichungen und Hervorhebungen wurde verzichtet.

1. Von den ersten deutschen Tonfilmexperimenten bis zur Gründung der Tobis

1.1. Die ersten Tonbilder vor 1914

Die ersten erfolgreichen Filmvorführungen fanden bekanntlich 1895/96 in Paris und Berlin statt. In der Folgezeit verbesserte in Deutschland vor allem der Berliner Filmpionier und Konstrukteur Oskar Messter die noch unausgereifte Filmtechnik. Im Verlauf dieser Arbeiten versuchte er auch, die mit zwei autonomen Geräten aufgenommenen Bilder und Töne miteinander zu verbinden, so daß beide während der Vorführungen in den Lichtspielhäusern und Varietés synchron liefen. Ähnliche Versuche sind auch in Frankreich von Gaumont und aus den USA bekannt[1]. Am 31. August 1903 führte Messter das von ihm entwickelte System Biophon im Berliner Apollo-Theater erstmals vor einem ausgewählten Publikum vor[2]. Im Unterschied zu anderen vergleichbaren Ton-Bild-Systemen hatte der deutsche Erfinder das Grammophon und die Vorführkamera mit zwei getrennten, aber aufeinander abgestimmten Motoren ausgestattet. Diese waren über ein elektrisches Kabel miteinander verbunden. Auf diese Weise gelang es ihm besser als anderen, den Ton in Übereinstimmung mit dem Bild zu bringen[3], ohne jedoch völlige Synchronität zu erreichen[4].

Das von Messter gestaltete Programm setzte sich aus drei Tanz- und Konzertausschnitten sowie einem Auftritt des Unterhaltungskünstlers Otto

---

[1] BArch N 1275 / 480; vgl. auch: Jossé, Die Entstehung, S. 81 ff.
[2] Das Biophon, in: Berliner Lokal-Anzeiger 1. 9. 1903, Nr. 408, 21. Jg. Über die Erstaufführung von Messters Tonbildern gibt es unterschiedliche Angaben in der Literatur: Müller, Kinematographie, S. 79 nennt den 29. August 1903. Umbehr, Der Tonfilm. Berlin 1930, S. 30 nennt den 28. August 1903.
[3] ausführlich: Umbehr, a. a. O., S. 30 ff.
[4] Auf diesen Aspekt verweisen nicht nur zeitgenössische Kritiken, sondern auch die vielfältigen sehr unterschiedlichen Versuche, den Gleichlauf von Bild und Ton zu erreichen. So wurde 1910 auf der Staatlichen Erfindermesse Stuttgart, eine Synchroneinrichtung mit einer regulierbaren Gleichlaufmaschine, ein sogenannter Thoroapparat, vorgestellt. (Eine kinematographische Neuheit auf der Staatlichen Erfindungs-Ausstellung – Stuttgart, in: Der deutsche Lichtbildtheaterbesitzer 24. 2. 1910, Nr. 8, 2. Jg.), andere experimentierten mit Lichtzeichen, um den Gleichlauf sicherzustellen, der letzlich nur bei völlig einwandfreien Platten weitgehend gelang. Der Tonfilm – vor 25 Jahren. Erinnerungen von Th. Scherff, in: Film-Kurier (FK) 23. 6. 1928, Nr. 149, 10. Jg.

Julius Bierbaum zusammen. Er führte sein aus der Überbrettlzeit[5] bekannt gewordenes Lied vom *Lustigen Ehemann* auf. Mit für den frühen deutschen Film klassischen Bildern, Exerzierübungen auf dem Kasernenhof, endete die erste Vorstellung von Tonbildern in Deutschland[6].

Im Unterschied zur eher zurückhaltenden Berichterstattung über die Kinematographie in den großen bürgerlichen Zeitungen war das Presseecho – entsprechend der positiven Einstellung breiter Teile der Bevölkerung im Wilhelminischen Kaiserreich gegenüber technischen und naturwissenschaftlichen Entwicklungen[7] – auf das Ereignis im Apollo-Theater relativ groß. Mehrere renomierte Berliner Zeitungen berichteten kurz über die Erfindung Messters. Alle Rezensenten waren sich einig, daß die Tonbilder „die Sensation des neuen September-Programms" in dem bekannten Berliner Varieté-Theater seien[8]. Im Vordergrund des Rezeptionsinteresses standen die technische Neuerung und die Leistung, „in durchaus künstlerischer Weise die lebende Photographie auch akustisch auszustatten ... die durchaus darüber hinwegtäuscht, daß man es nicht mit lebenden Originalen, sondern nur mit photographischen und akustischen Nachbildungen zu tun hat"[9]. Andere Stimmen verwiesen im Kontext des Biophons nicht nur auf die deutsche Spitzentechnik, die auf diesem Gebiet der amerikanischen und französischen überlegen sei, sondern auch den Aspekt des Wirtschaftsstandorts im internationalen Wettbewerb. Vorausschauend und auf weitere Darstellungs- und Verwertungskreise hindeutend heißt es weiter: „Es ist also möglich, nicht nur einzelne Szenen, sondern ganze Theaterstücke szenisch und sprachlich zur Darbietung zu bringen, historische Momente in Wort und Gebärde festzuhalten und der Nachwelt zu überliefern"[10]. Im Unterschied zu späteren Uraufführungen von Tonfilmen wurden zu diesem frühen Zeitpunkt, als sich die Kinematographie selbst noch in der Anfangsphase ihrer Entwicklung befand, weder die Auswirkungen der Verbindung von Bild und Ton auf die zukünftige Filmproduktion noch auf mögliche Veränderungen in der Filmrezeption reflektiert. Die Staatsbürger-Zeitung deutete allerdings an, daß die neue Erfindung zu Veränderungen im traditionellen Unterhaltungsangebot führen könne: „Wehe euch aber, ihr armen Komödianten und Sänger in der Provinz, euch droht das schreckliche Schicksal der Vernichtung; denn die Herren Theaterdirektoren

---

[5] Das Überbrettl wurde 1901 nach dem Vorbild des Pariser cabarets artistiques durch Erich von Wolzogen in Berlin zur Veredelung von Tingel-Tangel- und Varietétheatern in Berlin eingeführt. Auf der Überbrettlbühne kamen bunte, wechselnde Programme, bestehend aus lyrischen und kleineren dramatischen Dichtungen und Gesangsvorträgen zur Aufführung. Zum Teil traten auch Dichter und Komponisten selbst auf.
[6] Das Biophon, in: Berliner Lokal-Anzeiger 1. 9. 1903, Nr. 408, 21. Jg.
[7] vgl. u.a.: Nipperdey, Deutsche Geschichte, S.252 f; 374 ff.; 676 ff.
[8] Apollo-Theater, in: Staatsbürger-Zeitung 5. 9. 1903, Nr. 284, 39. Jg.
[9] Das Biophon, in: Berliner Lokal-Anzeiger 1. 9. 1903, Nr. 408, 21. Jg.
[10] Die „sprechende" lebende Photographie, in: Berliner Tageblatt 1. 9. 1903, Nr. 442, 32. Jg.

werden sich gewöhnen, das Theaterbedürfnis außerhalb der Reichshauptstadt biophonisch zu decken. Sie kommen billiger dabei weg und dürfen sogar behaupten, daß bei ihnen nunmehr genau so gut und genau so schlecht gespielt wird, wie in der vornehmen Residenz"[11].

Nach dem Erfolg im Apollo-Theater erlebte vor allem Deutschland einen ersten bescheidenen Tonfilmboom[12]. Messter gründete ein eigenes Unternehmen, von dem er sich eine jährliche Dividende von 15 % versprach[13]. Der führende deutsche Tonbildgerätehersteller produzierte selbst eigene Streifen, die sogenannten Tonbilder. Sie zeigten überwiegend Sänger und Sängerinnen – teilweise vor der Orginalkulisse abgefilmt – mit neuesten Schlagern aus Revuen- und Operettenhäusern. Darüber hinaus gehörten Couplets – insbesondere mit Otto Reutter und Robert Steidl – zum festen Tonbildrepertoire.

Messter hatte nach seinen ersten Erfolgen den Namen Biophon und sein Konstruktionspatent gesetzlich schützen lassen. Auch für alle weiteren Verbesserungen an seinem System meldete er erfolgreich weitere Patente an. Zu den Lieferbedingungen seiner Tonbilder gehörte der Passus: „Wir liefern unsere Tonbilder nur unter der Bedingung, daß sie mit von uns gelieferten oder lizensierten Apparaten vorgeführt werden"[14]. Trotz aller Bemühungen gelang es Messter nicht, sich eine Monopolstellung für Tonbilder in Deutschland zu sichern. 1904 präsentierte der aus Sachsen stammende Filmpionier Guido Seeber sein Seeberophon der Öffentlichkeit. Das Gerät erzielte die Synchronität von Bild und Ton durch ein Filmband, das das Vorführgerät, Seeberograph genannt, mit einem Grammophon verband[15]. Mit dem *Glühwürmchen-Idyll* aus der Operette „Lysistrata", dirigiert von Paul Linke, dem Überbrettl-Duett *Der lustige Ehemann* und Bildern vom Kasernenhof[16] ähnelte das erste Programm Seebers weitgehend demjenigen Messters. In der Folgezeit produzierten auch andere Firmen Tonbilder, unter anderem auch Alfred Duskes, der sein Cinephonem 1907 patentrechtlich schützen ließ. Nach Messters Vorwurf, Duskes habe sich seiner Patente bedient, strengte letzterer 1908 den ersten deutschen Tonfilm-Prozeß an, „um feststellen zu lassen, daß der von ihm, Duskes, fabrizierte und vertriebene Synchron-Apparat das Patent Nr. 175 605 der Firma Messters Projektion nicht verletzt"[17]. Neben den genannten Unternehmen stellten unter

---

[11] Apollo-Theater, in: Staatsbürger-Zeitung 5. 9. 1903, Nr. 284, 39. Jg.
[12] Messter betrieb nach 1906 für mehrere Jahre in Berlin Unter den Linden ein Biophon-Theater (BArch N 1275 / 480) und Seeber spricht davon, daß zwischen 1908 und 1913 zu jeder Vorstellung mindestens ein Tonbild gezeigt wurde. Umbehr, a. a. O., S. 38.
[13] BArch N 1275 / 480
[14] BArch N 1275 / 480
[15] BArch N 1275 / 480
[16] Das wandernde Bild, S. 39
[17] Alles schon dagewesen: Tonfilm-Prozesse vor zwanzig Jahren, in: Lichtbild-Bühne (LBB) 10. 1. 1930, Nr. 9, 23. Jg. Das Urteil des Prozesses konnte nicht recherchiert werden.

anderem auch die Maschinen- und Amaturenfabrik/Filmproduktion Buderus in Hannover und die Berliner Unternehmen Deutsche Bioskop, Vitaskop und Mutoskop „sprechende Bilder" her[18].

Das Verhältnis von Plattenumdrehung zur Zahl der Bilder differierte zwischen den verschiedenen technischen Systemen. Um die Synchronisation von Bild und Ton für das Abspielen alle Tonbilder auf jedem Gerät garantieren zu können, einigten sich die Apparatehersteller nach einer Vielzahl von Versuchen auf den einheitlichen technischen Standard von 13 Bilden je Plattenumdrehung und einer Leinwandbildgröße von 2,40 m zu 3,20 m[19]. Die Einigung verweist zugleich auf den vergeblichen Versuch Messters, die Tonbilder technisch und formalästhetisch zu monopolisieren. Am Ende der Tonbildära um 1914 hatte er schließlich etwa ein Drittel aller deutschen Produktionen hergestellt[20].

Neben dem Abfilmen oder dem Nachstellen von Szenen verschiedener Bühnen nutzten Messter wie auch seine Konkurrenten für die Tonbilder bereits existierende Schallplatten als Tonvorlagen. Diese wurden im Atelier mit zweitklassigen Schauspielern nachgestellt. Die jeweiligen Künstler agierten entweder vor einer fiktiven Kulisse oder einem schwarzen Hintergrund[21]. Auf diese Weise verbilligten sich die Aufnahmen wesentlich, so daß die Produktionskosten annähernd nur noch denjenigen von zwei stummen Filmen entsprachen. Das Nachspielen von Nummernprogrammen bzw. Opern- oder Operettenszenen durch nicht renommierte Schauspieler führte zum Zurückdrängen bekannterer Künstler auf der Leinwand. Nach Meinung der Kritik verschwand „jedes künstlerische und individuelle Gepräge" der Tonbilder[22]. In diesem Zusammenhang ist an einer Stelle sogar von „Arm'Freiübungen', der ... schauspielerisch wenig geschulten Sänger" die Rede, die aus einem „Tonbild ein 'Tod'bild" machen würden.[23]

Die thematische Auswahl der Tonbild-Industrie, wie sich dieser Zweig der Kinematographie selbstbewußt nannte, orientierte sich vordergründig an den klassischen Inhalten des gehobenen Musikunterhaltungstheaters,

---

[18] Betrachtungen über den Tonfilm, in: Kinematographische Umschau 20. 2. 1929, Nr. 8, S. 227
[19] BArch N 1275 / 480
[20] BArch N 1275 / 480
[21] Henny Porten beschrieb die Aufnahmetechnik wie folgt: „Mein Vater suchte die schöne Platte aus. Da sang z. B. Caruso irgendein Duett mit Geraldine Farrar aus irgendeiner Oper (...) Flugs wurde die Dekoration zusammengestellt, Kostüme beschafft, auf Sonne gewartet und dann das Duett, das Caruso und die Farrar sangen, 'dargestellt'. Mein Vater spielte immer die Rolle des Heldentenors, und ich, ein halbes Kind noch, war seine Partnerin (...) Wie ihre herrlichen Stimmen auf- und abwogten, so loderten unsere Hände dem Himmel entgegen. Der Operateur kurbelte alles in einer Einstellung. Die Platte lief etwa drei Minuten. Unsere wildbewegte Kunst mußte ebenfalls drei Minuten dauern, und schon war der Film fertig". Porten, Vom „Kintopp", S. 45
[22] Arthur Mellini: Für 5 Pfg. dem Teufel verschrieben, in: LBB 21. 5. 1910, Nr. 95, 3. Jg.
[23] P.L.: Lebens-Fragen in: LBB 26. 8. 1909, Nr. 69/70, 2. Jg.

das zu Beginn des 20. Jahrhunderts in Berlin auch zunehmend an internationaler Ausstrahlung gewann und sichere Einnahmen garantierte[24]. Zugleich vervielfältigten die Tonbilder zumindest in quantitativer Hinsicht die bereits existierenden Unterhaltungsangebote der Großstadt. Dieses Moment wurde verstärkt durch den Einsatz der Sprechmaschinen als „Konzert-Apparat zur Ausfüllung von Pausen" während der Vorstellung. Als Ersatz für Orchester, Klavier oder Orchestrion zur Begleitung der stummen Bilder fanden die Geräte vor dem Ersten Weltkrieg jedoch kaum Verwendung[25].

Die separaten Aufführungen von Tonstreifen unterschieden sich insofern von den zeitgleichen Stummfilmprogrammen, daß letztere in weitaus stärkerem Maße, als im Theater möglich, bunte und vielseitige Programme anboten, die sich aus einer Vielzahl meist kurzer inhaltlich sehr unterschiedlicher Fimstreifen zusammensetzten. Schwänke, Possen, Naturaufnahmen, Leidenschaftsdramen, Tagesereignisse oder Verfolgungsjagden lösten sich innerhalb der jeweiligen Vorführungen ab. Ein vergleichbares Mixtum unterschiedlichster Eindrücke, damit verbundener inhaltlicher Überraschungen und Sprünge konnten die Tonbilder auf Grund der schwerfälligen Apparatur nicht bieten.

In den frühen Tonfilmen am Ende der 20er Jahre beschränkte sich die Verwendung von Trickaufnahmen in der Regel auf Werbefilme. Bei den Tonbildern wurden entsprechende Aufnahmen analog den Stummfilmen produziert. Guido Seeber erinnerte sich diesbezüglich mehr als zwanzig Jahre später: „Die Handelsplatte war ein Pikkolo-Duett mit Musikbegleitung. Betitelt: *Die beiden Finken*. Jeweils zwischen Vorspiel und Zwischenspiel waren die Pikkoloflöten hörbar und der Regisseur Max Obal verstand es ganz vorzüglich, solche Platten bildlich zu illustrieren. Eine solche Platte fand nun folgende Verfilmung: Zu Beginn des Vorspiels hebt sich der Vorhang auf einer kleinen Varietébühne. Es erscheinen ein spleeniger Amerikaner mit großkariertem Mantel, grauem Zylinder und sein Diener. Dieser trägt einen ganz flachen Kasten, der von dem Amerikaner in grotesker Art auf einen vorhandenen Tisch gestellt wird. Er öffnet den Deckel und gleichzeitig ertönen die Pikkoloflöten und aus dem Kasten erheben sich zwei Clownköpfe, die die Instrumente spielen. Nach Ablauf des ersten Flötenduetts verschwinden die Köpfe nach unten, der Deckel wird geschlossen, die Zwischenmusik gestattet, daß der Amerikaner mit seinem Schirm blasebalgähnliche Bewegungen ausführt, die zur Folge haben, daß der Tisch sich von der Bühne fortbewegt, während der Kasten seine Lage beibehält. Der Deckel der frei im Raum schwebenden Schachtel wird geöffnet und von neuem erscheinen die Köpfe, den zweiten Flötenteil spielend.

---

[24] Vgl. u. a.: Hahn, Das Metropol-Theater, S. 89 ff.
[25] P.L.: Die Sprechmaschine im Kinematographen-Theater, in: LBB 12. 8. 1909, Nr. 68/69, 2. Jg.

Wie erstmalig verschwinden die Köpfe wieder, der Kasten wird geschlossen, aus seiner Schwebelage befreit und auf den Boden gestellt. Geöffnet werden nunmehr Deckel und Boden, so daß der übrigbleibende Rahmen senkrecht in der Mitte steht. Wieder erscheinen die beiden Köpfe und zum Schluß, nach Verschwinden derselben, wird der Kasten flach aufgeklappt niedergestellt, der Amerikaner und sein Diener springen hinein, der Deckel schließt sich von selbst und der sich erhebende Kasten kantert von der Bühne durch die Kulisse ab"[26]. Wenn auch inhaltlich die Musikaufnahmen dominierten und durch Rezitationsnummern ergänzt wurden, so verwiesen Messters und Duskes' Kasernenaufnahmen ebenso wie die zitierte Beschreibung Seebers darauf, daß sich die Tonbilder wie der stumme Film thematisch nicht nur auf Theaterdarbietungen beschränkten. So brachte die Deutsche Mutoskop- und Biograph-Gesellschaft zu Berlin im Februar 1909 neben der Kindermädchenpolka *Ach ich schiebe, ach ich schiebe*, die von der bekannten Berliner Humoristin Grete Wiedeke gesungen wurde, auch ein Tonbild von einem Bockbierfest auf den Markt[27]. Vergleichbare mit Ton unterlegte Alltagsszenen hießen *Beim Zahnarzt* oder *Wenn Kalkulators in die Baumblüte ziehen*[28].

Nach eigener Einschätzung war das Deutsche Reich am Ende des ersten Jahrzehnts weltweit führend in der Produktion von Tonbildern: „Die Tonbildindustrie hat ihren Sitz fast ausschließlich in Deutschland (...) Es existiert zur Zeit im Auslande überhaupt nur noch in Paris eine ähnliche Fabrikation, die aber der Bedeutung der deutschen Tonfilmindustrie gegenüber fast gar nicht in Betracht kommt. Vielmehr liegt der Schwerpunkt der ausländischen Filmindustrie in der Hauptsache in der Herstellung sogenannter stummer Kinematographenfilms"[29].

1913 gab es in Deutschland etwa 500 mit Biophon ausgestattete Filmtheater[30], die überwiegend in den auch von bürgerlichen Schichten besuchten Kinos installiert waren. In den Vorstadtkinos stieß dagegen die Vorführung von Tonbild-Apparaturen auf wenig Interesse[31]. Zum gleichen Zeitpunkt waren etwa 1 000 Tonbilder mit einer Gesamtlänge von ca. 100 000 Metern mit jeweils 60 bis 70 Kopien hergestellt worden[32].

Messters Bemühungen, seine Tonbildtechnologie noch weiter auszubauen, scheiterten an vielfältigen Schwierigkeiten. Zu den wichtigsten

---

[26] Guido Seeber: Trick und Ton, in: Kinotechnische Umschau 1. 10. 1930, Nr. 40, S. 1087 f.
[27] Die Deutsche Mutoskop- und Biograph-Gesellschaft zu Berlin, in: LBB 18. 2. 1909, Nr. 43, 2. Jg.
[28] Der Tonfilm – vor 25 Jahren. Erinnerungen von Th. Scherff, in: FK 23. 6. 1928, Nr. 148, 10. Jg.
[29] Die Interessenten der Kinematographen-Industrie und die Berliner Konferenz zur Revision der Berner Übereinkunft, in: Der Kinematograph 28. 10. 1908, Nr. 96
[30] Messter, Mein Weg, S. 65
[31] Theodor Heinrich Mayer: Lebende Photographen, in: Österreichische Rundschau 1. 4. 1912, Nr. 1, 31. Jg., S. 56
[32] Ristow, Geisterbild, S. 117 f.

zählte zum einen die geringe Haltbarkeit der Platten, „die bei besseren Vorstellungen nur 8 bis 10 mal, bei anderen allerhöchstens 20 mal zur Benutzung kommen" konnten[33]. Daher bestand zwischen der Nutzungsdauer von Filmen und Platten ein extremes Ungleichgewicht. Beim Zeigen von Tonbildern verteuerten sich die Vorführungen nicht nur durch die kostspielige Apparatur, sondern auch durch den enormen Verschleiß an Tonträgern. Zum zweiten boten die Konkurrenten Messters – wahrscheinlich noch mehr als er selbst – die billiger zu drehenden Tonbilder nach Originalplatten an. Der Filmpionier produzierte neben den nachgestellten Aufnahmen aber weiterhin auch Bilder mit bekannten Künstlern vor der Orginalkulisse. Die Gewinne für diese aufwendigeren Produktionen blieben auf Grund des Gesamtangebotes gering. Von daher fehlte das notwendige Geld für weitere Investitionen in die Verbesserung der Geräte. Trotz erster Ansätze einer fremdsprachigen Synchronisation und der Produktion französisch-, italienisch-, englisch- und russischsprachiger Tonbilder[34] blieb drittens der Tonbildmarkt weitgehend auf die Lichtspielhäuser deutschsprachiger Länder beschränkt. Diese waren ihrerseits nur zu einem geringen Prozentsatz mit den entsprechenden Apparaturen ausgestattet. Viertens konnte die vorhandene Wiedergabetechnik wegen fehlender Leistungsstärke und schlechter Wiedergabequalität in größeren Kinos nur begrenzt eingesetzt werden[35]. Man nutzte deshalb eine technisch und ökonomisch nur unzureichende Vervielfältigung der bestehenden Technik: „Da das Grammophon nicht allzu laut war, half man sich damit, daß man auf einer Achse mit kleinem Zwischenraum, übereinander angeordnet, gleichzeitig zwei oder drei der gleichen Platte mit je einer Membrane und dazugehörigem Trichter laufen ließ. Dadurch erzielte man eine – wenn auch nicht bedeutende, so doch meist ausreichende Verstärkung des Tones. Durch das damals von der Deutschen Grammophon-Gesellschaft in den Handel gebrachte Auxetophon gelang es allerdings, ganz bedeutende Lautstärken zu erreichen. Man nahm zu diesem Zweck Preßluft zu Hilfe"[36]. Insbesondere das erste Verfahren verteuerte durch den hohen Plattenverschleiß die Wiedergabe der Tonbilder erheblich. Trotz aller Bemühungen blieb die Tonwiedergabe unzureichend, da „auch die bestgesungensten Gesangs-Platten den Text nicht immer verständlich wiedergeben, ein Fehler,

---

[33] Die Interessenten der Kinematographen-Industrie und die Berliner Konferenz zur Revision der Berner Übereinkunft, in: Der Kinematograph 28. 10. 1908, Nr. 96
[34] BArch N 1275 / 480
[35] Zur Erhöhung der Lautstärke hatte Meßter während seiner ersten Vorführung von Tonbildern im Apollotheater fünf Schallplatten gleichzeitig laufen lassen. Jede der fünf Membranen wirkten auf einen zwei Meter langen Trichter. Die Lautstärke erhöhte sich jedoch nicht um das Fünffache, statt dessen traten die Nadelgeräusche stärker hervor. Lichte; Narath, Physik, S. 13 f.
[36] Betrachtungen über den Tonfilm, in: Kinematographische Umschau 20. 2. 1929, Nr. 8, S. 227

der sich um so fataler bemerkbar macht, als ja nur Opern und Operetten Bruch-Stücke zum Vortrag gebracht werden, deren Zusammenhang mit dem Werk der Mehrzahl des Publikums unklar bleibt". Die Zeitung empfahl deshalb den Kinobesitzern, sich „geschickter Konfronziers (Erklärer)" zu bedienen, die dem Publikum sowohl den Hintergrund der Spielhandlung als auch den zu zeigenden Ausschnitt näher bringen[37].

Schließlich vollzog sich seit etwa 1910 der Übergang zum langen Spielfilm, der zunächst überwiegend in den besser ausgestatteten Lichtspielhäusern aufgeführt wurde. Mit diesem Übergang zeichneten sich signifikante Veränderungen innerhalb der Kinematographie ab. Er implizierte einen erheblichen Anstieg der Kosten auf der Produktionsseite, die nur über eine landesweite Auswertung der Filme und zum Teil auch nur mit Hilfe von Exporterlösen wieder eingespielt werden konnten. Im Zuge der längeren Spielhandlungen entwickelte sich eine komplexe Filmsprache, die einen Wechsel von Außen- und Innenaufnahmen sowie die Verwendung verschiedener Kameraeinstellungen verlangte.

Dieser produktionsästhetischen Veränderung konnte sich die Tonbildindustrie nicht anpassen: Die Tonlinie auf der Platte war bereits etwa drei bis vier mal so lang wie der Film. Insofern konnte die Länge der Tonbilder von zunächst bis zu knapp 80 m – also weniger als fünf Minuten – verlängert werden. In der Folgezeit gestattete zwar die Einführung automatischer Plattenwechsler, Tonbilder bis zu einer Länge von etwa 20 Minuten zu produzieren[38], aber die Wiedergabe dieses oder vergleichbarer Streifen erforderte eine erhöhte, nicht immer gewährleistete Aufmerksamkeit bei der Vorführung in den Lichtspielhäusern. Die qualitativen Schwächen des Grammophons und die nur unbefriedigende Tonwiedergabe ließen das Interesse an den Tonbildern um 1912 deutlich sinken[39]. Gefördert wurde das schnelle Ende der Tonbilder schließlich durch ihre schwerfällige Aufnahmetechnik. Die Apparaturen konnten die Inhalte der langen Filme mit ihren neuen visuellen und dramaturgischen Akzentsetzungen, wie etwa Hintergrundgeräusche oder Massenszenen, nicht realisieren. Eine möglichst naturgetreue Tonwiedergabe bildete aber die wesentliche Voraussetzung für eine von den Zuschauern akzeptierte und damit sinnvolle Anwendung von Tonbildern im Kino. Als Messter Ende 1913 den Berliner Mozartsaal als Lichtspieltheater übernahm, führte er dort keine Tonbilder mehr auf. Nur das Orchester spielte dort zur Untermalung der Filminhalte. Im folgenden Jahr verschwanden die Tonbilder auch aus allen anderen deutschen Kinos.

Der Erste Weltkrieg beendete weltweit alle weiteren über ein Anfangsstadium nicht hinausgekommenen Versuche, Ton und Bild untrennbar mit-

---

[37] P.L.: Lebens-Fragen, in: LBB 26. 8. 1909, Nr. 69/70, 2. Jg.
[38] Messter verfilmte z. B. einen ungekürzten Akt aus der Operette „Die Fledermaus".
[39] Betrachtungen über den Tonfilm, in: Kinematographische Umschau 20. 2. 1929, Nr. 8, S. 228, vgl. auch: Messter, a. a. O., S. 66 f.

einander zu verbinden. Im Ergebnis hatten sich die beiden für die Zukunft wichtigen unterschiedlichen technischen Systeme jedoch bereits herauskristalisiert: Das in Deutschland wesentlich von Messter entwickelte und wirtschaftlich bereits ausprobierte Nadeltonverfahren einerseits und das Lichttonverfahren andererseits, das aber über ein Experimentierstadium nicht hinausgekommen war. Der entscheidende Unterschied bestand in der technischen Art der Tonaufzeichnung und in dessen Weiterverarbeitung sowie in den Tonabnahmeeinrichtungen bei der Wiedergabe.

Beim Nadelton ist die Schallplatte der Tonträger. Vor 1914 wurde in der Regel zunächst der Ton aufgenommen und anschließend der dazugehörige Film gedreht, d.h. der Ton bestimmte letztlich, was im Film zu sehen war.

Das Lichttonverfahren basiert auf der photographischen Abbildung des Tons am Rand des Filmstreifens. Auf diese Weise sind Bild und Ton untrennbar miteinander verbunden, und bei einer etwaigen Beseitigung eines Filmrisses werden beide Medien in gleichem Maße gekürzt. Obwohl diese Technik in der Praxis wesentlich einfacher als der Nadelton zu handhaben ist, scheiterten zunächst alle von dem Franzosen Eugène Augustin Lauste vor 1914 entwickelten Verfahren technisch u. a. an den fehlenden leistungsstarken Lautsprechern und wirtschaftlich an den mangelnden Geldquellen seines Erfinders[40]. Die 1907 von dem Physiker Ernst Ruhmer[41] im Rahmen der Lichttelefonie unternommenen Versuche, den Ton abzubilden, blieben gleichfalls für die Tonfilmentwicklung zunächst folgenlos, wie auch die ersten Versuche von Heinrich Bolten-Baeckers, der in Berlin-Steglitz für Gaumont das erste Tonfilmatelier errichtete[42].

Neben der technischen Verknüpfung von Ton und Bild gab es weitere Bemühungen, das stumme Filmbild mit menschlichen Stimmen bzw. Musik zu unterlegen. Nicht zuletzt sollten auf diese Weise die Zwischentitel entbehrlich werden. So beschäftigten verschiedene Theater vor allem zur Vorführung technischer oder Naturbilder Rezitatoren. Viele kleine Theater hatten sogenannte Kinoerklärer. Neben den Tonbildern beschäftigte sich Messter und andere mit den sogenannten Dirigentenfilmen. Die stoffliche Basis dieser Filme bildeten populäre Opern und Operetten, die vollständig abgefilmt wurden. Neben den Vorgängen auf der Bühne wurde auch der das Werk dirigierende Kapellmeister vom Kameramann aufgenommen.

---

[40] Die Kinematographie der Töne. Ein neues technisches Wunder, in: LBB 21. 12. 1912, Nr. 51, 5. Jg. In diesem Aufsatz erfolgt keine Namensnennung, sondern nur eine erste Beschreibung des Verfahrens. Zum technischen Stand des Lichttonverfahrens vor dem Ersten Weltkrieg: Umbehr, a. a. O., S. 42ff.

[41] Auf der Weltausstellung in St. Louis 1904 demonstrierte Ruhmer bereits eine „sprechende Bogenlampe", an der sich aber niemand interessiert zeigte. Aus der Kinderstube des Tonfilms, in: FK 13. 10. 1928, Nr. 245, 10. Jg.

[42] Heinrich Bolten-Baeckers: Es muß noch sehr viel darüber gesagt werden ... in: LBB 9. 1. 1930, Nr. 8, 23. Jg.

Sein Taktstock gab den während der Filmvorführung anwesenden Musikern und Sängern das Zeichen für ihren Einsatz. Diese spielten bzw. sangen entsprechend der orginären Partitur[43]. Auf diese Weise wurde sichergestellt, daß sich „der Gesang den Mundbewegungen der gefilmten Schauspieler genau anpaßt"[44]. Zu den diesbezüglich ersten Experimenten zählte kurz vor Ausbruch des Ersten Weltkrieges die Aufführung der romantisch-komischen Oper Martha von Friedrich von Flotow im Wiener Palace Grand-Kinotheater. Ein weite Verbreitung der Dirigentenfilme verhinderte neben den hohen Kosten für derartige Aufführungen vor allem das niedrige musikalische Niveau der meisten Kinoorchester[45]. Neben diesen Experimenten versuchte die Filmindustrie bis zur Umstellung auf den Tonfilm, vor allem im Rahmen der Spielfilmproduktion erzählerische Dramaturgien zu entwickeln, die Zwischentexte weitgehend überflüssig erscheinen ließen[46]. Es wurde also versucht, innerhalb der medialen Bedingungen des Stummfilms selbst das Problem fehlender Sprache und Geräusche zu überbrücken. Entwickelt wurden visuelle Darstellungsmöglichkeiten tonlicher Phänomene.

Messter, der schon vor dem Krieg die Weiterentwicklung des Nadeltonverfahrens eingestellt hatte, beschäftigte sich während des Krieges vor allem mit dem Reihenbildner[47]. Seine Patente, die er im Zusammenhang mit der Tonbildentwicklung angemeldet hatte, behielt er auch nach dem Verkauf seiner Unternehmen an die Universum Film AG (Ufa). Erst zu Beginn der zweiten Hälfte der 20er Jahre bemühte er sich mit Hilfe seiner Patente wieder im größeren Maßstab, in das Tonfilmgeschäft einzusteigen. Um an seine Vorkriegserfolge beim Kinopublikum anknüpfen zu können, versuchte er in diesem Zusammenhang, von der Ufa die Firmen- und Warenzeichen der Biophon bzw. seiner Tonbilder zurückzuerhalten. Die Ufa, die Messter 1924 seine der Inflation geschuldeten Aufwertungsansprüche ausgezahlt hatte, verweigerte ihm die alten Rechte, ließ sie aber ungenutzt[48].

Insgesamt bildeten nur wenige vor dem Ersten Weltkrieg entwickelten Patente die Basis für die Tonfilmentwicklung der 20er Jahre. Zu den wichtigsten zählten die von Robert von Lieben 1906 angemeldeten und 1912 von Telefunken übernommen Röhrenpatente. Auf deren Grundlage bekam Telefunken 1914 unter anderem das Patent einer rückgekoppelten Kathodenröhre für den Tonempfang zuerkannt. Diese und eine Reihe weiterer Erfindungen leiteten in der Folgezeit zunächst entscheidende Veränderungen in der Funktechnik ein, die zwischen 1914 und 1918 vor allem durch den Krieg absorbiert wurden.

---

[43] BArch N 1275 / 480
[44] Die Lichtspieloper mit dem gefilmten Kapellmeister, in: LBB 18. 7. 1914, Nr. 44, 7. Jg.
[45] ausführlicher S. 46 ff.
[46] J. Seidler, Betrachtungen über „gesprochene Films" in: LBB 4. 7. 1914, Nr. 40
[47] vgl. Mühl-Benninghaus, Oskar Messter, S. 103 ff.
[48] BArch R 109 I / 138

1.2. Die Entwicklung des Tri-Ergon-Verfahrens

Zwischen 1914 und 1918 konnten die Armeen als Ganzes und deren jeweilige Einheiten an den weit ausgedehnten Fronten von Hauptquartieren und Befehlsständen aus nur mit Hilfe von Telegraphie bzw. Funk befehligt werden. Diese völlig neuen Kriegsbedingungen führten auf dem Gebiet der Elektroakustik zu einer sprunghaften Weiterentwicklung[49]. So produzierte ab Oktober 1917 allein Telefunken 1 000 Röhren für funktechnische Anlagen[50] mit der Folge, daß im Hinterland die Zahl der Beschäftigten in diesem Industriezweig überproportional stark anwuchs[51]. Analog stieg auch die Zahl der Soldaten, die in die Grundlagen der Funktechnik eingewiesen werden mußten. Am Kriegsende kehrten etwa siebenmal mehr Funker aus dem Feld zurück, als 1914 eingezogen worden waren.[52] Mit der Unterzeichnung des Waffenstillstandsabkommens im November 1918 blieben plötzlich alle weiteren staatlichen Aufträge für die Funkindustrie aus. Auf Grund der politischen und wirtschaftlichen Situation des Reichs konnten diese für die absehbare Zukunft auch nicht mehr in Aussicht gestellt werden[53]. Da auch von seiten der Privatwirtschaft kaum Interesse an elektroakustischen Geräten bestand, kam es in der Folgezeit zwangsläufig zu Entlassungen des teilweise hochqualifizierten Mitarbeiterstabes.

Zu den am Kriegsende heimgekehrten Spezialisten auf dem Gebiet der Funktechnik gehörten die beiden Hochfrequenzingenieure Hans Vogt und Joseph Massolle. Beide hatten bislang überwiegend auf dem Gebiet der Funkentelegraphie gearbeitet[54]. Vogt gelang es Ende 1918, Ruhmers Experiment, Töne zu fotografieren, erfolgreich zu wiederholen. Auf Betreiben Vogts wurden daraufhin Massolle sowie der Physiker Dr. Joseph Engl[55], der sich auf das Gebiet der Vakuummechanik spezialisiert hatte, von der Firma Dr. Georg Seibt mit dem Ziel angestellt, ein einsatzfähiges Lichttonverfahren zu entwickeln. Nach unüberbrückbaren Auseinandersetzungen über die Höhe der Gewinnbeteiligung schieden die drei nach relativ kurzer Zeit wieder aus der Firma aus und bildeten zeitweilig ein selbständiges Erfinder-Trio. Ab Mitte des Jahres 1919 beteiligte sich die Firma C. Lorenz AG zunächst mit 125 000,- Mark an den Forschungen[56]. Im Gegenzug sicherte sich die Firma einen Gewinnanteil aus den Forschungen in Höhe von 50 Prozent. Die Lorenz AG mußte im Zuge der zunehmenden Inflation weitere

---

[49] vgl. Telefunken Zeitung Nr. 15; 16 (Kriegsnummern) sowie Nr. 17 1919, 3. Jg.
[50] BArch R 4701 / 15132 Bl. 166
[51] BArch R 3101 / 5474 Bl. 159
[52] Soppe, Die Einführung, S. 121
[53] BArch R 3101 / 5474 Bl. 215 b; vgl. auch: ebenda Bl. 253
[54] Siegfried Hartmann: Der sprechende Film, in: Deutsche Allgemeine Zeitung 24. 8. 1922, Nr. 409/410, 61. Jg.
[55] Später nannte er sich Jo Engl.
[56] Vogt, Die Erfindung, S. 17 f.

Zuschüsse geben und erhöhte ihren Gewinnanteil nach dem sechsten Vertragsnachtrag auf 75 Prozent[57].

Zu den wichtigsten allgemeinen elektroakustischen Problemen, die zur Lösung des Lichttonverfahrens von Vogt, Massolle und Engl gelöst werden mußten, zählte zunächst die Entwicklung eines geeigneten Mikrophons, weil die von der Post für die Telefone genutzten sich als ungeeignet erwiesen. Zudem mußten die am Ende des Krieges noch leistungsschwachen Verstärkerröhren weiterentwickelt werden. Für die Aufzeichnung des Tones auf dem Zelluloid entwickelte das Trio eine Ultrafrequenzstromlampe, die die Lichtstärke in einer Abhängigkeit vom Schall abstrahlte. Eine spezielle Anordnung von verschiedenen Linsen zeichnete mit der notwendigen Feinheit das Licht in unterschiedlicher Intensität auf den Film, so daß die Lautstärke in Abhängigkeit von den Hell-Dunkel-Veränderungen abgebildet und wiedergegeben wurde. Der Nachteil des sogenannten Sprossenschriftverfahrens besteht in der hohen Anfälligkeit des Films für mögliche Schichtverletzungen oder Verunreinigungen der Tonspur. Gelöst wurde dieses Problem durch den zunächst von den Amerikanern und später auch von den Deutschen entwickelten Noiseless-Effekt. Dieser beruht auf der Lichtundurchlässigkeit der unbesprochenen Tonspur.

Um die Umwandlungen der Lichtschwankungen in elektrische Schwankungen beim Wiedergabeverstärker auszugleichen, mußte eine Fotozelle gebaut werden. Diese war zwar in der Grundkonstruktion zu diesem Zeitpunkt bereits bekannt, mußte aber der Spezifik der Tonwiedergabe beim Film angepaßt werden. Um die inhaltliche Übereinstimmung von Tonspur und Bild zu garantieren, wurden von dem Trio zwei Verfahren entwickelt. Das erste diente der Vermeidung bzw. dem Ausgleich der Amplitudenverzerrungen bei der Aufnahme auf das gekrümmte Filmbild, das zweite paßte die Bild- der Tonspur an. Letzteres war notwendig, da das Bild ruckweise transportiert wird, der Ton aber gleichmäßig abläuft. Durch eine Versetzung der Tonspur um etwa 20 Bilder wurde die notwendige Synchronität erreicht. Beide Probleme lösten die Erfinder über den Kopiervorgang.

Am Anfang der 20er Jahre existierten noch keine für größere Räume brauchbaren Schallwiedergabegeräte. Unter der Leitung von Massolle wurden für die ersten Vorführungen temperaturanfällige Statophone entwickelt. Statt der später üblichen elektromagnetischen Lautsprecher wurde bei diesen mit 1 000 Volt betriebenen Geräten die Membrane elektrostatisch aufgeladen und entsprechend der Tonabfolge in Schwingungen versetzt. Eine Kombination von drei Geräten mit unterschiedlichen Schallagen sorgte während der ersten Vorstellungen für die entsprechende Verstärkung und eine – bei Ausschaltung aller Fehlerquellen, wie etwa größeren

---

[57] Ebd., S. 85

Temperaturunterschieden zwischen der Rück- und Vorderseite – zunächst qualitativ ausreichende Wiedergabe des Tons.

Zu den wichtigsten Entwicklungen des Tri-Ergon-Verfahrens[58] gehörte die Umsetzung der Erfindungen in eine für die Ateliers und die Lichtspielhäuser brauchbare Technik. Mit ihrer Hilfe mußte sichergestellt werden, daß Ton und Bild über den gesamten Zeitraum der Vorführung absolut gleich verliefen, um keine Minderung der Tonqualität herbeizuführen. Das wurde durch den Transport des Films über eine mit einem schweren Schwungrad gekoppelte starre Rolle erreicht.[59] Diese Präzision der Filmaufnahme und -wiedergabe war beim Stummfilm nicht notwendig, da das Auge geringe Differenzen in der Geschwindigkeit oder ein leichtes Flattern des Films vor der Linse im Rahmen der Vorführung ausgleicht.

Das neue Medium Tonfilm wurde von Vogt, Massolle und Engl erstmals am 17. September 1922 im Berliner Kino Alhambra in einer Sonderaufführung vorgestellt. Das etwa zweistündige Programm wurde von einer zehnminütigen Pause unterbrochen. Die inhaltliche Gestaltung der Vorführung wurde von Vogt, Massolle und Engl, wie es schon 19 Jahre zuvor in Ansätzen bei Messter erkennbar war, von dem Bestreben bestimmt, mit einer möglichst breiten Variation von Tönen den aktuellen Stand der Tonfilmentwicklung zu demonstrieren und die Zuschauer von den technischen Möglichkeiten des Mediums zu überzeugen. Insofern hatte diese Matineé-Veranstaltung weniger den Charakter eines klassischen Kinoprogramms, als den einer Varietéaufführung, die ausschließlich mit Hilfe des „akustischen Films" gestaltet wurde. Am Beginn der Vorführung stand ein visionärer Prolog über den kommenden „tönenden" Film[60]. Des weiteren sahen und hörten die Zuschauer verschiedene Musik-, Gesang- und Tanzszenen, die mit unterschiedlichen Instrumenten, wie Klavier, Klarinette, Geigen, Cello, Xylophon[61] und Mandoline aufgenommen wurden, einen Sketch und einen Einakter. Mit einem Schlußwort endete die Vorstellung in dem mit etwa 1 000 Besuchern gefüllten Lichtspielhaus am Kurfürstendamm.

Viele Berliner wie auch überregionale Tageszeitungen berichteten in den folgenden Tagen über die Premiere. Den meist kurzen Artikeln war, wie bei der ersten Aufführung der Tonbilder 1903, eine allgemeine Würdi-

---

[58] Tri Ergon heißt „das Werk der Drei". Dieser Name für das Aufnahme- und Wiedergabeverfahren von Tonfilmen stammt von Jo Engl. Auf diese Weise sollte der gleichberechtigte Anteil der drei Beteiligten an den Erfindungen zum Ausdruck gebracht werden.

[59] Zur technischen Entwicklung des Tri-Ergon-Verfahrens ausführlich: Jo Engl, Der tönende Film. Das Tri-Ergon-Verfahren und seine Anwendungsmöglichkeiten, Braunschweig 1927; Vogt, a. a. O., S. 27ff.; Jossé, a. a. O., S. 140 ff.

[60] Der Wortlaut des Prologes ist abgedruckt in: Vogt, a. a. O., S. 77

[61] Jossé behauptet, mit Hinweis auf einen Bericht von Wolfgang Filzinger, daß das Xylophon-Konzert, obwohl im Programm abgedruckt, nicht gezeigt wurde. Da aber die nachfolgend zitierte Presse mehrfach dieses Konzert erwähnt, scheint mir seine Aussage nicht haltbar. Jossé, a. a. O., S. 162

gung der vorgeführten technischen Leistung gemein[62]. Kommentiert wurde das Ereignis nur von wenigen Blättern. Diese publizistischen Reaktionen auf die Vorführung waren sehr unterschiedlich. Inhaltlich konturieren sie jedoch – im Unterschied zu den Artikeln über die Vorführung im Apollo-Theater – bereits die theoretischen Auseinandersetzungen um den Tonfilm, die am Ende der 20er Jahre die Inhalte der deutschen Presselandschaft bestimmen sollten. Diese Feststellung betrifft insbesondere die Aussagen von Herbert Ihering und Artur Fürst. Letzterer hob vor allem hervor, daß man hier zweifellos „etwas grundsätzlich Neuem, Großartigem und Vielversprechendem gegenüberstehe, das geeignet ist, der Anfang einer weit- und tiefgreifenden Entwicklung zu sein". Seine zukünftige Anwendung sah er vor allem im Spielfilm, denn: „Wenn Menschen etwas erleben, das sie erregt, dann reden sie. Vergeblich versucht das schweigende Kino von heute unter Aufwendung kolossaler äußerer Mittel darüber hinwegzutäuschen. Schon gestern war bei der freilich noch sehr unvollkommenen Vorführung eines Einakters wohl zu spüren, wie viel tiefer das redende Lebebild durch einfache theatermäßige Darbietung zu packen vermag, als der kostspielige Massen- und Großfilm. Sind die technischen Mittel in reifer Form vorhanden, dann wird die Nachfrage nach der heute gängigen Ware von selbst verschwinden. Wer die Wahl hat, geht, wenn er sich unterhalten will, nicht in eine Taubstummenanstalt, sondern sucht die Gesellschaft von sinnigen Menschen auf"[63]. Der Auffassung vom akustischen Film als etwas völlig Neuem schloß sich auch der Kritiker der „Berliner Börsen-Zeitung" an, ohne jedoch die Empathie Fürsts für das neue Moment des Sprechfilms zu teilen: „Es eröffnen sich hier ganz neue Perspektiven, Tanzvorführungen werden endlich im Film mit der völlig synchronischen Begleitmusik gegeben werden können, man kopiert einfach die Begleitmusik gleich auf den Filmstreifen; dies ist vielleicht die wichtigste Seite der neuen Errungenschaft, denn inwieweit wirklich dem sprechenden Film die Zukunft gehört, bleibt abzuwarten. Man darf nicht vergessen, daß der sprechende Film damit seine Internationalität einbüßt, er wird damit immer auf kleine Werke beschränkt bleiben müssen, da Großfilme nur auf dem Weltmarkt amortisiert werden können". Ohne sich auf inhaltliche Diskussionen weiter einzulassen, stand für ihn fest, daß das neue Medium „eine weitgehende Umwälzung unserer gesamten Kinematographie herbeiführen" wird[64].

---

[62] vgl. u. a.: Der sprechende Film, in: Berliner Lokal-Anzeiger 19. 9. 1922, Nr. 407, 40. Jg.; Der Film lernt sprechen, in: Berliner Morgenpost 19. 9. 1922, Nr. 224, 25. Jg.; Siegfried Hartmann: Der sprechende Film, in: Deutsche Allgemeine Zeitung 24. 9. 1922, Nr. 409 / 410, 61. Jg.

[63] Artur Fürst: Der tönende Film. Vorführung in der Alhambra, in: Berliner Tageblatt 19. 9. 1922, Nr. 421, 51. Jg.

[64] F.O.: Akustische Filme. Photographische Schallwellen, in: Berliner Börsen-Zeitung 18. 9. 1922, Nr. 416, 68. Jg

Andere Stimmen versuchten eine mediale Einordnung der Vorführung. So heißt es an einer Stelle: „Der neue Film dürfte vielleicht zwischen Film und Theater rangieren. Er wird einerseits die Vielseitigkeit des Films besitzen, andererseits wird er die musikalischen und sprachlichen Darbietungen, die uns Theater und Oper übermitteln, mit einschließen. Politiker, Gelehrte und Wissenschaftler können zu den weitesten Kreisen des Volkes sprechen, er wird ein wichtiges Agitations- und Propagandamittel sein"[65]. Diese elf Jahre vor dem Aufbau von Goebbels Propagandaministerium geäußerte Auffassung stand nicht allein. An einer anderen Stelle heißt es: „Es wäre gewiß sehr wertvoll, wenn wir Paganini und Liszt und Josef Joachim in Bild und Ton aufbewahrt hätten. Wertvoll für ein Konservatorium, für ein Archiv der Musikgeschichte. Man könnte da Technik studieren, Bogenstrich und Fingersatz und Pedaltritt. Wir könnten auch, wenn die Aufnahme des Sprechtons sich vervollkommnet, Bismarck und Eugen Richter und Bebel als Redner auftreten lassen. Welche Möglichkeiten der Propaganda! Jede Partei ließe ihren toten Cid voranreiten, in Ermangelung eines lebenden. Ich aber, wenn man mir durchaus die Ehre erweisen wollte, möchte so wenig in Bildton wie in Spiritus konserviert werden"[66].

Den überwiegend positiven Bewertungen des „tönenden" Films widerspricht Herbert Ihering. Er eröffnet seinen Beitrag über die von dem Erfinder-Trio veranstaltete Vorführung mit dem prophetischen Satz: „Als es gelang – und daß es gelang, sahen wir am Sonntag in der 'Alhambra' –, den Film sprechend zu machen, hörte der Film auf zu existieren". Weit über die Premiere hinausblickend verdeutlicht er im folgenden seine Auffassung, indem er den stummen mit dem Tonfilm vergleicht. Letzterer „deutete die Bewegungsgesetze der photographischen Laufbilder schöpferisch um und nahm den Zwang zur Verkürzung in den menschlichen Körper hinüber. Das, was dem Körperausdruck durch die menschliche Photographie an Unmittelbarkeit und sinnlicher Lebendigkeit verloren geht, gewinnt er an Elastizität, an Tempo, an Präzision. Der dynamische Wechsel, der springende Rhythmus treten an die Stelle der organischen Fülle". Dagegen ist der sprechende Film nach Meinung des Autors „nicht nur deshalb eine Gefahr, weil er das Seelischste und Geistigste, was Menschen verliehen ist: das Wort, mechanisiert, sondern auch deshalb, weil er die mit der Entwicklung des Kinos entstandenen Gesetze des Films selbst aufhebt. Der sprechende Film negiert gerade das, was der Bewegungsfilm erreicht hatte, um die Mechanisierung zu überwinden: die Verkürzung, den Rhythmus. Denn er zwingt den Darsteller, sich im Zusammenhang mit dem Wort zu bewegen. Der sprechende Film ist nichts anderes als reproduzierte Wirk-

---

[65] -et.: Der sprechende Film. Gestern Uraufführung in der Alhambra, in: Vossische Zeitung 18. 9. 1922, Nr. 442; vgl. auch: Kinematographisches. Der tönende Schatten, in: Neue Züricher Zeitung 1. 11. 1922, Nr. 1427, 143 Jg.
[66] Arthur Elösser: Der akustische Film, in: Frankfurter Zeitung 19. 9. 1922, Nr. 665, 67. Jg.

lichkeit. Der Bewegungsfilm steht – in seinen eigenen Gesetzen – als etwas Neues neben der Wirklichkeit"[67].

Diese Äußerungen Iherings fielen innerhalb des „Berliner Börsen-Couriers" – anders als bei den übrigen zitierten Stimmen – im Rahmen einer mehrwöchigen Diskussion über das Verhältnis von Dichtung und Film[68]. Die sehr differenzierten Auffassungen verdeutlichten exemplarisch die unterschiedlichen Positionen deutscher Intellektueller zum Film zu Beginn der 20er Jahre. Mehrere sahen in der Bindung des Films an das Kapital und in dessen permanenten Versuchen, einen Massengeschmack zu bedienen, um Gewinne zu erzielen, den entscheidenden Grund, ihre Mitarbeit beim Film zu verweigern[69]. Andere sahen auf Grund der fehlenden Sprache bzw. in der Verbindung beider Aspekte[70] keine Möglichkeit, Filmmanuskripte zu erstellen[71]. Eine weitere Gruppe schließlich sah das Hauptproblem im Verhältnis von Dichtung und Film in dem grundsätzlich anderen Herangehen an Filmmanuskripte etwa im Vergleich zu Romanen oder Theaterstücken: „Das Geheimnis der Filmdichtung ist ... nicht Bestehendes, außerhalb des Films Erfundenes film'mäßig' herzurichten, sondern aus dem Wesentlichen des Films selbst, dem bewegten Bild, dem sinnlich wahrnehmbaren Vorgang, der freilich neu sein muß, heraus zu erfinden. Nicht die Handlung darf als Grundschema vorausgesetzt, sondern sie muß als Reihe anschaulicher Vorgänge, die, wenn der Film nachhaltig wirken soll, möglichst wenig voraussetzen, konzipiert und dargestellt werden. Denn nicht die Handlung an sich, sondern ihr Zustandekommen ist es, das im Film eigentlich interessiert"[72].

Die hier formulierten Anforderungen an ein Filmmanuskript und dessen filmische Umsetzung bestehen beim Tonfilm in dieser absoluten Weise nicht. Insofern ist die schon 1922 erkennbare Ablehnung des sogenannten sprechenden Films durch Ihering vor allem einem Filmverständnis geschuldet, das die Spezifik des Mediums in der neuen und eigenen Art der Darstellung von Handlungsabläufen sieht. Dieser Gedanke impliziert, daß

---

[67] Herbert Ihering: Der akustische Film. Alhambra, in: Berliner Börsen-Courier 19. 9. 1922, Nr. 439, 54. Jg.
[68] d. h. Stummfilm
[69] vgl. u.a. Lothar Schmidt: Reform des Kinodramas, in: Berliner Börsen-Courier 29. 8. 1922, Nr. 403, 54. Jg.; Hans Johst: Deutsche Dichter über den Film, in: ebenda 24. 9. 1922, Nr. 449; Egon Friedell: Zur Frage der Filmdichtung, in: ebenda 8. 10. 1922, Nr. 473
[70] vgl. u. a.: Alfred Döblin: Deutsche Dichter über den Film, in: Berliner Börsen-Courier 14. 9. 1922, Nr. 431
[71] vgl. u. a.: Hans J. Rehfisch: Deutsche Dichter über den Film, in: ebenda 24. 9. 1922, Nr. 449;
[72] Balthasar: Das Dichten in Vorgängen, in: ebenda 29. 10. 1922, Nr. 509; vgl. auch: Ein Brief Romain Rollands, in: ebenda 10. 9. 1922, Nr. 425; Iwan Goll: Dichter und Film, in: ebenda 15. 9. 1922, Nr. 433; Alfred Polgar: Der Filmdichter, in: ebenda 20. 9. 1922, Nr. 441

es dem Kinozuschauer in viel stärkerem Maße als im Zeitalter des Tonfilms oder etwa im zeitgleichen Theater möglich ist, seine eigenen Gedanken und Interpretationen in die Handlungen einzubringen. Insofern berührten die unterschiedlichen publizistischen Standpunkte zu der von Vogt, Massolle und Engl veranstalteten sonntäglichen Matinee in der Alhambra von Beginn des Tonfilms an vor allem das jeweilige darstellerisch-ästhetische Grundverständnis von Film und Kino.

Die Reaktion der Branchenpresse auf die technische Seite der Vorstellung im Alhambra-Kino war übereinstimmend positiv. Allerdings schien den Kommentatoren, die alle das Thema auf den hinteren Seiten ihrer Blätter abhandelten, kaum vorstellbar, daß der Tonfilm den stummen eines Tages ablösen würde. Am deutlichsten formulierte dies Heinrich Fraenkel in der „Lichtbild-Bühne". Auf die selbst gestellte Frage, was mit dem Tonfilm und anderen Weiterentwicklungen des Films für diesen und die Filmindustrie gewonnen wäre, antwortete er eindeutig: „Nichts! Das Gegenteil zu behaupten hieße das Wesen der Filmkunst völlig verkennen. Film ist nie und nimmer photographiertes Theater. Der Film entbehrt nicht das Wort, sondern muß freiwillig darauf verzichten, weil er nur in der Stummheit den stärksten seinem Wesen adäquaten künstlerischen Ausdruck finden kann. Nicht trotzdem er des Wortes ermangelt, ist ein Film gut, sondern weil er darauf verzichten konnte und mußte. Die Filmkunst darf den akustischen Film nie beachten; denn des künstlerischen Films Wesenheit und Hauptstärke liegt – in seiner Stummheit"[73]. Im Gegensatz zu dem apodiktischen Plädoyer für den Stummfilm argumentierte „Der Film" sehr viel vorsichtiger. Er stellte fest: „Für die Filmindustrie wird sich aus dieser Weiterentwicklung ein entscheidendes Moment ergeben, denn zweifellos hat der akustische Film für das Lichtspieltheater eine wesentliche Bedeutung. Trotz aller Bedenken, die an sich der Verwendung im Kino entgegenstehen, wird der sprechende Film nach seiner Fortentwicklung ein maßgebender Faktor für die gesamte Filmbranche werden"[74]. Der „Film-Kurier" sah im Tonfilm, der auf Grund unterschiedlicher Sprachgebiete nur sehr begrenzt als Spielfilm einsetzbar sei, zukünftig primär einen Konkurrenten des Grammophons, „denn er gestattet die Aufzeichnung sehr langer Tonstücke auf ganz schmale Bänder. Es ist also z. B. möglich, hierauf neue Hausmusikapparate aufzubauen". Des weiteren sah er ein Anwendungsgebiet in der musikalischen Untermalung der stummen Filmszenen: „So ist es möglich, im kleinsten Dorfe mittels des akustischen Films ein großes Orchester zu ersetzen. Eine dritte Einsatzmöglichkeit sah er in der Aufzeichnung von Theaterstücken und als zeitgeschichtliche Urkunde: „Aufnahmen bedeutender Persönlichkeiten und großer Ereignisse, die Bild und Ton zugleich erhalten,

---

[73] Heinrich Fraenkel: Bild und Ton. Zur Vorführung akustischer Filme in der Alhambra, in: LBB 23. 9. 1922, Nr. 39, 15. Jg.
[74] Dr. Th.: Der akustische Film, in: Der Film 24. 9. 1922, Nr. 39, 7. Jg.

haben unvergleichlich höheren Archivwert, als die bisherigen Urkunden dieser Art"[75]. Wie auch den Kommentatoren der Tagespresse erschien dem „Film-Kurier" viertens ein Einsatz des Tonfilms für die industrielle Werbung und die politische Propaganda ebenso denkbar wie in der Form des Lehrfilms[76]. Auch „Der Kinematograph" sah im letztgenannten Punkt die eigentliche Zukunft des Tonfilms und stellte in bezug auf die zukünftige Lichtspielentwicklung lapidar fest: „Daß die akustischen Filme unsere bisherigen tonlosen Filme verdrängen könnten, ist wohl ausgeschlossen und wahrscheinlich auch gar nicht bezweckt"[77].

In der Folgezeit war der Tonfilm für die Presse kein Thema mehr. Insofern waren die zitierten Äußerungen ausschließlich ereignisbezogen und blieben, wie auch der Tonfilm selbst, für die gesamte Filmindustrie zunächst folgenlos.

Vogt, Massolle und Engl waren nicht die einzigen, die zu diesem Zeitpunkt mit dem Tonfilm experimentierten. Bereits am 17. Februar 1921 hatte der schwedische Ingenieur Sven Berglund in seiner Heimat Proben des von ihm entwickelten „Photophons" zur Herstellung von akustischen Filmen in der Öffentlichkeit demonstriert und damit zum ersten Mal Lichttonfilme öffentlich vorgeführt[78]. Auf dem Gebiet des Nadeltonfilms arbeitete zur gleichen Zeit auch Kurt Breusing, der zu diesem Zweck 1920 die Studiengesellschaft Breusing GmbH gegründet hatte[79]. Während der Filmaufnahme mit diesem System waren die Welle der Kamera und die Antriebsvorrichtung der Schallaufnahme, für die Tonplatten von vier Minuten Spieldauer genutzt wurden, elektrisch gekoppelt. Die Tonwiedergabe erfolgte über Schallplatten, die auf zwei abwechselnd laufende Plattenteller gelegt wurden. Eingeschaltet wurde das System, das mit dem Projektionsapparat fest verbunden war, über ein Röhrenrelais. Die Schutzrechte an diesem Tonfilmverfahren hielt der Mitarbeiter der Studiengesellschaft, Heinrich Bolten-Baeckers, der sich bereits vor dem Ersten Weltkrieg mit dem Nadeltonverfahren beschäftigt hatte[80]. Am 11. Juni 1923 führte Kurt Breusing die Ergebnisse seines Systems erstmals öffentlich vor[81], ohne eine vergeichbare Resonanz wie Vogt, Massolle und Engl zu erzielen.

---

[75] Ähnlich war bereits 1903 argumentiert worden. Damals hieß es: „Die Verhandlungen unserer Parlamente und Gerichtstribunale werden künftigen Geschlechtern dank dem Biophon erhalten bleiben und ganz besondere historische Genüsse bereiten". Apollo-Theater, in: Staatsbürger-Zeitung 5. 9. 1903, Nr. 284, 39. Jg.

[76] Hans Pander: Der sprechende Film. Eine Meisterleistung der deutschen Technik, in: FK 18. 9. 1922, Nr. 204, 4. Jg.

[77] J.U.: Akustische Filme, in: Der Kinematograph 24. 9. 1922, Nr. 814, 16. Jg.

[78] Kinematographisches. Der tönende Schatten, in: Neue Züricher Zeitung 1. 11. 1922, Nr. 1427, 143 Jg.

[79] Umbehr, a. a. O., S. 71

[80] SAA 4 / Lf / 706

[81] Marksteine der deutschen Tonfilmgeschichte. Zusammengestellt von Hans L. Böhm, in: Die Kinotechnik 20. 8. 1933, Nr. 16, 15. Jg.

1.3. Die Weiterentwicklung des Tri-Ergon-Verfahrens nach der Uraufführung

Die Entwicklung des Tri-Ergon-Tonfilmprojekts bis zu seinem ersten öffentlichen Erfolg wurde überwiegend von der Lorenz AG finanziert. Da sich die Filmindustrie in der Folgezeit an dem Tonfilmprojekt desinteressiert zeigte, schwand das Interesse der Firma an einer Weiterentwicklung der Apparaturen. Sie stellte alle weiteren Zahlungen ein. In Gegenleistung für die bereits gezahlten Darlehen sicherte sich Lorenz die Verwertung aller für die Elektrotechnik interessanten Patente. Infolgedessen blieben die Patentrechte, soweit sie den Film betrafen, bei dem Erfinder-Trio. Dieses zeigte seine Bildtonfilme in der Folgezeit mit großem Erfolg in anderen deutschen und österreichischen Städten sowie in der deutschsprachigen Schweiz[82].

Durch die Vermittlung von Erich Fischer, der Vogt, Massolle und Engl bei der Zusammenstellung ihres Programms künstlerisch beraten hatte, wurde das Erfinder-Trio mit Fischers Onkel, Rechtsanwalt Dr. Arthur Curti, bekannt. Dieser gründete mit Hilfe der Seidenfirma Iklé und Schweizer Banken ein Konsortium. Auf dem Höhepunkt der galoppierenden Inflation in Deutschland fand am 5. Juni 1923 im Berliner Laboratorium von Vogt, Massolle und Engl eine Gesellschafterversammlung statt. In ihrem Verlauf wurden dem Konsortium unter Curtis Leitung für eine Million Schweizer Franken der gesamte Erfindungskomplex einschließlich der Apparaturen sowie der in- und ausländischen Patentrechte übertragen. Die Erfinder, die in der Folgezeit ihre Arbeiten an der Vervollkommnung des Systems fortsetzten, blieben künftig mit zusammen 10 Prozent an den Bruttoeinnahmen beteiligt. Zugleich erhielt jeder der drei für seine weitere Arbeit ein monatliches Gehalt von 1 000 Schweizer Franken und dreieindrittel Prozent der Bruttoeinnahmen der neuen Gesellschaft unter Abzug der Einnahmen für die Tonfilme. Dieser Vertrag blieb bis Anfang 1924 gültig. Im Januar und Mai des gleichen Jahres handelten die Tri-Ergon AG und das Erfinder-Trio jeweils neue Arbeitsverträge aus, wobei letztere jeweils auf einen Teil ihrer Einnahmen verzichten mußten[83].

Bereits am 17. November 1923 hatte das Reichsgericht die erste in einer langen Reihe von Patentklagen, die im Kontext der Umstellung des Stummfilms auf den Tonfilm geführt wurden, entschieden. Geklagt hatte die Firma Dr. Georg Seibt auf ein Miteigentum an insgesamt drei Reichspatenten und eine Patentanmeldung. Im Urteilsspruch wurde der Firma ein Viertel Miteigentum an den Patenten zugestanden. Nach der gerichtlichen Klärung erhob der Inhaber der Firma, Dr. Georg Seibt, weitere Ansprüche auf Patentanmeldungen der Tri-Ergon AG wegen widerrechtlicher Entnahme

---

[82] BArch R 109 I / 164, vgl. auch: Vogt, a. a. O., S. 64
[83] Vogt, a. a. O., S. 86 f.

durch das Trio während ihres Beschäftigungsverhältnisses in den Jahren 1918/19. Der Streit wurde durch einen Vergleich am 25. März 1925 beendet. Danach übertrug Seibt seine Anteile an den umstrittenen Patenten an die Tri-Ergon AG und verzichtete auf die Rückerstattung der bisher auf der Basis dieser Patente erzielten Einnahmen. Im Gegenzug verpflichtete sich die Schweizer Firma, bis 1938 alle Kathodenröhrenverstärker einschließlich der Photozelle und der Statophone bei Seibt zu bestellen, soweit sie für Tonfilmapparaturen im Deutschen Reich benötigt würden[84].

Vor dem Vergleich, am 11. Januar 1924, fand im Berliner Marmorhaus erneut eine öffentliche Vorführung von Tonfilmen statt. Sie demonstrierte, „daß die drei Erfinder in der Zwischenzeit fleißig, sehr fleißig gearbeitet haben, und es ihnen gelungen ist, weitere Unstimmigkeiten zu vermeiden"[85]. Um ihre Versuche weiter finanzieren zu können, bot das Trio über Annoncen parallel zu den Vorführungen in der Branchenpresse ihre Produkte auch anderen Lichtspielhäusern an[86]. In der Folgezeit zeigten Vogt, Massolle und Engl ihre Filme in vielen Städten des Reiches. Auf Grund der komplizierten Vorführtechnik mußten Mitarbeiter der Firma Tri-Ergon-Film diese nicht nur in den jeweiligen Lichtspielhäusern auf- und abbauen, sondern auch die Programme selbst vorführen, da die Durchschnittsoperateure in den Kinos dazu nicht in der Lage waren[87].

Beeindruckt von dem Erfolg dieser Tourneen, schlossen die Tri-Ergon-AG und die Ufa Ende Januar 1925 einen Lizenzvertrag über die Produktion von Tonfilmen im Zeitraum von 15 Jahren. Das Abkommen galt zunächst für Deutschland, wurde aber später auf die Weltrechte ausgedehnt. Es legte zunächst genau die Höhe der an Tri-Ergon zu zahlenden Lizenzgebühren fest. Sie sollten von 90 000,- RM im ersten Jahr bis auf 450 000,- RM im fünften Jahr jährlich angehoben werden und in dieser Höhe auch die folgenden zehn Jahre gezahlt werden. Der Filmkonzern verpflichtete sich, bis zum 1. März 1925 eine Ufa-Tri-Ergon-Sprechfilm-Abteilung als besondere Abteilung ihres Geschäftsbetriebes zu eröffnen[88]. Des weiteren sollte das Unternehmen zunächst bis zum 31. Dezember 1925 schalldichte Atelierräume, einen Vorführraum, Möglichkeiten zum Kopieren und Entwickeln von Filmen sowie Spezialisten zur Herstellung von Tonfilmen zur Verfügung stellen. Schließlich erklärte sich die Ufa bereit, die beim Filmprojekt eingesetzten Mitarbeiter der Tri-Ergon während ihrer Arbeit bei den Filmaufnahmen zu bezahlen[89]. Um die Tonfilme in den Lichtspielhäusern vorführen zu können, bestellte die Ufa bei der Tri-Ergon sechs Vorführapparate, mit denen einige der großen Berliner Ufa-Theater, so Weinbergsweg,

---

[84] BArch R 109 I / 164
[85] Der sprechende Film, in: Der Film 27. 1. 1924, Nr. 4, 9. Jg.
[86] vgl. u. a. Reichsfilmblatt 26. 1. 1924, Nr. 4, 1. Jg. S. 88
[87] Der sprechende Film, in: Die Sendung 28. 12. 1924, Nr. 23, 1. Jg.
[88] BArch R 109 I / 164
[89] Ebd.

Königsstadt, Turmstraße, Tauentzien-Palast und Mozartsaal, ausgestattet wurden. Des weiteren erhielt das zukünftige Tonfilmatelier Weißensee einen Vorführungsapparat, zwei Aufnahme-Apparate sowie zwei Kopiermaschinen. Der Gesamtwert der Bestellung belief sich auf 124 000,- RM[90].

Die Ufa engagierte sich zu diesem Zeitpunkt nicht nur für das Tri-Ergon-Verfahren. Unter Berücksichtigung gleichzeitiger Entwicklungen in den USA verdeutlichte die zeitliche Nähe der ersten Präsentationen von Sprechfilmen im Nachkriegseuropa, daß mehrere Systeme zur Tonfilmherstellung miteinander konkurrierten. Auch wenige Jahre später war nicht absehbar, welches System sich endgültig durchsetzen würde. Insofern konnte sich die Ufa als eine an diesen Entwicklungen interessierte Firma Mitte der 20er Jahre nicht ausschließlich an ein Verfahren binden, wollte sie nicht Gefahr laufen, möglicherweise das falsche Tonfilmsystem zu unterstützen. Jede frühe Präjudizierung eines Verfahrens hätte möglicherweise bedeutet, daß alle diesbezüglichen Investitionen in die Forschung und Entwicklung umsonst, zumindest aber von geringem Wert gewesen wären. Unter diesen Voraussetzungen war es von seiten der Ufa konsequent, neben dem Tri-Ergon-Verfahren auch das Breusing-Verfahren zu unterstützen. In einem Mitte der 20er Jahre zwischen Ufa und Bolten-Baeckers geschlossenen Vertrag verpflichtete sich die Ufa, für die Proben ein Ufa-Theater nebst Bedienungsmannschaft, ein Orchester und ein kleines Filmatelier zur Verfügung zu stellen. Insgesamt blieb das Engagement der Ufa in bezug auf das Nadeltonverfahren jedoch zurückhaltend. So entstanden der Filmfirma aus dem ersten Vertrag mit der Breusing GmbH, der am 1. September 1926 auslief, nur Kosten in Höhe von etwa 11 300,- RM[91].

Die Ufa konnte die der Tri-Ergon vertraglich zugesicherten Termine nicht halten. Deshalb verschob sie die Gründung der Tri-Ergon-Abteilung zunächst auf den 1. Mai und dann noch einmal auf den 1. Juli 1925. Die künstlerische Leitung übertrug die Ufa dem Mitarbeiter ihrer Musikabteilung, Guido Bagier. Mitte Juli 1925 wurde der Vertrag zwischen beiden Firmen dahingehend erweitert, daß sich die Tri-Ergon mit finanzieller und logistischer Unterstützung der Ufa verpflichtete, innerhalb der folgenden 15 Monate eine Vorführkampagne in den USA mit dem Ziel zu starten, die Tonfilmpatente dort zu verwerten[92].

Die Zusammenarbeit zwischen Ufa und Tri-Ergon gestaltete sich schwierig. So verlangte die Filmfirma im September von Massolle, der mit ihr einen Beratervertrag hatte, ihren Gästen aus Hollywood Auskunft über den Stand der deutschen Tonfilmproduktion zu geben. Der Erfinder weigerte sich zwar erfolgreich, mußte aber danach auf Betreiben der Geschäftsleitung des Konzerns gegen Engl ausgetauscht werden. Einen weite-

---

[90] Ebd.
[91] BArch R 109 I / 1026b Bl. 109
[92] BArch R 109 I / 164

ren Reibungspunkt bildete das Studio. Die Ufa bot zunächst eines ihrer Studios in Babelsberg an. Dieses verfügte nicht über den notwendigen Schallschutz. Die Aufnahmen für das Tonfilmprojekt wurden durch die naheliegende Bahnlinie sowie vor allem durch den Drehbeginn zu *Metropolis* (Regie: Fritz Lang) und den mit den Filmaufnahmen verbundenen Lärm gestört. Infolgedessen mußte die Tonfilmabteilung der Ufa, die zu diesem Zeitpunkt bereits 30 Mitarbeiter beschäftigte, in das Atelier nach Berlin-Weißensee umziehen.

Der Aufbau der Ufa-Tri-Ergon-Sprechfilm-Abteilung im Sommer 1925 fiel mit der Spiegelung der ersten Krisensymptome in den Ufa-Bilanzen zusammen[93]. Diese waren überwiegend einer falschen Markteinschätzung nach der Währungsstabilisierung geschuldet. Die Produktionsabteilung konzentrierte sich auch nach 1923 vor allem auf finanziell aufwendige Ausstattungsfilme, da die Spitze des Unternehmens davon überzeugt war, nur auf diese Weise mit Hollywood international konkurrieren zu können[94]. Des weiteren investierte der Konzern 1924/25 in seinen Theaterbesitz, den er vor allem im europäischen Ausland ausdehnte[95]. Eine Filialgründung auf dem amerikanischen Kontinent rundete die diesbezüglichen Auslandsaktivitäten der größten deutschen Filmfirma 1925 ab[96]. In Kontinuität von Vorstellungen der Ufa-Gründungsväter – denen ein „mitteleuropäischer Film-Block" vorschwebte[97], um ausländische Filme vom Markt fernzuhalten – zielte die Unternehmenspolitik nach 1923 auf nationaler Ebene auf die Verhinderung von amerikanischen Filialgründungen in Deutschland[98].

Vor allem die Konzentration auf kostspielige Spielfilmproduktionen, deren Produktionskosten zum Teil deutlich über dem geplanten Umfang lagen, führte zu einem Spielfilmmangel innerhalb der Ufa bei einem sich gleichzeitig abzeichnenden Überangebot an Spielfilmen auf dem deutschen Markt. Infolgedessen amortisierten sich die Spielfilme wesentlich langsamer und nicht in dem Maße, wie es der konzerneigene Verleih geplant hatte[99]. Dem aus einer falschen Markteinschätzung und fehlerhaften be-

---

[93] Jossé nennt die Kostenüberschreitung im Zusammenhang mit dem Film *Metropolis* als Ursache für das erste Sparprogramm der Ufa. Jossé, a. a. O., S. 208. Dies ist nicht richtig, denn die Höhe der diesbezüglichen Kostenüberschreitungen waren 1925/ Anfang 1926 noch nicht zu überblicken. Im Folgenden wird daher stichpunktartig die finanzielle Situation der Ufa, die in diesem Zusammenhang auch von Kreimeier, Die Ufa-Story, S. 211 völlig vernachlässigt wird, dargestellt.
[94] BArch R 8119 / 19066 Bl. 17
[95] BArch R 8119 / 19066 Bl. 16; vgl. auch: Kallmann, Konzernierung, S. 27; Traub (Hg.), Die Ufa, S. 57 f.
[96] BArch R 109 I / 380
[97] BArch R 901 Zentralstelle für Auslandsdienst / 974 Bl. 10 f.
[98] BArch R 8119 / 19066 Bl. 17
[99] Der Aufsichtsratsvorsitzende der Ufa, von Stauss, bezifferte im April 1927 die Kosten für die Budgetüberschreitungen der Produktion mit 15 Millionen RM und die Mindereinnahmen des Verleihs gegenüber der erwarteten Summe mit 30 Millionen RM. BArch R 8119 / 19066 Bl. 293

triebswirtschaftlichen Vorgaben resultierenden Mangel an liquiden Mitteln versuchte die Ufa zunächst durch Sparauflagen innerhalb des Konzerns zu begegnen.

Zu den ergriffenen Maßnahmen zählte trotz der bisher geleisteten Investitionen auch der Verzicht auf die Produktion des geplanten Großfilms im Tonfilmatelier von Weißensee. Statt dessen plante man nun, einen kurzen, etwa 20minütigen Film im Vorprogramm zu zeigen. Letztendlich bedeutete dies eine Reduzierung des Tonfilmprogramms auf eine Wiederholung der Tri-Ergon-Vorstellung vom Januar 1924. Die Abteilung reichte am 30. Oktober das von Hans Kyser geschriebene Manuskript und die Kalkulation zu dem Weihnachtsfilm nach dem gleichnamigen Andersen-Märchen *Das Mädchen mit den Schwefelhölzern* bei den zuständigen Stellen der Ufa ein. Am 28. November erhielt Guido Bagier, der die Regie bei dem geplanten Film führte, die Drehgenehmigung. Trotz der zeitlichen Verzögerungen beharrte die Geschäftsleitung darauf, ihren ersten Tonfilm im Zuge des Weihnachtsgeschäfts aufzuführen. Engl hielt den geplanten Dezembertermin für unrealistisch, während Bagier meinte, der Termin müsse gehalten werden, um das Interesse der Ufa am Tonfilm wachzuhalten. Seine Auffassung war nicht unbegründet, denn die Filmindustrie insgesamt zeigte nur wenig Interesse am Tonfilm, von dessen „verheerender Wirkung" 1925 eine Mehrheit in der Filmbranche überzeugt war. Befürchtet wurde vor allem der Verlust der Internationalität des Mediums. Andere Stimmen machten geltend, daß mit der Einführung des Tonfilms ein tiefgreifender Wechsel der Schauspieler notwendig wäre und der allgemeine Medien- und Erzählcharakter des Films verloren ginge. Eine wahrscheinlich singuläre Stimme meinte, daß unvermeidlich „beim sprechenden Film die Stimme des Regisseurs mit seinem etwaigen 'Donnerwetter' in den Text hineinkommt."[100]

Der Spielfilm *Das Mädchen mit den Schwefelhölzern* wurde völlig akustisch durchkomponiert. Er schilderte die Wunschträume eines Proletariermädchens. Gezeigt wurden vor allem Variationen über das Thema Weihnachten: Weihnachten auf der Straße, auf dem Marktplatz, im Wald und in der Kirche. Es wurden demnach Bilder ausgewählt, die es ermöglichten, eine Vielzahl unterschiedlicher Geräusche und Töne unter Einschluß von Chormusik, die wie auch alle anderen Musikstücke für den Film komponiert worden waren, aufzunehmen. Allein für die Chormusik hatte Bagier den Knabenchor des Staatstheaters, den Domchor und den Kittelschen Chor mit seinen 300 Mitgliedern engagiert. Für die Instrumentalmusik wurde ein eigenes Orchester zusammengestellt. Der Dominanz des Tones, zu der auch Straßenlärm in seinen verschiedenen Ausprägungen gehörte, war auch die Schauspielregie unterworfen. Diese verlangte, daß die Schauspieler ihre Bewegungen dem Zeitmaß und dem Rhythmus der Mu-

---

[100] Paul Diner-Dénes: Wovon man nicht spricht (Der sprechende Film), in: LBB 25. 4. 1925, Nr. 57, 18. Jg.

sik anpaßten, d. h. die Bilder illustrierten mehr oder weniger den Ton. In den späteren Filmkritiken wurde Bagier dies als schwache Regieleistung mehrfach vorgeworfen.

Die Dreharbeiten zu dem Spielfilm verliefen überhastet und wurden von einer Reihe unvorhergesehener technischer Probleme begleitet. Die Uraufführungskopie konnte erst eine halbe Stunde vor der Premiere fertiggestellt werden. Auf eine Abnahmekontrolle des 506 m langen Streifens mußte unter diesem Zeitdruck verzichtet werden. Die Vorführung des Films im Mozartsaal gestaltete das Debakel zum Ereignis: „Der Ton wird leiser und leiser, – das Publikum unruhiger und unruhiger ... die Statosphone geben statt Musik nur noch ein brüllendes Geräusch von sich ... unser wundervoller Schlußchor geht in dem Zischen und Geknatter der Lautsprecher unter, – das Publikum beginnt mitzuspielen, – es ertönen Zwischenrufe: 'Schluß!', – und in einem Gemisch von Gelächter und Protestrufen endet die Vorführung!!"[101] Der Spielfilm wurde noch an den folgenden zwei Tagen gezeigt und dann abgesetzt.

Die überregionale Berliner Tagespresse verschwieg diesen Vorfall. Statt dessen berichtete sie ausführlich über die Wiedereröffnung des Kinos „Capitol" und den zur Eröffnung in deutscher Erstaufführung gezeigten Spielfilm *The Thief of Bagdad* (Regie: Raoul Walsh) mit Douglas Fairbank in der Hauptrolle. Die Branchenpresse urteilte wie schon im September 1922 entsprechend ihrer prinzipiellen Einstellung zu dem neuen Medium: „Der Film" ging in seiner Besprechung auf den zeitweiligen Tonausfall nur indirekt ein. Statt dessen hob er hervor, daß die Klangqualität des Films der eines guten Radiogerätes entspräche. Zugleich verweist er in seiner überwiegend positiven Kritik darauf, daß das Hauptproblem zukünftiger Tonfilme in der Übereinstimmung von Körperhaltung der Schauspieler und den entsprechenden musikalischen Einspielungen bzw. Geräuschen liegen würde[102]. Das „Reichsfilmblatt" benannte nur die Mängel der Vorführung, hielt sie allerdings für überwindbar. Es bedauerte jedoch vor allem die relativ anspruchslose Regie[103]. Völlig unentschieden reagierte der „Film-Kurier" auf das Experiment: „Über die Entwicklungsmöglichkeiten dieser Erfindung, gleichgültig wie weit sie heute noch von ihrer absoluten Vollendung entfernt ist, zu reden, erscheint vollkommen überflüssig, da sich jeder Fachmann klar machen sollte, daß im allgemeinen zwar der Film eine stumme Kunst ist und auch bleiben soll, aber oft ihm das Wort, der Laut fehlt: Man denke nur an hochdramatische Momente, deren Sprache heute noch in mehr oder minder langen, mehr oder minder passenden und die Stimmung zerreißenden Titeln wiedergegeben wird, man denke an kulturelle The-

---

[101] Bagier, Das tönende Licht, S. 420 f.
[102] W.: Das Mädchen mit den Schwefelhölzchen, in: Der Film 24. 12. 1925, Nr. 51/ 52, 10. Jg.
[103] h.: Das Mädchen mit den Schwefelhölzern, in: Reichsfilmblatt 23. 12. 1925, Nr. 51 / 52

relle Themata, fremde Völker und Sitten, seltene Tiere, kurzum alles das, was wirksam das Bild unterstützen könnte"[104]. Dagegen gab die „Lichtbild-Bühne" am Ende einer ausschließlich negativen Kritik der Ufa den Rat: „So leid es uns tut, ungeheure und interessante Arbeit für wertlos erklären zu müssen, wir möchten davor warnen, weitere Gelder in eine anscheinend verlorene Sache zu stecken. Für rein wissenschaftliche Zwecke mag sie unbedingt gut sein; der Film wird in seiner Stummheit und Farblosigkeit sehr wahrscheinlich künstlerisch den Höchststand bewahren"[105].

Wenige Tage nach dem Debakel mit dem ersten Ufa-Tonfilm, am 29. Dezember 1925, sah sich die Geschäftsleitung des Konzerns gezwungen, weitere Verluste auszugleichen. Dies gelang nur mit einem Dahrlehns- und Kooperationsvertrag mit den beiden amerikanischen Firmen Metro-Goldwyn Pictures Corporation und der Famous Players-Lasky Corporation: das sogenannte Parufamet-Abkommen wurde abgeschlossen. Im Rahmen dessen erhielt das deutsche Unternehmen von jeder der beiden amerikanischen Firmen 2 Millionen US $ zu einem Zinssatz von 7 1/2 Prozent für zehn Jahre geliehen. Als Sicherheit bot die Ufa Hypotheken auf eigene Grundstücke und Gebäude[106]. Die amerikanischen Firmen verpflichteten sich, ein bis zwei Filme in Deutschland pro Jahr im Gesamtwert von etwa 400 000 US $ zu drehen[107]. Die drei Unternehmen einigten sich auf die Gründung der Ufa-Paramount-Metro Verleihbetriebe GmbH für die gemeinsame Auswertung deutscher und amerikanischer Filme in den Theatern der beteiligten Filmfirmen[108]. Entsprechend dem Vertrag mußte die Ufa zunächst 75 Prozent, später 50 Prozent der Spielzeit ihrer Kinos mit je zwanzig Spielfilmen der drei Partner pro Jahr bespielen. Die amerikanischen Firmen ihrerseits erklärten sich bereit, unter der Voraussetzung, daß die Ufa-Filme den „geschmacklichen Bedürfnissen" des amerikanischen Publikums entsprächen, jährlich zehn Produktionen in den USA zur Aufführung zu bringen. Neben dem Parufamet-Vertrag schloß die Ufa Ende Dezember 1925 einen weiteren Vertrag mit der Hollywoodfirma Universal über die Lieferung von 20 Spielfilmen im Wert von 400 000 US $ ab. Dieser Vertrag enthielt auch ein Optionsrecht über weitere 20 Filme im Wert von 200 000 US $[109].

Am 1. Januar 1926 trat Ferdinand Bausback an die Stelle des bisherigen Produktionschefs der Ufa, Erich Pommer. Sein Assistent wurde Hans Hen-

---

[104] A.K.: Die Vorführtechnik des „Sprechenden Films" (U.-T. Mozartsaal), in: FK 19. 12. 1925, Nr. 298, 7. Jg.
[105] Dr. M-l.: Ein Versuch ... mit untauglichen Mitteln – oder am untauglichen Objekt?, in: LBB 19. 12. 1925, Nr. 261, 18. Jg.
[106] BArch R 109 I / 435
[107] BArch R 109 I / 103
[108] BArch R 109 I / 153
[109] BArch R 8119 / 19065 Bl. 46. Dieser Vertrag konnte später nach längeren Nachverhandlungen auf insgesamt 15 Spielfilme reduziert werden. BArch 80 IG 1 AW / 1098 Bl. 27

kel, der spätere Aufsichtsratsvorsitzende der Tobis. Die neue Konzernleitung verfügte die Verlagerung der weiteren Tonfilmexperimente von Weißensee in ein neues Laboratorium auf dem Ufa-Gelände in Tempelhof. Dort wurden die Arbeiten ab Mai 1926 weitergeführt.

Trotz weiterer Investitionen in die Tonfilmentwicklung lehnte die Ufa am 26. März 1926 eine Beteiligung an der mit Tri-Ergon Anfang Juli 1925 vereinbarten Amerika-Kampagne für den Tonfilm ab. Sie begründete ihren Entschluß mit dem „katastrophalen Mißerfolg, den der nach dem Tri-Ergon-Verfahren hergestellte Weihnachtsfilm gehabt hat" und der „Tatsache, daß die erhofften wesentlichen Verbesserungen des Verfahrens vollkommen ausgeblieben sind". Insofern fürchtete das Filmunternehmen, daß der geplante Amerikaaufenthalt zwangsläufig „zu einem vollkommenen Fiasko" führen würde[110]. Die in dem Schreiben vom März gleichfalls angekündigten Verhandlungen mit Tri-Ergon zogen sich bis Mitte September des gleichen Jahres hin. Zu diesem Zeitpunkt hatte die Ufa unter Bezug auf § 19a des Vertrages mit der Tri-Ergon AG bereits beschlossen, „ihre Tätigkeit auf dem Gebiete des sprechenden Films vorläufig" einzustellen und somit aus dem bestehenden Vertrag auszusteigen. Trotz dieser Ankündigung hatte die Ufa, die zu diesem Zeitpunkt „über das beste europäische Sprechfilmverfahren" verfügte[111], nicht die Absicht, sich völlig aus der Tonfilmentwicklung zurückzuziehen, sondern nur Interesse an der Änderung der Vertragsbedingungen. Deshalb verhandelte sie mit dem Züricher Unternehmen über eine mögliche Verlängerung der Schutzrechte für ein weiteres Jahr[112].

Für die Weiterentwicklung ihrer Tonfilmtechnologie verpflichtete die Ufa am 23. November 1926 Prof. Dr. Gustav Leithäuser vom telegraphischen Reichsamt, Abteilung Funkwesen, mit einem Zeitvertrag, die technische Oberleitung für die Herstellung eines neuen Tonfilmprogramms zu übernehmen. Für das Experiment hatte Bausback auf Nachfrage vom Aufsichtsratsvorsitzenden der Ufa und Direktor der Deutschen Bank, Emil Georg von Stauss, noch einmal rund 60 000,- RM erhalten[113]. Das Ergebnis dieser Anstrengungen führte die Filmfirma erstmals am 11. März 1927 im „Ufa-Theater Kurfürstendamm" öffentlich vor und beließ die Filmstreifen auch in den folgenden Tagen im Programm. Im Unterschied zu den ersten Tri-Ergon-Versuchen wurde bei diesen Produktionen nicht mehr ein „Kathodophon" zur Schallaufnahme, sondern mehrere statische Mikrophone mit unterschiedlicher Empfindlichkeit verwendet. Für die Aufzeichnung des Tons auf dem Filmstreifen wurde eine trägheitslose Ultrafrequenzlampe genutzt. Gezeigt wurden u.a. die Ouvertüre zu Mozarts

---

[110] BArch R 109 I / 164
[111] Niederländisches Filmmuseum Amsterdam (NF) NL Struve, Nr. 3
[112] BArch R 109 I / 164
[113] BArch R 8119 / 19066 Bl. 119 ff. Dieser Kostenvoranschlag wurde in etwa eingehalten. Insgesamt kosteten die Tonfilme 64 150,- RM. ebenda Bl. 250

„Figaros Hochzeit", ein Violinsolo, ein heiterer Vortrag und eine Arie. Trotz technischer Fortschritte konnte auch diese Vorführung nicht befriedigen. Die Programminhalte ähnelten noch immer den Tonbildern, wie sie Messter vor dem Ersten Weltkrieg aufgeführt hatte. Da im gleichen Zeitraum die Möglichkeiten der Stummfilmkamera um ein Vielfaches gewachsen waren, unterstrich die Vorführung auch den filmästhetischen Kontrast zwischen den relativ statischen Tonfilmbildern und der freibeweglichen Stummfilmkamera. Insofern konnten die Filme trotz der Novität des Tons nicht mit den Stummfilmen konkurrieren. Dies lag auch an der mangelnden technischen Qualität der Tonaufnahmen. In einer Kritik hieß es: „Gewiß bekommt man eine Vorstellung von der Güte des Gesanges oder des Violinsolos, aber das Klangbild wird verzerrt, wenn es auch unter sich die gleichen Proportionen behält. Außerdem werden die ganz hohen und ganz tiefen Töne verschluckt, und es wirkt seltsam, wenn man die Bässe spielen, die Pauken schlagen sieht, sie aber nicht hört"[114]. Nicht zuletzt verhinderte das relativ niedrige filmische Niveau einen besonderen Erfolg der Aufführung. Es kamen zwar viele Neugierige, um die Tonfilme zu sehen, aber ein besonders gewinnbringendes Geschäft wurde die Vorführung nicht[115].

Infolge der Vertragsveränderungen zwischen der Ufa und dem Züricher Unternehmen wurden am 1. April 1926 die Weltschutzrechte der Tri-Ergon-Patente vakant. Der amerikanische Vertreter der Seidenfirma Richard Iklé und Arthur Fischknecht in St. Gallen vermittelten Kontakte zwischen dem Schweizer Unternehmen und dem Fox-Direktor Courtland Smith über das deutsche Tonfilmverfahren. Nach dessen Überprüfung durch einen Mitarbeiter kaufte die Fox zunächst Apparatur für insgesamt 5 000,- Dollar. Im September erhielt William Fox, New York, die Tri-Ergon-Lizenz für Nord- und Mittelamerika. Im Gegenzug schloß die Tri-Ergon AG Zürich mit dem amerikanischen Unternehmen einen Vertrag über eine Beteiligung von 50 000 Dollar Vorzugsaktien und von 10 Prozent aller Stammaktien an der „American Tri-Ergon Corporation"[116]. Zur Einweisung der amerikanischen Techniker stellte die Tri-Ergon AG Jo Engl, der am 1. Februar 1926 zusammen mit Vogt und Massolle entlassen worden war, wieder ein[117].

Neben der Ufa interessierte sich die am 17. Juni 1925 gegründete Deutsche Tonfilm AG[118] für das Tonfilmgeschäft. Das Unternehmen verfügte über die Rechte an vier Patenten der dänischen Ingenieure Petersen und

---

[114] Werner Menzel, Auf dem Weg zum sprechenden Film. Ein neuer Tri-Ergon-Film der Ufa – Rundfunktechnik vervollkommnet die Erfindung, in: Funk 25. 3. 1927, Nr. 13, 4. Jg.
[115] BArch R 8119 / 19066 Bl. 240
[116] BArch R 109 I / 272
[117] Jossé, a. a. O., S. 237 f.
[118] BArch R 8135 / 3265 Bl. 11

Poulsen. Die Patente hatte die Firma von der Elektrical Fono Film Co. AS, Kopenhagen im Juli 1925 zur geschäftlichen Ausnutzung auf dem Gebiet Deutschlands und Österreichs erworben. Im Gegenzug verpflichtete sich die Tonfilm AG, alle Weiterentwicklungen ihrer Patente kostenlos dem dänischen Unternehmen zur Verfügung zu stellen. In dem entsprechenden Abkommen wurde des weiteren festgelegt, daß die Gesellschaften Société Française des Films Parlants, die Britischen Accustic-Films Ltd. sowie weitere Firmen, die die dänischen Rechte jeweils für ihr Land erworben hatten, mit den anderen ausländischen Partnern der Fono-Film nicht in Konkurrenz treten[119]. D. h. bereits mit dem Erwerb der Patentrechte verpflichteten sich die jeweiligen Unternehmen, auf den Export ihrer Tonfilme weitgehend zu verzichten. Insofern stützten diese Verträge inhaltlich das in den zeitgenössischen Diskussionen immer wieder gegen den Tonfilm hervorgehobene Argument vom Ende der Internationalität des Films.

Bei dem Petersen-Poulsen-Verfahren erfolgte die fotografische Aufnahme von Bild und Ton auf je einem Film, die während der Vorstellung synchron abgespielt wurden. Die dem IG Farben Konzern nahestehende Tonfilm AG hatte zunächst mit der Phoebus-Film AG einen Monopolvertrag zur Produktion von Tonfilmen abgeschlossen. In deren Berliner Kino Capitol führte die Deutsche Tonfilm unter dem Obertitel *Phoebus-Kabarett* am 30. November 1926 ihre auf dem Tonfilmgebiet erzielten Ergebnisse erstmals der Öffentlichkeit vor[120]. Die Vorführung erzielte die bis zu diesem Zeitpunkt besten Ergebnisse eines europäischen Verfahrens in der Tonwiedergabe. Dennoch verhielt sich das anwesende Publikum reserviert zurückhaltend bis ablehnend. Zwar hatte das *Phoebus-Kabarett* bei Aufführungen in einigen Provinzstädten großen Erfolg, dennoch „war man in dieser Zeit nicht nur in Filmkreisen, sondern auch in Kreisen der Kunst und Literatur der Auffassung, daß der Tonfilm sich nicht würde durchsetzen können"[121].

Im Ergebnis dieser Vorstellung schrieb Heinrich J. Küchenmeister, den die Ufa als Berater für spezielle akustische Fragen im Rahmen ihrer Tonfilmprojekte verpflichtet hatte, über den damaligen Stand der Tonfilmentwicklung in Europa in einem Brief vom 16. Januar 1927: „Alle Verfahren sind zur Zeit recht teuer in der Anschaffung und im Gebrauch ohne Zuverlässigkeit und vor allem unvollkommen in der technischen Wirkung"[122]. Um diesen Zustand zu ändern, sprach der Gründer und die führende Kraft innerhalb der Deutschen Tonfilm AG, Heinrich Brückmann, bei Emil Georg von Stauss vor, um ihm zunächst unverbindlich vorzuschlagen, die Kräfte beider Firmen auf dem Tonfilmgebiet zu bündeln, um Gelder für die Ent-

---

[119] BArch R 109 I / 990a
[120] Traub (Hrsg.), a. a. O., S. 82
[121] BArch R 109 I / 2421
[122] NF NL Struve Bd. 3

wicklung eines Tonfilmsystems zu sparen. In einem zweiten Gespräch, das am 18. Januar 1927 in Gegenwart des Direktors der Commerzbank, Curt Sobernheim, stattfand, unterbreitete Brückmann sehr konkrete Vorschläge, die auf die Bildung eines gemeinsamen Kartells hinausliefen. Dieses sollte in Zukunft die führende Rolle beider Firmen auf dem Gebiet des Tonfilms sichern. Stauss informierte den zu dieser Zeit nicht in Berlin anwesenden Ufa-Direktor Ferdinand Bausback von den Gesprächen[123]. Letzterem blieb infolge der Übernahme der Ufa durch die Hugenberg-Gruppe kaum Zeit, um in der von Brückmann vorgeschlagenen Weise für die Ufa aktiv zu werden.

Am 5. April 1927 tagte zum ersten Mal der nach der Übernahme des Konzerns durch die neuen Eigentümer gebildete Ufa-Vorstand. Als wichtigste Aufgabe stand vor dem Gremium die Sanierung der stark angeschlagenen Finanzsituation des Filmunternehmens. Zu diesem Zweck wurden alle Aus- und Einnahmen einer gründlichen Revision unterzogen. Dazu zählte auch das Versuchslaboratorium in Tempelhof. Der Bericht der Ufa-Revisions-Abteilung vom 28. Juli 1926 kommt zu dem Ergebnis, daß für die erste Versuchsphase bis Ende 1925 etwa 270 000 RM aufgewendet wurden. Allein die Herstellung des Films *Das Mädchen mit den Schwefelhölzern* habe 120 000 RM gekostet[124]. Bis zur Übernahme der Ufa durch die Hugenberg-Gruppe hatte das Filmunternehmen 771 698,- RM in die Experimente mit der Tri-Ergon AG investiert[125]. Den Ausgaben standen fast keine Einnahmen gegenüber.

Unter dem Druck der Sparzwänge des Unternehmens beschloß der neue Vorstand am 12. April, alle weiteren Experimente in bezug auf den „sprechenden Film" einzustellen. Die Juristen wurden beauftragt, sich mit der Auflösung der Verträge zu beschäftigen. Das existierende Atelier in Tempelhof sollte an Heinrich Küchenmeister für seine Zwecke vermietet werden[126]. Am 30. April bestätigte der Vorstand seinen Beschluß und unterstrich in bezug auf Tri-Ergon, „den Vertrag ... endgültig ohne jede, auch negative Bindung unsererseits" zu lösen. Auf der gleichen Sitzung wurde festgelegt, der Deutschen Tonfilm AG für eine Tonfilmvorführung vor geladenem Publikum ein Theater am Kurfürstendamm zu überlassen[127]. Im Ergebnis erster Verhandlungen über die Auflösung der Tri-Ergon-Verträge beschloß der Vorstand am 3. Mai, eine Erklärung zur Auflösung der Verträge bis zum August zu vertagen, „weil im Falle der Abgabe der erwähn-

---

[123] BArch R 8119 / 19066 Bl. 174 f.; 243 f.
[124] Jossé, a. a. O., S. 236
[125] Diese Summe nannte Ufa-Direktor Ferdinand Bausback in einem Schreiben an Klitzsch im März 1927, BArch R 8119 / 19066 Bl. 250. Der Ufa-Geschäftsbericht für die Jahre 1927/28 beziffert die Summe mit 900 000,- RM, BArch R 8119 / 19068 Bl. 386
[126] BArch R 109 I / 1026a Bl. 276
[127] BArch R 109 I / 1026a Bl. 238

ten Erklärung die Bindung, sich auf dem Gebiete des Sprechfilms nicht zu betätigen, zu stark sein würde"[128].

Am 2. September teilte der Vorsitzende des Ufa-Vorstandes, Ludwig Klitzsch, dem Gremium mit, daß mit Unterstützung des Rundfunks die Gründung einer Aktiengesellschaft mit einem Stammkapital von 100 000 RM vorgesehen sei. Der Filmfirma wurde das Angebot unterbreitet, ihren ehemaligen Tri-Ergon-Fundus als Sacheinlage im Wert von 30 000,- RM in die zugründende Gesellschaft einzubringen. Dieses Angebot lehnte der Vorstand unter Hinweis auf das „zur Zeit bestehende Vertragsverhältnis mit der Tri-Ergon AG Zürich" ab. Statt dessen bot die Ufa den Interessenten den gesamten Fundus zum Verkauf an[129].

Eineinhalb Monate später beschloß der Vorstand, einem Angebot von Bagier zu entsprechen und nach Einwilligung der Tri-Ergon Zürich den Fundus für 20 000,- RM zu verkaufen[130]. Zugleich erklärte sich die Filmfirma bereit, der von Südwestfunk und Tri-Ergon-Musik AG zu gründenden Firma die gesamte Tätigkeit auf dem Gebiet des Tonfilms zu überlassen. Die Ufa bekundete des weiteren ihre Bereitschaft, für den Fall, daß sie selbst in Zukunft mit Tri-Ergon produziere, die entsprechenden Aufträge an die zu gründende Firma zu übergeben. Für die erbrachten Vorleistungen verlangte der Konzern, daß das zu gründende Unternehmen in diesem Fall die Filme zu einer „angemessenen Produktionsvergütung" liefere[131].

Die Kapitalausstattung und die Patentsituation in bezug auf Tri-Ergon stellte sich zu diesem Zeitpunkt wie folgt dar: Über die Tri-Ergon Corp. kontrollierte die amerikanische Fox über die Tri-Ergon-Patente für USA, Kanada, Mexiko und die amerikanischen Kolonien. Die Ufa stand mit der Tri-Ergon St. Gallen in patentrechtlichen und technischen Verbindungen. Die Tri-Ergon-Holding AG in St. Gallen hatte ein nominales Aktienkapital von drei Millionen Schweizer Franken und stand unter der Führung von Direktor Arthur Fischknecht, Berlin, und Rechtsanwalt Dr. Richard Iklé, St. Gallen. Die in Zürich domizilierte Tri-Ergon AG verfügte über ein Aktienkapital von 200 000 Schweizer Franken und die in St. Gallen domizilierte Tri-Ergon-Musik AG über ein Aktienkapital von 300 000 Schweizer Franken. Die Verwertungsrechte der Patente auf dem Gebiet des Tonbildfilms für Europa und Japan lagen je zur Hälfte bei der Tri-Ergon Zürich und der Tri-Ergon St. Gallen. Die Tri-Ergon Musik AG Berlin, die am 12. Mai 1927 mit einem Kapital von 50 000,- RM gegründet wurde, war 1928 mit einem Aktienkapital von einer Million Mark ausgestattet.

Die Holding besaß 100 Prozent Aktien der Musik St. Gallen, 100 Prozent Aktien der Musik Berlin und mindestens 90 Prozent Aktien der Zürich

---

[128] BArch R 109 I / 1026a Bl. 235
[129] BArch R 109 I / 1026a Bl. 44
[130] BArch R 109 I / 1026b Bl. 386
[131] Stadtarchiv Frankfurt S 1/ 58 Nr. 221

AG. Laut Lizenzvertrag vom 8./15. November 1926 mit Zürich besaß Musik St. Gallen eine entgeltliche Generallizenz der Tri-Ergon-Schutzrechte, soweit es sich um Herstellung, Vertrieb etc. der Tri-Ergon Schallplatte handelte und um Vertrieb und Herstellung von Tonfilm ohne Bild. Die Tri-Ergon Musik AG, Berlin, hatte eine Unterlizenz der Tri-Ergon Musik AG, St. Gallen, zu Herstellung und Vertrieb von Schallplatten in Deutschland mit einem Lizenzvertrag vom 12. Mai 1927 erhalten. Für den Tonfilm außerhalb des Kinos hatte die AEG eine Unterlizenz von Musik St. Gallen.

Die Holding kontrollierte folgende Rechte und Werte:
1. die Weltrechte auf die Tri-Ergon-Schallplatte
2. die Weltrechte auf den Tri-Ergon-Tonfilm ohne Bild außerhalb des Kinos
3. die Weltrechte auf Herstellung der Aufnahme-, Wiedergabe- und Übertragungs-Apparate bezüglich der Rechte zu 1. und 2.
4. die Weltrechte auf den Funkfilm
5. die Tri-Ergon-Schutzrechte für den Tonbildfilm in Holland, Japan und Rußland
6. die Beteiligung bei der „American Tri-Ergon-Corporation"
7. die Substanz aller Tri-Ergon-Schutzrechte mit Ausnahme der auf William Fox übertragenen Tri-Ergon-Patente
8. die Rückübertragungsrechte Zürich gegen die Herren J. Heusser-Staub und Hugo Heberlein auf Tri-Ergon-Schutzrechte, die diesen Herren zur Sicherheit für gewährte Kredite übertragen sind[132].

1.4. Weitere Tonfilmaktivitäten der Ufa

Parallel zu den Gesprächen mit der Tri-Ergon AG, Zürich begann die Ufa im April 1927 auch mit der Deutschen Tonfilm AG zu verhandeln. Im Ergebnis beschloß der Ufa-Vorstand am 2. August, dem Unternehmen das Berliner Filmtheater am Weinbergsweg zur Aufführung von Tonfilmen zu überlassen. Im Protokoll wurde ausdrücklich unterstrichen: „Die Versammlung ist der Ansicht, daß wir an sich von jeder neuen Erfindung Kenntnis nehmen müssen". Da die Ufa auch mit Heinrich Bolten-Baeckers, der eigene Tonfilmpatente besaß, ein Abkommen geschlossen hatte, wurde er auf Veranlassung des Vorstandes als Sachverständiger der Ufa zu der Vorstellung eingeladen[133].

Guido Bagier stand zu diesem Zeitpunkt der Filmfirma für diese Aufgabe nicht zur Verfügung, da er wahrscheinlich im Zusammenhang mit der Auflösung der Verträge zwischen Ufa und Tri-Ergon AG zur Tri-Ergon

---
[132] BArch R 109 I / 272
[133] BArch R 109 I / 1026a Bl. 93

Musik AG gewechselt hatte. Für diese führte er im gleichen Zeitraum Verhandlungen mit dem Südwestdeutschen Rundfunk[134].

Am 18. August kündigte das Versuchslaboratorium der Ufa der Deutschen Tonfilm AG die weitere Zusammenarbeit auf. In dem entsprechenden Schreiben heißt es als Begründung: „Das uns im Ufa-Theater Weinbergsweg vorgeführte Lautwiedergabeverfahren ist so unfertig, daß es für den praktischen Gebrauch nicht in Frage kommt. Die Universum-Film AG ist nicht in der Lage, zur weiteren Vervollständigung dieses Verfahrens Geldmittel vorzuschießen oder sich an dieser unfertigen Sache zu beteiligen, besonders, da bis jetzt weder Patente noch Gebrauchsmuster vorhanden sind und es fraglich ist, ob solche erteilt werden"[135].

Insgesamt verweist das Verhalten des Ufa-Vorstandes unter der Hugenberg-Gruppe auf ein vorsichtigeres kaufmännisches Agieren gegenüber den Tonfilmexperimenten, als es das Filmunternehmen unter der Leitung der Deutschen Bank gezeigt hatte. Sowohl die Verhandlungen mit der Breusing GmbH als auch der Tonfilm AG zeigen, daß der neue Vorstand nicht, wie ihm in der Fachliteratur unterstellt wurde, die Tonfilmentwicklung im eigenen Unternehmen völlig vernachlässigte bzw. abbrach[136], sondern deren Unterstützung stark reduzierte. Bisher wurde völlig unberücksichtigt gelassen, daß auch alle nach 1925 stattgefundenen „Versuche der Tri-Ergon ... kein zur öffentlichen Vorführung brauchbares Resultat" zeigten. So war die von Tri-Ergon entwickelte Technik für die praktische Filmarbeit nicht zu verwenden, weil sie zu kompliziert war und ein breiteres Filmband verlangte. Darüber hinaus kann nicht übersehen werden, daß zu diesem Zeitpunkt in Deutschland die allgemeine Überzeugung vorherrschte, daß der Tonfilm keine Zukunft habe.[137] Damit fehlte eine ent-

---

[134] Stadtarchiv Frankfurt S 1/ 58 Nr. 269
[135] BArch R 109 I / 501
[136] vgl. u. a.: „Die Furcht vor zusätzlichen Investitionsbelastungen und Amortisationsrisiken ließ sie aber im Jahr darauf (1925 – M.-B.) auf eine Nutzung verzichten". Spiker, Film, S. 48. „Die Uraufführung des ersten Ufa-Tonfilms *Das Mädchen mit den Schwefelhölzern* im Dezember 1925 endete indessen mit einem tontechnischen Debakel, und angesichts der heraufziehenden wirtschaftlichen Krise schien es der Direktion ratsam, alle weiteren Experimente auf diesem Gebiet vorerst einzustellen." Kreimeier, a. a. O., S. 211; „1. März Deutschland hat seinen Weltanspruch auf den Tonfilm damit endgültig verloren. Wie sagte der ausländische Herr im Mozartsaal? 'Die Sache hat geklappt, – der deutsche Tonfilm ist erledigt!!'" . Mit diesem Tagebuchauszug vom 1. März 1927 zum Verkauf der Tri-Ergon Patente an Fox aus Guido Bagiers „Das tönende Licht" endet die Darstellung dieser Phase in: Bock; Töteberg (Hrsg.), Das Ufa-Buch, S. 247. Abgesehen davon, daß sich Bagier im Datum geirrt hat – die Rechte wurden erst am 1. April frei – ist auch seine Darstellung des Sachverhalts unzutreffend, wie Jossé, a. a. O., S. 232 ff. bereits nachgewiesen hat. Jossé, a. a. O., S. 231 ff. stellt zwar den Zusammenhang zwischen Reorganisation der Ufa und Einstellung der Tonfilmexperimente richtig dar, würdigt aber im folgenden kaum die Beziehungen der Ufa zur Breusing GmbH und zur Tonfilm AG.
[137] BArch R 109 I / 2421

scheidende Komponente für die Einführung einer neuen Infrastruktur: Die soziale Akzeptanz. Die Entscheidung des Vorstands ist schließlich auch vor dem Hintergrund der aktuellen Konzern-Situation zu betrachten. Trotz der umfangreichen finanziellen Mittel, die der Filmfirma mit der Übernahme durch die Hugenberg-Gruppe zuflossen, mußte das Unternehmen völlig reorganisiert werden, um auf Dauer überlebensfähig zu werden. Die Tonfilmexperimente erforderten erhebliche Aufwendungen. Vor dem Hintergrund einer jährlichen Zunahme der Kinobesuche in den Jahren 1927 und 1928 war nicht erkennbar, ob und in welchem Ausmaß sich die Investitionen in das Tonfilmgeschäft in Zukunft amortisieren würden. Mit dieser Haltung stand die Ufa nicht allein. Im Sommer 1928 verwies eine für den Siemensvorstand verfaßte Denkschrift über die Tonfilmentwicklung darauf, daß zu diesem Zeitpunkt international 18 verschiedene Verfahren zur Herstellung von Tonfilmen existierten[138]. Auf Grund der unterschiedlichen technischen Systeme, auf denen die Verfahren basierten, und der schwierigen Patentlage warnte diese Schrift vor zu eilfertigen Investitionen in den Tonfilm[139]. Schließlich zeigt auch die Entscheidung eines der beiden führenden Hollywood-Unternehmen auf dem Tonfilmgebiet, die Fox Film Corporation, in die gleiche Richtung. Trotz der Erfolge von *The Jazz Singer* (Regie: Alan Crosland) erwarb sie nicht die Weltrechte der Tri-Ergon-Patente, sondern kaufte sie nur für das begrenzte Gebiet USA, Kanada, Mexiko und die amerikanischen Kolonien. Die Siemensdenkschrift und das begrenzte Engagement von Fox verdeutlichen über ihre unmittelbaren Aussagen hinaus ein weiteres Problem, das die Kritiker der Ufa-Entscheidung bisher nicht formulierten. Das Komplizierte an der Tonfilmumstellung war letztendlich nicht die Technik, sondern die Vielzahl der Akteure, die erst zusammen die Rahmenbedingungen, die Anwendungen und damit den Nutzen des neuen Mediums schaffen konnten. Um die erheblichen Kosten für die neue Infrastruktur der weltweit agierenden Filmwirtschaft aufbringen zu können, mußten zunächst auf der Technikseite die Kräfte gebündelt werden. Erst im Ergebnis dessen konnten Apparaturen gebaut werden, die dem internationalen Charakter der Filmindustrie entsprachen. Zum zweiten sind es nicht die Techniklieferanten, die über die neuen Strukturen entscheiden, sondern die Anbieter. D. h. die Filmproduzenten mußten im zweiten Schritt Produkte anbieten, die eine hohe Akzeptanz beim Publikum finden würden. Erst über diesen Weg konnte es zu einer Massennachfrage nach Geräten kommen, über die sich die Vorleistungen auf der Seite der

---

[138] Laut Pressemeldung gab es allein in den USA 1929 38 Systeme zur synchronen Tonfilmwiedergabe und weitere „49 andere Reproduktions-Systeme". 38 Tonsysteme in: Film und Ton 16. 3. 1929, Nr. 11
[139] SAA 4 / Lf / 706; vgl. auch S. 87 f.

Technik amortisierten[140]. Die Ufa war nie ein Technikproduzent und konnte von daher die notwendigen Vorleistungen nicht erbringen. Vor dem Hintergrund erster Tonfilmerfolge in den USA und der kontroversen Diskussion innerhalb der Presse stellte sich für Siemens & Halske eine mögliche Massennachfrage nach dem neuen Medium im Sommer 1928 allenfalls als eine Option dar.

Auch aus betriebswirtschaftlichen Überlegungen ist die Entscheidung des Ufa-Vorstands verständlich. Als Sanierungsfirma mußte zunächst das Kerngeschäft gestärkt, stabilisiert und ausgebaut werden. Dieses waren die Filmproduktion, der Vertrieb/Verleih und der Theaterbetrieb. Hier wurden alle ehemaligen selbständigen Herstellungsfirmen, die mit der Ufa über verschiedene Verträge verbunden waren, zu reinen Mantelfirmen. Zur Produktionsüberwachung wurde eine selbständige Abteilung Filmkontrolle eingeführt, die als Vertreterin des Verleihs vom eingehenden Manuskript bis zur Ablieferung des Films die Produktion unter wirtschaftlichen Gesichtspunkten zu kontrollieren hatte[141]. Des weiteren wurde die Funktion des Produktionsleiters geschaffen. Auch andere Maßnahmen wie die Schaffung eines Zentralbestellbüros, die stärkere Ausnutzung von Preisvorteilen bei Massenbestellungen oder der Abschluß neuer Produktionsverträge, so etwa mit der Reinhold Schünzel GmbH, der Eichberg-Film GmbH und der Fritz Lang GmbH, führten zu entscheidenden Kostensenkungen in der Spielfilmproduktion. Darüber hinaus verhandelte die Filmfirma erfolgreich über veränderte Konditionen des Parufamet-Abkommens[142]. Alle nicht zum Kern des Unternehmens gehörenden Bereiche sowie die unrentablen Teile wurden abgestoßen bzw. verkleinert. So wurden die Beteiligung an der Maschinenfabrik I.C. Pfaff aufgegeben, das Haus Vaterland am Potsdamer Platz für 20 Millionen Mark und 25 weitere unrentable Kinotheater verkauft, der Verleih in Italien aufgelöst und die übrigen ausländischen Verleihbetriebe stärker zentralisiert[143]. Unter diesen bis heute üblichen Sanierungskonzepten war es 1927 betriebswirtschaftlich logisch, daß der Ufa-Vorstand sein Tonfilmengagement auf ein Minimum reduzierte.

Die unterschiedlichen Blickwinkel auf die Entscheidung des Ufa-Vorstands verdeutlichen, daß die seit Jahrzehnten und auch noch in der jüngsten Vergangenheit anhaltenden einseitigen Darstellungen über den Abbruch der Zusammenarbeit zwischen Tri-Ergon und Filmkonzern nicht haltbar sind. Statt dessen kann man die den Tonfilm betreffenden Vorgänge in der Ufa als einen durch die wirtschaftlichen Verhältnisse bedingten Wandel vom Akteur zu einem aufmerksamen Beobachter charakterisieren,

---

[140] Diese Festellung trifft nicht nur für die Filmindustrie zu, sondern ist bis in die Gegenwart mehr oder weniger kennzeichnend für die gesamte Kommunikationstechnik. vgl.: Klumpp, Marktplatz, S. 23 ff.
[141] BArch R 8119 / 19066 Bl. 381
[142] BArch R 8119 / 19066 Bl. 441; vgl. auch: BArch 80 IG 1 AW / 1098 Bl. 27 f.
[143] BArch R 8119 / 19066 Bl. 437

der unter Wahrung eines geringen eigenen Risikos bereit war, eigene Kapazitäten für entsprechende Entwicklungen zur Verfügung zu stellen.

Im Januar 1928 wurde die Lignose Hörfilm System Breusing GmbH gegründet[144]. Zur selben Zeit verhandelte Bolten-Baeckers mit der Ufa über die Aufführungsbedingungen eines nach seinem System produzierten Tonfilms. Der Vorstand stellte sich auf den Standpunkt, daß der Konzern außer dem Kauf der für die Vorführung notwendigen Apparaturen keine zusätzlichen Investitionen tätigen könne[145]. Selbst die Reklameaufwendungen sollte der ehemalige Theaterintendant, Filmpionier und jetzige Erfinder im ersten Monat selbst tragen. Erst wenn das Experiment geglückt sei, so die Vorstellungen des Vorstands, würde die Ufa das System „groß herausbringen"[146]. Dies bedeutete, Bolten-Baeckers mußte seine Erfindungen weitgehend selbständig vertreiben. Der Vertrag kam nicht zustande. Die ersten Lignose Hörfilme wurden im Mai 1928 auf der Dresdener Ausstellung „Die technische Stadt" uraufgeführt und blieben in der Öffentlichkeit weitgehend unbemerkt. Das System beruhte, wie bereits Messters Vorkriegsapparatur, auf der Koppelung von Plattenspieler und Vorführgerät. Der auf Wachsplatte aufgenommene Ton wurde während der Vorführung mit 78 Umdrehungen pro Minute wiedergegeben. Die Bildfrequenz lag bei 20 Bildern pro Sekunde. Beide Geräte waren über eine feste Kupplung miteinander verbunden. Mehrere Sicherheitsvorrichtungen gewährleisteten, daß während der Vorführung Ton und Bild absolut synchron liefen. Eine eigens entwickelte Verstärkeranlage mit Lautsprecher diente der Kinobeschallung und die vorgeschaltete Geräuschunterdrückung der Beseitigung von Nebengeräuschen. Insgesamt kostete die Anlage für ein Kino mit etwa 300 Plätzen ungefähr 2 000,- RM. Jede Platte kostete 1,50 Mark. Wurde der Film vom Programm abgesetzt, verblieben die benutzten Platten beim Kinobetreiber. Um eventuell beschädigte oder zerbrochene Platten sofort ersetzen zu können, erhielten die Kinobesitzer ein komplettes, versiegeltes Ersatzset für jeden Film mitgeliefert[147].

Als erstes anwendbares deutsches Tonfilmsystem kamen Lignose-Hörfilme auch im Berliner Admiral-Theater während der Haller-Revue *Schön und Schick* zum Einsatz. Das dort aufgeführte Couplet, „Man wird doch nochmal fragen dürfen?" zeigte zwei Herren, die auf der Leinwand agier-

---

[144] Die Lignose GmbH war einer der schärfsten Konkurrenten der zum IG Farben Konzern gehörenden Agfa. Beide Gesellschaften führten einen heftigen Preiskampf um den Rohfilmabsatz. Die Lignose GmbH besaß neben einem erheblichen Betriebsvermögen auch 2 000 000,- RM beim Ufa-Konsortium gepoolte Ufa-Aktien. An diesem Paket hing das Belieferungsrecht für mindestens 40% des Ufa-Rohfilmverbrauchs. Im Sommer 1927 begannen Verhandlungen zur Übernahme der Lignose GmbH durch IG Farben. BArch 80 IG 1 AW / 674 Bl. 1 ff.

[145] BArch R 109 I / 1026b Bl. 200; ebenda Bl. 193

[146] BArch R 109 I / 1026a Bl. 3

[147] Hans Böhm: Der Lignose-Hörfilm System Breusing. Erstmalige öffentliche Vorführung auf der Dresdener Jahresschau, in: Die Kinotechnik 5. 6. 1928, Nr. 11, 10. Jg.

ten. Sie wurden dabei ständig unterbrochen von eben den gleichen Herren, die im Zuschauerraum Platz genommen hatten. Der Spaß bestand darin, daß die Herren auf der Leinwand auf die Einwürfe aus dem Publikum reagierten. Das Theaterpublikum wurde auf diese Weise spielerisch erstmals mit dem neuen Medium konfrontiert.

Der kurze Streifen war ordnungsgemäß der Berliner Filmprüfstelle vorgelegt worden. Sie gab den Film auch zur Vorführung vor Jugendlichen frei[148]. Gegen die Entscheidung legten zwei Beisitzer Beschwerde ein, da ihrer Meinung nach die den Bildern unterlegten Texte ein Jugendverbot verlangten. Daraufhin entbrannte ein mehrwöchiger Streit. Die Gegner machten geltend, daß Theateraufführungen laut Verfassung keiner Zensur unterliegen und deshalb beim Tonfilm der Ton nicht zensurpflichtig sei. Die Befürworter hoben hervor, daß das Lichtspielgesetz auch den verbindenden Text eines im Bild gesprochen oder gesungen dargestellten Wortes einer Prüfung unterwirft. Die zur Entscheidung angerufene Oberprüfstelle bestätigte die erstinstanzliche Entscheidung. Auf den auf Schallplatte gepreßten Ton Bezug nehmend, erklärte sie, daß akustische Teile von Tonfilmen, die einen vom Film unabhängigen und selbständigen Charakter haben, nicht der Zensur unterliegen würden[149]. Für die Zensurpraxis der Folgezeit blieb das Urteil bedeutungslos, da Bild und Ton gleichermaßen einer Bewertung unterzogen wurden.

1.5. Zum Problem der Kinomusik in der Stummfilmzeit[150]

In der Frühzeit des Kinos begleiteten überwiegend improvisierende Klavierspieler das Geschehen auf der Leinwand. Um die unvermeidliche Eintönigkeit, die von der Stummheit ausging, zu überbrücken, sorgte wie im Varieté, im Zirkus oder zum Teil auch im Theater die musikalische Begleitung für dem Filmgeschehen angepaßte Stimmungen. Mit dem Aufkommen der Filmpaläste entstanden auch die ersten Kinoorchester, die nach dem Ersten Weltkrieg auch in den Vorstadtkinos und in der Provinz aufspielten. In den 20er Jahren unterschieden sich die Filmpaläste von den Provinztheatern nicht nur durch ihre Innenausstattung und das Filmangebot, sondern auch durch die angebotene Kinomusik. Sie war schon deshalb sehr früh ein fester Bestandteil einer jeden Filmvorführung, weil mit ihrer

---

[148] Berliner Guckkasten. Haller-Revue, in: Film-Woche Nr. 39/1928, 3. Jg.
[149] Wilhelm Kahn: Hörfilm vor der Oberprüfstelle. Ist der akustische Teil von Tonfilmen zensurpflichtig?, in: LBB 30. 8. 1928, Nr. 209, 21. Jg.
[150] Über Stummfilmmusik ist in der Vergangenheit bereits mehrfach publiziert worden. Im folgenden wird deshalb nur auf einige Probleme der Musikinterpretation in den Kinos am Ende der zwanziger Jahre verwiesen, die in der Literatur bisher weitgehend ausgespart wurden. An dieser Stelle können allerdings nur jene Punkte benannt werden, die im Zusammenhang mit der Umstellung auf den Tonfilm stehen.

Hilfe die Nebengeräusche der Vorführgeräte übertönt werden konnten[151]. Trotz des permanenten Einsatzes von Musik wurden zwischen 1913 und 1927 nur für 44 Spielfilme Musikstücke, sog. Autorenillustrationen, komponiert[152]. Da die Partituren von den Kinobesitzern extra erworben werden mußten, ist aus mehreren Gründen davon auszugehen, daß diese Begleitmusik nur in wenigen großen Palästen gespielt wurde: Wenn überhaupt, besaßen nur die großen Theater Orchester, die auf Grund ausreichender Instrumentalisierung die entsprechenden Stücke spielen konnten[153]. In der Regel jedoch divergierten auch hier die vom Komponisten vorgesehenen Instrumente und die tatsächliche Besetzung der Orchester. Deshalb mußte die Partitur dem jeweiligen Ist-Zustand der Orchester angepaßt und umgeschrieben werden. Einschneidende Veränderungen der ursprünglichen Musik blieben unter diesen Umständen unumgänglich. Schließlich stand den Orchestern großer Theater in der Regel nur eine Probe zum Einstudieren von Vorlagen bzw. der von den Kapellmeistern zusammengestellten musikalischen Untermalung zur Verfügung.

Unter diesen Voraussetzungen hing die musikalische Qualität der jeweiligen Kinovorführungen entscheidend vom Improvisationstalent, den Repertoirekenntnissen und der Filminterpretation des Kapellmeisters ab[154]. Seine musikalische Ausdrucksfähigkeit bildete die wesentliche Grundlage für den Grad der Übereinstimmung zwischen dem Geschehen auf der Leinwand und der illustrierenden Stummfilmmusik.

Pressekritiken zeigen, daß trotz fehlender Partiturvorgaben und nur geringen Probezeiten interessante und eigenständige Filminterpretationen erzielt werden konnten. So intonierte ein Orchester in der *Biberpelz*-Verfilmung (Regie: Erich Schönfelder), kontrastierend zum Geschehen auf der Leinwand, wo der Diebstahl des Pelzes gezeigt wurde, das Volkslied „Üb' immer Treu und Redlichkeit"[155]. Auf den geschickten Einsatz der Instrumentierung verweist das folgende Beispiel: „Im *Chicago*-Film (Regie: Frank Urson) (Tauentzien-Palast) machen sie (die Saxophoneffekte – M.-B.) uns

---

[151] Adorno/ Eisler, Komposition, S.117 f.
[152] Pringsheim, Filmmusik, S. 333
[153] Durchschnittliche Anzahl der beschäftigten Kinomusiker in Städten über 100 000 Einwohnern:

Jahr	bis 300 Plätze	301 – 500 Plätze	501 – 1 000 Plätze	über 1 000 Plätze
1919	1	3	5	8
1924	3	4	7	9
1926	4	6	9	12

Über 12 000 Kinomusiker. Statistische Ermittlungen des Deutschen Musiker-Verbandes, in: FK 22. 6. 1927, Nr. 146, 9. Jg.
[154] Die Kapellmeister hatten demnach im Kino die gleiche Funktion wie die Dirigenten von Schauspielmusik im Sprechtheater. Dazu ausführlich: Meier, Die Schaubühne
[155] Herbert Bahlinger, Film, Tonfilm, Rundfunk, in: Der Rundfunkhörer 23. 3. 1930, Nr. 12, 7. Jg., S. 1

aber auf sich aufmerksam. Wie wenn einer den Kopf zwischen die Schulter duckt, vor Kichern nicht mehr weiß, wohin er soll, so benehmen sie sich da, wo die Satire faustdick wird: Ungewaschenes Geschirr wird dem Ehesklaven zum Morgengruß vorgesetzt – sie transportieren das so herzbewegend in ihr breiiges quarriges Quäken, daß diese Projektion beinahe stärker wirkt als das Urbild. Die Scheinheiligkeit der Plädoyers hält ihrer Beredsamkeit nicht stand. Wie ein echter, kesser Berliner Straßenjunge müssen sie überall ihren Senf dazugeben. Und schießen, diesem auch hierin nicht unähnlich, meist den Vogel ab. Sie bilden in der, auch im übrigen wohl disponierten und gut angelegten Filmmusik einen besonders gelungenen Trick"[156].

Kleineren Theatern fehlte oft nicht nur das notwendige Geld, um die Musikinstrumente zu erneuern – so daß bei alten Klavieren die Tasten stekken blieben[157] – sondern auch, um neben dem Film die Musikrechte zu erwerben. Durchlaufproben entfielen dort oft völlig. Die Kapellmeister orientierten sich oft nur an den Inhaltsangaben der Zensurkarten. Nicht zuletzt auf Grund immer wieder vorgenommener Filmschnitte durch die Theaterbesitzer war in der Stummfilmzeit eine auch nur annähernd gleiche Tonuntermalung der jeweiligen Filme nicht möglich[158].

Das Niveau der Kinomusik wurde vor allem in kleineren Häusern auch durch die Orchestermitglieder selbst gedrückt. In den Provinzkinos standen Kinomusiker der „Beamten-, Militär- und Dilettanten-Konkurrenz"[159] gegenüber. Die etwa 3 000 bis 4 000 nebenberuflichen Musiker[160] bestückten die kleinen Orchester, um ihre niedrigen Bezüge etwas aufzubessern. In den kleinen Großstadthäusern arbeitete oft das sogenannte Musiker-Proletariat, d. h. „Gelegenheits-Musiker, die auf Grund der allgemeinen Arbeitslosigkeit" während der Inflationszeit „zur Musik hinüberwechselten"[161]. Das Niveau einiger dieser Künstler illustriert die Zuschrift eines Kinopianisten an die „Lichtbild-Bühne": „Dann nahm er (der Geiger, den der Städtische Musikernachweis geschickt hatte – M.B.) entschlossen die Geige, setzte sie aber nicht unter das Kinn, wohin die Geige eines rechtschaffenen Musikers gehört, sondern er klemmte sie zwischen die Knie und begann zu spielen. Er spielte so, daß ich gezwungen war, ihm einen Wink zu geben, er solle aufhören. Dazu hatte er aber keine Lust, und es blieb mir nichts anderes übrig, als ihm mit einem raschen Griff die Noten vom Pult zu nehmen. Jetzt war er hilflos, jetzt hörte er auf. So rettete ich meiner Di-

---

[156] sp.: Filmorchester, in: Vossische Zeitung 3. 6. 1928, Nr. 132
[157] Hans Hermann, Film und Filmmusik, in: Kinematograph 17. 7. 1927, Nr. 1065
[158] Pringsheim, a. a. O., S. 334 f.
[159] Proteste und Statistiken, aber keinerlei Belehrung der Musiker über das Wesen des Tonfilms, in: Film und Ton. Beilage der LBB 3. 8. 1929, Nr. 31
[160] Über 12 000 Kinomusiker. Statistische Ermittlungen des Deutschen Musiker-Verbandes, in: FK 22. 6. 1927, Nr. 146, 9. Jg.
[161] Dr. Becce über die Tonfilmsituation. Die Versammlung des Reichsbundes deutscher Kapellmeister, in: Film und Ton 22. 6. 1929, Nr. 25

rektion das Publikum, das in den nächsten Minuten bestimmt aus dem Kino geflüchtet wäre. Das ist nur ein Kuriosum von vielen anderen, wenn sie auch nicht immer in dieser Form auftreten"[162].

Um das Niveau der Filmmusik zu verbessern, führte 1925 der berühmte Kinoorchester-Leiter Ernö Rappé aus den USA die sogenannten Kinotheken in der zweiten Hälfte der 20er Jahre in Deutschland ein. Dabei handelte es sich um ein Repertoire fertig komponierter, nach Themen gegliederter und kompilierter Filmmusiken. Diese Sammlungen von bekannten längeren oder kürzen Ausschnitten der klassischen Musikliteratur waren „gebrauchsfertig, auf Vorrat, zur Illustrierung typischer, immer wiederkehrender Vorgänge und Situationen"[163] hin angelegt. Sogenannte Bearbeiter schrieben die unterschiedlichen Partituren für die Kinoorchester unterschiedlicher Größen um. Dabei berücksichtigten sie auch neuere Instrumente, wie Saxophon oder Banjo, die inzwischen in den Lichtspielhäusern verwendet wurden. Auf diese Weise sollte den Orchestern neben Schlagern die Möglichkeit gegeben werden, auch „Bruckner, Mahler, Richard Strauß, Beethoven, Mozart, Wagner, Schubert usw. klangschön und wohlfeil spielen zu können"[164].

Reihenfolge und Vortragslänge der Musikstücke konnten von den Kapellmeistern nun der Szenenfolge angepaßt werden. Auf diese Weise enthob man die Einzeltheater von der Aufgabe, für jeden Film ein eigenes Repertoire zusammenzustellen. Trotz unterschiedlicher Interpretationen der einzelnen Stücke formalisierten die Kinotheken tendenziell die allgemeine Musikpraxis in den Kinos, boten andererseits auch Möglichkeiten, nicht immer zur gleichen Szene das gleiche Stück zu spielen, wie in kleineren Theatern öfters beklagt wurde. So heißt es in einer von vielen ähnlichen Beschreibungen, bei jeder im Bild erscheinenden Vogelgruppe begleitete Flötenmusik das Geschehen oder während der Ausfahrt eines Schiffes hörte man stets die Melodie von „Muß i denn zum Städtele hinaus"[165]. An anderer Stelle heißt es: „Wer denkt nicht mit Lächeln an Schuberts prompt ertönendes 'Das Meer erglänzte weit hinaus', wenn auf der Leinwand eine Meeresszene erschien. Oder an den unvermeidlichen Harmoniumchoral, wenn die Handlung Miene machte, tragisch zu werden, oder an die zahlreichen Freischützmotive bei Waldszenen"[166]. Da die Kinotheken im täglichen

---

[162] Franz Adler: Der Städtische Musikernachweis schickt Almosenempfänger ins Kinoorchester, in: Film und Ton 8. 6. 1929, Nr. 136, 22. Jg.
[163] Pringsheim, a. a. O., S. 350; vgl. auch: Wesen und Bedeutung des musikalischen Arrangements, in: Film und Ton 24. 8. 1929, Nr. 34, 22. Jg.
[164] Wesen und Bedeutung des musikalischen Arrangements, in: Film und Ton 24. 8. 1929, Nr. 34
[165] Alfred Ehrentreich: Kino- und Radio-"Kultur", in: Die Tat Nr. 10/ 1924/25, 16. Jg., S. 780, vgl. auch: Franz Wallner: Filmmusik-Rundschau, in: Berliner Tageblatt 28. 7. 1928, Nr. 353, 57. Jg.
[166] Karl Teucke: Tonfilmprognosen, in: Die Kinotechnik 20. 10. 1929, Nr. 20, 11. Jg. S. 544

Kinobetrieb leichter zu handhaben waren als die Orginalmusiken, beschränkte man sich auf nur wenige markante Filmszenen[167] und verzichtete auf eine durchgehende Komposition[168].

Eine andere bereits Mitte der 20er Jahre genutzte Lösung boten die von Salonorchestern, von Kabarettisten und im Rundfunk gespielten Schlager. Der Klavierauszug kostete pro Schlager 2,- RM und war relativ teuer. Da sich die Musik aber großer Beliebtheit beim Publikum erfreute, wurde sie bei beliebigen Filmen in unterschiedlichen Variationen gespielt[169]. In einigen Fällen wurden sogar die Worte des Refrains mit Hilfe eines Diapositivs am unteren Bildrand eingeblendet bzw. als Zwischentitel in den Filmstreifen eingesetzt[170].

Beide Varianten unterstreichen, daß die Art der Musikinterpretation stets von der Einstellung der Kapellmeister abhing. Einige ließen die jeweils ausgewählten musikalischen Teile nicht nach dem vom Komponisten vorgegebenen Takt spielen, sondern paßten sie der Dynamik des Filmverlaufs an. Andere variierten entsprechend der Filmhandlung die Lautstärke. So wurden leidenschaftliche Szenen laut und bewegt gespielt, während der Abschied zurückhaltend und leise intoniert wurde. Andere wiederum spielten die vorgegebenen Noten unabhängig davon, was sich auf der Leinwand ereignete[171].

Auf Grund des zum Teil niedrigen Ausbildungsstandes der Kapellmeister wurden Schlagermelodien oder Kinotheken-Motive, oft nur vom Blatt gespielt, aneinandergereiht und durch einfache Modulationen verbunden. Für ad hoc-Kompositionen, die Handlungsübergänge stilvoll illustrierten, fehlte oft die Zeit und/oder sie überforderten die Musiker in fast allen deutschen Lichtspielhäusern[172]. Das Gleiche galt in Hinblick auf die Genauigkeit zwischen musikalischer Synchronisation und der Handlung auf der Leinwand. So wurde selbst in großen Berliner Uraufführungstheatern vom Orchester weitergespielt, obwohl im Film z. B. ein Klavierspieler gezeigt wurde, der sein Spiel unterbrach, weil er die langgesuchte Frau unter den Anwesenden entdeckt hatte[173]. Aus einem anderen Kino wurde berichtet, daß die Musiker nur gegen Sondervergütungen bereit wären, während der Vorstellung die Plätze zu wechseln, um mit ihren Instrumenten unterhalb jener Stellen zu spielen, an denen sie auf der Leinwand gezeigt wurden[174].

---

[167] Hans Hermann: Film und Filmmusik, in: Kinematograph 17. 7. 1927, Nr. 1065
[168] Pringsheim, a. a. O., S. 342
[169] idl.: Kinomusikalische Jahresbilanz, in: Das Kino-Orchester. Beilage der LBB 1. 1. 1927, Nr. 1, 20. Jg.
[170] Musikautoren stellen sich gegen den Film. Verwendung von Schlagermelodien und -texten im Film nur gegen Entgelt für den Autor, in: Film und Ton 1. 6. 1929, Nr. 22
[171] Sendehemmnisse für Kinomusik-Übertragung, in: Das Kino-Orchster 19. 11. 1927, Nr. 24, 20. Jg.
[172] Franz Wallner, Filmmusik, in: Berliner Tageblatt 11. 1. 1929, Nr. 18, 58. Jg.
[173] L.Sp., Film-Orchester, in: Vossische Zeitung 28. 4. 1929, Nr. 200
[174] Kinomusiker boykottieren die Kinomusik, in: Film und Ton 18. 5. 1929, Nr. 20, 22. Jg.

Bis Anfang/Mitte der 20er Jahre lassen sich zum Thema der Filmmusik nur marginale Äußerungen nachweisen. In der zweiten Hälfte des Jahrzehnts änderte sich dies vor dem Hintergrund einer wachsenden Zahl großer Kinos mit entsprechend größeren Orchestern, die in allen Teilen Deutschlands entstanden waren und die Groschenkinos verdrängten bzw. marginalisierten. Vor diesem Hintergrund wurde neben dem Filmprogramm die Illustrationsmusik zu einem Aspekt des Konkurrenzkampfes zwischen den Lichtspielhäusern[175]. Das Problem der Filmmusik rückte damit zunehmend in die öffentliche Diskussion.

Dieser Entwicklung Rechnung tragend, begannen Teile der Fachpresse, wie etwa der „Film-Kurier", „Der Film" und die „Lichtbild-Bühne", zwischen Mitte und Ende der 20er Jahre gesonderte Beilagen zur Filmmusik herauszugeben. Die dort veröffentlichten Artikel spiegeln mehr oder weniger deutlich, daß die filmmusikalischen Verhältnisse in den deutschen Kinos über den Rahmen eines Experimentierstadiums nicht hinausgekommen waren. Um diesen Zustand zu verändern, wurden auch vom Preußischen Kultusministerium in diesem Zeitraum erste Vorstöße unternommen. So begann 1929 Paul Hindemith an der Berliner Hochschule für Musik eine selbständige Abteilung für Filmmusik einzurichten. Auf Anregung des zuständigen Ministerialdirektors im Preußischen Kultusministerium, Leo Kestenberg, veranstaltete die Volksbühne eine Matineeveranstaltung, auf der unter Leitung von Paul Dessau Filmmusiken vorgestellt wurden[176]. Vor dem Hintergrund einer wachsenden Bedeutung des Tonfilms kamen die genannten und einige weitere Versuche, die Illustrationsmusik in den Kinos zu verbessern, über erste Ansätze jedoch nicht hinaus.

Parallel zur Suche nach neuen Formen und Inhalten von Filmmusik offerierte auch die Industrie Angebote zur Verbesserung der Qualität von Kinomusik: Zum einen die Kinoorgel, die mit oder ohne Orchester eingesetzt werden konnte[177]. Mit ihrer Hilfe konnte unabhängig vom Arrangement des Orchesters der Raum beschallt werden[178]. Zum zweiten vollzogen sich in

---

[175] Kinomusik, in: Neue Züricher Zeitung 23. 10. 1929, Nr. 2036, 150. Jg.
[176] K.L., Die Aufmerksamkeit des Staates für die Filmmusik. Gespräch mit dem Leiter des Musikreferates im preußischen Kultusministerium, Prof. Leo Kestenberg, in: Der Film 9. 11. 1929, Nr. 45, 14. Jg.
[177] Zu Kinoorgeln ausführlich: Dettke, Kinoorgeln, S. 99 ff.
[178] Die Orgel im Dienste des Kinos. Kino-Orgel und Tonfilmproblem, in: LBB 20. 8. 1929, Nr. 198, 22. Jg. Der Kauf von Kinoorgeln konzentrierte sich vor allem auf die beiden Jahre 1928/29, was zu einem kurzzeitigen überdurchschnittlichen Anstieg der Orgelproduktion führte:
Der geschätzte Inlandsverbrauch von Orgeln 1925 – 1932:

Jahr	Stück	1925=100%	Jahr	Stück	1925=100%
1925	157	100	1929	215	137
1926	150	95	1930	162	103
1927	170	108	1931	135	86
1928	207	132	1932	63	40

Braune, Schallplatte, S. 40

diesem Zeitraum grundsätzliche Veränderungen in der Phonotechnik. Seit 1928 wurden leistungsstarke, auf elektroakustischer Basis arbeitende Lautsprecher produziert. Gleichzeitig wurden auch Schallplatten mit elektroakustischen Aufnahmegeräten hergestellt. Für die Kinos entwickelte man Plattenspieler mit mehreren, in der Regel drei Plattentellern und bot entsprechende Schallplattenkollektionen an. Damit war seit 1929 eine permanente Musikbeschallung des Vorführsaales möglich. Im Unterschied zu den Kinoorgeln zeigte sich das Publikum gegenüber der Plattenmusik zunächst „mißtrauisch", da es sich erst „an die Besonderheiten der Klangfarbe der mechanischen Musik gewöhnen" mußte[179].

Im Kino konnten nicht beliebige Schallplatten verwendet werden. Die speziellen Angebote der Plattenfirmen[180] entsprachen weitgehend den von den Verlagen angebotenen Filmmusiken[181]. Die inhaltlichen Beschreibungen der Schallplatten nahmen Rücksicht auf den besonderen Verwendungszweck in den Kinos, indem sie auf Szenen und Bildermotive verwiesen: „'Libussa' von F. Smetana – Ouvertüre (Generalmusikdirektor Eduard Mörike mit großem Symphonieorchester. Parlophon P. 9321) Die triumphale Einleitung erstreckt sich über eine volle Minute und eignet sich für Einzüge aller Art, besonders solche im mittelalterlichen Stil. Hernach kommen Naturschilderungen in Frage. Verwendung: Auch Heimkehr aus dem Kampf, dann Lob der Heimat nach mühevoller Wanderung"[182]. Die deutliche Bezugnahme auf visuelle Motive entsprach der Darstellung, wie sie in den Kinotheken bereits angelegt war. Diese Praxis führte dazu, daß bereits wenige Monate bevor die Kinos im großen Umfang begannen, ihre Technik auf den Tonfilm umzustellen, sogenannte mechanische Musikinstrumente in den Kinos Verwendung fanden. Obwohl jede Platte wegen des hohen Verschleißes nur für 25 bis 30 höchstens 40 Vorführungen genutzt

---

[179] Der Autor bezieht die Gewöhnungsbedürftigkeit an dieser Stelle nicht nur auf die Schallplatte, sondern auch auf den Tonfilm. Schallplattenmusik braucht Erfahrung, in: FK 11. 12. 1929, Nr. 294, 11. Jg.

[180] Schallplattenfirmen, wie die Polyphon, hatten für die Kinomusik eigenständige Abteilungen gegründet. Film-Musik auf Schallplatten, in: FK 7. 11. 1929, Nr. 265, 11. Jg.

[181] Die Musikverlage versuchten sich insofern auf die neue Situation einzustellen, als sie eine Tonfilm-Illustrationsmusik herausgaben, die zwar musikalisch anspruchsvoller; aber insgesamt nach den gleichen Prinzipien wie die bisherige Illustrationsmusik aufgebaut war. Die erste deutsche Tonfilm-Illustrationsmusik. 'Synchrono' – Eine Sammlung moderner Tonfilmmusik, in: Film und Ton. Wochenblatt der LBB 19. 7. 1930, Nr. 29, 23. Jg.; vgl. auch: Film und Schallplatte. Entwicklung der Illustration/ „Konzert" Orchester und „Film" / Anregungen des Tonfilms, in: Die Film-Musik. Beiblatt zum FK 18. 7. 1929, Nr. 169, 11. Jg.

[182] Inhaltsanalysen von Schallplatten für Filmillustration und Tonfilm, in: Film und Ton. Wochenblatt der LBB 1. 3. 1930, Nr. 9, 23. Jg. Ab 1929 wurden Schallplatten nicht nur in Kinos, sondern auch zur Untermalung der Handlungen auf Sprechbühnen genutzt. Für diese Zwecke wurde etwa Glockengeläut, Meeresrauschen, Gewitter usw. auf Schallplatten gepreßt. Hans Mersmann: Bühnenmusik auf Schallplatten, in: Melos 1929, 8. Jg., S. 251

werden konnte[183], ergaben Berechnungen der Industrie- und Handelszeitung, daß mittelgroße Kinos bei der Verwendung von Platten etwa 5 500,- RM pro Jahr gegenüber einem Engagement von Kinomusikern sparen könnten[184]. Unter diesen Voraussetzungen entließen die ersten Theaterbesitzer ihre Musiker, um sie durch die insgesamt billigeren und qualitativ leistungsstärkeren Plattenspieler zu ersetzen[185]. Sie wurden von sogenannten Ton-Mixern bedient, die zum Teil ehemalige Musiker waren[186]. Die Entwicklungen in der Phonotechnik bewirkten demnach, daß das faktische Ende des Berufsstandes der Kinomusiker zeitlich vor dem Ende der Tonfilmumstellung in den Lichtspieltheatern lag[187].

1.6. Erste Verbindungen zwischen Tonfilm und Rundfunk

Am 29. Oktober 1923 eröffnete der Staatssekretär im Reichspostministerium, Hans Bredow, offiziell den deutschen Unterhaltungsrundfunk. Monate zuvor, am 30. April 1923, führten die drei Erfinder des Tri-Ergon-Verfahrens, Vogt, Massolle und Engl, in der Berliner Hochschule für Musik öffentlich ein „Fernkonzert" vor. Sie nutzten dabei weitgehend dieselben Apparate, die sie bereits zur Tonaufnahme und -wiedergabe ihrer Tonfilme genutzt hatten. Auf dem Programm standen mehrere Musikstücke mit unterschiedlicher Instrumentierung, einige Arien und kurze Vorträge. In seiner inhaltlichen Breite entsprach also das Fernkonzert weitgehend der Filmvorführung vom September 1922. Während dieses Fernkonzertes befanden sich Künstler und Publikum in unterschiedlichen Räumen. Die Technik war über Kabel miteinander verbunden. Die Übertragung fand also unter live-Bedingungen statt und demonstrierte damit vor allem den aktuellen Stand der Aufnahme- und Wiedergabetechnik durch das Lichtbildverfahren. Sie konnte, wie es in einer zeitgenössischen Kritik heißt, auch „für die Übertragung auf drahtlosem Wege" genutzt werden[188]. Inso-

---

[183] Der Kampf um die Tantiemen für mechanische Musik beginnt, in: FK 7. 11. 1929, Nr. 266, 11. Jg.
[184] Retabilitätsberechnung für die Verwendung mechanischer Musik in Mittel- und Kleinkinos, in: Phonographische Zeitschrift 1. 7. 1929, Nr. 13, 30. Jg., S. 986
[185] Praktische Kinomusik-Reform. 'Kongruenz-Filmmusik': Mechanische Filmillustration, in: LBB 14. 8. 1929, Nr. 193, 22. Jg.; vgl. auch: Wege der Kino-Kapellmeister zur mechanischen Kino- und Filmmusik. Aus den letzten Versammlungen des Reichsbundes Deutscher Kinokapellmeister e.V., in: Film und Ton. Beilage der LBB 24. 8. 1929, Nr. 34, 22. Jg.; Mechanische Musikprobleme. Das Ende des lebendigen Kino-Orchesters naht, in: Kinematograph 23. 1. 1930, Nr. 19, 23. Jg.
[186] Zu den Berufssorgen tüchtiger Kinomusiker. Umstellen heißt die Parole! Vom Musiker zum Ton-Musiker, in: FK 12. 7. 1930, Nr. 163, 12. Jg.
[187] vgl. S. 201 ff.
[188] K.J.: Neue Fernkonzerte. Elektrische Schallübertragung, in: Vossische Zeitung 2. 5. 1923, Nr. 204-206

fern deuteten sich mit dieser Vorführung in Berlin-Charlottenburg bereits erste mediale Verflechtungen zwischen Hörfunk und Tonfilm an. Diese wurden bereits von der zeitgenössischen Publizistik in Ansätzen reflektiert. So lassen sich nicht nur in der Branchenpresse der Filmindustrie Hinweise auf die Übereinstimmung in der Technik von Fernkonzert und Tonfilm finden[189], sondern auch in der Tagespresse wurden Vergleiche zwischen beiden Vorführungen gezogen: „War seiner Zeit die Übermittlung des gesprochenen Wortes ziemlich rein, so machten sich doch jetzt, bei dem Fernkonzert, recht unangenehme Störungen bemerkbar, die anscheinend darauf beruhten, daß man es in Hinblick auf den großen Saal der Hochschule für Musik mit der Verstärkung des Tons zu gut gemeint hatte. Aus diesem Grund war besonders der gesangliche Teil des Programms kein Ohrenschmaus. Schade um Lulu Mysz-Gmeiner und Gerhard Jekelius, schade auch um Schubert und Händel! ... Allein erfreulich waren die Soli für Flöte, Oboe, Klarinette und Violine, die so ausgewählt worden waren, daß alle zu hohen und zu tiefen Töne vermieden wurden. Sehr schön erklang zum Schluß das Adagio aus Beethovens D-Dur-Streicherserenade Op. 8. Alfred Wittenberg, Karl Wendel und Armin Liebermann konnten sich leider für den Beifall nicht bedanken. Um so stolzer sahen die 5 Stühle aus, die die Tri-Ergon-Apparate trugen ..."[190].

Abgesehen von den Unterschieden in bezug auf das gesprochene Wort verdeutlicht diese Einschätzung große Ähnlichkeiten mit den Kritiken über die Qualität der Akustik bei der Filmvorführung. Insofern verweisen sie indirekt auch auf die Stärken und Schwachpunkte des Tri-Ergon-Verfahrens. Die Aufnahme- und Wiedergabetechnik der drei Erfinder war wesentlich besser, als die bis zu diesem Zeitpunkt in Deutschland in anderen Zusammenhängen – z. B. in der Grammophon-Industrie – verwendete[191]. Obwohl vor allem bestimmte Töne, wie die Klänge einzelner Musikinstrumente, deutlicher zu hören waren, als bei den damals genutzten Grammophonen oder Telefonen, lagen hier die wesentlichen Schwachpunkte des Systems. Im Gegensatz dazu war die Abbildung des Tons auf dem Filmband offensichtlich weitgehend gelöst, andernfalls hätte die Pressekritik in bezug auf die Qualität der Tonwiedergabe zwischen Filmvorführung und Fernkonzert wahrscheinlich stärker differenziert.

Vor allem die öffentliche Tonfilmaufführung im Ufa-Theater Kurfürstendamm am 3. März 1927 bewies, daß trotz partieller Verbesserungen des Verfahrens das Problem der Tonaufnahme und -wiedergabe noch nicht gelöst werden konnte. Zu der Einschätzung gelangten auch die Vertreter

---

[189] A-y., Ein Fernkonzert, in: FK 2. 5. 1923, Nr. 101, 5. Jg.; vgl. auch: Th., Ein Fernkonzert, in: Der Film 6. 5. 1923, Nr. 18, 8. Jg.
[190] eve., Fernkonzert, in: Berliner Börsen-Courier 4. 5. 1923, Nr. 207, 55. Jg.
[191] vgl. u. a.: Dr. A.N., Das Fernkonzert. Ein Experiment in der Hochschule der Künste, in: Berliner Morgenpost 5. 5. 1923, Nr. 106, 26. Jg.; A-y., Ein Fernkonzert, in: FK 2. 5. 1923, Nr. 101, 5. Jg.

der Fox, nachdem sie die Tri-Ergon-Apparatur gekauft hatten. Nach deren Überprüfung kamen sie zu dem Ergebnis, „daß das deutsche Verfahren bei den Mikrophonen, den Lautsprechern und den Verstärkern den US-Systemen absolut unterlegen war, während seine Schwungmassenanordnung, seine Photozelle und seine spaltabbildende Optik die amerikanischen Entwicklungen übertraf. Auch das Entwicklungs- und Kopierverfahren fand Beachtung"[192].

Die sich mit dem Charlottenburger Fernkonzert abzeichnende technische Verflechtung zwischen Film und Hörfunk hatte für die ersten Jahre nach Eröffnung des Unterhaltungsrundfunks keine weiteren Konsequenzen. Dennoch wurden in der Folgezeit erste mediale Berührungspunkte deutlich. Mit der Einführung des deutschen Unterhaltungsrundfunks begann in allen Anstalten die Suche nach geeigneten und dem Rundfunk eigenen Sendeinhalten. Sie wurde von entsprechenden Diskussionen in der Öffentlichkeit begleitet. Keine Seite bestritt, daß der Rundfunk als Institution ebenso wie der Film unterschiedliche soziale und geistige Interessen zu befriedigen hatte. Jenseits dieses Konsens lagen den öffentlichen Film- und Rundfunkdebatten jedoch zwei kontroverse Grundüberzeugungen in bezug auf die Inhalte zugrunde. Die eine Seite präferierte die bildenden, die andere die mehr unterhaltenden Funktionen des jeweiligen Mediums. Die gegensätzlichen Auffassungen verdeckten nicht nur den von verschiedenen sozialen Gruppierungen und Organisationen geführten Kampf um die Präsenz der jeweils bevorzugten Themen in den Medien. Die Diskussion verdeutlichte auch die unterschiedlichen zeitgenössischen Kulturkonzepte. Vor allem kommunistische und konservative Kreise zeigten sich von der gefühlsmäßigen Einflußnahme der Medieninhalte auf den Rezipienten überzeugt und meinten, daß Medieninhalte mit deren Wirkungen identifiziert werden können. Ausgangspunkt der Überlegungen waren in Anlehnung an die Theorien LeBons der Ich-schwache Konsument und die Minderwertigkeit der Massen. Um unerlaubte Gefühle bei den Rezipienten zu verhindern, betrachteten Vertreter dieser Auffassung die Zensur und die Einschränkung von Themen als wichtige Instrumente, um die jeweils für richtig befundenen sozialen und politischen Grundvorstellungen durchzusetzen. Aus der Sicht von konservativen Kreisen sollten die Lichtspielzensur bzw. die Überwachungsausschüsse im Rundfunk diese Aufgabe erfüllen. Anders ausgedrückt, die Zensur wurde von den genannten Gruppen nicht nur restriktiv, sondern auch erzieherisch insofern verstanden, als daß an den Platz von unerwünschten Themen und Darstellungen solche treten sollten, die den als subjektiv richtig befundenen Standpunkt beförderten und ihn somit generalisierten. So betonte etwa der Abgeordnete des Landbundes, Theodor Körner, 1925 vor dem Reichstag: „Wir sind der Meinung, daß der Rundfunk nicht für Reklamezwecke benutzt werden soll. Weiter

---

[192] Jossé, a.a.O., S. 237

glauben wir auch, daß eine gewisse Vorsicht notwendig ist, um den Rundfunk nicht zu allem Allotria zu benützen. Schlechte Witze und ähnliche Geschichten werden oft in einer Art und Weise verbreitet, die doch mit Recht da und dort Anstoß erregt. Wenn nun einmal die Post etwas derartiges unterstützt und wenn es sich darum handelt, daß das Reich mit diesen Dingen in irgendeiner Verbindung steht, so muß darauf geachtet werden, daß das, was herausgesendet wird, auch einwandfrei ist. Wir haben im Deutschen Reich so viel Edles und so viel Schönes und Gutes, daß man nicht mit zweifelhaften Witzen kommen sollte, um Leute, die auf pikante Nachrichten eingestellt sind, zu befriedigen"[193]. Sein ehemaliger Fraktionskollege Reinhard Mumm betonte noch 1930: „Bei dem heutigen Rundfunk beklage ich in erster Linie nicht, daß einmal entgegengesetzte Weltanschauungen zu Worte kommen ... Aber ich beklage die Seichtigkeit, die undeutsche Art eines großen Prozentsatzes der Darbietungen dort. Ich verkenne keinen Augenblick: Es sind Darbietungen von höchstem Rang und wertvollster Art dabei. Aber die Hinlenkung unseres Volkes auf ein Übermaß von seichtesten Operetten, von sogenannten Witzen – sie sind wirklich für die geistig Anspruchslosen berechnet –, bei denen nicht eine Spur deutschen Humors ist ... verflacht unser Volksleben"[194]. In bezug auf den Film betonte der Zentrumsabgeordnete Georg Schreiber 1925: „Wir wollen das Lichtspielwesen mit der deutschen Gesamtkultur eng verflechten, es also fördern, aber auch Schädlinge, wo sie vorhanden sind, beiseiteschieben ... Wir werden ... die Verknüpfung mit der realistischen Gegenwart suchen. Aber nicht um den Preis der Volksgesundheit. Wir werden niemals dulden, daß die Grundquellen deutscher Volksgesundheit und deutschen Idealismus' verschüttet werden"[195]. Sich gegen Hollywood wendend stellte die zur Deutschen Volkspartei gehörende Abgeordnete Elsa Matz 1927 fest: „Was insbesondere von Amerika an ganz seichter oder kitschiger Ware herüber kommt, übersteigt wirklich alle Grenzen, und es ist sehr bedauerlich, daß es nach den Bestimmungen des Lichtspielgesetzes nicht möglich ist, eine derartige Ware – weiter ist es nichts; mit Kunst haben diese Filme gar nichts zu tun – zu verbieten"[196]. Vergleichbare Äußerungen finden sich auch in der Fachpresse. So heißt es in einem Aufsatz über „Film und Rundfunk" von 1926: „Wie von jeher dem Kulturfilm, so wird man auch dem Rundfunk über kurz oder lang die Mahnung zu Teil werden lassen ... dem Publikum nur nichts lehrhaftes zu bieten, das Publikum wolle unterhalten sein, nur unterhalten: Diese Mahner scheinen unter Unterhaltung eine Mi-

---

[193] Verhandlungen des Reichstags. Bd. 389, S. 1419
[194] Verhandlungen des Reichstags. Bd. 428, S. 5504; vgl. u. a. Wolfgang Mühl-Benninghaus, Reinhard Mumm – der „Vater" des Lichtspiel- und des Schmutz- und Schundgesetzes in der Weimarer Republik, in: Beiträge für Film und Fernsehen Nr. 34/ 1988, 29. Jg. S. 207 ff.
[195] Verhandlungen des Reichstags, Bd. 385, S. 1332
[196] Verhandlungen des Reichstags, Bd. 392, S. 9649

schung von Jazz, Blödsinn, Zoten, Detektiv- und Verbrechergeschichten, verlogener Sentimentalität, nackten Frauenbeinen und fingierten Cowboykunststücken zu verstehen. Hiergegen muß der Rundfunk denselben Kampf aufnehmen, wie ihn der Film mit so großem Erfolg aufgenommen hat. Ein Nachgeben diesen kulturfeindlichen Tendenzen gegenüber wäre für den Rundfunk verderblich"[197].

Der öffentliche Druck, der von den Anhängern von Filmzensur bzw. Rundfunküberwachung für den Film bereits im Kaiserreich und für Film und Hörfunk in der Weimarer Republik ausging, hatte zum Teil erheblichen Einfluß auf die jeweiligen Medieninhalte. In der zum Teil sehr überspitzten Medienkritik der Anhänger von Zensurbestimmungen liegt ein entscheidender Grund, daß sich die weit überwiegende Mehrheit der Produzenten und Rundfunkverantwortlichen nur an Stoffen orientierte, die in der Öffentlichkeit nicht kontrovers diskutiert wurden. Darüber hinaus wurde nach Inhalten gesucht, die sich inhaltlich und formal an den Künsten, wie dem Theater orientierten[198], da deren bedeutende Rolle von allen politischen Parteien nie in Frage gestellt wurde.

In Abgrenzung von den zitierten Auffassungen interpretierten Politiker anderer politischer Richtungen die jeweiligen Medienangebote als selbständige Kulturfaktoren, die ein breitangelegtes inhaltliches Angebot erforderten. So betonte der SPD-Abgeordnete Carl Schreck 1927: „Es wird niemand bestreiten wollen, daß dem Film eine unterhaltend-künstlerische und wirtschaftliche Bedeutung zukommt ... Nur soll man nicht diese Entwicklung durch Zensurmaßnahmen gegenüber der Filmreklame unterbinden. Es zeigen sich schon wieder ein paar ängstliche Gemüter und Sittlichkeitsschnüffler, die so tun, als ob die Reinheit des deutschen Volkes in Gefahr wäre, wenn irgendwo in der Filmreklame mal ein nacktes Bein oder sonst ein nackter Körperteil zu sehen ist"[199]. Gegen die Kritik des deutschnationalen Abgeordneten Körner argumentiert der DVP-Abgeordnete Albrecht Morath: „Umgekehrt, die Darbietungen der Gesellschaften, die uns durch die Sender gegeben werden, sind künstlerisch von einer solchen Höhe, so geschmackvoll ... daß ich diese Kritik nicht verstehe. Wenn hier und da ein leichteres Genre zur Unterhaltung für diejenigen anzuwenden beliebt wird, die das auch wünschen, so soll man nicht gar zu engherzig und allzu prüde sein"[200].

Die Zitate verdeutlichen, daß im Diskussionverlauf nur selten auf das jeweils andere Medium Bezug genommen wurde. Dennoch lassen die vor-

---

[197] H. Boehlen, Film und Rundfunk, in: Die Sendung 8. 10. 1926, Nr. 41, 3. Jg.; Alfred Ehrentreich: Kino- und Radio-„Kultur", in: Die Tat Nr. 10/ 1924/25, 16. Jg., S. 779 f.
[198] ausführlich: Wolfgang Mühl-Benninghaus, Zum Verhältnis von Theater und Medien in Deutschland, in: Rundfunk und Geschichte. Mitteilungen des Studienkreises Rundfunk und Geschichte Nr. 2/3 / 1996, 22. Jg., S. 106 f.
[199] Verhandlungen des Reichstags. Bd. 392, S. 9686
[200] Verhandlungen des Reichstags. Bd. 385, S. 1426

getragenen Argumente erkennen, daß die konservativen und liberalen Stimmen in bezug auf die Zensur nicht grundsätzlich zwischen Hörfunk- und Filminhalten differenzierten. Während die eine Seite Medienkritik und -zensur als ein Mittel betrachtete, um eigene Wertvorstellungen durchzusetzen, akzeptierte die andere eine formale und inhaltliche Vielfalt von Themen und Darstellungen in Film und Hörfunk, ohne deren Zensur grundsätzlich in Frage zu stellen.

Die Zuschauer der Lichtspielhäuser und die Rundfunkhörer rekrutierten sich überwiegend aus städtischen Bevölkerungsschichten. Für sie war der Alltag im Unterschied zu den in der Landwirtschaft Beschäftigten weniger signifikant vom jahreszeitlichen Ablauf geprägt. Dennoch hatten die Jahreszeiten wichtige Folgen für die Rezeption von Film und Rundfunk. In den Sommermonaten sank stets der Umsatz der Lichtspieltheater[201]. Vergleichbar dazu waren Unterschiede in den Hörfunkprogrammen der neun bzw. zehn deutschen Sender vor allem in den ersten Jahren zwischen einem unterhaltenden Sommer- und einem anspruchsvollerem Winterprogramm üblich. 1930 heißt es in einer Programmzeitschrift: „Mit Schaudern denken wir an die Programme vor zwei, drei und mehr Jahren zurück; da schienen die Wellen selbst von der sommerlichen Hitze ausgetrocknet zu sein. So ohne Saft und Lebendigkeit war alles. Und ohne Bemühungen, irgendwie darüber hinwegzukommen. Als dann aber die Hörer immer mehr protestierten und durch Abmeldung der Empfangsanlagen zeigten, daß es ihnen sehr ernst damit war, rafften sich die Ressortleiter auf und machten sich Gedanken über das, was sein könnte. Es kam auch einiges dabei heraus, und so kann man von dem Jahre 1929 sagen, daß es das erste Sommerprogramm gebracht hat. Das erste akzeptable"[202]. Ab dem folgenden Jahr kann man im Rundfunk von einem „Ganzjahresprogramm" sprechen. Allerdings bedingten u. a. die Urlaubszeit der Mitarbeiter, die Theater- und Konzertferien, das Aussetzen des Schulfunks während der Ferien sowie die sich häufenden Bäderkonzerte eine Schrumpfung der Programminhalte in den Sommermonaten[203].

Der halbstaatliche Rundfunk und die privatwirtschaftlich arbeitende Filmindustrie hatten unterschiedliche Organisationsstrukturen. Dennoch wurden im Rahmen der jeweiligen Medien analoge Diskussionen geführt. Deren Inhalte wurden in bezug auf die Zukunft des Rundfunks bestimmt von dem Widerspruch zwischen zentralistischen und regionalen Bestrebungen, wobei letztere nicht selten mit Provinzialismus gleichgesetzt werden konnten. Die dezentrale Organisationsstruktur des Rundfunks war eine Folge der zunächst geringen Reichweiten der einzelnen Sender. Diese

---

[201] BArch R 8119 / 19065 Bl. 602
[202] Unterhaltung – die große Frage, in: Europastunde 25. 4. 1930, Nr. 17
[203] Schumacher, Programmstruktur, S. 354 ff.

führten auch zur Schaffung von Nebensendern, die das Hauptprogramm ausstrahlten, aber auch eigene Programmanteile lieferten.

Alle Zentralisierungsbemühungen vor 1929 scheiterten letztlich an zwei Punkten: Erstens an den scheinbar unüberwindlichen partikularen Interessen der einzelnen Sendeanstalten gegenüber der Zentrale sowie der Nebensender gegenüber den Hauptsendern und zweitens an dem bis Ende der 20er Jahre noch relativ niedrigen technischen Niveau der Sende- und Übertragungstechnik.

Der Weimarer Rundfunk stellte also kein einheitliches Gebilde dar, sondern ein Konglomerat von neun und nach der Gründung der Deutschen Welle von zehn unterschiedlichen Rundfunkprogrammen, die sich inhaltlich und in bezug auf die Sendedauer unterschieden. Die Möglichkeit, andere als die regionalen Programme zu empfangen, bot sich nur Spezialisten oder jenem Teil der Bevölkerung, der über genügend Geld verfügte, um sich die entsprechend teuren Geräte kaufen zu können.

Auch der Weimarer Film bildete kein einheitliches Ganzes, da es in keiner Sparte des Industriezweigs einem oder mehreren Unternehmen gelang, den Markt zu dominieren. Die deutsche Filmherstellung wurde von ihrem handwerklich-manufakturellen Niveau geprägt. Neben einer Vielzahl von nur mit wenig Kapital ausgestatteten Produktionsbetrieben konkurrierten in Deutschland auch eine große Zahl meist kleiner Verleihbetriebe miteinander. Diese Struktur hatte u. a. zur Folge, daß auf dem Markt ein Überangebot an Filmen existierte, das von keiner Seite gesteuert werden konnte. Infolgedessen war der Markt etwa in Großstädten, wie Berlin, gespalten: Die Lichtspieltheater am Kurfürstendamm zeigten völlig andere Filme als etwa die Kinos im Berliner Osten und Norden. In einer Beschreibung der Kinos um den Berliner Humboldthain heißt es u. a.: „Beschaut man die Hofkinogeschwister rings, so sieht man sie fast durchweg mit ähnlichen Moritaten- und Kitschankündigungen bekleistert. Mitunter gibt es Filme, die man uns im Westen überhaupt nicht vorsetzt, alle aber sind sie durch das Holderdipolder-Zweischlagersystem unverständlich zusammengeschnitten, rhythmuszerstörend im 35-Sekundentempo heruntergedreht, dazu durch die abgespielte Kopie und die veraltete Apparatur auch rein visuell vermanscht und schließlich durch das Billig-Orchester sinnwidrig illustriert. Es ist ein Graus, wie man hier eines der wichtigsten Instrumente heutiger Zivilisation zu einer Jahrmarktsbudenangelegenheit degradiert ... Rund 800 Millionen Besucher zählt die Kinostatistik für Deutschland, 799 Millionen behandelt man à la Badstraße 58"[204]. Die Zeitschrift „Film und Volk" faßte diesen Zustand folgendermaßen zusammen: „Fürs Volk 'Ein Tag der Rosen im August' und süßlicher Courths-Mahler-Schmus, für das

---

[204] Hanns Horkheimer, Badstraße 58, in: Berliner Tageblatt 1. 7. 1928, Nr. 307, 57. Jg.; vgl. auch: K.F.B.: Lob des Vorstadtkinos, in: Illustrierte Film-Zeitung. Wochenschrift des Berliner Tageblatts 20. 9. 1928, Nr. 36

Bürgertum Filme mit literarischen Ambitionen ... Die Welt des Wedding-Kinos und des Kurfürstendamm-Filmpalastes haben nichts miteinander zu tun"[205]. Das Berliner Tageblatt berichtete im August 1932, daß in einem Kino in der Köpenicker Straße auf Grund der Tonfilmumstellung der letzte Berliner Filmerklärer entlassen worden sei. In einer Seitenstraße des Kurfürstendamms, der Joachimsthaler Straße, trat zur gleichen Zeit in einer Abnormitätenschau mit dem Titel: „Kino von 1905" zum Amüsement der Zuschauer noch einmal ein Filmerklärer auf[206].

In den großen Lichtspielhäusern war es üblich, einen kurzen Kulturfilm, eine Wochenschau und einen abendfüllenden Spielfilm vorzuführen. Viele kleine Kinos warben dagegen mit dem sogenannten Zweischlagersystem. Das bedeutet, daß während einer Vorstellung zwei Spielfilme gezeigt wurden[207]. Da die Kinos gegenüber dem Verleih prozentual zu ihren Einnahmen abrechneten, war eine Folge des Zweischlagersystems, daß sich die Einnahmen pro Spielfilm halbierten. Der geringere Geldrückfluß beschleunigte bei weniger erfolgreichen Filmen den Bankrott vieler kleiner Filmproduzenten, die sich in der Regel die Gelder für die Produktion zuvor geliehen hatten. Um im Rahmen einer Vorführung zwei Spielfilme zeigen zu können, wurden die jeweiligen Filme mit einer schnelleren Bildfolge vorgeführt und nicht selten wurden auch Szenen herausgeschnitten. Da die Verleihkopien nach den Vorstellungen nicht immer wieder in den alten Zustand gebracht wurden, stimmte vor allem bei älteren Verleihkopien oft deren Inhalt mit der Zensurkartenbeschreibung nicht mehr überein.

Auf Grund der vielfältigen divergierenden Einflüsse auf die Filmvorführung zerfiel der deutsche Filmmarkt nicht nur in die fünf Verleihbezirke. Auch innerhalb der jeweiligen Bezirke existierten zwischen den Kinos große Unterschiede in bezug auf die Programme und Filmhandlungen. Von seiten größerer deutscher Firmen, wie der Ufa, und auch der Spitzenorganisation der deutschen Filmindustrie (SPIO), gab es seit 1927 immer wieder Versuche, den Filmmarkt nach amerikanischem Muster zu gestalten. Dazu zählten unter anderem die Beschlüsse zur Abschaffung des Zweischlagersystems. Alle diesbezüglichen Bestrebungen scheiterten, wie im Rundfunk, an den unterschiedlichen Interessen der Beteiligten.

Inhaltlich nahmen Hörfunk und Film vor 1929 kaum aufeinander Bezug. Zu den Ausnahmen gehörten einige Werbefilme, die von Filmfirmen produziert wurden. So stellte die Kulturabteilung der Ufa bereits Anfang 1924 einen Trickfilm her, der im Rahmen von in Lichtspieltheatern gehalte-

---

[205] Lili Korpus, Kinoentwicklung, in: Film und Volk, März 1928 1. Jg. S. 31; vgl. auch: W.H., Die Sender. Sommerprogramme auf allen Wellen, in: Der deutsche Rundfunk 13. 7. 1928, Nr. 29, 6. Jg.
[206] Im Osten und Westen, in: Berliner Tageblatt 7. 8. 1932, Nr. 372, 61. Jg.
[207] Vereinzelt wurden in deutschen Kinos auch Dreischlagerprogramme aufgeführt. vgl.: Preisschleuderei und Dreischlagerprogramme. Drei Fälle aus dem Rheinland, in: FK 13. 3. 1929, Nr. 63, 11. Jg.

nen Vorträgen über das Radio vorgeführt wurde[208]. 1925 produzierte Telefunken ebenfalls einen Trickfilm zur Erläuterung der drahtlosen Technik. Ihm blieb, wie auch einer Reihe anderer von der Reichs-Rundfunk-Gesellschaft (RRG) in Auftrag gegebener Filme, der Erfolg versagt, weil sie „zu technisch gehalten waren, um die große Masse zu gewinnen"[209]. Anklang beim Publikum fanden dagegen der 1926 im Auftrag der Reichs-Rundfunk-Gesellschaft vom „Erfinder" des deutschen Werbefilms, Julius Pinschewer, gedrehte Trickfilm *Tod der Langeweile*. Das gleiche galt für den von Alfred Braun von der Berliner Funk-Stunde und dem Filmregisseur Richard Oswald gemeinsam produzierten Film *Funkzauber*, der das aktuelle Sujet eines fanatisch rundfunkhörenden „Funkagenten" aufgriff[210].

Neben diesen Aneignungen in Form von visuellen Motiven und Sujets hatte der stumme Film abgesehen von den verfilmten Schlagertexten, der Übernahme von eingängigen Melodien durch die Kinomusiker und einigen Wochenschauberichten kaum Möglichkeiten, sich des auditiven Mediums zu bedienen. Die anfängliche Sorge auf seiten der Filmindustrie 1924/25, daß der Hörfunk negativen Einfluß auf die Zahl der Kinobesucher haben könnte, bewahrheitete sich nicht. Bereits im März 1925 stellte die „Lichtbild-Bühne" an Hand mehrerer Statistiken fest: „Das Radio, das Mitte 1924 sich erheblich auszubauen begann, hat in keiner Weise die Besucherzahlen der Filmtheater beeinträchtigt[211]. In der Folgezeit wurde offensichtlich, daß sich sowohl der Film als auch der Rundfunk überwiegend an ein städtisches Publikum wandten, aber dennoch nicht unmittelbar konkurrierten. Vor diesem Hintergrund wurde die Konkurrenzdiskussion in den folgenden Jahren nicht wieder aufgenommen.

Wesentliche Wettbewerbsnachteile sahen dagegen Angehörige der Filmindustrie hinsichtlich des von den Sendeanstalten in den ersten Jahren ignorierten Urheberrechts und der gegenüber den Lichtspielhäusern wesentlich geringeren Besteuerung der Rundfunkanstalten. Bezüglich des Urheberrechts vermutete die „Lichtbild-Bühne": „Nur der Umstand, daß diesmal der allmächtige Staat selber als Unternehmer und Verbreiter auftritt, konnte eine so eklatante Verletzung moralisch unbedingt feststehender Verpflichtungen zustande kommen lassen". Wenige Abschnitte weiter fordert das Fachblatt: „Sieht man das Kino als lustbarkeitssteuerpflichtig an, so darf der Rundfunk keineswegs unbesteuert bleiben". In seiner Begründung verweist das Blatt auf eine Gemeinsamkeit beider Medien, wenn es

---

[208] Film-Radio-Vortrag, in: Der Film 3. 2. 1924, Nr. 5, 9. Jg.; wahrscheinlich handelt sich um den Film *Achtung, Achtung, Berlin...!*
[209] L.H.E., Der Reichsrundfunk gründet ein Tonfilmarchiv, in: FK 7. 7. 1928, Nr. 161, 10. Jg.
[210] Ein neuer Rundfunk-Film. Richard Oswald und Alfred Braun, in: Funk 20. 5. 1927, Nr. 21, 4. Jg.
[211] Bringt uns Radio Schaden? in: LBB 21. 3. 1925, Nr. 27, 18. Jg.; vgl. auch: Ist die Konkurrenz des Radios zu fürchten? in: LBB 14. 2. 1925, Nr. 7, 18. Jg.; vgl. auch: Der Rundfunk und Film, in: Die Sendung 28. 2. 1925, Nr. 3, 2. Jg.

schreibt: „Die Übermittlung der fertigen Aufnahme geschieht genau wie beim Radio durch mechanische Apparate, so daß rechtlich genau die gleichen Grundlagen vorhanden sind. Unerheblich bleibt es dabei, ob das hörende oder sehende Publikum nun in seinen Privaträumen sitzt oder in einem Kino. Denn öffentlich wird jede Veranstaltung wohl dann, wenn sie, zumal gegen Entgelt, jedem, der es wünscht, zugänglich ist"[212]. Insgesamt blieb aber auch diese Diskussion singulär.

Im Rundfunk spielte der Film nur eine sehr untergeordnete Rolle. So wurden Kinoorchester nur in Ausnahmefällen für Unterhaltungssendungen des Rundfunks engagiert. Eine Ausnahme bildete die Berliner Funkstunde, die am Ende der 20er Jahre wöchentlich dreimal Kinokapellen für ihr Programm verpflichtete. In anderen Sendungen, wie „Vor der Leinwand" erklangen originale Begleitmusiken zu bekannten Spielfilmen, wie *Nibelungen* (Regie: Fritz Lang) oder *Metropolis*, ein weiterer Beitrag demonstrierte den Hörern eine Auswahl aus den Kinotheken-Musiken[213]. Mit ihnen gestaltete der Frankfurter Rundfunk erfolgreich Preiskonkurrenzen. Den Teilnehmern wurde zunächst etwa die Hälfte des Films erzählt. Danach wurden ihnen nur die Illustrationen vorgespielt, nach denen sie den Film zu Ende erzählen sollten. Auch die Deutsche Stunde in München spielte vereinzelt Kinotheken-Musiken[214]. Für die übrigen deutschen Rundfunkprogramme sind keine oder nur wenige Programmplätze nachweisbar, auf denen Kinomusik vor 1929 gehört werden konnte[215]. Der Grund für diese Zurückhaltung gegenüber der Filmmusik lag in deren Eigenart begründet. Die engagierten Orchester spielten im Rahmen der Rundfunkübertragungen in der Regel neben Konzertstücken vor allem kurze Suiten, Intermezzi und dergleichen mehr, die während der Kinovorführungen bestimmte Filmhandlungen charakterisierten. Der Zusammenhang von Bild und Ton, der die Filmaufführungen charakterisierte, entfiel beim Rundfunk. Hörern, die gewohnt waren, längere oder komplette Musikstücke übertragen zu bekommen und nur selten bzw. nie ins Kino gingen, mußten die von den Kinokapellen angebotenen Stücke weitgehend unverständlich bleiben. Zudem entsprachen sie nicht ihren musikalisch-literarischen Erwartungen an den Rundfunk. Die schlechte Tonwiedergabe der Rundfunkgeräte verstärkte dieses Moment, denn die Kopfhörer bzw. Lautsprecher schluckten bzw. reduzierten

---

[212] Ja Bauer, das ist ganz was andres ...! Zweierlei Recht für die Volksunterhaltung – Der Staat als Gesetzesverächter. Lustbarkeitssteuer und Zensur – Mehr Kampfgeist! in: LBB 28. 2. 1925, Nr. 9, 18. Jg.
[213] „Vor der Leinwand", in: Funk-Woche Nr. 29/1928, 3. Jg.
[214] Wolfgang Martini, Übertragung von Filmmusik im Rundfunk, in: Deutsche Filmzeitung 17. 1. 1930, Nr. 3, 9. Jg.
[215] Angaben vom Deutschen Rundfunkarchiv in Frankfurt. Vgl. auch: Sendehemmnisse für Kinomusik-Übertragung in: Das Kino-Orchester 19. 11. 1927, Nr. 24

viele jener Klangeffekte, die für die Stummfilmmusik charakteristisch waren[216].

Neben den musikalischen Bezügen sind auch im Wortprogramm einzelner Sender nur einige Bezüge zum Film nachweisbar. In einer Sendung des Berliner Rundfunks lasen Werner Krauß und Asta Nielsen aus Filmmanuskripten[217]. Eine Sendung des Frankfurter Rundfunks nutzte Filminhalte zu Rätselsendungen[218]. Darüber hinaus bildeten Filmthemen vereinzelt inhaltliche Schwerpunkte von Vorträgen und Vortragsreihen. Paul Zucker sprach etwa im Rahmen seines Vortrages „Neues Sehen" über das Weltbild des Kinos und die von ihm ausgehenden Neuentdeckungen. Eine Vortragsreihe in der Berliner Funkstunde beschäftigte sich mit „Europäischen Filmproblemen" und eine weitere mit „Filmhumoristen"[219]. Insgesamt blieben im Weimarer Rundfunk inhaltliche Bezüge auf den Film vor 1929 die Ausnahme. Ein Filmfeuilleton oder eine Filmkritik entwickelte sich nicht bei den verschiedenen Sendern.

Die inhaltlichen Beziehungen zwischen Hörfunk und Film sind durch die künstlerischen Gemeinsamkeiten beider Medien zu ergänzen. Beim Hörfunk gab es vereinzelt Versuche, die für Kinovorstellungen typische Angebotsvielfalt innerhalb einer Sendung nachzuahmen. So strahlte der Nordische Rundfunk im Sommer 1926 ein mehrteiliges, sogenanntes Großhörspiel unter dem Titel „Der Herr der Erde"[220] aus. Unter der Dramaturgie von Hans Bodenstedt wurde hier versucht, innerhalb einer Rahmenhandlung unterschiedlichste Inhalte, wie Kirschblüte in Japan, Kirchenkonzert, Börsengeschehen, Tanztee und Parademarsch sowie verschiedene Genre und Gattungen, u. a. Melodrama, Krimi, Oper, Hörspiel miteinander zu verbinden. Ermöglicht wurde dies u. a. durch schnelles Umschalten an verschiedene Orte. So folgte etwa auf die Handlung an der Börse, die im Studio aufgenommen wurde, eine Schaltung vor ein Kirchenportal. Von dort hörte man das Halten eines Autos. Anschließend wurde das Portal geöffnet, und es erklang Orgelmusik. Dieser folgten „Geschichten aus dem Wiener Wald", die wieder aus dem Studio gesendet wurden. Auf Grund

---

[216] Kinokapellen im Rundfunk-Wochenprogramm. Kleine Ratschläge, in: Film und Ton 6. 4. 1929, Nr. 14
[217] Sti, Berliner Sendebericht. Die neue Woche – Programmrückschau, in: Der deutsche Rundfunk 25. 7. 1926, Nr. 30, 4. Jg. Zur Kritik an dieser Sendung: Wll.: Vom Berliner Sender. Shaw und der Rundfunk – Konzertrückschau – Das neue Programm – ... und Welle 571? in: Der deutsche Rundfunk 8. 8. 1926, Nr. 32, 4. Jg.
[218] So hieß eine am 20. Oktober 1928 vom Frankfurter Rundfunk ausgestrahlte Rätselsendung „Kino und Kinomusik vor fünfzehn Jahren" Der deutsche Rundfunk 12. 10. 1928, Nr. 42, 6. Jg; weitere Beispiele: Wll.: die Sender. Sommerprogramm auf allen Wellen, Übertragung der Baden-Badener Kammeroper – „Wozzeck"; in Köln: Allerhand Sportsendungen, in: Der deutsche Rundfunk 13. 7. 1928, Nr. 29, 6. Jg
[219] Zobeltitz, Die Gesamtheit, S. 252
[220] Trotz der Ähnlichkeit im Titel zu der Joe May Verfilmung *Herrin der Welt* ist eine inhaltliche Nähe zwischen Film und Großhörspiel nicht zu erkennen.

der abrupten Wechsel und Schnitte, also der gleichsam filmischen Übergänge, bezeichnete die Kritik das Hörspiel auch als „Sensationsfilm"[221].

Bei beiden Medien entfielen viele Beschränkungen, die dem Theater anhaften, seien es Beschränkungen des Ortes, Zwischenvorhänge, Pausen, Umbauten usw. Für die Medienrezipienten entfielen längere Vorbereitungszeiten, wie das Anlegen besonderer Kleidung oder das Lesen von Stücktexten und Libretti. Schließlich boten die künstlerischen und unterhaltenden Film- und Hörfunkprogramme für relativ wenig Geld ein abwechslungsreiches Angebot, mit dem ein wesentlich größeres Publikum erreicht werden konnte, als dies bei den klassischen Künsten möglich war.

Die sinnlichen Beschränkungen, die dem Hörfunk und dem stummen Film anhafteten, sowie die gegenüber Theateraufführungen zeitlich konzentriertere Form der Darstellung bedingten partielle dramaturgisch-künstlerische Übereinstimmungen in bezug auf Spielfilm und Funkdrama bzw. Opernbearbeitung. Der Stummfilm mußte alles Hörbare zeigen, so das Orchester in einer Spelunke oder im Ballsaal, die Kirchenglocken oder das Bellen eines Hundes. Im Gegenschnitt bildete er die Reaktion des Hörenden ab, etwa die Reaktion der Mutter auf ihr schreiendes Kind. Trotz dieser visuellen Verdoppelung des Tones blieb es vielfach der Einbildung des Zuschauers überlassen, wie er das Gezeigte wahrnahm. Beim Funkdrama existiert das Geschehen überwiegend in der Phantasie des Hörers, die durch Töne – vor allem durch monologes und dialoges Sprechen – angeregt wird. Da die Hörer nur eine bestimmte Zahl an Stimmen auseinanderhalten konnten, mußten die Stücke figurenarm und die Handelnden permanent präsent bzw. gut zu unterscheiden sein. Überlappungen waren kaum möglich. Die dramaturgischen Einschränkungen trugen überwiegend zu einer deutlichen Straffung des Geschehens bei. Die Rezeption beider Medien war in hohem Maße auf die Phantasie der Zuhörer bzw. Zuschauer angewiesen. An diesem Punkt wird auch der wesentliche Unterschied in der Bearbeitung von Theaterstücken durch den Tonfilm und den Hörfunk deutlich. Der Film ist gezwungen, die jeweilige Handlung mit einer Vielzahl von Bildern zu gestalten. Beim Hörspiel sind dagegen Handlungen nur über den Ton rezipierbar. Derselbe Inhalt muß in Hörspiel, Film und Theater also jeweils entsprechend spezifischer Dramaturgien bearbeitet werden und kann nicht unmittelbar von einem in ein anderes Medium überführt werden.

Nicht nur die Dramaturgien und Ästhetiken, sondern auch die Rezeptionsbedingungen von Film und Hörfunk unterschieden sich grundlegend. Das bis Ende der 20er Jahre weitaus am meisten verbreitete Empfangsgerät war der batteriegetriebene Detektor, der überwiegend nur einen individuellen Konsum der Programme ermöglichte. Eine Beschallung des Raumes

---

[221] Arno Schirokauer: Hamburgs Sensationsfilm: „Der Herr der Erde". Eine kritische Betrachtung, in: Funk 23. 7. 1926, Nr. 30, 3. Jg.

unterblieb in der Regel und damit auch eine der Filmvorführung analoge kollektive Rezeption.

Die 4. Funkausstellung 1927 zeigte erstmals überwiegend Röhrengeräte und ein Jahr später die ersten Geräte mit elektroakustischem Lautsprecher[222]. Diese „ersten Röhrenempfänger waren schwere, unhandliche Apparate, die Netzanschluß und Antenne benötigten und in der Küche oder im Eßzimmer unverrückbar auf einem Schrank oder einem Regal thronten". Radiohören wurde jetzt eine kollektive Tätigkeit[223], denn man teilte „in dieser Zeit seine Privatsphäre notgedrungen mit allen Menschen, die denselben häuslichen Raum bewohnten. Die Mauer der Privatheit schirmte zwar den häuslichen Bereich gegen den öffentlichen ab, das heißt gegen Menschen, die für die Familiengruppe Fremde waren. Hinter der Mauer jedoch fehlte es – außer im Bürgertum – an Platz, jedem Mitglied der Gruppe seinen eigenen privaten Raum zuzugestehen: Privatheit war nichts anderes als gruppeninterne Öffentlichkeit"[224]. Dies erklärt auch zeitgenössische Schätzungen, die besagen, daß die 1930 vorhandenen etwa drei Millionen Rundfunkanschlüsse von etwa sechs bis zehn Millionen Deutschen genutzt wurden[225].

Die Rezeption von Filmen erfolgte – im Gegensatz zum Rundfunkhören – in öffentlichen Räumen. Unentschieden bleiben soll, inwiefern der abgedunkelte Vorführraum jeweils neue gruppeninterne Öffentlichkeiten erzeugte. Unbestritten scheint dieses Problem für jene teilweise geschlossenen Veranstaltungen zu sein, die fast alle politischen und weltanschaulichen Gruppen der Weimarer Republik organisierten, um mit Hilfe „laufender Bilder" Werbung für die eigenen Überzeugungen zu betreiben. In diesen Fällen bildete die Mauer des jeweiligen Lichtspielhauses den zeitweiligen Schutz für die Privatsphäre der Gruppenmitglieder.

Sowohl der deutsche Film als auch der deutsche Rundfunk standen in den 20er Jahren in Konkurrenz mit internationalen Anbietern. Bereits die Einführung des Rundfunks in Deutschland 1923 war unter Hinweis auf internationale Entwicklungen forciert worden[226]. In den folgenden Jahren boten einzelne Sender ihren Hörern mit leistungsstarken Geräten freie Abende an, um ihnen den Fernempfang, d.h. den Empfang fremder Stationen zu ermöglichen. Gleichzeitig betrachteten vor allem deutschnationale Kreise den Rundfunk auch als „Band zwischen Heimat und Auslandsdeutschen". Sie forderten vor dem Reichstag und auch anderenorts, diesen Aspekt besonders bei der Programmgestaltung grenznaher Sender zu berücksichtigen[227]. Der 1930 einsetzende Bau von Großsendern diente beidem,

---

[222] Riedel, 70 Jahre, S. 27 und 32
[223] Prost, Grenzen, S. 140
[224] ebenda, S. 73
[225] Schubotz, Politik und Rundfunk, S. 170
[226] BArch R 4701 / 14849 Bl. 25 f.
[227] Verhandlungen des Reichstags, Bd. 392, S. 9679 C f.

der Verhinderung des Abhörens fremder Programme und dem verbesserten Empfang deutscher Programme im Ausland.

Im 1. Weltkrieg wurde der Film vor allem vom deutschen Generalstab unter propagandistischen Gesichtspunkten betrachtet. Demgegenüber verwies der spätere Generaldirektor der Ufa, Klitzsch, bereits in seinen vor und im Weltkrieg gehaltenen Reden immer wieder auf die Notwendigkeit des Filmexports. Die noch während des Weltkrieges erfolgten Gründungen von der Deulig und der Ufa entsprangen der Einsicht, daß mit Filmen in den wirtschaftlich interessanten Ländern eine bessere Überzeugungsarbeit als mit Waffen zu leisten sei. Die Ausstattungsfilme der Nachkriegszeit knüpften an diese Überlegungen an. Insofern stehen diese Filme für eine weitgehende Umorientierung innerhalb der Filmproduktion, die sich inhaltlich in erster Linie an wirtschaftlichen und kaum noch an propagandistischen Inhalten orientierte. Allerdings gelang es auf Grund der zersplitterten Industrie nie, ein einheitliches Exportgeschäft aufzubauen. Darüber hinaus fehlten, von Emil Jannings und einigen wenigen anderen abgesehen, Stars, die den deutschen Film auf den Weltmärkten repräsentierten. Viele deutsche Exportfilme bedienten weit weniger als die Hollywood-Produktionen ein internationales Massenpublikum. Andererseits zeigen die Listen der in deutschen Kinos geschäftlich erfolgreichsten Spielfilme, daß das Publikum hier trotz eines permanent hohen Angebots an US-Filmen pro Jahr den eigenen Produktionen den Vorzug gab[228].

1.7. Die Anfänge medialer Verflechtungen

1.7.1. Film und Rundfunk

Mit dem Entstehen der Rundfunkpresse setzte auch deren vereinzelte Beschäftigung mit dem Spielfilm und insbesondere mit dem Tonfilm ein[229]. Neben Hinweisen auf Gemeinsamkeiten und Unterschiede der beiden Medien war vor allem die Beschäftigung der Autoren mit dem Ton inhaltlich dominant. Der Begriff „akustischer Film" für ein besonders aufwendig produziertes Hörspiel, wie „Der tönende Stein", das Alfred Braun von der Berliner Funk-Stunde gemeinsam mit dem Filmregisseur Richard Oswald inszenierte, deutet darauf hin, daß mit dem Terminus partiell auch inhaltliche Übereinstimmungen von Spielfilm und Hörspiel angedacht wurden. Bei dem am 6. März 1926 ausgestrahlten Stück handelte es sich um „eine

---

[228] Garncarz, S. 198 ff.
[229] vgl. u. a.: Der sprechende Film, in: Der deutsche Rundfunk 27. 12. 1925, Nr. 52, 3. Jg.; H. Boehlen, Film und Rundfunk, in: Die Sendung 8 10. 1926, Nr. 41, 3. Jg.; Fred A. Angermayer, Rundfunk und Kino, in: Die Sendung 14. 9. 1928, Nr. 38, 5. Jg.; Karl Teucke, Die Entwicklung des Tonfilms, in: Funk 4. 1. 1929 Nr. 1, 6. Jg.

geschickte Übertragung der wesentliche Elemente des 'Detektivfilms' auf akustische Verhältnisse"[230]. „Die Funkstunde hatte keine Mühe gescheut, ein Massenaufgebot von Musikern und Solokräften zu verpflichten, und das ganze Arsenal von künstlichem Regen, von Turbinengeräuschen, klappenden Türen, Fahrstühlen, und was es für Geräusche noch mehr gibt, aufzubieten, um diesen Funkfilm zu illustrieren"[231].

Momente der Tonmontage, wie sie später im Tonfilm verwendet wurden, lassen sich bereits in dem unter Leitung von Fritz Walter Bischoff im Februar 1928 für die Schlesische Funkstunde produzierten Hörspiel „Hallo! Hier Welle Erdball!" nachweisen. Bei der sogenannten Hörsymphonie wechselten „in den neun ohne Unterbrechung aufeinanderfolgenden Bildern ... in sich abgeschlossene Handlungen mit Reportagen des Sprechers (Welle Erdball), mit Einzelstimmen von frohen oder leidenden Menschen oder eines Sprechchores". In das Spiel wurden Bruchstücke von Zeitungsberichten, Gedichte, Lieder usw. einbezogen. Erstmals arbeitete Bischoff in diesem Stück, in bewußter Anlehnung an die gängigen filmischen, mit akustischen Überblendungen. Er nutzte dafür Sondereinrichtungen im Verstärkerraum und die Möglichkeit, in verschiedenen Räumen zu spielen. So wurde an einer Stelle verklingende Tanzmusik mit afrikanischer Musik überblendet. Neue Wege beschritt Bischoff auch in Hinblick auf die Illusionswirkung von Geräuschen. Bis zu diesem Zeitpunkt beschränkten sich die Hörspielproduzenten fast ausschließlich auf die Nutzung verschiedener Hintergrundgeräusche, um die jeweiligen Szenen zu illustrieren. In „Hallo! Hier Welle Erdball!" gelang es, räumliche Illusionswirkungen zu erzielen, so klingt etwa eine Szene, als würde sie in einem scheinbar großen und überfüllten Konzertsaal spielen[232]. Mit diesem Hörspiel gelang es Bischoff, den bis 1927 üblichen und danach immer noch bei Hörspielen benutzten Erklärer, „der analog den Erklärern im alten Kintopp die Vermittlung von Spiel und Publikum herzugeben hatte ... endgültig in die Rumpelkammer der Sender" zu schicken[233]. Die aufwendigen Formen der Hörspielproduktion blieben in den 20er Jahren nicht zuletzt deshalb eine Ausnahme, weil es an Möglichkeiten fehlte, die Stücke aufzuzeichnen und mehrfach zu senden. Dies war eine Voraussetzung, um die hohen Produktionskosten durch Mehrfachausstrahlung zu rechtfertigen bzw. zu amortisieren[234].

---

[230] Im neuen Senderaum der Funk-Stunde. Ein akustischer Film. Sendespielbericht der vergangenen und der kommenden Woche, in: Der deutsche Rundfunk 14. 3. 1926, Nr. 11, 4. Jg.
[231] wzl., Der neue Aufnahmeraum der „Funk-Stunde". Akustische Generalprobe mit dem „Tönenden Stein", in: Funk 12. 3. 1926, Nr. 11, 3. Jg.
[232] Alfred John, Hallo! Hier Welle Erdball! Eine Uraufführung in Breslau, in: Funk 17. 2. 1928, Nr. 8, 5. Jg., S. 60
[233] Eberhard von Wiese, Hörspiel, Tonfilm, Schallplatte, in: Vossische Zeitung 9. 7. 1930, Nr. 318
[234] Hallo! Hier Welle Erdball! war 1929 eines der ersten und eines der wenigen Hörspiele das mit Hilfe des Tri-Ergon-Verfahrens aufgezeichnet wurde.

Nachdem bereits Hans Vogt 1924 in einem längeren Aufsatz auf die Möglichkeiten der Verwendung des Lichttonverfahrens für den Rundfunk hingewiesen hatte[235], standen in der Folgezeit die Bemühungen von Bagier, für den Tonfilm eine eigene Ästhetik zu entwickeln, immer wieder im Mittelpunkt der einzelnen Aufsätze in Rundfunkzeitschriften. Ein Zusammenhang zwischen Tonfilm- und Hörspielästhetik ist inhaltlich in den Artikeln nicht angelegt. Dennoch ist von dessen Existenz aus zwei Gründen auszugehen. Zum ersten wurde die Frage einer Hörspielästhetik nicht nur in der Rundfunkpresse[236], sondern erstaunlicherweise auch in der Theaterpresse[237], weniger jedoch in der Filmfachpresse von der Mitte bis zum Ende der 20er Jahre sehr intensiv diskutiert. Die Aufzeichnungstechnik des Tonfilms bot, wie die Rundfunkentwicklung ab 1928 zeigte, eine Möglichkeit, die Hörspielqualität wesentlich zu verbessern. Insofern war die Beobachtung der Tonfilmentwicklung durch die Rundfunkprogrammpresse eine Möglichkeit zum Studium von Tondramaturgien. Zum zweiten fallen erste konkrete Überlegungen zur Zusammenarbeit von Rundfunk und Film in die Zeit von 1927/28. Bereits Vogt hatte darauf verwiesen, daß es unter Ausnutzung des für den Tonfilm entwickelten Tri-Ergon-Verfahrens möglich ist, Sendungen vorzuproduzieren und zu schneiden. Auf diese Weise würden sich nicht nur die akustischen Möglichkeiten des Mediums, sondern auch deren beliebige Einsetzbarkeit im Programm erhöhen.

Parallel zu weiteren Verbesserungen der Tonfilmtechnik beabsichtigten der Frankfurter Südwestdeutsche Rundfunk und die Tri-Ergon-Musik AG Berlin die Gründung einer Tonfilm-Gesellschaft. Dieser Versuch scheiterte jedoch an der fehlenden Bereitschaft der Ufa, daran mitzuarbeiten und bestimmte Patente und Techniken einzubringen. Daraufhin verhandelten das Mitglied des Aufsichtsrates des Südwestdeutschen Rundfunks, Carl Adolf Schleußner, Guido Bagier und Arthur Fischknecht im November 1927 über eine Unterlizenz der Tri-Ergon-Musik AG Berlin, um im Rahmen von Versuchen die Anwendbarkeit des Tri-Ergon-Verfahrens für den Rundfunk zu untersuchen[238]. Im Ergebnis dieser Verhandlungen vereinbarten die

---

[235] Hans Vogt, Die Verwendung des Phonographen zur Steuerung des Senders, in: Funk 7. 11. 1924, Nr. 28, 1. Jg.

[236] vgl. u. a.: Gru, Auf dem Weg zum Rundfunkdrama, in: Funk 13. 6. 1924, Nr. 7, 1. Jg.; W. Grunicke, Zur Frage der Sendespiele, in: Der deutsche Rundfunk 27. 7. 1924, Nr. 30, 2. Jg.; w.m., Der Weg zum Rundfunksendespiel. „Anke" von F.A. Tiburtius, in: Funk 1. 8. 1924, Nr. 14, 1. Jg.; Aloys Christ Wilsmann, Das Hörspiel, in: Der deutsche Rundfunk 7. 9. 1924, Nr. 36, 2. Jg.; v.H., Das Hörspiel. Klangraum – Akustische Kulisse, ebenda 19. 4. 1925, Nr. 16, 3. Jg.; Aloys Christ Wilsmann, Probleme des Hörspiels, ebenda 31. 7. 1925, Nr. 31;

[237] vgl. u. a.: Curt Elwenspoek, Theater – Kino – Rundfunk, in: Das Theater H. 20/1926, 7. Jg., S. 466 ff.; Hans Bredow, Rundfunk und Schaubühne, in: Die vierte Wand H. 4/1927, S. 3 f.; K. Rosen, Rundfunk und Theater, in: Blätter der Volksbühne e. V. 1927/28, S. 344 ff.

[238] Frankfurter Stadtarchiv S 1/ 58 Nr. 221; 230

RRG und die Tri-Ergon, „daß eine Serie von Tonfilmen ... extra für den Rundfunk angefertigt werden"[239].

Im Februar 1928 begannen in Frankfurt die ersten umfangreichen Versuche, mit Hilfe des Lichttonverfahrens Rundfunksendungen zu gestalten. Das Programm der Übertragungen entsprach weitgehend denen der Tonbilder bzw. der frühen Tonfilme. Nach einer kurzen Rede von Bagier wurden Ansprachen des Außenministers Gustav Stresemann, des Schriftstellers Wilhelm von Scholz und des Chefredakteurs der Vossischen Zeitung, Professor Georg Bernhard, sowie als musikalische Einlagen ein Flöten- und ein Geigenkonzert, Gesang- und Orchesterpartien gesendet. Weiter wurde die Aufzeichnung eines zwei Wochen zuvor in Berlin stattgefundenen Boxkampfes ausgestrahlt[240]. Die Vorteile der neuen Technik beschrieb Bagier wenige Wochen später schwärmend: „Da die Aufzeichnung, die bis zu 15 000 Eindrücke in der Sekunde erfassen kann, außerordentlich fein ist, hat die Übertragung durch den Sender ein fast naturgetreues Material zur Verfügung. Dieses Phonogramm wird nunmehr ohne jedes akustische Zwischenglied direkt als elektrische Energie auf den Sender übertragen ... Man kann gleich dem Bildfilm diesen Tonstreifen schneiden, zusammenkleben, umstellen; man kann schlechte Stellen ausmerzen und durch bessere ersetzen. Der Künstler und der Regisseur sind in der Lage, die Aufnahmen abzuhören, den erzielten Eindruck zu überprüfen, die Aufnahmen zu wiederholen. Fernerhin ist es durch die Verwendung des Tonfilms endlich möglich, bewußt und nicht improvisiert für den Rundfunk künstlerisch zu arbeiten. So, wie man beim stummen Film ein Manuskript ausarbeitet und in Drehszenen einteilt, die Besetzung von Probeaufnahmen abhängig macht, die Reihenfolge der Aufnahmen nicht nach dem Manuskript, sondern nach technischen und kommerziellen Bedingungen vornimmt, ist es nunmehr denkbar, daß ein Tonfilmhörspiel gleichfalls organisch und bewußt vorbereitet, aufgenommen, geschnitten und gesendet wird"[241]. Im weiteren betont Bagier, daß nun auch die Archivierung des Tonmaterials und die damit verbundene Mehrfachnutzung sendefähigen Materials in bisher nicht bekanntem Maße möglich sei.

In den folgenden Monaten wurden die Versuche des Südwestdeutschen Rundfunks, mit Hilfe des Tri-Ergon-Verfahrens Hörfunksendungen zu produzieren, mehrfach wiederholt, so in Stuttgart und in Hamburg. In Holland experimentierte der Rundfunksender in Haag mit der gleichen Technologie[242]. Im Frühsommer 1928 strahlte auch die Berliner Funk-Stunde unter der technischen Leitung von Bagier auf der Basis der Tri-Ergon-Lichttontechnik pro-

---

[239] Heinz Engel, Auf allen Wellen, in: RR-Rundfunk-Rundschau 8. 7. 1928, Nr. 28, 3. Jg., S. 567
[240] dr. H.B., Hörspiel aus der Konservenbüchse. Die erste Tonfilmübertragung in Frankfurt a.M., in: Funk 2. 3. 1928, Nr. 10, 5. Jg.
[241] Guido Bagier, Der akustische Film, in: Die Sendung 29. 6. 1928, Nr. 27, 5. Jg.
[242] Tonfilme, in: Berliner Tageblatt 17. 6. 1928, Nr. 283, 57. Jg.

duzierte Aufnahmen aus. Die RRG nutzte dieses Ereignis, um vor geladenem Publikum den „Tonfilm vor dem Mikrophon" der Öffentlichkeit feierlich zu übergeben[243]. In diesem Zusammenhang erläuterte Kurt Magnus die Zielvorstellungen der RRG bei der Einführung des Hörfilms: „Der wichtigste Grund ist ... aktuelle Ereignisse für die Zeit festzuhalten und infolgedessen das Klangbild unabhängig vom Ort des Geschehens zu wiederholen. Es ist danach nicht mehr notwendig, die deutschen Sender kreuz und quer über Kabel miteinander in Verbindung zu setzen, wenn hier oder dort eine interessante Reportage übertragen werden soll". Die Filme, so die Vereinbarung der RRG mit den Herstellern, sollten in einem Hörfilmarchiv vereinigt werden. „Des weiteren soll mit Hilfe der Tri-Ergon-Hörfilme der akustischen Kulisse unserer Hör- und Sendespiele jene Naturtreue gegeben werden, die sich mit den bisher verwendeten akustischen Requisiten nicht ohne weiteres erreichen läßt. Und schließlich will man durch die Tonfilme erzieherisch auf die Rundfunkdarstellung selbst einwirken, indem man den Schauspielern und Sängern ebenso wie den Instrumentalisten die Möglichkeit verschafft, sich selbst im 'akustischen Bilde' zu hören und Fehler durch das Ohr festzustellen, um sie zu beseitigen"[244].

Wie bereits in Frankfurt wurde in inhaltlicher Anlehnung an die frühen Tonfilmaufführungen vor allem die Breite akustischer Übertragungsmöglichkeiten getestet. Das Berliner Programm begann mit einer Ansprache des Rundfunkkommissars Hans Bredow, es folgten Instrumentalstücke, ein Orchesterkonzert, Chormusik und Gesangszenen. Der Empfang der Ozeanflieger auf dem Tempelhofer Flughafen beendete das Versuchsprogramm[245]. Über die Empfangsqualität des neuen Verfahrens hieß es danach unter anderem: „Rechnet man die atmosphärischen Störungen durch ein Gewitter, womit der Himmel diese Hörfilme begrüßte, ab, so vermißte man mit Vergnügen jegliches Nebengeräusch. Die Wiedergabe der akustischen Vorgänge, Musik, Reden, klappte vorzüglich. Die Genauigkeit und Natürlichkeit der Wiedergabe erwies sich an der Aufnahme der Fliegerreden. Da lebte ganz Tempelhof mit, das Surren der Propeller, der Lärm der begeisterten Menge, noch das Echo der Reden, die das Megaphon über den Flughafen verbreitete. Hier, bei der Aufnahme eines sozusagen natürlichen Vorgangs, zeigt sich die Bedeutung der Erfindung besser als bei den 'gestellten' Atelieraufnahmen"[246]. An anderer Stelle wurde bereits die Ablösung des bisher am weitesten verbreiteten Musikspeichers und Abspielmediums, und damit ein Nutzungsparadigmenwechsel in der auditiven Individualkonsumtion prophezeit: „Die Schallplatte ist geschlagen, die künftige

---

[243] Heinz Engel, Auf allen Wellen, in: RR-Rundfunk-Rundschau 8. 7. 1928, Nr. 28, 3. Jg., S. 566
[244] d.: Der Tonfilm im Dienste des Rundfunks, in: Funk 6. 7. 1928, Nr. 28, 5. Jg., S. 212
[245] Frank Warschauer, Der Tonfilm im Rundfunk. Das Tri-Ergon-Verfahren, in: Vossische Zeitung 28. 6. 1928 Nr. 301, Tri-Ergon-Tonfilme, in: Funk-Woche Nr. 26/1928, 3. Jg.
[246] Leo Hirsch, Tonfilme, in: Berliner Tageblatt 30. 6. 1928, Nr. 305, 57. Jg.

Ausbeutungsmöglichkeit des Tonfilms noch gar nicht abzusehen". Auch der Einfluß auf das visuelle Leitmedium wird bereits erkannt: „Auch das Kino steht vor bedeutsamen Umwälzungen, Orchester werden überflüssig, das tote Lichtbild wird lebendig. Arme Filmstars, die ihr euren mimischen und körperlichen Potenzen nicht auch sprachliche oder gar gesangliche Talente gegenüberzustellen in der Lage seid! Mit dieser Massolle-Vogt-Engl'schen Erfindung wird eine neue Ära der Filmkunst beginnen"[247].

Vergleichbare intentionale und euphorische Reaktionen lassen sich auf die im Juni 1928 in der Wiener Urania aufgeführten und nach dem Tri-Ergon-Verfahren aufgenommenen Tonfilmstreifen nachweisen. Gezeigt wurden dort u. a. Tiere auf einem Bauerngut, deren unterschiedliche Stimmen zu hören waren, ein Besuch in den Opelwerken und eine Rede Stresemanns, „nervenstark aufgenommen und durchspielt von dem zitternden Rauschen der Baumblätter, unter denen der Sprecher steht, die Chansons eines Schweizer Lautensängers – all das nähert sich restlos einer Verschmelzung zwischen sichtbarer und hörbarer Welt"[248]. Nach dem gelungenen Experiment stellte der Generaldirektor der Radio-Verkehrs AG Wien, Oskar Czeja, fest: Auf diese Weise könnten „chemisch gereinigte" Darbietungen, also technisch bearbeitete, gefilterte und geschnittene Aufnahmen durch den Rundfunk erfolgen. „Eine solche Aufführung ... wird dann von der Stimmung, von der körperlichen und seelischen Verfassung, von Lampenfieber, von der Tücke des Objekts und anderen Zufälligkeiten der Aufführungsstunde nicht mehr beherrscht und abhängig sein"[249]. Weitere Rundfunkversuche mit dem Tri-Ergon-Verfahren gab es in Breslau, Köln und München, d. h. fast alle deutsche Rundfunkstationen hatten vor Eröffnung der 5. Funkausstellung mit der neuen Technik experimentiert.

An dieser Stelle werden zwei wesentliche Unterschiede der Umstellung vom stummen auf den Tonfilm in Europa zum gleichzeitig ablaufenden Prozeß der Technologieentwicklung in den USA deutlich. Die ersten Tonfilme in den USA waren Nadelton-, sogenannte Vitaphonefilme, während in Europa im Zentrum der Aufmerksamkeit das Lichttonverfahren stand. Die in der Folgezeit hier entwickelten Wiedergabeapparaturen konnten auf Wunsch des Kinobetreibers sowohl Lichtton- als auch Nadeltonfilme zeigen, während etwa die Warners-Lichtspielhäuser zunächst ausschließlich mit Nadeltonapparaturen ausgestattet wurden. Zum zweiten konnten große Teile des Publikums in Deutschland, Österreich und Holland infolge der Hörfunkexperimente Lichttonfilme über die Rundfunksender wesentlich früher hören als auf der Leinwand sehen. In den USA gab es eine vergleichbare Erprobung der Filmtontechnik im Rundfunk nicht.

---

[247] S-e.: Achtung! Achtung! – Hier ist die Kritik!, in: Film-Woche Nr. 28/1928, 3. Jg.
[248] H.E.J.: Der Tri-Ergon-Film in Wien, in: Berliner Tageblatt 16. 6. 1928, Nr. 281, 57. Jg.
[249] Ludwig Kapeller, Der Tonfilm – die „Gouvernante" des Rundfunks, in: Funk 31. 8. 1928, Nr. 36, 5. Jg., S. 253

Die positiven Reaktionen auf die Experimente mit dem akustischen Film blieben jedoch nicht unwidersprochen. Einige Kritiker bemängelten die noch unvollkommene Technik, die die Anwendung des Tonfilms im Rundfunk einschränke: „Der erste Versuch am Berliner Sender hat gelehrt, daß die Wiedergabe mittels Tonfilm bei aller Vollendung doch weit hinter dem unmittelbar in das Mikrophon hineingesprochenen Wort zurücksteht. Die lebendige Wirkung der persönlichen Mikrophon-Besprechung wird vorläufig noch keineswegs von der mechanisch wirkenden Wiedergabe durch Tonfilm erreicht". Der Kritiker sah den zukünftigen Einsatz des Tri-Ergon-Verfahrens und damit der Aufzeichnungstechnik im Rundfunk überhaupt vorwiegend in der aktuellen Berichterstattung und bei der Aufzeichnung von besonders wertvollen Sendungen, um diese anschließend auch in anderen Funkhäusern ausstrahlen zu können[250], jedoch nicht als Basistechnologie des Mediums. Kurt Magnus warnte gar vor einem massenhaften Gebrauch des Tonfilms im Rundfunk, denn dieser dient – im Unterschied zu Film und Schallplatte – „der Vermittlung eines gleichzeitigen Erlebnisses, ohne daß zwischen Geschehen und Wahrnehmung ein mechanisches Zwischenglied eingeschaltet wird. Er überbrückt Raum und Zeit. In demselben Augenblick, in dem seine Darbietungen zustande kommen, ist der Kontakt mit dem Hörer hergestellt und gleichzeitiges Erleben ermöglicht"[251]. Magnus beharrte also auf dem Livecharakter der Rundfunkübertragung. An anderer Stelle wurde die Kritik noch prinzipieller. Sie hielt Oskar Czeja entgegen, daß die „chemisch gereinigten" Sendungen „zum Ruin jeder echten Rundfunkkunst führen könnten! Denn das Wesen des Rundfunks, sein fruchtbarster Kern, ist die Lebendigkeit und Augenblicklichkeit der Darstellung vor dem Mikrophon, die der Hörer im status nascendi genießt und genießen muß, wenn sie an Wirkung nicht einbüßen, nicht fade und schal werden soll wie – chemisch gereinigtes Trinkwasser"[252]. An anderer Stelle heißt es: „Wenn der Tonfilm einen Zuwachs an Möglichkeiten durch die Technik des Rundfunks gewonnen hat, wenn andererseits der Rundfunk viel von der graphischen Niederlegung des Schalls wird gewinnen können, so bleibt doch – die Einmaligkeit und Augenblicklichkeit das Privileg des Rundfunks. Denn nur die im Augenblick ausstrahlende Menschlichkeit des Rundfunk-Künstlers ist imstande, jene Suggestion zu erzeugen, die eine Verbindung herstellt vom Menschen zum Menschen"[253]. Die Befürworter der Livesendungen warnten vor dem Per-

---

[250] Heinz Engel, Auf allen Wellen, in: RR-Rundfunk-Rundschau 8. 7. 1928, Nr. 28, 3. Jg., S. 566
[251] Kurt Magnus, Geistige Verbindung getrennter Welten, in: FK 1. 6. 1929, Sondernummer, 11. Jg.
[252] Ludwig Kapeller, Der Tonfilm – die „Gouvernante" des Rundfunks, in: Funk 31. 8. 1928, Nr. 36, 5. Jg., S. 254
[253] kap.: Rettet den Rundfunk – vor dem Tonfilm! Das tongefilmte Hörspiel – Die „Kopie umkreist den Erdball. – Falsche Propheten, in: Funk 28. 9. 1928, Nr. 40, 5. Jg.

fektionismus der Technik und ihren Manipulationsmöglichkeiten. Sie argumentierten mit überlieferten kunsttheoretischen Vorstellungen. Künstlerisch ist nur das Zufällige und Einmalige, nicht aber das auf Grund technischer Perfektion aufgezeichnete Werk. Inhaltlich greift die Debatte wesentliche Argumente auf, die im Umkreis der Kinoreformbewegung um 1910 bereits diskutiert wurden. Die geäußerten Vorstellungen legen nahe, daß sich Kunst und Technik von vornherein ausschließen. In diesem polaren Verständnis von Kunst und Technik fragte auch der Generalintendant der Staatlichen Schauspiele zu Berlin, Leopold Jessner, am Beginn der Diskussion über den Tonfilm: „Wenn es schon technisch gelingen sollte, in dem sprechenden Film eine Einheit für Auge und Ohr herzustellen, so bleibt es zweifelhaft, ob sich diese Einheit auch in der Auswirkung des Seelischen überträgt"[254]. In Anlehnung an die künstlerischen Ausdrucksformen des Theaters schlußfolgerten die Vertreter einer technikkritischen Sichtweise für den Rundfunk, daß dieser nur das für das Publikum identifizierbare Original bieten dürfe, um so „seine Menschlichkeit"[255] zu bewahren. Die Kritik an bzw. die Forderung nach der Übernahme der Tonspur des Films durch den Rundfunk implizierte letztlich immer wieder die Frage nach dem Orginären bzw. der Aura von Kunst. Dieses Problem, aus dessen Erörterung und Kritik Walter Benjamin in den 30er Jahren mit „Das Kunstwerk im Zeitalter seiner technischen Reproduzierbarkeit" einen neuen Kunstbegriff prägen sollte, wurde in den 50er Jahren vor dem Hintergrund des sich ausbreitenden Fernsehens erneut diskutiert.

Die zeitgenössische Kritik an den Tonfilmvorführungen und an der Rundfunkwiedergabe verdeutlicht, daß im Frühsommer 1928 die technische Entwicklung des Lichttonverfahrens in Deutschland noch keineswegs befriedigte und noch längst nicht abgeschlossen war. Das hatte vor allem einen infrastrukturellen Grund. Es fehlte zu diesem Zeitpunkt ein Unternehmen, das in der Lage und bereit war, die noch nicht gebrauchsfertige Technik weiter zu entwickeln und das betriebswirtschaftliche Wagnis einer gegenüber dem Stummfilm kostenintensiveren Tonfilmproduktion zu tragen. Das Gesamtkostenrisiko eines Tonfilmengagements war zu diesem Zeitpunkt nicht abzusehen, da die Meinungen über die zukünftige Bedeutung des Tonfilms noch konträr verliefen. Die Presse berichtete seit dem Sommer 1927 von einem wachsenden Interesse der Amerikaner am Tonfilm[256]. Zu diesem Zeitpunkt hatten bereits die Warner Bros. Pictures, Inc. mit *The Jazz Singer* und Fox-Case Corp. mit dem kleinen Tonfilmstreifen, über den Start des Ozeanfliegers Charles Lindbergh, der im Rahmen der

---

[254] Leopold Jessner, Der deutsche Tonfilm kommt, in: Berliner Tageblatt 11. 8. 1928, Nr. 377, 57. Jg.
[255] kap.: Rettet den Rundfunk – vor dem Tonfilm! Das tongefilmte Hörspiel – Die „Kopie umkreist den Erdball. – Falsche Propheten, in: Funk 28. 9. 1928, Nr. 40, 5. Jg.
[256] Wachsendes Interesse für den Tonfilm in Amerika. Ein tönender Spielfilm, in: LBB 11. 7. 1927, Nr. 139, 20. Jg.

Fox-Tonwochenschau gezeigt wurde, erhebliche Erfolge erzielt. Die Tri-Ergon-Musik AG führte unter Leitung von Massolle nach vielen Vorführungen im Inland ihr Tonfilmsystem auch im Ausland vor. In Österreich, Ungarn und der Tschechoslowakei liefen die Filme mit großem Erfolg[257]. Während einer dreitägigen Aufführung des Tri-Ergon-Verfahrens in Moskau sahen im Saal der Adelsgenossenschaft etwa 8 000 Menschen die frühen deutschen Tonfilme. Anschließend versuchte die sowjetische Regierung, sich die Patente für Rußland zu sichern[258]. Zeitlich parallel fehlte es jedoch nicht an kritischen Stimmen, die auch nach dem Erfolg des Spielfilms *The Jazz Singer* sowie nach mehreren Meldungen über geplante Tonfilmprojekte[259] und über die Umstellung amerikanischer Lichtspielhäuser auf die Tonfilmwiedergabetechnik[260] warnten, daß der Tonfilm „als Neuheit beim Publikum eine ihm zweifellos gebührende Beachtung finden, bei ständiger Vorführung aber bald eine desto größere Ablehnung erfahren" werde[261]. Die zeitgenössische Mediendebatte zeigte sich insgesamt uneinig über die zukünftigen Einsatzmöglichkeiten des Tonfilms[262]. Da die Tonfilmpioniere nur geringe Fortschritte erzielten, herrschte bei der Ufa ebenso wie bei den deutschen Banken und der deutschen Elektroindustrie keine klare Einschätzung der Tonfilmtechnologie und deren Verbreitungsmöglichkeiten vor.

1.7.2. Film – Rundfunk – Schallplatte

Nicht nur beim Film, sondern auch beim Rundfunk waren es zunächst Schallplatten, die Möglichkeiten für mediale Verflechtungen eröffneten. In der Stummfilmzeit fanden Schallplatten nicht nur im Rahmen von Kinotheken Verwendung. Viele Regisseure nutzten sie auch in den Ateliers für Filmaufnahmen musikalischer Episoden, um z.B. Tanzrhythmen vorzugeben[263]. Im Rahmen der Tonfilmentwicklung wurde die Schallplatte nach den frühen Experimenten Messters in den folgenden Jahren für die Entwicklung im Rahmen des Nadeltonverfahrens noch weiterentwickelt, blieb aber nach der Vervollkommnung des Lichttonverfahrens für die weitere Tonfilmentwicklung bedeutungslos.

---

[257] Ausbreitung des sprechenden Films Tri-Ergon, in: FK 21. 7. 1928, Nr. 173, 10. Jg.
[258] Frankfurter Stadtarchiv S 1 /58 Nr. 221
[259] Tonfilme, in: Berliner Tageblatt 17. 6. 1928, Nr. 283, 57. Jg.
[260] vgl. u. a.: W.H.: Die Sender. Sommerprogramme auf allen Wellen, in: Der deutsche Rundfunk 13. 7. 1928, Nr. 29, 6. Jg.
[261] Kommerzienrat Wilhelm Kraus zum Hörfilm, in: LBB 7. 7. 1928, Nr. 163, 21. Jg.; vgl. auch: Karl Gordon: Diskussion um den Hörfilm, ebenda; Soll der Film sprechen? in: Vossische Zeitung 26. 8. 1928, Nr. 403
[262] vgl. u. a.: H.E.J.: Der Tri-Ergon-Film in Wien, in: Berliner Tageblatt 16. 6. 1928, Nr. 281, 57. Jg.
[263] Die Schallplatte als Requisit des Films. Filmisch – musikalische Unmöglichkeiten, in: Film und Ton 16. 3. 1929, Nr. 11

Schallplattenkonzerte bildeten beim Rundfunk im Rahmen von Werbesendungen von Anfang an ein festes Programmelement. An diesen Sendeplätzen, so der Leiter der Schallplattenabteilung des Mitteldeutschen Rundfunks, „stellte die Schallplattenabteilung das Aschenbrödel im Sendeprogramm dar. Die musikalischen Leiter der einzelnen Sendegesellschaften verhielten sich der Schallplatte gegenüber durchaus ablehnend, sprachen ihr eine künstlerische Qualität mehr oder weniger ab und hielten es dementsprechend für unter ihrer Würde, den Möglichkeiten der Schallplatte weiter nachzugehen"[264].

Die Reaktion der Vertreter von Schallplatten- und Sprechmaschinenindustrie auf den Rundfunk war 1923/24 uneinheitlich. Ein Teil plädierte trotz der technischen Unvollkommenheit des Radios für eine enge Zusammenarbeit mit der Radioindustrie[265], ein anderer zeigte sich zunächst am Rundfunk völlig desinteressiert, weil man ihn für eine kurzfristige Modesache hielt[266]. Wieder andere sahen im Rundfunk einen Konkurrenten, gegenüber dem man sich mit Hilfe neuer Werbestrategien behaupten mußte.[267] 1925 mußte die Berliner Funk-Stunde auf Bitten der Zuhörer den Schlager „Ich suche dich, Titine" mehrmals wiederholen. In der Folgezeit wurde der auf Schallplatte produzierte Schlager mit Hilfe des Rundfunks schnell populär. Damit stieg die Nachfrage nach dieser Schallplatte im Fachhandel. Nach diesem Ereignis änderte sich die Haltung der Industrie zum Rundfunk. Sie sah in der Folgezeit in dem Medium vor allem eine bedeutsame Möglichkeit kostenloser Werbung für ihre Produkte[268]. Im Unterschied zu den USA, wo bereits 1924 Radio- und Phonohandel untrennbar verbunden waren und nur noch wenige Sprechmaschinenhersteller existierten, die nicht zugleich Radios bzw. entsprechende Einzelteile produzierten[269], blieben in Deutschland beide Handelsbranchen bis Anfang der 30er Jahre weitgehend getrennt.

Auf seiten des Rundfunks änderte sich die Einstellung, als das elektroakustische Aufnahmeverfahren und neue Erkenntnisse in der Akustik bei der Herstellung von Schallplatten zum Standard gehörten. Diese Innovation hatte die deutsche Schallplattenindustrie vor allem mit Hilfe ausländischer Kredite vollzogen. So erhöhte etwa die Polyphon 1925 ihr Kapital von

---

[264] E. Liebermann-Roßwiese, Rundfunk und Schallplatte, in: Kultur und Schallplatte. Mitteilungen der Carl Lindström AG H. 9, Jg. 1 / 1930, S. 67

[265] Bericht über die ordentliche Mitgliederversammlung in Leipzig am Montag, dem 3. März 1924, in: Phonographische Zeitung 15. 3. 1924, Nr. 6, 25. Jg., S. 316

[266] vgl. u. a.: Carl Bellow, Ein Rückblick. 25 Jahre und noch länger „Grammophon", in: Phonographische Zeitschrift 1. 6. 1924, Nr. 11, 25. Jg., S. 532

[267] Max Eisler, Neujahrsbetrachtung, in: Phonographische Zeitschrift 1. 1. 1925, Nr. 1, 26. Jg., S. 14

[268] W.H.F.: Der leidige Schallplattenkrieg, in: Der deutsche Rundfunk 12. 2. 1932, Nr. 7, 10. Jg., S. 3

[269] Max Eisler, Zur Geschäftslage, in: Phonographische Zeitung 1. 4. 1925, Nr. 7, 26. Jg., S. 325

acht auf zehn Millionen Mark, um einen Kredit von 100 000 englischen Pfund zu decken[270]. Die Kreditaufnahme führte neben einer wesentlichen qualitativen Verbesserung des Plattenangebots[271] auch zu einer Vielzahl von Abkommen, internationalen Kapitalverflechtungen und zur Bildung von Arbeitsgemeinschaften innerhalb der Schallplattenindustrie. So schlossen die Polyphon/ Deutsche Grammophon am 25. Oktober 1926 mit einem der größten und kapitalkräftigsten Schallplattenproduzenten der USA, der Brunswick-Balke-Collender-Company und deren englischer Tochter British Brunswick Ltd. London im Rahmen eines Arbeitsgemeinschaftsabkommen einen Matrizenaustauschvertrag[272]. Die Gruppe sicherte sich in diesem Zusammenhang die Verwertung der Patente und Rechte des elektroakustischen Aufnahme- und Wiedergabeverfahrens auf dem Gebiet des Nadeltons, soweit sie sich im Besitz der AEG und der mit ihr verbundenen General Elektric Company befanden. Zwischen beiden Elektrofirmen bestand seit 1922 ein Patentaustauschabkommen. Die Rechte von General Electric hatte die Brunswick im Rahmen eines Vertrages vom 16. September 1924 erhalten. Die Nutzung der Elektropatente und der Matrizen war an wechselseitige Lizenzzzahlungen gebunden, deren Höhe sich auf etwa zweieinhalb bis vier Prozent des Nettoproduktionspreises beliefen[273]. Die Polyphon/Deutsche Grammophon erhielt den gesamten deutschsprachigen Raum als Ausschließlichkeitsgebiet, in den übrigen Ländern, die im Vertrag zwischen AEG und General Electric als AEG-Gebiet festgelegt waren, aber nur die nichtausschließlichen Verkaufsrechte zugewiesen. Infolge dieses oder vergleichbarer Verträge sowie von Interessenverbindungen entwikkelte sich ein umfangreicher Matrizen-, Lizenz- und Patentaustausch zwischen den USA, Großbritannien und Deutschland sowie ein gemeinsames Auftreten auf Drittmärkten[274]. Gleichzeitig erschwerte die Monopolisierung der wichtigsten Patente, daß sich neue Anbieter auf dem Markt etablierten[275].

Preisnachlässe für die durch neue Erfindungen verbesserten Geräte, die Stabilität und die qualitativ bessere Wiedergabe der Schallplatten beflügelten den Absatz von Sprechmaschinen und Platten in der zweiten Hälfte der 20er Jahre beträchtlich. Ein weiterer Vorteil der Sprechmaschinen war dabei ihre leichte Bedienung und ihre handliche Form, die es erlaubte, sie überall aufzustellen. Sie eigneten sich daher vorzüglich für die

---

[270] Polyphon-Werke AG – Eine neue Emission von „Convertiblebonds", in: Berliner Tageblatt 2. 6. 1925, Nr. 257, 54. Jg.
[271] Karl Westermeyer, Neues von der Schallplatte, in: Berliner Tageblatt 13. 6. 1925, Nr. 276, 54. Jg.
[272] Die Arbeitsgemeinschaft der Polyphon-AG, in: Berliner Börsen-Courier 31. 10. 1926, Nr. 509, 59. Jg.
[273] SA 11 Li / 126
[274] H.W.: Vor einem Schallplatten-Welttrust? Deutschlands Anteil, in: Vossische Zeitung 2. 6. 1928, Nr. 131
[275] R.M.S.: Die Bedeutung der Schallplatte, in: Der Gral Nr. 9/ 1929, 23. Jg., S. 804

private Freizeitgestaltung[276], die sich vor allem in den Städten veränderte. Dort wurde sonntags in der Regel nicht mehr gearbeitet. Dies führte zu einem intensiveren Musik- und insbesondere Schlagerkonsum, der durch die starke Ausbreitung des Tanzes mit seinen unterschiedlichen Ausdrucksformen noch forciert wurde. Beide Momente kurbelten den Kauf von Sprechmaschinen und Platten beträchtlich an. Im Bericht des größten englischen Produzenten für das Geschäftsjahr 1927/28, der Grammophone Co., hieß es, daß in den letzten drei Jahren der Umsatz im Verhältnis von 1 : 2 : 3 zugenommen hätte. Im kommenden Jahr erwartete man einen erneuten Anstieg von 25 Prozent.[277]

Die phonographische Industrie befürchtete nach Gründung des Rundfunks, Geschäftseinbußen hinnehmen zu müssen. Doch das Gegenteil trat ein[278]. Die Käuferschichten waren weitgehend identisch mit den Radiobesitzern, denn der Rundfunk „trug stark dazu bei, das Interesse für künstlerische Unterhaltungsmusik zu beleben, ohne es restlos befriedigen zu können". Infolgedessen wandte sich das Publikum „viel mehr als früher der Grammophonmusik zu, bei der man sich sein Programm nach eigenem Geschmack aussuchen kann"[279].

Mit dem Wechsel von Bruno Seidler-Winkler von der Schallplattenindustrie zur Berliner Funk-Stunde begann eine Umorientierung des Rundfunks im Hinblick auf die Schallplatte. Nachdem der neue Konzertmeister des Berliner Senders festgestellt hatte, daß sich die Qualität der Übertragungen aus Konzertsälen gegenüber kleinen Aufnahmeräumen, die der Rundfunk nach dem Vorbild der Plattenindustrie eingerichtet hatte, erhöhte, versuchte Seidler-Winkler, Konzerte für den Hörfunk möglichst an Orginalschauplätzen aufzunehmen[280]. Zugleich experimentierte der Konzertmeister mit Mikrophonen, die in der Folgezeit rasch die bisher genutzten Trichtermembranen ablösten. Dieses Verfahren wurde einschließlich der vom Rundfunk entwickelten Aufnahmetechnik von der Schallplattenindustrie übernommen. So nahm zum Beispiel die Elektrola-Schallplatten-

---

[276] Deutlich werden diese Aspekte u. a. auch in dem Dokumentarfilm *Menschen am Sonntag*. Hier nehmen die vier beobachteten Jugendlichen eine Sprechmaschine mit an den See, wo sie Schallplattenmusik hören und nach ihr tanzen.
[277] E.W. Die Entwicklung der Grammophon-Industrie, in: Der deutsche Volkswirt 18. 1. 1929, Nr. 16, 3. Jg. S. 494 f.
[278] Arno Hach, Schallplatten-Geschäft und Rundfunk, in: Phonographische Zeitung 15. 5. 1929, Nr. 10, 30. Jg., S. 782
[279] E.W.: Die Entwicklung der Grammophon-Industrie, in: Der deutsche Volkswirt 18. 1. 1929, Nr. 16, 3. Jg.
[280] Die Berliner Funk-Stunde hatte ihr Aufnahmestudio für Sendespiele erstmals 1926 vergrößert und mit dem Hörspiel „Der tönende Stein" in Betrieb genommen. In der Folgezeit erhielt der Sender mehrere Anrufe von Hörern, die anfragten, „was eigentlich geschehen sei, denn die Übertragungen seien wesentlich besser geworden". wzl.: Der neue Aufnahmeraum der „Funk-Stunde". Akustische Generalprobe mit dem „Tönenden Stein", in: Funk 12. 3. 1926, Nr. 11, 3. Jg.

Gesellschaft ihre Aufnahmen ab Ende 1926 nur noch unter normalen akustischen Bedingungen auf und erreichte damit bessere Ergebnisse als der Rundfunk[281].

Die trotz aller Verbesserungen noch unzureichende Schallplattenqualität veranlaßte die Tri-Ergon Musik AG Berlin unter der Leitung von Dr. Joseph Engl, mit einem neuen Aufnahmeverfahren zu experimentieren. Bei allen bisher genutzten, konnten hohe Frequenzen nicht in befriedigender Qualität aufgezeichnet werden. Infolgedessen kam es zu Verzerrungen, die ihrerseits wieder zu Klangverfälschungen bei der Tonwiedergabe führten. Engl entwickelte ein neues Verfahren mit Hilfe des Lichttons: Die jeweilige Darbietung wurde auf eine Tonspur aufgezeichnet. Der Physiker ließ anschließend das Filmband entwickeln und langsam abspielen. Auf diese Weise erreichte er, daß der Schneidestichel die Wachsplatte ruhiger gravierte und Verzerrungen gemildert wurden. Im ersten Versuchsstadium begann auch Joseph Massolle, bei der Tri-Ergon-Musik AG zu arbeiten. Überzeugt von den ersten Erfolgen verlangsamte er die Aufzeichnung noch weiter. Ein Vierminutenstück wurde am Ende der Entwicklung in 400 Minuten übertragen. Die Verbesserungfaktor lag bei 1 : 4. Gleichzeitig erreichten Engl und Massolle mit ihrem Verfahren eine Frequenzkorrektur, die bei den mechanisch abtastenden Sprechmaschinen zu einer höheren Klangtreue führte[282]. 1927 kam die erste nach dem Tri-Ergon-Verfahren aufgenommene Platte, „Tri-Ergon Photo-Electro-Record" auf den Markt. Die Zeitgenossen waren überrascht über die „gute Klangfarbe, Toneinheit und Fülle bei naturwahrer und angenehmer Wiedergabe des gesprochenen und gesungenen Wortes, des Chorgesanges, des Solo-Instrumental-Vortrages und der Orchestermusik. Sie vermag in Haus und Saal ein Orchester vollkommen zu ersetzen und erweckt die Illusion des Orginal-Vortrages"[283]. Die Kritik verdeutlicht, daß in der Schallplattenindustrie ebenso wie im Tonfilm und im Rundfunk als erstes versucht wurde, den Rezipienten ein Programm anzubieten, das durch die Wiedergabe einer möglichst umfangreichen akustischen Spannbreite überzeugte. Bis zur Gründung der Tonbild-Syndikat AG Ende August 1928[284] wurde die Tri-Ergon Musik AG Berlin, deren Aktienkapital nach dem Erfolg der ersten Schallplatten auf eine Million RM aufgestockt wurde, kurzzeitig zur wichtigsten deutschen Einzelfirma auf dem international stark von Kartellen beherrschten Schallplattenmarkt[285].

---

[281] Werner Menzel, Von der Schallplatte zum Rundfunk und zurück. Um die naturgetreue Tonwiedergabe, in: Funk 3. 12. 1926, Nr. 49, 3. Jg.; vgl. auch: Geheimes Staatsarchiv Hist. Abt. II 2.10.6. Nr. 861 Bl. 1 ff.; 290
[282] Bell, Bilder, S. 76
[283] Film-photographische Aufnahme, in: Radio-Jahrbuch 1927 II. Teil., Adolf Ihring, Dr. Rudolf Lothar (Hg.), Berlin 1927, 2. Jg., S. 72
[284] vgl. S. 87 ff.
[285] SAA 4 / Lf / 706

Ab 1928 gehörten elektroakustische Aufnahme- und Wiedergabeverfahren im Rundfunk und bei der Schallplatte zum Standard. Infolgedessen erhöhte sich die Qualität der Tonwiedergabe deutlich, was sich auch auf die Musikrezeption auswirkte. Seit diesem Zeitpunkt, so wurde in einer Besprechung im Justizministerium festgestellt, werde „in immer steigendem Maße in Restaurants, Cafés, Hotels statt der Orchestermusik Schallplatten- oder Rundfunkmusik verwendet, die unter Zuhilfenahme von Lautsprechern verbreitet werde ... Ja selbst beim Gottesdienst werde hier und da schon mechanische Musik verwendet. Hinzu komme, daß die Beschaffenheit der mechanischen Instrumente fortgesetzt verbessert werde, so daß manche Schallplatten eine ganz vorzügliche Wiedergabe von Musikwerken ermöglichten, ja, diese oder jene Nuancen deutlicher und klarer als unmittelbare Orchestermusik zum Ausdruck bringen könnten ... Auch sei die große Billigkeit der Herstellung zu bedenken"[286]. Den spezifischen Rundfunkzwecken kam die Schallplatte durch ihre Haltbarkeit und Lagerbarkeit entgegen. Die neue Rolle der Schallplatte in den Rundfunkprogrammen wird durch die verlängerten, mit Plattenmusik gefüllten Sendezeiten deutlich. Zudem kam es immer häufiger vor, daß in die Redaktionen bzw. Sendeleitungen Schallplattenverantwortliche berufen wurden[287].

Auf der 6. Berliner Funkausstellung 1929 wurden erste Versionen von kombinierten Rundfunk- und Schallplattengeräten gezeigt. Die Tonwiedergabe erfolgte nur über einen Lautsprecher[288]. Ein weiteres Moment medialer Verflechtungen stellten Programmabsprachen zwischen Rundfunk und Film vor der Einführung des Tonfilms dar. So konnten sich 1927 die Berliner Hörer der Deutschen Welle im Kaiserin-Friedrich-Haus versammeln, um dort medizinische Lehrfilme zu sehen. Parallel dazu strahlte der Sender aus dem Vox-Haus im Rahmen einer medizinischen Reihe Vorträge aus. Sie erläuterten die gezeigten Bilder, konnten aber auch ohne diese verstanden werden[289]. Probleme bildeten allerdings Filmrisse oder Übertragungsstörungen, da sie die inhaltlichen Zusammenhänge für die Zuschauer zerstörten.

Die partiellen Versuche in den 20er Jahren, Ton und Bild miteinander zu verbinden, verdeutlichen, daß sowohl Rundfunk als auch Film versuchten, das gleiche Grundproblem zu lösen: Die Beschränkung auf das Hören bzw. das Sehen, also das jeweilige Fehlen der visuellen bzw. akustischen Dimension. Trotz relativ vieler unterschiedlicher Versuche, diesem Pro-

---

[286] BArch R 3101 / 13867 Bl. 111; Diese Entwicklung läßt sich auch an den Einnahmen der GEMA erkennen. Sie stiegen von 1 350 700,- RM im Geschäftsjahr 1925/26 auf 2,2 Millionen RM im Jahr 1927/28. Ebenda Bl. 30
[287] E. Liebermann-Roßwiese, a. a. O., S. 67 f.
[288] Riedel, a. a. O., S. 37
[289] Sti: Das Vortragsprogramm der Deutschen Welle, in: Der deutsche Rundfunk 20. 2. 1927 Nr. 8, 5. Jg.; vgl. auch: Sti: Deutsche Welle, ebenda 6. 3. 1927, Nr. 10, 5. Jg.; vgl auch: Frankfurter Stadtarchiv S 1 / 58 Nr. 268

blem abzuhelfen, blieben die verschiedenen Aktivitäten in Deutschland bis in die zweite Hälfte des Jahres 1928 auf einzelne Gesellschaften der Medienindustrie beschränkt. Eine Koordination der technischen Entwicklung und Anwendung fehlte ebenso wie eine durchgehende finanzielle Förderung der unterschiedlichen Ansätze. Die Techniker wurden weder von den Banken noch von der Elektro- oder anderen Großindustrieunternehmen unterstützt. Sie zeigten auch keinerlei Investitionsbereitschaft. Unter diesen Bedingungen blieben die beschriebenen Unternehmungen noch auf dem Stadium von Laborversuchen.

2. Von der Gründung der Tobis bis zum Urteil des Berliner Kammergerichts im Dezember 1929

2.1. Die Entstehung des Küchenmeisterkonzerns[1]

Am 24. Februar 1925 gründete Heinrich J. Küchenmeister, der mehrere Jahrzehnte hauptberuflich als Kaufmann tätig war, mit einem Gesellschaftskapital von etwa 200 000,- RM die Heinrich J. Küchenmeister & Co. KG[2]. Als allein vertretungsberechtigter und haftender Gesellschafter brachte er selbst seine mehreren hundert Patente auf dem Gebiet der Elektroakustik, die in 42 Ländern der Welt geschützt waren, im Wert von 25 000,- RM in die Gesellschaft ein. Diese Patente hatte Küchenmeister im Rahmen seiner Versuche vor allem auf dem Gebiet der Lautsprechertechnik in der Nachkriegszeit angemeldet. Die neu gegründete Kommanditgesellschaft hatte zum Ziel, die Küchenmeister-Patente geschäftlich zu nutzen. Sie produzierte zunächst in Berlin im kleinen Umfang Sprechmaschinen, die unter dem Namen Ultraphon auf dem Markt angeboten wurden. Bereits im Herbst 1925 erweiterte der Erfinder die Fabrikation um einen zweiten Standort in der Hauptstadt. In beiden Werkstätten arbeiteten etwa 125 Arbeiter und über 20 Angestellte[3]. Die besondere tontechnische Qualität der produzierten Geräte wurde nach der ersten öffentlichen Vorstellung des Ultraphon am 20. September 1925 immer wieder hervorgehoben[4]. Auf Grund der gelungenen Formgestaltung des Geräts beschloß das Bauhaus Dessau Ende 1926, diese phonographischen Geräte seinen Besuchern besonders zu empfehlen[5]. Im August 1927 vergab die Jury der Internationalen Ausstellung „Musik im Leben der Völker" dem präsentierten Ultraphon-Gerät einen Staatspreis des Deutschen Reiches zur goldenen Medaille der

---

[1] Die Darstellung der Gründung des Küchenmeisterkonzerns kann sich an dieser Stelle vorwiegend auf den deutschen Part beschränken, da der niederländische bereits ausführlich dargestellt wurde in: Dibbets, Sprekende films.
[2] Niederländisches Filmmuseum Amsterdam (NF) NL Struve, Nr. 5/6
[3] NF NL Struve, Nr. 5
[4] „Infolge seiner Konstruktion auf akustisch wissenschaftlicher Grundlage wird eine Plastik des Hörens erzielt, die auch bei dem Fachmann eine verblüffende Wirkung ausübt ... Vorläufig ist zusammenfassend nur zu sagen, daß mit dem Ultraphon vollkommen neue Wege in der Tonwiedergabe gegangen worden sind, und daß diese neuen Wege auch von Erfolg gekrönt waren." Das Ultraphon, in: Phonographische Zeitschrift 1. 10. 1925, Nr. 19, 26. Jg., S. 792
[5] NF NL Struve, Nr. 7

Freien Stadt Lübeck. Es handelte sich dabei um den ersten Staatspreis nach 1909, der für Erzeugnisse der Musikindustrie vergeben wurde[6].

Vor allem für den Vertrieb der Ultraphon-Sprechmaschinen gründete Küchenmeister mit acht weiteren Gesellschaftern am 17. November 1925 die Deutsche Ultraphon AG mit einem Kapital von 300 000,- RM. Hauptaktionärin war die Heinrich J. Küchenmeister & Co. KG. Der „Gegenstand des Unternehmens ist die Fabrikation und der Vertrieb von Apparaten und Einrichtungen auf dem Gebiet des Tonverkehrs, von Instrumenten und deren Zubehör, welche zur Aufnahme und Wiedergabe und Übertragung menschlicher und instrumentaler Laute dienen, insbesondere Herstellung und Vertrieb der mit dem Namenschutz 'Ultraphon' gekennzeichneten Sprechmaschinen"[7]. Trotz der relativ hohen Gerätekosten, die zwischen 450,- RM und knapp 500,- RM lagen, entwickelten sich die Verkaufszahlen der Sprechmaschinen in der Folgezeit so rasch, daß das Unternehmen bereits 1925 Sprechmaschinen von einer bayerischen Firma herstellen ließ, weil die eigenen Anlagen nicht ausreichten.

Ende Januar 1926 unterzeichnete Küchenmeister mit der holländischen Firma N.V. Technisch Bureau Marynen in Den Haag einen zunächst auf sechs Monate befristeten Generalvertrag über die Alleinvertretung des niederländischen Unternehmens für den Verkauf der Ultraphon-Geräte in Holland und seinen Kolonien. Im Ergebnis dieser ersten Stufe der Zusammenarbeit gründete Küchenmeister zusammen mit seinen niederländischen Geschäftspartnern im Spätsommer 1926 die Niederländische Ultraphon AG[8].

Die erzielten Gewinne investierte er vor allem in die Verbesserung der Ultraphonmaschinen und in die Weiterentwicklung der Tonfilmtechnik. Von daher hatte die Kommanditgesellschaft eher den Charakter einer Studiengesellschaft als eines Wirtschaftsunternehmens. Im Rahmen seiner Aktivitäten auf dem Gebiet des Tonfilms arbeitete Küchenmeister zwischen dem 18. März und dem 30. Juni 1926 im Tempelhofer Versuchslaboratorium der Ufa. Er unterstützte dort die laufenden Arbeiten zur technischen Weiterentwicklung des Tri-Ergon-Verfahrens. Zugleich wurde er in den von der Ufa gebildeten Beirat aufgenommen[9], um mit seinen Patenten das Ufa-System zu verbessern. Auf Grund der in dieser Funktion gesammelten Erfahrungen entwickelte Küchenmeister in den folgenden Monaten sein Meisterton-Verfahren, das wichtige Patente des Tri-Ergon-Verfahrens ergänzte bzw. verbesserte. So entstand mit der von ihm entwickelten Grenzbogenlampe ein eigenes Aufnahmeverfahren, das auch zur Wiedergabe genutzt werden konnte. Insofern verbesserte diese Erfindung wesentlich die Wirt-

---

[6] Ebd.
[7] NF NL Struve, Nr. 10
[8] NF NL Struve, Nr. 3
[9] BArch R 109 I / 1026b Bl. 126

schaftlichkeit der Tonfilmherstellung. Darüber hinaus besaß Küchenmeister wichtige Kopierpatente[10]. Auf Grund dieser Situation zeigte sich die Ufa an seiner weiteren Mitarbeit sehr interessiert und unterzeichnete mit ihm am 3. Februar 1927 einen neuen Vertrag[11]. Dieser beinhaltete neben weiteren Arbeitsmöglichkeiten auch die Gründung einer Interessengemeinschaft zwischen dem Filmkonzern und der Kommanditgesellschaft. In diesem Zusammenhang verpflichtete sich Küchenmeister, alle Erfindungen, Patente, Methoden und Konstruktionen, die er auf dem Tonfilmgebiet gemacht hatte bzw. im Kontext des Vertrages noch entwickeln würde, der Ufa anzubieten[12].

Küchenmeister, der den von der Ufa angebotenen Vertrag unterschrieb, versuchte gleichzeitig, sein Tonfilmsystem unabhängig von der Ufa in den Niederlanden geschäftlich auszuwerten. Mitte Januar 1927 schrieb er an seine dortigen Geschäftspartner: „Ich gedenke nämlich mit meiner Sprechfilm-Apparatur nach Holland zu kommen, selbstverständlich nur, um dieses Verfahren internen Kreisen und Freunden vorzuführen. Unser Bestreben geht dahin, Ende dieses Jahres das Verfahren nicht nur einzuführen, sondern eingeführt zu haben. Da ich das gesamte Gebiet nach jeder Richtung hin übersehe, darf ich aussprechen, daß wir ein starkes und konkurrenzloses Objekt in der Hand halten. Vor allem ist unsere Apparatur die erste, die wirklich an jedem Filmprojektor in jedem Theater einfach einzusetzen ist, und kostet unsere Sprechfilm-Apparatur nur Bruchteile im Gegensatz zu den Preisen anderer Spezialapparaturen, die stets den alten Filmprojektor überflüssig machen"[13].

Der von Küchenmeister erhoffte Durchbruch in der Tonfilmtechnik blieb 1927 aus. Dies lag zum einen an der Ufa-Krise. Um nicht in deren Sog zu geraten, bemühte sich Küchenmeister nach langen Verhandlungen erfolgreich um die friedliche und reibungslose Auflösung des Interessenvertrages. Die Ufa verlangte aber im Gegenzug eine Option, durch die Küchenmeister in der öffentlichen Vorführung von Tonfilmen eingeschränkt würde[14]. Die Mietverhältnisse in Tempelhof blieben von diesem Vertrag unberührt[15]. Zum zweiten konnte auch im Februar 1928 das Meisterton-Verfahren noch nicht endgültig befriedigen, so daß erst in der Folgezeit eine breitere Auswertung des Verfahrens erfolgen konnte. Dies lag möglicherweise an den vielen weiteren Aktivitäten des Erfinders auf dem Gebiet der Elektroakustik. Mit ihnen hoffte er, die notwendigen Gelder für die Forschung und die notwendigen Experimente einzunehmen. Trotz aller Einschränkungen waren zu diesem Zeitpunkt die Vorteile des Sprech- und

---

[10] Umbehr, Der Tonfilm. Berlin 1930, S. 65 f.
[11] NF NL Struve Bd. 3
[12] BArch R 8119 / 19066 Bl. 252
[13] NF NL Struve Bd. 3
[14] NF NL Struve Bd. 1
[15] BArch R 109 I / 1027a Bl. 373

Klangfilmverfahrens Heinrich J. Küchenmeisters gegenüber konkurrierenden Systemen erkennbar. Diese lagen vor allem in der relativen Einfachheit der Konstruktion und der sich daraus ergebenden leichten Bedienbarkeit, der hohen Betriebssicherheit, den Rentabilitätskriterien und dem billigen Kaufpreis begründet. Nachdem „von berufenen Sachverständigen die absolute Überlegenheit und Konkurrenzlosigkeit des Klang- und Sprechfilm-Verfahrens nach System Heinrich J. Küchenmeister festgestellt" wurde, hatten sich im Mai 1927 „bereits zahlreiche Interessenten des In- und Auslandes eingestellt"[16]. Unter diesen Umständen konnte sich der Erfinder nach neuen Geldquellen umsehen. Mit Hilfe eines holländischen Bankenkonsortiums gelang es ihm, die Namlooze Venootschap Küchenmeister's Internationale Maatschappyi voor Sprekende Films in Amsterdam zu gründen. Infolgedessen erhöhte sich das Kommanditkapital von knapp 600 000,- RM Anfang 1927 auf mehr als zwei Millionen Mark am Ende des Jahres. Dieser Kapitalzufluß von etwa 1,5 Millionen RM erlaubte es dem Unternehmen, sich verstärkt der wirtschaftlichen Auswertung seiner Tonfilmpatente zu widmen und damit aus dem Stadium einer Studiengesellschaft herauszutreten.

Das Anfang 1928 entwickelte Programm der Kommanditgesellschaft sah vor, auf der Internationalen Filmausstellung, der „Internationale Tentoonstelling of Filmgebied" in Den Haag das Tonfilmsystem vorzustellen und in dem entsprechenden Zeitraum über mehre Wochen Tonfilme im Citybereich der Stadt vorzuführen. Danach sollte eine allgemeine Einführung des Verfahrens in allen deutschsprachigen Ländern sowie in Frankreich und England versucht werden. Zu diesem Zweck war der Abschluß entsprechender Verträge mit großen Verwertungsgesellschaften in den jeweiligen Staaten geplant.

Neben den Aktivitäten der Heinrich J. Küchenmeister & Co. KG auf dem Tonfilmsektor hatte das Unternehmen 1927 auch seine Entwicklungsarbeiten auf dem Gebiet der Sprechmaschinenfabrikation fortgesetzt. Zum einen wurde eine billigere Variante der Ultraphongeräte konstruiert. Bei diesen Sprechmaschinen war das Zweinadelsystem durch ein Einnadelsystem ersetzt und zugleich die Lautsprecheranlage verbessert worden. Produziert wurde das neue Gerät, das unter dem Namen „Ultraphonic" auf den Markt kam, erst ab Herbst 1928, um den gewinnbringenden Absatz der bereits ausgelieferten Ultraphongeräte sicherzustellen. Zum anderen konstruierte Küchenmeister neben den „Ultraphonic"-Geräten auch einen Volksapparat „Bretona", der ab 1927 in den Handel kam. Produziert wurde er von der zu diesem Zweck mit 20 000,- RM gegründeten Bretona GmbH, die, wie auch alle anderen Küchenmeister-Firmen, auf dem neuen Betriebs-

---

[16] NF NL Struve Bd. 7; vgl. auch: Der Hörfilm wird Wirklichkeit! Tonfilm für die deutschen Kinos. Das Deutsche Lichtspiel-Syndikat übernimmt die Führung, in: LBB 17. 7. 1928, Nr. 171, 21. Jg.

gelände der Kommanditgesellschaft in Berlin-Lichtenberg ihren Sitz hatte. Parallel zu diesen kaufmännischen Aktivitäten arbeiteten 1927/28 in den betriebseigenen Laboratorien Wissenschaftler an der Konstruktion neuer Röhren für die Lautsprecher- und Radioproduktion, um sowohl die Tonfilmapparaturen als auch die Sprechmaschinen unabhängig von den bestehenden Patentmonopolen herstellen und vertreiben zu können. In seinem Generalbericht für das Jahr 1927 ging Küchenmeister davon aus, daß die neuen Röhren Mitte des Jahres 1928 weit genug entwickelt sein werden, um sie industriell zu produzieren[17].

Im Herbst 1929 begann die Deutsche Ultraphon, schließlich auch eigene Schallplatten herzustellen[18]. Mit diesem Schritt hatte Küchenmeister erstmals ein Unternehmen gegründet, das alle Bereiche der Elektroakustik bearbeitete. Er legte damit den Grundstein eines modernen Unternehmens der Unterhaltungsindustrie, die sich auf eine weitgehend einheitliche technische Basis gründete und sich bemühte, vertikal zu operieren. Mit seinem Konzept setzte Küchenmeister ausschließlich auf das menschliche Unterhaltungsbedürfnis innerhalb und außerhalb der eigenen vier Wände. Die Überlebens- und Expansionsfähigkeit dieser Gesellschaft hing also entscheidend von den finanziellen und zeitlichen Möglichkeiten sowie der Bereitschaft der potentiellen Kunden ab, sich der neuen technischen Unterhaltungsangebote zu bedienen. In dieser Weise hatte bis zu diesem Zeitpunkt noch keine Firmengruppe ein Unternehmenskonzept entwickelt, daß in vergleichbar erschöpfender und ausschließlicher Form sich die Befriedigung des menschlichen Bedürfnisses nach Unterhaltung mittels der Schwachstromtechnologie zum Ziel setzte.

Wie geplant stellte Küchenmeister im Mai 1928 auf der Filmausstellung im holländischen Haag am Beispiel einiger Industriefilme sowie sprechender und musikalischer Aufnahmen von bekannten Persönlichkeiten den aktuellen Stand seines Tonfilmverfahrens vor.[19] Im Juni präsentierte er sein System in England und versuchte, entsprechende Geschäftskontakte anzubahnen[20]. In den folgenden Wochen verlagerte er den Schwerpunkt seiner Aktivitäten nach Deutschland. Von dort übertrugen die Heinrich J. Küchenmeister & Co. KG und Küchenmeister selbst am 14. Juli 1928 alle Rechte am Meisterton-Verfahren auf die N.V. Internationale Maatschappyi voor Sprekende Films[21]. Im zeitlichen Umfeld dieser Transaktion verhandelte der Erfinder mit dem Deutschen Lichtspiel-Syndikat (D.L.S.) bezüglich einer Übernahme seines Tonfilmverfahrens für das gesamte deutsche Sprachgebiet. Am 17. Juli meldete die Presse den erfolgreichen Vertragsabschluß und nannte Gründe für die Entscheidung der D.L.S. Danach sah das

---

[17] NF NL Struve Bd. 7
[18] NF NL Struve Bd. 12
[19] Der sprechende Film im Haag, in: LBB Nr. 116/ 14. 5. 1928 Jg. 21
[20] NF NL Struve Bd. 3
[21] BArch R 109 I / 241

Syndikat die Vorteile des Verfahrens vor allem in der technischen Umsetzung der Aufnahme- und Wiedergabegeräte. Vor allem die Wiedergabeapparaturen konnten billig produziert und in den Lichtspielhäusern einfach und praktisch gehandhabt werden. Von der Qualität der Aufnahmen und dem Komfort der Geräte hatten sich Vertreter des Syndikats in Den Haag überzeugt, wo unter der Leitung von Guido Bagier auch Tri-Ergon-Filme aufgeführt worden waren[22]. Für die Zukunft plante das D.L.S., wöchentlich 4 500 Meter Tonfilm in drei bis vier Piecen zu produzieren und den Kinobetreibern anzubieten[23]. In den Presseberichten blieb unerwähnt, daß der Vertrag zwischen Küchenmeister und dem D.L.S. auch bedeutete, daß das Syndikat die Ufa aus ihrer bisherigen Spitzenposition auf dem Tonfilmgebiet kurzzeitig verdrängte. Gravierender waren jedoch die Folgen für die Tri-Ergon-Gruppe. Ihr war es auch nach erheblichen Investitionen durch die Iklé-Gruppe und die Ufa nicht gelungen, das zu Beginn der 20er Jahre entwickelte Verfahren in der Folgezeit grundlegend weiterzuentwickeln. Insbesondere die Wiedergabeapparaturen waren zu kompliziert und zu teuer, so daß das Tri-Ergon-System wirtschaftlich nicht ausgewertet werden konnte. Insofern bestätigte der Vertrag zwischen D.L.S. und Küchenmeister nachträglich die Entscheidung des Ufa-Vorstands, die Vertragsbeziehungen mit der Tri-Ergon-Gruppe zu lösen.

2.2. Die Gründung der Tonbild-Syndikat AG, Berlin (Tobis) und der Klangfilm GmbH

Während Küchenmeister erfolgreich mit der D.L.S. verhandelte, führten der Generaldirektor der Bergin-Gesellschaft, zugleich Vorsitzender des Aufsichtsrates der Erdöl- und Kohle-Verwertungsgesellschaft und der der IG Farben nahestehende Generalkonsul Heinrich Brückmann, der auch Großaktionär der Deutschen Ton-Film-A.G. war, Gespräche mit dem Ziel, alle an der Tonfilmentwicklung beteiligten deutschen Gesellschaften zu einem Syndikat zusammenzuschließen[24]. Mit diesem Vorhaben strebte Brückmann für den zukünftigen deutschen Film eine Entwicklung an, die im Gegensatz zum System internationaler Kooperation und Absprache in der Schallplattenindustrie stand. Bei letzterer hatten sich britische und amerikanische Firmen über Kredite und Patentverkäufe bei deutschen Unternehmen eingekauft. Auf diese Weise entstanden mehrere multinationale Unternehmen, die weitgehend den Markt über Patent- und Poolabsprachen sowie das Schallplattenangebot dominierten.

---

[22] NF NL Struve Bd. 7
[23] Der Hörfilm wird Wirklichkeit! Tonfilm für die deutschen Kinos. Das Deutsche Lichtspiel-Syndikat übernimmt die Führung, in: LBB 17. 7. 1928, Nr. 171, 21. Jg.
[24] BArch R 109 I / 1027a Bl. 384

Nach längeren Vorverhandlungen[25] versammelten sich am 18. Juli 1928 im Berliner Hotel Kaiserhof eine Reihe von Firmenvertretern, die über Tonfilmpatente verfügten, sowie weitere am Tonfilm interessierte Kreise, wie Vertreter der Elektrotechnik, der Filmindustrie und der Verbraucher. Dazu zählten u. a. die Tonfilm-AG, die Tri-Ergon Musik AG, die Küchenmeister & Co. KG, Messter, die Ufa und die Lignose Hörfilm GmbH. Ihnen legte Brückmann eine Projektstudie zur Gründung eines Ton-Bild-Film-Syndikats vor. Als Ausgangspunkte für die Notwendigkeit der Gründung eines solchen Syndikats nannte Brückmann vor allem den aktuell hohen Stand der Tonfilmentwicklung in Deutschland. Zugleich beschrieb er die Gefahr einer Überschwemmung des einheimischen Marktes mit ausländischen Tonfilmen, da dort mit großem finanziellen Aufwand an der Weiterentwicklung entsprechender Systeme gearbeitet würde. Sollten ausländische Tonfilme in den deutschen Markt eindringen, würde dies bedeuten, daß sich die bereits in die deutsche Forschung investierten Mittel nicht amortisieren könnten. Als weiteren Punkt beschrieb Brückmann den Stand der deutschen Tonfilmentwicklung im Sommer 1928: Zum einen konkurrierten mehrere Systeme miteinander. Dies habe zur Verzettelung der Forschung und erheblichen Mehrausgaben geführt. Zum anderen fehle ein Zusammenschluß von Unternehmen, der in der Lage ist, die Aufnahme- und Wiedergabeverfahren industriell gewinnbringend auszuwerten. Aus diesen Gründen sei es notwendig, hier eine für Deutschland volkswirtschaftlich zu höchster Bedeutung berufene Industrie rechtzeitig zu sammeln", um als „ein internationales Kartell in Erscheinung treten" zu können[26].

Als Organisationsstruktur für ein Deutsches Ton-Bild-Film-Syndikat schlug Brückmann fünf Ebenen vor:

1. Die Zusammenfassung aller sieben deutschen Hörfilmsysteme und damit die Ausschaltung aller möglichen Patentprozesse, die eine Weiterentwicklung des deutschen Tonfilms über Jahre behindern könnten.
2. Die Zusammenfassung aller Unternehmen, die mit der Herstellung entsprechender Apparate beschäftigt sind, um eine einheitliche Filmapparatur zu schaffen, auf der alle Systeme abgespielt werden können. Auf diese Weise sollte von vornherein verhindert werden, daß die Theaterbesitzer möglicherweise in Zukunft nur mit mehreren Apparaturen die angebotenen Tonfilme hätten vorführen können.
3. Die Zusammenfassung aller Filmproduzenten, die mit Hilfe der Geräte und deren Patenten arbeiten wollen.
4. Die Zusammenfassung aller, die an der Auswertung der produzierten Tonfilme interessiert sind.

---

[25] Syndikalisierung des Tonfilms? Erfolgversprechender Verhandlungsverlauf, in: LBB 16. 7. 1928, Nr. 170, 21. Jg.
[26] SAA 4/ Lf 706

5. Die Zusammenfassung derjenigen, die sich an dem Projekt finanziell beteiligen wollen. Brückmann schwebte vor, das Syndikat mit einem Grundkapital von 10 Millionen Reichsmark auszustatten. Auf Grund der stark zersplitterten deutschen Filmindustrie war dies nur mit Hilfe interessierter Banken möglich[27].

Nach einem zu vereinbarenden Schlüssel sollte bei Gründung des Syndikats genau festlegt werden, welches Unternehmen in welchem Umfang am Aktienkapital und so an den zu erwartenden Gewinnen zu beteiligen ist.

Die Teilnehmer der Versammlung im Kaiserhof stimmten den Vorschlägen Brückmanns prinzipiell zu und bildeten einen Arbeitsausschuß, der mit der Ausarbeitung konkreter Schritte zur Umsetzung des Syndikats beauftragt wurde. Zugleich sicherten die Anwesenden zu, bis zum 14. August keine weiteren Verpflichtungen einzugehen, um neue Schwierigkeiten zu vermeiden[28]. In den folgenden Wochen beschäftigte sich der Arbeitsausschuß intensiv mit einer Bewertung der unterschiedlichen Patente der an einer Zusammenarbeit interessierten Firmen, um auf dieser Grundlage ihren Anteil am zu gründenden Syndikat festlegen zu können.

Ein Vergleich mit der Geschäftspolitik der IG-Farben zeigt, daß Brückmann auf die Filmindustrie die in der chemischen Industrie gesammelten Erfahrungen zu übertragen versuchte. Der Chemiekonzern begründete in den 20er Jahren seinen wirtschaftlichen Erfolg wesentlich auf einer Monopolisierung bzw. Kartellierung und Auswertung wissenschaftlicher Patente, so etwa auf dem Gebiet der Kohleverflüssigung in einem Kartell, an dem Brückmann selbst mitgearbeitet hatte, oder auf dem Gebiet der Teerfarbenindustrie, in einem Kartell, an dem neben der IG-Farben auch die schweizerische und französische Industrie sowie ab 1931 die englische Industrie beteiligt war[29]. Die Vorteile eines solchen Kartells lagen für die Beteiligten nicht nur in ihrer alles beherrschenden Rolle in bezug auf die Preispolitik, wie es die Lichtbild-Bühne befürchtete[30]. Ebenso wichtig, wenn nicht noch entscheidender, war die Tatsache, daß alle weiterführenden Patente nur in Verbindung mit dem Patentmonopolinhaber ausgewertet werden konnten. Von daher konnte auf absehbare Zeit das Entstehen konkurrierender Systeme verhindert werden. Zugleich konnten die Inhaber von Monopolpatenten am technischen Fortschritt partizipieren, da die entsprechenden Patentinhaber gezwungen waren, sich zur wirtschaftlichen Auswertung ihrer Kenntnisse an diese zu wenden.

Unmittelbar nach der Vertragsunterzeichnung mit Küchenmeister wandte sich das D.L.S. an die Ufa mit der Bitte, dem Syndikat den Ufa-Pa-

---

[27] SAA 4/ Lf 706; Das Ton-Bild-Syndikat. Bildung eines Arbeitsausschusses, in: LBB 20. 7. 1928, Nr. 174, 21. Jg.
[28] SAA 4/ Lf 706
[29] Produktivkräfte, S. 98 ff.
[30] Syndikalisierung des Tonfilms? Erfolgversprechender Verhandlungsverlauf, in: LBB 16. 7. 1928, Nr. 170, 21. Jg.

last am Zoo für den Einbau einer Tonfilmapparatur des Systems Küchenmeister zur Verfügung zu stellen. Im Gegenzug wurde der Ufa eine Option für die Uraufführungen der D.L.S.-Tonfilme eingeräumt. Am 20. Juli 1928 stimmte der Vorstand einem entsprechenden Vertrag zu[31]. Bereits einen Tag zuvor hatte das gleiche Gremium den Verantwortlichen für die Ufa-Lichtspieltheater, Major a. D. Alexander Grau, als Leiter der Ufa-Verhandlungskommission zur Gründung des Ton-Bild-Syndikats (Tobis) benannt[32].

Am 24. Juli 1928 beriet der Vorstand über ein Angebot der amerikanischen Firma United Artists, Tonfilme mit Hilfe des Systems Western Electric[33]-Radio Corporation of America herzustellen. Mit Hinweis auf den Parufamet-Vertrag wurde eine Entscheidung zunächst vertagt[34]. Zehn Tage später bekundete der Vorstand in unverbindlicher Form sein Interesse an diesem Vorschlag[35]. Das Angebot an die Ufa korrespondierte mit einer Reihe von Versuchen der Amerikaner, den zukünftigen deutschen Tonfilm auf amerikanischen Geräten zu produzieren. So betonte etwa einer der führenden amerikanischen Filmindustriellen, Nathan Burkan, gegenüber der Lichtbild-Bühne, daß Deutschland auf Grund seiner Musiktradition sehr gute Chancen habe, mit seinen Tonfilmen auf dem internationalen Filmmarkt eine führende Rolle einzunehmen. Zugleich fügte er hinzu: „Was nützen deutsche Hörfilme auf dem Weltmarkt, wenn sie nicht in die Hörfilm-Einrichtungen des amerikanischen Lichtspieltheaters hineinpassen?"[36]

Nach den öffentlichen Vorführungen des Tri-Ergon-, des Petersen-Poulson- und des Lignose-Systems wurden am 16. August 1928 die ersten, nach dem System Küchenmeister aufgenommenen Filme im Berliner Gloria-Palast vor geladenem Publikum gezeigt. Inhaltlich lehnte sich die Vorführung in bezug auf das Musikprogramm noch überwiegend an die bishe-

---

[31] BArch R 109 I / 1027a Bl. 369
[32] BArch R 109 I / 1027a Bl. 371
[33] Dem Sprachgebrach der Archivdokumente und der Presse folgend wird im folgenden ebenfalls verkürzt von Western Electric gesprochen, weil deren Präsident John E. Otterson sich besonders intensiv gegen die europäischen Interessen aussprach. Sein Unternehmen hatte nach dem Erfolg des ersten abendfüllenden Tonspielfilms *The Jazz-Singer* eine Arbeitsgemeinschaft mit der General Electric gebildet. Beide gründeten zusammen mit der American Telephon & Telegraph Co. die Electrical Research Prod. Co., um für den amerikanischen Kontinent ein einheitliches Verfahren zu entwickeln. Die ERP hatte ihrerseits mit allen führenden amerikanischen Filmfirmen Verträge abgeschlossen. Über das Keith-Albee-Orpheum-Theatersyndikat bestanden direkte Verbindungen zur französischen Pathé. Über die RCA erwarb die General Electric Co., die gemeinsam mit der Westinghouse Co. die RCA Photophone Inc. gegründet hatte, das dänische Petersen und Poulsen Verfahren, nach dem auch die Gaumont-Franco-Aubert und die Gaumont-British-Acustik arbeiteten.
[34] BArch R 109 I / 1027a Bl. 366
[35] BArch R 109 I / 1027a Bl. 354
[36] Deutschlands Führerrolle im Tonfilm. Die große Chance auf dem Weltmarkt – Internationale Normalisierung notwendig – Gespräch mit Nathan Burkan, in: LBB 24. 7. 1928, Nr. 177, 21. Jg.

rigen Tonfilmaufführungen an. So spielte das Florida-Jazzband-Orchester, dem ein Geigensolo sowie Balalaika- und Dorfmusik folgten. D. h. Musikdarbietungen dienten auch hier als Nachweis für die Übertragungsbreite von Tönen durch den Film. Zugleich konnten die Aufnahmen – anders als bei längeren Spielhandlungen – mit wenigen Kameraeinstellungen aufgenommen werden. In die gleiche Richtung verweist auch die einführende Sprechpartie einer verfilmten Ansprache des bekannten Berliner Lichtspielbesitzers, Luis Gutmann. Dagegen hieß es über den am Schluß aufgeführten Tonfilm *Ein Tag Film* (Regie: Max Mack) in der Kritik: „Etwas wirklich Neues bot der lustige von Paul Graetz gesprochene und gespielte Film, in dem er sich mit seinem Spiegel- und Traumbild unterhält, also dreifach auf der Leinwand erscheint"[37]. Die Lichtbild-Bühne lobte den einaktigen Monologsketch, weil er „in sehr glücklicher Weise die unabsehbaren Zukunftsmöglichkeiten der Verbindung optisch-filmischer Ausdruckskunst (Trick) mit Wort und Ton aufwies"[38]. Neben dem ersten Nachweis künstlerischer Möglichkeiten waren zwei weitere Momente an dieser Aufführung bemerkenswert. Zum einen konnten die Tonfilme von einem der von der Ufa angestellten Vorführer des Gloria-Palastes aufgeführt werden, während die Vorführung aller bisher gezeigten Tonstreifen auf die Unterstützung durch speziell ausgebildetes Personal angewiesen war. Somit gewährleistete die Küchenmeister-Apparatur den Besitzern der Lichtspielhäuser, daß im Hinblick auf das Bedienpersonal mit der zukünftigen Einführung des Tonfilms keine höheren Kosten entstehen würden. Zum zweiten konnte Küchenmeister unter Beweis stellen, daß sein System der amerikanischen Movietonetechnik annähernd gleichwertig war[39].

Nach der Aufführung im Gloria-Palast prallten die Meinungen von Befürwortern und Gegnern des neuen Mediums erneut aufeinander. Aus der in sich sehr vielseitigen Debatte über das neue Medium hier nur einige Beispiele[40]. Asta Nielsen stellte kurz fest: „Er ist Unsinn". In der Traditionslinie des klassischen Verständnisses vom Stummfilmkino argumentierte sie: „Im Augenblick sind die Tonfilme technisch noch so primitiv, daß sie überhaupt technisch indiskutabel sind. Aber wenn sie technisch vollkommen werden, so bedeutet das den Tod der Filmkunst, den Tod des wahren Wesens des Films. Sinn und Wirkung des Films ist seine Stummheit, er ist deshalb eine völlig anders geartete Kunstgattung als das Theater"[41]. Zu einem gegenteiligen Schluß kam dagegen Max Mack, einer der bekannten deutschen Filmpioniere, Drehbuchautor und Regisseur des Kurzton-Spielfilms *Ein Tag Film*: „Neue Möglichkeiten sind da – der Film spricht – nicht

---

[37] c.cz.: Sprech- und Tonfilm. Gloria-Palast, in: Vossische Zeitung 19. 8. 1928, Nr. 391
[38] Tonfilm im deutschen Kino. D.L.S.-Küchenmeister-Tonfilm in der Praxis, in: LBB 17. 8. 1928, Nr. 198, 21. Jg.
[39] Ebd.
[40] Ausführlicher wird die Diskussion um den Tonfilm auf S. 207 ff. dargestellt.
[41] Asta Nielsen: Tod der Filmkunst, in: Vossische Zeitung 26. 8. 1928, Nr. 403

zum Zweck, daß Zwischentitel tönen, daß Sprachgebärden nun wirklich sprechen – nein: er erfaßt Neues ... Eine neue Kunstform, die nie Annäherung beim Theater suchen wird und darf, nie eine Vertonlichung des absoluten Films bedeuten kann. Ungeahnte Wirkungen lassen sich erzielen – man hört etwas, was man nicht sieht – die Atmosphäre schwingt durch den Raum und zeichnet die Konturen ... Wichtigstes Moment der Inszenierung bisher: Durch Überblendung und geschickteste Montage bildliche Höchstleistung zu erzielen. – Tonfilm: Aus dem Chaos des Stimmengewirrs Akustik in filmischer Auffassung zu erreichen, um – letztes Ziel – Auge und Ohr in harmonischem Gleichmaß zu befriedigen"[42]. Dem widersprach der Regisseur Georg Wilhelm Pabst: „Sicher ist die große Bedeutung des Tonfilms für schul- und wissenschaftliche Zwecke, für Propaganda ... Politik! Heute? Heute sehe ich nur Nachteile. In die geschlossene Form eines Kunstausdrucks, der sich in lebendigster Entwicklung befindet – die trotz aller Hemmungen deutlich ernste Ziele zeigt – bringt der Ton und das Wort unhaltbare Halbheit"[43]. Der Filmkomponist Edmund Meisel begrüßte dagegen das neue Medium, denn „während sonst für Filmkompositionen immer das Risiko einer mangelhaften Wiedergabe besonders in der Provinz und in kleineren Kinos bestand, ist jetzt die Gewähr dafür gegeben, daß auch am kleinsten Platz eine ebenso erstklassige Wiedergabe wie im Uraufführungskasino der Hauptstadt zu hören sein wird. Dadurch wird die Entwicklung der Filmkunst und das Zusammenwirken von Film und Musik eigentlich erst in die Nähe rücken"[44].

Die Verhandlungen um die Gründung der Tobis konnten bis zum geplanten Termin, dem 14. August 1928, nicht abgeschlossen werden. Dies lag vor allem an der aufwendigen Prüfung der einzelnen Verfahren durch die jeweiligen Konkurrenten. Gesichert war zu diesem Zeitpunkt die Bereitschaft führender Großbanken, sich mit der von Brückmann anvisierten Summe von 10 Millionen Mark an dem Projekt zu beteiligen. Eine Kontaktaufnahme zu industriellen Kreisen, die die neuen Aufnahme- und Wiedergabeapparaturen hätten bauen können, war zu diesem Zeitpunkt noch nicht erfolgt. Man wollte auf diese Weise vermeiden, daß auf Grund von Monopolstellungen ein oder zwei Unternehmen den Nutzern die Verkaufspreise diktieren können[45].

In einem Schreiben vom 22. August wurden die Umrisse des geplanten Gemeinschaftswerkes bereits deutlich erkennbar. Danach sollten von der Tobis sowohl ganze Systeme in die zu schaffenden Apparate integriert, als auch einzelne Lizenzen durch Abfindungen oder laufende Zahlungen erworben werden. Im Gegenzug verpflichtete sich das Syndikat, für den

---

[42] Max Mack: Filmband tönt ..., in: ebenda
[43] G.W. Papst: Eine unhaltbare Wahrheit, in: ebenda
[44] Edmund Meisel: Musik und Tonfilm, in: ebenda
[45] Gründung deutschen Tonbildsyndikats gesichert, in: Vossische Zeitung 16. 8. 1928, Nr. 385

Schutz der ihm gehörenden Patente, Gebrauchsmuster und Warenzeichen einzutreten, die notwendige Normung durchzuführen und für eine ständige Verbesserung der Technik Sorge zu tragen. Zugleich deutete sich bereits an, daß die Tobis beabsichtigte, die Fabrikation der Aufnahme- und Wiedergabeapparaturen selbst zu übernehmen[46].

Dieses Verhandlungsergebnis implizierte, daß es zwischen den beiden großen Elektrokonzernen AEG und Siemens & Halske AG sowie dem im Entstehen begriffenen Syndikat nicht zu einer Einigung gekommen war. Hierfür waren vermutlich zwei Faktoren ausschlaggebend. Eine Denkschrift vom August 1928 räumte auf Grund der 18 weltweit existierenden Tonfilmsysteme den Bemühungen Brückmanns nur geringe Erfolgschancen ein[47]. Zum zweiten hatten beide Konzerne, ohne dies der Öffentlichkeit mitzuteilen, eigene Anstrengungen auf dem Gebiet des Tonfilms unternommen, die sich Ende August noch im Stadium von Laborversuchen befanden[48]. Um ihre Erfindungen auswerten zu können, kündigten beide Konzerne zusammen mit den Polyphonwerken noch während der Gründungsverhandlungen der Tobis an, eine eigene Gesellschaft zur Herstellung und Verwertung von Tonfilmapparaturen, Tonfilmen und Schallträgern zu gründen. Zu diesem Zweck beschloß die Generalversammlung der Polyphonwerke AG in Leipzig Ende August eine Kapitalerhöhung, um den notwendigen finanziellen Beitrag für die geplante Firmengründung aufbringen zu können[49]. Die zusätzlich aufgelegten Aktien wurden ab dem 1. Oktober in Berlin und ab dem 3. Oktober 1928 auch in London angeboten. Auf Grund der regen Nachfrage nach Schallplatten und Grammophonen in Europa und Nordamerika herrschte an beiden Börsen ein starkes Interesse an diesen Wertpapieren[50].

Als Gründungskapital für das geplante Unternehmen waren drei Millionen Mark veranschlagt worden, die entsprechend ersten Vorstellungen zu je einem Drittel von den beteiligten Unternehmen eingebracht werden sollten. Die beiden Elektrounternehmen erklärten sich bereit, der neuen Firma ihre gesamten Kenntnisse, Forschungslabore und internationalen Organisationen zur Verfügung zu stellen. Die Polyphon plante, ihre langjährigen Erfahrungen auf dem Gebiet der Musikaufnahme, ihre weitreichenden Verbindungen zu Künstlern sowie ihre internationalen Beziehungen einzubringen.

Außer den Elektrokonzernen beteiligte sich auch die zu British Photophon gehörende Lignose-Hörfilm nicht an dem im Entstehen begriffenen

---

[46] BArch R 109 I / 221
[47] SAA 4/ Lf 706
[48] Tobis Akt.-Ges. Zur Syndikalisierung des Tonfilms, in: LBB 1. 9. 1928, Nr. 211, 21. Jg.
[49] Die Tonfilmpläne der Polyphon-Werke. Kapitalerhöhung gegen Protest genehmigt / Dividendensteigerung in Sicht, in: Vossische Zeitung 29. 8. 1928, Nr. 408
[50] Londoner Polyphon-Einführung. Prospekt-Mitteilungen, in: Berliner Börsen-Courier 3. 10. 1928, Nr. 463, 61. Jg.

Kartell. Statt dessen arbeitete sie mit der englischen Mutterfirma, der French Photomatone, und dem Brunswick Konzern auf dem Gebiet der Synchronisation von Film und Schallplatte zusammen. Auf der Basis dieses Systems begann am 3. September 1928 der deutsche Kameramann und Regisseur Karl Freund, in den Ateliers der Lignose-Hörfilm einen ersten Film mit englischen Schauspielern zu drehen[51]. Schließlich blieben auch die Vertreter des Rundfunks von allen Verhandlungen um die zukünftige Tonfilmproduktion ausgeschlossen, da sie keine eigenen Patente verwalteten, sondern die Hörfilme unter Nutzung der Tri-Ergon-Apparaturen herstellten. Die Ufa beobachtete all diese Aktivitäten, hielt sich aber, wie auch fast alle anderen Filmproduzenten, endgültige Entscheidungen noch offen. Am 4. September beschloß der Vorstand des größten deutschen Filmkonzerns lediglich, einige Wochenschauaufnahmen unter Berücksichtigung möglichst aller Systeme zu vertonen[52]. Auch anderen Firmen, so der Cinephon Mailand, erlaubte er unter der Voraussetzung, daß dem Konzern keine Kosten entstünden, ihre Systeme in der Öffentlichkeit vorzuführen[53]. In den im September abgehaltenen Vorstandssitzungen wurde die abwartende Haltung mehrfach bekräftigt[54].

Unter diesen Umständen war vor der Gründung der Tonbild-Syndikat AG (Tobis) bereits erkennbar, daß die Bemühungen Brückmanns um die Gründung eines nationalen Syndikats nur zu einem Teilerfolg geführt hatten und in Zukunft weitere Verhandlungen notwendig sein würden.

Nach der Beendigung der Arbeit des am 18. Juli 1928 gegründeten Arbeitsausschusses herrschte auch Klarheit über die zukünftige Kapitalzusammensetzung des geplanten Syndikats. Das Aktienkapital sollte sowohl aus Sacheinlagen – insbesondere in Form von Patentrechten – als auch aus Bareinlagen, die vor allem durch Banken zu erbringen waren, bestehen. Um diese Konstruktion durchzusetzen, wurden umfangreiche Transaktionen und betriebswirtschaftliche Veränderungen notwendig. Sie sollten sicherstellen, daß der zu erwartende Wert der Patentrechte dem Aktienwert am Syndikat entsprach.

Am 30. August 1928 kam es zum Abschluß der entscheidenden Verträge zur Gründung der Tobis. Von dem Gründungskapital in Höhe von insgesamt 12 Millionen RM entfielen auf die N.V. Internationale Maatschappyi voor Sprekende Films, Amsterdam-Berlin 2,8 Millionen RM an Bar- und Sacheinlagen. Die Küchenmeistergruppe verfügte damit über 23,3 Prozent des neuen Aktienkapitals. Die Commerz- und Privat-Bank AG, Berlin zahlte 7,2 Millionen RM in bar[55]. Mit diesem Schritt setzte die Bank,

---

51 Rund um den Tonfilm. Arbeitspläne der Tobis, in: LBB 3. 9. 1928, Nr. 212, 21. Jg.
52 BArch R 109 / 1027a Bl. 313
53 BArch R 109 / 1027a Bl. 311
54 BArch R 109 / 1027a Bl. 296 und 298 f.
55 BArch R 109 I / 221; Insgesamt betrug das Gesamtkapital der Tobis 12 000 000,- RM. Davon beliefen sich 4 424 000,- RM auf eingebrachte Patente und Sacheinlagen der ver-

die unter anderem seit Jahren an der Lorenz AG beteiligt war, ihr bisheriges finanzielles Engagement auf dem Gebiet der Schwachstromtechnik fort[56]. Durch die Integration des von Messter entwickelten Verfahrens zum Gleichlauf von Film und Schallplatte wurde sichergestellt, daß die geplante Standardapparatur Tonfilme unabhängig von dem ihnen zugrunde liegenden Tonverfahren vorführen konnte. Auf den Filmpionier, der gleichzeitig auch alle Anteile an seinem Babelsberger Unternehmen Filmmusik GmbH an die Tobis abtrat[57], entfiel ein Aktienanteil von 100 000,- RM. Auf die Tonfilm AG, die die deutschen Rechte am Petersen-Poulson Verfahren einbrachte, entfielen schließlich 200 000,- RM[58].

Um die mit einer Million Mark vom Arbeitsausschuß bewerteten Rechte an den Tri-Ergon-Patenten für das Syndikat außerhalb Nordamerikas zu sichern, wurde folgender Weg gewählt. Von seiten der Holding in St. Gallen wurden alle Tri-Ergon-Rechte an die Tri-Ergon-Musik AG Berlin übertragen[59]. Danach sollte sie in die Tobis umgewandelt werden und das Schallplattengeschäft in eine neu zu gründende Gesellschaft ausgelagert werden. Um das Berliner Unternehmen gegebenenfalls noch einmal reaktivieren zu können, einigten sich die Vertreter der Holding in St. Gallen und der Tobis jedoch darauf, die Tri-Ergon-Musik AG Berlin nicht aus dem Handelsregister zu löschen, sondern sie als Mantelfirma weiterzuführen. Die Schweizer Firma erhielt im Gegenzug für 1 240 000,- RM Aktien an der Tobis, so daß sie zusammen mit dem Aktienpaket der Tri-Ergon-Musik AG Berlin über insgesamt 2 240 000,- RM verfügte. Darüber hinaus erhielt die Tri-Ergon-Musik-AG St. Gallen 280 000,- RM in bar ausgezahlt und zwei ständige Sitze im Aufsichtsrat der Tobis zugesprochen. Diese besetzten Richard Iklé von der Tri-Ergon-Musik-AG St. Gallen und Adolf Blattner von der Tri-Ergon AG Zürich[60].

Der Vertrag zwischen Tobis und Tri-Ergon war gleichbedeutend mit dem Verkauf sämtlicher Tri-Ergon-Rechte an die Tobis, soweit diese nicht vorher bereits an die Fox vergeben waren. Alle späteren Versuche der

---

schiedenen Patenthaltungsfirmen. Denen standen 7 576 000,- RM an Bareinlagen gegenüber. BArch R 80 Re 1 / 2683 Bl. 3

[56] W. Engelhard, Start des Tonfilms, in: Berliner Börsen-Courier 13. 7. 1929, Nr. 322, 61. Jg.. Das Engagement der Commerz- und Privatbank für die Schwachstromtechnik förderte insbesondere Bankdirektor Curt Sobernheim, der für seine Verdienste auf diesem Gebiet Anfang 1929 mit der Ehrendoktorwürde, Dr.-Ing. e.h., der Technischen Hochschule zu Braunschweig bedacht wurde. (Diese Information erhielt ich von der Commerzbank, Abteilung Informations-Zentrum/Historische Dokumentation. Das Archiv der Commerzbank wurde während des Krieges durch Bombeneinwirkung vernichtet, so daß die Unterlagen der Bank für die vorliegende Untersuchung nicht mehr zur Verfügung standen.)

[57] BArch N 1275 / 15
[58] BArch R 109 I / 226
[59] Zu den Tri-Ergon-Patentrechten vgl. S. 41
[60] BArch R 109 I / 240

Schweizer Firmen, über bestimmte Patente weiter zu verfügen, scheiterten an entsprechenden Gerichtsurteilen[61].

Mit dieser ersten Zeichnung von Aktien stand fest, mit welchen Verfahren das geplante System der Tobis arbeiten sollte. Es waren „die Tri-Ergon, dessen Aktienmantel gleichzeitig für die Tobis AG verwandt wird, Petersen-Poulson, Küchenmeister und ein neues Synchronisierungsverfahren von Oskar Messter"[62].

Die Tobis hatte die Rechtsnachfolge für die zwischen Küchenmeister und dem D.L.S. geschlossenen Verträge übernommen. Deshalb mußte die Tobis mit dem Lichtspiel Syndikat neu verhandeln. Zur Vertragsunterzeichnung kam es am 12. September 1928. Danach verpflichtete sich die Tobis zu einer wöchentlichen Lieferung von 400 bis 500 m Beifilmen unter Ausschluß von Wochenschaumaterial ab dem 1. Oktober 1928. Die Beschränkung des Abkommens auf Kulturfilme zeigt, daß Brückmann vor allem dort und nicht im Spielfilm die Zukunft für eine sinnvolle Verwertung der Tonfilmpatente sah. Im Gegensatz dazu drängte Messter zunächst vergeblich darauf, tönende Spielfilme zu produzieren. Bereits im Herbst 1928 forderte er, Carl Froelich, für diese Aufgabe zu gewinnen. Der Initiator der Tobisgründung glaubte dagegen, mit Kulturfilmen und auf dem Heimkino- sowie dem Werbemarkt das neue Medium etablieren zu können[63]. Die inhaltliche Beschränkung der Tonfilmproduktion bedeutete nicht nur, daß den deutschen Spielfilmproduzenten zunächst keine Konkurrenz von seiten des neuen Unternehmens drohte, sondern auch die Bestätigung der UFA-Monopolstellung auf dem deutschen Wochenschaumarkt. Sie hatte sich der Konzern nach dem Einstieg der Hugenberg-Gruppe gesichert durch die Übernahme der *Deulig-Woche*, der *Opel-Woche* und der *Trianon-Woche*[64].

Der Vertrag garantierte der D.L.S. den Alleinvertrieb für die von der Tobis produzierten Filme im deutschsprachigen Raum. Darüber hinaus erhielt die Firma den Generalvertrieb der Tobis-Apparate für den deutschsprachigen Raum. Einschränkend wurde vereinbart, daß jedes Kino, welches die Apparaturen kaufte, auch die wöchentliche Lieferung an Beifilmen abnehmen und auf die Vorführung anderer Tonfilme verzichten mußte. Zugleich mußte das Lichtspiel Syndikat nachweisen, daß es innerhalb von vier Monaten in der Lage sei, 250 Tobis-Geräte zu verkaufen. Gleichzeitig behielt sich die Tobis das Recht vor, mit Lichtspielhäusern, die zur Ufa, zur Münchner Lichtspielkunst AG, zur Phöbus AG, zur Terra AG und zur Na-

---

61 Tobis Tonbild-Syndikat AG, in: Berliner Börsen-Zeitung 12. 3. 1932, Nr. 122, 77. Jg.
62 Tobis Akt.-Ges. Zur Syndikalisierung des Tonfilms, in: LBB 1. 9. 1928, Nr. 211, 21. Jg.
63 BArch N 1275 / 384
64 BArch R 8119 / 19065 Bl. 385; Um diesen Vorsprung zu halten und die „letzte noch freie große ausländische Nachrichtenquelle zu verstopfen" beschloß der Arbeitsausschuß des Vorstandes am 8. 11. 1928 den Erwerb von Gaumont-Wochenschaumaterial für monatlich 500,- RM. BArch R 109 I / 1027a Bl. 238

tional-Film AG gehörten, eigene Verhandlungen zu führen und Bedingungen auszuhandeln, die denen des Vertrages mit der D.L.S. entsprachen[65].

Am 8. Oktober 1928 unterzeichneten die AEG und die Siemens & Halske AG einen Geschäftsvertrag zur Gründung der Klangfilm GmbH. Der Vertrag umfaßte „bewegte Bilder und Schallphänomene, soweit sie miteinander synchronisiert sind, und reine Tonfilme". Als Arbeitsgebiete wurden der neuen Gesellschaft zugewiesen: Aufnahme, Vervielfältigung und Wiedergabe von Tonfilmen, deren geschäftliche Auswertung, der Verkauf und Verleih von Aufnahme- und Wiedergabegeräten sowie die geschäftliche Verwertung der entsprechenden Schutzrechte[66]. Am gleichen Tag wurde auch ein Vertrag mit der Polyphonwerke AG unterzeichnet, der dem Schallplattenunternehmen eine Sonderstellung einräumte. Danach war es ihm erlaubt, Grammophone und Schallplatten wie bisher an Lichtspielhäuser zu verkaufen. Des weiteren hatte es das Recht, „Tonfilme, Tonbildfilme, synchronisierte Platten usw. nach dem Verfahren von Klangfilm selbst herzustellen und in den Handel zu bringen, synchronisierte und nichtsynchronisierte Schallträger von Klangfilm zu beziehen und wieder zu verkaufen". Letzteres galt auch für Grammophone und im beschränkten Maße für Tonfilmapparaturen[67]. Gegenüber der Presse teilte die neue Gesellschaft mit, daß das Gründungskapital der Gesellschaft drei Millionen Mark betrage und man sich vorläufig auf den Apparatebau beschränken wolle, weil die entsprechende Infrastruktur zur Herstellung und zum Vertrieb von Tonfilmen noch fehle. Darüber hinaus wurde angedeutet, daß die Gesellschaft noch internationale Verhandlungen führe[68].

2.3. Die Bildung eines europäischen Tonfilmblocks und die ersten Auseinandersetzungen mit der amerikanischen Konkurrenz

Der Aufsichtsrat der Tobis tagte zum ersten Mal am 19. September 1928. Er genehmigte die Wahl des stellvertretenden Aufsichtsratsvorsitzenden der Tobis, Heinrich Brückmann, zum Vorsitzenden des Arbeitsausschusses und die Wahl des Leiters der Juristischen Abteilung der Heinrich J. Küchenmeister & Co KG[69], Rechtsanwalt Dr. Richard Frankfurter, zu seinem Stellvertreter. Des weiteren gehörten der ehemalige Direktor der Ufa, Ferdinand Bausback, Oskar Messter, Rechtsanwalt Richard Iklé und der Commerzbankdirektor Curt Sobernheim dem Gremium an. Neben den

---

[65] BArch R 109 I / 247
[66] SAA 11/ Li 126
[67] Ebd.
[68] Tonfilmgründung AEG – Siemens – Polyphon. Internationale Verhandlungen, in: Vossische Zeitung 9. 10. 1928, Nr. 68
[69] NF NL Struve Bd. 7

Verträgen mit den Einbringern genehmigte die Sitzung auch einen dreimonatigen Ateliermietvertrag der Tobis auf dem Ufa-Gelände Tempelhof. Die Mietkosten beliefen sich auf 6 000,- RM pro Monat[70].

Auf der zweiten Sitzung des Arbeitsausschusses am 9. November legte Brückmann ein Konzeptpapier vor, das die Möglichkeiten einer internationalen Auswertung von Tonbild-Verfahren beschrieb. Eine entsprechende Tochterfirma, die mit einem Gründungskapital von 20 Millionen Mark auszustatten sei, sollte in Amsterdam gegründet werden. Die Beteiligung der einzelnen Patentinhaber an dem Tochterunternehmen sollten in gleicher Weise wie bei der Tobis geregelt werden. Die technische Grundvoraussetzung für den geplanten Schritt auf den internationalen Markt hatte bis zu diesem Zeitpunkt eine Gruppe um Oskar Messter gelegt, denen es gelungen war, das europäische Lichttonverfahren dahingehend weiterzuentwikkeln, daß es mit dem amerikanischen kompatibel war[71]. Als weiteren wichtigen Punkt behandelte der Ausschuß das Verhältnis zur Klangfilm GmbH. Letztere forderte nicht nur die Belieferung der Tobis, sondern wollte sich darüber hinaus auch den Apparatebau für das In- und Ausland vorbehalten. Auf Grund dieser Forderung brach Brückmann die weiteren Verhandlungen ab. Der Ausschuß war sich einig darüber, daß die Tobis ihren technischen Vorsprung nutzen müsse, denn „die große Chance der Tobis gegenüber der Konkurrenz liege in dem zeitlichen Vorsprung". Die technische Leitung sicherte in diesem Zusammenhang zu, daß man „in allernächster Zeit mit einem Vorführapparat und in 3 bis 4 Wochen mit weiteren 10 bis 12 Apparaten rechnen" könne[72].

In der Woche vor Weihnachten 1928 wurde im Ufa-Theater-Kurfürstendamm die erste Tobis-Einheitsapparatur aufgestellt und in der gleichen Woche mit der Montage einer solchen im Düsseldorfer Residenz-Theater begonnen. Im Januar 1929, so der Tobis-Mitarbeiter Dr. Henkel gegenüber dem Arbeitsausschuß, sollten weitere dreißig Apparaturen installiert werden. Die insgesamt optimistischen Zahlen verschleierten, daß die Tobis-Lautsprecher mit erheblichen Mängeln behaftet waren. Da eine Zusammenarbeit zwischen Tobis und Klangfilm vorerst nicht zustande gekommen war, konnte die Tobis aus patentrechtlichen Gründen nicht auf die von Siemens & Halske und AEG entwickelten Lautsprecher zurückgreifen, sondern nur Verträge mit der Süddeutschen Telefon-Apparate-, Kabel- und Drahtwerke AG über die Lieferung von Material, Instrumenten, Zubehör, Röhren usw. abschließen[73]. Die Lautsprecheranlagen selbst mußten von der Tobis gefertigt werden. Wie Massolle gegenüber dem Arbeitsausschuß mitteilte, wählte man eine Kombination zwischen Statophonen für die ho-

---

[70] BArch R 109 / 226; zum Mietvertrag mit der Ufa vgl. auch: ebenda Nr. 1027a Bl. 298
[71] BArch N 1275 / 384
[72] BArch R 109 I / 227
[73] BArch R 109 I / 242

hen und elektrodynamischen Lautsprechern für die tiefen Frequenzlagen. Diese Technik setzte voraus, daß neben der Apparatur nur für die Lautsprecher zusätzlich eine Hochspannungsmaschine der Firma Lorenz eingebaut werden mußte, was die Gesamtkosten der Anlage erhöhte[74]. Zugleich zeigt die Behelfslösung in bezug auf die Lautsprecher, mit der kein den amerikanischen Systemen vergleichbarer Standard erreicht werden konnte[75], daß die Klangverstärkung trotz intensiver Arbeit am Ende des Jahres 1928 noch nicht endgültig gelöst war.

Das Problem einer mangelhaften elektroakustischen Wiedergabe war schon mehrfach reflektiert worden. So waren Ende 1927 bzw. Anfang 1928 die Electrola GmbH und die Lindström AG mit neuen Apparaten, die eine stufenlose Regelung der Lautstärke erlaubten, an die Öffentlichkeit getreten. In beiden Fällen hatte sich gezeigt, daß in bezug auf Sprechpartien und bei einer stark rhythmisierten und einer „linear äußerst durchgefeilten" Unterhaltungsmusik akzeptable Ergebnisse erzielt werden konnten. Problematisch war dagegen insbesondere dann die Wiedergabe klassischer Musikstücke, wenn Seiteninstrumente angezupft oder angeschlagen wurden. Die erzeugten Schwingungen wirkten in der Wiedergabe „maßlos vergrößert"[76].

Bis Mitte Dezember stellte die Tobis unter der Leitung von Bagier neun Kurzfilmprogramme für das D.L.S. zu einem Herstellungspreis von je 20 000,- RM komplett fertig. Dabei handelte es sich um Musikfilme, wie etwa den Schubert-Film *Dein ist mein Herz*, der Paganini-Film *Paganini in Venedig* oder *Das letzte Lied*, in dem Ludwig Hofmann von der Städtischen Oper Berlin die Hauptrolle spielte, sowie um den Tanz- und Musikfilm *Die Hochzeit des Faun*[77]. Des weiteren begann man zum gleichen Zeitpunkt mit der Fertigstellung des abendfüllenden Spielfilms *Melodie der Welt* (Regie: Walter Ruttmann). Der Film entstand während einer von der Hapag veranstalteten Weltreise. Das Schiffahrtsunternehmen übernahm auch den überwiegenden Teil der Filmproduktionskosten, während die Tobis nur einen Zuschuß von etwa 50 000,- RM zahlte. Darüber hinaus hatte das D.L.S. einen Harry-Liedke-Film bei der Tobis bestellt, an dem die vorbereitenden Arbeiten begonnen hatten. Für das erste Quartal 1929 plante die Tobis elf weitere Beiprogramme, die in eigener Regie hergestellt werden sollten. Zusätzlich sollten sechs weitere Mittelmeerfilme und ein Kulturfilm mit der Hapag produziert werden. Im übrigen sollten Aufträge für die Vertonung von Stummfilmen übernommen werden, deren Kosten ausschließlich von

---

[74] BArch R 109 I / 226
[75] W. Engelhard, Start des Tonfilms, in: Berliner Börsen-Courier 13. 7. 1929, Nr. 322, 61. Jg.
[76] K.H.: Klangverstärkung der Schallplatte, in: Frankfurter Zeitung 28. 1. 1929, Nr. 74, 73. Jg.
[77] Die deutsche Tonfilm-Produktion. Hochbetrieb bei der Tobis – Acht Filme vollendet, in: Film und Ton 22. 12. 1928, Nr. 43, 21. Jg.

den Auftraggebern zu tragen waren[78]. Die Tobis umging in der ersten Phase ihres Bestehens alle Risiken des Filmgeschäfts, indem sie zum einen die Filmvertonung nur nach Abschluß von Werkliefervertägen ausführte, d. h. sie lehnte die im Filmgeschäft übliche, am Erfolg oder Mißerfolg orientierte Gewinnbeteiligungsquote für ihre Arbeiten ab. Zum zweiten lieferte sie die Wiedergabeapparaturen nur auf Abzahlung und gegen Eigentumsvorbehalt. Das Geschäftsrisiko der ersten Tonfilmproduktionen trugen demnach die Produktionsfirmen, die ihre Stummfilme vertonen ließen und die Kinobetreiber, die mit ihren Einnahmen sowohl die höheren Verleihgebühren für die Tonfilme als auch die Raten für die neuen Apparaturen begleichen mußten.

Während die Tobis ohne großen vorherigen Werbeaufwand im Berliner Tauentzienpalast ihre ersten Tonfilme präsentierte, verhielten sich die deutschen Filmproduzenten in bezug auf das neue Medium weiterhin abwartend. Diese Haltung war verständlich, denn die von der Tobis hergestellten sprechenden und tönenden Filmstreifen waren vom wirtschaftlichen und künstlerischen Standpunkte aus ein Mißerfolg. Der Grund lag vor allem in den „behelfsmäßigen Einrichtungen, derer sich die Tobis bedienen mußte". Die benutzten Apparaturen reichten nicht aus, um qualitativ ansprechende Filme zu produzieren[79].

Lediglich die Ufa hatte im Vorfeld der Tobis-Gründung ihre bisherige Zurückhaltung aufgegeben. Ihr Vorstand beschloß auf seiner 355. Sitzung am 19. Juli 1928, zunächst eine aus drei Personen bestehende Kommission für Tonfilmfragen unter Vorsitz von Alexander Grau einzusetzen. Die erste Aufgabe des neugebildeten Gremiums bestand an der Teilnahme der Verhandlungen zur Gründung des Tonfilm-Syndikats[80]. Mitte September bekräftigte der Ausschuß noch einmal seine Position, allen Inhabern von Tonfilmverfahren zum Zwecke der Vorführung Lichtspielhäuser zur Verfügung zu stellen, selbst aber noch keine Investitionen in Hinblick auf den Tonfilm zu tätigen[81]. Auf dieser Geschäftsgrundlage erlaubte der Vorstand am 1. November 1928 der United Artist, Tonfilme in den großen Berliner Lichtspielhäusern Gloria-Palast und Ufa-Palast zu zeigen. Er lehnte aber das weitergehende Angebot der Amerikaner ab, sich in Ungarn an der Vorführung von United Artist-Filmen zu beteiligen[82]. Am Ende des gleichen Monats gab der Vorstand einen Situationsbericht zur Lage auf dem deutschen und amerikanischen Tonfilmmarkt unter besonderer Berücksichtigung der Patentlage in Auftrag[83]. Im Dezember orientierten sich die Vorstandsmitglieder Ludwig Klitzsch, Ernst Hugo Correll, Alexander Grau,

---

[78] BArch R 109 I / 226
[79] BArch R 109 I / 2421
[80] BArch R 109 I / 1027a Bl. 371
[81] BArch R 109 I / 1027a Bl. 299
[82] BArch R 109 I / 1027a Bl. 244
[83] BArch R 109 I / 1027a Bl. 217

Hermann Grieving und Berthold von Theobald in London über die Tonfilmsituation. Im Ergebnis wurde mitgeteilt, daß Beifilme und Wochenschauen möglichst bald synchronisiert werden müßten. Darüber hinaus wuchs der Druck auf die Ufa, weil im englischsprachigen Raum stumme und in den USA auch nachträglich synchronisierte Filme nicht mehr absetzbar waren[84]. Um weitere Erfahrungen zu sammeln, wurde beschlossen, daß sich eine größere Abordnung über den Tonfilm in den USA informieren sollte. Für die Teilnehmer wurde festgelegt, daß jeder, der die Absicht habe, die Ufa innerhalb der folgenden beiden Jahre zu verlassen, zuvor die gesamten Reisespesen zurückzahlen müsse. In bezug auf mögliche Verhandlungen mit der Klangfilm wurde beschlossen, daß auch Akustiker der Firma Siemens der Delegation angehören sollten. Darüber hinaus einigte sich der Vorstand darauf, mit AEG und Siemens nur über Apparate, nicht aber über eine mögliche gemeinsame Filmproduktion zu verhandeln[85].

Im Ergebnis der Studienreise wurde klar, daß die Umstellung der Filmproduktion auf den Tonfilm eine völlig veränderte Atelier- und Aufnahmetechnik erforderte, wenn die Filme in den Kinos erfolgreich sein sollten: „Es kann beim sprechenden Film nicht mehr jede einzelne Szene für sich aufgenommen werden und wie beim Mosaikbild Stückchen an Stückchen aneinandergereiht werden, sondern es muß künftig so lange gedreht werden, wie der Dialog dauert und während des Dialogs müßten gleichzeitig die verschiedenen photographischen Einstellungen, die durch Bewegung im Bilde während des gleichen Dialogs notwendig werden, auf einmal photographiert werden. Deshalb muß man anders als bisher mit einer großen Zahl von photographischen Apparaten, die durch komplizierte Synchronisationseinrichtungen gleichzeitig angetrieben werden, auf einmal photographieren, und man muß Apparate haben, die bedeutend größere Filmmengen fassen, als es bisher vorausgesehen werden konnte ... Alles dies hat bei den bisherigen Tonfilmaufnahmen gefehlt"[86].

Die differenzierten Bewertungen über die Zukunft des Tonfilms von seiten der Ufa und von seiten der Mehrzahl der kleinen Filmproduzenten waren demnach unterschiedlichen Erfahrungen und wirtschaftlichen Gegebenheiten geschuldet. Die Ufa als international agierender Konzern, der permanent produzierte, bekam zunehmend Schwierigkeiten mit dem Filmabsatz. Zugleich fehlte der Mehrzahl der kleinen Produzenten das Geld, um kompetente Fachleute in die USA zu schicken, die sich vor Ort ein Bild von dem neuen Medium erarbeiten konnten. Die überwiegende Mehrheit der Angehörigen der deutschen Filmindustrie blieb deshalb auf Presseartikel angewiesen, um sich über das neue Medium zu informieren. Darüber hinaus übte der Mangel an fixem Kapital kaum Druck auf die Kosten der klei-

---

84 BArch R 109 I / 2421
85 BArch R 109 I / 1027a Bl. 195
86 BArch R 109 I / 2421

nen Unternehmen aus, so daß für sie auch kein Zwang zur kontinuierlichen Produktion bestand und sie keinem mit der Ufa vergleichbaren Entscheidungsdruck unterlagen.

Mitte Januar 1929 erwarb die Klangfilm von der British Photophone die Mehrheit der Lignose-Hörfilm-Patente und schloß mit der Lignose Hörfilm System Breusing GmbH ein Abkommen über den Austausch von Tonfilmen, einen Verfahrensaustausch sowie gemeinsame Fabrikation und Vertrieb von Lautsprechern[87]. Zur selben Zeit stellte Dr. Kurt Stille sein Tonaufzeichnungssystem vor. Hier wurde der Ton auf einem magnetisierten Stahlband festgehalten, das gekoppelt mit dem Film ablief. Die weder in das Tonfilmsystem der Klangfilm noch der Tobis integrierbare Aufzeichnungs- und Wiedergabevorrichtung wurde von der englischen Ludwig-Blattner-Corporation aufgekauft[88]. Für die Weiterentwicklung des Tonfilms spielte das System Dr. Stille keine Rolle. Da die Patentlage des Verfahrens sehr übersichtlich war, verfolgte die Ufa zunächst seine Weiterentwicklung sehr genau.

Am 30. Januar 1929 erklärte sich die Ufa bereit, der Klangfilm eines ihrer Lichtspielhäuser für Interessentenvorführungen zu überlassen. Da der Film-Konzern die aufgestellten Klangfilm-Apparate über eine längere Zeit nutzen wollte, sollte die Veranstaltung hinausgezögert werden[89]. An Hand der Aktenlage ist nicht erkennbar, inwieweit der wenige Tage zuvor gefaßte Beschluß des Arbeitsausschusses, eine Wochenschau versuchsweise herzustellen, mit den Ende Januar gefaßten Festlegungen in Zusammenhang stand[90].

Entgegen diesem Vorstandsbeschluß konnte die Klangfilm durchsetzen, am 8. Februar eine Matineeaufführung ihrer Tonfilme im Berliner Universum Ufa-Theater zu veranstalten[91]. Die Klangfilm zeigte unter Verwendung des Nadelton- und des Lichttonverfahrens – analog allen übrigen Inhabern von Tonfilmverfahren – Musikstücke; einen Sketch; einen Ausschnitt aus *King of the Kings* (Regie: Cecil B. De Mille), in dem als Beispiel für die Verbindung von Film und Sprache Geräuschkulisse und Musik miteinander verbunden wurden; Verse von Wilhelm Busch, die von einem Dresdener Schauspieler vorgetragen wurden; sowie das Filmmusikstück *Kater Murr auf dem Fischfang*[92]. Abgerundet wurde die Vorstellung von der Aufführung eines fertigen Films, der nachträglich mit Musik unterlegt worden war. In seinen einleitenden Worten betonte der Siemensdirektor

---

[87] Klangfilm GmbH, Berlin, in: Frankfurter Zeitung 28. 1. 1929, Nr. 74, 62. Jg.
[88] Tätigkeitsbericht der Spitzenorganisation der Deutschen Filmindustrie e.V. erstattet für die Zeit vom 1. August 1928 bis 31. Oktober 1929, Berlin 1929, S. 44
[89] BArch R 109 I / 1027a Bl. 154
[90] BArch R 109 I / 1027a Bl. 168
[91] BArch R 109 I / 1027a Bl. 144
[92] sp.: Der deutsche Tonfilm. Matinee im Universum, in: Vossische Zeitung 9. 2. 1929, Nr. 68

Dr. Fritz Lüschen, daß es der Klangfilm bei der Vorführung vor allem darauf ankäme, die Leistungsstärke und Qualität ihres Verstärkersystems und ihrer Lautsprecher zu demonstrieren und für deren Verwendung bei Schallplattenaufnahmen und bei Tonfilmvorführungen zu werben[93].

In der Fachwelt wurde der Wert der Anlage unterschiedlich eingeschätzt: „Besonders der Kinotechniker hätte wohl gewünscht, daß das jeweils verwendete System im Programm bei jedem einzelnen Stück vermerkt worden wäre, um für Vergleiche eine sichere Unterlage zu haben. Im Durchschnitt kann die Tonwiedergabe als außerordentlich befriedigend bezeichnet werden, und es scheint, daß die verwendeten Systeme nach dieser Richtung zu etwa gleicher Höhe technischer Leistungsfähigkeit entwickelt worden sind. In photographischer Beziehung wurde freilich recht wenig Befriedigendes gezeigt; anscheinend ist auf die Photographie bei diesen Firmen, die nur Laboratoriums-Versuche darstellen sollten, bewüßt kein Wert gelegt worden, denn sie erinnerten lebhaft an die Kindheitstage der Kinematographie"[94]. Ein Sachverständiger der Ufa kam zu dem Ergebnis: „Sicher kann nur gesagt werden, daß von allen überhaupt auf dem Markt vorhandenen Verfahren Klangfilm das theoretisch beste, Radio (RCA- M.B.) das theoretisch zweitbeste, dafür filmmäßig am leichtesten zu behandelnde Verfahren besitzen"[95]. Ein Brief der Ufa an die Klangfilm vom 18. März betonte: „Die Vorführungen, die wir von Filmen gesehen haben, die mit der Klangfilm-Apparatur aufgenommen worden sind, konnten uns nicht die absolute Zuversicht geben, daß mit dieser Apparatur zuverlässig und ohne langwierige Versuche anzustellen, tönende oder sprechende Filme, die gleichwertig den amerikanischen Erzeugnissen sind, hergestellt werden können"[96].

Zeitlich parallel zu den Aktivitäten von Klangfilm und Tobis versuchte die amerikanische Tonfilmgruppe um die Western Electric inzwischen, mit ihren Tonfilmen auch nach Deutschland vorzudringen. Deshalb erwarb Warners Brothers, deren Tonspielfilm *The singing fool* (Regie: Lloyd Bacon) in vielen Ländern mit Erfolg lief, die Aktienmehrheit der National Film AG, um mit ihrer Hilfe die eigenen Tonfilme auch in Deutschland zeigen zu können. Gleichzeitig erklärte die Western Electric, daß Tonfilme der Firmen Metro-Goldwyn-Mayer, Paramount, Fox, United Artists, First National, Universal und Warners Brothers in Deutschland nur auf Apparaten der Western Electric aufgeführt werden dürften[97].

---

[93] Gebhard Gruber, Tonfilm-Wettstreit, in: Berliner Tageblatt 16. 2. 1929, Nr. 80; 58. Jg.
[94] Kb.: Eine Tonfilm-Vorführung der Klangfilm GmbH, in: Die Kinotechnik 20. 2. 1929, Nr. 4, 11. Jg., S. 98
[95] BArch R 109 I / 2421
[96] BArch R 8119 / 19065 Bl. 762
[97] Tätigkeitsbericht der Spitzenorganisation der Deutschen Filmindustrie e.V. erstattet für die Zeit vom 1. August 1928 bis 31. Oktober 1929, Berlin 1929, S. 44 f. Mit einem vergleichbar aggressiven Verhalten war die Western Electric Co. ab 1925 auf dem interna-

Auf Grund des schlechten Ergebnisses der Klangfilm-Vorführung unterzeichnete die Ufa drei Tage nach der Klangfilm-Vorführung einen Vertrag mit der National Film AG über den Aufbau einer kompletten Apparatur der Western Electric im Ufa Palast am Zoo und im Gloria-Palast. Gleichzeitig wurde der National Film die unentgeltliche Nutzung des Lichtspielhauses zu Demonstrationszwecken überlassen. Im Gegenzug konnte die Ufa durchsetzen, beliebig viele eigene qualitativ einwandfreie Tonfilme auf der amerikanischen Apparatur zu zeigen. Der Vertrag hatte eine Gültigkeit bis zum 1. Dezember 1929 und war an die Voraussetzung gebunden, daß die Anlage bis zum 10. März funktionstüchtig installiert würde[98]. In der Folgezeit führte die National Film im Gloria-Palast mit großem Erfolg den Tonstreifen *The singing fool* vor. Die Klangfilm hatte zuvor vergeblich versucht, die Installation der Anlage aus patentrechtlichen Gründen zu verhindern. Eine entsprechende Klage vor dem Berliner Landgericht I wurde zwar angenommen, jedoch wurde dem Antrag auf eine einstweilige Verfügung nicht stattgegeben[99].

Anfang 1929 gelang es der Aktiengesellschaft für Industrie und Technik, deren Aufsichtsratsvorsitzender Heinrich Brückmann war, für vier Millionen Mark von der Telegraphon AG eine Aktienmehrheit von etwa 60 Prozent zu erwerben. Die Gesellschaft befand sich im Besitz des sogenannten Vorbeck-Patents aus dem Jahre 1913. Es hatte die Anordnung der Bespielung von Schallplatten mittels Mikrophon und Verstärker zum Gegenstand und somit zentrale Bedeutung für die gesamte Schallplattenproduktion. Diese zwang alle Plattenproduzenten, eine Lizenz für dieses Patent zu erwerben[100]. Die Bedeutung des Patents für das Tonbild Syndikat lag in der Verriegelung des Tonfilmmarktes auf dem Gebiet des Nadeltonfilms. Alle bisherigen Patente des Syndikats beschränkten sich, von denen Messters abgesehen, weitgehend auf das in der Folgezeit für die Filmproduktion entscheidende Lichttonverfahren. In der Übergangszeit jedoch kam dem Nadeltonverfahren noch eine zentrale Bedeutung zu. Zum einen dominierten zu diesem Zeitpunkt in den USA noch die Vitaphone-Filme. Zum zweiten war der Kauf von Wiedergabeapparaturen auf der Basis des Nadeltonverfahrens für die Theaterbesitzer wesentlich preisgünstiger als die Lichttongeräte. Die Chance, zunächst das technisch weitgehend ausgereifte Nadeltonverfahren weiter zu vervollkommnen, um möglichst schnell mit Tonfilmproduktionen beginnen zu können, ließen sowohl Tobis als auch Klang-

---

tionalen Fernsprechmarkt aufgetreten. Daraufhin kündigte Siemens & Halske 1928 den 1921 mit Automatic Electric Co. und Western Electric Co. geschlossenen Vertrag, der eine internationale Kooperation zwischen den drei Unternehmen auf dem Gebiet des Fernsprechwesens vorsah. Gapinski, Elektro-Industrie, S. 121

[98] BArch R 109 I / 1027a Bl. 138
[99] Altbankarchiv Dresdener Bank, Niederlassung Berlin, Nr. 11977, Bl. 4
[100] SAA 4/ Lf 706

film ungenutzt verstreichen[101]. Im Unterschied zu den amerikanischen Unternehmen waren sie offensichtlich bestrebt, nur Filme anzubieten, die auf der Basis beider Wiedergabetechniken vorgeführt werden konnten.

Nach dem Kauf der Aktienmehrheit der Telegraphon AG stellte sich die Tobis auf den Standpunkt, daß die bisherigen Lizenznehmer zwar weiterhin berechtigt seien, Schallplatten nach dem Vorbeck-Patent aufzunehmen bzw. wiederzugeben, aber sie dürften keine Schallplatten produzieren, die synchron zu Filmen laufen können. Für letzteres verlangten die neuen Eigentümer besondere Lizenzzahlungen, also auch von Verleihern der Vitaphone-Filme[102].

Nach dem Erwerb des Vorbeck-Patents wurden am 12. Februar 1929 zwei Verträge von grundsätzlicher Bedeutung für den europäischen Tonfilm unterzeichnet. Den ersten schlossen die N.V. Küchenmeister's Internationale Maatschappyi voor Sprekende Films, Amsterdam, die Heinrich J. Küchenmeister & Co KG, Berlin und die AG für Industrie und Technik. Inhaltlich legte der Vertrag fest, ein Bankenkonsortium unter Beteiligung des Bankhauses Oyens & Zonen zur Auswertung der internationalen Tobis-Schutzrechte mit Ausnahme des deutschen Sprachraums zu gründen und weitere internationale Rechte und Patente auf dem Gebiet der Phonographie und Akustik zu erwerben. Die gesamten Tobis-Rechte wurden an dieses Konsortium mit der Maßgabe übertragen, eine internationale Holding – die spätere N.V. Küchenmeister's Internationale Maatschappyi voor Sprekende Films, Amsterdam – zu gründen, an der die vertragsschließenden Seiten entsprechend ihren vertraglich festgelegten Einlagen beim Bankhaus Oyens & Zonen in Amsterdam mit Aktienkapital beteiligt sind. Für die Küchenmeistergruppe war ein Kapitalanteil von 60 Prozent, für die AG für Industrie und Technik ein Anteil von 40 Prozent vorgesehen. Damit sicherte sich die erstgenannte, die bereits mit etwa 35 bis 40 Prozent den dominierenden Einfluß in der Tobis hatte, auch innerhalb der internationalen Holding eine vorherrschende Position. Das Betriebskapital der zu gründenden Gesellschaft wurde auf 5,5 Millionen RM bzw. deren Goldwertbetrag festgelegt. In einem zweiten Vertrag wurde zwischen dem Konsortium unter der Leitung des Amsterdamer Bankiers Dirk Pieter Out und der Tobis vereinbart, das ersteres bis zum 30. November 1929 der Tobis insgesamt 3,5 Millionen RM für ihre Schutzrechte zahlte. Darüber hinaus verpflichtete sich die neue Holding, 25 Prozent ihres Reingewinns an die Tobis in Deutschland abzuführen[103]. Im Gegenzug mußte die Tobis ihre ausländischen Schutzrechte an die Küchenmeistergruppe und die Gruppe des Ban-

---

[101] BArch N 1275 / 384
[102] A.M.: Die Entwicklung des Tonfilms und die heutige Wirtschaftslage in der Filmindustrie, in: Die Photographische Industrie 28. 5. 1930, Nr. 31, S. 618
[103] BArch R 109 I / 286

kiers Dirk Pieter Out abtreten[104]. Am 16. Februar genehmigte der Aufsichtsrat der Tobis das Vertragswerk[105].

Die Gründung der internationalen Holding, N.V. Küchenmeister's Internationale Maatschappyi voor Accoustiek, Amsterdam erfolgte am 23. März 1929. Zweck des Unternehmens war die Finanzierung und Leitung der drei Tochtengesellschaften: N.V. Küchenmeister's Internationale Maatschappyi voor sprekende Films, Amsterdam, N.V. Küchenmeister's Internationale Radio Maatschappyi, Amsterdam und die N.V. Küchenmeister's Internationale Ultraphon Maatschappyi, Amsterdam, die ihrerseits wiederum Holdinggesellschaften waren. Außerdem wurden der N.V. Küchenmeister's Internationale Maatschappyi voor Accoustiek in der Folgezeit eine Reihe kleinerer Firmen, wie etwa die Schallplattenfirmen Clausophon GmbH und Orchestrola-Vocalion AG zugeordnet[106]. Nach Gründung der Holding erübrigte sich die am 30. August 1928 vertraglich zwischen der Tri-Ergon St. Gallen und der Tobis vereinbarte Gründung einer neuen Plattenfirma in der Nachfolge der Tri-Ergon-Musik AG, Berlin. Diese Aufgaben übernahm in der Folgezeit die N.V. Küchenmeister's Internationale Ultraphon Maatschappyi, Amsterdam.

Mit dieser Dreiteilung hatte Küchenmeister sein Ziel, das in der Studiengesellschaft Heinrich Küchenmeister & Co. KG bereits angelegt war, erreicht, die "wirtschaftliche Erschließung bestimmter Ideen und technischer Möglichkeiten auf dem Gebiete der Elektroakustik ... die als solche wiederum die technische Basis der Gebiete des tönenden und sprechenden Films, der Sprechmaschine und Schallplatte und der Radioindustrie und damit der 'Unterhaltungsindustrie' darstellt"[107].

Nach der ersten Präsentation der Klangfilmapparatur am 8. Februar 1929 hatte die Tobis eine einstweilige Verfügung zu erwirken versucht, um der Klangfilm in der ersten öffentlichen Vorstellung ihrer Apparaturen die Aufführung der beiden amerikanischen Filme, *King of the Kings* und *Hünefeld in New York* zu untersagen. Als Grund nannte sie die Verletzung des Patentes über die getrennte Entwicklung der Bild- und Schallaufzeichnung, das die Fachwelt als grundlegend zum Erreichen einer einwandfreien Tonqualität einstufte und die Tobis für sich beanspruchte. Der Klage gab das Gericht nicht sofort, sondern erst einige Tage später statt. Deshalb konnten die auf der Basis langjähriger Vertragsbeziehungen zwischen AEG und RCA Photophone der Klangfilm übergebenen Filme zunächst gezeigt werden[108]. Da 95 Prozent der Gesamtproduktion von dem beanstandeten Recht unberührt blieben, reagierte die Klangfilm gelassen auf das Urteil und

---

[104] BArch R 80 Re 1 / 2683 Bl. 4
[105] BArch R 109 I / 226
[106] NF NL Struve, Nr. 7
[107] NF NL Struve, Nr. 7
[108] Gebhard Gruber: Tonfilm-Wettstreit, in: Berliner Tageblatt 16. 2. 1929, Nr. 80; 58. Jg.; vgl. auch: Tonfilm-Wettstreit, in: Berliner Tageblatt 23. 2. 1929, Nr. 92, 58. Jg.

glaubte zunächst, mit einem Patent aus dem Jahre 1888 das Vorbeck-Patent umgehen zu können[109]. Gleichzeitig überprüfte sie ihrerseits die Patentlage der Tobis[110]. Die British Photophone bewertete das Urteil anders. Nach dem von der Tobis erwirkten Verbot der beiden Filme kündigte sie der Klangfilm Nachverhandlungen und Vertragsmodifikationen an. Obwohl die Klangfilm zunächst gelassen reagierte, war unmittelbar nach dem Erlaß der Verfügung offensichtlich, daß beide Patentverwertungsgesellschaften nur auf dem Verhandlungsweg zukünftigen Zwistigkeiten aus dem Weg gehen konnten[111].

Nachdem sich um die Jahreswende 1927/28 herausgestellt hatte, daß die Sanierung der Ufa gelungen war, setzte unter dem Einfluß der Tonfilmentwicklung ab Januar 1929 bei reinen Stummfilmvorführungen ein deutlich erkennbarer Besucherrückgang in ihren Lichtspielhäusern ein, der alle in den letzten eineinhalb Jahren erzielten betriebswirtschaftlichen Erfolge der Filmfirma in Frage zu stellen drohte. Unter diesem Druck und nach den Berichten ihrer Kommission über den USA-Besuch, beschloß die Ufa, unabhängig von dem Streit zwischen Tobis und Klangfilm, als erster deutscher Filmproduzent im Februar die stumme Filmproduktion völlig abzubrechen und zur Tonfilmproduktion überzugehen[112]. Vor diesem Hintergrund gab der Vorstand Planungen über den Umbau der Ateliers in Babelsberg und Tempelhof zu Tonfilmstudios in Auftrag[113]. Zunächst leitete die Filmfirma Verhandlungen mit der Klangfilm über eine Zusammenarbeit ein.

Darüber hinaus mußte der Arbeitsausschuß des Ufa-Vorstandes eine Entscheidung über ein Tonfilmsystem fällen, um nicht von der laufenden Umstellung abgekoppelt zu werden. Am 26. Februar wurde beschlossen, hochrangige Vertreter der Radio Corporation of Amerika Ltd. und der Western Electric, die sich zu diesem Zeitpunkt in Europa aufhielten, nach Berlin einzuladen, um mit ihnen Verhandlungen zwecks Übernahme ihrer Tonfilmsysteme zu beginnen. Gleichzeitig sollten Verhandlungen mit Delegierten der Dachgesellschaften von Klangfilm, AEG und Siemens & Halske, aufgenommen werden[114]. Darüber hinaus erlaubte der Ufa-Vorstand der Radio Corporation Ltd. die Aufstellung einer eigenen Apparatur in den Berliner Kammerlichtspielen.

Innerbetrieblich wurde festgelegt, den Stummfilm *Die wunderbare Lüge der Nina Petrowna* (Regie: Hanns Schwarz) synchronisieren zu lassen[115]. Zu-

---

[109] SAA 4/ Lf 706
[110] SAA 4/ Lf 706
[111] BArch R 109 I / 226
[112] 20 Millionen Mark für Ufa-Tonfilme. Finanzierung aus eigenen Mitteln/ Generaldirektor Klitzsch optimistisch, in: Vossische Zeitung 28. 7. 1930; Nr. 351
[113] BArch R 8119 / 19065 Bl. 513; allgemein: Möhl, Filmtheatergewerbe, S.33;
[114] BArch R 109 I / 1027a Bl. 123
[115] BArch R 109 I / 1027a Bl. 128 f.

künftig sollten nur noch solche Filmmanuskripte bearbeitet werden, die eine spätere Vertonung ermöglichten. Ebenfalls Ende Februar wurden der Produzent Erich Pommer, der Regisseur Joe May sowie das Mitglied des Vorstandes und Produktionschef der Ufa, Ernst Hugo Correll, zu einer Studienreise in die USA geschickt, um sich mit der inhaltlichen Seite der amerikanischen Tonfilmproduktion zu beschäftigen[116].

Die Amerikaner führten ihre europäischen Verhandlungen ultimativ. Die großen Hollywood-Firmen Metro-Goldwin-Mayer, Fox, United Artists, First National und Universal beugten sich dem Druck von Western Electric. Übereinstimmend erklärten sie, daß ihre Filme nur mit Apparaten der Western Electric hergestellt würden und sie deshalb in Deutschland auch nur auf diesen gezeigt werden könnten. Mit dieser Einstellung riskierte die Verhandlungsdelegation aus Übersee, daß bei einem Scheitern ihres Konzepts nicht nur der deutsche Kinomarkt, sondern auch derjenige der benachbarten Staaten, wie der Ostseeanrainerstaaten, der Tschechoslowakei, Österreichs und Polens, verloren gehen könnte[117].

Angesichts des Unfalltodes von Heinrich Brückmann am 26. Februar 1929 führten die unter dem Druck der Banken[118] geführten Verhandlungen zwischen Klangfilm, Tobis, der AG für Industrie und Technik und der Küchemeistergruppe, bestehend aus der N.V. Küchenmeister's Internationale Maatschappyi voor Accoustiek, der Heinrich J. Küchenmeister & Co. KG und Vertretern der holländischen Banken[119], am 13. März 1929 zur Unterzeichnung eines Vertrages. Dieser beendete die bisherigen Auseinandersetzungen zwischen den Kontrahenten und verpflichtete sie zur Zusammenarbeit. Im Laufe der Verhandlungen hatte die mit Maximalforderungen auftretende Tobis erhebliche Abstriche hinnehmen müssen. So konnte sie weder ihre 50 prozentige Beteiligung an der Klangfilm durchsetzen, noch war die Klangfilm bereit, 49 Prozent der Tobisanteile zu erwerben. Die Elektrokonzerne lehnten ebenfalls ein Mitspracherecht der Tobis bei der Preiskalkulation von Klangfilmapparaturen ab[120]. Der Vertrag schrieb vielmehr ein Herstellungsmonopol der Klangfilm für alle Wiedergabeapparaturen fest. Die Theaterbesitzer wurden beim Kauf der Anlage dazu verpflichtet, keine anderen „als die von der Gruppe (Tobis und Konsortium – M.B.) oder nach Aufnahme-Lizenzen der Parteien hergestellten Filme ohne Genehmigung zu spielen". Für die mit Genehmigung abgespielten Filme sollten die Theaterbesitzer „eine jeweils ihnen aufzuerlegende Abgabe"

---

[116] BArch R 109 I / 1027a Bl. 118, vgl. auch: ebenda Bl. 109
[117] Diese Aussagen entstammen einem Aufsatz, der in „Variety" veröffentlicht wurde und in Deutschland nachgedruckt wurde. Der deutsche Tonfilm. Amerikanische Sorgen, in: Vossische Zeitung 3. 3. 1929, Nr. 10
[118] Altbankarchiv Dresdener Bank, Niederlassung Berlin Nr. 11977 Bl. 3
[119] An die Stelle der AG für Industrie und Technik trat später die Commerz- und Privatbank AG. BArch R 109 I / 2491
[120] BArch R 109 I / 226

zahlen, die sich beide Vertragspartner je zur Hälfte teilen wollten. In bezug auf die Preisgestaltung hieß es relativ unverbindlich in dem Vertrag: „Die Preise müssen in jedem Fall konkurrenzfähig im ganzen Vertragsgebiet sein und außerdem für die Filmindustrie bzw. das Lichtspieltheater-Gewerbe tragbar sein". Der Verkauf bzw. die Vermietung von „Tonaufnahmeapparaturen steht nach außen hin grundsätzlich der Gruppe zu. Die Bedingungen hierfür werden von der Gruppe und der Klangfilm gemeinsam festgesetzt. Die Klangfilm ist allein berechtigt ... solche Apparaturen für Tonbildaufnahmen an die Filmgesellschaften Ufa, Emelka, Phoebus und Terra für deren eigene deutsche Produktion" zu liefern. Die Klangfilm verpflichtete sich, alle Apparaturen zu montieren und instandzuhalten. Weiter wurde vertraglich festgelegt, daß die Klangfilm sich in keiner Weise am Filmgeschäft beteiligen dürfe. Statt dessen erhielt sie fünf Prozent der direkt oder indirekt erzielten Bruttoeinnahmen, die die Tobis aus dem Filmgeschäft erwirtschaftete. Eine Reihe weiterer Paragraphen legte einen Patentaustausch, Übergangsregelungen und weitere finanzielle Transaktionen fest[121].

Mit den Unterschriften aller drei Seiten unter das Abkommen entstand ein deutsch-niederländisches Tonfilmkartell, das auf Grund der Patentsituation in der Lage war, „in Deutschland und den meisten übrigen europäischen Ländern die Benutzung aller anderen bisher erschienenen Verfahren zur Aufnahme und Wiedergabe tönender und sprechender Filme zu verbieten"[122].

Die Bedeutung dieses Vertragswerkes schätzten die beteiligten Seiten sehr unterschiedlich ein. Die Tobis-Gruppe sah im Tonfilm eine große Zukunft und deshalb in dem Vertrag eine wichtige Voraussetzung zur Sicherung ihrer zukünftigen Interessen. Die AEG-Siemens-Gruppe maß dagegen zu diesem Zeitpunkt dem Tonfilm keine besondere Bedeutung bei. Sie wollte, wie es schon am Beispiel der Gründung der Klangfilm GmbH und den schwachen Leistungen der ersten Vorführung ihrer Wiedergabeapparaturen deutlich wurde, zunächst vor allem aus wirtschaftlicher Vorsicht ihre Rechte an der Tonfilmentwicklung sichern. Diese unterschiedlichen Einstellungen zum Zeitpunkt der Vertragsunterzeichnung führten in der Folgezeit zwischen beiden Vertragspartnern und zwischen der Klangfilm und der Ufa zu einer Reihe von zum Teil erheblichen Differenzen[123].

---

[121] SAA 11/ Li 126
[122] BArch R 8119 / 19065 Bl. 499
[123] NF NL Struve, Nr. 4

2.4. Der Ufa-Klangfilm-Vertrag und seine Umsetzung

Mit dem Tobis-Klangfilm-Abkommen endete der deutsche „Tonfilm-Krieg", wie die „Lichtbild-Bühne" die Auseinandersetzungen zwischen den beiden Unternehmen noch vier Tage vor Vertragsunterzeichnung bezeichnet hatte[124]. Mit den Unterschriften der beteiligten Parteien war sichergestellt, daß sich die Umstellung der deutschen Filmindustrie vom stummen auf den Tonfilm auf einer einheitlichen technischen Basis vollziehen konnte. Das Infrastrukturniveau war allerdings noch sehr niedrig. Zum einen konnten die wenigen deutschen Tonfilme die Nachfrage nicht decken[125]. Zum zweiten waren zwischen den ersten Kinovorstellungen mit den Wiedergabegeräten von Tobis bzw. Klangfilm und der Vertragsunterzeichnung im März nur wenige Wochen vergangen. Zu diesem Zeitpunkt konnte weder die kurz vor Weihnachten 1928 im Ufa-Theater-Kurfürstendamm installierte Einheitsapparatur der Tobis noch der während der am 8. Februar 1929 veranstalteten Matineeaufführung vorgestellte Klangfilmapparat in bezug auf die Tonwiedergabe mit den amerikanischen Geräten konkurrieren. Darüber hinaus wiesen die Produktionsschwierigkeiten der Tobis und der hohe Personalaufwand für die Bedienung der Wiedergabeapparaturen auf die technisch noch unausgereiften deutschen Geräte hin. Insofern war absehbar, daß trotz der relativ hohen Anfangsinvestitionen infolge des technischen Umbaus in den Theatern und Ateliers über einen längeren Zeitraum nur eine bedingte Funktionssicherheit der deutschen Apparate garantiert werden konnte. Unter diesen Bedingungen waren technische Nachbesserungen in relativ kurzer Zeit wahrscheinlich. Schließlich waren bis zu diesem Zeitpunkt nur „Tonfilm-Surrogate" auf dem deutschen Markt erschienen, die große Teile des Kinopublikums abschreckten[126].

Vor dem Hintergrund des niedrigen Entwicklungsstandes der deutschen Tonfilmtechnik löste der Tobis-Klangfilm-Vertrag bei der Ufa Besorgnis aus. Nach seiner Unterzeichnung erklärten die Vertragspartner, „daß sie (Tobis und Klangfilm – M.B.) künftig das Alleinrecht in Deutschland und der Mehrzahl der europäischen Länder haben wird, Aufnahme- und Wiedergabeapparate für Sprech- und Tonfilme zu vertreiben, und daß sie insbesondere in Deutschland gegen alle anderen Systeme auf Grund ih-

---

[124] Der Tonfilm-Krieg. Erwiderung der Tobis AG, in: LBB 8. 3. 1929, Nr. 57, 22. Jg.
[125] In einem Brief vom 14. 3. 1929 aus Holland an den kaufmännischen Direktor der Tobis, Henkel, heißt es u. a.: Ich werde „von allen Seiten um Einzelheiten gefragt, wie es mit dem Tonfilm steht. Es wäre mir sehr angenehm, wenn Sie mir eingehende Orientierungen zukommen lassen könnten, vor allem ob Sie ein definitives Datum festlegen können, an dem sie hier in holländischen kinematographischen Theatern herauskommen können. Bereits vor einigen Monaten schrieben Sie mir, daß Sie in 2 bis 3 Wochen in Amsterdam, Rotterdam und Den Haag regelmäßig Ihre Filme laufen lassen würden. Bisher habe ich davon leider noch nichts gemerkt". NF NL Struve Nr. 1
[126] BArch R 109 I / 2421

rer Patente vorgehen und sie nicht zur Benutzung zulassen wird". Ohne ein erhöhtes Prozeßrisiko einzugehen, konnte deshalb der Filmkonzern nicht mit den amerikanischen Anbietern verhandeln. Unter diesen im Protokoll ausdrücklich vermerkten Voraussetzungen diskutierte der Arbeitsausschuß des Aufsichtsrats der Ufa am 15. März 1929 erstmals einen Vertragsentwurf mit der Klangfilm. Dieser sah die Bestellung von 90 bis 100 Wiedergabeapparaturen für große, mittlere und kleinere Ufa-Theater vor. 15 von ihnen sollten sofort und der Rest bis zum 1. Oktober geliefert werden. Für den 30. April wollte die Ufa zwei Aufnahmeapparaturen und eine weitere zum 1. Juni bestellen. Beschlossen wurde auf dieser Sitzung, zunächst ein Atelier in Babelsberg sofort zu einem Tonfilmatelier umzubauen. Darüber hinaus wurde das Filmkopierwerk der Ufa, die Afifa, beauftragt, sofort mit der Umrüstung der Anlagen zu beginnen[127].

Die Zahl der zu bestellenden Wiedergabeapparaturen entsprach fast der Zahl der Ufa-Theater. Der Vorstand plante unter dem zunehmenden Druck drohender Einnahmeverluste bei Stummfilmaufführungen die sofortige Umstellung aller Lichtspielhäuser auf den Tonfilm, um „den Neuigkeitseffekt der Vorführung von Tonfilmen im Interesse ihrer Theaterkasse für sich auszuwerten. Dadurch sollte die Sommersaison in eine ganz besonders ertragreiche Spielzeit umgewandelt werden"[128].

Dieser Entschluß hatte zwangsläufig Folgen für die Filmproduktion. Am 26. März wurde festgelegt, daß in der neuen Filmsaison vor allem nachsynchronisierte Stummfilme produziert werden sollten. Da die Kosten für die Tonfilmumstellung noch nicht absehbar waren, sollten die ersten Tonfilme mit möglichst geringen Kosten hergestellt werden, um das geplante Jahresproduktionsbudget von zehn Millionen RM nicht zu überschreiten. Die mit Gesang-, Geräusch- oder Musikeinlagen unterlegten Stummfilme sollten nach der Auswertung in den Ufa-eigenen Theatern auch in Kinos, die noch nicht die Umstellung vollzogen hatten, ohne Verlust an Visualität gezeigt werden[129]. Der Ufa-Vorstand ging zu diesem Zeitpunkt davon aus, daß in den kommenden Monaten die überwiegende Mehrzahl der deutschen und europäischen Kinos noch nicht in der Lage sein würde, Tonfilme zu zeigen. Vor dem Hintergrund von Erfahrungen mit amerikanischen Tonfilmen, die ohne Ton in deutschen und europäischen Kinos liefen und für die Zuschauer nur schwer verständlich waren, schien es ihm nicht ratsam zu sein, zu früh Sprechfilme zu produzieren.

Der vorsichtige Planungsansatz trug darüber hinaus zwei weiteren Momenten Rechnung. Zum einen benötigten die Umbauarbeiten in den Babelsberger Studios einige Zeit und die von der Klangfilm angebotenen Apparaturen mußten noch umfassend getestet werden. Darüber hinaus ver-

---

[127] BArch R 109 I / 1027a Bl. 105 f.
[128] BArch R 8119 / 19065 Bl. 757
[129] BArch R 109 I / 1027a Bl. 92

fügten die eigenen Mitarbeiter noch kaum über Tonfilmerfahrung. Insofern plante der Filmkonzern Mitte Juni 1929 im Rahmen seiner Spielfilmproduktion, auch für die kommende Saison zunächst nur nachsynchronisierte Geräuschfilme und noch keine reinen Sprechfilme zu produzieren[130]. Zum zweiten spiegelte der Ansatz der Ufa in bezug auf die Spielfilmsaison 1929/30 etwas von der allgemeinen Ratlosigkeit, mit der die Produzenten zu diesem Zeitpunkt dem Tonfilm gegenüber standen. So betonte Hans Böhm von der Tobis im Februar 1929 vor der Deutschen Kinotechnischen Gesellschaft, der Tonfilm „will keinesfalls das Theater verdrängen oder dessen Photographie bieten. Wenn man heute im Übereifer 100prozentige Dialogfilme aufgenommen hat und Personen, die einen ganzen Abend lang auf der Leinwand ihre Rollen heruntersprechen, so entsprang dies wohl nur der Freude an der Möglichkeit, es zu können. Es ist jedoch nicht richtig, derartiges zu wollen, das sieht man schon in Amerika ein". Den zukünftigen Einsatz des Tones sah der Vortragende ähnlich wie Brückmann im Rahmen der Spielfilmproduktion bei Geräuschen und Effekten, im Unterrichtsfilm, in einer Belebung der Wochenschauen, im Werbefilm und in der Gründung eines Archivs zeitgenössischer Persönlichkeiten[131].

Um möglichst schnell Zuschauer mit Hilfe des neuen Mediums anzulocken, folgte die Ufa der Strategie des D.L.S. und plante, im Beiprogramm Varieté- und Kabarettnummern bzw. herausragende Bühnenschauen[132] als „tönende Shorts" aufzuführen. Auf diese Weise, so meinte der Vorstand, könnten die Lichtspielhäuser auf die teilweise sehr aufwendigen Bühnenschauen, die vor den Filmprogrammen aufgeführt wurden, verzichten und damit die Personalkosten mindern. Zugleich erhoffte sich das Gremium höhere Einnahmen durch zusätzliche Besucher, die das neue Medium kennenlernen wollten[133].

Um wie in der Zeit des Stummfilms die Lustbarkeitssteuer zu senken, plante der Ufa-Vorstand auch in der Saison 1929/30, synchronisierte oder stumme Kulturfilme zu produzieren bzw. aufzuführen[134]. Da diese Filme nach Einschätzung des Vorstandes nur im Hinblick auf ihre gleichzeitige Auswertung auf dem amerikanischen Markt rentabel zu produzieren waren, sah man sich gezwungen, auch die Kulturfilmproduktion sofort auf den Ton umzustellen. Nach einer kritischen Durchsicht alter Kulturfilme stellte sich heraus, daß nur elf von ihnen für eine Synchronisation taugten. Auch von den in der Saison 1928/29 fertiggestellten Streifen eigneten sich nach Auffassung der zuständigen Ufa-Mitarbeiter nur zwei für eine nach-

---

[130] hp.: Tonfilm – aber kein Sprechfilm! Das neue Programm der Ufa, in: Vossische Zeitung 23. 6. 1929, Nr. 202
[131] Die Schriftleitung: Der Tobis-Tonfilm von Dr. Hans Böhm, Berlin, in: Die Kinotechnik 20. 2. 1929, Nr. 4, 11. Jg., S. 94
[132] Zu Bühnenschauen vgl. S. 202 f.
[133] BArch R 109 I / 1027a Bl. 92 f.
[134] BArch R 109 I / 1027a Bl. 95 f.

trägliche Untermalung mit Musik bzw. Geräuschen. Von den für das Programm 1929/30 genehmigten 51 Filmen ließen sich ihrer Meinung nach nur sieben synchronisieren[135]. Diese vom technischen Direktor der Ufa, Hermann Grieving, Ende März 1929 in einem internen Papier getroffene Feststellung beantwortete bereits implizit eine Frage, die in der Folgezeit zum Gegenstand einer breiten Diskussion wurde: Ist der Tonfilm etwas völlig Neues oder nur eine Erweiterung des stummen Films um die akustische Untermalung? Aus dem Blickwinkel einer zukünftigen Kulturfilmproduktion gab das Schreiben vom 26. März eine eindeutige Antwort: Stummfilme sind nur sehr begrenzt zu vertonen – oder anders – Tonfilme unterliegen anderen Gestaltungsmomenten als die stummen.

Zwischen Mitte März und Anfang April diskutierte der Ufa-Vorstand mehrfach den mit der Klangfilm geplanten Vertrag. In diesem Zusammenhang verglich der Vorstand auch die Preisangebote und Lieferbedingungen der Klangfilm und der Western Electric. Es stellte sich heraus, daß in allen Teilen der gegenübergestellten Angebote die deutsche Seite mit etwa der Hälfte der jeweiligen Kosten und sofortiger Lieferung der Anlagen günstigere Konditionen bot. Darüber hinaus garantierte die Klangfilm, „daß auf ihren Apparaturen hergestellte Filme auch auf Wiedergabeapparaturen der Tobis, Western Electric und der Radio Corporation in Ton und Bild wiedergegeben werden können und daß ihre Apparate in Ausführung und Leistungsfähigkeit den besten heute auf dem Weltmarkt befindlichen Geräten ebenbürtig sind"[136]. Mit dieser Erklärung war sichergestellt, daß zukünftige Tonfilme der Ufa bzw. Filme, die von anderen Firmen in den Ateliers des Konzerns abgedreht wurden, international ausgewertet werden konnten. Im Ergebnis des Vergleichs brach die Ufa alle weiteren Verhandlungen über die Lieferung amerikanischer Apparaturen am 22. März ab[137].

Am 3. April erklärte sich die Deutsche Bank durch Vermittlung des stellvertretenden Aufsichtsratsvorsitzenden Emil Georg von Stauss bereit, der Ufa für den Umbau ihrer Ateliers einen langfristigen Kredit von drei Millionen Mark einzuräumen[138]. Bereits am folgenden Tag legte der Arbeitsausschuß des Aufsichtsrats fest, daß in Neubabelsberg anstelle von nur einem gleich vier Tonfilmateliers einschließlich aller Nebenräume, Belüftungsanlagen usw. mit einem geplanten Bauvolumen von 1 445 000,- RM errichtet werden sollten. Für Lampen, Requisiten und Aufnahmegeräte, soweit sie nicht von der Klangfilm geliefert würden, sollten weitere 500 000,- RM aufgewendet werden[139]. Mit diesen Investitionen wollte die Ufa die ersten und für absehbare Zeit einzigen „sachgemäß errichteten, einwandfrei ausgestatteten Tonfilm-Ateliers Deutschland errichten". Nach ei-

---

[135] BArch R 109 I / 129
[136] BArch R 8119 / 19065 Bl. 499
[137] vgl. u. a.: BArch R 109 I / 1027a Bl. 97 f.; vgl. auch: ebenda 86; 104
[138] BArch R 8119 / 19065 Bl. 483
[139] BArch R 8119 / 19065 Bl. 466

nem Überschuß von 1,1 Millionen RM im Geschäftsjahr 1927/28 und einem etwa gleich hohen im laufenden Geschäftsjahr, hoffte Vorstandschef Klitzsch, daß sich durch den Aus- und Umbau die Ergebnisse für die Ateliervermietung bereits im Geschäftsjahr 1929/30 verdoppeln würden[140].

Der amerikanische Druck auf die Ufa erhöhte sich noch einmal in der Endphase der Verhandlungen zwischen dem Filmkonzern und der Klangfilm. So erklärte der Präsident des Warners Brother Konzerns, daß sein Unternehmen mit Hilfe der National Film Verleih- und Vertriebs AG über einen eigenen Produktionsstab in Deutschland verfüge und hier künftig produzieren wolle. Er beabsichtige, dafür größere Summen zur Verfügung zu stellen. Zugleich betonte Warner, daß man mit den bisherigen Investitionen in den Tonfilm mehr als bloße Gewinnmaximierung im Auge gehabt habe. Sein Unternehmen „fühle sich auch jetzt dafür verantwortlich, daß nur qualitativ hochstehende Tonfilme in allen Ländern Verbreitung fänden, und lasse sich bei der Expansion nach Europa von selbstlosen Beweggründen leiten". Im gleichen Zug warf Warner dem Kartell in Deutschland vor, „den Tonfilm zu einem Spekulationsobjekt herabzuwürdigen". Eventuelle Patentstreitigkeiten mit der „kleinen gewinnsüchtigen Gruppe" würden von amerikanischer Seite entweder durch Verhandlungen oder auf dem Prozeßwege geklärt[141]. In der Folgezeit sind vergleichbare Äußerungen von amerikanischer Seite nicht nachweisbar. Insofern ist davon auszugehen, daß Warners versuchte, mit Hilfe jener Teile der deutschen Öffentlichkeit, die im Film vor allem ein Kunstprodukt und weniger ein Wirtschaftsgut sahen, publizistischen Druck auf die Ufa zugunsten der amerikanischen Tonfilmtechnik und deren Geschäftsinteressen auszuüben.

Die Western Electric versuchte, ihren Einfluß über die Deutsche Bank geltend zu machen. Während einer Aufsichtsratssitzung der Carl Lindström-Gesellschaft[142] wurde dem Direktor der Deutschen Bank, Emil Georg von Stauss und Konsul Salomon Marx, die auch im Aufsichtsrat der Ufa saßen, mitgeteilt, daß die Patentlage der Klangfilm völlig ungeklärt sei. Darüber hinaus hieß es, daß die Western Electric nicht nur in den USA, sondern auch in England und Frankreich eine Monopolstellung besitze. Des weiteren wurde behauptet, daß für die Entwicklung der Tonspur noch einige Jahre Entwicklungszeit zu veranschlagen seien und deshalb für die nähere Zukunft ausschließlich Schallplatten für Musik und Geräusche in Frage kämen. Diese könne man auch bei Lindström herstellen und müsse deswegen keine neuen Ateliers bauen[143]. Während eines Treffens zwischen

---

[140] BArch R 8119 / 19065 Bl. 467

[141] Amerikanische Tonfilmproduktion in Deutschland? Warners gegen Tobis-Klangfilm, in: Berliner Tageblatt 6. 4. 1929, Nr. 162, 58. Jg.

[142] Die beide Schallplattenfirmen, Carl Lindström AG und Columbia Gramophon Co., die mit dem Aufnahme-System der Western Electric arbeiteten, waren mit dieser über die Morgan-Gruppe verbunden.

[143] BArch R 8119 / 19065 Bl. 470 ff.

Mitarbeitern der Ufa und der Lindström AG wurde wenige Tage später jedoch deutlich, daß – bis auf die nicht besprochenen Patentfragen – alle auf der Aufsichtsratssitzung der Lindström AG von Mitgliedern des Gremiums vorgetragenen Einwände auf veralteten Informationen beruhten[144].

Durch die Entscheidung des Filmkonzerns, innerhalb weniger Wochen sein gesamtes Unternehmen auf die Produktion und Wiedergabe von Tonfilmen umzustellen, und den Druck der Amerikaner, die ihre Systeme auf dem europäischen Markt durchsetzen wollten, kam dem Abschluß eines Vertrages zwischen Klangfilm und Ufa einerseits eine Pilotfunktion zu. Andererseits konnte der Filmkonzern Sonderregelungen durchsetzen, die anderen Unternehmen nicht gewährt wurden[145]. Die Übernahme des Tobis/Klangfilm-Systems durch die Ufa bedeutete, daß nicht nur der Konzern die Eigenproduktionen auf diesen Apparaturen drehte, sondern sie auch von allen Fremdfirmen genutzt wurden, die die Ateliers in Tempelhof und Babelsberg mieteten. Da zu einem frühen Zeitpunkt andere Tonfilmateliers kaum zur Verfügung standen, war die in Deutschland traditionell große Gruppe der kleinen Filmproduzenten diesbezüglich auf die Ufa angewiesen. Die dominante Stellung Deutschlands auf dem europäischen Filmmarkt übte einen Druck auf ausländische Produzenten aus, ebenfalls das Tobis/Klangfilm-System zu übernehmen. Nur so konnten sie sicherstellen, daß ihre zukünftigen Filme auf einem möglichst großen Teil des europäischen Marktes ausgewertet werden können. Kleine Firmen, die ein anderes System bevorzugten, konnten durch das deutsch-niederländische Konsortium gezwungen werden, ebenfalls die von den deutschen Firmen angebotenen Apparate zu nutzen, wenn sie nicht möglicherweise in jahrelange Prozesse mit dem Kartell verstrickt werden wollten. Die Entscheidung für ein bestimmtes System an Aufnahmegeräten in den Ateliers hatte ihrerseits Folgen für die Kaufentscheidung der Kinobetreiber. Diese wurde insofern erleichtert, als die Klangfilm garantierte, auch amerikanische Systeme in ihren Apparaten zu berücksichtigen.

Nach intensiven Gesprächen kam es in der Nacht vom 6. zum 7. April 1929 zu einer endgültigen Einigung zwischen der Klangfilm und der Ufa. Einen Tag später wurde der Vertrag von allen beteiligten Seiten unterschrieben[146]. Er enthielt eine Meistbegünstigungsklausel, wonach keiner Firma günstigere Bedingungen als der Ufa eingeräumt werden sollten. In bezug auf die Aufnahmeapparaturen wurde festgelegt, daß die Klangfilm zunächst eine fahrbare und zwei stationäre Kameras einschließlich der entsprechenden Tontechnik zu Mietbedingungen liefert. Das Mietverhältnis war auf fünf Jahre befristet und enthielt eine Option für weitere fünf Jahre. Den Wert ihrer Apparaturen berechnete die Klangfilm mit etwa 210 000,-

---

[144] BArch R 8119 / 19065 Bl. 485 f.
[145] BArch R 109 I / 249
[146] BArch R 109 I / 1027a Bl. 85; vgl. auch: ebenda Bl. 82

RM. Der Ufa berechnete sie an monatlichen Mietgebühren einschließlich Wartung und Pflege 4 500,- RM pro Gerät. Ein weiterer wesentlicher Punkt des Vertrages betraf die Lizenzzahlungen, die von der Ufa an die Klangfilm für die Nutzung der Patente zu entrichten waren. Hier erreichte die Ufa nach langen Verhandlungen Sonderkonditionen, die vorläufig keiner weiteren deutschen Filmfirma gewährt wurden[147]. An Negativlizenzen sollte die Ufa zukünftig pro Meter für das deutsche Sprachgebiet 4,10 RM, für das romanische Sprachgebiet einschließlich der Kolonien 1,- RM, für Nordamerika 5,20 RM und alle übrigen Länder 2,80 RM zahlen. Für Kulturfilme und Wochenschauen gewährte die Klangfilm dem Filmkonzern einen Preisnachlaß bei den Lizenzen um 50 Prozent. Das Gleiche galt für alle bis zum 31. Dezember 1929 nachsynchronisierten Filme. Zugleich verzichtete die Klangfilm entgegen den Absprachen mit der Tobis auf die Erhebung von Positivlizenzen, weil die Filmfirma glaubhaft machen konnte, daß diese nicht zu kontrollieren seien. Mit diesem Vertragspunkt erhielt die Ufa als einzige deutsche Herstellerfirma neben einem insgesamt günstigeren Zahlungsmodus auch einen festen Patent-Lizenzvertrag. Alle anderen deutschen Herstellerfirmen mußten sich in den folgenden Jahren einzeln von Film zu Film die Lizenzen besorgen. Auf nicht konzerneigene Firmen, die in den Ufa-Ateliers drehten, konnten die zwischen Klangfilm und Ufa ausgehandelten Verträge nicht übertragen werden. Statt dessen sollten die zwischen Klangfilm und Tobis noch abzustimmenden Gebühren gelten.

Vertraglich wurde der Filmfirma weiterhin durch die Klangfilm zugesichert, daß sie, falls Schwierigkeiten mit der Western Electric oder Radio Corporation auf dem nordamerikanischen Markt auftreten würden, mit der vollen Unterstützung von AEG und Siemens & Halske rechnen könne. In bezug auf die Bestellung von zunächst 25 kompletten Universal-Wiedergabe-Apparaturen erhielt die Ufa das Recht der Erstbelieferung eingeräumt. Darüber hinaus beinhaltete das Abkommen eine Option für weitere 75 Geräte zu den gleichen Bedingungen. Schließlich wurden ausdrücklich den Ufa- und ihren Beteiligungstheatern bis zum 31. Mai 1931 keine Beschränkungen in bezug auf die Auswertung von Filmen auferlegt, die auf anderen als den Tobis/Klangfilm-Wiedergabeapparaturen abgedreht wurden[148]. Dieser Passus führte in der Folgezeit zu einem kurzen Streit zwischen Tobis und Klangfilm[149]. Beide Seiten lösten ihn dahingehend, daß die Tobis in den USA amerikanischen Verleihfirmen erklärte, sie würde von dem ihr im Vertrag mit der Klangfilm zugesicherten Widerspruchsrecht Gebrauch machen und die Klangfilm zum Schadensersatz für ihr entgangene Lizenzeinnahmen verklagen. Um nicht in europäische Prozesse hin-

---

[147] Die Emelka schloß einen vergleichbaren Vertrag erst im Oktober 1931 mit der Klangfilm ab. "Weihnachts-Burgfrieden- auch für die Emelka". in: Deutsche Filmzeitung 22. 12. 1931, Nr. 51/52, 10. Jg.; vgl. S. 352
[148] SAA 4/ Lf 706
[149] BArch R 109 I / 249

eingezogen zu werden, verzichteten die Verleiher auf das Ufa-Geschäft, ohne allerdings den Konzern davon sofort in Kenntnis zu setzen[150].

Die Polyphon sah ihrerseits die vertraglich zugesicherte Meistbegünstigung durch den Vertrag in Frage gestellt und erhob gegenüber der Siemens & Halske Direktion Einspruch gegen Teile des Vertrages[151]. Unklar blieb in diesem Schreiben, in welchem Maße dieser Protest beeinflußt wurde von den zur gleichen Zeit laufenden Verhandlungen zwischen Polyphon und britischen Produzenten, die ihrerseits wiederum von der Radio Corporation of America abhängig waren[152].

Am 10. April 1929 beriet der Aufsichtsrat der Ufa über den Vertrag. Während der Sitzung faßte Ludwig Klitzsch die Situation des Filmkonzerns noch einmal zusammen: „Mit Rücksicht auf die Entwicklung, welche der Tonfilm im Auslande bereits genommen habe, laufe die Ufa Gefahr, den für sie lebenswichtigen ausländischen Markt zu verlieren, wenn es ihr nicht gelinge, bereits in der nächsten Saison mit 10 bis 15 Tonfilmen zu erscheinen, da das englisch sprechende Ausland stumme Filme schon jetzt nicht mehr abnehme oder jedenfalls nur mit großer Zurückhaltung abnimmt. Gewiß seien die geschäftlichen Verhältnisse und auch verschiedene technische Fragen noch ungeklärt, aber man könne und dürfe angesichts der geschäftlichen Situation nicht weiter abwarten. Außerdem sei zu berücksichtigen, daß die Muttergesellschaften der Klangfilm-Gesellschaft der AEG-Konzern und der Siemens-Schuckert-Konzern seien. Man müsse bedenken, daß diese beiden Konzerne von Weltruf bei dieser Angelegenheit ihr internationales Ansehen und ihren internationalen Ruf gefährden, wenn sie mit dem System der Klangfilm-Gesellschaft nicht etwas durchaus Brauchbares und dem ausländischen System Ebenbürtiges leisten und dauernd bieten"[153]. Im Anschluß an die Ausführungen von Klitzsch hob das Vorstandsmitglied Ernst Hugo Correll unter anderem hervor: „Seitdem in Glasgow, einer Stadt von einer Million Einwohnern, der Film *The singing fool* eine Frequenz von 861 000 Besuchern im Theater aufgewiesen hat, dessen Höchstfrequenz bisher bei 100 000 Besuchern lag, war auch in England zugunsten des Ton- und Sprechfilmes der Bann gebrochen. Die Folge davon war, daß eine Anzahl von Firmen die bisherige Produktion vorläufig nicht zur Aufführung bringen kann und versuchen muß, sich auf den Tonfilm umzustellen ...Welche Durchschlagskraft der Tonfilm in England hatte, erkennt man daran, daß das Publikum willig die schlechte amerikanische Aussprache der englischen Sprechtexte in den amerikanischen Filmen hinnimmt. Ähnliche Erscheinungen zeigten sich in Frankreich, hervorgerufen durch den Film *The Jazz Singer*. Dieser Film lief in einem Boulevard-Kino in Paris, das

---

[150] BArch R 8119 / 19065 Bl. 754 f.
[151] SAA 4/ Lf 706
[152] Ebd.
[153] BArch R 109 I / 2421

nur 700 Sitzplätze hatte, etwa 8 Wochen lang und ermöglichte es dem Theaterbesitzer, für dieses einzige, relativ kleine Theater an den Verleiher des Films auf der Basis einer 30 prozentigen Beteiligung eine Million französische Francs als Leihmiete abzuführen und daneben noch die 600 000 Frs betragenden Kosten seines Western Electric-Apparats restlos zu amortisieren. Hierbei ist zu bedenken, daß man den Film *The Jazz Singer* in englischer Sprache dem französischen Publikum vorgeführt hat. Die Folge dieser Erscheinung war, daß auch Frankreich sich auf den Sprech- und Tonfilm umzustellen gegenwärtig versuchen wird"[154]. Am Ende einer langen Diskussion bezog sich der Aufsichtsratsvorsitzende Alfred Hugenberg noch einmal auf die Aussagen von Klitzsch und fügte hinzu: „Die geschäftliche Basis, der Ruf, das technische Ansehen der Ufa und ihre Unabhängigkeit von Amerika ständen auf dem Spiele. Man müsse sich klar darüber sein, daß es sich um einen Sprung ins Dunkle handle, daß man aber diesen Sprung machen müsse, weil nichts anderes übrig bleibe und sich keine andere Möglichkeit zeige". Auf die Empfehlung Hugenbergs und einem positiven Votum von Salomon Marx, der seine Ausführungen mit einem Dank an den Vorstand für seine „außerordentlich sachliche und technische Gründlichkeit" mit der „in dieser Angelegenheit gearbeitete habe", verband, wurde der Vertrag vom Aufsichtsrat der Ufa einstimmig gebilligt. Darüber hinaus stimmte das Gremium dem Bau der Tonfilmateliers zu, für den die Schachtarbeiten bereits begonnen hatten.

Im Vorfeld der Aufsichtsratssitzung hatten intensive Verhandlungen zwischen den Vertretern der Hugenberg-Gruppe und den Vertretern der Deutschen Bank hinsichtlich der Auslegung des Ufa-Sanierungsabkommens stattgefunden[155]. Beide Gruppen stritten vor allem um die Rückzahlung der vier Millionen Dollar-Hypothek, mit der die Ufa im Rahmen des Parufamet-Abkommens das Haus Vaterland belastet hatte. Im Verlauf der vorgenannten Aufsichtsratssitzung erklärte von Stauss, daß die Deutsche Bank die Ufa völlig aus ihrer diesbezüglichen Kreditzusage entlasse. Zugleich unterbreitete die Deutsche Bank der Ufa, daß sie den zugesagten Kredit nicht direkt abschließen wolle, sondern versuchen wolle, ihr bei der Schweizer Kantonalbank ein Hypothekendarlehn in Höhe von bis zu vier Millionen Mark auf die Grundstücke Babelsberg und Tempelhof zu vermitteln[156]. Im Gegenzug erkannte die Ufa an, „daß die Deutsche Bank allen Verpflichtungen aus dem Sanierungsabkommen nachgekommen ist"[157]. Mit diesen beiden Erklärungen endeten die Differenzen zwischen den beiden wichtigsten Aktionärsgruppen des Filmkonzerns.

---

[154] Ebd.
[155] vgl. auch S. 42 ff.
[156] Nachdem die Verhandlungen zunächst sehr gut verliefen, sagte die Schweizer Kantonalbank am 14. September das „Auslandsdarlehen auf Grund der in letzter Zeit in Deutschland eingetretenen Insolvenzen" ab. BArch R 8119 / 19065 Bl. 595
[157] BArch R 8119 / 19065 Bl. 499 ff.

Während die Ufa den Auf- und Umbau ihrer Ateliers forcierte und mit dem Aufbau einer Tonfilm-Musik-Abteilung die Tonfilmproduktion weiter vorantrieb[158], suchte die Western Electric nach Möglichkeiten, in Deutschland ihre Anlagen und ihre Filme vorzuführen. Zu diesem Zweck bot sie der Ufa an, drei ihrer größten Berliner Theater kostenlos mit eigenen Apparaturen auszustatten. Der Vorstand genehmigte dies und setzte die Klangfilm davon in Kenntnis, „daß wir in einem gerichtlichen Vorgehen gegen die Vorführung auf diesen Apparaturen gegen Western Electric keine Unfreundlichkeit sehen würden"[159]. In der Folgezeit installierte die Western Electric jedoch nur im Gloria-Palast ihre Anlage.

Bereits kurz nach Unterzeichnung des Ufa-Klangfilm-Abkommens deuteten sich die ersten Divergenzen zwischen den Vertragspartnern an. So war die Klangfilm zunächst nicht in der Lage, von der Ufa für ihre holländischen Lichtspielhäuser bestellte Wiedergabegeräte zu liefern[160]. Einen weiteren Streitpunkt stellte die Installation von Apparaturen in den Berliner Kinos Universum und Palast am Zoo dar. Nach mehreren Briefwechseln auf unterer Ebene beschwerte sich die Ufa-Direktion in einem Brief vom 7. Mai bei der Siemens-Direktion über das Ergebnis einer Probevorführung, in deren Verlauf die Apparatur „den Eindruck absoluter Unzulänglichkeit erweckte". An anderer Stelle ihres Schreibens unterstellte die Ufa der Klangfilm, daß es sich bei ihren Apparaten „nur um Experimente handelt, die sie bei uns erst praktisch ausprobieren wollen"[161]. Die AEG und Siemens verwahrten sich gegen diese Unterstellungen, verwiesen auf bereits in anderen Lichtspielhäusern einwandfrei arbeitende Apparate und erklärten u. a., daß die von der Ufa deklarierte Probevorführung keine gewesen sei. Entgegen den Vereinbarungen habe die Ufa bisher auch noch keinen Probefilm geliefert und der von der Filmfirma in ihrem Schreiben angesetzte Premierentermin Mitte Mai sei so nicht abgesprochen gewesen[162]. Wenige Tage später verlangte die Ufa, daß die Klangfilm ihre Apparaturen wieder demontiere, die dies am 19. Mai ebenso ablehnte wie die Absicht des Vertragspartners, beide Häuser an Dritte zu vermieten oder Apparate der Western Electric zu installieren[163]. Zwei Tage später verlangte Klitzsch von der Siemens AG Schadensersatz für die der Ufa entstandenen Einnahmeverluste, da die Apparaturen sechs Wochen nach Vertragsunterzeichnung noch nicht funktionstüchtig und ein Abschluß der Arbeiten nicht absehbar sei. Die Siemens-Direktion lehnte am 23. Mai jede Kostenüber-

---

[158] Laut Vorstandsbeschluß sollte der Atelierbau in 82 Tagen bauseitig abgeschlossen sein. BArch R 109 I / 1027a Bl. 70; 74 f.
[159] BArch R 109 I / 1027a Bl. 70 f.
[160] BArch R 109 I / 1027a Bl. 60
[161] SAA 4/ Lf 706
[162] Ebd.
[163] Ebd.

nahme ab[164]. Nach einem am gleichen Tag angesetzten Gespräch auf Direktorenebene wurde vom Vorstand die Abnahmevorführung im Universum auf den 29. Mai und eine Woche später im Palast am Zoo festgesetzt[165]. Beide Termine konnten nicht gehalten werden. Um einem möglichen Rechtsstreit mit der Filmfirma vorzubeugen, ordnete Carl Friedrich von Siemens Anfang Juni vorsorglich an, daß der gesamte Briefwechsel ab sofort nur in Absprache mit der Rechtsabteilung des Konzerns zu erfolgen habe[166].

Die erste Vorstellung einer Klangfilm-Apparatur in einem großen Saal erfolgte am 11. Juni im Zoopalast. Trotz aller Bemühungen wurden während der Filmvorführung die erforderliche Lautstärke und die gewünschte Tonreinheit nicht erreicht. Außerdem traten Nebengeräusche auf. Da diese Mängel bei dem gleichen Film auf der Wiedergabeapparatur der Western Electric nicht auftraten, lagen die Fehler eindeutig in Unzulänglichkeiten der Apparatur[167]. Am folgenden Abend war die Tonwiedergabe wiederum so unbefriedigend, daß während der Vorstellung gepfiffen wurde[168]. Die Universal, die den während der Vorstellungen gezeigten Spielfilm *The Showboat* der Ufa überlassen hatte, zog daraufhin den Film wieder zurück[169]. Trotz der nach Ufa-Aussagen schlechten Klangfilm-Apparatur nutzte sie die Anlage in den folgenden Wochen zur Vorführung des Spielfilms *Submarine* (Regie: Frank Capras)[170]. Der von der Columbia Pictures Company produzierte Stummfilm wurde nachträglich synchronisiert, ohne daß Ton und Bild in jedem Fall aufeinander Bezug nahmen[171]. Eine Stelle z. B. zeigte zwei sich unterhaltende Matrosen, während der Lautsprecher dagegen einen Chorgesang übertrug, der in keinem erkennbaren Zusammenhang zur Filmhandlung stand[172].

Die Klangfilm antwortete auf die Beanstandungen ihrer Apparaturen durch die Filmfirma, daß man die Vorführung genutzt habe, um die einzelnen, einwandfrei arbeitenden Geräte auszuregulieren. Lediglich die fehlende Abstimmung der einzelnen Bauelemente sei die Ursache für die von der Filmfirma genannten Probleme gewesen. Allerdings ließ die Klangfilm im Anschluß an die Vorstellung mehrere Verstärker auswechseln[173]. Tech-

---

[164] Ebd.
[165] BArch R 109 I / 1027a Bl. 34
[166] SAA 4/ Lf 706
[167] Ebd.
[168] BArch R 8119 / 19065 Bl. 528
[169] SAA 4/ Lf 706
[170] Ebd.
[171] *Submarine* hatte seine deutsche Premiere im Mai 1929 auf der von Messter für die Tobis entwickelte Nadeltonapparatur im Berliner Lichtspieltheater Atrium. BArch N 1275 / 384
[172] R.T.: Die Tonfilme: „The singing fool" und „Submarine"; in: Die Kinotechnik 5. 7. 1929, Nr. 13, 11. Jg., S. 358
[173] BArch R 8119 / 19065 Bl. 527

nische Schwächen zeigten sich auch bei der Installation des Wiedergabegerätes im Kino Universum. Dort mußten wiederholt Probevorführungen abgesagt werden, weil immer wieder Bauelemente auszutauschen waren. Eine erste Probevorführung am 29. Mai wies so erhebliche Mängel auf, daß ein neuer Termin vor der öffentlichen Vorstellung festgesetzt werden mußte. Unter Berufung auf den Vertrag, der die Gleichwertigkeit der deutschen und amerikanischen Geräte feststellt, forderte die Ufa erneut Schadenersatz für jene amerikanischen Filme, für die sie die Verleihrechte erworben habe, sie aber auf Grund unzureichender Apparaturen nicht zeigen könne[174].

Die Probevorführung im Lichtspieltheater Universum wurde am 15. Juni wiederholt. Obwohl eine unverkennbare qualitative Verbesserung eingetreten war, konnten die Ergebnisse noch immer nicht befriedigen. Wie bei den ersten, mit Hilfe elektroakustischer Aufnahmeapparate hergestellten Schallplatten war laut Aussage der Ufa-Techniker vor allem die Wiedergabe der Orchestermusik sehr mangelhaft[175]. Als Begründung für den Mangel führten sie die ihrer Meinung nach nicht ausreichend dimensionierten Lautsprecher an. Darüber hinaus kritisierten sie, wie schon bei der ersten Vorführung, die nicht ausreichende Frequenzkonstanz, die sich besonders bei längeren Tönen negativ auswirke[176]. Nach diesem Ergebnis, so erklärte die Ufa gegenüber der Direktion der Siemens AG, verweigere der Parufamet-Verleih die öffentliche Aufführung des Spielfilms *The Showboat* auf Klangfilm-Apparaturen. Des weiteren hätte er erklärt, „daß die Apparatur im Ganzen noch nicht so ausprobiert sei, daß man amerikanische Bilder für diese Apparatur zulassen könne". Unter Hinweis auf das vertraglich zugesicherte, aber noch immer nicht durchgesetzte Verbot von Apparaten der Western Electric forderte der Rechtsanwalt der Ufa, Hermann Zimmer, das Unternehmen auf, die eigenen Apparaturen in den beiden großen Lichtspielhäusern abzumontieren. Auf diese Weise wollte sich die Ufa mit Hilfe von Western-Electric-Apparaten in absehbarer Zukunft einen größeren Anteil an den hohen Einnahmen sichern, die mit amerikanischen Tonfilmen zu erzielen waren[177]. In ihrem Antwortbrief betonte die Klangfilm erneut die technische Gleichwertigkeit ihrer Geräte mit denen der Western Electric[178].

Um für zukünftige, möglicherweise gerichtliche Verhandlungen abgesichert zu sein, ließ die Filmfirma zwei Außen- und zwei interne Gutachten erstellen. Bereits die internen Vergleiche zwischen den beiden konkurrierenden Anlagen kamen zu unterschiedlichen Resultaten. Das eine Papier

---

[174] SAA 4/ Lf 706
[175] Karl Westermeyer: Neues von der Schallplatte, in: Berliner Tageblatt 13. 6. 1925, Nr. 276, 54. Jg.
[176] BArch R 8119 / 19065 Bl. 545 ff.
[177] SAA 4/ Lf 706
[178] BArch R 109 I / 1027a Bl. 8

sah das Problem lediglich in der falsch dimensionierten Lautsprecheranlage und daher keine wesentlichen qualitativen Unterschiede zwischen beiden Systemen[179]. Diese Einschätzung deckte sich mit den Feststellungen der Klangfilm, die gegenüber der Ufa immer wieder auf die großen akustischen Probleme in beiden Lichtspielhäusern hinwies. Nach Auffassung der Klangfilm biete der Gloria-Palast, in dem die amerikanischen Apparaturen laufen, von allen Ufa-Theatern die besten akustischen Bedingungen für den Tonfilm. Von daher könne die Qualität der Klangfilm-Anlage in anderen Kinos mit denjenigen der Amerikaner nicht verglichen werden[180]. Ein zweites, von der Ufa in Auftrag gegebenes zwölfseitiges Papier kam zu dem Ergebnis, daß die Anlagen der Western aus mehreren Gründen besser seien. Die Klangfilm baute ihre Apparaturen aus unterschiedlichen Bauteilen zusammen, die für andere Zwecke konstruiert worden waren und in anderen Geräten Verwendung fanden. Vor dem Einbau müßten die Teile aufeinander abgestimmt werden, was die Anwesenheit von bis zu zwanzig Fachleuten erzwinge. Die Western liefere hingegen speziell zu diesem Zweck vorgefertigte Teile, die im Kino nur zusammengesetzt werden müßten. Dies sei zeit- und raumsparend. Darüber hinaus ließen sich die amerikanischen Geräte leichter bedienen[181]. Nach Ansicht von Kurt Breusing, der ebenfalls ein Gutachten vorlegte, lagen die Ursachen in den von der AEG konstruierten und produzierten Projektoren, die technisch noch nicht ausgereift seien. Er selbst habe für die Entwicklung seiner Wiedergabetechnik Ernemann-Maschinen benutzt, die vorzüglich mit der von ihm entwickelten Platteneinrichtung korrespondierten[182].

Mit den gutachterlichen Ergebnissen, darüber war man sich im Vorstand einig, konnte ein Prozeß gegen die Klangfilm nicht oder erst nach einer mehrjährigen Verhandlungszeit gewonnen werden. Im Gremium herrschte auch kein Zweifel darüber, daß sich Western Electric und Klangfilm auf absehbare Zeit in ihren Patentauseinandersetzungen einigen würden. Eine Brüskierung der einen oder anderen Seite, so fürchtete der Vorstand, könne auf Dauer für die Ufa negative Folgen haben. Deshalb entschloß man sich am 20. Juni, mit der Klangfilm weiter zu verhandeln. Da die Deutsche Bank sich als Aktieninhaberin im Aufsichtsrat aller drei Unternehmen engagierte und bei der Ufa darüber hinaus noch 11,4 Millionen Mark an Genußscheinen hielt[183], hatte sie ein großes Interesse an einem Ausgleich zwischen den Unternehmen. Unter diesem Gesichtspunkt bezog der Vorstand die beiden Ufa-Aufsichtsratsmitglieder Emil Georg Stauss, der auch einen Sitz im Aufsichtsrat bei Siemens einnahm, und Paul Mamroth, der zugleich Aufsichtsratsvorsitzender bei AEG war, in die Aus-

---

[179] BArch R 8119 / 19065 Bl. 542 ff.
[180] SAA 4/ Lf 706
[181] BArch R 8119 / 19065 Bl. 558 ff.
[182] BArch R 8119 / 19065 Bl. 756
[183] BArch R 8119 / 19066 Bl. 294

gleichsverhandlungen ein[184]. Letzterer wandte sich daraufhin sofort an die Klangfilm[185]. Stauss erbat dagegen noch einmal von dem Filmkonzern eine Konkretisierung seiner Forderungen gegenüber der Gerätebaufirma[186]. Unabhängig von der Nachfrage Mamroths wies die Klangfilm auch die erneuten Vorwürfe der Ufa zurück und machte das Filmunternehmen zugleich darauf aufmerksam, daß der Einbau von Klangfilm-Apparaturen in allen 20 von ihr ausgesuchten Lichtspielhäusern bereits begonnen habe, so daß sich keine weiteren Verzögerungen des ausgehandelten Vertrages ergeben würden[187].

Am 24. Juni fanden im Beisein von Vertretern der Klangfilm, des Ufa-Vorstandes, der Universal Film und mehreren Gutachtern erneut Probevorführungen statt. Für die Gutachter wurden zunächst Electrola-Platten mit verschiedenen Musikinstrumenten, wie Geige, Harfe, Flöte, Tuba usw. vorgeführt. Anschließend zeigte man den Lichttonfilm *Mother's Boy*[188]. Während dieser offiziellen Probevorführung kamen außerdem die Filme *Show Boat* und *White Shados in the South Seas* zur Aufführung. Platten mit Marschmusik demonstrierten darüber hinaus die Leistungsstärke der Lautsprecher. Übereinstimmend erklärten sich alle Teilnehmer, die die Filme zuerst im Universum und anschließend im Gloria-Palast angeschaut hatten, mit dem Ergebnis zufrieden. Daraufhin waren die Amerikaner zunächst bereit, ihre Filme zukünftig auch auf Klangfilm-Apparaturen aufführen zu lassen[189], zogen dann aber ihr Einverständnis zurück und begründeten dies wiederum mit der schlechten Tonqualität der Anlagen. Die AEG-Siemens-Tochter lehnte „die Beurteilung seitens der amerikanischen Filmfirmen ... als unsachlich ab[190]", erklärte sich aber zu einer neuen Vorführung bereit, die in der Nacht vom 26. zum 27. Juni stattfand[191]. Aus nicht geklärter Ursache waren zu Beginn der Vorstellung die Objektive verstellt und ein Zahnrad gebrochen, was die Vorführungsqualität stark beeinträchtigte. Die amerikanischen Verleiher entzogen danach der Ufa endgültig die Erlaubnis, amerikanische Filme auf der Klangfilm-Apparatur abzuspielen[192].

---

[184] BArch R 109 I / 1027a Bl. 5
[185] SAA 4/ Lf 706
[186] BArch R 8119 / 19065 Bl. 559
[187] SAA 4/ Lf 706
[188] Der Fox-Film *Mother's Boy*, den die RCA der Ufa angeboten hatte und der auch auf Klangfilm-Apparaten vorgeführt werden durfte, konnte von der Filmfirma nicht gezeigt werden, da sie ihn entsprechend den Kontingentbestimmungen nicht importieren durfte. Da der Inhalt des Films dem von *Singing fool* sehr ähnlich war, lehnte die Ufa anfangs ab, für ihn ein Kontingent zu beantragen. Am 7. Juli änderte der Vorstand seine Auffassung und beschloß, von einer anderen Filmfirma ein Kontingent zu erwerben und den Film in einem der größeren Berliner Lichtspielhäuser zu zeigen, das nicht in der Nähe vom Kurfürstendamm lag. BArch R 109 I / 1027b Bl. 514
[189] SAA 4/ Lf 706
[190] Ebd.
[191] BArch R 109 I / 1027b Bl. 527
[192] SAA 4/ Lf 706

In den folgenden Verhandlungen einigten sich Klangfilm und Ufa, daß im Ufa-Palast am Zoo neben der Klangfilm- auch eine Western-Electric-Apparatur eingebaut wird. Im Ufa-Pavillion am Nollendorff-Platz sollte nach der ersten Tonfilmpremiere im Universum statt der deutschen nur eine amerikanische Anlage installiert werden[193]. In 25 weiteren Ufa-Theatern wurden vertragsgemäß Klangfilm-Apparaturen eingebaut. Allerdings dauerte es bis zum 7. November, bis alle Vorführanlagen betriebsfertig übergeben wurden[194]. Im Laufe der Verhandlungen mußte die Ufa akzeptieren, daß die Klangfilm der Terra ebenfalls das Recht einräumte, eine Western-Apparatur in den Mozart-Lichtspielen installieren zu lassen[195], die sie durch die Vermittlung der United Artist erhalten hatte[196]. Während der Gespräche und unter Verweis auf laufende Verhandlungen mit der amerikanischen Seite lehnte es die Klangfilm ab, die amerikanischen Geräte zu lizensieren, um sich für die Zukunft alle Optionen offen zu halten[197].

Als Gegenleistung für ihr Entgegenkommen verlangte die Klangfilm von der Terra, sich für die bedingungslose Freigabe eines amerikanischen Tonfilms einzusetzen. Die Filmfirma stimmte zunächst allen Bedingungen zu. Am 4. Juli brach sie die Verhandlungen jedoch ab. Fünf Tage später führte sie – ohne weitere Rücksprache – in deutscher Erstaufführung im Mozartsaal am Kurfürstendamm die Paramount-Produktion *The wedding march* (Regie: Erich von Stroheim) auf, den sie über den Parufamet-Verleih erhalten hatte. Die Klangfilm wandte sich daraufhin am 13. Juli an die Siemens & Halske-Direktion mit der Bitte, bei der IG Farben, die die Aktienmehrheit der Terra hielt, in ihrem Sinne zu intervenieren[198].

In den Verhandlungen zwischen der Ufa und der Klangfilm machte letztere geltend, daß von den Amerikanern ihre Apparaturen unsachlich beurteilt wurden. Sie verwies vor allem auf das Verhalten des Vertreters der Universal. Dieser hatte am 24. Juni das erzielte Ergebnis der Tonwiedergabe während der Vorstellung gutgeheißen, anschließend jedoch eine erneute Vorführung gefordert[199]. Am 9. Juli erhärtete sich die Auffassung der Klangfilm in bezug auf die amerikanische Konkurrenz. In einem Gespräch teilte ein Ufa-Vertreter dem Unternehmen mit, daß Paramount den Auftrag erhalten habe, zwei stumme Filme für die Filmfirma nachträglich zu synchronisieren. Nach Abschluß der Arbeiten hinderte die Western die

---

[193] BArch R 109 I / 1027b Bl. 514
[194] BArch R 8119 / 19065 Bl. 757
[195] SAA 4/ Lf 706
[196] Die United Artist Film Verleih GmbH und die Terra Film AG hatten am 24. 4. 1929 einen Gläubiger-Vertrag miteinander geschlossen. BArch 80 IG 1 / 15411, Bl. 15
[197] SAA 4/ Lf 706
[198] Ebd.; IG-Farben hatte am 3. 7. 1927 vom Ullstein-Verlag Terra-Aktien im Wert von 500 000 RM gekauft und gleichzeitig das Kapital auf 1,5 Millionen RM heraufgesetzt. BArch 80 IG 1 / 15411, Bl. 42 ff.
[199] SAA 4/ Lf 706

Ufa an der Auswertung der Filme außerhalb der USA. Die angebotenen Lizenzgebühren wurden mit der Begründung zurückgewiesen, „daß die Ufa die Bemühungen der Western, mit ihr ins Geschäft zu kommen, abgelehnt und statt dessen den bekannten Vertrag mit der Klangfilm GmbH abgeschlossen habe. Unter diesen Umständen habe die Western keinerlei Veranlassung, der Ufa das Geschäft dadurch zu erleichtern, daß sie dieser gestatte, sich von amerikanischen Lizenznehmern der Western Tonfilme anfertigen zu lassen und diese außerhalb Nordamerikas auf den Markt zu bringen". Die Paramount konnte als Lizenznehmerin der Western nicht helfen, dagegen bot die RCA Photophon der Ufa an, die Filme zum Selbstkostenpreis noch einmal zu vertonen[200], so daß die Filme auch in Europa ausgewertet werden konnten. Unter diesen Voraussetzungen schwanden die Hoffnungen der Ufa, mit Hilfe von Tonfilmen „in der sonst stillen Sommersaison außerordentliche Einnahmen zu erzielen" und auf dieser Basis die erste Rate an die Klangfilm zu zahlen[201]. Statt dessen mußte sie stumme Filme älterer Produktion und stumme Versionen amerikanischer Tonfilme einsetzen[202]. Es war also offensichtlich die Strategie von Western Electric der Ufa als dem wichtigsten europäischen Konkurrenten der amerikanischen Filmindustrie, die Umstellung auf den Tonfilm so schwierig wie möglich zu gestalten, nachdem es der Western Electric nicht gelungen war, die eigenen Apparaturen weltweit abzusetzen und sie keine Möglichkeiten sah, die deutschen Elektrokonzerne AEG und Siemens vom Markt zu verdrängen. Mit diesem spektakulären Vorgehen zielte man sicher auch auf andere europäische Filmunternehmen, um sie davon abzuhalten, Klangfilm-Apparaturen zu erwerben.

Ungeachtet der Auseinandersetzungen mit der Klangfilm beschloß der Ufa-Vorstand am 13. Mai 1929, mit der Vertonung von Kulturfilmen zu beginnen. Für diese Arbeiten sollte Personal eingesetzt werden, das später zur Spielfilmproduktion wechseln sollte. Aus diesem Grund erhielt Joe May die Regie für diese ersten Kulturtonfilm-Versuche[203]. Des weiteren beauftragte der Vorstand den Direktor Paul Lehmann, Kontakte mit dem Rundfunk aufzunehmen, um werbewirksam vor der Uraufführung der ersten Filme deren Melodien in den Funkhäusern abspielen zu lassen[204].

Entgegen den üblichen zwischen Mitte April und Mitte Mai liegenden Terminen für die Programmvorschau auf die neue Saison teilte die Ufa ihre

---

[200] SAA 4/ Lf 706 Aus den Unterlagen ist nicht erkennbar, weshalb die RCA Photophon der Ufa dieses günstige Angebot unterbreitete. Zwei Gründe können dafür entscheidend gewesen sein: Erstens die Konkurrenz zur Western Electric und zweitens die guten Beziehungen der RCA zur AEG, über die bereits die Filme *King of Kings* und *Hünefeld in New York* nach Deutschland gekommen waren. Vgl. S. 105
[201] SAA 4/ Lf 706
[202] BArch R 109 I / 2421
[203] BArch R 109 I / 1027a Bl. 45
[204] BArch R 109 I / 1027a Bl. 43

Pläne im Jahre 1929 erst Mitte Juni der Öffentlichkeit mit. Danach plante sie für die kommende Saison die Herstellung mehrerer Tonfilme, aber noch keine Sprech- bzw. Dialogfilme. In bezug auf den Musikhintergrund hatte das neue Medium seine Überlegenheit gegenüber dem Stummfilm zu diesem Zeitpunkt bereits unter Beweis gestellt. Die Ufa wollte also alle ihre Filme zunächst nur mit Musik und Geräuschen unterlegen. An Tonfilmen waren für die neue Saison drei Erich-Pommer-Produktionen und ebenso viele von Joe May vorgesehen. Darüber hinaus sollten noch weitere 15 Tonfilme produziert werden. Allerdings fehlte zu diesem Zeitpunkt noch eine Reihe von Drehbüchern, so daß nur wenige konkrete Filmtitel genannt werden konnten. Dazu zählten *Melodie des Herzens* (Regie: Hanns Schwarz), für den zu diesem Zeitpunkt die ersten Bilder in Ungarn abgedreht waren, und die *Letzte Kompagnie* (Regie: Joe May). Da die meisten Filmtheater sich noch keine Tonwiedergabeapparaturen leisten konnten, sollten alle Filme auch als reine Stummfilme erscheinen[205].

Auf Grund der noch nicht abgeschlossenen Bauarbeiten in Babelsberg verhandelte die Ufa mit unterschiedlichen Schallplattenfirmen wegen der Nachsynchronisation bereits abgedrehter Stummfilme. Eine diesbezügliche Kontaktaufnahme mit Tobis schloß der Vorstand aus, weil das Syndikat auf der Erhebung von Positivlizenzen beharrte. Das System Bolten-Baeckers, das die Ufa für die Produktion erster Tonwerbefilme nutzte, erwies sich auf Grund der kleinen, schnellaufenden Platten für längere Filme als wenig geeignet[206].

Der vertraglich vereinbarten Lieferung einer beweglichen Aufnahmeapparatur zum 1. Juli konnte die Klangfilm nicht nachkommen. Statt dessen lieferte sie nur eine stationäre Anlage[207]. Diese erwies sich nach Aussage des Vorstandes als sehr störanfällig, so daß bei den Dreharbeiten für die Erich-Pommer-Produktion *Melodie des Herzens* bis Mitte Juli bereits elf Aufnahmetage verloren gingen[208].

Da es der Ufa an eigenen Tonfilmen fehlte, versuchte sie fieberhaft, mit Hilfe des amerikanischen Angebots ein Tonfilmprogramm für Deutschland zusammenzustellen. Die von ihr zur Synchronisation in Auftrag gegebenen Paramountfilme konnten nach einem Verbot der Western Electric nur im Ausland gezeigt werden. Die Klangfilm übte ihrerseits Druck auf die Ufa aus. Sie verlangte von dem Filmunternehmen ein entsprechendes Angebot, um in der Öffentlichkeit den Nachweis über die Qualität ihrer Anlage so-

---

[205] hp.: Tonfilm – aber kein Sprechfilm! Das neue Programm der Ufa, in: Vossische Zeitung 23. Juni 1929, Nr. 292
[206] BArch R 109 I / 1027b Bl. 528
[207] SAA 4/ Lf 706
[208] BArch R 109 I / 1027b Bl. 508. In einem internen Schreiben der Klangfilm an ihre Verhandlungsführer in den USA vom 11. 7. 1929 heißt es dagegen: „Mit den Leistungen der vorläufigen Aufnahme scheint die Ufa (Ansicht von Klitzsch nach vertraulicher Mitteilung) sehr zufrieden." SAA 4/ Lf 706

wohl für Nadelton- als auch für Lichttonfilme präsentieren zu können. Neben *Mother' Boy* erwarb die Filmfirma von der Universal zunächst auch die Rechte für den Film *Schmeling – Paolino*, der, wie der erstgenannte, mit dem System der RCA aufgenommen wurde. Nach der Probevorführung des letzteren, die zur Zufriedenheit aller beteiligten Seiten verlaufen war, erhielt der Vertreter von Universal aus den USA die Anweisung, den Film nicht zu verleihen. Infolgedessen fiel die für den 12. Juli 1929 geplante erste öffentliche Vorführung der Klangfilm-Apparatur aus. Unabhängig von dem Verhalten der Amerikaner erhob die Tobis Einspruch gegen die öffentliche Vorführung des Boxkampffilms. Das Unternehmen stellte sich auf den Standpunkt, daß durch das Movietoneverfahren Patentrechte des Tri-Ergon-Verfahrens verletzt würden, und verlangte deshalb Lizenzgebühren von der Ufa. Dieses Ansinnen der Tobis berührte unmittelbar den Klangfilm/Ufa-Vertrag, der die Vorführung von allen Filmen auf Klangfilm-Apparaten ohne zusätzliche Abgaben ausdrücklich gestattete. Die Klangfilm bemühte sich daraufhin um ein Übereinkommen von Ufa und Tobis[209], das aber nicht zustande kam.

Am 13. Juli gelang es Lüschen, dem Leiter einer Delegation der Klangfilm in den USA, die Freigabe von *Schmeling – Paolino* durch die RCA zu erreichen. Daraufhin setzten Ufa und Klangfilm den Uraufführungstermin auf den 15. Juli fest. Am selben Tag schickte auch die Tobis einen Brief an RCA, in welchem sie die Aufführung des Films im Ufa-Lichtspielhaus Universum genehmigte. Diese Erlaubnis sei aber als Ausnahme anzusehen, aus der sich für die Zukunft keine weiteren Rechte ableiten ließen[210]. Während einer letzten Probe zur am Abend geplanten Vorführung mußten wiederum einige Teile der Apparatur ausgetauscht werden, was erneut zum Streit zwischen Ufa- und Klangfilm-Mitarbeitern führte. Die Vorführung selbst wurde ein Erfolg[211]. Gezeigt wurden zum Auftakt ein Stummfilm über die Vögel am Cerban-See und anschließend acht kurze thematisch sehr unterschiedliche Tonfilme. Als letzter wurde der Boxkampf zwischen Schmeling und Paolino gezeigt, der laut Kritik weniger durch seine Bilder, als durch die Wiedergabe der akustischen Kulisse überzeugte[212].

Am 21. Juli 1929 erwirkte die Klangfilm gegen die National Film AG durch die Berufungsinstanz des Berliner Landgerichts eine einstweilige Verfügung. Durch diese wurde dem Unternehmen der weitere Betrieb von Western Electric-Apparaturen in Deutschland vorläufig untersagt, weil sie gegen deutsche Patentrechte verstießen. Da das Urteil sich nicht gegen einen einzelnen Film, sondern gegen die Vorführanlage richtete, betraf es nicht nur *The singing fool* im Gloria Palast, sondern auch *The wedding march*

---

[209] SAA 4/ Lf 706
[210] Ebd.
[211] Ebd.
[212] H.H.: Kurze Tonfilme. Universum, in: Berliner Tageblatt 21. 7. 1929, Nr. 340, 58. Jg.

im Programm der Mozart-Lichtspiele. Ohne das Ende der laufenden Vorstellung des Stroheim-Films abzuwarten, drangen nach der Veröffentlichung des Urteils Angestellte des amerikanischen Unternehmens in das Kurfürstendammtheater ein und durchschnitten alle Kabel. Infolgedessen mußte den Besuchern das Eintrittsgeld erstattet werden und das Kino bis auf weiteres schließen. Am 22. Juli bauten die Angestellten der Western im Gloria-Palast alle Apparaturen ab und in den darauf folgenden Tagen die Anlage im Ufa Palast. In beiden Lichtspielhäusern wurde sofort wieder die Klangfilmtechnik installiert[213]. Infolge des Landgerichtsurteils mußte die deutsche Premiere des Spielfilms *Noah's Ark*, die zwei Wochen vor Weihnachten im Mozartsaal und im Titania-Palast stattfinden sollte, ebenso abgesagt werden wie die Aufführung von zwei weiteren Spielfilmen[214].

Die Kinovorführungen von *The singing fool* als auch *The wedding march*, hatten in zweierlei Hinsicht längerfristige Wirkungen. Zum einen begannen einige Filmkünstler sich nun intensiver mit dem Tonfilm zu beschäftigen[215]. Zum zweiten setzten die Filme in bezug auf die Tonwiedergabe Maßstäbe, die in Deutschland auch ein Jahr später nur partiell erreicht werden konnten. Das lag nicht nur an den technisch ausgereifteren Apparaturen, über die Western Electric zu diesem Zeitpunkt verfügte. Vor dem Aufführungsverbot von Filmen auf ihren Anlagen hatten die Amerikaner in einem ihrer Berliner Büros ein Miniaturkino eingerichtet, in dem die Filmvorführer einen ausführlichen theoretischen Unterricht erhielten und praktisch geschult wurden. Um jeden Film für die Zuschauer zum Erlebnis werden zu lassen, investierte die Western Electric in Service und Schulung. Eine annähernd vergleichbare Ausbildung boten weder die Klangfilm noch die Tobis an. Von den Uraufführungen und einigen großen Lichtspielhäusern abgesehen, blieben deshalb viele Vorführungen deutscher Tonfilme lange Zeit mangelhaft[216].

Nach dem Verbotsurteil meinte die Ufa, daß sich ihre Verhandlungssituation gegenüber der amerikanischen Seite verbessert habe. Nach dem Erfolg der ersten beiden Tonfilme kündigte der Konzern noch im Juli 1929 mangels eigener Tonfilme die Aufführung des Spielfilms *Show Boat* an[217]. Zugleich verfolgte die Ufa – dies bestätigen alle Vorstandsprotokolle – trotz der Auseinandersetzungen mit der Klangfilm konsequent ihren Kurs der völligen Umstellung ihrer Technik auf den Tonfilm. Inhaltlich begannen nach den Vorbereitungen für Tonspielfilme und die mit Ton unterlegten

---

[213] BArch R 109 I / 1027b Bl. 496
[214] Kein Tonfilm mehr in Berlin. Der ewige Patentstreit, in: Vossische Zeitung 22. 7. 1929, Nr. 351
[215] Apologie des Tonfilms. Der schaffende Künstler glaubt an die Tonfilmzukunft, in: Der Film 1. 8. 1929, Nr. 15, 14. Jg.
[216] M. Arndt, Technische Erfordernisse im Tonfilm, in: Kinotechnische Umschau 17. 9. 1930, Nr. 38, S. 1036; vgl. auch: S. 203
[217] Show Boat in: FK 27. 7. 1929, Nr. 177, 11. Jg.; vgl. auch: SAA 4/ Lf 706

Kulturfilme im Juli 1929 auch die Planungen für die Herausgabe der ersten Tonwochenschauen[218].

2.5. Die Schwierigkeiten deutscher Tonfilmproduktion vor dem Hintergrund des Ausschlusses amerikanischer Filme in Mitteleuropa

Das niederländische Bankenkonsortium unter der Leitung der Bank H. Oyens & Zonen in Amsterdam setzte nach dem Kauf der Aktienmehrheit bei der Tobis seine Bemühungen um eine europäische Kartellbildung fort. So kaufte die Bank am 26. Mai 1929 sämtliche weltweiten Patentrechte der in St. Quen ansässigen Société Technique d'Optique & Photographie. Zwei Tage später kaufte H. Oyens & Zonen der Tri-Ergon Holding AG in St. Gallen ihre sämtlichen Tobisaktien einschließlich der ihr von Oskar Messter zur Verwaltung übergebenen für insgesamt knapp fünf Millionen RM ab. Zugleich gründeten die niederländische Bank und die Holding St. Gallen ein gemeinsames Konsortium mit Sitz in Amsterdam zum Zweck der gemeinsamen Verwertung der Tri-Ergon-Rechte. Die Beteiligung zwischen dem niederländischen Bankenkonsortium und der Tri-Ergon-Holding wurde im Verhältnis vier zu eins festgelegt. Unter Punkt sieben des Vertrages verpflichtete sich die Holding, während der Dauer des Konsortiums einen Kredit in Höhe von 15 000 englischen Pfund, den sie von der British Photophone Ltd. und der French Photophone Ltd. am 15. April erhalten hatte, zurückzuzahlen und alle Rechte und Pflichten gegenüber den Vertragspartnern abzugelten. Darüber hinaus sah der Vertrag vor, einige Patentstreitigkeiten zwischen deutschen Inhabern in der Folgezeit ruhen zu lassen. Schließlich war die Holding einverstanden, ihren von dem Bankenkonsortium und der Küchenmeistergruppe als gegenüber den amerikanischen Monopolisten nicht durchsetzungsfähig eingestuften Vertreter aus der Leitung der American Tri-Ergon Corporation abzuberufen und durch einen neuen zu ersetzen[219]. Der eigentliche Zweck des Konsortiums bestand vor allem darin, die für das deutsch-niederländische Konsortium zentralen Tri-Ergon-Patente unter keinen Umständen in die Hände Dritter gelangen zu lassen. Daneben sollten längere Patentprozesse ausgeschlossen werden, um eine gewisse Investitionssicherheit für die Tonfilmproduktion und -wiedergabe zu schaffen. Zugleich wurde angestrebt, den Einfluß des Konsortiums in die USA auszudehnen.

Der Tobis-Aufsichtsrat tagte, nachdem die Gesellschaft durch den Ankauf des Schweizer Tri-Ergon-Tobis-Aktienpakets in den Besitz der Majorität der Küchenmeistergruppe gelangte, erstmals am 14. Juni 1929 in Ber-

---

[218] BArch R 109 I / 1027b Bl. 490
[219] NF NL Struve Bd. 22

lin. Während der Sitzung wurde deutlich, daß nicht nur die Klangfilm, sondern auch die Tobis Schwierigkeiten mit der Herstellung von Apparaturen hatte. Entgegen früheren Planungen konnte sie bis zu diesem Zeitpunkt nur 36 Wiedergabeapparaturen in kleineren deutschen und neun in ausländischen Theatern plazieren. Zur gleichen Zeit wurden nur zwei Aufnahmeapparaturen fertiggestellt, drei weitere sollten demnächst übergeben werden. Danach, so hoffte man, könne man Aufträge zur Vertonung von Stummfilmen ausführen, während die Tonfilmproduktion aus Mangel an Geräten und geeigneten Ateliers zunächst weiter beschränkt bleiben müsse. Aus diesem Grund wurde auch die Produktion von Beiprogrammfilmen – wie sie im Vertrag mit dem D.L.S. festgelegt worden waren – nicht weitergeführt.

Der vorläufige Abbruch der Tonfilmproduktion durch die Tobis hatte schon im unmittelbaren Vorfeld der Aufsichtsratssitzung zu scharfen Auseinandersetzungen mit der D.L.S. geführt. Darüber hinaus erregte er insbesondere bei der Vereinigung Deutscher Filmfabrikanten großes Aufsehen. Sie warf der Tobis in einem offenen Brief vor, nach der Einigung mit der Klangfilm kein weiteres Ineresse mehr an der deutschen Tonfilmproduktion zu haben und alle Versuche deutscher Fabrikanten, Tonfilme zu produzieren, zu behindern. Im einzelnen bemängelte die Vereinigung, daß die Tobis mit ihrer Reduzierung der Tonfilmherstellung Fachkräfte entlassen hatte, daß sie trotz vielfacher Anfragen keine Auskünfte über die Möglichkeiten zur Tonfilmherstellung durch deutsche Produktionsfirmen gab und keinen Vertrag mit englischen Produktionsfirmen zur nachträglichen Synchronisation von Stummfilmen abgeschlossen hatte. Der entsprechende Auftrag wurde daraufhin in den USA ausgeführt. Da die Tonfilmproduktion kaum erkennbare Fortschritte machte, fürchteten die Fabrikanten, daß der deutschen Filmindustrie durch die Patenthalter in Zukunft „unabsehbarer Schaden" erwachse. Vor dem Hintergrund des Ufa/Klangfilmvertrages warfen die Fabrikanten der Tobis schließlich auch Tatenlosigkeit vor. Durch diesen Vertrag – so der Brief – würde die Vormachtstellung der Ufa noch weiter gestärkt und nur ihr genehme Firmen – die allerdings nicht näher spezifiziert wurden – könnten in Zukunft in Neubabelsberg arbeiten, wenn der Konzern seine Filme abgedreht habe[220].

Die Arbeit an dem von Tobis und Hapag begonnenen Film, *Melodie der Welt*, sollte – so das weitere Protokoll der Aufsichtsratssitzung der Tobis – in den kommenden vier Wochen abgeschlossen werden. Sorgen bereitete dem Gremium der Geschäftsverlauf. In den vergangenen Monaten hatte sich gezeigt, daß die vielen kleinen an einem Auftrag zur Vertonung ihrer Filme interessierten Firmen nicht in der Lage waren, die notwendigen finanziellen Mittel aufzubringen. Insbesondere die Forderung der Tobis nach

---

[220] Fabrikanten-Vereinigung wünscht Tonfilmklärung. Die Filmproduktion will wissen, woran sie ist. Der Brief an die Tobis AG, in: LBB 11. 4. 1929, Nr. 86, 22. Jg.

einer Positivlizenz von einer Mark pro Meter stieß auf große Schwierigkeiten.

Während der Aufsichtsratssitzung wurde bekannt, daß der Prozeß um Kopierpatente, den die Tochter der Western Electric, die Electrical Research Production Co., gegen die Tobis angestrengt hatte, zugunsten der Tobis entschieden worden war. Das erste Urteil bedeutete zunächst nur, daß die amerikanische Seite für das Aufstellen ihrer Apparaturen in deutschen Lichtspielhäusern gegenüber den deutschen Patenthaltern zur Zahlung von Lizenzgebühren verpflichtet wurde, soweit deren Schutzrechte durch die Anlagen verletzt wurden[221]. Dennoch zeigte sich der Aufsichtsrat davon überzeugt, „daß in Zukunft das Eindringen amerikanischer Filme in Deutschland stark behindert sein wird"[222].

Um diesem Ziel näher zu kommen, beschloß die N.V. Internationale Maatschappyi voor Sprekende Films, die amerikanischen Patenthalter auch mit Hilfe der amerikanischen Rechtssprechung zum Einlenken zu bewegen. Als Nachfolgerin der Tri-Ergon nutzte die Sprekfilm ihren 10 prozentigen Anteil bei der American Tri-Ergon Corp., um Einfluß auf die Geschäftspolitik der Fox Film Corp. zu nehmen. Da letztere für die Verwendung der europäischen Patente vertragswidrig keine Lizenzgebühren zahlte, sollte sie zu einem gemeinsamen Handeln gezwungen werden. Gegen die Western Electric wollte die Maatschappij wegen Patentverletzung der Tri-Ergon-Patente gerichtlich vorgehen.

Vor Beginn der ersten Verhandlungen mit den Amerikanern gelang es der Holding, mit dem 100 prozentigen Kauf der S.A. Films Sonores den Besitzer eines der bedeutendsten französischen Tonfilmateliers der N.V. Internationale Maatschappyi voor Sprekende Films anzugliedern[223]. Wenige Tage später einigte sich die deutsch-niederländische Gruppe mit der British Talking Pictures, die wichtige Tonfilmpatente für Großbritannien besaß, über eine zukünftige Zusammenarbeit. Durch die Abkommen mit den französischen und englischen Firmengruppen erwarb die Küchenmeister-Gruppe nicht nur neue Patente, sondern auch die Führung im größten europäischen Patentblock auf dem Tonfilmgebiet.

British Talking Pictures war die Schwestergesellschaft der amerikanischen General Talking Pictures. Insofern gelang es dem Küchenmeister-Konzern, durch den Vertrag mit dem englischen Unternehmen die neben Western Electric und Radio Corporation of Amerika dritte unabhängige filminteressierte amerikanische Gruppe an das europäische Tonfilmkartell zu binden. General und British Talking Pictures verfügten unter anderem über die Lee de Forest-Patente[224]. Sie bildeten eine Grundvoraussetzung zur

---

[221] Tonfilm, in: Der deutsche Volkswirt 21. 4. 1929, Nr. 38, 3. Jg., S. 1284
[222] BArch R 109 I / 226
[223] W. Engelhard, Konzern der Akustik: Schallplatte, Tonfilm und Radio. Küchenmeisters Internationale Mij. vor Accoustiek, in: Berliner Börsen-Courier 6. 8. 1929, Nr. 322, 61. Jg.
[224] SAA 4/ Lf 706

Herstellung von Movietonefilmen und wurden durch die Western Electric auch für die Herstellung von Vitaphonefilmen verwendet. Da General Talking Pictures den Rechtsstandpunkt vertrat, die Western Electric verletze ihre Patente, prozessierten beide Parteien bereits zum Zeitpunkt des Vertragsabschlusses von Tobis und Talking Pictures gegeneinander. Die Lee de Forest-Patente konnten nicht nur für beide amerikanische Tonfilmsysteme genutzt werden, sondern sie überschnitten sich auch mit dem Tri-Ergon-Verfahren. Insofern stellten die Lee de Forest-Patente ein entscheidendes Bindeglied für die vom Reichsverband Deutscher Lichtspieltheaterbesitzer e.V. in seinem Manifest von Leipzig am 20. April 1929 erstmals geforderte Interchangeability dar[225]. Das bedeutete in diesem Zusammenhang, daß alle zukünftigen Apparaturen so konstruiert werden sollten, daß sie sowohl für die europäischen als auch für die amerikanischen Filme die internationalen Auswertungsmöglichkeiten sicherstellten. In den folgenden Verhandlungen mit der amerikanischen Seite gehörte die Frage der Interchangeability zu den zentralen Forderungen der Europäer.

Am 26. Juni 1929 begannen die Tobis und die Internationale Maatschappyi voor Sprekende Films mit der amerikanischen Seite über die Zukunft des Tonfilmmarktes zu verhandeln. Im Unterschied zu den Amerikanern, die ein Patentabkommen mit Quotenaufteilung anstrebten, verlangte die europäische Seite eine Zusammenfassung des Tonfilmgeschäfts unter einer gemeinsamen Dachgesellschaft. Von europäischer Seite sollten ihr die Maatschappij/Tobis-Gruppe, einschließlich ihrer französischen und britischen Teilhaber, sowie die Klangfilm angehören, von amerikanischer die Western Electric und die RCA Photophone. Über den Patentbesitz der letzteren herrschte in Europa keine vollständige Klarheit[226]. Da sie aber gute Beziehungen zur AEG hatte, legte die europäische Seite großen Wert auf ihre Einbeziehung in die Verhandlungen.

Obwohl die Western Electric während der europäisch-amerikanischen Verhandlungen der Öffentlichkeit zu suggerieren suchte, daß ihre Anlagen bereits weltweit verbreitet seien, schlossen N.V. Küchenmeister's Internationale Maatschappyi voor Sprekende Films und die British Instructional Films Ltd. am 11. Juli 1929 einen Vertrag über den Kauf einer Aufnahme-

---

[225] Wörtlich hieß die in Leipzig einstimmig verabschiedete Forderung: „Die heute versammelten Mitglieder des Reichsverbandes Deutscher Lichtspieltheaterbesitzer E.V. beschließen vorsorglich, daß sie der Frage des Kaufes von Tonfilm-Apparaturen nur näher treten, wenn sie die Gewißheit haben, daß auf dieser Apparatur alle Tonfilme der Weltproduktion vorgeführt werden können". Die Manifeste von Leipzig. Interchangeability – das Problem der Stunde, in: LBB 20. 4. 1929, Nr. 94, 22. Jg.

[226] Vergleichbar mit Telefunken in Deutschland hielt RCA wichtige Patente für die Herstellung von Rundfunkröhren in den USA. Auf diese Weise beherrschte sie den nationalen Röhrenmarkt zu etwa 88,35%. BArch R 901 / 45552 Bl. 170. In Deutschland war nicht bekannt, ob die von RCA gewährten Patent-Lizenzverträge zur Herstellung von Radioröhren sich explizit nur auf die Herstellung von Rundfunkröhren bezogen oder die Verträge weiter gefaßt waren.

Apparatur durch die britische Seite. Mit dem Vertrag erkannte die britische Seite den Patentanspruch des deutsch-niederländischen Konsortiums und die sich daraus ergebenden Lizenzverpflichtungen an[227]. Diese beliefen sich zu jenem Zeitpunkt auf etwa sechs Mark pro laufenden Meter aufgenommenen Film und auf etwa eine Mark pro kopierten Meter[228]. Die Umstellung auf den Tonfilm in Großbritannien erfolgte mit diesem Schritt nicht nur auf amerikanischer, sondern auch auf der Grundlage der deutsch/niederländischen Technik. Die Amerikaner hatten somit einen Teil ihres wichtigen Exportmarktes verloren.

Ende Juli 1929 endeten die Auseinandersetzungen zwischen der D.L.S. und der Tobis mit einem Vergleich. Er sah vor, daß die Tobis dem Syndikat einen Kredit zur Tonfilmproduktion in Höhe von 500 000 RM zur Verfügung stellte. Dieser könne zurückgezahlt oder in Aktien umgewandelt werden. Durch das Poolen von Aktien, über die die Tobis und die Montanbank, die für das D.L.S. als Hausbank agierte, verfügten, sollte im zweiten Fall die Selbständigkeit des Filmunternehmens sichergestellt werden. Im Falle der Aktienumwandlung sollte die Tobis drei Sitze im Aufsichtsrat erhalten. Des weiteren war die gemeinsame Produktion von drei Großtonfilmen unter der Kontrolle der Tobis vorgesehen, die im Verleih des Syndikats erscheinen sollten. Im Besitz des letzteren verblieben auch die bisher von der Tobis produzierten Beifilme. Schließlich verpflichtete sich die Tobis, an die Mitglieder des D.L.S. ihre Apparaturen zu liefern[229]. Mit der Unterzeichnung des Vergleichs nahm die Tobis von ihrer bisherigen Praxis Abstand, nur vorfinanzierte Filme zu produzieren und damit jedem Filmproduktionsrisiko auszuweichen. Diese neue Politik der Tobis unterstreicht das am 3. August unterzeichnete Abkommen mit einem weiteren Filmproduzenten, der Aafa-Film AG. In dem Vertrag verpflichteten sich beide Seiten, ihr künstlerisches und technisches Personal zur gemeinsamen Herstellung von Tonfilmen zusammenzuführen. Diese sollten später über den neu gegründeten Aafa-Tonfilmverleih weltweit angeboten werden. Rudolf Walther Fein von der Aafa war für die künstlerische Leitung und Guido Bagier für die Tobis-Ton-Produktion verantwortlich. Als erster gemeinsamer 100 prozentiger Sprech-, Gesang- und Musikfilm sollte *Nur dich hab' ich geliebt* (Regie: Rudolf Walther-Fein, Hans Conradi) im Herbst herausgebracht werden. Für Lichtspielhäuser ohne Wiedergabeapparatur sollte auch eine stumme Fassung des Films produziert werden[230]. Zur gleichen Zeit verhandelte die Tobis schließlich noch mit der Emelka über eine Zusammenarbeit im Tonfilmgeschäft[231].

---

[227] BArch R 109 I / 2491
[228] W. Engelhard, Start des Tonfilms, in: Berliner Börsen-Courier 13. 7. 1929, Nr. 361, 61. Jg.
[229] Der Vergleich D.L.S. und Tobis, in: FK 27. 7. 1929, Nr. 177, 11. Jg.; BArch R 109 I / 263
[230] Aafa-Tobis-Abkommen, in: FK 3. 8. 1929, Nr. 183, 11. Jg.
[231] Die Transaktion um die Emelka. Ein Abkommen mit Tobis-Klangfilm und das Fox-Geschäft, in: Berliner Tageblatt 3. 8. 1929, Nr. 362, 58. Jg.

Am 8. August 1929 meldeten die Berliner Zeitungen das vorläufige Scheitern der Verhandlungen über alle den Tonfilm betreffenden Fragen zwischen der Küchenmeister-Gruppe und den Amerikanern. In ihrer anschließenden Erklärung gaben die Verhandlungsführer der Tobis bekannt, daß die Gespräche im September in Berlin fortgesetzt werden sollten. Des weiteren bekräftigten sie noch einmal ihre Forderung nach der Interchangeability[232]. Indem die Presse sich nur auf die Aussagen von Vertretern des deutsch-niederländischen Unternehmens beriefen, verdeutlichte sie indirekt das Problem der europäischen Verhandlungsführung. Deren Position wurde geschwächt, weil die beiden Gruppen Klangfilm einerseits und Internationale Maatschappyi voor Sprekende Films/Tobis andererseits sich zwar vor Ort konsultierten, aber auf Grund unterschiedlicher Interessenlagen nicht koordinierten und deshalb nicht mit einer Stimme mit der Gegenseite verhandelten. Für das Küchenmeister-Unternehmen war der Standpunkt eindeutig. Um die Produktion sowie die Wiedergabe von Tonfilmen weltweit und ohne Einschränkungen zu ermöglichen, mußte es die Interchangeability durchsetzen.

Die Klangfilm als Tochterunternehmen von AEG und Siemens & Halske hatte dagegen auch die Interessen ihrer Muttergesellschaften zu berücksichtigen. Diese waren über eine Vielzahl unterschiedlicher Interessen mit der amerikanischen Seite verbunden: Um nach dem Weltkrieg und der Inflation auf dem internationalen Markt wieder konkurrieren zu können, mußten sich die deutschen Unternehmen nach Kapitalgebern umsehen. Als Finanzierungsgesellschaften agierten vor allem amerikanische Elektrokonzerne, die im Gegenzug Patentabkommen mit den deutschen Unternehmen schlossen. Ein solches hatten als erste die AEG und General Electric Co. am 2. Januar 1922 unterschrieben und in diesem Zusammenhang auch die internationalen Märkte unter sich aufgeteilt[233]. Siemens & Halske war seit 1924 über ein Patentabkommen mit der Westing House-Electric Manuacturing Co. verbunden und Telefunken hatte Abkommen mit der englischen Marconi Wireless Telegraph Co. sowie der General Electric Co. und der Western Electric Co. geschlossen. Um die eigene Liquidität zu verbessern, bot die AEG 1929 General Electric Co. 30 Millionen Stammaktien zum Kurs von 200 Prozent an. Mit der Transaktion war auch die Übernahme von Aufsichtsratssitzen verbunden, die dem amerikanischen Konzern Einfluß auf die Verwaltung des deutschen Unternehmens verschaffte[234]. Unter diesem

---

[232] Noch keine Tonfilm-Verständigung. Die Amerika-Verhandlungen der Küchenmeister-My. ergebnislos, in: Berliner Tageblatt 8. 8. 1929, Nr. 370, 58. Jg.; vgl. auch: Der Tonfilmstreit geht weiter, in: Vossische Zeitung 9. 8. 1929, Nr.189
[233] BArch R 109 I / 996
[234] Gapinski, a. a. O., S. 105. Führende Vertreter des amerikanischen Unternehmens erklärten in diesem Zusammenhang dem deutschen Botschafter in den USA, Dr. Friedrich Wilhelm von Prittwitz und Gaffron, daß man das Ziel verfolge, mit Hilfe der Aktienanteile im internationalen Maßstab auf eine stärkere Rationalisierung und Verstän-

Blickwinkel war die Tonfilmproduktion für die beiden großen Elektrokonzerne und Telefunken kein Geschäftsbereich von übergeordnetem Interesse, sondern nur ein Teil ihrer Gesamtstrategie.

Die Ufa versuchte die Auseinandersetzungen zwischen Europäern und Amerikanern zu umgehen. Sie berief sich auf die Zusicherungen aus ihrem Vertrag mit der Klangfilm, der ihr garantierte, daß sie amerikanische Filme lizenzfrei auf Klangfilm-Wiedergabeapparaturen abspielen dürfe. Die Siemens & Halske-Tochter stellte diesen Passus zwar nicht in Frage, verlangte aber nun von dem Verleiher amerikanischer Filme Lizenzgebühren. Im gleichen Schreiben bat sie die Ufa, auf die laufenden Verhandlungen Rücksicht zu nehmen. Unter Verweis auf die ihr entgehenden Einnahmen lehnte die Filmfirma am 12. August 1929 nicht nur jede Rücksichtnahme ab, sie verlangte auch einen Verzicht auf die Lizenzgebühren für den amerikanischen Verleiher. „Die Erteilung einer Gebrauchslizenz", so die Rechtsauffassung der Klangfilm in ihrem Antwortschreiben, „schließt noch nicht ein die Lizenzerteilung an denjenigen, von dem der Lizenznehmer den geschützten Gegenstand bezieht; im Gegenteil, es ist anerkannter Rechtsgrundsatz, daß Gegenstände, die sich unrechtmäßig – auf Grund einer Patentverletzung – im Verkehr befinden, auf Grund einer Gebrauchslizenz nicht benutzt werden dürfen"[235].

Am 28. August versuchten Vertreter der Klangfilm und der Ufa die unterschiedlichen Rechtsstandpunkte anzugleichen. Die Ufa-Vertreter Donner und Grau bestanden zunächst auf ihren Maximalforderungen, die von der Gegenseite zurückgewiesen wurden. Während der Verhandlungen erhielt Grau die telefonische Mitteilung, daß die Fox auf Druck der Western Electric an die Ufa keine Movietonefilme verleihen könne. Folglich mußte die Filmfirma nun auf den Vitaphone-Film *The singing fool* ausweichen, dessen Aufführung das Problem der Einfuhrlizenz nicht berührte und somit auf der deutschen Apparatur aufgeführt werden konnte. In der Folgezeit wurde *The singing fool* zum erfolgreichsten Spielfilm, der bis zu diesem Zeitpunkt bei der Ufa in Berlin gelaufen war. Auf der Aufsichtsratssitzung der Ufa am 11. Oktober teilte Klitzsch mit, daß 265 000 Besucher *The singing fool* im Gloria-Palast, der normaler Weise mit Verlust arbeitete, gesehen hätten. Die Ufa erzielte allein mit diesem Film einen Umsatz von 320 000,- RM. Im gleichen Zeitraum lag der durchschnittliche Umsatz je Film bei etwa 120 000,- RM. Den realisierten Reingewinn gab Klitzsch mit etwa 100 000,- RM an. Mit diesen Zahlen überflügelte *The singing fool* den erfolgreichsten Stummfilm, den die Ufa gezeigt hatte, *Ben Hur* (Regie: Fred Ni-

---

digung innerhalb der Elektroindustrie hinzuwirken, um Außenseiter vom Markt auszuschließen. Im weiteren Gespräch schloß die amerikanische Seite den Kauf weiterer Aktien des Unternehmen aus. BArch R 901 / 45546

[235] SAA 4/ Lf 706

blo), den in den Berliner Ufa-Theatern immerhin 160 000 Besucher gesehen hatten[236].

Unter den Bedingungen fehlender eigener Lichttonfilme zielten von seiten des Ufa-Vorstandes in Übereinstimmung mit dem Aufsichtsrat die weiteren Verhandlungen auf eine Kompensation der Ausfälle im Sommergeschäft. Diese lastete der Filmkonzern der Klangfilm an, weil sie die Apparaturen verspätet geliefert hatte. Eine Einigung konnte im Verlauf einer ersten Gesprächsrunde nicht erzielt werden[237].

Ende Juli 1929 war abzusehen, daß sich die Kosten für die neuen Tonfilmateliers der Ufa in Babelsberg auf vier Millionen Mark belaufen würden[238]. Da die Baukosten zum Teil über Kredite abgedeckt wurden, standen für die laufende Filmproduktion nur noch 8,5 Millionen Mark zur Verfügung. Auf Grund der Vertragsverhältnisse beschloß der Ufa-Vorstand Anfang August 1929 entgegen den Vorstellungen von Klitzsch, den geplanten Produktionsumfang beizubehalten, aber die Kosten pro Film zu senken. Kulturfilme sollten in Zukunft jeweils einzeln bewilligt werden[239]. In der Folgezeit führten Klitzsch und Corell mit den Produktionsleitern Gespräche, um sie, ausgehend „von der katastrophalen Lage der gesamten deutschen Industrie", zur äußersten Sparsamkeit aufzufordern. So bekam Joe May am 2. September die Auflage, für den Spielfilm *Der unsterbliche Lump* (Regie: Gustav Ucicky), der in einer stummen und in einer deutschen sowie in einer englischer Tonfassung gedreht werden sollte, statt des von ihm geforderten Budgets von 850 000,- RM nur 700 000,- RM zugestanden. Um wenigstens einen Teil der Kosten einsparen zu können, strich May den Film etwa um 500 Meter und versuchte die Zahl der Einstellungen zu verringern. Zugleich wies er in einem ausführlichen Brief an Klitzsch darauf hin, daß unter dem absoluten Spardiktat keine konkurrenzfähigen Filme zu produzieren seien[240].

Die im September angesetzten Verhandlungen zwischen Tobis und Western Electric – die Delegation der Western Electric wurde durch ihren Präsidenten John E. Otterson geleitet – fanden nicht in Berlin, sondern in London statt. Die Tobis verlangte nun auch Lizenzen für die Benutzung amerikanischer Apparaturen, die auf deutschen Patenten aufgebaut waren. Die Verhandlungen scheiterten bereits nach kurzer Zeit. Beide Seiten wußten, daß eine Verständigung erzielt werden mußte, aber jede erhoffte sich weitere Vorteile in den folgenden wirtschaftlichen und juristischen Auseinandersetzungen und damit eine bessere Verhandlungsposition[241]. Infolge der europäisch-amerikanischen Differenzen gab es in Deutschland zu Be-

---

[236] BArch R 109 I / 2421
[237] SAA 4/ Lf 706
[238] BArch R 8119 / 19065 Bl. 576
[239] BArch R 109 I / 1027b Bl. 497
[240] BArch R 109 I / 128
[241] Die internationale Tonfilm-Dissonanz, in: Berliner Tageblatt 12. 9. 1929, Nr. 431, 58. Jg.

ginn der neuen Filmsaison 1929/30 nur den Tonfilm *The singing fool* zu sehen. Alle übrigen amerikanischen Ton- und Dialogfilme durften auf Anweisung von jenseits des Atlantiks nicht in Deutschland aufgeführt werden[242]. Die Tonfilme der eigenen Produktion waren noch nicht fertiggestellt. Der unter der Regie von Alfred Hitchcock produzierte englische Großtonfilm *Blackmail* durfte vor dem Hintergrund der Patentstreitigkeiten in den deutschen Häusern zunächst nur stumm gezeigt werden[243].

Vor dem Hintergrund der Tonfilmauseinandersetzungen kaufte die Commerz- und Privatbank, die als Großaktionärin der Tobis auch die deutsche Bankverbindung zur Küchenmeister-Gruppe bildete, die Aktienmajorität der Emelka, der nach der Ufa zweitgrößten deutschen Filmgesellschaft. Diese verfügte neben der Ufa über die besten deutschen Aufnahmeateliers und etwa 40 Kinos, unter ihnen auch einige Uraufführungstheater[244]. Auf der Aufsichtsratssitzung der Tobis vom 27. September 1929 wurde beschlossen, daß das Unternehmen und seine Konzernbeteiligungen Unterbeteiligungen von je 25 000 RM von den Commerzbankanteilen übernehmen und dafür einen Platz im Aufsichtsrat der Emelka erhalten sollten[245].

Zeitgleich weiteten sich die Auseinandersetzungen um den Tonfilm über den Kontinent aus. In den Niederlanden fehlten, wie in Deutschland, Tonfilme, was sich u. a. in der niedrigen Bewertung der Aktien der Küchenmeister-Gruppe bemerkbar machte[246]. In Großbritannien führten die Verhandlungen zwischen der British Talking-Pictures Ltd. und der N.V. Internationale Maatschappyi voor Sprekende Films in der zweiten Septemberhälfte 1929 zu einer Einigung im Hinblick auf die Finanzierung des geplanten Konsortiums, das mit insgesamt einer Million Pfund Gründungskapital ausgestattet werden sollte. An dieser Summe beteiligten sich beide Gesellschaften je zur Hälfte. Von den Einlagen waren je ein Viertel Sacheinlagen. Der Rest sollte an Barmitteln eingebracht werden. Die britische Gruppe erhielt die Nutznießung aller Patente und Fabrikationsrechte der deutsch-niederländischen Gesellschaft für England und das gesamte Empire. Im Gegenzug übertrug British Talking Pictures der neuen Gesellschaft ihre englischen Tonfilmateliers, die vorhandenen und in Produktion befindlichen Tonfilme, alle Aufträge, Wiedergabeapparaturen etc. Die Küchenmeister-Gruppe erhielt damit endgültig auch alle Tonfilmpatentrechte der British Talking außerhalb Englands und Amerikas. Zugleich konnte sie Lizenzgebühren von wesentlichen Teilen bzw. für die gesamte Tonfilmpro-

---

[242] BArch R 8119 / 19065 Bl. 600
[243] Leo Hirsch, Produktion und Probleme. Tonfilm-Krise?, in: Berliner Tageblatt 15. 9. 1929, Nr. 436, 58. Jg.
[244] Besitzveränderungen in der deutschen Filmindustrie, in: Der Deutsche Volkswirt 27. 9. 1929, Nr. 52, 3. Jg., S. 1749
[245] BArch R 109 I / 226
[246] NF NL Struve Nr. 3

duktion in London, Paris und Berlin verlangen. Darüber hinaus erhielt sie einige hundert Kinos als neuen Absatzmarkt[247].

Die Absicht der Tobis/Klangfilm Gruppe, im europäischen Maßstab gegen das Vordringen der Western Electric zu agieren, nahm in Form einer Patentklage gegen den Besitzer des Prager Lichtspielhauses Lucerna Gestalt an. Er erhielt eine Strafanzeige zugestellt, weil er Western Electric-Apparate einbauen ließ, die gegen Siemens & Halske Patente verstießen. Daraufhin drohte das zuständige Gericht mit einer Beschlagnahmung der Anlage. Es nahm hiervon jedoch ebenso Abstand, wie von dem zunächst verhängten Vorführverbot, da der Kinobesitzer 600 000 Tschechokronen hinterlegen konnte, leitete aber dennoch ein Strafverfahren ein[248]. Im Gegenzug wurden von der amerikanischen Seite Falschmeldungen lanciert, Plakate geklebt und Flugschriften verteilt, „nur um der deutschen Apparatur eins auszuwischen"[249]. Auch mit Hilfe von Diplomaten versuchte die Western, ihre Ansprüche durchzusetzen. So erklärte der amerikanische Handelsattaché in Paris, George R. Canty, während eines Aufenthaltes in Berlin gegenüber der „Lichtbild-Bühne" unter anderem: „So lange die deutschen Tonfilm-Interessenten in ihren unverständigen Forderungen an die Western Electric bezüglich der Bereinigung des Tonfilmstreites in Deutschland nicht beträchtlich zurückgehen, wird die heimische Film-Industrie bald aus Mangel an Warenangebot auf einem Punkt angelangt sein, von dem sie sich kaum jemals wird erholen können. Mir wird von allen Seiten versichert, daß diese Lage hier bereits akut ist. Die Western Electric ist durch die unwirtschaftlichen Forderungen, die man deutscherseits an sie stellt, unangenehm berührt und ist auf dem besten Wege, das Interesse am Absatz ihrer Apparate in Deutschland zu verlieren. Die amerikanischen Elektrofirmen können der Nachfrage aus der ganzen Welt kaum nachkommen, eine Ausnahme bildet Deutschland". Im weiteren Verlauf des Gesprächs verwies Canty darauf, daß die amerikanischen Filmfirmen überlegten, ihre Verleihfilialen zu schließen, wenn nicht in Kürze ein Tonfilmfriede zustande käme[250].

Am Ende des Sommers 1929 stellte sich die Tonfilmsituation wie folgt dar: Die niederländisch-deutschen Patenthalter gewannen mit Hilfe ihrer Patente immer mehr an Einfluß auf die Verbreitung von Tonfilmen, hatten aber selbst noch keinen Spielfilm hergestellt, der die Leistungsfähigkeit ih-

---

[247] Die deutsch-englische Tonfilmverständigung. Die Neugründung finanziell gesichert – Die deutsch-holländische Gruppe beherrscht den Kontinent – Zusammenarbeit mit amerikanischen Tonfilminteressenten, in: Frankfurter Zeitung 20. 9. 1929, Nr. 702, 73. Jg.
[248] Der Streit um den Klangfilm, in: Vossische Zeitung 21. 9. 1929, Nr. 446
[249] Üble Methoden im Tonfilmstreit. Flugschriften und Plakate gegen die deutsche Apparatur, in: FK 2. 10. 1929, Nr. 234, 11. Jg.
[250] Unterredung mit G. R. Canty. Der USA Trade Commissioner in Berlin: Wenn kein Tonfilm-Friede – Schließung der amerikanischen Verleihe, in: LBB 21. 12. 1929, Nr. 304, 22. Jg.

rer Anlagen unter Beweis stellte. Die amerikanische Seite hatte nicht nur einen bedeutenden technischen Vorsprung, sondern auch eine Reihe von Spielfilmen, die national und international bereits bedeutende Erfolge vorzuweisen hatten. Vor allem die Western Electric versuchte, ihre technische Spitzenposition mit allen Mitteln zu nutzen, um nicht nur in den Vereinigten Staaten, sondern auch in Europa die eigenen Tonfilmapparaturen absetzen zu können. Wäre dieser Plan gelungen, hätte Western Electric weltweit eine Monopolstellung in der Tonfilmapparateproduktion innegehabt, die es dem Unternehmen nicht nur erlaubt hätte, auf die Preisgestaltung der Geräte einen erheblichen Enfluß zu nehmen, sondern auch auf die Tonfilmproduktion.

In Deutschland versuchte die Tobis, ihre dominante Rolle in bezug auf die Patente durch eine Förderung von Tonfilmproduktionen zu untermauern. Ende September 1929 war der erste lange Spielfilm auf der Basis des Tobis-Tonsystems, *Das Land ohne Frauen* (Regie: Carmine Gallone), fertiggestellt. Die Tobis und die F.P.S.-Film GmbH, Berlin hatten zu diesem Zeitpunkt bereits mit der Herstellung der englischen Fassung ihres Films begonnen. Des weiteren hoffte die Geschäftsführung der Tobis, bis Ende des Jahres die Greenbaum-Produktion *Der Günstling von Schönbrunn* (Regie: Erich Waschneck, Max Reichmann), den Froelich-Film *Die Nacht gehört uns* (Regie: Carl Froelich) und die Aafa-Produktion *Dich hab' ich geliebt* fertigzustellen. Anfang Oktober kündigte die Tobis an, die ersten deutschen Tonfilmopern auf der Basis der Musik und des Librettos von „Figaros Hochzeit" und „Martha" produzieren zu wollen[251]. Während die Aafa ihren ersten Tonfilm im eigenen Atelier drehte, wurden die Greenbaum- und die Froelich-Produktion in Stummfilmstudios und nur die Tonpassagen in dem kleinen Berliner Muto-Atelier gedreht.

Im Oktober 1929 hatte die Tobis 13 komplette Aufnahmeapparaturen ausgeliefert. Sieben weitere befanden sich in der Fertigung. Sie sollten für postsynchrone Arbeiten sowie von der Tri-Ergon Musik AG genutzt werden. Darüber hinaus waren etwa 100 Wiedergabe-Apparaturen produziert[252]. Diese konnten allerdings nur in kleineren Kinos aufgestellt werden, weil die Klangfülle der Lautsprecher nicht ausreichte, größere Häuser zu beschallen. Insofern stellten die von der Tobis gefertigten Anlagen nur bedingt eine Konkurrenz zu den von Klangfilm oder Western Electric produzierten Geräte dar.

Am 26. September 1929 beschwerte sich Joe May bei Corell über das Fehlen einer ihm zum 14. September zugesagten Apparatur, mit der er den Spielfilm *Letzte Kompagnie* drehen wollte. Einen Tag später wandte sich der Adressat seinerseits an Klitzsch mit mehreren Klagen über die mangelnde Qualität der insgesamt bereits zu spät installierten Aufnahmeapparaturen.

---

[251] Die ersten deutschen Tonfilmopern, in: FK 2. 10. 1929, Nr. 234, 11. Jg.
[252] BArch R 109 I / 126

So habe May die bewegliche Kamera in der Steiermark, wo Aufnahmen für den Film *Der unsterbliche Lump* gedreht wurden, eingesetzt. Neben technischen Störungen hätten sich während der Dreharbeiten Ton und Bild gegeneinander verschoben, so daß die Aufnahmen nicht zu gebrauchen seien. Der Schaden betrage 50 000,- bis 60 000,- RM sowie den Verlust von zwei Wochen Drehzeit. Probleme gebe es des weiteren von seiten der Klangfilm mit der Fertigstellung der neuen Vorführräume. Gegenwärtig hätten die jeweiligen Gruppen nicht genügend Möglichkeiten zum Vorführen. Die für den 15. November geplante Fertigstellung der Pommer-Produktion *Melodie des Herzens* sei unter diesen Umständen in Frage gestellt. Schließlich hätte die Klangfilm keine Abhörtische konstruiert, die notwendig seien, um Ton und Bild gleichzeitig kontrollieren zu können. Diese Tische müsse die Ufa selbst konstruieren[253].

Parallel zu den Bemühungen, die ersten Tonspielfilme zu produzieren, stritten Klangfilm und Ufa über Zahlungsbedingungen für die 25 Wiedergabeapparaturen, von denen nach Behauptung der Filmfirma einige noch nicht die volle Leistung erbrächten. In seinem Schreiben vom 21. September 1929 an die Klangfilm konkretisierte Klitzsch erstmals die Schadensersatzsumme, indem er „eine erhebliche Millionensumme" forderte. Er begründete seinen Anspruch mit dem Hinweis, daß die Sperre amerikanischer Filme gegen die Ufa erst im Juni ausgesprochen worden sei. Bis zu diesem Zeitpunkt hätten, unter der Voraussetzung, daß die Klangfilm-Anlagen einwandfrei gearbeitet hätten, der Ufa mehrere Tonfilme zur Auswertung zur Verfügung gestanden[254]. Klitzsch bemühte sich am 28. September über den in der Direktion von Siemens & Halske tätigen Georg Grabe, der bereits mehrfach und erfolgreich die Gespräche zwischen Klangfilm und Ufa wieder in Gang gebracht hatte, um Unterstützung. In diesem Kontext verwies er zugleich auf erneute Pannen bei der Wiedergabeapparatur im Palast am Zoo[255]. Fünf Tage später übergab die Ufa dem stellvertretenden Aufsichtsratsvorsitzenden von Stauss eine 45 Seiten lange, gerichtsverwertbare, gegen die Klangfilm gerichtete Schadensersatzklageschrift, die den Rechtsstandpunkt der Ufa noch einmal detailliert beschrieb, dem Gericht jedoch nicht überstellt wurde[256]. Am 7. Oktober beschloß der Vorstand, dem Aufsichtsrat vorzuschlagen, Klage zu erheben. Diesem Antrag wurde nicht stattgegeben. Statt dessen begannen am 16. Oktober unter Vermittlung der Deutschen Bank neue mehrmonatige Gespräche, um eine Lösung des Problems herbeizuführen. Die Klangfilm erklärte sich zunächst nur bereit, der Filmfirma mit einem Gegenwert von 240 000,- RM entgegenzukommen. Die Höhe entsprach allerdings nur einem Bruchteil der von der

---

[253] BArch R 8119 / 19065 Bl. 607 f.
[254] BArch R 8119 / 19065 Bl. 597 ff.
[255] BArch R 8119 / 19065 Bl. 602
[256] BArch R 8119 / 19065 Bl. 611 ff.

Ufa angestrebten Summe, die sie noch nicht genauer spezifiziert hatte[257]. Die Ufa versuchte in der Folgezeit, durch Hinweise auf die mangelnde Qualität der Klangfilm-Apparaturen ihre Forderung nach finanzieller Entschädigung durchzusetzen, ohne jedoch mit konkreten Zahlen zu operieren[258].

Am 16. Oktober unterzeichneten die Deutsche Bank und die Hausbank der Hugenberg-Gruppe, die Ostbank für Handel und Gewerbe, das Hypothekendarlehen für die Ufa, nachdem die Schweizer Kantonalbank ihr Angebot zurückgezogen hatte. Die Bedingungen des Kreditabkommens legte die Deutsche Bank in einem Schreiben vom 10. Oktober fest. Danach erhielt die Ostbank von der Großbank einen Kredit in Höhe von drei Millionen Mark. Dieser sollte an die Ufa gegen die Hinterlegung der entsprechenden Goldmarkgrundschuldscheine weitergegeben werden. Zugleich sollte sich die August Scherl GmbH verpflichten, für den Ufa-Kredit eine Ausfallbürgschaft in Höhe von 1 750 000,- Goldmark zu übernehmen. Darüber hinaus enthielt der Vertrag auch eine Klausel zur Beendigung der Streitigkeiten zwischen Deutscher Bank und Hugenberg-Gruppe, die im Zuge der Übernahme der Ufa durch die Hugenberg-Gruppe entstanden waren. Der letzte Punkt erzeugte starke Vorbehalte von seiten des Ufa-Vorstands gegenüber dem Vertragsentwurf. Die Bedenken wurden jedoch zurückgestellt, weil man sich schnell einig wurde, daß alle diesbezüglichen Ansprüche nur gerichtlich durchgesetzt werden konnten. Ausgehend von dem Kräfteverhältnis der Kontrahenten, so die Überlegungen, würde im Ergebnis wahrscheinlich ein Vergleich stehen. Auf Grund des öffentlichen Interesses an einem solchen Prozeß hätten beide Seiten einen Imageverlust in der Öffentlichkeit hinzunehmen, und die Ufa obendrein noch eine gegen sie gerichtete Solidarisierung aller führenden deutschen Kreditinstitute zu befürchten. Unter diesen Umständen verzichtete die Hugenberg-Gruppe auf die Verfolgung weiterer Ansprüche gegenüber der Großbank[259].

Bereits 1928 hatten deutsche Zeitungen regelmäßig über die Umstellung der Filmproduktion in den USA berichtet. Vor allem die hohen Gewinne, die das neue Medium dort erzielte, wurden in entsprechenden Artikeln immer wieder hervorgehoben[260] und wirkten so gleichsam als kostenlose PR-Maßnahme auch für den deutschen Tonspielfilm. Die Publikumserfolge der wenigen in Deutschland aufgeführten amerikanischen Filme signalisierten bereits zu Beginn der Saison 1929/30 das große Interesse der Zuschauer an Tonfilmen. Vor diesem Hintergrund warteten viele kleine

---

[257] SAA 4/ Lf 706
[258] vgl. u. a.: BArch R 8119 / 19065 Bl. 680 ff.; 693 ff.; 697 ff.; 701 ff.
[259] BArch R 109 I / 119
[260] vgl. z. B.: Fred H. Cramer, Der Tonfilm. Die Rettung der deutschen Filmindustrie? in: Berliner Tageblatt Nr. 280/ 12. 6. 1929, 58. Jg.

Filmproduzenten die weitere Entwicklung ab[261]. Bereits Anfang Oktober 1929 hatte die Ufa große Schwierigkeiten, ihre Stummfilm-Ateliers zu vermieten. Die Produzenten der letzten deutschen Stummfilme, wie die Nero-Film, versuchten ihrerseits, die Situation zu nutzen, um möglichst günstige Mietbedingungen zu erzielen, indem sie diese an die Auswertung der Filme in den Kinos banden[262]. Unter diesen Bedingungen faßte der Ufa-Vorstand noch im Dezember 1929 den Beschluß, den Umbau der Stummfilmateliers in Babelsberg vorzubereiten[263].

Nach einer umfangreichen Werbekampagne fand am 30. September 1929 im Berliner Kino Capitol die Uraufführung des ersten deutschen Tonspielfilms *Das Land ohne Frauen* statt. Das Sujet dieses überwiegend stummen Films, der mit Geräuschen, Musik und kurzen Dialogfetzen akustisch untermalt wurde, war dem Roman von Peter Bolt „Die Braut Nr. 68" entnommen worden. Im Universum hatte zwei Tage später die deutsch-englische Gemeinschaftsproduktion, an der die Richard Eichberg-Film GmbH, Berlin und die British International Pictures Ltd. beteiligt waren, *Wer wird denn weinen, wenn man auseinandergeht* (Regie: Richard Eichberg), Premiere. Im Unterschied zum Film der Tobis/F.P.S.-Film stützte sich die Handlung bei letzterem bereits auf Dialoge, die – trotz aller Anerkennung der Inszenierung Eichbergs durch die Kritik – noch sehr mechanisch klangen. Entsprechend lautete die Forderung an den zukünftigen Tonfilm: „Die Stimmen müssen anders klingen; die Reden müssen 'filmisch' werden, prestissimo, mit eigenem und zugeordnetem Rhythmus. Jetzt sind es noch, sozusagen Stimmbänder, hörbare Spruchbänder oder 'Erklärer'"[264].

Vor dem Hintergrund beider Premieren und der noch zu erwartenden Tonfilme verabschiedete die SPIO, an deren Spitze Klitzsch stand, zwei Erklärungen. Die erste nahm Stellung zur Filmzensur. Es wurde gefordert, „daß der Tonfilm, also das gesprochene Wort und die Musik im Film, genau so zensurfrei bleiben, wie dies auf der Bühne der Fall ist. Das gesamte Filmgewerbe erwartet im übrigen bei dieser Gelegenheit eine Neuordnung der Bestimmungen über den Kinobesuch von Kindern und Jugendlichen, in erster Linie die Herabsetzung des Jugendschutzalters, da die bestehende Vorzensur den Jugendschutz gewährleistet"[265]. Vor allem die zweite Forderung zielte auf eine bessere Amortisation der Filme generell und der Tonfilme im besonderen. Vor dem Hintergrund der Patentstreitigkeiten und der noch geringen Ausstattung der Lichtspielhäuser mit Tonfilmpro-

---

[261] Anzahl der Produktionsunternehmen und ihr prozentualer Anteil an der Gesamtzahl (1926 – 1931) vgl. S. 348
[262] BArch R 109 I / 1027b Bl. 423
[263] BArch R 109 I / 1027b Bl. 361
[264] Ernst Blass: Tausend Meter Sprechfilm. Universum, in: Berliner Tageblatt 6. 10. 1929, Nr. 472, 58. Jg.
[265] Um die Film-Zensur. Eine Erklärung der Spitzenorganisation, in: Berliner Tageblatt 9. 10. 1929, Nr. 477, 58. Jg.

jektoren war Anfang Oktober 1929 noch nicht abzusehen, wie die erhöhten Kosten der Tonfilmproduktion wieder eingespielt werden konnten. Dies galt insbesondere für jene Filme, die auf Dialogszenen aufbauten und somit jenseits des deutschen Sprachraums nicht oder nur begrenzt verstanden wurden. Insofern bedeutete die Herabsetzung des Jugendschutzalters zumindest die Möglichkeit einer potentiellen Zunahme von Kinobesuchern. In dieselbe Richtung zielte auch die zweite Erklärung der SPIO. Sie forderte die Patenthalter auf, in kürzester Zeit die Interchangeability konsequent durchzusetzen, um den Kinobesitzern Planungssicherheit bei der Anschaffung von Wiedergabeapparaturen zu geben und den Produzenten eine möglichst breite Amortisationsbasis ihrer Erzeugnisse zu sichern. Darüber hinaus wurde von den Patenthaltern verlangt, ihre Preise und Bedingungen auf ein annehmbares Maß zu reduzieren[266].

Das Land ohne Frauen lief im Capitol mehr als fünf Wochen vor ausverkauftem Haus und erreichte innerhalb von zwölf Tagen mehr Zuschauer als je ein Stummfilm im gleichen Kino in 30 Tagen. Mit dem Besucheransturm wiederholten sich die Erfahrungen, die Warners schon 1927[267] in den USA und die Ufa mit dem Spielfilm *The singing fool* gesammelt hatten. Den Tonspielfilm akzeptierten auch die deutschen Besucher, wenn ihm eine umfangreiche Werbekampagne vorausgegangen war und seine Handlung den Interessen der Zuschauer entsprach. Auf Grund dieses Erfolges wurde der Film auch in drei weiteren Berliner Kinos aufgeführt. Im November lief er auch in Wien und unter dem Titel *Terre sans Femmes* in Paris an.

Während der Ufa-Vorstandsitzung am 7. Oktober wurde beschlossen, „bis auf weiteres und fernerhin keine tönenden Wochenschauen herzustellen"[268]. Auch die Tobis hielt sich mit Wochenschauaufnahmen zurück. Die wenige Tage nach dem Ufa-Beschluß gezeigten Tonbilder von der Beerdigung des Reichsaußenministers Gustav Stresemann[269] blieben bis September 1930 eine Ausnahme.

Mit der am 28. Oktober 1929 uraufgeführten deutsch-englischen, in vier Sprachversionen hergestellten Produktion *Atlantic* (Regie: Ewald André Dupont) kam der erste hundertprozentige deutschsprachige Sprechfilm in die Berliner Kinos. Der Film war auf den Apparaturen der Radio Corporation of America gedreht und unterschied sich von allen bisher produzierten Tonfilmen durch die langen Sprechpartien, wobei der Musik nur eine untergeordnete Rolle zukam. Da Schlager die Popularität der frühen Tonfilme a priori garantierten, verzichtete auch Dupont nicht völlig auf sie. Am Jahresende brachte die amerikanische Brunswick mit Hilfe der Deutschen Grammophon den Tonfilmschlager „Walking with Susi" aus *Atlantic*

---

[266] Zur Tonfilm-Frage. Schwierigkeiten ohne Ende, in: Berliner Tageblatt 11. 10. 1929, Nr. 481, 58. Jg.; vgl. auch: SAA 4/ Lf 706
[267] vgl. Jossé, Die Entstehung, S. 240 ff.
[268] BArch R 109 I / 1027 b Bl. 422
[269] NF NL Struve Nr. 32

auf den deutschen Markt[270]. Zur gleichen Zeit produzierten auch andere deutsche Unternehmen erste Tonfilmplatten, denn in allen weiteren Spielfilmen, die 1929 in Berlin uraufgeführt wurden, wie *Melodie des Herzens*, *Dich hab' ich geliebt* oder *Die Nacht gehört uns*, bildete die Musik ein zentrales dramaturgisches Gestaltungsmoment.

Bereits während der Stummfilmzeit arbeiteten Verlage und größere Filmproduzenten dahingehend zusammen, daß geschäftlich erfolgreiche Bücher die Basis für Drehbücher lieferten. So hatten am Beginn der 20er Jahre die später von der Ufa übernommene Decla und Ullstein einen entsprechenden Vertrag in bezug auf die vom Verlag herausgegebene Reihe Uco-Bücherei[271] unterschrieben, in dessen Ergebnis u. a. *Dr. Marbuse, der Spieler* (Regie: Fritz Lang) produziert wurde. 1925 kündigte die Ufa den Vertrag, weil sie gegenüber dem Verlagshaus keinen Monopolanspruch auf alle Literaturverfilmungen durchsetzen konnte. In der Folgezeit produzierte die Terra die Uco-Filme[272], während die Ufa nach ihrer Übernahme durch die Hugenberg-Gruppe mit dem Scherl-Verlag zusammenarbeitete.

Auf der Basis amerikanischer Erfahrungen und seiner eigenen Vorstellungen über die zukünftige Tonfilmproduktion beschäftigte sich der Ufa-Vorstand mehrfach mit der Gründung eines eigenen Musikverlages mit dem Ziel, die zukünftigen Tonfilmschlager optimal auszuwerten[273]. Mitte Juli 1929 wurden nach Verhandlungen mit den Wiener Verlagen Bohème und Benjamin beschlossen, Verträge aufzusetzen, die die Überlassung von Schlagern zu zwei Mark pro geschnittenem Filmmeter festschrieben. Für Kulturfilme und Grotesken wurden 60 Pfennige bzw. eine Mark vereinbart. Für einen originären Schlager, für den der Konzern die ausschließlichen Rechte beanspruchen konnte, verlangten die Verlage 1 200,- RM für das erste, 750,- RM für das zweite und 500,- RM für das dritte Jahr. Zur Verwertung von Eigenkompositionen der Filmfirma plante der Vorstand zusammen mit den beiden Verlagen die Gründung der Ufaton GmbH[274]. Diese wurde am 22. Juli 1929 beschlossen. Die Ufa erhielt 50 Prozent der Anteile und das Recht eingeräumt, einen der beiden Geschäftsführer zu benennen. Die beiden Verlage beteiligten sich mit je 25 Prozent an der neuen Gesellschaft[275].

Im Oktober 1929 verhandelten die Ufa und die Carl-Lindström AG über ein Schallplattenabkommen, um die gesamte Tonspur und die Schlager der Erich-Pommer-Produktion *Melodie des Herzens* herausbringen zu

---

[270] Tonfilm-Musik auf der Platte, in: Film und Ton. Wochenbeiblatt der LBB 28. 12. 1929, Nr. 52
[271] Die in der Uco-Bücherei erschienenen Bücher wurden – so auch „Dr. Marbuse, der Spieler" – meist zuerst in der Berliner Illustrierten als Fortsetzungsroman abgedruckt.
[272] BArch R 109 I / 271
[273] BArch R 109 I / 1027 b Bl. 512
[274] BArch R 109 I / 1027 b Bl. 509; vgl. auch: ebenda Bl. 499
[275] BArch R 109 I / 1027 b Bl. 496; ebenda Nr. 1028b Bl. 189

können. Auf diese Weise sollte sichergestellt werden, daß der Spielfilm auch im Nadeltonverfahren vorgeführt und die populärsten Melodien im Handel gekauft werden konnten. Der Vertragsentwurf sah vor, daß die Ufa den Lichtton auf die Platte überträgt und Lindström die Vervielfältigung und den Vertrieb übernimmt[276]. Unter diesen Umständen hätte die Ufa eine eigene Anlage zur Produktion von Wachsplatten aufbauen müssen. Die Tri-Ergon-Musik AG Berlin unterbreitete während der Verhandlungen ein eigenes Angebot, das die Ausführung aller Arbeiten in hoher Qualität zusicherte[277].

Im Streit um die Interchangeability unterzeichneten Klangfilm, Fox und Tri-Ergon am 5. November 1929 ein provisorisches, bis zum 2. Januar 1930 befristetes Abkommen. In dieser Zeit sollte versucht werden, eine endgültige Einigung zwischen den beiden konkurrierenden Gruppen zu finden[278]. Eine solche blieb aus, denn am 31. Dezember 1929 bestätigte das Berliner Kammergericht das Urteil das Landgerichts im Patentstreit Telefunken gegen Western Electric. In einer von der Klangfilm-Tobis-Gruppe veröffentlichten Erklärung zu dem Urteil heißt es: „Es ist ... nicht damit zu rechnen, daß irgendwelche ausländische und einheimische Apparaturen für synchrone Tonfilmwiedergabe die Lizenz zur Verwendung der unter Patentschutz stehenden Verstärker haben"[279].

Unerwähnt blieb in der Erklärung, daß es Telefunken mit dem Gerichtsurteil zu den Verstärkerröhren bereits ein zweites Mal gelungen war, sich unliebsamer ausländischer Konkurrenz zu entledigen. Bereits seit dem Ersatz von Kopfhörern bzw. Schalltrichtern durch Lautsprecher bei Radiogeräten hielt die Tochter von Siemens & Halske und AEG die ausländische Konkurrenz, wie etwa Philips, mit Hilfe des von Lieben-Patents vom deutschen Markt fern. International existierten eine Reihe ähnlicher Patente, wie etwa das in den USA genutzte von Lee de Forest. Insofern bestand die Möglichkeit, daß einzelne Radio-Firmen diese Patente erwarben bzw. nachnutzten, da die Mehrheit von ihnen bereits keinem Patentschutz mehr unterlag[280]. Die Ähnlichkeit der jeweiligen Technologien hätte zwangsläufig zu langwierigen Prozessen innerhalb Deutschlands geführt. Um letztere zu vermeiden, schloß der Verband der Funkindustrie mit Telefunken, Siemens & Halske und AEG sowie der Firma Erich Huth GmbH einen Vertrag, der

---

[276] BArch R 109 I / 1027 b Bl. 411; 397
[277] BArch R 109 I / 1027 b Bl. 391
[278] BArch R 109 I / 266
[279] Die „neuen Kräfte". Reichsfinanz-Reform und Emelka – der beschäftigte Hauptausschuß – Elektroindustrie und Tonfilmkrise, in: LBB 17. 12. 1929, Nr. 300, 22. Jg.
[280] In der Nachkriegszeit wurde eine Regelung getroffen, die das Schutzrecht von Patenten in Deutschland um drei Jahre verlängerte. Auf diese Weise wollte man den Unternehmen entgegen kommen, die infolge des Krieges kaum oder nur sehr eingeschränkt ihre Patente wirtschaftlich auswerten konnten. Unter diese Regelung fiel auch das von Lieben-Patent.

Verbandsmitgliedern gestattete, die Röhren bei Telefunken zu kaufen und gegen Lizenzzahlungen die Patente von Siemens & Halske und AEG für die Herstellung von Radiogeräten in einem bestimmten Umfang zu nutzen[281]. Im Gegenzug verzichteten die zu beliefernden Unternehmen weitgehend auf den Aufbau einer eigenen Röhrenfabrikation und eines eigenen Auslandsvertriebs. Über die Röhren- und Lizenzpreise diktierte Telefunken somit weitgehend die deutschen Marktpreise, die – so Kritiker – in Deutschland über dem internationalen Standard lagen[282].

Im Schatten der internationalen Auseinandersetzungen entspann sich um das von Lieben-Patent ein neuer innerdeutscher Konflikt, als die C. Lorenz AG eine selbst entwickelte billige Wiedergabeapparatur, Kinoton, auf den Markt brachte und mit Erfolg vorführte[283]. Diese beruhte auf dem von der Tobis nicht in ihren Apparaturen integrierten System Lignose-Breusing und konnten nur Nadeltonfilme vorführen[284]. Im Unterschied zu amerikanischen Wiedergabeapparaturen für Nadeltonfilme nutze Kinoton einen Drehstrommotor, der über Riemen die starre Welle des Projektors und die Gelenkwelle des Plattenspielers antrieb. Die Lautsprecheranlage bestand aus zwei Boxen und deren synchron arbeitenden Verstärkern, die zusammen für das Doppelte des jeweiligen Raumvolumens ausgelegt waren. Auf diese Weise konnte bei Ausfall einer Röhre der andere Verstärker auf Knopfdruck weiterhin eine befriedigende Lautstärke im Zuschauerraum garantieren. Durch die relativ einfache Konstruktion der Wiedergabeapparatur konnte die Lorenz AG ihre Geräte zu einem relativ geringen Preis anbieten[285], was den Absatz der teureren Klangfilmapparatur behinderte.

Die in den Kinoton-Geräten installierten Lautsprecher arbeiteten auf der Basis der Telefunken-Verstärker-Röhre, die durch das von Lieben-Patent geschützt war. An diesem entzündete sich der Streit mit der Klangfilm. Letztere stellte sich auf den Rechtsstandpunkt, daß das am 1. Februar 1927 geschlossene Patentabkommen zwischen Lorenz und Telefunken[286] sich nur auf den Bau von Radiogeräten beziehe und das Vertragswerk sich nicht auf den Einbau von Verstärkerröhren in Tonfilm-Wiedergabe-Apparaturen er-

---

[281] vgl. u. a.: Walter Wolff: Patentfragen in der Rundfunkindustrie II., in: Berliner Tageblatt 6. 10. 1928, Nr. 423, 57. Jg.
[282] Achtung! Achtung! Hier ist die Kritik! Kampf um das Radiomonopol – Verzeifelte Anstrengungen der Diktatur Telefunken, in: Funk-Woche Nr. 8/1930, 5. Jg.
[283] Zur Technik dieser Wiedergabeapparatur: Paul Hatschek: Die Kinoton-Theatereinrichtung für Tonfilm, in: Die Kinotechnik 5. 4. 1930, Nr. 7, 12. Jg., S. 199 f.
[284] „Kinoton" stellt sich vor, in: LBB 16. 12. 1929, Nr. 299, 22. Jg.
[285] Paul Hatschek: Die Kinoton-Theatereinrichtung für Tonfilm, in: Die Kinotechnik 5. 4. 1930, Nr. 7, 12. Jg., S. 199 f.
[286] Zwischen der Lorenz AG und Telefunken bestanden darüber hinaus auch eine Reihe weiterer fester Verträge auf dem Gebiet der Fernschreibertechnologie und anderen Gebieten der Schwachstromtechnik. Gapinski, a. a. O., S. 125

strecke[287]. Unter dieser Voraussetzung dürften die fraglichen Röhren, zu deren Produktion Siemens & Halske sowie AEG sich am 10. bzw. am 14. Februar des gleichen Jahres verpflichtet hatten, auch nicht von Lorenz in Tonfilmapparaturen eingebaut werden[288]. Nach dem Urteil des Berliner Landgerichts, das am 31. Dezember 1929 entschied, daß die Apparatur der Western Electric patentverletzend sei, wurden die Kinobesitzer von der Klangfilm in öffentlichen Annoncen vor dem Kauf von Kinotonapparaturen von Kinoton gewarnt[289]. Daraufhin strengte die Lorenz AG eine Feststellungsklage an. Durch sie sollte entschieden werden, ob und inwiefern die Aktiengesellschaft berechtigt war, die auf dem von Lieben-Patent aufbauenden Verstärkerröhren für ihre Lichtspieltechnik zu nutzen[290]. Die Klangfilm vertrat vor Gericht den Standpunkt, daß Lorenz laut Vertragstext kein Recht habe, die von Telefunken für die Rundfunktechnik gelieferten Röhren auch in die neue Kinotechnik einzubauen. Somit richtete sich die Feststellungsklage ausschließlich gegen die Klangfilm und nicht gegen die Tobis oder die Patentinhaberin der umstrittenen Röhre, Telefunken. In seinem am 31. Januar 1930 verkündeten Urteil widersprach das Gericht der Auffassung der Klangfilm. Daraufhin reichte die Klangfilm wegen der Verletzung von Hüllen-, Erdungs-, und Kupplungspatenten vier Verletzungsklagen gegen die Lorenz, ihre Vertriebsgesellschaft und einen Theaterbesitzer ein, der die umstrittene Apparatur in sein Kino eingebaut hatte[291].

Der Streit um Kinoton war nicht das einzige Problem zwischen Lorenz und Telefunken. Die Lorenz AG hatte mit ihrem Majoritätsbesitzer, dem Philips-Konzern, einen Vertrag geschlossen, der dem niederländischen Unternehmen erlaubte, die von Lorenz gebauten Radios zu vertreiben. Unter den Bedingungen eines gesicherten Absatzes stellte Lorenz seine Radioproduktion auf eine Fließstrecke um. Die hierfür notwendigen Kredite stellte Philips zur Verfügung[292]. Ein von Telefunken am 12. Januar 1930 erwirkter Schiedsspruch legte in drei Punkten fest, unter welchen Bedingungen eine weitere Lieferung von Lorenz an Philips möglich sei. In den folgenden Tagen brach ein Streit über die Interpretation des Urteils aus. Lorenz und Philips interpretierten das Urteil dahingehend, daß nur ein Verstoß gegen alle drei Punkte die Lieferung von Radiogeräten an Philips in Eindhoven und an dessen deutsches Tochterunternehmen einschränken würde. Da dies nicht der Fall sei, erfüllte Lorenz seine Verträge gegenüber

---

[287] Ein innerdeutscher Tonfilm-Kampf? Lorenz-Apparatur der Kinoton-Gesellschaft, in: Berliner Tageblatt 13. 12. 1929, Nr. 588, 58. Jg.
[288] Lieben-Patent-Prozeß. Aus der Urteilsbegründung, in: Berliner Börsen-Courier 9. 8. 1931, Nr. 367, 63. Jg.
[289] vgl. u. a.: Zur Tonfilm-Patentlage, in: Die Kinotechnik 20. 1. 1930, Nr. 2, 12. Jg., S. 49
[290] Kinoton-Prozeß: 31. Januar, in: LBB 10. 1. 1930, Nr. 9, 23. Jg.
[291] Klangfilm klagt gegen Kinoton, in: Berliner Börsen-Courier 22. 3. 1930, Nr. 137, 62. Jg.
[292] Arno Ballentin: Das Schicksal von Lorenz. Verhandelt Philips?, in: Berliner Börsen-Courier 2. 5. 1930, Nr. 202, 62. Jg.

Philips weiter. Telefunken nahm dagegen den Standpunkt ein, daß bereits der Verstoß gegen einen der drei Punkte einen Lieferstop zur Folge haben müsse, und kündigte einseitig die Vertragslieferungen[293]. Gleichzeitig strengte Telefunken einen zweiten Schiedsspruch an. Dieser unterstützte die Rechtsauffassung des Patenthalters und verbot Lorenz jeden Verkehr mit Philips. Infolgedessen verkaufte der niederländische Elektrokonzern seine Lorenz-Anteile mit Unterstützung der Commerzbank an die zur Western Electric gehörende International Telephon & Telegraph, die das Aktienpaket ihrer Auslandsholding International Standard Electric übergab[294]. Zwischen deren deutscher Tochtergesellschaft, der Berliner Standard-Elektrizitätsgesellschaft und AEG bestanden seit Jahren feste Lizenz- und Lieferverträge[295].

Trotz aller noch offenen Patentfragen stand Ende 1929 fest, daß sich der Tonfilm auch in Deutschland in Kürze durchsetzen würde. Selbst der schärfste Kritiker des neuen Mediums innerhalb der deutschen Filmindustrie, der Reichsverband der Lichtspielbesitzer, gab im Oktober 1929 seinen Mitgliedern den Ratschlag, sich auf den Tonfilm einzustellen[296]. In wirtschaftlicher Hinsicht war also absehbar, daß sowohl die Kino- als auch die Atelierbetreiber, soweit sie noch nicht in das neue Medium investiert hatten, mit erheblichen Umstellungskosten rechnen mußten. Auf Grund der höheren Produktionskosten würde sich der bereits 1929 abzeichnende quantitative Rückgang der Filmproduktion weiter fortsetzen und die Verleihpreise erheblich steigen. Einige Kritiker hofften[297], daß infolge der geringeren Produktion allen an der Filmherstellung Beteiligten mehr Zeit bliebe, um qualitativ anspruchsvollere Filme zu drehen.

---

[293] Achtung! Achtung! Hier ist die Kritik! Kampf um das Radiomonopol – Verzweifelte Anstrengungen der Diktatur Telefunken, in: Funk-Woche Nr. 8/1930, 5. Jg.
[294] Zuvor hatte sich die Standard Electric Co. gegenüber Telefunken verpflichtet, sich in bezug auf ihre zukünftigen Aktivitäten in Deutschland auf das Telefongebiet zu beschränken. Gapinski, a. a. O., S. 126
[295] Arno Ballentin, Amerikaner statt Philips? Auswirkungen des Lorenzkampfes, in: Berliner Börsen-Courier 20. 5. 1930, Nr. 231, 62. Jg.
[296] Reichsverband ändert Tonfilmkurs. Aber die Preise für die Tonfilmapparaturen sind nach wie vor viel zu hoch, in: Der Film 26. 10. 1929, Nr. 43, 14. Jg.
[297] Fritz Olimsky: Auswirkungen des Tonfilms, in: Berliner Börsen-Zeitung 10. 11. 1929, Nr. 527, 75. Jg.

3. Der Weg zum „Pariser Tonfilmfrieden" und seine Folgen für die Kinematographie

3.1. Kinematographische Probleme zu Beginn des Jahres 1930

Zwei Fragen standen zur Jahreswende 1929/30 im Mittelpunkt des Interesses der Filmöffentlichkeit. Zum einen betraf die Aufmerksamkeit den „Entwurf eines Gesetzes zur Änderung des Lichtspielgesetzes", das Reichsinnenminister Carl Severing vorgelegt hatte. Es sah eine Reihe von Verschärfungen der bestehenden Vorschriften vor, mit denen er „die künstlerische Erziehung des deutschen Volkes, die Entwicklung der Filmkunst befördern" wollte. In der Traditionslinie der Kinoreformbewegung stehend begründete der Minister seine Initiative mit dem Hinweis, „daß bei den zahllosen Filmen, die Abend für Abend vor einem in seiner Masse kaum zu schätzenden Publikum laufen, sehr viele sind, die mit außergewöhnlicher Niedrigkeit des Geschmacks die klare und starke Gefühlswelt bildungsbedürftiger Menschen verwirren und oftmals heillos schädigen ... Die Gefahren der Oberflächlichkeit und der weichlichen Geschmacksentartung sind ganz gewiß vorhanden und müssen von verantwortungsbewußten Kulturpolitikern mit allem Ernst beachtet werden"[1]. Weitgehend unabhängig von der politischen Einstellung der im Film Beschäftigten stieß der Entwurf auf heftige Kritik, da er, hierin waren sich alle einig, eine ungerechtfertigte Einengung der künstlerischen Freiheit darstellte[2].

Zum zweiten stand in der Kontinuität der Berichterstattung des Jahres 1929 der Übergang zum Tonfilm im Zentrum der Aufmerksamkeit. Mit Ausnahme vereinzelter Stimmen, wie etwa Charles Chaplin, der nachwie vor der Meinung war: „Des Films Wesen ist Schweigen"[3], stand für die überwiegende Mehrheit der von verschiedenen Zeitungen Befragten fest, daß dem Tonfilm die Zukunft gehören wird, der Stummfilm daneben aber fortexistieren würde. So hob etwa Klitzsch in seiner Funktion als 1. Vorsitzender der SPIO hervor: „Das Anfangsstadium der Tonfilmherstellung und damit die schwierige Zeit der Experimente und langer Überlegungen darf

---

[1] Staat und Wirtschaft. Dem deutschen Film zum neuen Jahr: Der Reichsminister des Innern, in: LBB 1. 1. 1930, Nr. 1, 23. Jg.
[2] vgl. u. a.: Laßt den Film frei! In: Vossische Zeitung 1. 1. 1930, Nr. 1
[3] Charles Spencer Chaplin, Des Films Wesen ist Schweigen, in: FK 1. 1. 1930, Nr. 1/2, 12. Jg.

als überwunden bezeichnet werden und wir dürfen uns der sicheren Erwartung hingeben, daß die demnächst herauskommenden großen deutschen Tonfilme den Sieg vollenden helfen und die Grundlage zu einer neuen hoffnungsvollen Zukunft und einem neuen künstlerischen Schaffen legen werden"[4]. In einer Zuschrift aus London hieß es zum gleichen Thema: „Deutschland muß also schleunigst Tonfilme produzieren, wenn es nicht ganz ins Hintertreffen geraten will, oder wenn nicht der merkwürdige Zustand sich herausbilden sollte, daß der stumme Film zu einer Art europäischem Panoptikum wird"[5]. Eine generelle Umstellung aller deutschen Kinos auf die neue Technik konnte sich das Mitglied des Aufsichtsrates der D.L.S., August Weinschenk, zu diesem Zeitpunkt nicht vorstellen. Er unterstrich, daß es in Zukunft nicht ausreichen werde, ein paar große Tonfilme zu drehen: „Wir müssen im Rahmen des finanziell überhaupt möglichen Qualitätsfilme in stummer Fassung fabrizieren, da es nur so möglich ist, die große Menge der Theaterbesitzer mit Filmen zu bedienen, welche stark genug sind, jede Konkurrenz mit den Darbietungen der großen Theater auszuhalten. Jeder einzelne sollte immer daran denken, daß mit dem Wohl der Kleinen und Kleinsten sein eigenes Wohl auf das innigste verknüpft ist, denn die drohenden Ausfälle an den sogenannten Nachspielern müßten sonst von der verhältnismäßig kleinen Gruppe der Erstspieler getragen werden"[6].

Die praktische Umsetzung der Tonfilmproduktion wurde zu Beginn des Jahres 1930 vor dem Hintergrund der aktuellen Situation insbesondere von den Filmproduzenten als sehr schwierig eingeschätzt. In bezug auf den internationalen Absatz zukünftiger Tonfilmproduktionen stellten sie zwei Aspekte in den Vordergrund: Die Patentfrage und die Möglichkeiten trotz unterschiedlicher Sprachen der filmproduzierenden Länder, potentiell weltweit die Filme wirtschaftlich auszuwerten. Im Hinblick auf den zweitgenannten Gesichtspunkt befürchtete der Regisseur von *Geld auf der Straße*, *Der keusche Josef*, *Die Lindenwirtin* und einer Reihe weiterer 1930 uraufgeführter Tonfilme, Georg Jacoby: „Die Herstellung hochwertiger deutscher Sprechfilme ist unrentabel, da sich die Herstellungskosten aus dem inländischen Absatzgebiet nur schwer bezahlt machen. Die bisherige Domäne der deutschen Produktion, der künstlerisch hochwertige stumme Film, kann gegenüber der in der ganzen Welt mit Macht propagierten Tonfilmbewegung sich – wirtschaftlich – nicht mehr behaupten"[7]. Die Patentstreitigkeiten beschrieb Josef Somló als die größte Schwierigkeit der gegenwärtigen Filmproduktion: „Der deutsche Filmproduzent ist zum eifrigsten Leser der Gerichtssaalrubrik der Tageszeitungen geworden. Man

---

[4] Ludwig Klitzsch, Jahr des Schicksals, in: FK 1. 1. 1930, Nr. 1/2, 12. Jg.
[5] Edmund Meisel, Von London aus: Revolution! In: FK 1. 1. 1930, Nr. 1/2, 12. Jg.
[6] August Weinschenk, in: LBB 1. 1. 1930, Nr. 1, 23. Jg.
[7] Georg M. Jacoby, Vorsichtiges Vorwärtstasten, in: LBB 1. 1. 1930, Nr. 1, 23. Jg.

hat sich für den Tonfilm entschieden und würde trotz aller Hemmnisse und der enormen amerikanischen Konkurrenz gerne Tonfilme erzeugen, aber – und jetzt kommt das Dickicht der Paragraphen mit einstweiligen Verfügungen, Patenten und Röhren und Verstärkern und Lautsprechern und Gerichtsurteilen und Lorenz und Siemens und AEG und Western und Tobis und noch Hunderten von Unds". Im Hinblick auf die Zukunft befürchtete der Regisseur, daß der verlorengegangene internationale Wettbewerb auf dem deutschen Markt zu einem qualitativ schlechteren Filmangebot führen könnte[8]. „Der Film-Kurier" meinte in seinem Kommentar dagegen zum Urteilsspruch im Prozeß Telefunken gegen Western Electric, daß jene Stimmen in den USA zunähmen, die eine Einigung beider Seiten forderten. Denn, so die Zeitung, „die Filmindustrie der ganzen Welt hat das dringende Interesse daran, daß die Internationalität des Films endlich wieder hergestellt wird. Je besser nämlich in den USA und bei uns die Tonfilme werden, um so seltener werden die brauchbaren stummen Fassungen sein und um so stärker macht sich die Notwendigkeit bemerkbar, die Tonfassungen zu exportieren"[9].

Auch Vertreter der Schallplattenindustrie zeigten sich vom Sieg des Tonfilms überzeugt. So betonte der Direktor der Deutschen Grammophon: „Es wird wohl kaum noch viele Skeptiker geben, die an der Weiterentwicklung des Tonfilms zweifeln". In seinen weiteren Ausführungen benannte er vor allem zwei Probleme, die im kommenden Jahr zu lösen seien: Die Filmproduzenten hätten neue künstlerische und wirtschaftliche Aufgaben zu meistern und möglichst viele Kinos sollten mit den neuen Apparaten ausgestattet werden, um Monopolstellungen einiger Lichtspielhäuser zu verhindern[10].

Die sich in den Äußerungen zum Jahresbeginn abzeichnende Übereinstimmung bezüglich des Tonfilms fand ihren Niederschlag in den Produktionsentscheidungen der größeren Produktionsfirmen. Nach der Ufa beschlossen am 9. Januar 1930 Aufsichtsrat und Delegiertenversammlung des D.L.S., in Zukunft nur noch Tonfilme zu produzieren. Bemerkenswert war dieser Entschluß vor allem deshalb, weil er von Kinobesitzern aus allen Teilen des Reiches getragen wurde[11]. Mit ihrer Zustimmung zum zukünftigen Produktionsprogramm des Syndikats unterstrichen sie ihre Bereitschaft zu notwendigen Investitionen für die Anschaffung von Wiedergabeapparaturen. Zusammen mit den Ufa-Lichtspielhäusern, die der Konzernleitung unterstanden, hatte sich somit zu Beginn des Jahres 1930 mindestens ein Drittel der deutschen Kinobetreiber, die ihre Häuser täglich bespielten, öffentlich für den Tonfilm entschieden. Dieses Ergebnis kann

---

[8] Josef Somló, Produktion am Scheidewege, in: LBB 1. 1. 1930, Nr. 1, 23. Jg.
[9] Nach dem Urteil. Die Einigungschancen sind gestiegen, in: FK 2. 1. 1930, Nr. 3, 12. Jg.
[10] V. Badal, Noch viel positive Arbeit..., in: LBB 1. 1. 1930, Nr. 1, 23. Jg.
[11] Tonfilmumstellung beim DLS, in: LBB 10. 1. 1930, Nr. 9, 23. Jg.

vor dem Hintergrund des geschäftlichen Erfolges wenig verwundern. Auf die Umfrage „Ist der Tonfilm ein Geschäft", die von der „Lichtbild-Bühne" in der ersten Januarhälfte gestartet wurde, veröffentlichte das Blatt ausschließlich Antworten der Superlative. So schrieb der Besitzer des Gloria-Palastes in Frankfurt an der Oder: „Wir können Ihnen mitteilen, daß wir mit dem Aafa-Tonfilm *Dich hab' ich geliebt* für Frankfurt a.O. den Rekord geschlagen haben, indem wir den Film 19 Tage ... auf dem Spielplan beibehalten konnten, eine Laufzeit, die bisher noch kein Film in Frankfurt a.O. aufweisen konnte. Bei einer Einwohnerzahl von 75 000 konnten wir die stattliche Zahl von zirka 22 000 Besuchern buchen". Aus Ostpreußen wurde berichtet, „daß wir den Film *Atlantic* bereits die vierte Woche verlängerten. Ein solcher Rekordbesuch ist in Königsberg noch nie mit irgendeinem Filmwerk erzielt worden. Trotzdem hat der Publikumsandrang noch immer nicht nachgelassen und es müssen tagtäglich mehrere hundert Personen vor dem stets ausverkauftem Hause umkehren". Der Führer des Vereins Bayerischer Lichtspieltheaterbesitzer, Adolf Engl, berichtete über ähnliche Erfolge in Regensburg und fügte hinzu, daß er die Absicht habe, in Kürze in Fürth, Passau und Kempten gleichfalls Tonfilmapparaturen installieren zu lassen[12].

Die begeisterten Zuschriften unterstreichen zum einen den hohen Neuigkeitswert des Tonfilms, der wie in Berlin auch landesweit auf großes Interesse stieß. Zum anderen war, wie die nachstehende Tabelle verdeutlicht, der Ausstattungsgrad deutscher Lichtspielhäuser mit Wiedergabeapparaturen insbesondere bei kleinen Kinos noch relativ gering. Die Umfrage der Zeitung zielte deshalb wohl auch darauf, die Umstellungs- und Investitionsentscheidungen zu beschleunigen. Aufgrund des noch niedrigen Tonfilm-Ausstattungsgrads konzentrierte sich der verstärkte Besuch auf wenige, vor allem große Lichtspielhäuser:

Deutsche Kinotheater mit Tonfilmapparaturen Stand 31. 12. 1929[13]:

Anzahl der Plätze	Theater	davon mit Tonfilmapparaten ausgestattet	
		Anzahl	in Prozent
bis 300	714	9	1,2
300 bis 500	78	32	4,7
500 bis 750	383	48	12,4
750 bis 1000	199	60	31,3
über 1000	132	74	56,0
insgesamt	2106	223	10,5

---

[12] Ist der Tonfilm ein Geschäft? Zuschriften der Praktiker zu einer Notiz der „LBB", in: LBB 21. 1. 1930, Nr. 18, 23. Jg.
[13] A.M.: Die Entwicklung des Tonfilms und die heutige Wirtschaftslage in der Filmindustrie, in: Die Photographische Industrie 28. 5. 1930, Nr. 22

3.2. Erste deutsche Tonfilmerfolge – Patent- und Lizenzstreitigkeiten in Deutschland und die Unterzeichnung des Warners-Tobis Abkommens

Der Ausschluß der Western Electric-Apparaturen vom deutschen Markt stärkte nicht nur die europäischen Patentinhaber, sondern vergrößerte auch den Druck der Filmfirmen auf die amerikanischen und europäischen Patenthalter, sich zu einigen. Die Patentstreitigkeiten hatten neben einer starken Verunsicherung der Produzenten und Kinobetreiber hinsichtlich der Geräte, die sie zum Drehen bzw. zur Wiedergabe von Filmen nutzen sollten, vor allem die bisherige Internationalität des Mediums zerstört. Allerdings war der diesbezügliche Schaden für die Amerikaner stärker als für die europäischen Produzenten. Letztere profitierten insofern von der Blockade, als sie in den wenigen bisher mit Tonfilmwiedergabegeräten ausgestatteten Lichtspielhäusern ihre Filme unbelästigt von der amerikanischen Konkurrenz intensiv auswerten konnten. Auch die Klangfilm glaubte, ihre Monopolstellung auf dem deutschen Markt für ihre Preisgestaltung der Wiedergabeapparaturen nutzen zu können. Diese Preise lagen zum Teil über denjenigen für vergleichbare amerikanische Geräte. Entsprechend dem Geschäftsgebahren der Western Electric verkaufte die Klangfilm ihre Projektoren nicht, sondern vermietete sie nur. Analog zum dem amerikanischen Muster gab sie als Grund an, an einer ordentlichen Instandhaltung der Apparatur interessiert zu sein. Diese könne nur durch einen Verbleib der Geräte im Besitz des Unternehmens gewährleistet werden. Zur Sicherung eines einwandfreien Zustandes der Vorführapparaturen führte die Klangfilm eine wöchentliche Zwangsrevision ein und unterhielt einen Entstörungsdienst[14]. Um beides zu gewährleisten, richtete das Unternehmen Revisionsstellen ein, die über das gesamte Reich verteilt waren. Das Netz verdichtete sich in Abhängigkeit von der Verbreitung der Klangfilmapparaturen. Die Störungsstellen waren täglich zwischen 12 Uhr und Mitternacht mit ein bis zwei Monteuren besetzt und verfügten über komplette Ersatzteillager. Darüber hinaus befand sich in der technischen Zentrale in Berlin ein Klangfilm-Revisionsdienst, der rund um die Uhr arbeitete und neben technischen Ratschlägen gegebenenfalls auch die Außenstellen sofort mit fehlenden Teilen versorgen konnte[15].

Als Mietpreise bei einer Leihzeit von 10 Jahren berechnete die Klangfilm für ihre Apparaturen:

für Kinos mit bis zu	1 000 Plätzen	29 500 RM
für Kinos mit	1 000 - 1 500 Plätzen	46 500 RM
für Kinos mit	1 500 - 2 000 Plätzen	53 500 RM
für Kinos mit über	2 000 Plätzen	58 000 RM

---

[14] Weinwurm, Der Filmverleih, S. 88
[15] Erweiterung des Klangfilm-Revisionsdienstes, in: Filmtechnik 7. 2. 1931, Nr. 3, 7. Jg. S. 16

Zu zahlen waren ein Viertel der Miete bei Bestellung, ein Viertel bei Lieferung und der Rest in 12 bis 18 Monatsraten.

Im gleichen Zeitraum verlangte Western Electric bei einem vergleichbaren Service:

für Kinos mit bis zu	900 Plätzen	35 000 RM
für Kinos mit	900 - 1 100 Plätzen	43 000 RM
für Kinos mit	1 100 - 2 200 Plätzen	56 000 RM
für Kinos mit über	2 200 Plätzen	72 000 RM[16].

Bei diesen hohen Kosten war absehbar, daß viele Kinobetreiber in Europa eine Einigung zwischen den Kontrahenten abwarten würden, um in bezug auf die Investitionsentscheidungen sicher zu gehen.

Vor dem Hintergrund einer Überproduktion in den USA[17] und den Antitrust-Prozessen, von denen in der Filmindustrie zuerst die Paramount Famous Lasky Corp. und die First National Pictures Inc. betroffen waren[18], drängten die großen Hollywood-Firmen auf eine Einigung, denn an den Geschäften der Warners, die als Außenseiter ihre Filme nicht auf Western-Apparaturen abspielte, wurde deutlich, welche Einnahmen ihnen in Europa verloren gingen[19].

Die von der gesamten Filmindustrie zu Beginn des Jahres 1930 erwartete schnelle Umstellung auf den Tonfilm barg die Gefahr, daß die stummen Filme innerhalb kurzer Zeit abgeschrieben werden mußten. Um die voraussehbaren Verluste zu minimieren, versuchten größere Unternehmen, wie die Ufa, über die Auslandsabteilung zu Festpreisen möglichst schnell eine große Anzahl Filme abzusetzen. So verkaufte der Konzern seine stummen Lizenzen einschließlich der erst 1928/29 fertiggestellten Großfilme *Heimkehr* (Regie: Joe May) und *Asphalt* (Regie: Joe May) im Januar ohne längere Verhandlungen für etwa 6 500,- $ nach China[20]. Im Gegensatz dazu wurde der Verleih für die Filmauswertung der im Februar und März fertiggestellten Tonfilme verpflichtet, überdurchschnittliche Einnahmen sicherzustellen. Die Ufaleih GmbH verlangte deshalb für den eigentlich stummen, nur mit Geräuschen und Musik unterlegten Film *Der weiße Teufel* (Regie: Alexander Wolkoff) sowie den zweiten 100 prozentigen Tonfilm der Ufa, *Der unsterbliche Lump*, in den deutschen Randgebieten wie den Baltischen Staaten eine Mindestgarantie zwischen 1 200,- und 1 800,- RM. Die Lizenzzahlungen wurden gesondert berechnet[21]. Aufwendiger als der reine Export war die nachträgliche musikalische Synchronisation stummer Filme, deren Kosten sich pro Akt inklusive der Produktion von 150 Schallplatten

---

16 Strohm, Umstellung, S. 74
17 BArch R 901 / 47178/1 Bl. 431
18 ebenda Nr. 45552 Bl. 137 ff.
19 Nach dem Urteil. Die Einigungschancen sind gestiegen, in: FK 2. 1. 1930, Nr. 3, 12. Jg.
20 BArch R 109 I / 1027 Bl. 333
21 BArch R 109 I / 258

auf etwa 750,- RM, also insgesamt auf 9 000,- RM pro Film beliefen. Diese Ausgaben amortisierten sich nur, wenn die betreffenden Filme von einer Vielzahl von Verleihern im In- und Ausland angeboten wurden und diese die entsprechenden Zuschläge akzeptierten. Bei der Ufa etwa übernahm der lateinamerikanische Vertrieb für sieben Großfilme, wie *Die Frau im Mond* (Regie: Fritz Lang), *Adieu Mascotte* (Regie: Wilhelm Thiele), *Asphalt* und *Der Sträfling von Stambul* (Regie: Gustav Ucicky), weitgehend die Kosten. Der Filmvertrieb nach Südamerika ermöglichte dem Konzern somit, die nachsynchronisierten Spielfilme auch in kleineren Ländern, wie den Balkanstaaten, weiter auszuwerten[22].

Über derartige Verbindungen verfügten in Deutschland nur wenige Unternehmen. Insofern war zu Beginn des Jahres 1930 abzusehen, daß die Mehrzahl der einheimischen Filmfirmen auf Grund der hohen Zuschauerpräferenzen für Tonfilme in Kürze ihren bisherigen Filmstock weitgehend abschreiben mußten. Insofern verschaffte die Möglichkeit großer Verleihfirmen, wie etwa der Ufaleih GmbH, ihre Stummfilme noch kurzfristig auf dem internationalen Mark auszuwerten, nur kurzfristige Vorteile.

Um den Jahreswechsel 1929/30 verschärften sich die Auseinandersetzungen zwischen Ufa und Klangfilm wieder, weil letztere Wiedergabeapparaturen in Lichtspielhäusern installiert hatte, ohne auf das vertraglich zugesicherte Prioritätsrecht der Ufa Rücksicht zu nehmen. Anfang Januar versuchte Klitzsch, die unterbrochenen Kontakte zu Siemens mit dem Ziel wieder aufzunehmen, eine endgültige Klärung des Streits herbeizuführen[23]. Gleichzeitig ließ er umfangreiches Material drucken, das die Forderungen der Ufa nach Ausgleichszahlungen unterstreichen sollte. Als Vermittler wurde Anfang März 1930 von beiden Seiten der Direktor der Deutschen Bank, Emil Georg von Stauss, akzeptiert. Als die ersten Gespräche zustande kamen, begann das Filmunternehmen, sich dank der ersten Tonfilmerfolge bereits finanziell wieder zu konsolidieren. Noch in der zweiten Januarhälfte hielten sich Gerüchte „über die schlechte Finanzlage der Ufa". Gleichzeitig bemühte sich die Klangfilm erfolglos bei der Tobis um Finanzierungszusagen für die Herstellung zweier Großfilme[24]. Anfang März hatte sich die Situation bereits grundlegend geändert. Im Zusammenhang mit den Vermittlungsbemühungen äußerte sich Klitzsch gegenüber Stauss zum Geschäftsverlauf der Tonfilmauswertung. Allein im Theaterbereich konnte im Monat Februar der Reingewinn gegenüber dem Vorjahr um eine halbe Million Mark gesteigert werden. In diese Rechnung waren die verringerten Ausgaben für die Kinoorchester noch nicht einbezogen. Diese waren im gleichen Zeitraum bereits auf 40 Prozent gesunken. Der Anfang Februar angelaufene Spielfilm *Liebeswalzer* (Regie: Wilhelm Thiele) hatte in

---

[22] BArch R 109 I / 258
[23] BArch R 8119 / 19065 Bl. 716
[24] SAA 4/ Lf Nr. 706

den ersten drei Wochen höhere Erlöse eingespielt, als der erfolgreichste amerikanische Tonfilm in Deutschland, *The singing fool*. Nach diesen durchschlagenden Erfolgen plane man für die kommende Zeit, so Klitzsch weiter, nur noch Großfilme zu produzieren und „von den kleinen Filmen abzugehen"[25].

Vor dem Hintergrund des Publikumserfolges der frühen Tonfilme entstanden neue Spannungen zwischen Ufa und Klangfilm. Sie betrafen nicht die Technik, sondern die Lizenzgebühren. Der Filmkonzern konnte bis Anfang März 1930 drei Atelierverträge mit Fremdfirmen nicht abschließen, weil die Klangfilm seit der Unterzeichnung des Ufa-Klangfilm-Vertrags keine Preisliste für die Nutzung der Aufnahmegeräte und die Lizenzbedingungen durch Dritte übergeben hatte. Die Ufa befürchtete, daß trotz der langsam beginnenden deutschen Tonfilmproduktion neben den Stummfilmateliers nun auch die für den Tonfilm leerstehen könnten[26]. Nach mehrmaliger Nachfrage von seiten der Ufa schickte die Klangfilm die Lizenzbedingungen der Tobis. Diese widersprachen dem Ufa-Klangfilm-Abkommen insofern, als sie nicht die im Tobis-Klangfilm-Vertrag festgelegten Lizenzzahlungen an die Tobis für die Nutzung von Klangfilmgeräten in Höhe von 1 000,- RM pro Tag vorsahen. Aus diesem Grund weigerte sich die Ufa, eine diesbezügliche Lizenz von Mietern ihrer Ateliers an die Tobis abzuführen[27].

Der Tobis fehlten zum Drehen von Tonfilmen ausreichende Ateliers. Sie strebte deshalb mit der Klangfilm und der Ufa Gespräche über eine Interessengemeinschaft in diesem Geschäftsbereich an. Das Filmunternehmen nutzte die Gelegenheit, um die offenen Fragen der Ausgleichsforderungen zu thematisieren[28]. Auch diese Bemühungen führten zu keinem schnellen Ergebnis, weil die AEG als eine Mutterfirma der Klangfilm und Lieferantin von Bauteilen für die Apparaturen sich nicht im Stande sah, kurzfristig eine eigene Position zu den Ufa-Forderungen zu erarbeiten[29].

Am 31. März 1929 tagte der Arbeitsausschuß des Aufsichtsrats der Ufa erneut. Der wichtigste Tagesordnungspunkt der Sitzung war die Berichterstattung von Klitzsch über den Verhandlungsstand mit der Klangfilm. Im Verlauf seiner Ausführungen faßte der Generaldirektor des Konzerns all jene Gründe zusammen, die aus seiner Sicht für eine schnelle Umstellung auf die neue Technik sprachen. Als wichtigstes Argument nannte er die Unabhängigkeit von den USA. Im Unterschied zu den deutschen Elektrofirmen, die unter dieser Losung vor allem eine technische Autonomie anstrebten, befürchtete Klitzsch, daß über die amerikanische Technik eine Ex-

---

[25] BArch R 8119 / 19065 Bl. 731; 770
[26] Am 3. März gab der Vorstand sein Einverständnis für den Umbau der letzten Stummfilmateliers in Neubabelsberg. BArch R 109 I / 1027 b Bl. 309
[27] BArch R 8119 / 19065 Bl. 743
[28] BArch R 109 I / 1027 b Bl. 305
[29] BArch R 8119 / 19065 Bl. 766 f.

portoffensive der Hollywoodproduktionen nach Mitteleuropa einsetzen könnte. Nach seinen Erfahrungen würden diese vom Publikum gemieden, so daß eine Dominanz ausländischer Filme in den deutschen Kinos viele Lichtspielhäuser in den Ruin führen würde. Zum zweiten verwies Klitzsch auf den chronischen Kapitalmangel der deutschen Filmindustrie. Der erlaube keine schnelle Umstellung auf die neue Technik. Die Situation könne sich aber ändern, wenn hervorragende Tonspielfilme produziert und auf diese Weise eine entsprechende Nachfrage erzeugt werden könnte. Ohne den Punkt weiter auszuführen, verwies der Vortragende schließlich auch auf die wirtschafts- und kulturpropagandistische Bedeutung einer vom Ausland weitgehend unabhängigen deutschen Tonfilmproduktion. Wenn die Ufa die in vielen Ländern nachweisbare Neugierde des Publikums auf das neue Medium in einen geschäftlichen Erfolg ummünzen wolle, so Klitzsch, müßte die Produktion möglichst schnell aufgenommen und qualitativ hochwertige Tonfilme auf den Markt gebracht werden. Die zukünftige Stellung der Ufa innerhalb der deutschen Filmindustrie beschrieb der Generaldirektor wie folgt: Tonfilme würden ausschließlich in Ateliers produziert. Insofern könnten diese in Zukunft besser ausgelastet werden und auch qualifizierte Fachkräfte zur Bedienung der Technik herangebildet werden. Ein schneller Aufbau der Ateliers, die in Deutschland konkurrenzlos für die eigenen und Fremdproduktionen zur Verfügung stehen würden, eine – wie im Entwurf zum Vertrag mit der Klangfilm vorgesehene – permanente Verbesserung der Aufnahmetechnik sowie das ihnen angeschlossene Kopierwerk böten eine hervorragende Basis für eine zukünftige Konzentration der deutschen Tonfilmproduktion bei dem größten deutschen Filmproduzenten. Da es der Ufa bereits im April 1929 gelungen war, ihre zukünftigen Lizenzzahlungen zu minimieren, also diesbezüglich kein Verhandlungsspielraum mehr bestand, strebte Klitsch an, daß sein Unternehmen im Ergebnis der Verhandlungen mit der Tobis zukünftig indirekt an den Einnahmen aus den Lizenzforderungen beteiligt sein werde[30]. Der Arbeitsausschuß ermächtigte Klitzsch, die Verhandlungen in dem von ihm geschilderten Sinne weiterzuführen.

Am gleichen Tag beschloß der Ufa-Vorstand, da Klitzsch die weiteren Verhandlungen selbst führen bzw. aus nächster Nähe verfolgen wollte, daß während seines geplanten Aufenthalts in den USA die Verhandlungen „dilatorisch geführt werden". Gleichzeitig wurde angewiesen, an die Klangfilm die Ratenzahlungen von 80 000,- RM sowie alle Negativlizenzgebühren und die Beträge für Ersatzmaterialien vertragsgemäß zu zahlen[31].

Unabhängig von den Auseinandersetzungen um Patente und Lizenzen in Deutschland[32] führte die Tobis/Klangfilm-Gruppe Verhandlungen, um

---

[30] BArch R 109 I / 2421
[31] BArch R 109 I / 1027 b Bl. 287
[32] Zum zeitgleichen Lorenz-Klangfilm-Streit vgl. S. 183 f.; S. 192

ihren europäischen Einfluß auszubauen. Bereits am 14. Februar 1930 unterzeichneten die Tobis und die Aktiebolaget Svensk Filminduri einen Vertrag über die Herstellung zweier Tonfilme, der die Voraussetzung für einen Hauptvertrag über eine kontinuierliche Tonfilmproduktion bilden sollte[33]. Zeitgleich verhandelte die N.V. Küchenmeister's Internationale Maatschappyi voor Sprekende Films Amsterdam mit dem Filmkonzern Warners Brothers Pictures Inc. Am 11. März 1930 meldeten die deutschen Zeitungen, daß es im Verlauf von Gesprächen in Berlin und Amsterdam gelungen sei, mit dem amerikanischen Unternehmen einen „Tonfilm-Sonderfrieden" zu schließen. Die Verhandlungen sollten in New York mit der Unterzeichnung eines Vertrages abgeschlossen werden. Entgegen kursierenden Gerüchten[34] hob das Kommuniqué hervor, daß keine Aktien des deutsch-niederländischen Unternehmens an die Amerikaner abgetreten worden seien und die Warners bereit seien, in Zukunft für die Vorführung eigener Filme in Deutschland Lizenzgebühren zu zahlen[35].

Im Ergebnis der Gespräche erteilte der Aufsichtsrat des Tonbild-Syndikats seinem Vorsitzenden Curt Sobernheim am 15. März eine umfassende Vollmacht zur Führung von Verhandlungen und zum Abschluß des Interessengemeinschaftsvertrages. Auf der gleichen Sitzung genehmigte das Gremium auch den Entwurf zu einem Vertrag zwischen der Tobis/Klangfilm-Gruppe und den französischen Filmunternehmen Gaumont, Compagnie Radio Cinéma und Aubert Franco Film. Mit diesem Geschäft verbanden sich auf der deutsch-niederländischen Seite nicht nur geschäftliche Erwartungen in bezug auf das Apparategeschäft und die Filmproduktion, sondern auch hinsichtlich einer besseren Ausgangsposition gegenüber der amerikanischen Konkurrenz[36]. Der am 29. bzw. 30. März unterschriebene Vertrag beschrieb die Interessengebiete beider Gruppen, verpflichtete beide Seiten innerhalb der Gebiete, der jeweils anderen Seite keine Patentrechte geltend zu machen, enthielt Preisabsprachen und Kontingentierungsbestimmungen sowie eine Reihe von Zusatzbestimmungen[37].

Am 10. April unterzeichneten die N.V. Küchenmeister's Internationale Maatschappyi voor Sprekende Films, die Tobis und Warners Brothers das sogenannte New Yorker Agreement. Es stand inhaltlich in der Tradition der zu Beginn der 20er Jahre zwischen deutschen und amerikanischen Elektrokonzernen abgeschlossenen Verträge[38]. Im Hauptvertrag sicherten

---

[33] BArch R 109 I / 270
[34] So teilte Klitzsch am 6. März 1930 von Stauss in einer Kurzinformation mit, „daß die Majorität der Tobis gestern an die Firma Warners Brothers in Amsterdam verkauft worden sei". BArch R 8119 / 19065 Bl. 730
[35] Tonfilm-Sonderfriede. Küchenmeister – Warners, in: Berliner Tageblatt 11. 3. 1930, Nr. 119, 59. Jg.
[36] BArch R 109 I / 226
[37] BArch R 109 I / 269
[38] vgl. S. 133

die Amerikaner die Zahlung einer einmaligen Kreditsumme von 2,5 Millionen Dollar zu. Sollte die Tobis in der Lage sein, ihren Patentschutz nach vorgegebenen Spezifikationen einwandfrei und umfassend nachweisen zu können, sollte die Kreditsumme auf weitere zwei Millionen Dollar angehoben werden. Im Gegenzug erhielt Warners eine 50 prozentige Beteiligung des sich zur Zeit der Vertragsunterzeichnung im Eigentum der Sprekfilm befindlichen Besitzes an Patenten, an Patentrechten und Patentanmeldungen sowie Lizenzen. Dieses Eigentum bezog sich anteilig auf 100 Prozent der Sprekfilm, 70 Prozent der Tobis, 51 Prozent der Soundfilm und 90 Prozent der Compagnie Française Tobis. An den Lizenzeinnahmen sowie den realisierten Nettoüberschüssen der vier Firmen stand den Warners die Hälfte des Anteils der Sprekfilm zu, von der die Tobis gleichsam als Zinsen jährlich 6 Prozent des erwarteten Nettoüberschusses an das US-Unternehmen abführen mußte. Bis zur Gesamtsumme von 2,5 bzw. 4,5 Millionen Dollar konnte der Rest der anfallenden Gelder in der treuhänderischen Verwaltung der Sprekfilm bleiben. Mit der Überweisung der verauslagten Summe an Warners sollte der Vertrag gegenstandslos werden. Für die Zeit des Vertrages schrieb der Paragraph 3 des Hauptvertrages vor, daß alle Anteile der Sprekfilm an zukünftigen Patenten und den mit ihnen verbundenen Lizenzeinnahmen, die sie selbst oder eine der drei genannten Firmen erwerben würden, ohne weitere Formalitäten in das Vertragswerk einbezogen werden. Das Konsortium verpflichtete sich des weiteren, der amerikanischen Seite vierteljährlich alle Unterlagen über technische Veränderungen der Tonfilmaufnahme und -wiedergabe zur Verfügung zu stellen und ihr je einen Sitz in den Verwaltungsorganen der jeweiligen Gesellschaften zur Verfügung zu stellen. Warners Brothers seinerseits akzeptierte den Rechtsstandpunkt der Tobis in bezug auf die Patentsituation im Deutschen Reich und erklärte sich dort zur Zahlung für die von dem Syndikat beanspruchten Lizenzen bereit. Der Paragraph 10 des Vertrages legte die Spezifikationen fest, nach denen die Sprekfilm den Kreditrahmen um bis zu zwei Millionen Dollar erhöhen konnte. Danach sollte die Tobis eine bestimmte Summe für einzelne Länder bzw. Ländergruppen erhalten, in denen zukünftig die im Deutschen Reich bestehende Patentsituation per Gerichtsbeschluß durchgesetzt würde. In diesem Fall erklärte sich Warners zur Ausweitung des Kreditrahmens in gestaffelter Höhe und zur Zahlung von Lizenzen bereit. Die jeweiligen Summen lagen entsprechend der Bedeutung der jeweiligen Länder für die Auswertung von Spielfilmen zwischen 100 000,- $ in Skandinavien, in Österreich und in der Tschechoslowakei und 500 000,- $ in Großbritannien und den USA[39]. In einem zusätzlichen Lizenzvertrag erwarb sich Warners Brothers durch die Zahlung einer einmaligen

---

[39] NF NL Struve Nr. 26, vgl. auch: BArch R 109 I / 282

Summe von 100 000,- $ die Vertriebsrechte für Filmproduktionen der Tobis auf der ganzen Welt[40].

Der Vertrag brachte zum Zeitpunkt der Vertragsunterzeichnung Warners Brothers Inc. und der Küchenmeistergruppe überwiegend Vorteile. Der amerikanischen Seite war es gelungen, über die Sprekfilm einen gewissen Einfluß auf das deutsch-niederländische Konsortium zu gewinnen und an den jeweils aktuellen Kenntnissen der europäischen Tonfilmtechnik zu partizipieren. Beide Momente sind jedoch nicht überzubewerten. Mit je einem Sitz in den jeweiligen Verwaltungsorganen blieb das Gewicht von Warners Brothers begrenzt. Die Offenlegung der Patentsituation gegenüber dem amerikanischen Konzern war aus zwei Gründen von begrenzter Bedeutung. Zum einen produzierte Warners Brothers keine eigenen Apparaturen. Von daher schied das Unternehmen als Konkurrent in der Apparateproduktion aus. Zum zweiten bestanden zwischen den großen deutschen und amerikanischen Elektrokonzernen Patentaustauschabkommen. Insofern waren beide Herstellergruppen über die wichtigsten Entwicklungen auf dem Gebiet der internationalen Tonfilmentwicklung auch ohne den Vertrag bereits informiert.

Die Vorteile für die N.V. Küchenmeister's Internationale Maatschappyi voor Accoustiek bestanden nach dem mageren Ergebnis der Tobis in ihrem ersten Geschäftsjahr[41] und dem stockenden Absatz der von Ultraphon produzierten Sprechmaschinen[42] in dem dringend benötigten Zufluß an Kapital, um weitere Investitionen vornehmen zu können. Darüber hinaus konnte das deutsch-holländische Unternehmen stärker als bisher in das Schallplattengeschäft einsteigen, denn neben dem Hauptvertrag hatten beide Seiten auch einen Vertrag über die Zusammenarbeit auf dem Gebiet der Schallplattenproduktion unterschrieben. Hier bestand bei Warners Brothers Interesse an den Ultraphon-Patenten, weil das amerikanische Unternehmen vor der Vertragsunterzeichnung die Abteilung „mechanische Musik" des Brunswick-Konzerns gekauft hatte[43]. Von entscheidender Bedeutung für die Tobis war, daß sie nach ihren bereits mit General Talking Pictures geschlossenen Verträgen in Warners einen zweiten Verbündeten in den Auseinandersetzungen mit der Western Electric gewann. Allerdings wurden der Tobis infolge des Warners-Vertrages laufend rund 29 Prozent ihrer Lizenzeinnahmen entzogen, ohne daß sie dafür einen Gegenwert erhielt[44].

Die Erweiterung des europäischen Marktes auf die über 500 Lichtspielhäuser in den USA, die zum Warners-Konzern gehörten, war nur eine

---

[40] BArch R 109 I / 2491
[41] Der Geschäftsbericht der Tobis für das Geschäftsjahr 1928/29 weist einen Überschuß von 7 112,49 RM aus. BArch R 109 I / 221
[42] vgl. S. 359 f.
[43] Deutsch-amerikanischer Tonfilm. Gemeinschaftsproduktion Küchenmeister-Warners, in: Vossische Zeitung 29. 4. 1930, Nr. 119
[44] BArch R 80 Re 1 / 2683 Bl. 4

scheinbare. Zwar beruhten die Apparaturen der Western Electric einerseits und der Tobis/Klangfilm andererseits auf denselben technischen Prinzipien, dennoch waren sie nicht aufeinander abgestimmt. Die auf amerikanischen Apparaturen vorgeführten deutschen Filme konnten akustisch nicht befriedigen, und bei der Tonwiedergabe amerikanischer Filme auf deutsch/niederländischen Geräten erhielten alle amerikanischen Filmgirls eine Baßstimme. Dieses Problem war ohne die gegenseitige Offenlegung der Konstruktionszeichnungen und die Einbeziehung von Technikern beider Seiten nicht lösbar[45].

In bezug auf die Lizenzzahlungen präjudizierte das Abkommen die weiteren transatlantischen Tonfilmverhandlungen, da es alle wichtigen Forderungen der europäischen Seite erfüllte. Auch dieser Punkt sollte nicht überbetont werden, denn Warners hatte sich im Gegensatz zu den übrigen amerikanischen Filmkonzernen auch früher nicht dem Diktat der Western Electric gebeugt und an die Tobis Lizenzen gezahlt. Der Vertrag bestätigte diesbezüglich also nur die zwischen dem amerikanischen Konzern und dem deutsch/niederländischen Kartell längst praktizierte Verfahrensweise. Außerdem war Warners nicht das einzige Unternehmen, das auf amerikanischen Apparaturen produzierte Tonfilme in Deutschland vorführte. Auch die in England gedrehten Filme, wie *Atlantic*, wurden auf solchen hergestellt. Nach Absprachen zwischen Klangfilm und AEG auf der einen und General Electric und RCA auf der anderen Seite konnten diese Filme in Deutschland problemlos vorgeführt werden. Da eine baldige Einigung zwischen den amerikanischen und europäischen Positionen absehbar war – darüber hatten sich u.a. führende Vertreter von General Electric mit dem deutschen Botschafter in den USA von Prittwitz und Gaffron bereits Anfang des Jahres verständigt[46] -, sicherte der Vertrag den Warners einen Vorsprung gegenüber ihrer Konkurrenz in Hollywood. Sie konnten bereits im April beginnen, in Zusammenarbeit mit der National Film AG eigene Produktionen für die neue Saison im deutschen Verleih zu plazieren. Die Ankündigung des Konzerns, eigene Spielfilme in deutscher Sprache auf den Markt bringen zu wollen, erfolgte Anfang Juli 1930[47]. Die europäischen Theaterbesitzer mußten in diesem Fall nicht befürchten, daß die georderten Filme unter die Patentauseinandersetzungen fielen. Für die anderen Unternehmen in Hollywood bestand daher die Gefahr, daß Warners nach seinem bisherigen Erfolg mit *The singing fool* auf dem deutschsprachigen Absatzgebiet eine Schlüsselstellung für den zukünftigen Export amerikanischer Filmproduktionen einnehmen könnte[48]. Die außerordentliche Stellung von Warners auf dem europäischen Kontinent unterstrich Curt Sobernheim

---

[45] Richard Lewinsohn, Tonfilm-Friede, in: Vossische Zeitung 19. 6. 1930, Nr. 284
[46] BArch R 901 / 45546
[47] Zur neuen Saison. Warners-Tonfilme deutsch!, in: FK 4. 7. 1930, Nr. 156, 12. Jg.
[48] vgl. auch: Tonfilm-Sonderfriede. Küchenmeister – Warners, in: Berliner Tageblatt 11. 3. 1930, Nr. 119, 59. Jg.

nach seiner Rückkehr aus den USA, als er gegenüber der Presse betonte, daß beide Firmen, Warners Brothers und Tobis, in Zukunft gemeinsame Filmprojekte in Paris, London und Berlin realisieren wollten und einer der Warners-Brüder plante, seinen ständigen Wohnsitz nach Europa zu verlegen[49].

Vor dem Hintergrund der ersten Tonfilmerfahrungen kam dieser Aussage eine besondere Bedeutung zu. Mit Hilfe der Tobis hatte Warners sofort Zugang zu den großen Ateliers im englischen Wembley und in Epinay (Paris). Darüber hinaus konnten die Amerikaner hier für geringere Gagen Regisseure und Schauspieler finden, „mit einer ohne Zweifel echteren Aussprache des Idioms der Einzelländer ... als dies in Hollywood möglich sei. Die amerikanischen Produzenten stellten fest, daß schon nach kurzer Anwesenheit in den Vereinigten Staaten ein Fremdklang in die hinübergeholten Schauspieler ... komme, wodurch wenigstens mit der Zeit ein geringerer europäischer Erfolg der Hollywood-Tonfilme gegenüber den in Europa hergestellten vorauszusehen sei". So fragte etwa die Heldin an einer besonders tragischen Stelle in der deutschen Filmfassung einen Polizisten: „Wer hat sie geordert, Policeman?"[50] Aber nicht nur die Sprache und die Idiomatik bereitete den amerikanischen Produzenten Sorge. Darüber hinaus waren sie davon überzeugt, daß die europäischen Abnehmer beim Tonfilm stärker als beim stummen Film, nach europäischen Filmen verlangen würden. Diese mußten, so die zeitgenössische Auffassung, in Europa produziert werden[51].

Möglich wurde der Vertrag vor dem Hintergrund inneramerikanischer Auseinandersetzungen. Der Direktor der Western Electric, John E. Otterson, hatte wesentlichen Anteil an der Absetzung von William Fox als Direktor der Fox-Film Corporation, die infolge des Börsenkrachs in finanzielle Schwierigkeiten geriet. An seine Stelle trat ein Treuhänder-Ausschuß, in dem Otterson zusammen mit den beteiligten Banken den entscheidenden Einfluß hatte. Gleichzeitig erreichten die Auseinandersetzungen zwischen Warners und der Western Electric einen neuen Höhepunkt. Zwischen beiden Unternehmen lief bereits ein Prozeß über die Gewinnverteilung der von Warners entwickelten Tonfilmapparaturen[52]. Die Spannungen wuchsen, als die Warners ihre Absicht bekundeten, sich mit 130 Millionen Dollar bei der Fox zu engagieren, um die Übernahme des Konzerns durch die We-

---

[49] Deutsch-amerikanischer Tonfilm. Gemeinschaftsproduktion Küchenmeister-Warners, in: Vossische Zeitung 29. 4. 1930, Nr. 102
[50] Peter Murr, Film als Mißton. Diktatur der Patente, in: Vossische Zeitung 18. 5. 1930, Nr. 232
[51] W. Engelhard, Hohe Politik des Tonfilms, in: Berliner Börsen-Courier 7. 5. 1930, Nr. 209, 62. Jg.
[52] Tonfilm-Sonderfriede. Küchenmeister – Warners, in: Berliner Tageblatt 11. 3. 1930, Nr. 119, 59. Jg.; vgl. auch: Hans Meyer, Adolf Zuckor zeigt: Mr. Otterson als Friedensengel, in: Berliner Tageblatt 12. 6. 1930, Nr. 273, 59. Jg.

stern Electric zu verhindern. Der Versuch scheiterte am Widerstand der Gruppe um Otterson[53]. Als neue Majoritätsgruppe sprangen daraufhin die General Theatres Equipment Inc. und die MGM ein, die ihre Aktivitäten auf ein finanzielles Engagement beschränkten und die Strukturen des Konzerns nicht antasteten[54]. In der zweiten Maihälfte 1930 gelang es, die mehrere Jahre dauernde kapitalmäßige Reorganisation der Radio Corporation of America abzuschließen. Den entscheidenden Einfluß auf die Gesellschaft besaßen nun Westinghouse und General Electric[55], die ihrerseits mit dem Siemens-Konzern bzw. AEG über eine Reihe von Verträgen in enger Verbindung standen.

Die europäischen Patenthalter konnten davon ausgehen, daß nach der Unterzeichnung des New Yorker Agreements der Druck aus Hollywood auf die Western Electric wachsen werde. Dies deutete sich bereits an, als Anfang Mai der Produktionschef der Paramount, Jesse L. Lasky in Berlin eintraf, nachdem er zuvor bereits in Paris und Budapest Gespräche geführt hatte. Wie schon Harry Warner kündigte auch er die Produktion fremdsprachiger Versionen von amerikanischen Spielfilmen in Paris an[56]. Bereits eine Woche später begann auch der Direktor der Paramount, Adolph Zukor, die Lage auf dem europäischen Tonfilmmarkt mit dem Ziel zu sondieren, das deutsch/niederländische Kartell zu sprengen, um auf diese Weise die Aufführung amerikanischer Filme in Deutschland durchzusetzen[57].

Während des Aufenthaltes der Amerikaner in Europa strengte die Tobis ihrerseits einen neuen Patentprozeß vor dem Berliner Landgericht an. Die Klage bezog sich erstmals nicht auf das Lichttonverfahren, sondern auf die Herstellung von Schallplatten. Angezeigt wurde „Artiphon Record, die den im Ufa-Palast am Zoo gezeigten amerikanischen Tonfilm *Wings* (Regie: William Wellmann) in deutscher Version nachsynchronisiert hatte". Der Film mußte daraufhin vom Spielplan abgesetzt werden[58]. Zeitgleich begann am 19. Mai in den USA der Prozeß um das Lee de Forest-Patent, das die zur Küchenmeister-Gruppe gehörende General Talking Pictures für sich beanspruchte, und das von der Western Electric ohne Gegenleistungen genutzt

---

[53] BArch R 8119 / 19072 Bl. 87

[54] Heinz Luedicke, Der „neue" Fox-Konzern. Die Reorganisation der alten Konzerngesellschaften – Clarke's Interessenkreis, in: Berliner Börsen-Courier 14. 5. 1930, Nr. 221, 62. Jg. Infolge der Antitrust-Prozesse mußten im April 1931 die Aktienmehrheiten der Fox erneut umorganisiert werden. BArch R 901 / 45552 Bl. 167 f.

[55] Heinz Luedicke, Aufbau des Radio-Trusts. Schlußstrich der organisatorischen Reorganisation – Kapitalerhöhung und Stimmrechtsverschiebungen – Bedeutung für G.E. und Westinghouse, in: Berliner Börsen-Courier 25. 5. 1930, Nr. 241, 62. Jg.

[56] Eugen Szatmari, Die Paramount in Europa. „Europäische Versionen" werden in Paris gedreht, in: Berliner Tageblatt 4. 5. 1930, Nr. 208, 59. Jg.

[57] BArch R 8119 / 19072 Bl. 36 f.

[58] Peter Murr, Film als Mißton. Diktatur der Patente, in: Vossische Zeitung 18. 5. 1930, Nr. 232

wurde. Insofern hing die zukünftige Position der Western Electric wesentlich von dem zu erwartenden Gerichtsurteil ab.

Während des Aufenthalts der Amerikaner in Deutschland begann das Kabinett unter Reichskanzler Heinrich Brüning zunehmend mit Notstandsgesetzen zu regieren. Die politische Labilität hatte insofern Auswirkungen auf die Verhandlungen, als keine Regierung vorhanden war, mit der verbindliche Absprachen über ein zukünftiges Engagement der Amerikaner in Deutschland getroffen werden konnten. Eine solche sah die amerikanische Seite als unerläßlich an, „da man in keinem Lande Filmindustrie ohne gute Beziehungen zur Regierung betreiben kann"[59]. Darüber hinaus mußte die amerikanische Seite eingestehen, daß die europäische Seite die Blockade gegenüber Hollywood genutzt hatte, um auf nationaler Ebene und in Coproduktion mit anderen Ländern Tonfilme zu produzieren, die nicht nur in Deutschland, sondern auch im benachbarten Ausland mit viel Erfolg liefen. Unter den ungünstigen politischen Bedingungen, der offensichtlichen Stärke des deutsch-niederländischen Kartells, dem Erfolg vor allem deutscher Tonfilme und der Unzufriedenheit von Produzenten in Hollywood mit der Politik der amerikanischen Elektrokonzerne änderten diese ihre bisherige Blockadehaltung und willigten, ohne daß Otterson seine ablehnende Haltung gegenüber der Forderung nach einer Interchangeability aufgab[60], in neue Verhandlungen ein[61].

3.3. Der „Pariser Tonfilmfrieden"

Nach dem sogenannten Sonderfrieden stiegen an der Börse trotz der allgemeinen Krisenstimmung die Kurse jener Firmen, die Tonfilme und Radiogeräte produzierten[62]. Vor allem aus zwei Gründen kamen auch die übrigen laufenden Verhandlungen in den folgenden zweieinhalb Monaten zu einem vorläufigen Abschluß. Zum einen hatte die Tonfilmproduktion quantitativ wie qualitativ erhebliche Fortschritte erzielt. Nachdem das neue Medium bereits in den USA große Zuschauererfolge erzielt hatte, zeigten sich nun in Deutschland und anderen europäischen Staaten zeitversetzt vergleichbare Entwicklungen. So gab die Ufa Anfang Juli 1930 an, daß die Filmoperette *Liebeswalzer*, deren Produktionskosten bei 1,1 Millionen Mark gelegen hatten und die bis zu diesem Zeitpunkt ausschließlich in Erstaufführungstheatern lief, bisher einen Reingewinn von etwa zwei Millionen

---

[59] BArch R 8119 / 19072 Bl. 87
[60] Tonfilm Arbeitsteilung. Zuckor's Pläne und die deutsche Industrie, in: Berliner Börsen-Courier 23. 6. 1930, Nr. 286, 62. Jg.
[61] Hans Meyer, Adolf Zuckor zeigt: Mr. Otterson als Friedensengel, in: Berliner Tageblatt 12. 6. 1930, Nr. 273, 59. Jg.
[62] Tonfilm- und Radio-Favoriten, in: Vossische Zeitung 20. 4. 1930, Nr. 95

Mark erbracht habe. Ähnliche Erfolge erwartete man auch von weiteren Spielfilmen, insbesondere von *Der blaue Engel* (Regie: Josef von Sternberg)[63].

Die Nachfrage der deutschen Tonfilmkinos – etwa 11 Prozent der Gesamtzahl der Lichtspieltheater – konnte bei der erst anlaufenden Tonfilmproduktion zu diesem Zeitpunkt nicht gedeckt werden[64]. Gleichzeitig war die Produktion an stummen Filmen auf ein Minimum zurückgegangen. Die entsprechenden Ateliers standen leer. Dagegen reichten die wenigen Tonfilmateliers trotz ihrer Ausnutzung in den Nachtstunden nicht aus, um den Bedarf der Produktionsfirmen zu decken. Die Kopieranstalten konnten nur jene Angestellten beschäftigen, die Tonfilme bearbeiten konnten.

Das hohe Publikumsinteresse an Tonfilmen und die bereits weitgehend erfolgte Konzentration der Produktion auf das neue Medium verwiesen auf eine Unumkehrbarkeit der eingeleiteten Entwicklung. Deshalb konnten die gesamte Filmindustrie und die Apparatefirmen ihre weiteren Planungen mit einem hohen Grad an Sicherheit vorantreiben. Der Verlauf der europäisch-amerikanischen Verhandlungen, die u. a. über die in den Niederlanden und Deutschland akkreditierten amerikanischen Handelsattachés geführt wurden[65], zeigte, daß auf europäischer Seite Einigkeit in den Forderungen an die Amerikaner bestand[66].

In einem internen Schreiben der Siemens-Direktion in bezug auf die Klangfilm-Apparaturen vom 26. April 1930 heißt es: „Die beiderseitige Technik AEG/S&H ist, wie man ehrlicher Weise sagen muß, nicht als der Western gleichwertig zu bezeichnen. Auch die technische Leitung in der Klangfilm selbst hat versagt. Die AEG-Projektoren stehen weit hinter den 'Ernemann-Projektoren' zurück, und es ist der AEG nicht gelungen, auf dem Rücken der Klangfilm ihren Projektor in erheblichem Maße einzuführen. In den S&H-Schaltungen (Lautsprechern) ist auch einiges verbesserungsbedürftig. Ganz schlimm steht es aber mit den Montagen, die unter Leitung des unbelehrbaren Herrn (Walter) Akermann ausgeführt werden. Es ist mir bisher nicht gelungen, diesen Herrn durch einen besseren zu ersetzen"[67]. Nach diesem internen Eingeständnis führten die Ufa-Klangfilm-Verhandlungen in den folgenden Wochen zu einem schnellen Ergebnis. Bereits Mitte Mai beendeten die beiden Verhandlungsführer, Max Kirn als Geschäftsführer der Klangfilm und Hermann Grieving als Vertreter der Ufa, die Gespräche[68]. Unter Leitung von Emil Georg von Stauss wurden am

---

63 BArch R 8119 / 19072 Bl. 76
64 Peter Murr, Film als Mißton. Diktatur der Patente, in: Vossische Zeitung 18. 5. 1930, Nr. 232
65 SAA 4/ Lf Nr. 706
66 BArch R 8119 / 19072 Bl. 41
67 SAA 4/ Lf Nr. 706
68 BArch R 8119 / 19072 Bl. 39 f. Zu diesem Zeitpunkt waren auch die Transaktionen der Polyphon AG abgeschlossen, die nach dem Tod des bisherigen Aufsichtsratsvorsitzenden, Martin Schiff, und der geplanten Umstrukturierung des Unternehmens nötig

5. Juni die letzten drei strittigen Punkte, die den Austausch der Projektoren, von Baugruppen der Lautsprecher und der Plattenteller[69] betrafen, einvernehmlich gelöst. Im Ergebnis konnte die Ufa neben einem Austausch besonders anfälliger Baugruppen auch eine weitgehende Verlängerung der Rückzahlungen und Preisnachlässe durchsetzen. So wurden die monatlichen Leihgebühren für Aufnahmeapparaturen von 6 600,- RM auf 5 500,- RM gesenkt. Bei der Bestellung von Tonprojektoren und Fotozellen wurden der Ufa Rabatte in Höhe von 10 Prozent bzw. 30 Prozent gewährt[70]. Zu dem Ergebnis der Verhandlungen heißt es rückblickend in einem Schreiben der Klangfilm: „Für die Beurteilung unserer Zugeständnisse an die Ufa war für uns maßgebend, daß die Ufa als größter Kunde, insbesondere auf dem Aufnahmegebiete, für uns erhöhte Bedeutung hat. Durch die Einrichtung von Neubabelsberg und durch die dort erzielten Erfolge mit unseren Apparaturen ist es uns gelungen, in Europa allmählich immer mehr alle übrigen Systeme zurückzudrängen. Da die Ufa auch sonst auf dem Aufnahmegebiete für uns von größter Bedeutung ist, lag es nahe, unser Verhalten nicht lediglich vom rein rechtlichen Standpunkte aus zu begrenzen"[71]. Mit anderen Worten, nach dem Erfolg der ersten Tonfilme und dem sich bereits abzeichnenden Ende der Auseinandersetzungen um die Patentproblematik wurde den Stammhäusern der Klangfilm, Siemens und AEG, offensichtlich erst endgültig klar, welche bedeutende Rolle der Tonfilm zukünftig spielen würde. Vor diesem Hintergrund wurde auch absehbar, welchen möglichen Geschäftsumfang die Umstellung vom stummen auf den Tonfilm bedeuten konnte. Seit diesem Zeitpunkt nutzte die Klangfilm mit Unterstützung der beiden Elektroriesen die in den Ateliers und Lichtspieltheatern der Ufa installierten Apparaturen für das eigene Marketingkonzept. Dieses Vorhaben hatte zur Voraussetzung, daß alle Geräte einwandfrei arbeiteten. Insofern war das außerordentliche Entgegenkommen der Klangfilm wesentlich von Eigeninteressen geleitet.

Die günstigeren Finanzierungsbedingungen erlaubten der Ufa, die von Februar 1929 bis Mai 1930 zwischen 19 und 20 Millionen Mark in die Ton-

---

wurden. Das seiner Gruppe zugehörige Kapital wurde unter der Leitung von Curt Sobernheim von einem Bankenkonsortium unter der Leitung der Commerzbank erworben. Er selbst wurde in den neuen Aufsichtsrat gewählt. Ob und in welchem Maß die Verhandlungen Ufa – Klangfilm von der Neuorganisation der Polyphon betroffen wurden, ist an Hand der durchgesehenen Dokumente nicht erkennbar. vgl. u. a.: Martin Schiff bei der Commerzbank. Die Commerzbank bei Polyphon, in: Berliner Börsen-Courier 22. 5. 1930, Nr. 235, 62. Jg.; Polyphon-Vertrag beschlossen. Die Einbringung der Schweizer Holding-Gesellschaft, ebenda 3. 6. 1930, Nr. 254

[69] Insgesamt handelte es sich um 440 Plattenspieler mit einem Gesamtwert von 385 000,- RM. Die Kosten für die Lautsprecherteile betrugen 118 000,- RM. Die Kosten für die Projektoren wurden zwischen der AEG und Ufa direkt verrechnet. SAA 11/ Li 126
[70] BArch R 8119 / 19072 Bl. 44 ff.; 72 ff.
[71] SAA 11/ Li 126

filmumgestaltung investiert hatte[72], die Filmproduktion ohne Aufnahme zusätzlicher Kredite umfassend auszubauen. Zu letzterem gehörte neben der Produktion von Spielfilmen auch der beschleunigte Aufbau einer tönenden Wochenschau.

Zeitlich parallel zu den Verhandlungen zwischen Klangfilm und Ufa fanden zwischen dem 13. Mai und dem 13. Juni 1930 Ausgleichsverhandlungen zwischen Klangfilm und Tobis statt. Die beiden Parteien einigten sich auf die Zurückstellung gegenseitig erhobener finanzieller Ansprüche, die Anerkennung des Ufa/Klangfilm-Vertrages durch die Tobis und das Ende der Produktion von Wiedergabeapparaten durch die Tobis, die ihrerseits die vertraglich zugesicherten 250 Apparate an Mitglieder des D.L.S. geliefert hatte[73]. Diese sogenannte „Vierervereinbarung" – von jeder Seite hatten zwei Mitglieder des Direktoriums teilgenommen – wurde durch einen Briefwechsel vom 13. Juli ergänzt. Letzte Unklarheiten, die sich auf den Verkauf von Klangfilm-Aufnahmeapparaturen durch die Tobis bezogen, wurden Ende September 1930 im Büro von Rechtsanwalt Frankfurter verhandelt. Infolgedessen verpflichte sich die Tobis, auch zwölf Klangfilm-Aufnahmegeräte auf dem Markt anzubieten. Ab 1932 sollten alle diesbezüglichen Apparaturen von der Klangfilm produziert und von beiden Firmen vertrieben werden[74].

Zum Zeitpunkt des Vertragsabschlusses stand bereits fest, daß die Verhandlungen zwischen der europäischen und der amerikanischen Seite nicht, wie zunächst geplant, in St. Moritz, sondern am 19. Juni 1930 in Paris eröffnet würden. Die deutsche Verhandlungskommission unter der Leitung von Curt Sobernheim setzte sich aus leitenden Mitarbeitern der Tobis, der Klangfilm und der deutschen Elektroindustrie zusammen, die gemeinsam den Vertretern der SPIO und allen sachverständigen Firmenvertretern die Teilnahme an den Verhandlungen verweigerten[75]. Die amerikanische Seite wurde von dem Präsidenten der Motion Picture Association of America, Will H. Hays, geleitet. Neben den Präsidenten der Western Electric, Otterson, und der RCA, Roß, gehörten der Delegation ein Vertreter von Paramount sowie der amerikanische Handelsattaché in Berlin, Miller, an. Im Zentrum der europäischen Aufmerksamkeit stand vor allem die Haltung von Otterson, der sich bereits mehrfach gegen eine Interchangeability ausgesprochen hatte. Nachdem es ihm bereits bis zum Ende des ersten Vierteljahres 1930 gelungen war, 5 197 Tonfilmeinrichtungen zu installieren und sich mit der Anfang Mai gegründeten Western Electric Co. of Asia auf dem asiatischen Kontinent erhebliche Wettbewerbsvorteile zu verschaf-

---

[72] 20 Millionen Mark für Ufa-Tonfilme. Finanzierung aus eigenen Mitteln/ Generaldirektor Klitzsch optimistisch, in: Vossische Zeitung 28. 7. 1930; Nr. 351
[73] BArch R 109 I / 252
[74] Ebd.
[75] BArch R 901 / 69590 Bl. 117

fen[76], hoffte er, so entprechende amerikanische Meldungen, mit seinem Unternehmen die Aufnahme- und Wiedergabeapparaturen für die ganze Welt monopolisieren zu können[77]. Vor dem Hintergrund der noch geringen deutschen Tonfilmproduktion schien der Standpunkt Ottersons nicht völlig abwägig.

In Deutschland hatte sich bis zum Beginn der Pariser Verhandlungen das Tonfilmangebot in bezug auf Eigenproduktionen wie folgt entwickelt:

Datum der Berliner Uraufführung	100prozentiger Sprechfilm (ohne stumme Titel)		Tonfilm mit Sprech- und Gesangsteilen		Tonfilm mit Musik, Geräusch- und Gesangsteilen		Tonfilm mit synchronisierter Musik (auch Geräusch)		insgesamt	
	Filme	m	Filme	m	Filme	m	Filme	m	Filme	m
1929										
März							1	1 128	1	1 128
September			1	3 220					1	3 220
Oktober					1	2 285			1	2 285
November			1	2 780	1	2 521			2	5 301
Dezember	1	2 903	1	2 555					2	5 548
1930										
Januar					3	8 326	2	4 814	5	13 140
Februar	3	7 871							3	7 871
März	3	7 565	2	4 740			1	2 250	6	14 555
April	4	9 957			1	2 635	1	2 505	6	15 097
Mai	3	7 288	3	7 460	2	5 083			8	19 831
Juni	2	5 423							2	5 423

Im gleichen Zeitraum waren in Deutschland 26 ausländische Tonfilme aufgeführt worden: Je zwei Filme aus England und Frankreich, davon je ein hundertprozentiger, ein Film aus Schweden und 21 aus den USA, darunter waren sechs hundertprozentige Tonfilme[78].

Die Verhandlungen zwischen der amerikanischen und der europäischen Seite gestalteten sich nicht nur infolge der differenzierten Auffassungen zur Interchangeability schwierig, sondern auch, weil die Verhandlungspartner durch eine Vielzahl von langfristigen Verträgen gebunden waren, die in dem geplanten Abkommen berücksichtigt werden mußten[79].

---

[76] BArch R 901 / 47195 Bl. 122
[77] Hans Meyer: Adolf Zuckor zeigt: Mr. Otterson als Friedensengel, in: Berliner Tageblatt 12.6. 1930, Nr. 273, 59. Jg. vgl. auch: Tonfilm Arbeitsteilung. Zuckor's Pläne und die deutsche Industrie, in: Berliner Börsen-Courier 23.6. 1930, Nr. 286, 62. Jg.
[78] Jahrbuch der Filmindustrie 4. Jahrgang, S. 368
[79] Im einzelnen wurden folgende Extracts Limiting Agreements von dem Pariser Abkommen berührt bzw. mußten berücksichtigt werden:

Die unter Ausschluß der Öffentlichkeit geführten Verhandlungen gerieten ins Stocken, als der deutsche Reichsinnenminister am 26. Juni 1930 das „Gesetz über die Vorführung ausländischer Bildstreifen" verkündete. Danach sollten im Ausland hergestellte Filme nicht nur den Entscheidungen der Filmzensurstellen unterliegen, sondern, um die Aufführung minderwertiger Filme in Deutschland zu verhindern[80], einer besonderen Genehmigung des Reichsministeriums des Innern bedürfen[81]. In diesem Zusammenhang wurden auch neue Richtlinien zur Filmkontingentierung erlassen, die der Verband der Filmindustriellen in einem ausführlichen Schreiben vom 12. September 1929 an den Reichswirtschaftsminister, insbesondere vor dem Hintergrund einer möglichen „Tonfilminvasion", gefordert hatte[82]. Seit April 1930 war das Gesetz zwischen den Ministerien beraten[83] und anschließend im Einvernehmen mit der SPIO verabschiedet worden. Um die am 17. Juli 1930 veröffentlichten Ausführungsbestimmungen im Hinblick auf die deutsch-amerikanischen Filmbeziehungen zu überprüfen, unterbrach die amerikanische Seite die Pariser Gespräche Anfang Juli für einige Tage[84].

Die neuen, für die folgenden zwölf Monate gültigen Kontingentierungsregelungen legten fest, daß rückwirkend ab dem 15. Juli 1930 pro Jahr nur noch 210 ausländische Filme in Deutschland aufgeführt werden durften. Darüber hinaus konnte der Reichsinnenminister das Kontingent im Bedarfsfall noch um weitere 20 Filme aufstocken. Nach § 2 des Gesetzes über die Vorführung ausländischer Bildstreifen galten als „ausländische" alle im Ausland produzierten und in Kooperation mit ausländischen Firmen bzw. Schauspielern gedrehten Filme. In bezug auf Gemeinschaftsproduktionen

---

1. Vereinigte Glühlampen und Elektricitäts AG (Ujpest Company) und Western Electric Company von 28. 10. 1912
2. China Electric Company, Limited und Western Electric vom 18. 7. 1918
3. Western Electric und Vereinigte Telephon Glühlampen und Elektrizitäts AG (Ungarn) vom 12. 7. 1921
4. Western Electric und Vereinigte Telephon und Telegraphen Fabriks AGCzeija, Nissl and Company (Österreich) vom 15. Sept. 1921
5. Marconi's Wireless Telegraph Company, Limited und Western Electric vom 16.2. 1925
6. Western Electric und International Standard Electric Corp.
7. AEG und General Electric vom 2.1. 1922
8. AEG und Polyphon 8.10. 1928
9. Klangfilm und Ufa 9.4. 1929
10. Alle Verträge der Tobis mit Frankreich: Société des Etablissements Gaumont, Paris, Compagnie Radio – Cinema, Paris, Société Aubert-Franco-Film, Paris (französische Gruppe) vom 27./30. März 1930
11. British Talking Pictures Limited, London und ASFI 15.11. 1929. BArch R 109 I / 1000

[80] BArch N 2203 / 500 Bl. 218
[81] BArch R 3001 / 2149 Bl. 333
[82] Geheimes Staatsarchiv Preußischer Kulturbesitz Ministerium für Wissenschaft, Kunst und Volksbildung Rep. 76Ve Sekt. 1 Abt. VII 18D Bd. 1 Bl. 74 ff.
[83] BArch R 3001 / 2148 Bl. 252 ff.
[84] BArch R 8119 / 19072 Bl. 85

konnte der Reichsminister des Innern allerdings „aus kulturellen oder künstlerischen Erwägungen als ausländisch geltende Bildstreifen einem inländischen gleichstellen"[85]. §§ 7, 9 und 14 regelten die Ansprüche der Verleihfirmen am Import: Vier Siebentel der Gesamtzahl wurden den Anmeldeberechtigten „in dem Umfang erteilt, in dem sie während des letzten Kalenderjahres erstmals zensierte deutsche Bildstreifen in Verhältnis zu deren Gesamtzahl erstmalig verliehen haben". Weitere zwei Siebentel erhielten Firmen, die für ihre exportierten Filme Devisen erwirtschaftet hatten. Die Bescheinigungen, die aus diesen beiden Siebenteln resultierten, wurden erst nach Ablauf des Kalenderjahres vergeben. Gleiches galt für den sogenannten Härteparagraphen. Er gestattete dem Ministerium, ein Siebentel der Gesamtimportmenge bei eventuellen Benachteiligungen zu nutzen, um aus dem Verteilungsmodus sich ergebende Ungerechtigkeiten auszugleichen[86]. Da Stumm- und Tonfilme nach dem Gesetz getrennt berechnet werden sollten, konnte man für das Geschäftsjahr 1930/31 von etwa 110 ausländischen Tonfilmen ausgehen, die in Deutschland zur Aufführung gelangen sollten[87]. In Deutschland selbst ging man zu diesem Zeitpunkt davon aus, daß in der kommenden Saison etwa 70 bis 80 deutsche Tonfilme entstehen würden, während der Markt etwa 140 bis 150 Tonfilme bräuchte[88]. Unter diesem Blickwinkel verfolgte das Gesetz vor allem das Ziel, eine „drohende Überfremdung" des deutschen Filmmarktes zu verhindern.

Während der Verhandlungsphase begann sich in den USA die Weltwirtschaftskrise in Form eines erheblichen Besucherrückgangs in den Lichtspielhäusern auszuwirken. So verzeichnete z. B. Warners Brothers in dieser Zeit einen wöchentlichen Einnahmerückgang von 600 000,- $[89]. Die Kontingentbestimmungen, die sich abzeichnende Filmkrise in den USA, der von der Regierung in Washington ausgehende Druck auf die Hollywoodunternehmen[90] sowie die anhaltende politische Labilität in Deutschland begrenzten amerikanische Pläne hinsichtlich eines stärkeren Engagements in Europa, wozu auch zeitweilige Überlegungen zum Kauf der Ufa gehörten[91].

---

[85] Schutz – Gegen die Produktion. Die neuen Einfuhrbestimmungen. Gefährdung der Gemeinschaftsarbeit, in: Berliner Tageblatt 20. 7. 1930, Nr. 338, 59. Jg.; Unter Berufung auf diesen Passus des Gesetzes schlossen Frankreich und Deutschland einen „Kontingent-Pakt, der auf der Basis der Reziprozität in der Gemeinschaftsproduktion den Austausch" ermöglichte. Auch Italien bemühte sich, einen solchen Pakt mit Deutschland abzuschließen. Unterredung mit Commendatore Pittaluga. Italien und das deutsche Kontingent, in: LBB 17. 9. 1930, Nr. 223, 23. Jg.

[86] BArch R 3001 / 2149 Bl. 10

[87] Eine schlechte Überraschung: Das neue Filmkontingent, in: Berliner Tageblatt 18. 7. 1930, Nr. 334, 59. Jg.

[88] Amerika im Tonfilm. Die Verhandlungen Zuckors mit Deutschland, in: Berliner Börsen-Courier 12. 6. 1930, Nr. 269, 62. Jg.

[89] BArch R 8119 / 19072 Bl. 87

[90] Insgesamt waren im Sommer 1930 zehn der größten amerikanischen Filmunternehmen wegen Verstößen gegen die Antitrust-Gesetze angeklagt. BArch R 901 / 45552 Bl. 129

[91] SAA 4/ Lf Nr. 706

Nicht alle amerikanischen Vorbehalte gegenüber den Kontingentbeschlüssen konnten beseitigt werden. Möglicherweise wog der empfindliche Einnahmerückgang mehr als die Bedenken gegenüber dem Kontigentierungsgesetz, denn am 22. Juli 1930 wurde das zwischen der amerikanischen und der deutschen Seite erzielte Fazit ihrer Verhandlungen, das aus deutscher Sicht dem Charakter nach einen Vorvertrag darstellte[92], veröffentlicht. Die schriftlichen Texte wollten beide Seiten in den folgenden Wochen in Berlin fertigstellen. Der Vertrag beinhaltete vor allem zwei Aspekte: Erstens gestand er den Deutschen die „Interchangeability" zu, die sowohl für den europäischen als auch für den amerikanischen Film die internationalen Auswertungsmöglichkeiten sicherstellte. Zweitens wurden die in früheren Verträgen zwischen deutschen und amerikanischen Elektrokonzernen festgelegten sogenannten „Exklusivgebiete"[93] sowie das „freie Gebiet" auch für den Tonfilm übernommen. Im letzteren konnten die Systeme beider Gruppen miteinander konkurrieren, während in den Exklusivgebieten die gegenseitige Konkurrenz der Elektrofirmen für die Vertragsdauer von 15 Jahren unterbleiben sollte. Dieser Punkt schloß auch das Recht zum alleinigen Erheben von Aufnahme- und Importlizenzen ein, deren Höhe gemeinschaftlich festgelegt wurde: Für die Aufnahme von einem Reel Tonfilm, dies entsprach einer Länge von 306 Metern, mußte der Filmproduzent 500,- $ an Lizenzen zahlen. Für einen durchschnittlichen Spielfilm beliefen sich die Lizenzkosten somit auf 4 000,- bis 4 500,- $. Nur innerhalb der jeweiligen Exklusivgebiete war eine andere Preisgestaltung möglich[94]. Beide Regelungen garantierten den Patenthaltern die bisher nur für den Stummfilm geltende uneingeschränkte internationale Vermarktungsfähigkeit auch für den Tonfilm.

Darüber hinaus regelte das Abkommen eine Reihe weiterer strittiger Punkte, so den lizenzfreien Patentaustausch zwischen den Elektrofirmen. Er beinhaltete weiter einen Passus zur „Zurückziehung von Prozessen zwischen den Parteien" und legte die Typen der in Zukunft zu installierenden Filmwiedergabegeräte fest. Schließlich enthielt der Vertrag noch einen Producer's Contract. Demzufolge mußten alle Produzenten, die auf einer amerikanischen Apparatur außerhalb des deutschen Exklusivgebietes Filme abdrehen und diese im deutschen Exklusivgebiet auswerteten, eine bestimmte Lizenz an die deutsch/holländische Gruppe zahlen. Des weiteren

---

[92] BArch R 109 I / 231
[93] Das deutsche Exklusivgebiet umfaßte die Länder: Deutschland einschließlich Freie Stadt Danzig, das Saarland und das Memelgebiet, Österreich, Ungarn, Schweiz, Tschechoslowakei, Holland, Niederländisch-Indien, Dänemark, Schweden, Norwegen, Finnland, Jugoslawien, Rumänien, Bulgarien. Zum amerikanischen Exklusivgebiet gehörten: die USA, Kanada und Neufundland, Australien, Neuseeland, Straits Settlements, Indien, Rußland. Die Grenzen der jeweiligen Exklusivgebiete sind identisch mit denen der Verträge von AEG und General Electric aus dem Jahr 1922 und denen zwischen Siemens und Westinghouse aus dem Jahr 1924.
[94] BArch R 109 I / 1000

hatte jeder Produzent für die Aus- und Einfuhr von Tonfilmen zu zahlen. So kostete die Auswertung eines englischsprachigen Spielfilms aus den USA in Deutschland die Tobis 62,50 $ pro Reel und im deutschen Exklusivgebiet noch einmal 72,- $. Wenn dieser Film in deutscher Sprache gedreht wurde, erhöhte sich die Einfuhrlizenz auf 250,- $. In umgekehrter Richtung lag die Einfuhrlizenz auf Grund des größeren Marktes in den USA für einen deutschsprachigen Film bei 100,- $[95]. Unterzeichnet wurde das Abkommen von folgenden Firmen: Electrical Research Products Inc., RCA Photophone Inc., Columbia Picture Corporation, Educational Picture Inc., Fox Film Corporation, Paramount Public Corporation, Radio Keith Orpheum Corporation, United Artists Corporation, AEG, Siemens & Halske, Universal Pictures Corporation, Tiffany Steel, Pathé Exchange Inc., Metro Goldwyn Picture Corporation, N.V. Küchenmeisters Maatschappij voor Sprekende Films, Amsterdam und Tonbild-Syndikat AG, Berlin[96].

In bezug auf die Anzahl der Lichtspielhäuser besaßen die Interessenspären folgende Infrastruktur[97]:

1. Exklusivgebiet der deutsch-holländischen Gruppe:
12 156 Kinos mit 3 620 303 Sitzplätzen
   davon: 9 745 Kinos bis 500 Plätze
      2 411 Kinos über 500 Plätze
      4 309 täglich spielende Kinos
2 583 Tonfilmkinos

2. Gebiet der freien Konkurrenz:
12 260 Kinos mit 5 598 905 Sitzplätzen
   davon: 8 054 Kinos bis 500 Plätze
      4 206 Kinos über 500 Plätze
      5 16 täglich spielende Kinos
900 Tonfilmkinos

3. Exklusivgebiet der amerikanischen Gruppe:
9 426 Kinos mit 4 400 400 Sitzplätzen
   davon: 5 165 Kinos bis 500 Plätze
      4 261 Kinos über 500 Plätze
      6 100 täglich spielende Kinos
2 500 Tonfilmkinos

Über den Filmverbrauch gab es zu diesem Zeitpunkt nur Schätzungen. Nach den ersten amerikanischen Erfahrungen sank infolge höherer Herstellungskosten und längerer Produktionszeiten die Zahl der jährlich pro-

---

[95] Ebd.
[96] Ebd.
[97] Den Zahlen liegt als Stichtag der 31. 12. 1930 zugrunde. Alexander Jason, Handbuch der Filmwirtschaft Bd. II, Berlin 1932, S. 31 f.

duzierten Filme. Die höheren Verleihpreise zwangen dazu, Tonfilme länger auszuwerten als stumme[98]. Sicher war beim Abschluß der Verträge nur, daß es im amerikanischen Exklusivgebiet auf Grund der Dominanz des Englischen geringere sprachliche Probleme geben würde als in Europa.

An diesem Punkt setzte auch die Kritik der SPIO an den Pariser Verträgen ein, ohne daß das Lizenzschema schon bekanntgegeben war. Sie monierte vor allem die ungleichen Exportchancen. Nach Rechnung der Spitzenorganisation gab es im englischsprachigen Raum etwa 18 000 Lichtspielhäuser während im deutschen Sprachraum nur 3 000 Kinos zur Filmauswertung zur Verfügung standen. Da laut Pariser Abkommen die Lizenzhöhe gleich sein sollte, würden laut SPIO die deutschen Exporteure insofern benachteiligt, als sie durch das Herstellen von und die jeweiligen Lizenzen für fremdsprachige Versionen wesentlich höhere Ausgaben als die amerikanische Konkurrenz hätten. Da der einheimische Markt in der Regel nicht ausreiche, um die Unkosten für die Produktion und den Verleih wieder einzuspielen, seien die deutschen Produzenten durch das Pariser Tonfilmabkommen wesentlich stärker belastet als die amerikanische Konkurrenz. Deren Markt reiche nach Berechnungen der SPIO in der Regel für einen gesicherten Absatz der Hollywood-Produktionen aus. Von daher sei man jenseits des Ozeans auch nicht gezwungen, fremdsprachige Versionen von jedem Film herzustellen und könne die dafür anfallenden Kosten sofort wieder in neue Produktionen investieren[99].

In der deutschen Presse wurde die vorvertraglich sichergestellte Autarkie auf dem tonfilmtechnischen Gebiet für Zentraleuropa euphorisch als „Pariser Tonfilmfrieden" bzw. als „Tonfilm-Pakt" gefeiert. Für die weitere Entwicklung hatte er vor allem zwei Folgen: Zum einen wurde das Erheben von Tonfilmlizenzen weltumspannend für die folgenden 15 Jahre festgelegt. Zusammen mit den höheren Ateliermieten, den höheren Mietpreisen für die Kameras und den dazugehörigen Personalkosten, der komplizierteren Schnitt- und Kopiertechnik sowie dem Zwang, jedem Spielfilm eine Komposition unterlegen zu müssen, bedingten die Lizenzzahlungen eine

---

[98] vgl. u. a.: Fritz Olimsky, Auswirkungen des Tonfilms, in: Berliner Börsen-Zeitung 10. 11. 1929, Nr. 527, 75. Jg.
[99] Barch R 901 / 69590 Bl. 119 f.

Erhöhung der Herstellungskosten von Tonfilmen gegenüber gleich langen Filmen der Stummfilmära um 30 bis 60 Prozent[100].

Zum zweiten konnte bis zum Ende des II. Weltkrieges eine Vielzahl von Filmen international nur begrenzt ausgewertet werden, weil sie auf Apparaturen abgedreht wurden, die keine der in Paris vertretenen Parteien herstellte. Diese Ausschlußpolitik richtete sich, von der Öffentlichkeit weitgehend unreflektiert, vor allem gegen die Firma Philips.[101] Diese entwickelte sich in den dreißiger Jahren zu dem größten europäischen Konkurrenten der Tobis. 1925 hatte Philips mit der AEG ein Patentabkommen auf dem Gebiet der Radiotechnik unterzeichnet. Am 19. März 1931 dehnte sie dessen Inhalt ohne vorherige Konsultation mit der Tobis auf den Tonfilm aus und produzierte eigene Apparaturen.[102]

Wenige Tage nach der Einigung in Paris urteilte das Bundesgericht in Wilmington im Streit General Talking Pictures Corporation gegen Electric Research Products Corporation zugunsten ersterer. Sofort danach verklagte General Talking auch RCA Photophone wegen Patentverletzungen. Um einen zweiten Prozeß zu verhindern, dessen Folgen möglicherweise unübersehbare Schwierigkeiten für die amerikanische Filmindustrie hervorgerufen hätten, wurden Verhandlungen mit dem Ziel geführt, den Außenseiter unter den amerikanischen Patenthaltungsgesellschaften in den gebildeten Pool zu integrieren[103].

---

[100] Die Kosten für Stummfilme und Tonfilme gliederten sich prozentual wie folgt (Stummfilm=100 Prozent):

	Stummfilm in %	Tonfilm in %	Mehrkosten des Tonfilms in %
Manuskript	4	4	-
Musikkomposition	-	4	4
Produktionsleitung	13	13	-
Regie	8	8	-
Kameramann	5	5	-
Tonmeister und Tonschnitt	-	5	5
Architekt	4	4	-
Hauptrollen	13	13	-
Komparsen	5	5	-
Garderobe	5	5	-
Ateliermiete	30	42	12
Negativ. Musterkopie	11	15	4
Tonlizenzen	-	32	32
Nebenausgaben	2	2	-

Alexander Jason, Handbuch der Filmwirtschaft Bd. III, Berlin 1933, S. 22

[101] ausführlich: Dibbets, Sprekende films, S. 193 ff.
[102] BArch R 109 I / 996
[103] Pariser Tonfilm-Pakt gefährdet. Patentsieg der General Electric, in: Vossische Zeitung 3. 8. 1930, Nr. 362

Mit dem Pariser Tonfilm-Abkommen und den ihm folgenden Verträgen waren die Internationalität des Films und zugleich Konkurrenzverhältnisse geschaffen, die die Lebensfähigkeit aller Beteiligten sicherten. Zugleich hatten sich die Patenthalter für die Vertragsdauer von 15 Jahren weltweit eine Monopolstellung gegenüber der Filmindustrie verschafft. Außenseiter hatten angesichts des Vorsprungs und des alle Details abdeckenden Patentschutzes für die Zeit der Vertragsdauer keine Chance, sich auf dem europäischen oder amerikanischen Markt zu etablieren.

3.4. Die Tonfilmateliers

Die Stummfilmateliers bestanden zu großen Teilen aus Glas, um das Tageslicht optimal für die Filmproduktion nutzen zu können. Beim Bau der neuen Ateliers wurde auf Fenster völlig verzichtet, um einen möglichst hohen Schallschutz zu gewährleisten. Aus dem gleichen Grund verzichtete etwa die Ufa auf den Einsatz von Stahlbeton. Statt dessen ließ sie ihre sternförmigen Ateliers, die je zwei 20 x 30 bzw. 18 x 25 Meter maßen, mit einem besonders hartgebrannten Steinmaterial bauen. Spezielle Türkonstruktionen verhinderten, daß Türbewegungen sich negativ auf die Filmproduktion auswirken konnten. Da die ersten Aufnahmeapparaturen sich als besonders schwerfällig erwiesen, durften die Böden keine oder nur in geringem Maße Schwingungen übertragen. Alle in den Ateliers zum Einsatz kommenden Geräte mußten weitgehend vibrationsfrei sein[104]. Um im Innern Echo- oder Schallwirkungen zu vermeiden, wurden die Innenwände mit Cellotex verkleidet und mit Zugvorhängen abgehangen[105].

Die Abschottung von allen Fremdgeräuschen bezog sich auch auf den Arbeitsstil innerhalb der Ateliers. In der Stummfilmzeit arbeiteten die Filmteams, ohne daß andere Arbeiten in den gleichen Räumen unterbrochen werden mußten. Während der Dreharbeiten beim Tonfilm herrschte dagegen absolute Stille. Die für den Film notwendigen Geräusche wurden bis auf jeden einzelnen Ton künstlich erzeugt. Unter diesen Bedingungen änderten sich die Arbeitsatmospäre und der Arbeitsrhythmus[106].

Infolge der Dunkelheit in den Ateliers mußte eine völlig neue Beleuchtungsanlage installiert werden, die die Luft erheblich aufheizte. Eine spezielle geräuscharme Belüftungsanlage sorgte deshalb für die notwendige Luftzufuhr und -umwälzung und fungierte im Winter auch als Heizungsanlage. Zur Beleuchtung wurden nun vorwiegend Glühbirnen einge-

---

[104] Die Tonfilm-Ateliers der Ufa in Neubabelsberg, in: Kinotechnische Umschau 19. 3. 1930, Nr. 12, S. 359 ff.
[105] Eine ausführlichere Beschreibung des Tonkreuzes in Babelsberg: W. Jacobson, Die Tonfilmmaschine, in: ders., Babelsberg. 1912 Ein Filmstudio 1992, Berlin 1992, S. 147 ff.
[106] (Alfred Abel:) Mein erster Tonfilm, in: Filmwelt 2. 11. 1930, Nr. 44

setzt, deren Licht aber nicht zu Strahlenbündeln mit einem großen Wirkungsgrad zusammengefaßt werden konnte. Mit Hilfe dieses Lichtes konnte also nicht die notwendige Tiefenschärfe erzielt werden, die für die Filmaufnahmen nötig gewesen wäre, so daß in Ausnahmefällen auch die für die Stummfilmzeit typischen Bogenlampen, die nicht geräuschlos brannten, Verwendung fanden. Nachdem sich die Umbauten für die Schallisolierung dieser Lampen als zu schwerfällig erwiesen, wurden zunächst Entstörungsdrosseln und später Glättungseinrichtungen für den verwendeten Gleichstrom entwickelt, so daß der Netzstrom die gleichen Eigenschaften hatte wie der aus Akkumulatorenbatterien. Diese Konstruktion ermöglichte in der Folgezeit die gleichzeitige Verwendung von Glüh- und Bogenlampenlicht[107]. Ab Mitte der dreißiger Jahre wurden in den Ateliers nur noch Bogenlampen genutzt, die völlig geräuschlos auf der Basis von Wechselstrom arbeiteten. Für sie mußten Transformatoren eingesetzt werden, um den Gleich- in Wechselstrom umzuwandeln[108].

Die Aufnahmeapparaturen nach dem Klangfilm-System nahmen den Ton und das Bild getrennt auf. Zum einen konnte man auf diese Weise bestimmte Szenen über- oder unterentwickeln, ohne Auswirkungen auf die Tonspur befürchten zu müssen. Zum zweiten wurde die Beweglichkeit der Kamera durch das anmontierte Tonteil erheblich eingeschränkt, was bei den ersten Tonfilmen heute noch erkennbar ist. Um diese Schwierigkeiten zu umgehen, erfolgte die Bildaufnahme in den Ateliers, die Tonaufnahmen hingegen in speziellen, über Leitungen mit den Mikrophonen verbundenen und auf Elektrokarren montierten Apparaterāumen. Dort regulierten Tontechniker die Akustik. Dieses System erlaubte nicht nur, auf dem Mischpult bis zu neun Mikrophone anzuschließen und einzeln auszusteuern, sondern auch mehrere Tonaufnahmegeräte für die gleiche Szene zu nutzen. Um akustisch reine Aufnahmen zu bekommen, wurden „oft Tonaufnahmen von neun bis zwölf Mikrophonen gleichzeitig festgehalten"[109]. Anschließend konnte der jeweilige Regisseur unmittelbar nach den abgedrehten Szenen die Tonqualität an Hand von Schallplattenaufnahmen überprüfen. Ein Ton-Cutter mischte sie danach in ihrem akustischen Zusammenhang und setzte die Tonszenen entsprechend den Manuskriptvorlagen zusammen. Durch den frei beweglichen Elektrokarren hatten die Tontechniker jederzeit Blickkontakt mit dem Geschehen vor der Kamera. Spezielle elektrische Signalanlagen, die außerhalb des Abhörraumes an beliebigen Stellen aufgebaut werden konnten, gestatteten eine lautlose Verständigung zwischen Atelier und Abhörraum. Besondere Motoren sicherten den absoluten Gleichlauf

---

[107] Umbehr, Der Tonfilm. Berlin 1932, S. 404 ff.
[108] Wechselstrom-Bogenlampen, in: Kinotechnische Rundschau Nr. 15 des FK, 7. 4. 1934, Nr. 82, 14. Jg.
[109] (Alfred Abel): Mein erster Tonfilm, in: Filmwelt 2. 11. 1930, Nr. 44

von Kamera und Tonaufnahmegerät. Am Ende der Dreharbeiten wurden Ton und Bild gemeinsam auf den Positivfilm kopiert[110].

Ein lange Zeit ungelöstes Problem der neuen Tonfilmateliers bildete die Akustik. Während diese in traditionellen Räumen, wie Theater-, Konzert- oder Hörsälen, in den 20er Jahren weitgehend gegeben war, entstanden in den Ateliers nicht beherrschbare Toneffekte. So klagte Ruttmann bereits Mitte 1929, „daß, wenn ein und derselbe Schauspieler einmal hier, einmal dort nur das Wörtchen 'Ja' zu sprechen habe, es bei der Wiedergabe jedesmal in einer völlig anderen Klangfarbe, gleichsam wie von einer anderen Person gesprochen, ertönt." Solange die damit zusammenhängenden Probleme nicht gelöst seien, meinte der Regisseur, „erscheint jede Tonfilm-Inszenierung Vergeudung von Kraft, Zeit und Geld"[111].

Trotz der in der Folgezeit erzielten Fortschritte in der Tontechnik verbesserte sich die Akustik, wie es etwa am Beispiel des im Februar 1930 uraufgeführten Spielfilms Liebeswalzer deutlich wird, relativ langsam. Hier wie auch in den folgenden Spielfilmen stand die Stimme des Sprechenden bzw. der Gesang der Künstler oft nicht im richtigen Verhältnis zueinander. Die Ursache für diese akustischen Schwankungen lagen im Fehlen ausreichend schallabsorbierender Wände, Decken und Fußböden. Im Unterschied etwa zum traditionellen Theaterraum fehlten darüber hinaus in den wesentlich größeren Ateliers Sitze, Zuschauer oder Teppichböden. Zunächst mangelte es noch an Möglichkeiten der Tonbrechung, um dem Klang der Stimme eine natürliche Färbung zu verleihen. Insbesondere sehr weit in den Innenraum der großen Ateliers hineinreichende Kulissen veränderten die Stimmwiedergabe der Schauspieler. Dieses Moment wurde verstärkt durch Umgestaltungen in den Ateliers während der Filmaufnahmen. In den weitgehend schallisolierten Räumen änderten bereits geringfügige Abweichungen gegenüber einer vorherigen Aufnahme, wie etwa die Anzahl der im Umkreis des Mikrophons stehenden Personen, den Klang der Stimmen. Auf diese Weise schwankte beim Filmen trotz unveränderter Einstellung der Kamera, der Stellung des Schauspielers innerhalb der Szene und der Kulisse die Klangfärbung teilweise erheblich. Die am Ende der Dreharbeiten vom Schnitt zusammenmontierten Streifen mit unterschiedlichen Klangfärbungen machten sich während der Kinovorführung als „illusionsstörende Erscheinung" bemerkbar[112].

Die Künstlichkeit des Klangeindrucks, die vor allem bei den frühen Tonfilmen von den Zeitgenossen beklagt wurde, verstärkte sich noch durch dessen Stetigkeit. Diese wurde erzeugt durch die permanente Nähe des Mikrophons zu den sprechenden oder singenden Künstlern. Da die Tiefe

---

[110] Die Tonfilmaufnahme nach dem Klangfilm-System, in: Kinotechnische Umschau 18. 6. 1930, Nr. 25, S. 693 ff.
[111] Kb.: Regisseur und Tonfilmtechnik, in: Die Kinotechnik 5. 5. 1929, Nr. 9, 11. Jg. S. 249 f.
[112] M. Arndt, Technische Erfordernisse im Tonfilm, in: Kinotechnische Umschau 17. 9. 1930, Nr. 38, S. 1035 f.

des Raumes, in dem die Künstler agierten, oder ein Wechsel in der Einstellung auf Grund unzureichender schallabsorbierender bzw. reflektierender Materialien durch das Mikrophon nicht mitvollzogen werden konnten, entsprach der Ton in seiner Klarheit und Lautstärke in allen frühen Filmen permanent dem einer Großaufnahme.

Bereits vor dem Bau der neuen Ateliers gab es Hinweise auf die möglichen raumakustischen und -dynamischen Probleme bei der künftigen Tonfilmherstellung. Zum einen wiesen Akustiker innerhalb längerer, in der Fachpresse publizierter Aufsätze auf mögliche Schwierigkeiten hin[113]. Zum anderen mußten mit dem Entstehen größerer Ateliers in den Funkhäusern – wenn auch in geringerem Umfang – vergleichbare Fragen gelöst werden. So bediente man sich dort, um zu verhindern, daß die Stimme isoliert im Raum stand, des sogenannten Schäfferschen Zeltes, das einen künstlichen Nachhall provozierte und auf diese Weise einen stetigen und natürlicheren Klang erzeugte.

Die Fachpresse kritisierte mehrfach den Verzicht der frühen Tonfilmproduzenten auf Erfahrungen des Rundfunks. So heißt es unter Hinweis auf die eigenen langjährigen Erfahrungen im Umgang mit dem Mikrophon: Die Filmleute „gefallen sich meist im groben Naturalismus, sind zufrieden, wenn die hervorgebrachten Laute und Töne mit den sichtbaren Bewegungen aufs genauste parallel laufen. Die Raumverhältnisse finden nur selten Berücksichtigung. Wenn aber schon Natürlichkeit erreicht werden soll, so ist es wichtig, daß der räumliche Eindruck eines Bildes im richtigen Verhältnis zum Volumen, zu dem Umfang und zu der Stärke der Töne und Geräusche steht ... Es gibt gewisse Gesetze der Natürlichkeit, deren Verletzung beim Tonfilm unsagbar lächerlich wirkt"[114].

Für die ersten Außenaufnahmen von Spielfilmen, wie *Die Nacht gehört uns* oder *Der unsterbliche Lump* mußten sehr aufwendige Transportprobleme gelöst werden. Um den erheblichen Aufwand des Transports der Tonfilmapparatur zu senken und somit auch die rationelle Produktion von tönenden Wochenschauen zu ermöglichen, stellte die Klangfilm im Spätsommer 1929 der Öffentlichkeit erstmals ein von ihr entwickeltes Tonfilmauto vor, das Mitte 1930 von der Ufa verwendet wurde. Die eingebauten Kameras konnten auf dem Dach des Lastkraftwagens, das als Plattform ausgebaut war, aufgestellt werden. Des weiteren gestatteten lange Kabelverbindungen, im Umkreis von bis zu 300 m auch in einem für den LKW nicht oder nur schwierig zu erreichenden Gelände zu drehen. Der Wagen hatte ein Führerhaus, das sechs bis zehn Personen Platz bot, eine

---

[113] vgl. u. a. Paul E. Sabine, Die akustischen Eigenschaften von Tonaufnahme-Räumen, in: Die Kinotechnik 20. 5. 1929, Nr. 10, 11. Jg., S. 266 ff.; Frank S. Crowhurst, Schalldämpfende Mittel zum Gebrauch im Tonfilmatelier, in: ebenda 20. 6. 1929, Nr. 12, 11. Jg., S. 325 ff.
[114] Hans S. von Heisler, Kritik des Tonfilms, in: Der deutsche Rundfunk 31. 10. 1930, Nr. 44, 8. Jg.

Dunkelkammer und einen Tonaufnahmeraum. Die notwendige Elektroenergie lieferten mit dem Antriebsmotor gekoppelte Batterien. Ihre Kapazität reichte für etwa 20 Stunden Drehzeit. Bei längeren Dreharbeiten konnte auch der geräuschgedämpfte Motor laufen, ohne die Tonaufnahmen zu behindern. Die Maximalgeschwindigkeit des Fahrzeugs von 50 km/h erlaubte es jedoch nur in Ausnahmefällen, weit entfernt von den Ateliers zu drehen. Kurze Filmsequenzen, die vor allem in Wochenschauen verwendet wurden, konnten mit einer kleinen Kamera gedreht werden, die sich im Beiwagen eines Motorrads unterbringen ließ. Durch mit der Maschine verbundene Keilriemen wurden die Batterien während der Fahrt ständig aufgeladen[115].

Für die Dreharbeiten in den Ateliers konnten der Architektur geschuldete Schwierigkeiten erst Mitte, zum Teil sogar erst Ende 1930 beseitigt werden. In diesem Zeitraum entstandene Filme verdeutlichen, daß Kamera und Mikrophon zunehmend beweglicher wurden und die Fluidität der Einstellungen zunahm. Obwohl die Unterschiede auf der Leinwand zwischen stummen und Tonfilmen auch in bezug auf die Ausgestaltung der Räume und Dekors sowie in der Beweglichkeit der Kamara weitgehend schwanden, hatten sich in den Ateliers diesbezüglich einige Veränderungen vollzogen. So waren die Türen in der Regel etwas breiter, um die Kamera auf dem Stativwagen leichter bewegen zu können. Die Dekorationen mußten teilweise abnehmbar sein, wenn mehrere Einstellungen mit verschiedenen Apparaten gedreht werden sollten. Wenn die Handlung in mehreren Räumen einer Wohnung spielte, mußten diese während der gesamten Zeit des Drehens im Unterschied zum Stummfilm[116] entsprechend der vom Drehbuch vorgegebenen Raumlogik angeordnet sein, um in sich abgeschlossene Dialoge ohne Unterbrechung aufnehmen zu können[117].

Ungelöst war nach wie vor die Qualität der Tonaufnahmen. So heißt es Mitte September 1930 in einem Beitrag des „Film-Kuriers": „Es ist wiederholt und deutlich genug ausgesprochen worden, daß die Schnellproduktion, mit der wir zu Beginn der Saison beglückt wurden, nicht den Anforderungen in tonlicher Hinsicht entspricht, die Produzent und Publikum an die (Tobis/Klangfilm – M.B.) Gruppe stellen müssen, die sich nun einmal die alleinige Verantwortung für die Tonherstellung in Deutschland zum Reservat gemacht hat. Wir müssen mindestens soviel Sorgfalt bei der Tonherstellung und Qualität in der Apparatetechnik fordern, daß unsere Filme

---

[115] L. Kutzleb, Das neue Tonfilmauto der Klangfilm GmbH, in: Die Kinotechnik 20. 9. 1929, Nr. 18, 11. Jg., S. 498 f.; F.W. Dustmann, Neue Geräte für Filmaufnahmen im Freien, in: Kinotechnische Umschau 2. 6. 1930, Nr. 27, S. 747 ff.
[116] Aufnahmen, in denen die Zimmerwand angeschnitten wurde, so daß die Kamera die Handlungen der Protagonisten in zwei Räumen von einer Position aus aufnehmen konnte, wie in *Zweimal gelebt* von Max Mack, blieben die Ausnahme.
[117] Erich Kettelhut, Der Ton diktiert! Der Tonfilm-Architekt vor neuen Problemen, in: Film und Ton 21. 3. 1931, Nr. 12

den Weltmarktstandard halten und nicht wieder unter das technische Niveau der amerikanischen Produktion zurücksinken, denen ja auch unser eigener Markt heute zum Teil offen steht"[118].

3.5. Die „goldene Zeit" der frühen deutschen Tonfilmproduktion

Am Ende des ersten Tonfilmjahres hatte die Ufa sechs Großtonfilme produziert, deren Herstellungspreis durchschnittlich 1 521 000,- RM betrug[119]. Am 28. Juli 1930 fand die jährliche Ufa-Tagung statt, auf der neben Vertretern der Verwaltung und des Verleihs auch die Theaterleiter des In- und Auslandes teilnahmen. In seiner Ansprache zeigte sich Klitzsch optimistisch mit dem bisherigen Verlauf und den Zukunftsaussichten der Tonfilmentwicklung. Angesichts der relativen Unabhängigkeit von Patentverträgen könnte dem Unternehmen, das am Ende des Geschäftsjahres über vier Millionen Mark an liquiden Mitteln verfügte, eine wichtige Rolle im europäischen Filmgeschäft zufallen. In seiner Begründung hob er zwei Aspekte besonders hervor: Unter den etwa 700 amerikanischen Tonfilmen befinde sich kaum eine deutsche Version, so daß die bisherige Konkurrenz aus Hollywood auf dem deutschen Markt weitgehend entfalle, denn fremdsprachige Filme fänden in Deutschland kein Publikum. Des weiteren seien die meisten europäischen Staaten zu klein, um eine eigene rentable Tonfilmproduktion aufzubauen, so daß sich für den deutschen Film zusätzliche Exportmöglichkeiten eröffnen würden[120]. Der sich seit Beginn des Jahres abzeichnende Aufwärtstrend blieb auch in den folgenden Monaten konstant. So verdreifachten sich bis einschließlich Oktober 1930 die Bruttoüberschüsse der Ufa-Betriebe gegenüber dem Vorjahr. Der Verleih konnte seine Ergebnisse im gleichen Zeitraum fast verdoppeln[121]. Im August 1930 war es dem Vorstand nach Verhandlungen mit Paramount gelungen, den Parufamet-Verleih zwei Jahre früher als in den Nachverhandlungen vereinbart, aufzulösen[122]. Als letzter Spielfilm wurde über Parufamet *Der blaue Engel* in die USA geliefert. Im Gegenzug verpflichtete sich die Ufa, der Paramount 70 Prozent ihres Einfuhrkontingents bis zum Auslaufen des regulären Vertrages zur Verfügung zu stellen[123].

---

[118] Tobis oder Klangfilm? Ungelöste Fragen der Aufnahme-Apparatur, in: FK 16. 9. 1930, Nr. 219, 12. Jg.
[119] BArch R 109 I / 2421
[120] 20 Millionen Mark für Ufa-Tonfilme. Finanzierung aus eigenen Mitteln/ Generaldirektor Klitzsch optimistisch, in: Vossische Zeitung 28. 7. 1930; Nr. 351
[121] BArch R 8119 / 19072 Bl. 102
[122] Im Zuge der von Klitzsch geführten Nachverhandlungen zu den Parufamet-Verträgen war vereinbart worden, die Verträge um vier Jahre zu verkürzen und sie am 31. 8. 1932 auslaufen zu lassen. BArch 80 IG 1 AW / 1098 Bl. 27
[123] BArch R 109 I / 1027b Bl. 183

Bis zur Unterzeichnung der Pariser Verträge hielt sich die überwiegende Mehrheit der kleinen Produktionsfirmen mit der Tonfilmproduktion zurück. Deren wichtigste Hemmnisse – das Patentproblem und die Frage der Zuschauerakzeptanz – waren nach der Unterzeichnung des Abkommens beseitigt, so daß viele Produzenten sofort mit den Dreharbeiten beginnen wollten. Die so im Sommer und im Frühherbst 1930 entstandene große Nachfrage konnte von den in Deutschland für die Tonfilmproduktion zur Verfügung stehenden Ateliers nicht befriedigt werden. Eine kurzfristige Erweiterung der Anlagen war nicht zu erwarten, denn die Ufa benötigte ihre Ateliers in Babelsberg selbst. Die von ihr noch nicht umgebauten Tempelhofer Ateliers waren auf Grund des Lärms, der durch den Straßen-, Eisenbahn- und Luftverkehr verursacht wurde, für Tonfilmaufnahmen ungeeignet. Die Tobis zögerte noch mit dem Ausbau ihrer Anlagen in Johannisthal, der Jofa-Ateliers. Die Unternehmensleitung wollte vor dem aufwendigen Umbau sicherstellen, daß die notwendigen Investitionen sich auch ganzjährlich rentierten. Tonfilme wurden zwar auch in einigen Stummfilmmateliers gedreht, doch mußte man dort die Aufnahmen unterbrechen, wenn Züge vorbeifuhren oder das Motorengeräusch von Flugzeugen ertönte[124]. Neben den schlechten Arbeitsbedingungen verteuerten sich auf diese Weise die Produktionskosten erheblich. Unter diesen Verhältnissen verhandelten einige Firmen mit ausländischen Atelierbetrieben[125]. So wich die Felsom GmbH, Fellner & Solomon, Berlin für die Produktion ihres zweiten Tonfilms, *Geld auf der Straße* (Regie: Georg Jacoby), nach Österreich aus. Zusammen mit den ausländischen Tonfilmen konnte trotz aller Schwierigkeiten die Nachfrage nach Tonfilm in Deutschland schnell befriedigt werden.

Die Atelierorientierung der Tonfilmproduzenten verstärkte die Konzentration der Filmproduktion auf die Medienstandorte Berlin und München. Von dieser Entwicklung profitierte insbesondere Berlin, wo insge-

---

[124] Paschke, Tonfilmmarkt, S. 75 f.
[125] Zu wenig Tonfilm-Ateliers. Gefährliche Widersprüche in der Fabrikations-Situation, in: FK 18. 7. 1930, Nr. 168, 12. Jg.

samt neun Ateliers unterschiedlicher Größe zur Verfügung standen[126]. Zu Beginn der 30er Jahre konzentrierten sich hier bereits über 90 Prozent der deutschen Filmproduktion. Als in der Folgezeit die verbesserte Aufnahmetechnik das kostengünstige Drehen von Außenaufnahmen ermöglichte, blieb der Trend zur Produktionskonzentration unverändert. Zum einen wirkte die arbeitsteilige Nutzung der Anlagen und das Vorhandensein der sie bedienenden Spezialisten einer Dezentralisierung entgegen. Zum zweiten hatte sich im Zuge der Umstellung auf den Tonfilm ein fester Stamm von Nur-Filmschauspielern herausgebildet, die mit den Besonderheiten des neuen Mediums in hohem Maß vertraut waren.

Nach der am 5. Juni 1930 erfolgten Einigung zwischen Klangfilm und Ufa[127] bestellte letztere spezielle Aufnahmegeräte für das Drehen von Außenaufnahmen, die das Filmunternehmen für Wochenschauaufnahmen und für einzelne im Atelier nur mit einem unverhältnismäßig großen Aufwand zu drehende Spielfilmszenen nutzen wollte. Die Western Electric bot solche Apparaturen zu einem Kaufpreis von 10 000,- bis 15 000,- $ an. Die Klangfilm, die zunächst Lieferschwierigkeiten hatte[128], vermietete die gleiche Apparatur zu einem Preis von 4 500,- RM pro Monat. Der Mietpreis für ein Jahr entsprach also dem Verkaufspreis der Western. Bei der Bestellung der Spezialgeräte formulierte die Ufa nur allgemeine Forderungen, aber keine konkreten technischen Parameter. Nach der Lieferung stellte sich heraus, daß die Geräte zu schwer waren und die Tonverstärkung unzureichend. Der für die Stromversorgung mitgelieferte Generator konnte nicht ausreichend gedrosselt werden und ein Kameramotor erhitzte zu schnell, und war zudem nicht schallgedämpft. Nach Rücksprache mit der Klangfilm stellte sich diese auf den Standpunkt, daß bei sorgfältiger Vorbereitung der Dreharbeiten gute Aufnahmen erzielt werden könnten. Gegen diese allgemeine Aussage konnte die Ufa keine juristisch verwertbaren Einwände er-

---

[126] Die maßgeblichen deutschen Tonfilmateliers:

	Flächenraum in m²
Deutsches Lichtspiel Syndikat	11 000
Europäische Film-Alliance	2 520
Emelka-Ateliers (München)	1 980
Froelich-Tonfilm-Studio	1 100
Grunewald-Film-Atelier	1 290
Jofa Tonfilm-Atelier	4 530
Terra-Produktion	1 000
Tobis-Melofilm	250
Ufa-Ateliers: Neubabelsberg	8 320
Tempelhof	2 565

Paschke, a. a. O., S. 76

[127] vgl. S. 163 f.
[128] BArch R 109 I / 1027b Bl. 230

heben[129]. Im Spätsommer 1930 beschwerte sich die Ufa über die ihres Erachtens unzureichende Qualität der von der Klangfilm gelieferten Apparaturen für Außenaufnahmen[130]. Die von der Ufa erhobene Forderung nach einer höheren Qualität der gelieferten Geräte verband der Konzern mit einer weiteren: Infolge der Pariser Verträge hatte die Klangfilm ihre Preise für Wiedergabeapparaturen gesenkt. Die neuen Preise lagen nun um 10 bis 20 Prozent unter den Vertragspreisen des Ufa-Klangfilm-Abkommens. In diesem hatte sich der Filmkonzern im Rahmen einer Meistbegünstigungsklausel eine Reihe von Vorteilen gegenüber seinen Konkurrenzfirmen gesichert, die zum Teil durch die Preissenkung entfielen[131]. Im Kontext der Verhandlungen um eine Nachbesserung der gelieferten Apparaturen versuchte die Ufa auch, die ihr im Vertrag vom 8. April 1929 zugesicherte Sonderstellung auf dem deutschen Filmmarkt in Form geänderter, d. h. erneut rabattierter Verkaufspreise geltend zu machen.

Der Geräteproduzent kündigte daraufhin im Zuge der Auseinandersetzungen den Vertretervertrag mit der Ufa und warf ihr vor, zu wenige Tonfilme zu drehen. Infolge der künstlichen Spielfilmverknappung, so die Klangfilm, hätte nur eine begrenzte Zahl von Kinobesitzern Interesse an einer Umstellung ihrer Betriebe. Darüber hinaus beschwerten sich die Klangfilmvertreter über den rüden Verhandlungston von seiten der Filmfirma bei von Stauss, der sich erneut bereit fand, zwischen den Parteien zu vermitteln.

Nachdem die Kinoton den Prozeß gegen die Klangfilm im September 1930 vor dem Berliner Kammergericht gewonnen hatte[132], annoncierte sie in großflächigen Anzeigen ihre Verkaufszahlen und versuchte, durch Hinweise auf ihre gegenüber der Klangfilm niedrigeren Preise neue Kunden zu gewinnen. Zugleich wies sie mit Auszügen aus einer gerichtlichen Urteilsbegründung auf die patentrechtliche Reinheit ihrer Geräte hin[133]. Am 29. Oktober 1930 wies das Berliner Kammergericht mehrere Klagen der Kinoton ab. Zwei Tage später verbot das Berliner Landgericht der Firma Lorenz, ihre patentverletzenden Apparaturen auszuliefern und verurteilte das Unternehmen zu einem Schadensersatz[134]. Durch diese Urteile gestärkt, erklärten Angehörige des Siemens-Vorstandes hinsichtlich der neuen Vorwürfe seitens der Ufa, die permanent mit gerichtlichen Schritten drohte, es auf einen Prozeß ankommen lassen zu wollen[135]. Zuvor hatte die Ufa ihre

---

[129] BArch R 109 I / 1027b Bl. 143 f.
[130] vgl. S. 182
[131] BArch R 8119 / 19072 Bl. 99
[132] Zum Lorenz-Klangfilm-Streit vgl. S. 192
[133] vgl. u. a. die einseitige Anzeige: Achtung Theaterbesitzer, in: FK 9. 9. 1930, Nr. 213, 12. Jg.
[134] Prozeßsiege der Klangfilm GmbH, in: Vossische Zeitung 2. 11. 1930, Nr. 518; Nach diesen Urteilen legte Lorenz Berufung beim Reichsgericht ein.
[135] BArch R 8119 / 19072 Bl. 104

Vorwürfe gegenüber der Klangfilm bereits erweitert. Ein auf den 14. November 1930 datiertes 20seitiges Papier kritisierte in gerichtsverwertbarer Form als erstes die Mängel an den Wiedergabegeräten und die mangelhafte Nachbesserung der installierten Apparaturen, die entgegen den Vereinbarungen nicht ständig auf dem neusten technischen Stand gehalten würden. In diesem Kontext führte sie auch ein Schreiben der Orient Cinema AG Zürich an, die durch Vermittlung der Ufa Klangfilm-Apparaturen erworben hatte. Auch hier wurden die mangelnden Modernisierungsarbeiten gerügt. Als zweites forderte die Ufa eine Anpassung der Lizenzzahlungen an die Abmachungen des Pariser Abkommens. Dieses legte fest, daß die Ufa für ihre Filmexporte nach Nordamerika Lizenzgebühren in voller Höhe an die Klangfilm und an die Western Electric zahlen sollte. Klitzsch bestand dagegen auf einer einmaligen Lizenzzahlung. Drittens kritisierte die Ufa das Verhältnis zwischen Klangfilm und Tobis. Geschäftspartner des Filmkonzerns im Atelierbetrieb hatten mitgeteilt, daß die Klangfilm alle Lizenznehmer an die Tobis verweise. Die Patentgesellschaft – so der Vorwurf – versuche die Verhandlungen über die Lizenzzahlungen zu nutzen, um Atelierkunden der Ufa abzuwerben[136]. Nach Bekanntwerden des Schreibens kam es nach nochmaliger Rücksprache mit von Stauss zu einer erneuten Aussprache zwischen Vertretern beider Firmen. In deren Ergebnis verbesserte sich bis Anfang Dezember 1930 das Klima zwischen beiden Unternehmen[137]. In der Folgezeit kam es zu einer weitgehend problemlosen Zusammenarbeit.

Mit der fortschreitenden Umstellung auf die Tonfilmproduktion wurden in der Öffentlichkeit verstärkt die von der Tobis erhobenen Leihmieten für Tonfilmaufnahme-Apparaturen und Lizenzgebühren für die Produktion sowie den Ex- und Import von Tonfilmen diskutiert[138]. Hatte vor und im Umkreis des Pariser Tonfilmfriedens vor allem der Schutz deutscher Interessen gegenüber einer drohenden amerikanischen Technik- und damit verbunden einer Filminvasion im Zentrum der Aufmerksamkeit gestanden, verlagerte sich nun der Diskussionsschwerpunkt auf die Vielzahl und die Höhe der Lizenzgebühren. Vor dem Hintergrund wachsender Proteste innerhalb der Filmindustrie gegen das Geschäftsgebaren, argumentierte die Tobis, daß erst im Oktober 1929 die eigentliche Tonfilmproduktion in Deutschland angelaufen sei. Bis zu diesem Zeitpunkt seien ihr erhebliche Entwicklungsunkosten entstanden, die zum Teil bis in das Jahr 1925 zurückreichten. Darüber hinaus habe die Produktion der Kurztonfilme, die zur Propagierung des Tonfilms gedreht wurden, einen Verlust von etwa einer Million Mark verursacht. Nur durch erhebliche Vorinvestitionen sei es dem Syndikat überhaupt gelungen, den amerikanischen Vorsprung inner-

---

[136] BArch R 8119 / 19072 Bl. 133; vgl. auch: ebenda Bl. 109 f.
[137] BArch R 8119 / 19072 Bl. 131
[138] Zur Höhe der Leihmiete und der Lizenzgebühren vgl. S. 316 ff.

halb weniger Monate abzubauen. Die Lizenzzahlungen seien nun in erster Linie erforderlich, um die verauslagten Gelder wieder zurückzubekommen[139].

Auf die Proteste der Filmöffentlichkeit reagierte der Reichsminister des Innern, in dessen Ressort die Filmkontigentierung fiel, Anfang September 1930 mit zwei gleichlautenden Briefen an Tobis und Klangfilm. Er betonte u. a., daß durch das Gesetz über die Aufführung ausländischer Bildstreifen die Grundlage für eine gesicherte deutsche Tonfilmproduktion gegeben sei. Unter Hinweis auf die Ergebnisse der Pariser Verhandlungen führte er weiter aus, daß die Konkurrenzsituation mit amerikanischen Aufnahmeapparaturen in Deutschland nicht mehr bestehe. Mit einem deutlichen Hinweis auf eine mögliche Überprüfung der Lizenzzahlungen vor dem Kartellgericht forderte er die beiden Firmen auf, ihre diesbezügliche Praxis zu überprüfen[140].

In der Diskussion um die Antwort auf das Schreiben, in die auch die Ufa einbezogen wurde, entstand eine Koalition zwischen Tobis und Ufa. Vor dem Hintergrund einer zunehmenden Zahl an kleinen Produzenten, die in die Tonfilmproduktion einstiegen[141], warnten beide Unternehmen vor einer möglichen „Überproduktion" innerhalb der deutschen Filmindustrie, die verhindert werden müsse, um den Absatz und die Amortisation deutscher Filme zu sichern. Angesichts dessen stimmten beide Seiten überein, daß in Zukunft „die Lizensierung dritter Produzenten möglichst selten und zu nicht günstigen Bedingungen erfolgt". Klitzsch betonte in diesem Zusammenhang auch, es sei „ihm deshalb gar nicht lieb, daß Klangfilm" bemüht war, im Interesse des Absatzes von Aufnahmeapparaturen möglichst zahlreichen Produzenten Aufnahmelizenzen zu verschaffen[142]. Im Hinblick auf das Schreiben des Ministers einigten sich beide Seiten darauf, von einer offiziellen Antwort abzusehen. Statt dessen sollte der ehemalige Ministerialdirektor und zeitweiliger Reichspressechef in der Reichskanzlei, Carl Spiecker, der zu diesem Zeitpunkt noch Tobismitarbeiter war, über den zuständigen Ministerialreferenten im RMdI einen Gesprächstermin beim Minister erbitten. In dessen Verlauf sollten er und Klitzsch „mit vereinten Kräften" dem Minister darlegen, „daß die Lizensierungspolitik vernünftig ist, den deutschen Interessen entspricht, die Lizenzsätze nicht zu hoch sind, und im übrigen durch den Pariser Vertrag eine Ermäßigung erfahren haben"[143]. Das geplante Gespräch wurde mehrfach verschoben. Am 1. Oktober 1930 wurde Spiecker in das Reichsministerium des Innern beru-

---

[139] Erwin Baer, Kino-Krise. Die Umstellung der Filmproduktion – Das erste Tonfilmjahr – Neues Kontingentgesetz? in: Berliner Börsen-Courier 2. 6. 1930, Nr. 252, 62. Jg.
[140] SAA 4/ Lf Nr. 706
[141] vgl. S. 348
[142] Gemeint ist die Verhandlungsdelegation der Klangfilm, die zusammen mit der Tobis und der Ufa über die Reaktionen auf das Ministerschreiben beriet.
[143] SAA 4/ Lf Nr. 706

fen. Dort beauftragte man ihn „mit der Bearbeitung besonderer Maßnahmen ... die zur innenpolitischen Aufklärung der Bevölkerung über Ziele und Tätigkeit der staatsfeindlichen Parteien zweckdienlich sein können"[144]. An der Höhe der Lizenzzahlungen änderte sich in der Folgezeit nichts. Die Aufforderung des für die Preisgestaltung zuständigen Reichswirtschaftsministeriums an die Tobis, die Höhe der Lizenzen zu überprüfen, und an die Klangfilm die Preise für die Aufnahmeapparaturen zu senken, brachte trotz einer Drohung von seiten des Ministeriums mit dem Kartellgericht zunächst nur geringe Erfolge.[145]

3.6. Zu den Veränderungen in den Lichtspielhäusern

Die großen Lichtspieltheater konnten mit der Vorführung der ersten deutschen Tonfilme hohe Gewinnspannen erzielen, so daß sich sowohl die gestiegenen Kosten der Tonfilmleihgebühren als auch die Investitionen in die Wiedergabeapparaturen in relativ kurzer Zeit amortisierten. Die wenigen Tonfilme reichten in den ersten Monaten nicht aus, um die Nachfrage der Verleihfirmen und der Lichtspielhäuser zu decken[146]. Um dem Bedarf nachzukommen, wurden produktionsseitig Stummfilme in unterschiedlichem Ausmaß mit Musik, Gesang, Dialogen und Geräuschen unterlegt. Für einen kurzen Zeitraum befriedigten die nachträglich synchronisierten Filme durchaus die technische Neugier der Zuschauer und ermöglichten den Betreibern kleinerer Lichtspielhäuser, die ihre Kinos mit den neuen Apparaturen ausgestattet hatten, diese auch zu nutzen[147].

Das Problem der kleinen und mittleren Kinos wurde noch durch den Mangel an Erstaufführungstheatern für Stummfilme verstärkt, obwohl 1930 noch 45 Stummfilme produziert wurden und noch eine große Zahl älterer Stummfilme durch die Verleihfirmen angeboten wurde. In der Regel waren die großen Häuser bereits sehr früh mit der Wiedergabetechnik für Tonfilme ausgestattet worden, die ab der Jahreswende 1929/30 dort mit großem

---

[144] BArch R 1501 Personalakten / 11084 (Spiecker, Carl); vgl. S. 319 ff.
[145] siehe S. 319 ff.
[146] Die Ausstattung der deutschen Kinos (einschließlich Saarland) mit Tonfilmwiedergabeapparaturen entwickelte sich bis zur Unterzeichnung der Pariser Verträge wie folgt:

	Stand 31.12. 1929	Januar	Februar	März	April	Mai	Juni	Am 30.6. 1930 insgesamt ausgerüstet
Theater	205	35	42	59	77	68	86	572
Plätze	193 066	28 811	32 509	42 221	55 619	39 635	51 973	443 834

Jahrbuch der Filmindustrie 4. Jahrgang, S. 374
[147] Paschke, a. a. O., S. 18

Erfolg über einen längeren Zeitraum liefen. Von daher wurde die Plazierung von Stummfilmen zunehmend schwieriger. Die Markteinführung von Filmen war aber von der Erstaufführung in den zentralen deutschen Kinos abhängig, denn nur dort erschienen traditionell die Kritiker, die in der Tages- und Fachpresse die Filme besprachen. Darüber hinaus spielte das gesamte Ambiente der Uraufführung für den wirtschaftlichen Erfolg eines Films eine wesentliche Rolle. Deshalb konzentrierte sich auch die Filmwerbung insbesondere auf diese Kinos. Aus Rentabilitätsgründen konnten die Verleiher nicht auf die Erstaufführungstheater verzichten und die Filme nach der Uraufführung direkt an die kleinen Kinos weitergeben. Unter diesen Umständen herrschte in den kleinen und mittleren Häusern bereits zu einem Zeitpunkt Filmmangel, als noch in ausreichender Menge nicht ausgewertete Stummfilme vorhanden waren[148].

Der zwischen Warners und Tobis unterzeichnete Vertrag brachte diesbezüglich nur wenige Verbesserungen. Er sah zwar die Aufführung amerikanischer Filme in Deutschland vor, doch fehlte es zu dieser Zeit noch an geeigneten aufführungsreifen Produktionen. Die Ufa plante, für die Saison 1930/31 zwei Produktionsstaffeln herzustellen. In der ersten sollten etwa 18 und in einer zweiten 15 bis 20 Mittel- und Großfilme entstehen[149]. Die Produktionen des Konzerns hatten für die freien Theaterbesitzer nur mittelbare Bedeutung, da die Ufa versuchte, ihre Filme möglichst lange in den eigenen Lichtspielhäusern auszuwerten und diese deshalb erst mit erheblichem Verzug in den übrigen Kinos aufgeführt werden konnten. Neben den Ufa-Produktionen rechnete man im Frühsommer 1930 mit etwa 30 bis 40 weiteren deutschen Spielfilmen, die in der Saison 1930/31 gedreht würden. Die anvisierte Zahl hätte bei weitem nicht ausgereicht, um den Bedarf des deutschen Marktes, auf dem bisher etwa 400 Stummfilme pro Jahr gezeigt wurden, zu befriedigen. Amerikanische Schätzungen gingen davon aus, daß der zukünftige deutsche Tonfilmmarkt etwa 200 Tonfilme pro Jahr bräuchte[150].

Mit der Unterzeichnung des Pariser Tonfilmabkommens wurden für die Tonwiedergabe einheitliche Normen gesetzt. Sie erlaubten der Klangfilm den Übergang zur Serienfertigung und ermöglichten damit im August 1930 erste Preissenkungen[151]. Gleichzeitig verringerte die Klangfilm die Typen und berücksichtigte in ihrem Produktionsprogramm stärker die Be-

---

[148] Rettet die „Kleinen"! Gegen die Proletarisierung der „kleinen" Kinos in Deutschland, in: FK 25. 4. 1930, Nr. 99, 12. Jg.
[149] BArch R 8119 / 19072 Bl. 52 ff.
[150] Amerika im Tonfilm. Die Verhandlungen Zuckors mit Deutschland, in: Berliner Börsen-Courier 12. 6. 1930, Nr. 269, 62. Jg.
[151] R.V. (Reichsverband – M.B.) verhandelte mit Klangfilm. Die Ergebnisse für die Theaterbesitzer, in: FK 9. 12. 1932, Nr. 290, 14. Jg.

dürfnisse kleinerer Kinos. Bereits 1930 bot die Gesellschaft eine Apparatur für kleine Häuser mit bis zu 350 Plätzen an[152].

Durch die Normierung der Wiedergabeapparaturen entfiel ein entscheidendes Risiko für die Kinobetreiber, die neue Technik einzuführen. Sie konnten sicher sein, daß jeder ihnen angebotene Tonfilm auf der Standardapparatur abspielbar ist. Zugleich übte die weitgehende Umstellung der Filmproduktion im Geschäftsjahr 1930/31 auf Tonfilme einen Zwang auf die Kinobetreiber aus, sich auf die neue Lage einzustellen. Darüber hinaus übernahmen die führenden Herstellergruppen die Finanzierung des Einbaus der Geräte. Alle drei Gründe führten dazu, daß nach der Unterzeichnung der Verträge in Paris die Zahl der Tonfilmkinos sprunghaft zunahm.

Ein Restrisiko für die Theaterbesitzer blieb insofern, als Geräte für die Nadelton-, die Lichtton- und die kombinierte Wiedergabe beider Aufnahmetechnologien angeboten wurden[153]. Die finanziell günstigeren Angebote unterbreiteten verschiedene Hersteller von Nadeltonapparaturen. Zu ihnen zählten neben Klangfilm und Kinoton auch eine Reihe weiterer Firmen, so die Zeiss Ikon AG und die Nitzsche AG. Letztere bot ihre Geräte ohne Lautsprecher und Verstärker an. In einer Druckschrift der Firma hieß es: „Wir machen Sie darauf aufmerksam, daß wir nur unseren Nadeltonprojektor 'Meloton' ohne Verstärker und Verstärkerröhren liefern, und daß wir, wenn Sie unseren Nadeltonprojektor 'Meloton' an Ihren vorhandenen Verstärker und Verstärkerröhren anschließen, eine Patenthaftung nicht übernehmen. Sie müssen sich also selbst vergewissern, ob Sie an den bereits bei Ihnen vorhandenen Verstärker ein Synchrongerät anschließen können, ohne Patentschwierigkeiten befürchten zu müssen"[154]. Als weitere Firma bot die in München beheimatete Deutsche Hochbild GmbH Zusatz-

---

[152] Strohm: a. a.O., S. 75
[153] Bis zum 30. Juni 1930 waren die deutschen Lichtspielhäuser wie folgt ausgestattet:

	Lichttonapparatur		Nadeltonapparatur		Licht-/Nadelton-apparatur	
Stand 31.12.1929	53	38 470	20	15 643	132	138 953
Januar 1930	5	4 181	2	1 724	28	22 956
Februar 1930	7	4 675	20	14 603	15	13 231
März 1930	18	9 728	10	7 293	31	25 200
April 1930	38	24 442	28	21 454	11	9 723
Mai 1930	50	26 684	9	5 388	9	7 563
Juni 1930	72	40 426	1	710	13	10 837
Stand 30.6.1930	243	148 556	90	66 815	239	228 463

Jahrbuch der Filmindustrie 1930, 4. Jahrgang, S. 379

[154] zitiert nach: Kb.: Leipziger Frühjahrsmesse 1930, in: Die Kinotechnik 20. 3. 1930, Nr. 6, 12. Jg., S. 159

geräte zum Abspielen von Nadeltonfilmen für bereits installierte Projektoren zu einem Preis zwischen 650,- und 2 400,- RM an. Das Lizenzproblem umging sie, wie auch die Nitzsche AG, indem sie auf Verstärkeranlagen verzichtete, weshalb nur kleine Kinos als Abnehmer in Frage kamen[155]. Insgesamt verdeutlichen die verschiedenen patentrechtlich nicht unumstrittenen Geräte auf dem Markt, daß eine Reihe von Firmen offensichtlich versuchte, einen Teil der hohen Investitionssummen, die für die Umstellung auf den Tonfilm benötigt wurden, in die eigenen Kassen zu lenken.

Unabhängig von dem System bereitete die Installation von Lautsprechern oft größere Schwierigkeiten. Die Projektionsflächen vieler Kinos waren, um lichtundurchlässig zu werden, mit Zinnweiß oder Alluminiumbronze bestrichen worden. Auf diese Weise konnte an der Lichtquelle gespart werden. Beide Metallüberzüge erwiesen sich aber auch als schallschluckend. Die allgemein übliche Montage der Lautsprecher hinter der Leinwand hatte zur Folge, daß die Leinwand ausgetauscht oder die Stromstärke erhöht werden mußten[156]. Darüber hinaus veränderte die Aufzeichnung des Lichttons das Bildformat. Projektionstechnisch konnte die kleine Differenz, die zwischen Bildern mit oder ohne Tonspur entstand, durch eine gesteigerte Vergrößerung ausgeglichen werden. Allerdings wirkte sich die Veränderung des Formats auf die Projektionsfläche aus, die sich aus der proportionalen Vergrößerung des Stummfilmbildes ergab und zu dem neuen Format nicht paßte. Große Kinos tauschten deshalb ihre bisherige Leinwand gegen eine neue aus, während kleine sich teilweise mit dem Vorschalten von Masken im alten Verhältnis oder durch Kopieren auf das neue Format behalfen[157].

Die veröffentlichten Zahlenangaben über die Lichtspielhäuser, die bereits Tonfilmapparaturen eingebaut hatten, schwanken im einzelnen sehr stark. So kommt eine Zählung der „Lichtbild-Bühne" zum Stichtag 15. September 1930 auf 786 mit Tonfilmprojektoren ausgestattete Lichtspielbetriebe. Darunter waren 198 mit Kinoton-Geräten und 35 mit Gaumont-Apparaturen. Die überwiegende Mehrheit der Kinobetriebe hatte Tobis-Klangfilmapparaturen installiert. Laut „Lichtbild-Bühne" hatte sich zu diesem Zeitpunkt der siebente Teil der Lichtspielbetriebe auf das neue Medium eingerichtet. Dies entsprach etwa einem Viertel der in Deutschland vorhandenen Kinositzplätze[158]. Nach einer von Tobis und Klangfilm ge-

---

[155] Tonfilm des kleinen Mannes, in: Berliner Tageblatt 5. 10. 1930, Nr. 470, 59. Jg. Einen Überblick über die unterschiedlichen Apparaturen, die auf dem deutschen Markt gehandelt wurden, enthält: R. Thun, Leipziger Frühjahrsmesse 1930, in: Die Kinotechnik 20. 3. 1930, Nr. 6, 12. Jg., S. 159 ff.
[156] Paschke, a. a. O., S. 129 f.
[157] Umbehr 1932, a. a. O., S. 130
[158] Wirtschaftsspiegel des Films. Die Tonfilmkinos im Zahlenbild, in: LBB 17. 9. 1930, Nr. 223, 23. Jg.

meinsam herausgegebenen Werbebroschüre hatten bis Oktober 1930 634 Lichtspielhäuser in Deutschland Tobis/Klangfilm-Apparaturen installiert. 378 dieser Geräte waren sogenannte Doppelanlagen, d. h. auf ihnen konnten sowohl Lichtton- als auch Nadeltonfilme vorgeführt werden. Die übrigen 256 waren sogenannte einfache Anlagen, die zum weit überwiegenden Teil nur Lichttonfilme vorführen konnten. Innerhalb der Größenklassen entfiel die neue Ausstattung auf 144 Theater mit mehr als 1 000 Plätzen, 308 Häuser mit 500 bis 1 000 Plätzen und der Rest auf kleinere Kinos[159]. Die Lorenz AG gab gegen Ende des Jahres an, etwa 300 Apparaturen installiert zu haben. Nach ihren Angaben wurden darüber hinaus in überwiegend kleinen Häusern noch 700 Vorführgeräte betrieben, die keines der drei Unternehmen produziert hatte[160].

Unabhängig von den differierenden Zahlen verdeutlichen die nachfolgenden Tabellen, daß die Umstellung auf die Tonfilmproduktion und mit einem gewissen Zeitverzug die technische Umrüstung in den Kinos in etwa parallel verliefen:

Deutsche Filmproduktion[161]:

Jahr	Filme insgesamt	Stummfilme	Tonfilme
1929	183	175	8
1930	146	45	101
1931	144	2	142
1932	132	-	132

Die deutschen Tonfilmtheater:[161]

Jahr	Filmtheater	davon Tonfilmtheater	% der Filmtheater
1929	5.267	233	4,4
1931	5.071	2.320	45,7
1933	5.071	4.256	83,9

Unterteilt man die Kinos in täglich spielende und nicht täglich spielende, so waren laut Angaben des Reichskinoadreßbuches 1933 am

---

[159] Statistik der Tonfilm-Umstellung. Ziffern von Klangfilm und Tobis per 1. Oktober, in: LBB 22. 10. 1930, Nr. 253, 23. Jg.; Ende Mai hatte die Tobis-Klangfilm-Gruppe erklärt, daß sie bis zum 1. Juni 1930 525 Apparaturen installiert habe. Eine beiliegende Karte zeigt, daß die Geräte zu diesem Zeitpunkt vor allem in den Lichtspielhäusern der Großstädte Berlin, München, Leipzig, Dresden, Frankfurt, Hamburg, Bremen, Königsberg und Breslau sowie im Ruhrgebiet eingebaut waren. Deutsche Tonfilm-Theater, in: FK 31. 5. 1930, Nr. 128, 12. Jg.
[160] Der Tonfilm-Patentstreit. Klangfilm und Lorenz, in: Frankfurter Zeitung 15. 12. 1930 Nr. 932, 75. Jg.
[161] Alexander Jason, Handbuch der Films 1935/36 Berlin o.J. S. 85
[162] Ebd., S. 139; nach A. Jason 1933, a. a. O., S. 63 verlief die Entwicklung wesentlich schneller, wie die von ihm zunächst ermittelten höheren Zahlen zeigen:

1. August 1932 3 457 Lichtspielhäuser mit insgesamt 1 475 136 Plätzen umgerüstet, d. h. etwa 1 200 nicht täglich spielende Kinos hatten die neuen Apparaturen angeschafft[163]. Anfang 1935 gab es in Deutschland kein Kino mehr ohne Tonwiedergabe. Unter Einschluß der Investitionen für die Tonfilmproduktion hatte sich das in die Filmindustrie investierte Kapital gegenüber Anfang 1929[164] um mehr als 10 Prozent erhöht.

Die weitgehende Parallelität der Entwicklung ist erklärungsbedürftig. Auf Grund der erhofften Gewinne kauften vor allem die Betreiber kleiner Kinos die billigen patentrechtlich nicht einwandfreien Zusatzeinrichtungen für Nadeltonfilme. Deshalb konnten Anfang 1931 von den bereits umgestellten Lichtspielhäusern 63 Prozent der vor allem kleineren Kinos nur Nadeltonfilme zeigen[165]. Allerdings war die Installation eines den Ton ergänzenden Gerätes an den bestehenden Projektor mit ständigen Zusatzkosten verbunden. Sie resultierten aus den Preisen für Schallplatten, die die Kinobetreiber zu tragen hatten. Hinzu kamen die zusätzlichen Kosten für den Versand der Platten. Trotz der höheren Kosten pro Vorführung war die Qualität der Tonwiedergabe bei Schallplatten auf Grund ihrer niedrigeren Schwingungszahl wesentlich schlechter als beim Lichtton. Darüber hinaus waren Lichttongeräte leichter zu bedienen. Nicht zuletzt die Betriebskosten bewirkten, daß bereits im August 1932 die Zahl der mit Lichttonprojektoren ausgestatteten Kinos deutlich überwog[166].

Forciert wurde die Durchsetzung von Lichttongeräten durch das Verhalten der Klangfilm, die um ihren Monopolanspruch durchzusetzen, gegen andere deutsche Apparatehersteller Patentverletzungsklagen anstrengte bzw. versuchte, einstweilige Verfügungen zu erlassen, um auf

---

Anzahl und durchschnittliche Größe der Tonkinos in Deutschland:

Datum	Anzahl der Kinos	Durchschnittliche Platzzahl	Anteil an der Gesamtzahl der deutschen Kinos in %	Anteil an der Gesamtzahl der deutschen Kinoplätze in %
31. Dezember 1929	223	900	4	10
15. Mai 1930	830	661	16	29
1. August 1930	1 035	631	20	34
15. Januar 1931	1 904	512	37	53
1. Oktober 1932	3 532	422	68	78

Der Grund für die unterschiedlichen Zahlenangaben in den beiden Handbüchern konnte nicht ermittelt werden.

[163] Der deutsche Kinopark. Jüngster Stand und Entwicklungsziffern, in: LBB 3. 2. 1934, Nr. 29, 27. Jg.
[164] Carl Forch, Die neuzeitliche Entwicklung der Kinematographie, in: Die Kinotechnik 5. 4. 1929, Nr. 7, 11. Jg., S. 171
[165] Entwicklung der Filmwirtschaft, in: Wochenbericht des Instituts für Konjunktur-Forschung 2. 11. 1932, Nr. 31, (Sonderbeilage)
[166] Karl Wolffsohn (Hrsg.), Jahrbuch der Filmindustrie, 5. Jg. Berlin 1933, S. 355

diese Weise jede Konkurrenz im Keim zu ersticken. Nach mehreren Prozessen mit unterschiedlichen Urteilen und mehreren Einsprüchen bemühten sich Lorenz AG und Klangfilm um eine Einigung, ohne das Urteil des Reichsgerichts abzuwarten, dem der Fall zur abschließenden Entscheidung vorgelegt worden war. Im Ergebnis der Verhandlungen wurde die Tochtergesellschaft der Lorenz AG, die Kinoton GmbH, in eine Aktiengesellschaft umgewandelt. Ihre Aktien hielt ein Konsortium der Bank für Montanindustrie[167]. Die Tekade, die zu dem Konsortium gehörte, welches das von Lieben-Patent auswerten durfte, erhielt im Rahmen der Transaktionen von Telefunken die Erlaubnis, mehrere hundert Verstärkeranlagen mit dem Ziel zu bauen, sie der Kinoton für ihre Anlagen weiterzuverkaufen. Weitergehende Vorschriften regelten, wann und wo die Kinoton ihre Apparate absetzen durfte[168].

Die aus der Patentpolitik von Klangfilm resultierende Unsicherheit war ein Grund, daß 1930 Kinobetreiber mit ihrer die Tonfilmwiedergabe betreffenden Investitionsentscheidung zögerten. Durch Vermittlung des Reichsverbandes der Deutschen Lichtspieltheaterbesitzer kam ein Vergleich mit jenen Lichtspielhäusern zustande, die nach der Rechtsauffassung der Klangfilm Schwarzapparaturen betrieben[169] und sie bis zum 1. Dezember 1930 in Betrieb genommen hatten. Zu diesen wurden auch jene Geräte gezählt, die fremde Synchronisierungseinrichtungen in Verbindung mit Verstärkern von Siemens verwandten. Entsprechend der zwischen dem Reichsverband und der Klangfilm erzielten Vereinbarung hatte sich der betroffene Personenkreis bis zum 28. Februar 1931 bei der Klangfilm zu melden. Gegen eine Vergleichsgebühr erhielten die Lichtspielbesitzer eine von der Gesellschaft ausgestellte Bescheinigung, die es ihnen erlaubte, die installierten Geräte weiter zu betreiben. Allen Kinobesitzern, die sich nicht freiwillig bei der Klangfilm meldeten bzw. jenen, die sich nach dem 1. Dezember 1930 andere als Klangfilm- und Kinoton-Apparaturen einbauen ließen, drohte die Gesellschaft mit gerichtlicher Verfolgung. Insgesamt sollten die dem Kinobesitzer dadurch entstehenden Kosten wesentlich höher liegen, als die Kaufpreise einer kompletten Klangfilm-Wiedergabeapparatur[170]. Nach diesem Angebot meldeten sich etwa 1 000 Kinobesitzer, die mehr als ein Drittel der deutschen Tonfilmkinos repräsentierten.

Um dem Vergleich mit der Klangfilm und damit zusätzlichen Kosten zu entgehen, nutzte eine nicht zu ermittelnde Zahl von Kinobesitzern die

---

[167] Die Einigung über die Geschäfte der alten Kinoton zogen sich in der Folgezeit weiter hin. Verständigung im Tonfilmkampf, in: Frankfurter Zeitung 3. 1. 1931, Nr. 5, 75. Jg.
[168] P.J.: Der Tonfilm-Patentstreit. Klangfilm-Angebot an die Theaterbesitzer, in: Deutsche Allgemeine Zeitung 5. 1. 1931, Nr. 6, 70. Jg
[169] Ebd.; Kullmann, Lichtspieltheater, S. 125
[170] SAA 11/ Li Nr. 126. Die Betreiber von Klangfilmapparaturen mieteten bis Ende 1931 die Geräte. Erst ab Dezember 1931 unterzeichnete die Klangfilm Kaufverträge mit den Theaterbesitzern. K. Wolffsohn, a. a. O., S. 42

Gelegenheit, sich eine komplette neue Apparatur bzw. die entsprechenden Zusatzgeräte für den Lichtton anzuschaffen. Das Verhandlungsergebnis von Reichsverband und Klangfilm war möglicherweise ein entscheidender Grund für den sprunghaften Anstieg der Zahl der Lichttonapparaturen in den deutschen Lichtspielhäusern des Jahres 1931.

Trotz der Drohungen der Klangfilm während der Jahreswende 1930/31 wurden in deutschen Kinos weiterhin sogenannte Schwarzapparaturen betrieben. Die Klangfilm schätzte den Erfolg ihrer Kampagne in einem internen Schreiben vom 30. März 1931 so ein, daß „durch die Vergleiche etwa 90 Prozent der Theaterbesitzer, die vor dem 1. 12. 1930 patentverletzende Apparaturen installiert haben, erfaßt worden" seien. In einem Ende April 1930 verfaßten internen Schreiben betonte sie, daß der verbliebene Rest der Betreiber von Schwarzapparaturen gerichtlich verfolgt würde[171]. An diesem Vorhaben wurde sie wahrscheinlich infolge eines Prozesses, der am 30. April 1931 vor dem III. Berliner Landgericht stattfand, gehindert. Die Klangfilm hatte einen Journalisten verklagt, der in einem Artikel behauptet hatte, die Klangfilm „treibe eine brutale Geschäftspolitik, sie versuche mit allen erlaubten und unerlaubten Mitteln, die deutsche Filmindustrie und das Kinogewerbe in ihre Hand zu bekommen und sie scheue nicht vor Wucher und Drohungen zurück. Es komme ihr immer wieder darauf an, den Kinobesitzer tot zu machen". Des weiteren hatte der Beklagte die Geschäftsmethoden der Klangfilm als „Machenschaften" und „Raubmethode" bezeichnet. Vor Gericht begründete der Journalist des Artikels seine Ausführungen unter anderem mit Hinweis auf die Preisgestaltung der Klangfilm. Diese habe erst die Kosten der Wiedergabegeräte von 20 000,- RM auf 4 900 RM gesenkt, nachdem die Kinoton Apparate für 4 000,- RM angeboten habe. Des weiteren habe sie die Konkurrenz „in unberechtigter Weise schlecht gemacht ... die Kunden, die billigere Konkurrenzfabrikate beziehen wollten, mit den Drohungen gefügig gemacht und nur auf diese Weise zum Abschluß desjenigen Vergleichs gezwungen ... der der Klägerin über 4 000,- RM, den Kunden aber keinen ausreichenden Gegenwert einbrachte". Das Landgericht folgte in diesem Punkt der Argumentation des Beklagten ebenso, wie in bezug auf die Feststellung, daß die Klangfilm nicht berechtigt gewesen sei, „die Rechte aus einer angeblichen Verletzung des v. Lieben-Patentes in irgendwelcher Weise wahrzunehmen und sie daher auch zur Drohung mit einer Schließung des Theaters durch gerichtliche Maßnahmen gar nicht berechtigt war"[172].

Angesichts des wirtschaftlichen Drucks, unter dem die Lichtspielbesitzer standen, sah sich die Klangfilm gezwungen, Preisnachlässe zu gewähren. Im Dezember 1932 vereinbarte der Reichsverband der deutschen Lichtspieltheaterbesitzer mit dem Unternehmen für alle Kunden, die dem

---

[171] SAA 11/ Li Nr. 126
[172] Klangfilm klagt, in: Industrie-Kurier 30. 5. 1931, Nr. 22, 15. Jg., S. 6 ff.

Verband angehörten und ihre Apparate vor dem Stichtag der Preissenkung im August 1930 bestellt hatten, einen 25 prozentigen Schuldenerlaß, wenn sie ihre Rückstände bis zum 1. April 1933 gezahlt haben sollten. Des weiteren erhielten Tages- und Halbwochenspieler 20 Prozent auf ihre Restschuld sofort erlassen, wenn sie bei der Klangfilm keine Rückstände hatten bzw. wenn sie diese bis zum 1. April 1933 beglichen haben würden[173].

Im Mai 1932 verklagte die Tobis vor dem Landgericht I in Berlin 45 Theaterbesitzer, die patentrechtlich nicht einwandfreie Lichttonzusatzgeräte oder Verstärker installiert hatten[174]. Auf das zugunsten der Tobis ausgefallene Urteil stützte sich unter anderem das 1934 erzielte Verhandlungsergebnis zwischen der Klangfilm und dem Reichsverband Deutscher Filmtheater. Danach mußten sich bis zum 31. März 1934 all jene Theaterbesitzer melden, die patentverletzende Apparaturen betrieben. Dabei handelte es sich zum Teil auch um alte Wiedergabegeräte, die größere Kinos verkauft hatten und danach mit patentverletzenden Zusatzteilen an anderer Stelle wieder eingebaut worden waren.

Für jene Theaterbesitzer, die der Klangfilm im März 1934 noch Vergleichsgebühren zahlen mußten und diese bis zum 1. April regelmäßig entrichtet hatten, handelte der Reichsverband Deutscher Filmtheater e.V. für die Folgezeit einen monatlichen Preisnachlaß von 25 Prozent auf die bis zu diesem Zeitpunkt geltende Gebührenhöhe aus. Ab dem 1. Januar 1935 bis zum Ende des Vertrages sollten diese Theaterbesitzer nur noch die Hälfte der im März 1934 zu zahlenden Gebühren entrichten[175].

Neben dem Problem der Schwarzapparaturen verhandelten der Verband und das Unternehmen auch über die Produktion einer sehr preiswerten Anlage für kleine Kinos. Mit ihrer Hilfe sollte den Theaterbesitzern die Möglichkeit gegeben werden, sich von Patentansprüchen von vornherein zu befreien bzw. eventuell existierende Vergleichszahlungen mit dem Erwerb der Anlage beenden zu können. Darüber hinaus sollte sie als preisgünstiger Ersatz für veraltete Anlagen dienen. Ab Werk kostete die komplette Anlage, die seit Februar 1934 von der Klangfilm angeboten wurde, knapp 2 000,- RM[176].

In einer ersten Zwischenbilanz zu den Prüfungen der Klangfilm in bezug auf die Schwarzapparaturen bescheinigte der Reichsverband der Deutschen Filmtheater der Firma, daß sie „auf Grund der intensiven Vorstellungen durch den Reichsverbandvorsitzenden und seine engen Mitarbeiter an eine individuelle Behandlung der einzelnen Fälle heranging" und auf diese

---

[173] R.V. verhandelte mit der Klangfilm. Die Ergebnisse für die Theaterbesitzer, in: FK 9. 12. 1932, Nr. 290, 14. Jg.
[174] Tobis klagt gegen 45 Theaterbesitzer, in: FK 21. 5. 1932, Nr. 118, 14. Jg.
[175] An alle Filmtheater-Besitzer! Ein Aufruf des Reichsverbandes, in: Der Film 10. 3. 1934, Nr. 10, 19. Jg.
[176] Preiswerte Tonapparatur für kleinere Theater. Ergebnis der Verhandlungen Reichsverband/Klangfilm, in: LBB 3. 1. 1934, Nr. 3, 27. Jg.

Weise „unnötige Härten" vermieden wurden[177]. Bis Mitte November 1934 schloß die Klangfilm mit 1 200 Lichtspieltheaterbesitzern Vergleiche[178].

Nicht nur die Konstruktion und der Einbau patentrechtlich nicht einwandfreier Apparaturen, sondern auch die Finanzierung der Tonapparaturen in den Lichtspielhäusern verweisen auf den spekulativen Charakter der Tonfilmumstellung: Von den Anfangserfolgen des neuen Mediums angelockt, standen den Kinobetreibern, die in ihrer überwiegenden Mehrheit die Lichtspielhäuser nur gepachtet hatten und von daher nur über geringe Sicherheiten verfügten, Betriebs- und Investitionskredite von etwa 80 Millionen Mark[179] zur Verfügung, die eine schnelle Umstellung des deutschen Theaterparks ermöglichten. An den Spekulationen beteiligte sich auch die Klangfilm. Ihr Umsatz belief sich Ende 1930 auf etwa fünf bis sechs Millionen Mark[180]. Um zwei Millionen Mark höher lagen zur gleichen Zeit die Forderungen der Gesellschaft an die Theaterbesitzer für bereits gelieferte Geräte. Dies entsprach in etwa der Hälfte der in Deutschland von verschiedenen Firmen kreditierten Summe für die Lieferung und Installation von Wiedergabeapparaturen[181].

Die hohen Gewinnspannen, über die von der Presse zu Beginn der Tonfilmumstellung berichtet wurde, ließ viele Kinobetreiber das Spekulationsrisiko unterschätzen. Zunächst standen Tonfilme in nur sehr begrenztem Umfang zur Verfügung. Die Erstaufführungskinos versuchten diese optimal auszuwerten, so daß die kleinen und mittleren Lichtspielhäuser vom ersten Nachfrageboom nicht profitieren konnten. Infolgedessen gerieten als erste jene kleineren Lichtspielhäuser in wirtschaftliche Schwierigkeiten, die bereits 1930 die Wiedergabeapparaturen installiert hatten. Sie boten ihrem Publikum zunächst nachträglich mit Musik, Dialogen oder Geräuschen synchronisierte Filme an, die aber schon im Frühjahr 1930 kaum noch ein Publikum fanden. Dies belegt unter anderem eine entsprechende Umfrage des Lichtspielverbandes in Mitteldeutschland. Sie kam zu dem Ergebnis, daß die nachträglich synchronisierten Filme zu einer Tonfilmkrise geführt hätten, weil sie vom Publikum abgelehnt worden seien. Deshalb empfahl der Verband seinen Mitgliedern, entweder reine Stummfilme oder nur 100 prozentige Tonfilme in ihr Programm aufzunehmen[182].

Die reinen Stummfilmkinos gerieten in wirtschaftliche Schwierigkeiten, weil die Zahl ihrer Besucher überproportional sank. Beispielsweise wurden im Winter 1929/30 in Bayern bei Stummfilmvorführungen 20 Pro-

---

[177] Klangfilm/ Stagma Reichsverband, in: Der Film 19. 5. 1934, Nr. 20, 19. Jg.
[178] 1 200 Vergleiche mit Klangfilm. Schärfster Kampf, in: LBB 14. 11. 1934, Nr. 266, 27. Jg.
[179] Möhl, Filmtheatergewerbe, S. 40
[180] vgl. auch S. 318
[181] F.H. Geiler, Das Zukunftsprogramm der Klangfilm. Jahresumsatz 1930: gegen 6 Mill. Mark, in: Berliner Börsen-Courier 12. 3. 1931, Nr. 119, 76. Jg.
[182] H. Simon, Tonfilmenttäuschungen – Warum?, in: FK 10. 5. 1930, Nr. 111, 12. Jg.

zent weniger Besucher regisitriert als im Vorjahr[183]. Wesentliche Gründe für diese Entwicklung lagen in der wirtschaftlichen Depression. Die Bevölkerung sparte zuerst an jenen Stellen im Haushaltsbudjet, die nicht unmittelbar zum Lebensunterhalt benötigt wurden[184]. Zu diesen zählte auch der Kinobesuch, der vor allem 1930 insgesamt deutlich sank. Allein in Berlin kam es infolgedessen im Frühjahr 1930 zeitweilig zu 50 Kinoschließungen[185].

Die kleinen und mittleren Lichtspieltheater drängten Anfang 1930 die größeren Kinos und vor allem jene, die bereits die neue Technik installiert hatten, ihre Eintrittspreise zu erhöhen. Man erhoffte sich durch eine größere Preisdifferenz einen stärkeren Besuch in den billigeren Häusern, die nur Stummfilme zeigen konnten[186]. Zugleich glaubten Teile der Produktions- und Verleihfirmen sowie der Lichtspielbesitzer, über erhöhte Eintrittspreise nach dem Vorbild vor allem amerikanischer Theater die höheren Kosten für die Tonfilmherstellung zumindest teilweise abdecken zu können[187]. Zunächst trat der erhoffte Zuwachs an Kinobesuchen auch ein. Infolge des hohen Zulaufs der Tonfilmvorstellungen und der gegenüber der Stummfilmzeit höheren Verleihpreise stiegen bis zum September 1930 zunächst bei Tonfilmvorführungen die Eintrittspreise[188]. Unter dem Druck der anhaltenden Einkommensminderung änderte sich jedoch das Zuschauerverhalten. Das Publikum frequentierte zunehmend kleinere und billigere Kinos, die Tonfilme zeigten. Innerhalb der Lichtspieltheater stieg zur gleichen Zeit die Präferenz des Publikums für die billigeren Plätze.

Vor allem drei Momente verschärften zu Beginn der 30er Jahre die Gegensätze zwischen den Lichtspieltheatern: Die tendenziell nivellierende Wirkung des Tonfilms in bezug auf die Qualität der Vorführung, die unterschiedlichen Strategien im Überlebenskampf der Lichtspielhäuser vor dem Hintergrund der Weltwirtschaftskrise und der verschärfte Kampf um die

---

[183] Münchner Tonfilmdebatte: Publikum verlangt Dialogfilme, lehnt aber Synchronisierung ab. Durchschnittliche stumme Filme kein Geschäft mehr, in: FK 12. 3. 1930, Nr. 62, 12. Jg.

[184] Diesen Sachverhalt verdeutlicht in gewissem Umfang ein Vergleich der Angaben über das Verhältnis von Bruttoeinnahmen, Kinobesuchen und Volkseinkommen und die Erzeugung von Gebrauchsgütern (1928 = 100), die gegenüber den Kinobesuchen in wesentlich geringerem Maße abnahm:
1929 97   1931 82
1930 91   1932 74
Paschke a.a.O. S. 39 f.

[185] Erwin Baer, Kino-Krise. Die Umstellung der Filmproduktion – Das erste Tonfilmjahr – Neues Kontingentgesetz? in: Berliner Börsen-Courier 2. 6. 1930, Nr. 252, 62. Jg.

[186] Rettet die „Kleinen!" Gegen die Proletarisierung der „kleinen" Kinos in Deutschland, in: FK 25. 4. 1930, Nr. 99, 12. Jg.

[187] vgl. u. a.: Das Problem der Stunde. Höhere Eintrittspreise, in: Der Kinematograph 12. 2. 1930, Nr. 36, 24. Jg.

[188] Entwicklung der Filmwirtschaft, in: Wochenbericht des Instituts für Konjunktur-Forschung 2. 11. 1932, Nr. 31 (Sonderbeilage)

Zuschauer. Die Ur- und Erstaufführungstheater, die in der Regel zu großen Produktionsgesellschaften gehörten, traten für einen freien Preiswettbewerb ein, um auf diese Weise je nach Lage des Theaters die Eintrittspreise festlegen zu können. Zusätzlich bot sich innerhalb der großen Theater die Möglichkeit, durch unterschiedliche Staffelungen der Eintrittspreise innerhalb bestimmter Preissegmente Veränderungen entsprechend der Nachfrage vorzunehmen. Mit Hilfe dieser Variabilität in der Preisgestaltung hofften sie, die hohen fixen Kosten besser abdecken zu können als mit festen Preisabsprachen, die keine Gestaltungsspielräume zuließen.

Die Betreiber kleiner Kinos forderten im Gegensatz zu den großen Kinobesitzern ein stabiles Niveau der Eintrittspreise. Hier schien die einzige Chance zu liegen, um aus eventuellen Überschüssen die hohen konstanten Kosten, die durch den Kauf oder den Verleih der Wiedergabeapparaturen erwuchsen, begleichen zu können. Die Situation der kleinen unterschied sich von den großen Theatern in zweierlei Hinsicht. Zum einen konkurrierten in der Regel am gleichen Ort mehrere kleinere Häuser in etwa gleicher Kategorie miteinander. Die großen Häuser die – vom Kurfürstendamm abgesehen – ihre Programme weitgehend singulär in den Städten bzw. in großen Stadtteilen anboten, waren einem vergleichbaren Wettbewerb nicht ausgesetzt. Sie konnten bis zu einem gewissen Grad auf ein Stammpublikum und eine wohlhabendere Laufkundschaft bauen, die sich aus den besser verdienenden Kreisen der Bevölkerung rekrutierte und von der Weltwirtschaftskrise prozentual weniger stark betroffen wurde als die unteren Schichten. Kleinere Häuser hatten dagegen nicht nur um die zunehmend verarmenden Zuschauerschichten der Vororte und Kleinstädte zu kämpfen, sondern auch innerhalb des beschränkten Platzangebotes wenig Möglichkeiten, ein gezieltes Platzmanagement zu betreiben. Deshalb sanken in einer Reihe von Städten die Eintrittspreise auf dreißig bis vierzig Pfennige und lagen damit unter dem Preisniveau von 1914. In einigen Städten, wie Köln, kostete nach Angaben der SPIO eine Kinokarte sogar nur zwanzig Pfennige. Um dem Preisverfall entgegenzuwirken, versuchten Kinobesitzer, so in Leipzig, Preiskartelle zu bilden. Diese blieben in der Regel erfolglos, weil nicht alle Theaterbesitzer bereit waren, sich an ihnen zu beteiligen. Gleichzeitig versuchte das Reichswirtschaftsministerium im Zuge der Deflationspolitik, Preisabsprachen zu verhindern[189]. Insbesondere in Gegenden, in denen mehrere kleine Kinos miteinander konkurrierten, sahen deshalb die betroffenen Theaterbesitzer im Zweischlagersystem und unter Umständen auch im Dreischlagersystem die einzige Chance, mehr Zuschauer in die Kinos zu locken, um mit eventuellen Überschüssen die hohen monatlichen Belastungen insbesondere in Form der Pachten aufbringen zu können[190].

---

[189] BArch R 901 / 69590 Bl. 165
[190] vgl. Möhl, a. a. O., S. 89 f. Die durch die Notverordnungen ermöglichten Senkungen von Pachten und Zinsen durch Kündigung konnten die meisten Kinobetreiber nicht

Andere Kinobetreiber boten ihren Gästen kostenlos Wurst, Bier usw. an, um sie zu einem Besuch ihrer Häuser zu bewegen[191].

In der Stummfilmzeit hatten die Kinobesitzer, um die Vorführdauer von zwei langen Spielfilmen nicht zu verlängern, zum Teil die Filme geschnitten oder die Vorführgeschwindigkeit geändert. Beides war unter den Bedingungen des Tonfilms nicht möglich. Insofern verlängerten sich nun beim Zweischlagersystem die Vorführzeiten. Da der Besucherstrom insgesamt nachließ, hatte die zahlenmäßige Minderung der täglichen Vorführungen jedoch für die betroffenen Häuser keine negativen Folgen. Durch das Zweischlagersystems verringerte sich, über den allgemeinen Besucherrückgang hinaus vor allem in den Jahren 1931/32, der Rückfluß notwendiger Gelder für die Produktion neuer Spielfilme. Aus diesem Grund wehrten sich die Ur- und Erstaufführungstheater, die oft großen Konzernen wie der Ufa oder der Emelka gehörten, auch gegen das Zwei- und Dreischlagersystem.

Die aus den unterschiedlichen Interessenlagen resultierende Unüberwindlichkeit der Standpunkte zwischen den Betreibern kleiner und großer Lichtspielhäuser führte im August 1930 zur Spaltung des Reichsverbandes der deutschen Lichtspieltheaterbesitzer. 240 große Kinobesitzer, die zusammen 400 000 Plätze bewirtschafteten, spalteten sich von ihm ab und gründeten unter Vorsitz des Ufadirektors Alexander Grau den Reichsbund der Erstaufführungstheaterbesitzer[192].

In der Folgezeit entbrannte wegen der höheren Verleihpreise[193] für Tonfilme ein sich über mehrere Jahre hinziehender erbitterter Preiskrieg zwischen den Theatern. Die Konkurrenzsituation wurde noch verschärft durch eine Zunahme der Kinoplätze[194]. Zwischen Oktober 1930 und September 1932 fielen die Eintrittspreise wieder, gegenüber 1929 durchschnittlich um 16,8 Prozent, wobei sich mit der Zunahme der Krisensymptome der Abwärtstrend erhöhte. So fielen allein zwischen Januar und September 1932 die Preise um etwa 8 Prozent[195]. Infolge dieses Konkurrenzkampfes und des Abwanderns der Besucher auf billigere Plätze lagen die Erlöse je

---

nutzen, weil die Bestuhlung in der Regel in die neuen Räume nicht oder nur mit sehr großen Schwierigkeiten wieder eingebaut werden konnte. Darüber hinaus gab es meist unüberwindliche Probleme mit der Neuinstallation der Technik und den sanitären Anlagen.

[191] BArch R 901 / 69590 Bl. 165
[192] Eugen Szatmari, Glossen der Woche. Spaltung im Kinobesitzer-Lager – Heidelberg-Film gegen „Dreigroschenoper" – Warnungszeichen aus Amerika, in: Berliner Tageblatt 24. 8. 1930, Nr. 398, 59. Jg.
[193] Kullmann, a. a. O., S. 124
[194] Deutschlands Kinopark 1931/32. 5 057 Kinotheater, 2 193 täglich spielende, 1 986 813 Plätze insgesamt. Geringe Vermehrung der Plätze, geringe Verminderung der Kinozahl, in: LBB 21. 11. 1931, Nr. 279, 24. Jg.
[195] Entwicklung der Filmwirtschaft, in: Wochenbericht des Instituts für Konjunktur-Forschung 2. 11. 1932, Nr. 31 (Sonderbeilage)

Karte auf dem Höhepunkt der Krise niedriger als 1925. Zugleich sanken auch die durchschnittlichen Besucherzahlen unter das Ausgangsniveau[196]:

Entwicklung der Kartenerlöse und Theaterbesuche

Jahr	Durchschnittlicher Erlös je Karte in RM	Besuche je Einwohner über 18 Jahre pro Jahr
1925	0,69	6,6
1929	0,83	8,0
1930	0,84	7,0
1931	0,72	6,6
1932	0,68	5,6

Insgesamt begann mit der Arbeitslosigkeit während der Weltwirtschaftskrise, von der Arbeiter härter als Mittelständler betroffen waren, ein Trend der sozialen Verschiebung des Publikums. Das Kino fing einen Teil jener Besucher auf, der dem Theater in dieser Zeit verlorenging[197]. Von daher fiel auch die Zahl der Kinobesucher prozentual nicht im gleichen Maß, wie das Volkseinkommen sank. Allerdings konnten die zum Kino wechselnden Teile des Mittelstandes trotz der herabgesetzten Eintrittspreise nicht den hohen Prozentsatz an Arbeitern ausgleichen, die zunehmend das Kino mieden[198]. Mitte der 30er Jahre besuchten auch wieder mehr Arbeiter die Kinos. Dennoch deuteten sich bereits während der Weltwirtschaftskrise erste sozialen Wandlungen der Kinobesucher an, die zum Teil bis heute unter dem Einfluß des Fernsehens prägend wirksam sind[199].

Das starke Interesse von Jugendlichen am Kino konnte von den Lichtspielhäusern nur beschränkt genutzt werden, da infolge einer Verschärfung der Filmzensur[200] zu Beginn der 30er Jahre zunehmend weniger Filme das Prädikat „jugendfrei" erhielten[201]. Insgesamt stellte sich der Einfluß der Weltwirtschaftskrise auf die Lichtspielhäuser wie folgt dar[202]:

---

[196] A. Jason, Handbuch des Films 1935/36, a. a. O., S. 146;
[197] Paschke, a. a. O., S. 39
[198] Eine Umfrage unter der Berliner Siemensbelegschaft am Anfang der 30er Jahre ergab, daß 53,7 % der Arbeiter kein Kino besuchte. Kösser/ Lippold, Lebensweise, S. 135
[199] G. Neckermann, Kinobesuch BRD, in: Media Perspektiven Nr. 9/ 1994, S. 454 ff.
[200] vgl. S. 354 ff.
[201] K. Wolffsohn, a. a. O, S. 240
[202] Paschke, a. a. O., S. 39. Vergleiche auch die entsprechenden Indexzahlen während der Weltwirtschaftskrise (1928 = 100):

Jahr	Volkseinkommen	Besuche	Bruttoeinnahmen
1929	100,9	93	99
1930	93	82	88
1931	65,7	78	72
1932	59	65	57

ebenda S. 40

Verhältnis von Volkseinkommen, Kinobesuchen und Bruttoeinnahmen

Jahr	Kinobesuche in 1 000	Volkseinkommen in Milliarden RM	Bruttoeinnahmen der Kinos (in 1 000 RM)
1929	328 328	76,1	272 512
1930	290 357	70,2	243 900
1931	273 113	57,1	196 642
1932	230 116	46,4	156 513

Vor allem die politischen Ereignisse bewirkten neben der ungewöhnlichen winterlichen Kälte im Januar und Februar 1933, daß trotz der beginnenden wirtschaftlichen Erholung der Tiefpunkt des Kinobesuchs während der Weltwirtschaftskrise zu Beginn des Jahres 1933 lag. Im März 1933 begann die Zahl der abgerechneten Eintrittskarten in den Groß- und Mittelstädten im Vergleich zum Vorjahresmonat anzusteigen. Im Sommer erfaßte dieser Trend auch die Kleinstädte. Dennoch sanken insbesondere in den Kleinstädten die Eintrittspreise noch stärker als im Vorjahr[203]. Erst 1934 begannen auch die Bruttoeinnahmen der Kinos wieder zu steigen. Im Sommer des gleichen Jahres lag der Zuwachs der Erlöse bereits höher als der der Besucher, was darauf verweist, daß nun auch wieder die teuren Plätze vermehrt in Anspruch genommen wurden[204].

Durch Einflußfaktoren, wie Besucherrückgang und dem daraus resultierenden Preiskrieg, Patentstreitigkeiten und verschärfter Zensur für Jugendliche, gerieten viele Lichtspielhausbetreiber mit den Kreditrückzahlungen in Schwierigkeiten. In der Industrie führten unverhältnismäßig hohe Anfangsinvestitionen infolge falscher Markteinschätzungen, wie das Beispiel der sich in den 20er Jahren entwickelnden Kunstseidenindustrie zeigt, zu einer scharfen Zwischenkrise, in deren Folge es zu einem hohen Grad der Produktionskonzentration kam[205]. In der Filmindustrie allgemein und im Lichtspielwesen im besonderen verlief die Entwicklung anders. Entgegen den Prophezeihungen im Sommer 1930, die ein großes Kinosterben vorhersagten[206], stellten bis Mitte der 30er Jahre nur 531 nicht täglich spielende Kinos ihren Betrieb ein[207]. Allerdings wechselten bis Ende 1932 mehr als 1 000 der täglich spielenden Kinos ihre Besitzer bzw. Betreiber. Bei

---

[203] Zur Entwicklung der Filmwirtschaft, in: 1. Beilage zum Wochenbericht des Instituts für Konjunktur-Forschung 23. 8. 1933, Nr. 21, 6. Jg.; vgl. auch: Besuch der Lichtspieltheater in deutschen Städten, in: 1. Beilage zum Wochenbericht des Instituts für Konjunktur-Forschung 8. 3. 1933, Nr. 49, 5. Jg.
[204] Zur Entwicklung der Filmwirtschaft, in: 1. Beilage zum Wochenbericht des Instituts für Konjunktur-Forschung 28. 11. 1934, Nr. 47, 7. Jg.
[205] Produktivkräfte, S. 156 f.
[206] vgl. u. a.: Erwin Baer, Kino-Krise. Die Umstellung der Filmproduktion – Das erste Tonfilmjahr – Neues Kontingentgesetz? in: Berliner Börsen-Courier 2. 6. 1930, Nr. 252, 62. Jg.
[207] Jahrbuch der Reichsfilmkammer 1937. Hg.: Oswald Lehnich, Berlin 1937, S. 206

einem Konkursantrag durch einen Pächter fiel das Inventar dem Verpächter zu. Darüber hinaus waren Gehalts- und Steuerforderungen bevorrechtigt. Bei Insolvenzen der Kinobetreiber gingen die Filmverleiher in der Regel leer aus. Sie trugen demnach das alleinige Debitorenrisiko für einen Film und mußten in vielen Fällen den Weg zum Konkursrichter antreten. Trotz der vielen Zusammenbrüche wurden unrentable Kinos nicht endgültig geschlossen. Eine ähnliche Entwicklung ist zur gleichen Zeit, wie noch zu zeigen sein wird, auch in der Filmproduktion zu beobachten[208]. Anders als in der Industrie fand im Filmgewerbe also keine Marktbereinigung statt. Vielmehr fanden sich immer wieder Geldgeber, die mit der Ware Film spekulierten. Insofern war die Filmkrise zu Beginn der 30er Jahre trotz der Weltwirtschaftskrise wesentlich eine durch die Unternehmer selbst verschuldete[209].

Mit der Zunahme der Kapitalintensität änderte sich die Verteilung der laufenden Kosten in den Kinos. Während der Stummfilmzeit entfielen teilweise mehr als 50 Prozent der Kosten auf die Filmmiete und die Löhne der Musiker. Die Apparaturen unterlagen dagegen dem üblichen Verschleiß und den Wartungskosten[210]. Mit der Einführung der Tonfilmprojektoren bildeten die Leihmieten für die Apparate einen erheblichen Kostenfaktor. Des weiteren stiegen infolge der höheren Produktionskosten der Filme die Verleihmieten. Dagegen entfiel die Bezahlung der Musiker völlig. Allein die Ufa sparte auf diese Weise innerhalb ihres Theaterparks jährlich etwa vier Millionen Mark. Die veränderte Kostenstruktur der Lichtspielhäuser führte auch zu einer veränderten Rezeptionssituation und Zuschauerbeteiligung. Es konnten sich nun auch zusätzliche, schlechter besuchte Aufführungen für die Kinobesitzer lohnen, weil die Kosten pro Vorstellung durch den Wegfall der Gehälter für die Kinomusiker relativ niedrig angesetzt werden konnten. Diese neue Möglichkeit führte tendenziell zu einer geringeren Platzauslastung und schließlich zu einer Verkleinerung der Kinos.

Bereits im Sommer 1929 hatten die ersten großen Lichtspielhäuser ihre Orchester aufgelöst[211]. Bis zum Juni 1930 wurden allein in Berlin 5 000 Kinomusiker entlassen. Diese hohe Zahl läßt zu diesem Zeitpunkt noch keine unmittelbaren Rückschlüsse auf das Ausstattungsniveau an Tonfilmwiedergabeapparaturen zu, denn als Zwischenschritte boten sich Kinoorgeln ebenso an wie das Betreiben von Plattenspielern, die noch nicht mit den Projektoren verbunden waren[212]. Durch den Einzug der Tontechnik in die Kinos änderte sich die Musikrezeption: „An die Stelle der unmittelbaren sinnlichen Wahr-

---

[208] vgl. S. 356 f.
[209] Entwicklungskrise der Filmindustrie. Ein zwiespältiges Bild, in: Frankfurter Zeitung 4. 12. 1932, Nr. 905-906, 77. Jg.
[210] Richard Ott, Die Risiko-Verteilung in der Filmwirtschaft in: LBB 1. 3. 1934, Nr. 51, 27. Jg
[211] 10 000 deutsche Musiker und das Tonfilm-Problem. Maßnahmen zur Vorbeugung einer allgemeinen Notlage, in: Berliner Tageblatt 7. 7. 1929, Nr. 158, 58. Jg.
[212] vgl. S.

nehmung musikalischer Erlebniswerte mit allen subjektiv motivierten Unterschieden in der wahrgenommenen Intensität trat eine Beschränkung für den Kinobesucher auf die Rezeption des Filminhalts". „Der musikalische Erlebniswert beim Besuch der Filmtheater"[213] spielte in der Folgezeit als Liveerlebnis keine Rolle mehr. Um so wichtiger wurde die Qualität der technisch reproduzierten Musik. Die Bedeutung des Zusammenhangs von zunehmender Ausbreitung des Radios[214] und der Schallplatte[215] für die Durchsetzung des Tonfilms hatte bereits der Produktionsdirektor der Ufa, Ernst Hugo Correll, in seinem Bericht für die Sitzung des Ufa-Vorstandes am 10. April 1929 betont: „Insbesondere war die Ansicht verbreitet, daß sich das Publikum in Deutschland, dessen Ohr nicht so an die Wiedergabe mechanischer Musik gewöhnt ist wie das amerikanische Publikum, das sich seit längerer Zeit in ausgedehnterem Maße mit den Radio-Vorführungen unterhält, die mechanische Musik in den Kinos nicht gefallen lassen würde"[216]. Ähnlich äußerte sich Guido Bagier in einem unveröffentlichen Manuskript: „Im März 1927 sprach man bereits 'drüben' in Amerika vom Tonfilm, horchte man auf, da in Verbindung mit dem rasch wachsenden Zulauf der Menge zum Rundfunk, die Ohren sich an den Lautsprecherklang bereits mehr gewöhnt hatten als am Anfang unserer akustischen Bemühungen"[217].

Vor dem Hintergrund zum Teil noch mangelhafter Lautsprecheranlagen und der durch sie bewirkten Einbußen in der Tonwiedergabe gab es jedoch auch noch gegenläufige Entwicklungen: Aus Angst vor einer möglichen „scharfen Konkurrenz" übte der Verein der Lichtspieltheater Württemberg e. V. im Februar 1931 Druck auf die Verleiher aus, vierzig arbeitslosen Musikern, die einen Saal zum Vorführen von Stummfilmen gemietet hatten, keine Filme zur Verfügung zu stellen[218]. Doch die Besorgnis, die Stummfilm-Vorführpraxis könnte eine Renaissance erfahren, war unbegründet. Das genannte Experiment scheiterte ebenso wie auch alle anderen Versuche, den Stummfilm weiterleben zu lassen.

Neben den Kinomusikern verlor auch die Mehrzahl der Artisten von Bühnenschauen[219], die vor den Kinovorstellungen gezeigt wurden, ihre Beschäftigung in den Lichtspielhäusern. Mit dem weitgehenden Wegfall der variablen nicht-kinematographischen Einflußgrößen auf die Kinovorfüh-

---

[213] Kahlenberg, Der wirtschaftliche Faktor, S. 71
[214] Anzahl der von der Reichspost genehmigten Rundfunkgeräte in Deutschland:

1927	1 376 564	1930	3 066 682
1928	2 009 842	1931	3 509 509
1929	2 635 567	1932	3 980 852

Lucae, Rundfunkwirtschaft, S. 24
[215] vgl. S. 77 ff.
[216] BArch R 109 I / 2421
[217] zitiert nach: Jossé, Die Entstehung., S. 249
[218] Vierzig arbeitslose Kinomusiker, in: Berliner Tageblatt 22. 2. 1931, Nr. 90, 60. Jg.
[219] Zu Bühnenschauen vgl. S. 287 f.

rung, wie den Bühnenschauen und der Live-Musik, trat tendenziell eine Gleichförmigkeit der Kinovorführungen ein. Der Prozeß vollzog sich nur schrittweise und dauerte mehr als ein Jahrzehnt. Die lange Zeitdauer war durch unterschiedliche Momente bedingt, die nur zum Teil der unausgereiften Technik angelastet werden konnten. Eine Schwierigkeit bildete der Standort vieler Kinos, die im Innern nur ungenügend von äußeren Erschütterungen geschützt waren, die ihrerseits die Funktionsweise der sensiblen Technik beeinflußten. Ein weiteres Problem bildete die Akustik, die beim Bau der meisten Kinos unberücksichtigt geblieben war. Die Mehrzahl der Kinobetreiber konnten sich keine Toningenieure leisten. So fehlte es vielerorts an Daten, um die Technik den Besucherzahlen der laufenden Vorstellung und somit den jeweils aktuellen akustischen Verhältnissen anzupassen[220]. Negativ wirkte sich auch die zunächst unzureichende Ausbildung der Kinovorführer aus. So saß bei der Erstaufführung von *Atlantic* Dupont selbst während der ersten beiden Vorstellungen im Vorführraum. Mit dem Drehbuch in der Hand verfolgte er jede Szene und steuerte die Verstärker jeweils optimal aus[221]. In den Premierenvorstellungen der folgenden Tonfilme überwachten in der Regel ein oder mehrere Ingenieure deren Tonqualität. In den weiteren Aufführungen blieben die Vorführer auf sich gestellt. Deren Arbeit wurde zusätzlich erschwert durch die unterschiedlichen Kapazitäten der Verstärker: Im Vorführraum befand sich ein eigener Lautsprecher, so daß eine Übersteuerung der Anlagen im Kinosaal vom Vorführer erst nach langen Vorführerfahrungen wahrgenommen wurde.

Mit Einführung des Tonfilms konnte die Spielhandlung eines Films durch den Vorführer nicht mehr manipuliert werden. Nun entschied allein die Fähigkeit der Filmvorführer, die zunächst noch sehr komplizierte Technik zu bedienen, wesentlich über die Möglichkeiten des Publikums, dem Geschehen auf der Leinwand zu folgen. So hieß es Mitte 1930: „Man muß in vielen Fällen die betrübliche Feststellung machen, daß die Tonwiedergabe sehr wenig befriedigend war. Ein Fortschritt gegenüber von Aufführungen der ersten Zeit des Tonfilmes war z. T. kaum zu erkennen ... So ist kürzlich bei einem Film von der Kritik nahezu übereinstimmend festgestellt worden, daß die Sprache zu mehr als 50 Prozent vollkommen unverständlich blieb. Es erscheint undenkbar, daß unter diesen Verhältnissen der Tonfilm in der kommenden Saison sein Publikum findet, zumal auch der Inhalt der Filme in vielen Fällen recht mittelmäßig ist"[222]. Wenige Monate später wurde das gleiche Problem an einer anderen Stelle beklagt: „Es ist eine bekannte Erscheinung, daß das Publikum oftmals verschiedene Urteile über den gleichen Tonfilm abgibt, die es in verschiedenen Theatern gesehen hat. Der

---

[220] Schlechte Tonwiedergabe, in: Kinematograph 31. 10. 1930, Nr. 255, 24. Jg.
[221] L.M.: Stand der Wiedergabetechnik im Gloria-Palast. Noch besser!, in: FK 29. 10. 1929, Nr. 257, 11. Jg.
[222] Unter uns, in: Die Photographische Industrie 30. 7. 1930, Nr. 31, S. 827 f.

Grund liegt ausschließlich darin, daß die Bedienung der Wiedergabeapparate in einem solchen Falle nicht die richtige war und es an der nötigen Sachkunde dabei fehlte. Es mag zugegeben werden, daß die hierbei in Betracht kommenden Gebiete nicht sehr umfangreich sind, sondern auch von dem Ausbildungsgang eines Filmvorführers stark abweichen ... Es ist jedenfalls für das Ansehen des Tonfilmes beim Publikum von nicht zu unterschätzender Bedeutung, daß die Unterweisung des Bedienungspersonals der Wiedergabeapparaturen auf den denkbar höchsten Grad der Vollkommenheit getrieben wird"[223].

Schwierigkeiten bereiteten auch die großen Lautsprecher. Sie reagierten auf hohe Schwankungen der Tonintensität innerhalb einzelner Szenen mit erheblichen Klangverfälschungen. Insofern traten bei der Vorführung von Tonfilmen ähnliche Probleme auf, wie sie bereits bei der Schallplattenproduktion erkennbar wurden[224]. Da beim Film die Aufnahme nicht verlangsamt werden konnte, mußte bereits bei der Erstellung der Drehbücher und bei den Aufnahmen im Atelier darauf geachtet werden, daß die Intensitätsbereiche der Töne innerhalb der jeweiligen Szenen nur im begrenzten Umfang schwankten[225].

Trotz der zu Beginn der dreißiger Jahre noch niedrigen Qualität der Tonaufnahmetechnik und der Schwierigkeiten mit der Tonwiedergabe in den Lichtspielhäusern strömten die Besucher insbesondere in die Lichtspieltheater, die die Umstellung auf den Tonfilm vollzogen hatten. Dies reflektierte unter anderem der Bericht der Verleiher-Organisation Deutschlands am Ende des ersten Tonfilmjahres. Auch in den folgenden Monaten meldeten die Verleiher „befriedigende" Geschäftsergebnisse. Sie waren sich einig darüber, daß die Erfolge der vergangenen Monate ausschließlich auf die Tonfilmumstellung zurückzuführen seien[226]. Das Publikum lehnte die künstlerisch ausgereifteren und durch orginäre Kinomusik begleiteten Filme zunehmend ab. Statt dessen präferierte es künstlerisch unvollkommenere Produktionen, in deren Verlauf unnatürlich klingende Musik- und Sprechszenen zu hören waren. Diese Erscheinung findet ihre Analogie in den ersten Filmvorführungen in Frankreich 1895/96. Damals war offenbar das Hauptmotiv eines Cinemabesuchs „Neugier, Vertrautes und Bekanntes durch eine neue technische Erfindung auf ungewohnte Weise zu sehen und anders zu erfahren". Zu Beginn der 30er Jahre bezog sich diese Neugier auf die völlige Kongruenz von Hören und Sehen. Im Paris vor der Jahrhundertwende wollten die Zuschauer „nicht die Wirklichkeit auf der Leinwand sehen, sondern von der Wirklichkeit sich unterscheidende Bilder dieser

---

[223] M. Arndt, Technische Erfordernisse im Tonfilm, in: Kinotechnische Umschau 17. 9. 1930, Nr. 38, S. 1036 ff.
[224] vgl. S. 78 f.
[225] Max Arndt, Die Grenzen des Tonfilms, in: Kinotechnische Umschau 8. 1. 1930, Nr. 2, S. 48
[226] Ejott, Das nächste Vierteljahr, in: FK 4. 10. 1930, Nr. 235, 12. Jg.

Wirklichkeit"[227]. In den Kinos am Ende des ersten Drittels unseres Jahrhunderts bevorzugten die Besucher offensichtlich nur noch in Ausnahmen, so etwa Charly Chaplin in *City Lights* (Regie: Charly Chaplin), dramaturgisch ausgefeilte Stummfilmtexturen. Das Interesse konzentrierte sich vor allem auf Ausdrucks- und Darstellungsweisen, die in ihrer Form der alltäglichen Umgebung entsprachen. Für dieses Neue waren sie bereit, zeitweilig erhebliche ästhetische Einschränkungen hinzunehmen.

Die Tonprobleme während der Aufführung schwanden im Zuge der Verbesserung der Tontechnik durch die Klangfilm, einer besseren Beherrschung der Aufnahmetechnik und einer Vereinfachung der Projektoren sowie möglicherweise einer besseren Ausbildung der Vorführer. Die bis heute vorhandenen Unterschiede zwischen den Lichtspielhäusern in bezug auf den Komfort und die Ausstattung blieben weiter bestehen. Gleiches galt für die Anwesenheit der Stars und Künstler während der Filmpremieren, die ausschließlich in den großen Kinopalästen stattfanden. Das neue Medium nivellierte jedoch die Art und Weise der Rezeption. Die Tonqualität wurde fortan durch das Medium selbst vorgegeben. Seine Wiedergabe war in kleinen Häusern oft besser als in großen, weil insbesondere in der Frühzeit sich die Reinheit des Klangs mit zunehmender Lautstärke verringerte. Die Preise zwischen den großen und kleinen Lichtspieltheatern differierten im Unterschied zur Stummfilmzeit stärker als die Qualität der Darbietungen zwischen den Häusern. Erhebliche Mängel traten allerdings in den Nachspielkinos auf, da dort überwiegend abgenutzte, weder optisch noch akustisch einwandfreie Kopien zum Einsatz kamen[228].

In der Stummfilmzeit waren Gefühlsäußerungen vor allem in den kleineren Kinos noch die Regel. Nun zwang der Ton zum Zuhören[229]. Damit nahm in den Lichtspielhäusern eine Entwicklung ihren Anfang, die sich analog in den Sprechtheatern bereits im 19. Jahrhundert vollzogen hatte: Das Publikum „legte sich straffere Zügel" an. Vor allem in den Großstädten trat an die Stelle der alten Spontaneität die „disziplinierende Stille"[230].

---

[227] Loiperdinger, Lumières Ankunft, S. 49 f.
[228] Paschke, a. a. O., S. 132 f.; vgl. auch: Möhl, a. a. O., S. 33
[229] Diese Feststellung ist als Prozeß zu interpretieren. So gab es während der Premiere des „Liebeswalzer" immer wieder stürmischen Beifall: Der große deutsche Tonfilmschlager ist geboren. „Liebeswalzer" – Premiere, in: Kinematograph Nr. 33/ 8. 2. 1930, 24. Jg. Auch in Erstaufführungskinos wurde zunächst auch während der Tonfilmvorführungen gesprochen, so daß es immer wieder Beschwerden über Störungen im Zuschauerraum gab. H.T. Die Störungen im Tonfilmkino, in: FK 11. 6. 1930, Nr. 136, 12. Jg.
[230] Sennett, Verfall, S. 265 f. Zur Premiere des Films „Liebeswalzer" hieß es noch: „Überflüssig, anzumerken, daß es zum Schluß genau so wie während des Spiels immer wieder stärksten Beifall gab". Der große deutsche Tonfilmschlager ist geboren. 'Liebeswalzer' – Premiere, in: Kinematograph Nr. 33/ 8. 2. 1930, 24. Jg.

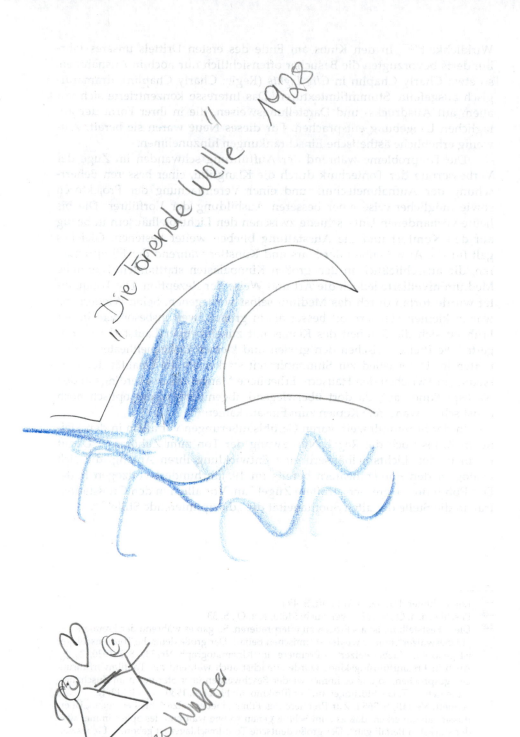

4. Die Umstellung auf den Tonfilm im Kontext medialer Verflechtungen

Die 5. Funkausstellung 1928 in Berlin wartete mit mehreren Sonderschauen auf. Ihre Themen waren der Tonbandfilm, der Tonfilm und das Fernsehen. Die drei Expositionen demonstrierten erstmals für eine breitere Öffentlichkeit den sich andeutenden Wandel im Bereich der audiovisuellen Medien unter noch handwerklichen Bedingungen. Innerhalb des Jahres 1928/29 vollzogen sich grundlegende Veränderungen. Die Rundfunkgeräte gelangten in wirkliche Serienfertigung[1], alle wichtigen Entscheidungen für die Produktion von Tonfilmen waren getroffen und die Schallplattenmusik gehörte zum festen Bestandteil vieler Rundfunkprogramme. Parallel zu den Verflechtungen auf der Produktions-, Patent- und Personalebene wurden auch die inhaltlichen Bezüge zwischen den einzelnen Medien enger. In der Folgezeit entwickelten sich diese Beziehungen zu einer bisher wenig beachteten Konstante im Mediengebrauch. Lediglich das Fernsehen erreichte weder 1929 noch in den folgenden Jahren den für einen Massenkonsum notwendigen Standard.

4.1. Die ersten deutschen Tonfilme und die ästhetisch – dramaturgische Debatte über das neue Medium

In Fortsetzung der ersten Versuche mit dem Tri-Ergon-Verfahren erteilte die Reichs-Rundfunk-Gesellschaft den Auftrag zur Herstellung eines Werbetonfilms. Die mit diesem Experiment angestrebte Zielstellung umriß der Produktionsleiter Guido Bagier: „Es sollte erstmals versucht werden, die moderne optische Schnittechnik mit den akustischen Möglichkeiten des Tri-Ergon-Tonfilms in einen ästhetisch befriedigenden Zusammenhang zu bringen, die Probleme der akustischen Kulisse parallel mit der optischen Überblendung zu lösen"[2]. Der Auftrag zielte also auf eine Überwindung des bisherigen Niveaus von akustischen Standbildern, die im wesentlichen den Tonbildern der Vorkriegszeit ähnelten.

Bei dem heute nicht mehr erhaltenen Werbetonfilm *Deutscher Rundfunk*, der später auch unter dem Titel *Tönende Welle* aufgeführt wurde,

---

[1] Riedel, 70 Jahre, S. 33; 36
[2] Guido Bagier, Tri-Ergon Tonfilm, in: Berliner Tageblatt 11. 8. 1928, Nr. 377, 57. Jg.

stand Reimar Kunze neben Béla Balázs hinter der Kamera. Die technische Oberleitung hatte Joseph Massolle übernommen³. Die Uraufführung des unter Regie von Walter Ruttmann entstandenen Experimentalfilms erfolgte anläßlich der Eröffnung der 5. Funkausstellung und bildete einen ihrer Höhepunkte. Der Film zeigte Bilder vom Berliner Funkhaus in der Potsdamer Straße, den Berliner Ansager in Großaufnahme, den Direktor der Deutschen Welle, den Sender in Zeesen und ein paar Proben im Berliner Aufnahmeraum. Bilder vom belebten Berlin leiteten zu anderen Städtebildern über, die gleichsam eine Reise durch die neun deutschen Orte mit Rundfunkanstalten versinnbildlichten. Ausgehend von Stuttgart führte der Weg über Frankfurt in das Kölner Industriegebiet. Den Aufnahmen vom Hamburger Hafen und Tierpark folgten Bilder aus Königsberg, vom Leipziger Bahnhof, aus München und schließlich Landschafts- und Volksaufnahmen aus Breslau⁴. Es fehlten augenscheinlich die klassischen Bilder der Städte, so etwa das Brandenburger Tor für Berlin oder der berühmte Marktplatz in Breslau.

Die technische Kritik stellte vor allem heraus, „die Sache hielt, was sie versprochen hatte. Die Synchronität von Bild und Ton ist vollkommen, daran ist kein Zweifel. Auch das Charakteristische des Klanges wird bis auf Einzelheiten genau wiedergegeben. Und was heute noch den Eindruck trübt, liegt sicherlich nicht am Aufnahmeverfahren, sondern vielmehr an der Wiedergabe, am Lautsprecher"⁵. Weniger befriedigte dagegen ein kurzer, nicht signierter Tonfilm, der gleichfalls im Auftrag der RRG auf der Funkausstellung vorgeführt wurde. Er zeigte Alfred Braun von der Funk-Stunde und einen Sprecher der Deutschen Welle, die über beide Sender sprachen. In die jeweiligen Vorträge wurden kurze Bilder der Anstalten hineinmontiert. In bezug auf die Tonwiedergabe wurde vor allem bemängelt, daß die Konsonanten der Endsilben nicht zu hören gewesen seien. In Anspielung an George Bernard Shaws „Pygmalion" stellte ein Kritiker fest: „Higgins würde angesichts der Sprachleistungen im Tonfilm nicht im Londoner Schmutz seine Sprachkur zur Erziehung eines Gassenmädels anwenden – er könnte schon bei den Rundfunkgrößen beginnen"⁶.

Über seine Regieintentionen führte Walter Ruttmann u. a. aus: „Der bildlose Rundfunk und der tonlose Film sind zwei Gegensätze, die gegeneinander ausgespielt im anderen Sinne dem Begriff des Tonfilms näherkommen. Die Möglichkeit der Fruchtbarmachung der Illusion und Phanta-

---

[3] Tri-Ergon-Sprechfilm der Reichsrundfunkgesellschaft, in: Berliner Tageblatt 11. 8. 1928, Nr. 377, 57. Jg.
[4] Der Tonbildfilm, in: Funk 7. 9. 1928, Nr. 37, 5. Jg.
[5] Herbert Lichtenthal, Der Tri-Ergon-Tonfilm auf der Berliner Funkausstellung, in: RR-Rundfunk-Rundschau 9. 9. 1928, Nr. 37, 5. Jg., S. 750; vgl. auch: Ernst Jäger, Deutscher Rundfunk (Funkausstellung Kaiserdamm), in: FK 1. 9. 1928, Nr. 209, 10. Jg.
[6] r.: Programm-Film der Funkstunde. Funkausstellung Kaiserdamm, in: FK 1. 9. 1928, Nr. 209, 10. Jg.

sie liegt in der konträren Ausspielung von Ton und Bild. Die eigenen Wege des Tonfilms liegen gewissermaßen in der filmischen Auffassung rein akustischer Vorgänge – Ursache sieht man, Wirkung hört man –. Ein Beispiel aus meinem Rundfunkfilm: Potsdamer Platz – Mittagszeit – Riesenverkehr, den man bildlich erfaßt und sieht. Nun hört man das Stimmengewirr, das johlende, kreischende und schreiende, brüllende – das plötzlich nun wieder optisch auf einen ... Löwen überblendet"[7]. An einer anderen Stelle schrieb Ruttmann, daß er die künstlerischen Möglichkeiten „im Sinne eines optisch-akustischen Kontrapunkts, eines Gegeneinandermusizierens zwischen sichtbaren und hörbaren Bewegungen sehe"[8]. Mit dieser Auffassung knüpfte er künstlerisch bis zu einem gewissen Grad an seinen Stummfilm *Berlin – Die Symphonie der Großstadt* an. Hier hatte er die bildlichen Motive rhythmisch gegeneinander geschnitten, so daß sich dem Zuschauer die Gegensätze und die Dynamik der Reichshauptstadt am Ende der 20er Jahre aufdrängten und sich zugleich eine Handlung ohne handelnde Personen ergab.

Auch Béla Balázs äußerte sich vor der Uraufführung des Films zu seinem Verständnis des Tonfilms: „Nicht nur die Ereignisse, die uns der Film auch bisher gezeigt hat, werden von nun ab auch hörbar werden. Der akustische Film muß schon auf die besonderen Toneffekte hin geschrieben und aufgenommen werden. Er soll nicht nur 'natürlicher' sein als der optische Film, sondern die Natur von einer anderen Seite zeigen, d. h. hören lassen. Auch glaube ich, daß das Akustische in diesem neuen Film nicht bloß Begleiterscheinung bleiben dürfte, sondern – um seine besondere Wirkungsmöglichkeit voll auszuwerten, müßten in ihm die Töne zu entscheidenden Motiven der Handlung werden"[9].

Mit ihrer Auffassung von der künstlerischen Tonfilmgestaltung durch optisch-akustische Kontrapunkte standen Balázs und Ruttmann nicht allein. Während der Dreharbeiten erschien das Tonfilmmanifest von Grigorij

---

[7] Ruttmann nennt an dieser Stelle noch ein weiteres Beispiel aus dem Film, das für sein Verständnis der Montage von Bild und Ton signifikant ist: „Man sieht den Kampf, hört die Schläge – merkt dann plötzlich wie die Temperamentausbrüche des Publikums auf den rein bildlichen Boxvorgang weiterleiten". Walter Ruttmann, Prinzipelles zum Tonfilm, in: Film und Volk Nr. 2/ 1928/29, 2. Jg., S. 2

[8] Walter Ruttmann, Kopfnotiz über den Funk-Tonfilm, in: FK 18. 8. 1928, Nr. 191, 10. Jg.

[9] Balázs, Schriften, S. 235; mit diesen Vorstellungen knüpfte Balázs an von ihm bereits 1924 geäußerte Vorstellungen an: „Viel eher noch als eine Musik, die zum Film komponiert ist, könnte ich mir einen Film vorstellen, der zu einer Musik komponiert wird. Meines Wissens ist das noch nicht versucht worden, aber es könnte schön werden. Ich stelle mir eine Flucht von ganz irrationellen traumhaften Visionen vor, von solchen, die man beim Anhören eines Musikstückes hat. Bilder, die nicht von der logischen Notwendigkeit einer 'verständlichen' Handlung, sondern eben von den Stimmungsströmungen der Musik bewegt werden und sich darum restlos dem Rhythmus der Melodie anpassen können. Vielleicht wird das noch eine eigene Kunstgattung werden?" Balázs, ebenda, S. 295, vgl. auch Leo Fürst, Filmgestaltung aus der Musik, in: Melos 1/ 1933, 12. Jg., S. 18 ff.

Aleksandrov, Vsevolod Pudovkin und Sergej Ejsenštejn, in dem sie theoretisch formulierten: „Nur die kontrapunktische Verwendung des Tons in einer Beziehung zum visuellen Montageabschnitt eröffnet neue Möglichkeiten für die Entwicklung und Vervollkommnung der Montage. Die ersten experimentellen Arbeiten mit dem Ton sollten auf seine krasse Nichtübereinstimmung mit den visuellen Sinnbildern gerichtet sein. Nur ein solcher 'Sturmangriff' bewirkt jenes notwendige Empfinden, das späterhin zur Schaffung eines neuen orchestralen Kontrapunkts von visuellen und akustischen Bildern führt"[10]. 1932 schrieb schließlich Joseph Gregor: „Es verhindert nichts, auch im Akustischen denselben Weg zu gehen, wie er sich im optischen dankbar erwies, zu der möglichsten Abstraktion und Symbolstärke des Geschehenen das entsprechende Korrelat im Gehörten zu suchen". Gregor denkt hierbei an die Verwendung von Ton-, Stimm- oder Geräuschsymbolen, die auch asynchron zum Bild geschnitten werden sollten. „Nur durch das innige Verwachsen dieser Symbole mit dem Geschauten wäre es möglich, den Film wieder zu jener Höhe zu bringen, die er vor der Einführung des Tonfilms bereits besaß"[11]. Mit den einseitigen Stellungnahmen für den Kontrapunkt distanzierten sich die Avantgardisten prinzipiell von einer naturalistischen Bild-/Ton-Einheit, die bis zu diesem Zeitpunkt alle nationalen und internationalen Tonfilmversuche einschließlich der ersten amerikanischen Tonfilme charakterisierte.

Die Schwierigkeiten, welche die Zeitgenossen mit der kontrapunktischen Verwendung von Bild und Ton durch Ruttmann hatten, verdeutlicht neben dem geringen Publikumsinteresse an dem Film auch die Zensurkarte. Sie enthält nur eine allgemeine unpräzise Beschreibung der Filmbilder, die kaum Rückschlüsse auf Gestaltung des Films zulassen. Die auf der Karte notierten gesprochenen Worte stehen in keinem erkennbaren Verhältnis zu den Bildern: „2. Achtung, Achtung, Achtung, Achtung, Achtung, Achtung, hier ist Berlin. 3. Kompagnie halt! Gewehr ab! 4. Achtung, Achtung, hier ist die deutsche Stunde in Bayern mit den Sendern München, Nürnberg, Augsburg und Kaiserslautern ..."[12].

Am 12. März 1929 hatte der erste abendfüllende deutsche Spielfilm *Melodie der Welt*[13] Premiere. Der Film besteht aus zwei Teilen, einem Dokumentarfilm und einer kurzen Rahmenhandlung. Gezeigt wird ein Matrose, der nach dem Abschied von seinem Mädchen in St. Pauli das Schiff „Resolute" der Hamburg-Amerika-Line besteigt. Am Ende der Weltreise kehrt er zu seinem Mädchen nach Hamburg zurück. In seinem Mittelteil

---

[10] Aleksandrov, Pudovkin und Eisenstejn, Ein Manifest, S. 155
[11] Joseph Gregor, Das Zeitalter des Films. Kleine historische Monographien. Beilage der Berichte zur Kultur und Zeitgeschichte Nr. 37, Wien, Leipzig 1932, S. 129; vgl. auch Hans Deneke, Ton und Bild, in: Deutsche Zeitschrift des Kunstwarts Nr. 6/ 1932/33 47. Jg., S. 391 f.
[12] Bundesarchiv/Filmarchiv Zensurkarte Tönende Welle Prüf.Nr.: 29210
[13] Zur Finanzierung des Films vgl. S. 98 f.

zeigt der Film Aufnahmen vom Brauchtum in Indien, China, Japan, Hawaii, Singapur und weiteren asiatischen und europäischen Ländern. Geschnitten wurden die Bilder in einer abgemilderten Technik, wie sie in *Berlin – Sinfonie einer Großstadt* verwandt worden war. Auch hier tauchen statt Handlungen Bildkomplexe auf, die durch Ähnlichkeit oder Kontrast zu einer Einheit verschmelzen und von hier auch ihre Dynamik erhalten. Es sind daher keine Ansichtskarten, die uns Ruttmann in *Melodie der Welt* vorführt, sondern Bilder einer Weltreise, die aus einer Vielzahl sehr unterschiedlicher, charakteristischer Bildteile montiert wurden und eine phantastische, bunt schillernde Welt spiegeln. Auf Grund der Rahmenhandlung gilt der aus drei Akten bestehende Film als erster abendfüllender deutscher Spielfilm. Im Programmheft zur Uraufführung betonte Ruttmann noch einmal seine prinzipielle Auffassung zum Verhältnis von Bild und Ton: „Man versuche sich klarzumachen, daß Tonfilm seiner Gestaltungsmethode nach nichts anderes sein kann als Kontrapunkt"[14]. Allerdings waren die den Bildern unterlegten Töne im zweiten Tonfilm des Regisseurs nur zum Teil kontrapunktisch angeordnet.

Wie schon im Dezember 1925 erwiesen sich die Wiedergabeapparaturen als instabil. Besonders während der zweiten Vorführung „waren bereits erhebliche Versager gegenüber der technisch weit besser gelungenen ersten Aufführung zu bemerken"[15]. Durch die mindere Qualität der Vorführungen kamen die Bild-Ton-Assoziationen nur ansatzweise zum Tragen. Vor diesem Hintergrund empfahl ein Filmkritiker, vorläufig nur die stumme Fassung des Films, begleitet von einem Orginalorchester, zu zeigen[16]. Ein anderer betonte dagegen: „Es steht nunmehr fest, daß im kleinsten Kino ein großes Orchester mit erstklassiger Musik den Film begleiten kann, wenn eine Tonfilmeinrichtung vorhanden ist. Daß noch Mängel in der Wiedergabe bestehen, daß noch manches nach Blech sich anhört, manches akustisch nicht im Raum steht – das sind Fehler der Jugend, die jede Erfindung zu überwinden hat. Man höre sich einmal eine alte Carusoplatte an – und daneben eine der letzten Aufnahmen. Das wird die Tonfilmindustrie überwinden und man kann sicher damit rechnen, daß in absehbarer Zeit vollendete Begleitmusik, tadellose Sprechtöne aus den Lautsprechern der Kinotheater hervorschallen. Damit wäre das Problem der Versorgung kleiner und kleinster Kinos mit guter Musik zweifelsfrei gelöst"[17]. Beide Auffassungen stehen gleichsam stellvertretend für eine Reihe weiterer Filmkritiken. Sie ver-

---

[14] Im Programmheft zur Uraufführung des Films schrieb Ruttmann: „Man versuche sich klarzumachen, daß Tonfilm seiner Gestaltungsmethode nach nichts anderes sein kann als Kontrapunkt". Zitiert nach: Ihering, Reinhardt, S. 567

[15] Der Film der Hapag. Der Ruttmann-Film im Mozartsaal, in: FK 13. 3. 1929, Nr. 63, 11. Jg.

[16] Ernst Jäger, Melodie der Welt. Mozartsaal, in: FK 13. 3. 1929, Nr. 63, 11. Jg.

[17] Rudolf Kurtz, Die Melodie der Welt. Tobis-Hapag-Film/Terra-Lichtpiele, in: LBB 13. 3. 1929, Nr. 61, 22. Jg.

deutlichen, daß die Bewertung von *Melodie der Welt* vor allem vor dem Hintergrund des aktuellen Standes der Technik geführt wurde. In diesem Kontext sind mindestens zwei unterschiedliche Standpunkte festzustellen. Der eine versuchte den Reifegrad der Tonfilmtechnik relativ genau zu beschreiben. Der andere positionierte sich dagegen weniger zu der aktuellen Entwicklung als zu deren bereits erkennbaren, aber erst in Zukunft erreichbaren Möglichkeiten. Der Tonfilm war also 1929 vor allem ein Versprechen für die Zukunft.

Vor der Uraufführung von *Melodie der Welt* hatte die Tobis auf eine gezielte Werbekampagne, die breite Publikumsschichten auf den Film hätte hinweisen können, verzichtet. Zugleich konnte das zeitgenössische Publikum der Auffassung des Regisseurs über sein kontrapunktisches Bild-/Ton-Verständnis nur teilweise folgen. Die unspektakuläre Präsentation des neuen Mediums bot der Filmkritik ausreichend Raum, sich prinzipell zum Tonfilm zu äußern. So fragte ein Kritiker im Zusammenhang mit *Melodie der Welt*, ob dieser Film „eine Bildrevolution des Denkens ... auch für die Massen" herbeiführen werde? „Ruttmann sagt ja. Die heutigen Kinomassen werden nein sagen; man muß andere Massen ins Kino bringen"[18]. Ein zweiter stellte fest, daß es sich hier nicht um einen Tonfilm, sondern nur um einen „persönlich gesehenen, sehr apart geschnittenen Bildfilm mit einer synchronischen Musikbegleitung von Zeller" handele. Im weiteren fährt er fort: „Nur zweimal spüren wir, was wirklich 'Tonfilm' ist – Tonfilm sein muß: bei der Abfahrt der 'Resolute' mit Kommando, Sirene, Ankerheben und Maschinenstampfen – und später bei einem der mit Gong und Gesang begleiteten exotischen Tempeltänze"[19]. Das Berliner Tageblatt bescheinigte dem Regisseur, daß er mit dem „Blick eines Malers und eines interessanten Menschen" die Stadtmotive ausgesucht habe. Selbst kleine Ausrutscher in der Auswahl seien unbedeutend, „wenn ein kleiner Schnitt alles so wirbelnd und glatt wie die Achterbahn im Lunapark zusammenfügt, stets wechselnd in der Sicht, faszinierend im Kontrast. Freilich bleibt bei dem Maler Ruttmann der Rhythmus, der Kontrast, der Schwung des Tönenden hinter der Komposition des Bildlichen mitunter bedenklich zurück. Mag vielleicht sein, daß hier die Technik doch noch Sieger blieb. Das kann aber nicht Edmund Meisel entschuldigen, der sich seit *Potemkin* nicht bedeutend hervorgetan hat, und der hier eine Begleitmusik schrieb, die nur eine dilettantische Kakophonie ist ohne, ohne, ohne ... Wenn der Blick über Schornsteine hinaufklettert, tönt hinter Tonschwaden das Deutschlandlied. Deutschland, Deutschland über allen Schornsteinen ...? Doch dieses Ton-Gemeisel minderte vielleicht den Erfolg der aufeinanderknallenden Hände, aber hinderte nicht jenen Erfolg, in dem sich Sinn für Zukunftsmög-

---

[18] Ernst Jäger, Melodie der Welt. Mozartsaal, in: FK 13. 3. 1929, Nr. 63, 11. Jg.
[19] Neue Tonfilm-Situation. Tobis und Klangfilm – „Melodie der Welt" Das Produktionsproblem – Freie Bahn für den Tonfilm-Schöpfer, in: Film und Ton 16. 3. 1929, Nr. 11

lichkeiten ausdrückt"[20]. Über die Musik von Meisel heißt es an anderer Stelle: „Auch hier sind die Geräusche die wirksamste Stützung des Filmbildes: beim Hamburger Hafen ... einem Bahnhof, einer Druckerei – und die Meiselsche Musik wächst so aus dem Lärm und einfachster Melodik, daß es manches Bild erst zum Sprechen bringt"[21]. Eine Rundfunkzeitschrift urteilt dagegen: „Es bleibt nur ein Eindruck: man ist mit der Klang-Sparbüchse in ganz Deutschland sammeln gegangen; man hat manchen guten Groschen erwischt, es ist auch mancher Hosenknopf darunter. Und das Ganze ist ein Berg von Kleingeld, das sich nicht zu einer 'Summe' zusammenfindet". Einschränkend heißt es zum Schluß: „Jenseits des Rundfunks und seiner Belange mag man diesen Film als höchst gelungen bezeichnen ... Bliebe abschließend noch festzustellen: daß der technische Fortschritt, die Übereinstimmung von Bild und Ton, hier bereits einer Vollkommenheit nahekommt"[22].

Sowohl die zitierten Kritiken zu den Ruttmann-Filmen als auch jene, die zu früheren Tonfilmen Stellung bezogen, verdeutlichen – im folgenden wird dies auch noch für die späteren Filme mehrfach zu zeigen sein -, daß das zeitgenössische Publikum den Reiz des Tonfilms vor allem in der Kongruenz zwischen Handlung bzw. Sprechbewegung und Ton sah[23]. Insofern läßt sich in der Beurteilung des frühen Tonfilms eine gewisse Analogie zur Debatte über die Kinomusik, wie sie vor allem in der zweiten Hälfte der 20er Jahre geführt wurde, erkennen. Auch sie problematisierte vor allem die Kongruenz von Bild und Ton[24]. Die Erwartungen des Publikums wurden also genau vom Gegenteil dessen bestimmt, was Regisseur und Kameramann mit ihrem Film *Deutscher Rundfunk* und ein halbes Jahr später mit *Melodie der Welt* beabsichtigten. Hier liegt der entscheidende Grund, weshalb beide Tonfilme kein geschäftlicher Erfolg wurden und für die weitere Tonfilmentwicklung nur insofern von Bedeutung waren, als in den abendfüllenden Spielfilmen die Tonassoziationsmontage und der kontrapunktische Toneinsatz nur noch sparsam verwandt wurde.

Die öffentliche Aufführung des Films *Deutscher Rundfunk* im Berliner Tautzienpalast fiel zusammen mit der deutschen Erstaufführung der stummen Fassung von *The Jazz Singer* im Gloria-Palast der Ufa. Von der Begeisterung, die der Film in den USA auslöste, ist in den deutschen Reaktionen, die sich sehr zurückhaltend äußerten, wenig zu spüren. Allerdings bestätigte der starke Besucherandrang, daß infolge der vielen Berichte über

---

[20] Hanns Horkheimer, Zehn Jahre Tonfilm. „Tönende Welle" im Tauentzien-Palast, in: Berliner Tageblatt 23. 9. 1928, Nr. 451, 57. Jg.
[21] gi-g.: Tonfilm im Tauentzinpalast, in: Vossischer Zeitung 23. 9. 1928, Nr. 224
[22] Der Tonbildfilm, in: Funk 7. 9. 1928, Nr. 37, 5. Jg.
[23] vgl. dazu auch: Herbert Lichtenthal, Der Tri-Ergon-Tonfilm auf der Berliner Funkausstellung, in: RR-Rundfunk-Rundschau 9. 9. 1928, Nr. 37, 5. Jg., S. 750
[24] H.H. Stuckenschmidt, Filmmusik, in Berliner Börsen-Courier 25. 5. 1928, Nr. 241, 60. Jg. vgl. auch S. 46 ff.

den internationalen Erfolg der Warners Produktion, das Interesse des deutschen Publikums an dem Spielfilm groß war.

In der Folgezeit blieb der Tonfilm in der öffentlichen Diskussion, aber das Meinungsbild innerhalb der Fachwelt gestaltete sich nach wie vor konträr. So stellte der Regisseur Lupu Pick im Rahmen dieser Auseinandersetzungen fest: „Der stumme Film wird bleiben!" Er begründete seine Auffassung mit der Feststellung, daß die künstlerischen Gesetze des Tonfilms noch unbekannt seien, also in der Zukunft erst entwickelt werden müßten. Von daher könnten gegenwärtig künstlerisch interessante Filme nur als Stummfilme produziert werden. In dieser Überlegenheit sah Pick die Überlebenschance des Mediums[25]. Zu einem gleichen Ergebnis kam eine Ende April 1929 vom Verband deutscher Regisseure veranstaltete Diskussion über den Tonfilm. Auf ihr gab ein führender Mitarbeiter der Klangfilm eine Einführung in die Technik. Anschließend problematisierte Ruttman als Befürworter des Tonfilms die Anforderungen an dessen Regie im Hinblick auf die Ergänzung des zweidimensionalen Bildes durch die räumliche Tiefe des Tons. Der Verlauf der Tagung insgesamt vermittelte eine gewisse Ratlosigkeit der Regisseure, wie sie in Zukunft mit dem neuen Medium umgehen könnten. Die Stimmung des Abends schien Lupu Pick getroffen zu haben, „der den Abend leitete". Er gab am Ende der Veranstaltung „der Befürchtung Ausdruck, daß die gewaltsame Belebung des Tonfilms durch das Kapital der künstlerischen Entwicklung des Films verhängnisvoll werden könne, und er fand reichen Beifall, als er das Fortbestehen des stummen Films neben dem Tonfilm für notwendig erklärte"[26].

Diese Ratlosigkeit ist vor dem Hintergrund der ersten Tonfilme, die von der Tobis produziert wurden, verständlich: „Zuvor war an einem Tonfilm *Das letzte Lied* festzustellen, daß die Kinematographie durch diese nur hinter den Kulissen duldbaren Versuche thematisch um rund zwanzig Jahre zurückgeworfen ist, was hier nicht zum ersten Male gesagt wird"[27]. Auch die ersten im Juli 1929 aufgeführten Ufa-Tonfilme konnten die Kritik nur bedingt überzeugen. So heißt es über den Boxkampf Schmeling gegen Paolino nach einer negativen Beurteilung der Bilder: „Großartig die akustische Kulisse: Das Sieden und Brausen und Toben und brüllen der entfesselten Menge" und über einen anderen Streifen im gleichen Programm: ‚ daß er „weder im Optischen noch im Akustischen frühere Abwandlungen dieses Allerweltthemas" erreicht habe[28].

---

[25] Lupu Pick, Künstlerische Zukunft der Tonfilme? Der stumme Film wird bleiben! In: Vossische Zeitung 1. 1. 1929, Nr. 1
[26] Kopfzerbrechen über den Tonfilm. Diskussion der Regisseure, in: Vossische Zeitung 28. 4. 1929, Nr. 200
[27] Erich Burger, Vom deutschen Film. Jungensfilm, Tonfilm, Schlagerfilm, in: Berliner Tageblatt 20. 1. 1929, Nr. 34, 58. Jg.
[28] H.H.: Kurze Tonfilme. Universum, Berliner Tageblatt 21. 7. 1929, Nr. 340, 58. Jg.

Zum gleichen Zeitpunkt veranstaltete auch die Deutsche Gesellschaft für Ton und Bild (Degeto) eine Vorführung, in deren Verlauf sie an Hand von verfilmten Vorträgen bekannter Berliner Wissenschaftler den Stand der gegenwärtigen Tonfilmentwicklung demonstrierte[29]. Bei zwei der gezeigten Filme, *Die Sendung des Tonfilms* und *Die Aufgaben der Philosophie*, handelte es sich um reine Vortragsfilme mit den beiden Vortragenden Fritz von Unruh bzw. Prof. Dr. M. Dessoir. Bei vier weiteren Filmen, *Wie ein Trickfilm entsteht*, *Über allergische Krankheiten*, *Die Klangwelt des Rokoko* sowie *Volksgesundheit und Körperschulung*, wurden die Vorträge zum Teil oder wie bei dem letztgenannten völlig mit Bildern illustriert. Schließlich demonstrierte auf der Veranstaltung noch die Tobis mit *Aus der Welt der Geräusche* den im Frühjahr 1929 möglichen Grad der Naturtreue, der mit ihren Aufnahmegeräten zu erzielen war. Nach der Diskussion im Rahmen des Verbandes deutscher Regisseure zeigte sich auch auf dieser Veranstaltung eine gewisse Ratlosigkeit gegenüber dem neuen Medium[30].

Bis Ende Juni 1929 hatte die Berliner Zensurstelle insgesamt 75 deutsche Tonfilme geprüft[31]. Vor diesem Hintergrund beschränkte sich der Streit über das neue Medium nicht nur auf den internen Kreis der Filmemacher, er wurde auch in der Öffentlichkeit ausgetragen. Obwohl in Deutschland zu diesem Zeitpunkt nur in wenigen Kinos Tonfilme aufgeführt wurden, schlossen viele Diskussionsteilnehmer die Frage nach der Zukunft des stummen Films in ihre Standortbestimmung mit ein. Auffallend ist an den jeweiligen Stellungnahmen, daß sich die Aussagen fast ausschließlich im Rahmen der filmästhetischen und dramaturgischen Betrachtungen über den idealen Film bewegten. Die im weitesten Sinn wirtschaftlichen Probleme des Übergangs zum Tonfilm spiegeln sich dagegen in den Aussagen nur partiell. Diese Beobachtung ist insofern für den Gesamtprozeß der Umstellung vom Stummfilm auf den Tonfilm signifikant, als wirtschaftlichen Entscheidungsprozessen und Aufwendungen, von wenigen Ausnahmen wie den Patentstreitigkeiten oder den Lizenzeinnahmen der Klangfilm und der Tobis abgesehen, in der Öffentlichkeit nur geringe Aufmerksamkeit geschenkt wurde. Das aus dieser Berichterstattung resultierende Informationsdefizit führte in der Folgezeit zu teilweise einseitigen Darstellungen und Bewertungen.

Die Befürworter des Tonfilms, wie Willy Haas oder Walter Ruttmann, sahen im Tonfilm eine völlig neue Technik, die eigene ästhetische Maßstäbe erfordere: So schrieb Ruttmann: „Denn der Tonfilm ist nicht einfach stummer Film plus Ton, sondern ein grundsätzlich Neues, dessen Lebendigkeit und Gesetzmäßigkeit auf dem Schnittpunkt zwischen Bild und Ton über-

---

[29] Deutsche Tonbild-Filme, in: Vossische Zeitung 28. 4. 1929, Nr. 200
[30] R.T.: *Erpressung* (Tonfilm). – Degeto-Tonfilme, in: Die Kinotechnik 5. 10. 1929, Nr. 19, 11. Jg., S. 525
[31] Ein Jahr Tonfilm. Deutsche Statistik, in: Berliner Tageblatt 14. 7. 1929, Nr. 328, 58. Jg.

haupt erst beginnt"[32]. Ähnlich argumentierte Haas, als er schrieb: „Eine Kunst, die so innig mit der Technik verwachsen ist wie der Film, nimmt nicht nur äußerlich, sondern innerlich an dem Begriff des 'technischen Fortschritts' teil ... Nach diesem obersten Grundsatz haben wir unsere theoretischen Filmgrundsätze umzustellen"[33]. Die Einwände seiner Kollegen, die z. B. eine Verödung der Bildsprache befürchteten, bezeichnete er lakonisch als den „üblichen Literaten-Unsinn"[34].

Die Kritiker der frühen Tonfilme argumentierten jedoch sehr viel differenzierter und subtiler. Sie fürchteten vor allem um die Alleinherrschaft des Bildes, der stilisierenden Verstärkung des Bildeindrucks durch den fehlenden Ton, etwa bei der Sprechmimik, sowie vor allem um die unbegrenzten Einstellungs-, Rhythmus- und Montagemöglichkeiten. D. h. ihre grundsätzliche Kritik erfolgte vor allem aus filmkünstlerischer Sicht. So betonte Arnheim u. a., daß die stumme Filmsprache zeigen könnte, „was der Mensch zu sagen hat, und die Kunst des Stummfilmschauspielers hätte gerade in der Erweiterung und nuancierten Anwendung des nonverbalen, phänomenal als Zeichen einer bestimmten psychischen Disposition eingesetzten Ausdrucks bestanden ... Tritt aber der sprachliche Ausdruck, vom Schauspieler selbst gesprochen, hinzu, so würde der semantische Wert der Visualisierung des Sprechers eliminiert, da der sprachliche Ausdruck das Visualisierte überdecke"[35]. Auch Joseph Gregor sah in der Zusammenführung des Visuellen und des Akustischen im Tonfilm eine „Einengung", weil „jede der beiden Qualitäten fortgesetzt Rücksicht aufeinander zu nehmen haben." Dadurch habe der Film „seine wundervolle Flüchtigkeit des Bildes verloren" und sei „viel zu schwer, zu langsam, ermüdend und uninteressant geworden". In bezug auf die Tonfilmmusik stellte er fest, daß durch sie „das stilistische Prinzip, den Film linear zu ziehen, für seine Untermalung zu sorgen ... jäh zerschnitten" sei[36]. In ähnlicher Weise argumentierte Adolf Raskin, der vom Verhältnis von Theater und Film ausgehend, feststellte: „Das schwierigste Problem des Films ist die organisch-künstlerische Verbindung der filmischen Handlung mit dem erläuternden Text. Eine Variante desselben Problems gibt es seit 300 Jahren auf dem musikalischen Theater: das schwierigste Problem der Oper ist die organisch-künstlerische Verbindung der natürlichen realen Worthandlung mit dem irrealen Ausdrucksmittel Musik. Erste Frage: kann der Tonfilm dieses Problem natürlicher und erfolgreicher lösen als der stumme Film? Antwort: nein – im Gegenteil, das Problem wird komplizierter, als es vordem war.

---

[32] Walter Ruttmann: Tonfilm-Schaffen, in: Szene 1929, S. 233
[33] Willy Haas, Wortdichtung im Film? in: Die Literarische Welt Nr. 30/ 27. 7. 1928; in: Haas, Kritiker, S. 216
[34] Willy Haas, Betitelung von Tonfilmen, in: FK 21. 6. 1929, Nr. 146, 11. Jg.
[35] Rauh, Sprache, S. 17
[36] Joseph Gregor: Das Zeitalter des Films. Kleine historische Monographien. Beilage der Berichte zur Kultur und Zeitgeschichte Nr. 37, Wien, Leipzig 1932, S. 121

Begründung: der Tonfilm ist technisch in der Lage, den verbindenden Schrifttext überflüssig zu machen. Was bisher an Schrift zwischen die Bilder geschrieben wurde, könnte aus den Bildern heraus gesprochen werden. Aber: das Wesen des Films bedingt 1. schnelle Bildfolge, 2. ständigen Wechsel der Perspektive, 3. die Groß- oder Detailaufnahme, eines der wichtigsten Kunstmittel der Photographie überhaupt und 4. Handlungen, in welchen die wortlosen Situationen und Bildfolgen den allergrößten Raum einnehmen. Würde der Text von nun an gesprochen statt geschrieben, so hieße das die künstlerische Einheit des Films zerstören. Ab und zu ein knapper Dialog und dazwischen ewig einerlei nur die akustische Übersetzung der Bewegungsvorgänge auf dem Bild, das würde ebenso weit von der eigentlichen Film-Kunst wegführen, wie es die unorganische d. h. künstlerisch ungeformte Verbindung des Dialogs mit einer der Handlung mehr oder weniger angepaßten Musik tun würde. Diese zweite Möglichkeit: das Filmmanuskript gleich einem Theaterstück ganz auf Dialog stellen, bedeutet nichts mehr und nichts weniger, als den Film seiner Eigengesetzlichkeit berauben und ihn zum Theaterersatz degradieren"[37]. Gemeinsam war diesen Kritikern ihre prinzipielle Orientierung an der Ästhetik und der Dramaturgie des stummen Films. Aus dieser Sichtweise gab es für die auditive Ebene keinen Platz, denn Bild und Ton wurden nicht als in sich geschlossenen und aufeinander bezug nehmende Einheit, sondern als Addition zweier selbständiger Kommunikationsformen interpretiert.

Herbert Ihering stellt dagegen Ton und Inhalt nebeneinander, indem er zunächst den Einsatz des Auditiven in der Filmhandlung beschreibt. In einem zweiten Schritt vergleicht er, wie Raskin, die durch das neue Medium vermittelten Inhalte mit denen des Theaters. So antwortet er auf seine selbstgestellte Frage in seiner Kritik zu *The singing fool*: „Lohnt der erste Tonfilm dieses überspannte Interesse? Technisch ist die Überraschung vollkommen". Etwas weiter unten fährt er fort: „Eine Viertelstunde Überraschung, eine Viertelstunde Zustimmung. Dann beginnt der Schwindel". Seine Begründung ist ausschließlich an inhaltlichen Problemen orientiert: „Alle Verlogenheit der absterbenden Kitschoperette, alle Unerträglichkeiten des toten Melodrams, alle Scheußlichkeiten des in die Vorstädte und Provinzkinos abgedrängten Groschenfilms, alle bekämpften und fast erledigten Schmelzsentimentalitäten der Musik drängen sich hier wieder, programmatisch anspruchsvoll, in das Zentralinteresse der Welt. Gewiß, der Kitsch ist unsterblich. Aber daß 'Mignon' und 'Der Trompeter von Säckingen', daß Rührstücke heute nicht mehr ernst genommen werden, daß ihre süßliche Verlogenheit selbst dem Theaterbesucher, der ihnen noch zuklatschte, bewußt geworden war, das schien ein guter Erfolg. Jetzt wird das Unmodernste, Abgetakelste auf dem Umweg über die raffinierteste Technik wieder diskussionsreif, erlebnisnah, theaterfähig gemacht. Die modernste

---

[37] Adolf Raskin, Grundsätzliches zum Klangfilmproblem, in: Melos 1929, 8. Jg., S. 250

Erfindung fördert den modrigsten Schund"[38]. Ähnlich argumentierte Ihering auch in seiner Kritik zu *Atlantic*, der jedoch keinen abgetakelten Boulevardtheaterstoff, sondern ein spektakuläres Ereignis aufgreift: „Derselbe Dupont, der mit der bewegten Geräusch- und Bildsymphonie der heulenden Sirenen und rauschenden Wassers, der jagenden Menschen und des verzweifelten Harmonikaspiels, der schreienden Passagiere und herunterrasselnden Rettungsbote, der pfeifenden, zischenden, dröhnenden Signale und der erstarrten Stille die Aufgaben und die Möglichkeiten des Tonfilms genau erkannt hat, hebt in seinen Dialogpartien seine eigenen Intentionen wieder auf. Hier drängen sich wehleidige Kammerspiele vor, die in ihrer Umständlichkeit von jedem Theaterpublikum abgelehnt werden würden ... Nicht Abdrängung zufälliger Seelenkonflikte durch den drohenden Schiffsuntergang, sondern Betonung seelischer Lappalien angesichts des Todes. Gesellschaftsspiele Sudermanns angesichts des jüngsten Gerichts". Das Ende des Textes zeigt, daß Ihering 1929 von seiner 1922 geäußerten Position[39] dem Tonfilm gegenüber deutlich abgerückt war. Offensichtlich sah er seine Aufgabe als Kritiker vor allem in dem Hervorheben von Schwächen des neuen Mediums, um auf diese Weise zu dessen ästhetischer und dramaturgischer Verbesserung beizutragen: „Daß die Technik Fortschritte macht, daran zweifelt niemand. Daß es Tonfilmstoffe geben wird, ist sicher. Daß der Tonfilm, gerade der Tonfilm, wie alle anfangende Kunst, eine prinzipielle, scheidende Kritik verlangt, ist ebenso klar. Der interessante *Atlantic*-Film regt zu dieser Unterscheidung an. Man lerne aus diesem Experiment!"[40].

Die Bezugnahme der frühen Tonfilmkritik auf das Theaters stellte keine Besonderheit Iherings oder Raskins dar. Vielmehr bildete der Vorwurf an die frühen Tonfilme, sie stellten das Erreichte kinematographischer Entwicklung infrage und seien nichts anderes als schlecht abgefilmtes Theater, eine der Konstanten früher Tonfilmkritik. So heißt es in einer anderen Kritik zu Duponts *Atlantic*: „Im Todesgrauen mögen Menschen schreien, weinen, schweigen oder fluchen, aber sie reden nicht. Mit Geräuschen läßt sich die Katastrophe des Schiffsuntergangs der *Atlantic* immerhin noch illustrieren: aber die vielen, der Dramaturgie des Theaters entliehenen schönen und tiefen Dialoge und Monologe bringen die gesamte Bewegung zum völligen Stillstand. Weder Film noch Theater, es spielt sich hier ein Panoptikum redender trauriger Bilder ab, die peinlich wirken"[41]. Generalisierender stellte ein Mitglied des D.L.S., einer der zu diesem Zeitpunkt auf dem Tonfilmgebiet führenden deutschen Gesellschaft, fest: „Fast alles, was wir bis heute vom Inlande wie vom Auslande als Tonfilm vorge-

---

[38] Ihering, a. a. O. S. 571 ff.
[39] vgl. S. 25 f.
[40] Ihering, a. a. O., S. 580 ff.
[41] Eberhard Preußner, Situation des Tonfilms, in: Melos 1929, 8. Jg., S. 541

führt bekamen, war photographiertes Theater. Strenge Ästheten würden sogar sagen: übelstes Theater. Selbst die wenigen amerikanischen Tonfilme, welche in der englisch sprechenden Welt zu geschäftlichen Großerfolgen wurden, bilden keine Ausnahme, und die große Masse mittelmäßiger und minderwertiger Tonfilme, welche den Markt überschwemmen, bestätigen geradezu diese Behauptung"[42].

Den zitierten Befürwortern und Kritikern ist gemein, daß sie den Film ausschließlich als künstlerisches und nicht als Unterhaltungsmedium interpretierten, obwohl sich zu diesem Zeitpunkt bereits deutliche Veränderungen in der Kulturlandschaft vollzogen hatten: Die Zahl der kleinen Unterhaltungstheater war in der Folge der Ausbreitung des Films ebenso zurückgegangen wie die der kleinen Unterhaltungsorchester, deren Aufgaben zunehmend von der Schallplatte und partiell vom Rundfunk übernommen wurden. Bedeutende Orchester und Theater wurden dagegen durch die zunehmende Ausbreitung der technischen Medien nicht geschädigt. Im Ensemble der Kulturinstitutionen bedienten sie weiterhin Minderheiteninteressen. Die unterhaltenden Medien Film und Schallplatte richteten sich dagegen inhaltlich an den Bedürfnissen eines Massenpublikums aus. Der Rundfunk nahm in Deutschland im Unterschied zu den USA[43] insofern eine Sonderstellung ein, da er als halbstaatliche Institution dem staatlichen Bildungs- und Kulturauftrag in sehr hohem Maße verhaftet blieb.

Von der verallgemeinernden Kritik an den ersten Tonfilmen sind die spezifischen ästhetischen Momente des neuen Mediums weitgehend unbeachtet geblieben[44]. Sie lassen sich bereits an der deutschen Fassung von *Atlantic* nachweisen. Dazu zählen erste Versuche Duponts, Bild und Ton zu trennen: Im Verlauf der Handlung fällt mehrmals auf dem sinkenden Schiff die Notbeleuchtung aus. Der Zuschauer sieht in diesen Momenten nur Schwarzbilder und hört Hilferufe. An einer anderen Stelle des Films fordert der Schriftsteller Heinrich Thomas, in der deutschen Version gespielt von Fritz Kortner, die Passagiere in seiner Umgebung auf, das Schiff zu verlassen. In diesem Zusammenhang flüstert er seinem Nachbarn etwas für den Zuschauer Unhörbares zu. Das Kinopublikum sieht nur die Mundbewegungen. In Ansätzen verwendet Dupont Bild und Ton kontrapunktisch, etwa wenn nur das Spiel der Kapelle zu hören und im Bild der nahe Untergang des Schiffes zu sehen ist. Ein anderes Beispiel ist der Moment nach dem Zusammenstoß des Schiffes mit dem Eisberg. An dieser Stelle sind vor dem hintergründigen Maschinengeräusch monoton die mehrfach wiederholten Befehle von der Brücke zu hören. Die Eindringlichkeit dieser Szene

---

[42] R. Meissner, Der Tonfilm, seine Möglichkeiten und seine Grenzen, in: Szene 1929, S. 229

[43] vgl. u. a.: Der Tonfilm und die zweitklassige Kunst!, in: Film und Ton 6. 7. 1929, Nr. 27

[44] Zu diesen Ausnahmen zählt: R.T.: Atlantic, in: Die Kinotechnik 5. 12. 1929, Nr. 23, 11. Jg., S. 641 f.

konnte weder mit der im Theater genutzten Technik noch mit Mitteln des Stummfilms erzielt werden.

Béla Balász schien diese frühen Möglichkeiten einer Bild-Ton-Montage nicht wahrgenommen zu haben, denn in seinen ersten Stellungnahmen zum Tonfilm äußerte er sich sehr kritisch über das neue Medium. Die von ihm entwickelten Vorbehalte entsprangen wesentlich seinen Vorstellungen über die Verbindung von Ton und Bild im Sinne des optisch-akustischen Kontrapunkts. Von daher gibt es für ihn „einstweilen eigentlich keinen 'Tonfilm', sondern nur Film mit Ton. Das heißt Filme mit 'Geräusch-Untermalung' und mit Musik, Gesang oder Dialoguntermalung". Denn „der Tonfilm (das Sprechen ist das Unwichtigste und vielleicht auch das Störendste dabei) soll und wird unsere akustische Umwelt entdecken, die Stimmen der Dinge, die intime Sprache der Gegenstände und der Natur. Alles, was außerhalb unserer menschlichen Dialoge mitspricht in der großen Lebenskonversation und unser Denken und Fühlen ununterbrochen tief beeinflußt, ohne daß wir bisher darauf achteten. Vom Brausen der Brandung, vom Getöse der Fabrik bis zur monotonen Melodie des Herbstregens an den dunklen Fensterscheiben und dem Knarren des Fußbodens in der einsamen Stube. Sensitive lyrische Dichter haben diese bedeutungsvollen Stimmen zuweilen beschrieben. Jetzt sollen sie dargestellt werden"[45].

In einer ähnlichen Richtung argumentierte auch sein Landsmann László Moholy-Nagy: Für ihn ist das Medium „eine der großartigsten Erfindungen, die Gesichts- und Gehörfeld der Menschheit über das heute Vorstellbare hinaus erweitern wird. Aber der Tonfilm hat nichts mit der Reproduktion der menschlichen Stimme im Sinne des Theaters zu tun. Der rechte Tonfilm kann nicht allein darauf gerichtet sein, akustische Erscheinungen der Außenwelt einzufangen und zu spiegeln; und wenn er es tut, muß auch das anders geschehen als bisher. Über das Dokumentarische hinaus muß er unsere Ohren um bisher ungekannte Hörwirksamkeiten bereichern. Das gleiche, was wir vom stummen Film erwartet und gefordert haben. Über die Reproduktionswünsche eines durch das Material zunächst verblüfften Publikums muß der Tonfilm zu einer optophonetischen Synthese geführt werden". Im Ergebnis, so hoffte der Bauhaus-Künstler, werde ein von ihm nicht näher definierter „Montage-Ton-Film" entstehen[46].

Die unterschiedlichen Akzentsetzungen der Tonfilmkritik im Sommer 1929, die nur in Ausnahmefällen das neue Medium vollkommen ablehnte, verweisen vor allem auf die ästhetischen Mängel der frühen Tonfilme: Die schweren Tonfilmapparaturen schränkten die Bewegungsmöglichkeiten der Kameramänner erheblich ein. Die für den späten Stummfilm typische Fluidität der Einstellungen nahm zunächst ab und bedingte erhebliche visuelle

---

[45] Balázs, a. a. O., S. 254 f.
[46] László Moholy-Nagy, Die Optik im Tonfilm, in: Film und Volk Nr. 6/1929, 2. Jg., S. 9

Einschränkungen, ohne daß der Ton dies ausgleichen konnte, indem er bereits omnipotent anwesend war. Die Kamera richtete sich in den Dialogszenen, im Bestreben Ton und Bild gleichzeitig aufzunehmen, fast ausschließlich auf die sprechenden Personen, oft unter Verzicht auf verschiedene Perspektiven und Einstellungen. Auf diese Weise gestaltete die Regie das gesprochene Wort bzw. den Text, nicht aber die Szene zum Erlebnis. Darüber hinaus fehlten oft Hintergrundgeräusche, so daß meist nur die Schauspielerstimmen von der Leinwand dröhnten. Vor allem bei überwiegend stummen Filmen, wie *Das Land ohne Frauen* (Regie: Carmine Gallone), in denen die unterlegte Musik für ein oder zwei Dialogfetzen unterbrochen wurde, wirkten die Stimmen zum Teil eher gespenstisch als real. Indem die einzelnen auditiven Bereiche genau voneinander abgegrenzt wurden, verdeutlichten die frühen Tonfilmregisseure das neue Darstellungsspektrum. Zugleich reduzierten sie, von wenigen Ausnahmen abgesehen, die Montage, um radikale Tonsprünge und Asynchronitäten zu vermeiden[47]. Die Filme wirkten auf diese Weise gestreckt und starr. Sie wiesen leere Längen und unüberbrückbare tote Stellen auf, die in den Kinosälen Langeweile aufkommen ließen. Es entstanden Filme, die die Einheit von Bild und Ton wieder herstellten und in der erreichten naturalistischen Wahrscheinlichkeit hinter den stilisierten visuellen Reichtum des stummen Films zurückfielen. Nicht nur in der Beziehung von Zeit und Raum, sondern auch im Auseinanderfallen von vielfältigen inhaltlichen Zusammenhängen und Figuren drängten sich den Kritikern immer wieder die Vergleiche mit Theater-, Operetten- oder Revueaufführungen auf, die sie für den Film ablehnten[48].

Während in der Debatte über das neue Medium vor allem prinzipielle ästhetische Standpunkte geäußert wurden, insistierte die technische Tonfilmkritik primär auf der mangelhaften Tonwiedergabe. So heißt es in bezug auf Duponts Spielfilm: „Einige Geräuscheffekte sind außerordentlich gut gelungen, zum Beispiel das Sirenengeheul, andere tönen immer noch leer und blechern. Dafür klingen die menschlichen Stimmen hier manchmal schon annähernd natürlich. Als bisher bester und sicherster Tonfilmsprecher erweist sich Hermann Valentin. Hier gibt der Apparat sogar seine Nuancen der Stimme wieder. Aber selbst bei ihm scheint die Stimme nicht aus dem Mund zu kommen, sondern aus irgend einer Ecke hinter ihm. Dieses Raumproblem hat der Tonfilm ja noch nicht einmal technisch bewältigt, ebensowenig das der weiblichen Stimmen. Die sind immer noch fast uner-

---

[47] vgl. auch: Kasten, Das Drehbuch, S. 49
[48] vgl. u.a: Stroheims Hochzeitsmarsch, Terra-Tonfilm-Theater – Mozart-Saal, in: Berliner Tageblatt 14. 7. 1929, Nr. 328, 58. Jg.; Das Publikum entscheidet. Geht die Tonfilm-Hausse vorüber?, in: LBB 5. 9. 1929, Nr. 212, 22. Jg.; H.P.: Ein deutscher Tonfilm in Berlin. *Das Land ohne Frauen.* Capitol, in: Vossische Zeitung 3. 10. 1929, Nr. 466; Ernst Blass, Sprechfilm *Atlantic.* Festaufführung im Gloria-Palast, in: Berliner Tageblatt 29. 10. 1929, Nr. 511, 58. Jg.

träglich. Luice Mannheim erkennt man nicht wieder, auch wenn man darüber hinweghören würde, daß sie (wie alle anderen natürlich) lispelt: ihre Stimme ist fremd, kalt, geisterhaft und gleichzeitig ernüchternd. Kortners Worte sind zwar deutlich, aber der Stimme fehlt das charakteristische Timbre, also eines der wesentlichsten Attribute der Kunst dieses großen Schauspielers"[49].

Auch in der Folgezeit blieb der natürliche Klang der menschlichen Stimmen problematisch. So bemängelt eine Kritik nach der Premiere von *Wer wird denn weinen, wenn man auseinandergeht* unter anderem: „Das Mechanische, hoffentlich kann es überwunden werden. Die Stimmen müssen anders klingen; die Reden müssen 'filmisch' werden, pretissimo, mit eigenem und zugeordnetem Rhythmus. Jetzt sind es noch, sozusagen, Stimmbänder, hörbare Spruchbänder oder 'Erklärer'"[50].

Der Ton drängte auf eine naturalistische Wiedergabe. Insofern war jede diesbezügliche Abweichung besonders auffällig. Da schnelle technische Verbesserungen in der Folgezeit ausblieben, suchten die Filmfirmen nach Zwischenlösungen, um die Unnatürlichkeit des Klangs insbesondere bei der Wiedergabe menschlicher Stimmen etwas zu mildern. Vor allem die Frauenstimmen klangen zunächst sehr unnatürlich. Deshalb suchte Carl Froelich für seinen ersten Tonfilm, *Die Nacht gehört uns*, seine Hauptdarstellerin unter dreißig Bewerberinnen ausschließlich unter Zuhilfenahme einer Mikrophonprobe aus[51]. Der unnatürlichen Klangwiedergabe der Musik versuchten die frühen Tonfilmregisseure durch ständige Umbesetzungen der Instrumente innerhalb der Orchester und in ihren Abständen zu den Mikrophonen entgegenzuwirken. Die Dreharbeiten waren deshalb in der Anfangsphase von unzähligen wiederholten Aufnahmeproben begleitet[52]. Eine andere Möglichkeit bot die anfängliche Beschränkung auf jene Instrumente, mit denen unter den gegebenen technischen Bedingungen bereits gute Ergebnisse erzielt wurden[53].

Die kritische Einschätzung des frühen Tonfilms beschränkte sich nicht nur auf die Presse. Im August 1929 verabschiedete der Reichsverband deutscher Lichtspieltheaterbesitzer in Stuttgart eine Resolution, in der er eine Verschärfung der Kontingentbeschlüsse für Tonfilme forderte, weil diese „keine Höherentwicklung der Filmkunst" zeigen[54]. Die primitive Ausfüh-

---

[49] H.P.: Abschied vom stummen Film. E.A. Duponts Atlantic. Uraufführung im Gloriapalast, in: Vossische Zeitung 29. 10. 1929, Nr. 511

[50] Ernst Blass, Tausend Meter Sprechfilm. Universum, in: Berliner Tageblatt 6. 10. 1929, Nr. 472, 58. Jg.

[51] Carl Froelich, Tonfilmschwierigkeiten – gestern und heute, in: FK 15. 8. 1931, Sondernummer, 13. Jg.

[52] L.Sp.: Vor dem Tonfilm-Mikrophon, in: Vossische Zeitung 17. 11. 1929, Nr. 544

[53] vgl. u. a.: Wolfgang Zeller, Auch der Filmkomponist muß sich umstellen, in: Film-Musik. Beiblatt zum FK 5. 6. 1929, Nr. 22

[54] Tonfilm, Schutzalter, Zensur. Die Tagung der Lichtspieltheaterbesitzer in Stuttgart, in: Berliner Tageblatt 23. 8. 1929, Nr. 396, 58. Jg.

rung des englischen Tonfilms *The Wrecker* (Regie: Geza von Bolvary) nach dem Theaterstück von Arnold Ridley und Bernard Merivate führte Ende August während der ersten Aufführung zu Pfiffen und Störungen, in der zweiten zu tumultartigen Szenen im Berliner Universum, in deren Folge das Publikum sein Geld zurück verlangte und die Polizei den Saal räumen mußte. Anfang September fand daraufhin im gleichen Kino ein Experiment statt. Zuerst wurde dem Publikum die stumme Fassung des ersten englischen Tonfilms *Blackmail* (Regie: Alfred Hitchcock) gezeigt. Anschließend sahen die Zuschauer die vertonte Fassung des gleichen Films. Am Ende der Vorstellung konnte jeder Besucher abstimmen, welche Fassung ihm besser gefallen habe: „Von 1124 abgegebenen Stimmen forderten 685 die stumme und 439 die tönende Fassung, 400 bis 500 Besucher hatten keinen Stimmzettel abgegeben"[55].

Weder das Abstimmungsergebnis noch die vorangegangenen Vorfälle während der Aufführung von *The Wrecker* können verallgemeinert werden. Die Ereignisse deuten dennoch auf ein kritisches Publikum hin, das nicht um jeden Preis Tonfilme zu sehen wünschte. Bestätigt wird diese Annahme durch eine Aufführung in München. Dort erlebte Ende Januar 1930 der nachträglich vertonte Emelka-Film *In einer kleinen Konditorei* (Regie: Robert Wohlmuth) seine Premiere: „Breite Stellen des Films gingen", auf Grund der schlechten Qualität, „im Zischen, Pfeifen, Klatschen und Hohnlachen unter, und im Parkett entstand eine Rauferei, in deren Verlauf einzelne Demonstranten gewaltsam entfernt wurden. Ein Überfallkommando der Polizei erschien, brauchte aber nicht mehr einzugreifen"[56].

Ein weiteres Problem bildete das Fehlen geeigneter Drehbücher. Bereits Ende März 1929 befragte die „Vossische Zeitung" mehrere Schriftsteller, weshalb sie keine Filme schrieben? Zu diesem Zeitpunkt berührte lediglich Arnold Bronnen das Problem des Tonfilms: „Wir Dramatiker werden uns ... auf den Sprechfilm einstellen müssen und ich glaube, daß das für die Weiterentwicklung des Tonfilms von ausschlaggebender Bedeutung sein wird, denn ich halte es für unmöglich, den Sprechfilm auf dem bisher allgemein üblichen 'Niveau' der Rhein-Weib-Gesang-Filme usw. aufzubauen bzw. lebensfähig zu gestalten. Das werden früher oder später auch die Filmindustriellen einsehen müssen". Ihm schien vor allem Brecht als ein idealer Autor von Tonfilmmanuskripten, „weil er nach seinen Erfahrungen mit Tonfilmen in New York zur Überzeugung gelangt war, daß ein Teil unserer heutigen Bühnendramen als sprechende Filme weitaus ein-

---

[55] Tonfilm oder ... ? Das Berliner Publikum stimmt selbst ab, in: Vossische Zeitung 11. 9. 1929, Nr. 217; Deutschland bildete mit diesem Ergebnis keine Ausnahme. In Schweden befragte eine Zeitung ihre Leser zu diesem Thema. Im Ergebnis sprachen sich 90% aller Einsender für den stummen Film aus. Werner Fiedler: Film-Rundschau, in: Deutsche Rundschau Nr. 2/1930, 56. Jg., S. 176; in Kopenhagen wurde *Show-Boat* während der Premiere ausgepfiffen. Kästner, Gemischte Gefühle, S. 377
[56] Tonfilm mit Überfall-Kommando, in: Berliner Tageblatt 26. 1. 1930, Nr. 44, 59. Jg.

dringlicher wirken müßte als im Theater"[57]. Brecht selbst äußerte sich nur knapp zu der von der Zeitung gestellten Frage: „Die Filmindustrie ist zu doof und muß zuerst bankerott gehen"[58]. Die übrigen der befragten Schriftsteller lehnten eine Zusammenarbeit mit der Filmindustrie ab, weil sie ihre künstlerische Freiheit durch Veränderungen ihrer Drehbücher von seiten der Filmfirmen potentiell gefährdet sahen.

Vor dem Hintergrund der unaufhaltsamen Tonfilmentwicklung und fehlender bzw. ungenügend ausgefeilter Drehbücher fragte der „Film-Kurier" im Sommer 1929 Filmautoren nach ihren zukünftigen Plänen. Die Antworten waren im Unterschied zu den Schriftstellern überwiegend ausweichend. Nur in Ausnahmefällen konnten Autoren auf konkrete Zukunftspläne verweisen. Ihr dramaturgisches Interesse am Tonfilm war gering. Lediglich Willy Haas schrieb zu diesem Zeitpunkt an einem Drehbuch. Die Besonderheit der zukünftigen Drehbücher sah er in der zielstrebigen „organischen Durchdringung von Bildrhythmus und Ton"[59]. Hans Székely, Autor des ersten Ufa-Tonfilms *Melodie des Herzens*, reflektierte in diesem Zusammenhang den Unterschied zwischen Stumm- und Tonfilm: „Für mich war stets der stumme Film ein Problem. Der Umstand zum Beispiel, daß eine lebendige Bewegung jäh und ohne jeden Grund erstarrt, damit etwas unmögliches geschieht: ein gedruckter Titel unvermittelterweise erscheint. Für mich gab es prinzipiell seit jeher nur zwei Wege: die Titellosigkeit oder den Ton. Was ich aber mit aller Entschiedenheit ablehne, ist, was die Amerikaner zum größten Teil machen: Konserventheater. Mein höchster Ehrgeiz ist: mit Augen und Ohren der Kamera zu dichten"[60].

Die Umfrageergebnisse der „Vossischen Zeitung" und des „Film-Kuriers" deckten sich mit früheren Äußerungen von Schriftstellern zum Film[61]. Die Filmindustrie ihrerseits war an einer Zusammenarbeit mit ihnen interessiert. In einem internen Schreiben bemängelte die Ufadramaturgie unter anderem: „Unsere Schriftsteller – und darunter sehr anerkannte – identifizieren mit dem Begriff 'Film' leider noch allzu häufig die naiven Dramen und Grotesken oder Cowboy-Spiele, die sie mal vor x Jahren in einem Kino gesehen haben. Sie wissen nicht, daß der Film nicht mehr 'Kientopp' ist, sondern daß er strebend sich bemüht, 'Lichtspieltheater' zu werden. Daraus erklärt sich eine sonst fast unbegreifliche Arroganz, ein geistiger Hochmut und ein Dünkel, dem man des öfteren begegnet ... In be-

---

[57] Warum schreiben Sie keine Filme? Arnold Bronnen, Ich warte den Tonfilm ab, in: Vossische Zeitung 31. 3. 1929, Nr. 153
[58] Warum schreiben Sie keine Filme? Bert Brecht, Kurz und gut, in: Vossische Zeitung 31. 3. 1929, Nr. 153
[59] Von der Arbeit deutscher Filmautoren I: Willy Haas, in: FK 27. 7. 1929, Nr. 177, 11. Jg.
[60] Von der Arbeit deutscher Filmautoren VI: Hans Székely, in: FK 2. 8. 1929, Nr. 182, 11. Jg.
[61] vgl. auch S. 26 f.

zug auf den Film ... glaubt er (der Schriftsteller – M.B.) daß es vollkommen genüge, wenn er die Unreifsten seiner Sachen, die er irgendwo im Kasten zu liegen hat und die er wo anders nicht unterbringen konnte, oder die ihm als Roman zu schlecht erschienen, herablassenderweise einer Filmgesellschaft überreicht". Neben den fehlenden ästhetischen Einsichten kritisierten die Dramaturgen der Ufa auch einen Mangel an wirtschaftlichem Verständnis auf der Seite der Schriftsteller: „Wenn sich heute ein Verleger entschließt, ein Buch herauszubringen, so riskiert er dabei – sollte er sich vollkommen getäuscht haben – bei einiger kaufmännischer Vorsicht vielleicht drei- bis fünftausend Mark. Die Ufa riskiert in einem analogen Fall sofort eine Viertelmillion. Schon daraus ergibt sich, daß die Untersuchungen viel sorgfältiger sein müssen, als sie der vorsichtigste Buchverleger anzustellen hat. Die Schwierigkeiten gehen aber noch ganz erheblich weiter. Auch Autoren von Ruf und Rang pflegen nur eine bestimmte Gemeinde zu haben, zu der sie sprechen oder die sich zu ihnen bekennt ... Um nur die Kosten für einen sogenannten Mittelfilm der Ufa, also RM 250 000,- wieder hereinbringen zu können, ist es notwendig, daß mindestens 600 000 Menschen gewillt sind, sich den Film ... anzusehen"[62]. Die sich in den Aussagen offenbarenden Widersprüche in den Auffassungen von Vertretern der Filmindustrie und deutschen Schriftstellern wurden auch in der Folgezeit nicht überwunden. Von daher gingen Produzenten wie die Ufa dazu über, einen festen Stamm von Drehbuchautoren für sich zu verpflichten.

Die anfängliche Suche nach Tonfilm-Manuskripten wurde begleitet von einer breiten Dramaturgiediskussion, die sich überwiegend an bereits in den Lichtspielhäusern gelaufenen Tonfilmen orientierte und nicht selten in die Filmkritik eingebettet war. Vor dem Hintergrund, daß viele der ersten amerikanischen Tonfilmschlager, wie *The singing fool*, *Broadway* (Regie: Paul Fejös) oder *Broadway Melody* (Regie: Edmund Goulding) hinter den Kulissen von Theatern und Kabaretts spielen, bestand die fast unwidersprochene[63] opinio communis aller Vorschläge und Anregungen in einer Ablehnung dramaturgischer Strukturen des Theaters für den Tonfilm.

Um dieses sicherzustellen, regten die Autoren der verschiedenen Aufsätze und Kritiken unterschiedliche Vorgehensweisen an, ohne daß die jeweiligen Meinungen aufeinander Bezug nahmen oder länger diskutiert wurden. Das kann wenig verwundern, da die Fortschritte der Technik und in der Kameraführung sowie die akustische Bewältigung der Handlung mit fast jedem neuen Spielfilm besser wurden und sich von daher die Problemstellungen permanent änderten. Eine der frühen Äußerungen zum Tonfilm-Manuskript hob hervor, daß das neue Medium ein Gesamtkunst-

---

[62] BArch R 8119 / 19070 Bl. 123, S. 1 f.
[63] Zu diesen wenigen Ausnahmen zählte die Auffassung des Vorsitzenden des Deutschen Bildspielbundes, Walter Günther. Er hoffte, daß der Tonfilm seine Vollendung in der Tonfilmoper finde und kritisierte zugleich die bisherigen Tonfilme als Unterhaltungsmedium. Kulturelle Aufgaben des Tonfilms, in: LBB 17. 12. 1929, Nr. 300, 22. Jg.

werk sei, dessen Mittel, Sprache, Geräusch und Ton, gleichberechtigt neben der in der Stummfilmzeit entwickelten Filmkunst stehen müßten. Von den Inhalten wurde verlangt, daß die Substanz gering, die Dichte des Vorgangs aber sehr groß sein müsse, „um sich im Tonfilm überzeugend ausgestalten zu können. Eine Überladung mit Handlungsmaterial muß den Tonfilm von vornherein in eine Situation bringen, die man am besten als Zeitnot bezeichnen könnte"[64].

Anfang September forderte der englische Korrespondent des „Berliner Tageblatts" im Ergebnis der Londoner Aufführung von *Blackmail* eine ausschließliche Verfilmung „hochgespannter, melodramatischer Situationen" ohne die „Verlegenheitsdialoge des Theaters", wie „ein Gespräch von Diener und Zofe über die Herrschaft oder auch ein längeres Gekose von Liebenden. Der Tonfilm ist ein Film, etwas Zappliges, Rasches und verträgt auch die raschesten Tempi des modernsten Theaterdialogs nicht". Als ein weiteres Mittel, den Film von der Bühne unterscheidbar zu machen, empfahl er, immer wieder Schnitte ohne Dialoge in die Handlung einzuflechten[65]. Möglicherweise bezog er sich hier auf die folgende Filmszene: Die Tür einer Telefonzelle stand zunächst offen, so daß der Zuschauer das Telefonat akustisch verfolgen konnte. Im Verlauf des Gesprächs wurde die Tür geschlossen. Das Kinopublikum sah jetzt nur noch die gestikulierende Person, ohne sie zu hören.

Der Regisseur Wolfgang Hoffmann-Harnisch unterstrich die Feststellung des Londoner Korrespondenten, daß Pausen im Tonfilm „dreifach so lang und dreifach so stark wie gleichlange Pausen etwa auf dem Theater" wirken[66]. Nach einer Beschreibung von Hintergrundgeräuschen in bezug auf die Handlungsvorgänge kommt er zu dem Ergebnis: „Beim Theater gilt die Regel, daß das Wort der Gebärde und der Bewegung zu folgen habe. Beim Tonfilm hat sich die umgekehrte Reihenfolge als zweifellos richtig herausgestellt". Im folgenden versuchte Hoffmann-Harnisch, an Beispielen

---

[64] Das Tonfilm-Manuskript, in: LBB 25. 7. 1929, Nr. 176, 22. Jg.
[65] Arnold Höllriegel, Wenn der Sprechfilm schweigt ... Zur Dramaturgie der neusten Kunst, in: Berliner Tageblatt 5. 9. 1929, Nr. 419, 58. Jg.
[66] Diese Erkenntnis war nicht neu, sondern galt bereits für den Stummfilm. So hieß es in einer Kritik zu *Sumurun* von Max Reinhardt: „Was auf der Bühne rapide Schnelligkeit ist, wird auf der Leinwand langweiliges Zögern". Baptist: Sumurun im Kinematographen, in: Berliner Tageblatt 6. 6. 1910; Nr. 280, 39. Jg. Zu der *Insel der Seligen* von Reinhardt schrieb die Fachpresse in bezug auf das Verhältnis von Theater und Film u. a.: „Hier haben wir es mit keiner dramatischen Handlung zu tun, die uns in gesteigertem Maße in Spannung hält und uns mit sich fortreißt; malerische Motive stehen im Vordergrund und die bedeuten von selbst ein gewisses Einerlei; tritt noch der Mangel an Szenenwechsel hinzu und wird das Ganze nicht in angemessenen Grenzen gehalten und über Gebühr ausgedehnt, so muß schließlich Müdigkeit den Betrachter erfassen und ihm den Genuß des Ganzen beeinträchtigen. Das Einerlei muß zu einer gewissen Starrheit führen. Gedrängtheit und äußerste Konzentration sind die Haupterfordernisse bei derartigen Films". Betrachtungen zum Reinhardt-Film, in: LBB 18. 10. 1913, Nr. 42, 6. Jg.

die Unterschiede zwischen Tonfilm und Theater zu verdeutlichen: „Während bei einer offiziellen Feierlichkeit der Festredner einen Lobgesang auf die Stützen der Gesellschaft anstimmt, verabreden in der Ecke zwei Schieber einen Coup. Zu den Verhandlungen der beiden Spitzbuben sollen wir nun immer die entsprechend passenden Worte des offiziellen Festredners hören ... Derartige Situationen kann eine Theateraufführung nicht bringen, denn es hat sich herausgestellt, daß das gleichzeitige Sprechen zweier Schauspieler auf der Bühne dem Ausdrucksmittel des lebendigen Theaters widerspricht ... Grundsätzlich aber haben wir es beim Tonfilm mit einem neuen Ausdrucksmittel zu tun, dessen Wesen und Gesetze sich erst nach langer Beschäftigung mit der Materie in allen ihren Teilgebieten enthüllen werden"[67].

Im Unterschied zu den Kritiken über die Tonbilder Messters, den im Nachklang der ersten Vorführung von Tonfilmen durch Vogt, Massolle und Engl geäußerten Vorstellungen und den frühen Tonfilminhalten verdeutlichen die zitierten Standpunkte eine grundsätzlich geänderte Einstellung gegenüber der Bühne. Die hier auf signifikante Aussagen reduzierte Diskussion über die Tonassoziationsmontage zeigt beispielhaft, daß die Einführung des neuen Mediums von der Suche nach dessen spezifischen Dramaturgien und Ausdrucksformen begleitet wurde. Der immer wieder gezogene Vergleich zum Theater diente dabei als Folie. Vor dem Hintergrund des im Stummfilm erreichten Grades an Visualität wurde sie genutzt, um den diesbezüglich offensichtlichen Verlust paradigmatisch auszustellen.

Zeitlich parallel zur Suche nach einer eigenen Tonfilmästhetik verlief eine Diskussion zur Internationalität des neuen Mediums. Die ersten amerikanischen Tonfilme Filme wurden zum Teil vom Publikum auf Grund mangelnder Sprachkenntnisse abgelehnt. Um den begrenzten deutschen Sprachraum und die damit beschränkte Rezeptionsmöglichkeit deutschsprachiger Filme zu überwinden, setzten Regisseure und Produzenten, wie Erich Pommer, vor allem in der Frühzeit auf die Musik als „internationales Verständigungsmittel", das „Fremdheiten der Sprache überbrücken kann". „Übersetzte Sprache", so die Überlegungen, „kann nur zum Teil dasselbe Erlebnis widerspiegeln; Gefühlsinhalt und Bewegungscharakter der übersetzten Worte gleichen sich nicht immer. Angelegenheit des Regisseurs sei", so Pommer, „die 'Melodie des Films' herauszuarbeiten, deren Steigen und Fallen der Komponist musikalisch zu interpretieren hat, oftmals, und nicht an den unwichtigsten Stellen – indem er schweigt"[68].

---

[67] Wolfgang Hoffmann-Harnisch, Dramaturgie und Regie des Tonfilms, in: Das Theater 1929 S. 15 ff.; 33ff.

[68] L.Sp. Melodie des Films, in: Vossische Zeitung 8. 12. 1929, Nr. 579. Ähnlich argumentierte Hugo Corell, der den Musikfilm mit Oper und Operette verglich, die sehr oft in Orginalsprache aufgeführt würden. Dort, so der Autor, stoße sich das Publikum auch nicht an der ihm oft unverständlichen Sprache. Hugo Correll, Tonfilm und Internationalität, in: FK 1. 6. 1929, Sondernummer 11. Jg.

Mit diesem Vorschlag griff Pommer Vorschläge zur musikalischen Untermalung aus der Stummfilmzeit auf. Durch die musikalische Abstinenz bei bestimmten Szenen, so die damaligen Vorschläge, solle verhindert werden, daß die Musik auf jeden der inhaltlichen Sprünge des Films reagieren muß[69]. Das Beispiel der Musikbegleitung zum *Biberpelz*[70] verdeutlichte den gezielt eingesetzten Gebrauch von Tonassoziationen in größeren Lichtspielhäusern während der Stummfilmzeit. Insofern enthalten die Diskussionen über die Internationalität des Mediums und über die Tonassoziationsmontage deutliche Hinweise auf Versuche, Erfahrungen mit der Kinomusik für den Tonfilm fruchtbar zu machen.

Nach einer intensiven Werbekampagne präsentierte die Ufa ihren ersten Tonspielfilm, *Melodie des Herzens*, am 16. Dezember 1929 im Berliner Gloria-Palast. In der Pressekritik wurde der im ungarischen Militärmilieu angesiedelte Film zwar überwiegend positiv bewertet. Dennoch sind in der Erich-Pommer-Produktion einige Unsicherheiten in bezug auf die inhaltliche Übereinstimmung von Bild und Ton unübersehbar. Signifikant werden sie am Beispiel der Heldin, dem ungarischen Bauernmädchen Julia Balog. Im Unterschied zu ihrem Vater spricht sie hervorragend ungarisch und deutsch, ihr eigenhändig verfaßtes Testament ist dagegen mit einer höchst mangelhaften Orthographie verfaßt. Möglicherweise sollte das eingeblendete Papier optisch auf die begrenzte Bildung des Mädchens hinweisen. Seine guten Sprachkenntnisse, von der sich der Zuschauer während des gesamten Films überzeugen kann, widersprechen jedoch dem durch das Bild vermittelten Eindruck.

Der Takt der Musik und der des Bildwechsels sind in *Melodie des Herzens* bereits sehr gut verzahnt, so daß sich beide ergänzen. In jenen Szenen, in denen nicht gesprochen wird, unterstreichen Musik und Geräusche auf sehr effektvolle Weise die Spielhandlung. Offensichtlich wurde hier der Ton nachträglich synchronisiert. In den Sprech- und Gesangszenen bleibt dagegen die sonst recht bewegliche Kamera starr auf die betreffende Person bzw. das abgefilmte Orchester gerichtet. Dieses Moment wird an jenen Stellen besonders pointiert, bei denen Willy Fritsch zum Gesang anhebt, weil hier die sich sonst zum Teil wild gebärdenden Soldaten plötzlich wie erstarrt sitzen. Die Kameraeinstellung ändert sich während der Lieder nicht. An diesen Stellen sind die meist spärlichen Gesten des Sängers, wie auch bei anderen frühen Tonfilmen mit Gesangseinlagen, das einzige Bewegungsmoment. Ähnliche Einstellungen lassen sich auch in dem Tauber-Film *Ich glaub' nie mehr an eine Frau* nachweisen. So tritt etwa im letzten Akt – der Mutter wird durch den Sohn die verschollene Tochter zugeführt – an die Stelle einer Handlung das Lied des Freundes. Auch hier, so scheint es, richtet sich die Kamera während des gesamten Liedes fast verlegen auf den

---

[69] Und die Musik, in: Vossische Zeitung 3. 10. 1929, Nr. 466
[70] vgl. S. 47 f.

Mund des Sängers bzw. auf die übrigen fast unbeweglichen Akteure. Musik dient hier, wie auch in der *Melodie des Herzens* nicht der Untermalung des Geschehens, sondern dem Selbstzweck, der Herausstellung der Synchronität von Bild und Ton. Die unfilmische Heraushebung des Tons in beiden Filmen und der Publikumszulauf, den beide Filme hatten, verweist auf dessen Attraktion sowohl für die Produzenten als auch für für das Publikum. In den späteren Spielfilmen – die Synchronität von Bild und Ton hatte ihren herausragenden Neuigkeitswert bereits verloren – wurden vergleichbare Szenen durch Tanzszenen und andere belebende dramaturgische Elemente aufgelockert und die entsprechenden Szenen immer deutlicher in die Gesamthandlung eingebunden. Um die Jahreswende 1929/30 verhinderten jedoch die technischen Bedingungen der Aufnahme fluide Szenen oder Umschnitte. Auf diese Weise blieb der Gesang, wie auch noch in der Folgezeit bei Operetten- und Schlagerfilmen, dominierend. Die musikalischen Einlagen wirken noch analog den Arien in Opern oder Operetten als Einschub, der die Handlung unterbricht, statt sie zu befördern.

Neben der Technik war dieser offensichtliche Mangel auch der Ufa-Konzeption geschuldet. Zur Zeit des Drehbeginns im Juni 1929 war die Ufa noch überzeugt, für die Saison 1929/30 keine Sprechfilme produzieren zu müssen[71]. Da die Klangfilmtechnik sich als sehr störanfällig erwies, zögerten sich die Dreharbeiten hinaus. Zugleich ließ die internationale und nationale Tonfilmentwicklung innerhalb des folgenden halben Jahres die im Sommer 1929 bekannt gegebene Saisonplanung obsolet werden. Um den Film trotz aller Hindernisse zum Erfolg werden zu lassen, mußten während der Produktion von *Melodie des Herzens* das Drehbuch geändert und die zunächst nicht geplanten Sprech- und Gesangszenen in den Film hineingeschnitten werden.

Vor dem Hintergrund der überlangen Produktionszeit wird verständlich, daß in *Melodie des Herzens* im Unterschied zu Filmen, wie *Blackmail*, die Bild- und Taktfrequenz der Sprech- und Gesangszenen noch identisch sind, während bei Hitchcock schon erste Formen einer Tonassoziationsmontage erkennbar sind: Nach der aus Notwehr begangenen Tötung irrt die Alice White gespielt von Anny Ondra durch die Straßen. Dabei begegnet sie einem Bettler, dessen Hand sie an die des Toten erinnert. Die Täterin stößt einen Entsetzensschrei aus, der überwechselt in den der Wirtschafterin, die die Leiche entdeckt. Trennungen zwischen Bild und Ton sind in zwei Szenen erkennbar: Am Morgen nach dem Unglück zieht sich die Hauptdarstellerin an. Ihr lustig trällernder Vogel steht sichtbar im diametralen Gegensatz zum Innenleben der Hauptperson und unterstreicht deren gedrückte Stimmung. Im Schlußbild wird ein Gemälde mit dem Bildnis eines lachenden Narren aus dem Atelier getragen, als Anny Ondra, ihr Verlobter und ein Polizist zusammenstehen und die Männer verlegen lachen. Durch

---

[71] vgl. S. 110

einen Kameraschwenk von der Personengruppe auf das Gemälde scheint es, als würde der Narr lachen.

Trotz der unübersehbaren Schwächen der Aufnahmen von Gesang- und Sprechszenen verweisen auch Spielfilme, wie *Melodie der Herzens*, auf das signifikant Neue des Tonfilms. Im Stummfilm bildeten – von Ausnahmen abgesehen – die Kinotheken die Basis für die mehr oder weniger gelungene musikalische Untermalung des gesamten Geschehens. Beim Tonfilm wurde die Begleitmusik auf jene Szenen beschränkt, in denen nicht gesprochen wurde. Sie erhielt damit eine grundlegend neue Bedeutung, die unabhängig von der jeweiligen musikalischen Qualität in ihrer Bezogenheit auf die dramaturgische Gestaltung lag. Darüber hinaus erhielt jeder Film seine ihm integrale Musik, die in allen Kinos besser oder schlechter gehört werden konnte.

Die zeitgenössische Kritik bemängelte an der Pommer-Produktion, wie schon zuvor bei *Atlantic* und später unter anderem bei dem Aafa-Tobis-Tonfilm *Dich hab' ich geliebt*, die teilweise fehlende Übereinstimmung von Wort und Bild[72]. Insbesondere bei Großaufnahmen, die die Mundbewegungen der Schauspieler überdeutlich betonten, empfand die Kritik die fehlende Synchronität als störend. Die Ursache hierfür lag jedoch nicht in einer mangelnden Beherrschung der Technik, sondern in der Größe der Kinos. Alle Lautsprecher waren in der Regel hinter der Leinwand aufgestellt. Da die Schallübertragung langsamer als die des Bildes ist, kam es zwangsläufig in den letzten Sitzreihen zu einem leichten Auseinanderfallen von Bild und Ton[73]. Dieses Problem wurde in der Folgezeit durch einen Verzicht auf derartige Aufnahmen gelöst. D. h. eine der wesentlichen Neuheiten des Tonfilms, die optisch-akustische Großaufnahme, mußte zeitweilig als dramaturgisches oder filmisches Mittel entfallen bzw. konnte nur eingeschränkt genutzt werden, weil die akustische Wiedergabetechnik noch nicht ausgereift war. Dagegen blieb die Darstellung von Stille als eine Möglichkeit des Tonfilms, über die der Stummfilm als dramaturgisches Mittel nicht adäquat verfügen konnte, von technischen Einflüssen unberührt. In bezug auf die Filmtechnik wurden von der Kritik die verschiedenen Nebengeräusche als störend bemängelt. In ihrer Intensität wechselten sie mit den Kameraeinstellungen. Deshalb waren sie vom Schnitt abhängig.

Am 19. Dezember 1929 wurde im Berliner Capitol der erste 100prozentige deutsche Tonspielfilm *Die Nacht gehört uns* uraufgeführt. Im

---

[72] Hans Wollenberg, Melodie des Herzens. Ufa-Tonfilm – Ufa-Palast am Zoo, in: LBB 17. 12. 1929, Nr. 300, 22. Jg.

[73] Paul Hatschek, Gelöste und ungelöste Probleme im Tonfilm, in: Kinotechnische Umschau 1. 5. 1929, Nr. 18, S. 497 ff., 523 ff. In diesem Kontext wird physikalisch auch erklärt, weshalb bei bestimmten Tönen deren Quelle durch die Zuschauer nicht zu lokalisieren sei. Neben der zitierten Kritik zu *Atlantic* wurde dies auch im Zusammenhang mit anderen Spielfilmbesprechungen des öfteren vermerkt. Vgl. u. a.: R.T.: Melodie des Herzens, in: Die Kinotechnik 5. 1. 1930, Nr. 1, 12. Jg., S. 23 f.

Unterschied zu den bisherigen deutschen Tonspielfilmproduktionen ist hier bereits eine durchgängige Tondramaturgie erkennbar. Erstmals beziehen sich die Stimmen, Geräusche und Bilder logisch aufeinander. Als die Kamera von der Jazz-Kapelle des einen Raumes auf die des Nachbarraumes schwenkt, ist darüber hinaus die erste Tonüberblendung in einem deutschen Spielfilm hörbar. Der unnatürliche Klang der Stimmen, wie er noch in *Melodie des Herzens* zu beobachten ist, ist hier in den Dialogszenen weitgehend beseitigt. Die Massenszenen konnten dagegen tontechnisch noch nicht überzeugen.

An das von Carl Froelich vorgegebene Niveau der Tonwiedergabe konnte auch der erste deutsche Tonfilm ohne stumm gedrehte Sequenzen, die erste Tonfilmoperette *Dich hab' ich geliebt!*, anknüpfen, die zwei Tage vor Weihnachten uraufgeführt wurde. Die Handlung des Aafa-Films war der von *The singing fool* deutlich nachempfunden, ebenso wie der Einsatz eines leitmotivischen Musiktitels. War es in dem amerikanischen Spielfilm das Lied vom „Sunny Boy", daß von Al Jolson zu vier unterschiedlichen Gelegenheiten gesungen wurde, so ist es in *Dich hab' ich geliebt!* der gleichnamige Schlager, der mehrmals von der Sängerin Inge Lund angestimmt wird. In der Folgezeit wurde – wie in den USA – das musikalische Leitmotiv zu einem charakteristischen Merkmal deutscher Musikfilme. Wie auch in anderen Filmen wurden einige der Gesang- und Sprechpartien durch Großaufnahmen besonders hervorgehoben. Die technische Kritik bemängelte vor allem die am Beginn des Films erkennbaren Sprechszenen, die auf Grund der lauten Musik nicht zu hören seien. Gleiches beträfe den Applaus in der Kabarettszene, der ebenfalls durch die überblendete, aber dem Filminhalt unangepaßte Musik unterginge[74].

Nach den ersten Tonfilmerfolgen waren sich am Beginn des Jahres 1930 alle Zeitungskommentatoren darin einig, daß das folgende Jahr die Entscheidung über den deutschen Tonfilm bringen würde. Die im Januar in Berlin gezeigten neuen Spielfilme demonstrierten jedoch noch keinen Durchbruch, sondern nur „Tonfilm-Ersatz. Hier wird sehr viel geredet, in Titeln, dafür Musik synchron aus Apparaten geschnarrt, und gesungen"[75].

Am Tag der *Liebeswalzer*-Premiere lautete die Schlagzeile des „Kinematographen": „Der Sieg des Tonfilms ist entschieden". Ebenso apodiktisch wie pragmatisch wird festgestellt: „Es hat gar keinen Zweck mehr, gegen den Tonfilm Stellung zu nehmen. Der Theaterbesitzer hat sich heute gar nicht mehr zu fragen, ob er Tonfilme vorführen will oder kann. Es wird einfach eine Selbstverständlichkeit. Ein Gebot der Zeit und der Stunde, gegen das man sich ebensowenig sperren kann, wie etwa gegen das elektrische Licht oder die Straßenbahn ... Alle, die die Harvey-Operette der Ufa gesehen haben, die heute zum ersten Mal abrollen soll, schwören, daß es

---

[74] R.T.: Dich hab' ich geliebt!, in: Die Kinotechnik 20. 1. 1930, Nr. 2, 12. Jg.
[75] Leo Hirsch, Töne und Bilder, in: Berliner Tageblatt 19. 1. 1930, Nr. 32, 59. Jg.

ebenfalls ein Serienerfolg werden wird, wie man ihn bisher im deutschen Kino nicht gekannt hat. Proben aus neuerer Produktion, die noch nicht im Umlauf sind, beweisen schlagend, daß die deutsche Filmproduktion sich nach den ersten tastenden Versuchen resolut und erfolgreich in das neue System gefunden hat. Daß sie qualitativ mit Recht beanspruchen kann, mit Amerika gleichgestellt zu werden"[76].

Der *Liebeswalzer* zählte in der Folgezeit nicht nur im In- sondern auch im Ausland zu den erfolgreichsten frühen deutschen Tonfilmen. Richard Oswald erbrachte wenige Monate später mit *Wien, du Stadt der Lieder* den Nachweis, daß trotz der knappen Drehzeit von zwei Monaten nicht nur mit Klangfilm-, sondern auch mit Tobisapparaturen hervorragende akustische Ergebnisse erzielt werden konnten[77]. Die euphorische Einschätzung des „Kinematographen" war in bezug auf das darstellerisch-szenische und akustische Potential, das die deutsche Technik inzwischen bot, gerechtfertigt. Die Feststellung gilt auch, obwohl in der Folgezeit nur wenige Spielfilme an die Erfolge vom *Liebeswalzer* anknüpfen konnten. Übertrieben war die generalisierende Einschätzung der Filmzeitung insofern, als der technologische Vorsprung der Amerikaner deutscherseits noch nicht eingeholt war. Diesen Gesichtspunkt unterstreicht die vom April 1930 stammende Selbsteinschätzung von Siemens & Halske, nach der die Apparaturen der Klangfilm gemessen an denen der Western Electric noch nicht gleichwertig waren[78].

Eine Vielzahl euphorischer Kritiken zu einigen der frühen deutschen Tonfilme bezeugt, daß der Fortschritt des neuen Mediums am Beginn des Jahres 1930 vor allem noch an der Kongruenz von Bild und Ton sowie an den technischen Möglichkeiten seiner Authentizität gemessen wurde. Erst an zweiter Stelle standen die schauspielerischen Leistungen. Die technischen und dramaturgisch-szenischen Verbesserungen an diesen Filmen sind unübersehbar. Bei *Atlantic* etwa ist fast jeder Satz gleichermaßen laut und deutlich vernehmbar. Über weite Strecken sind die Dialoge dort voller Pathos und Eindringlichkeit. Mit dem *Liebeswalzer* war es erstmals in Deutschland gelungen, der natürlichen Sprache angenäherte Dialoge auf die Leinwand zu bringen. Davon zeugen nicht nur der erste große deutsche Tonfilmschlager „Du bist das süßeste Mädel der Welt", sondern auch andere zeitgenössische Einschätzungen wie die folgende: „Das elementar Packende liegt in der immer reiner, immer vollkommener gelingenden Vermählung von Wort und Bild. Ich gestehe, daß ich nicht ohne tiefe Erschütterung an mir beobachten konnte ... wie das Zweidimensionale, Donnerwetter, diese armselige gespannte Leinwand, mit unwiderstehlicher Illusionskraft lebendiger Raum wurde. Diese Menschen haben gestern wirklich gesprochen,

---

[76] Der Sieg des Tonfilms ist entschieden, in: Kinematograph 7. 2. 1930, Nr. 32, 24. Jg.
[77] *Wien, Du Stadt der Lieder*, in Berliner Tageblatt 30. 3. 1930, Nr. 152, 59. Jg.
[78] vgl. S. 165

gesungen, getanzt. Ihr Atem, das Geräusch ihrer Füße ging über das Parkett, Lachen, Flüstern, Küssen, Volksgebrüll, süßer Wiener Singsang ... da war es mitten unter uns, unerhörte Magie"[79]. Entsprechend den in der Stummfilmzeit ausgeprägten Gewohnheiten wurde während der Premiere des *Liebeswalzers* mehrfach Beifall geklatscht[80].

Während der Dreharbeiten von *Atlantic* wurden die Ateliers „mit Decken und Vorhängen in Grabkammern verwandelt, die jeden lebendigen und natürlichen Klang der Stimmen erstickten; die Bildkamera wurde in enge, filzgepolsterte Kabinen gesteckt und sollte durch dicke Spiegelscheiben lebendige, bewegte Bilder liefern"[81]. Der *Liebeswalzer* zeugt nicht nur von einer generellen Verbesserung der Tontechnik, sondern auch von einer beweglicheren Kamera. Der Schlager „Du bist das süßeste Mädel der Welt" wird innerhalb der Spielhandlung erstmals während einer Autofahrt gesungen. In dieser und anderen Szenen, die noch mehr dialogisiert und musikalisiert als wirklich inszeniert erscheinen und in denen das Geschehen noch auffallend im Vordergrund des Bildes spielt, verdeutlichte der Spielfilm dennoch, daß auch mit der Tonfilmkamera die den Stummfilm kennzeichnende Fluidität der Einstellungen in Zukunft möglich sein würde. Darüber hinaus unterstrich der Film, daß die Handlung den Gesetzen der Kamera unterzuordnen sei und der Ton das Visuelle einerseits unterstreichen, andererseits aber auch weitertreiben könne.

Nach dem Erfolg der ersten Tonfilmoperette folgte eine Vielzahl weiterer, so daß sich auf diesem Gebiet das erste deutsche Tonfilm-Genre entwickelte. Zu den bekanntesten zählen: *Zwei Herzen im Dreivierteltakt* (Regie: Geza von Bolvary), *Die Drei von der Tankstelle* (Regie: Wilhelm Thiele), *Zwei Krawatten* (Regie: Felix Basch), *Der Kongreß tanzt* (Regie: Erik Charell), *Der Raub der Mona Lisa* (Regie: Geza von Bolvary), *Ihre Hoheit befielt* (Regie: Hans Schwarz), *Liebeslied* (Regie: Constantin J. David) und *Ronny* (Regie: Reinhold Schünzel).

Ende Februar 1930 folgte auf die Tonfilmoperette *Liebeswalzer* die Premiere des Volksstücks *Der unsterbliche Lump*. Hier wurde erstmals im deutschen Tonfilm mit Außenaufnahmen experimentiert[82]. Deren Herstellung wurde ebenso wie bei dem am 14. März 1930 uraufgeführten Spielfilm *Die letzte Kompagnie* auf Grund der schlechten Aufnahmegeräte erheblich teurer

---

[79] Hans Flemming, Die Tonfilm-Operette ist da! *Liebeswalzer* im Gloria-Palast, in: Berliner Tagesblatt 9. 2. 1930, Nr. 69, 59. Jg.; vgl. auch: Hanisch, Vom Singen, S. 34 ff.
[80] Der große deutsche Tonfilmschlager ist geboren. *Liebeswalzer* – Premiere, in: Kinematograph 8. 2. 1930, Nr. 33, 24. Jg.
[81] Erich Pommer über Tonfilmprobleme. Aus einem Gespräch mit G.E. Roth, Wien, in: Die Sendung 25. 4. 1930, Nr. 17, 7. Jg., S. 275
[82] Die Außenaufnahmen, die Pommer in Budapest für den Spielfilm *Melodie des Herzens* drehen ließ, konnten wegen ihrer schlechten Qualität nicht verwendet werden. *Melodie des Herzens*, Erich Kettelhut im Gespräch mit Gerhard Lamprecht, in: W. Jacobson, Babelsberg, 1912 Ein Filmstudio 1992, Berlin 1992, S. 165; vgl. S. 138 f.

als vergleichbare Atelieraufnahmen[83]. Die frühen negativen Erfahrungen der Ufa mit Außenaufnahmen aufgrund der unausgereiften, kaum transportablen Aufnahmetechnik fielen zusammen mit den Schwierigkeiten, die Ateliers auszulasten. Im Zusammenwirken beider Faktoren muß daher ein entscheidender Grund gesehen werden, weshalb insbesondere in der Zeit des frühen Tonfilms fast alle Ufa-Filme in Ateliers gedreht wurden. Diese These wird noch durch einen dritten Aspekt erhärtet. Die Umstellungskosten auf den Tonfilm belasteten die Ufa erheblich. Sie versuchte deshalb mit allen Möglichkeiten, die Produktionskosten für die Filme zu senken[84]. So setzte sie schon bei Vertragsunterzeichnung die entsprechenden Kosten für *Der unsterbliche Lump* und *Die letzte Kompagnie* um 150 000,- RM niedriger an, als sie der künstlerische Oberleiter bzw. Produktionsleiter, Joe May, veranschlagt hatte[85]. Die genannten Punkte machen insbesondere unter Berücksichtigung der anfänglichen Schwierigkeiten mit der Akustik in den Ateliers verständlich, weshalb die Tonfilme am Beginn der dreißiger Jahre im Unterschied zu vielen späten Stummfilmen den Eindruck eines gewissen „Studio-Konstruktivismus" vermitteln – in etwa vergleichbar den Stummfilmen zu Beginn der 20er Jahre. Sie zu überwinden, wurde nicht nur von Kritikern, sondern auch von Mitarbeitern des Filmgeschäfts gefordert. So schrieb der Präsident der D.L.S. Anfang 1931, „daß auch die Tonkamera endlich wieder hinaus muß an die frische Luft, welche früher im stummen Film wehte, und nicht durch die muffige Atelieratmosphäre verkümmern darf"[86].

Der Vergleich zwischen den Tonfilmoperetten und den Joe May-Produktionen verdeutlicht einen weiteren, für die frühen Ufa-Tonfilme charakteristischen Verwertungsaspekt. Mit ihren Spielfilmen setzte die Ufa unter den Bedingungen des Tonfilms jene Doppelstrategie fort, die schon zu Beginn der 20er Jahre typisch für die deutsche Filmproduktion war: Um auf den internationalen Märkten die Filme absetzen zu können, griff die Ufa einerseits auf Sujets zurück, die sich im Genre, wie etwa die Tonfilmoperette oder der Revuefilm, mehr oder weniger stark an Hollywood orientierten. Andererseits versuchte sie, eigene Themen so zu gestalten, daß sie sich bewußt von amerikanischen Vorbildern absetzten, aber dennoch auf dem internationalen Markt Anklang fanden, so in *Der unsterbliche Lump* und *Die letzte Kompagnie*. Ersterer ist eine Liebesgeschichte im Tiroler Kolo-

---

[83] BArch R 8119 Nr. 19065 (ohne Blattangabe)
[84] BArch R 109 Nr. 1027b Bl. 487; vgl. S. 138 f.
[85] Joe May hatte für die Stummfilmfassung, die deutsche und die englische Fassung pro Film 850 000,- RM veranschlagt. Die Ufa hatte ihm aber nur 700 000,- RM bewilligt. In der Folgezeit versuchte er in persönlichen Gesprächen mit Klitsch und durch einen intensiven Schriftverkehr, die fehlende Summe dennoch zu bekommen. BArch R 109 Nr. 128; über die Verhandlungsergebnisse konnten in den durchgesehenen Akten keine Angaben gefunden werden.
[86] hs.: Jetzt wäre es Zeit... in: Berliner Tageblatt 1. 2. 1931, Nr. 54, 60. Jg.

rit, die nach vielen Verwirrungen am Ende glücklich endet. Der zweite Film steht in der Tradition der Preußenfilme. Im Unterschied zu anderen Spielfilmen dieser Gattung stellt die Joe May-Produktion nicht nationale Überlegenheit in den Mittelpunkt der Handlung, sondern das Gegenteil: Preußen ist auf dem Rückzug vor einer überlegenen französischen Armee. Im Mittelpunkt des Geschehens stehen individuelle Eigenschaften der dreizehn Soldaten bzw. der Müllerstochter, so Mannesmut, Vaterlandsliebe, Aufopferungsbereitschaft und Liebe bis in den Tod. Da die deutsche wie die französische Seite in gleichem Maße tapfer kämpfen, nivellieren sich hier die Unterschiede zwischen den Nationalitäten wie bei einigen der frühen Musicals und Komödien[87]. Die ausdrückliche Ausstellung individueller menschlicher Eigenschaften, letztlich der gemeinsame Geist in beiden Heeren fand auch im europäischen Ausland Anklang.

Ende Februar 1930 lief der erste sogenannte tönende Ufa-Kulturfilm *Der Raritätenladen* im Berliner Gloria-Palast an. Er zeigte Aufnahmen vom Leben auf dem Meeresgrund. Der Ton wurde nachträglich synchronisiert: „Technisch ist dieser erste Versuch der Ufa bereits geglückt, nicht aber ästhetisch oder pädagogisch. Aufnahmen, die mit dieser Präzision uns naturwissenschaftliche Kenntnis vermitteln, verlangen auch einen sauberen, knappen, ganz klaren Text. Hier aber spricht ein Professor, der den 'Fliegenden Blättern' entstammt, mit seinen kleinen Schülern. Er raucht Pfeife – und so ist auch der Stil, in dem er seine Erklärungen gibt: künstliche Verniedlichung des Themas. Das ist ein falscher Ton der Belehrung. Es wäre ja bei diesem Film gar nicht nötig, den Sprecher überhaupt zu sehen. Es genügte eine klare Stimme, die in einem allerdings vorbildlichen Deutsch, weder zu wissenschaftlich noch zu laienhaft, uns die Vorgänge auf den Bildern erklärte"[88]. Unabhängig von den anfänglichen ästhetischen und dramaturgischen Schwächen setzte die Ufa mit dem frühen Übergang zum sogenannten tönenden Kulturfilm insofern ein Zeichen, als sie auch unter den Bedingungen des Tonfilms den Anspruch erhob, auf diesem Gebiet wie in der Stummfilmzeit weltweit zu den führenden Produzenten zu zählen.

Die ersten großen Tonfilmerfolge im Winter 1929/30 konnten in der Folgezeit noch gesteigert werden. Zu ihnen zählen vor allem der letzte Joe May-Film bei der Ufa, *Die letzte Kompagnie*, die Sternberg-Verfilmung von Heinrich Manns „Professor Unrath", *Der blaue Engel*, die Militärkomödie *Drei Tage Mitttelarrest* (Regie: Carl Boese) und die im September uraufgeführte Filmoperette *Die Drei von der Tankstelle*.

Die genannten Erfolgsfilme lassen vermuten, daß die Verbesserung und Beherrschung der Tonfilmtechnik fast linear verlief und der Film begann, innerhalb der vorgegebenen technischen Standards vielfältige darstellerische Ausdrucksformen zu entwickeln. Es entsteht der Eindruck, daß

---

[87] Elsaesser, Moderne, S. 36
[88] h.p.: Der sprechende Kulturfilm. Gloria-Palast, in: Vossische Zeitung 23. 2. 1930, Nr. 92

die Technik zunehmend ihren sensationellen Charakter verlor. Jene Vorstellung trügt, denn einerseits waren noch nicht alle Tonprobleme gelöst, andererseits bestand das deutsche Verleihprogramm nicht nur aus Spitzenfilmen. Nur die Spitzenfilme beweisen, daß es die Ingenieure innerhalb kürzester Zeit schafften, die Tonfilmtechnik zu vervollkommnen. Mit ihrer Hilfe gelang es bereits recht gut, Geräusche, Tierstimmen und viele verschiedene Instrumente zu reproduzieren. Nach wie vor gab es Schwierigkeiten mit den Sprechpassagen. In der Wiedergabe der Sprechszenen lispelten die Schauspieler in der zweiten Jahreshälfte weiterhin[89]. Auch in der Aussteuerung von Hintergrundgeräuschen und offensichtlich von hohen und tiefen bzw. lauten und leisen Sprechakten gab es weiterhin Probleme.

Vor allem 1930 wurde eine Vielzahl von Tonfilmen angeboten, die qualitativ nicht mit den erfolgreichen Filmen konkurrieren konnte. Nicht selten handelte es sich dabei um Spielfilme, die zunächst als Stummfilme gedreht und nachträglich synchronisiert bzw. teils als Stumm-, teils als Tonfilme gedreht wurden. Zu ersteren zählte *Das Donkosakenlied* (Regie: Georg Asagaroff), das im Januar 1930 als Stummfilm uraufgeführt wurde. Nach der Tonfilmpremiere des Films in Wien kam diese Fassung im März auch in Berlin zur Aufführung. Gegenüber dem Stummfilm wurde die Tonfassung lediglich um zwei Einstellungen mit Kosakenliedern ergänzt. Beide Chorszenen waren mit einer unbeweglichen Kamera aufgenommen worden, was den Kritiker des Berliner Tageblatts veranlaßte, diese als „illustrierte Grammophonplatte" zu bezeichnen. Im weiteren fragt er: „Warum denn überhaupt Tonfilm, wenn er mit Ausnahme einer Paradeszene zu nichts, nur dazu dient, die originale Musik durch eine lasche, akzentlose Illustrierung, zuzüglich einiger weniger, überflüssiger, aufgeklebter Geräusche zu ersetzen? Warum er dazu dient, um von der Dialogführung bis zum Schnitt um Jahrzehnte zurückzufallen?"[90]. Allerdings weisen, wie das nachfolgende Beispiel zeigt, auch nachträglich synchronisierte Spielfilme erhebliche qualitative Unterschiede auf. Ebenfalls im März kam der Spielfilm *Es gibt eine Frau, die dich niemals vergißt* (Regie: Leo Mittler) in die Berliner Kinos. Lediglich die Rahmenhandlung vor Gericht wurde mit Ton aufgenommen. Neben verschiedenen Geräuschen und Musik wurde der stummen Fassung vor allem ein Schlager unterlegt, der mit dem Filmtitel identisch ist. Wie auch in vielen anderen frühen Tonfilmen wurde das Lied im Handlungsverlauf zum musikalischen Leitmotiv. Ein besonderer Effekt entsteht durch die fehlende Wiederholung des Schlagers am Filmende. Der Sänger wird in jenem Moment von einer Kugel tödlich getroffen, als er zum Gesang anhebt.

---

[89] Hans Philipp Weitz, Charakterköpfe im Tonfilm, in: Funk-Woche Nr. 43/1930, 5. Jg., S. 677

[90] Neue Filme. Das Donkosakenlied (Mozart-Saal) in: Berliner Tageblatt 14. 3. 1930, Nr.124, 59. Jg.

Das bekannteste Leitmotiv schuf Friedrich Wilhelm Murnau in seinem Spielfilm *Das Phantom* während der Stummfilmzeit. Hier wurde optisch zunächst als realer Vorgang ein Schimmelgespann eingeführt, das in der Folgezeit als Traumgebilde immer wiederkehrt. In den frühen 30er Jahren wurde das optisch-akustische Leitmotiv zu einem Moment der sich entwikkelnden Tonfilmästhetik. Wesentlich intensiver als in *Es gibt eine Frau, die dich niemals vergißt* ist die Wirkung des Leitmotivs in *Salto mortale* (Regie: Edwald André Dupont). In mehreren Filmsequenzen schwingt hier die Todesschaukel mit rhythmengleicher Begleitmusik. In *Der blaue Engel* sind es ein Glockenspiel und das Lied „Üb' immer treu und Redlichkeit", die mit ihrer leitmotivischen Wiederholung durch den Film führen. Bei *Der Kongreß tanzt* wird dieselbe Funktion durch das Heurigenlied und das Lied der Glücksfahrt der Christel erfüllt. In *Sous les Toits de Paris* ist es das Eingangslied, das den gesamten Film wesentlich strukturiert. Der Spielfilm *Zwei Herzen im Dreivierteltakt* ist auf der leitmotivischen Wiederholung des gefundenen, verlorenen und wiedergefundenen Walzers aufgebaut. Gemein ist den differenzierten Leitmotiven, die im einzelnen hier nicht näher beschrieben werden sollen, ihre jeweilige dramaturgische Funktion. Sie besteht nicht nur in der engen Verbindung von Bild und Ton, sondern auch in deren wechselseitiger Erinnerung und Durchdringung[91].

Nach den Kassenerfolgen der ersten Tonfilme forderten insbesondere der Verleih und die Kinobetreiber vehement neue Tonfilme, da mit stummen Filmen, von Ausnahmen wie den Chaplin-Filmen abgesehen, kaum noch Besucher in die Lichtspielhäuser gelockt werden konnten. Infolge des anfänglichen Mangels an Erfahrungen mit dem neuen Medium und als public relation-Aktion versuchte die Ufa – allerdings erfolglos – mit einem Preisausschreiben neue Stoffe und Autoren zu finden[92]. Viele Produzenten griffen besonders zwischen 1929 und 1931 vor allem auf Theater- bzw. Operettenstücke zurück oder variierten immer wieder bereits erfolgreiche und bewährte Sujets. Dazu zählte vor allem auch der Einbau von Musiktiteln in die jeweilige Spielhandlung. Wie schon in der Stummfilmzeit nachweisbar, bezogen sich nach dem ersten erfolgreichen Tauber-Film, *Ich glaub' nie mehr an eine Frau* (Regie: Max Reichmann), in der Folgezeit vermehrt Musiktitel auch auf die Filmtitel bzw. umgekehrt. 1930 stimmten unter anderem folgende Filmtitel mit den in ihnen gespielten und gesungenen Schlagern überein: *Ein Burschenlied aus Heidelberg* (Regie: Karl Hartl), *Es gibt eine Frau, die dich niemals vergißt* (Regie: Leo Mitter), *Dich hab' ich geliebt* (Regie: Rudolf Walther-Fein) oder *Wenn Du einmal dein Herz verschenkst* (Regie: Johannes Guter). Bei anderen gab es gegenseitige Verweise, wie bei: *Bockbierfest* (Regie: Carl Boese), in dem einer der Musiktitel lautet: „Heut' ist großes Bockbierfest" oder bei *Das Lied ist aus* (Regie: Geza von Bolvary)

---

[91] Rehlinger, Filmisch, S. 34 ff.
[92] BArch R 109 I / 1027b Bl. 494a

und „Das Lied ist aus: Frag' nicht warum ich gehe". Deutlich wird damit noch einmal, wie stark Dramaturgie, Szenengestaltung, Titelgebung auf den neuen Darstellungswert der Kombination von körperlicher Darbietung und musikalischem Ereignis abgestellt wurden. Viele der sogenannten Tonfilmschlager wurden auch auf Schallplatten gepreßt, und die Rundfunksender spielten die Melodien teilweise schon vor der Uraufführung.

Einige Filmkritiker wandten sich gegen die relativ einseitigen Inhalte und Dramaturgien des Musikfilm-Genres und prophezeiten bereits 1930 eine heraufziehende Tonfilmkrise[93]. Sie führten diesbezüglich überwiegend ästhetische Momente an. In der Argumentation der Kritik blieb zum einen ausgeblendet, daß sich schon in der späten Stummfilmzeit Serialisierungstendenzen innerhalb der Spielfilmproduktion abzeichneten. Zum zweiten maßen sie dem Blick zumindest der großen deutschen Produktionsfirmen auf die Vermarktungsstrategien des amerikanischen Films keine Bedeutung bei oder bewerteten die Versuche, mit Hilfe der Genre-Produktion eine auf Dauer angelegte wirtschaftliche Gesundung ihrer Unternehmen zu erreichen, negativ: „Der deutsche Tonfilm macht seine Kalkulationen von einem durchschnittlichen Publikumsgeschmack aus, darum endigen und versanden sie in der Konfektion. Jeder Art von Konfektion geht es heute schlecht. Die Routine hat in einer Zeit, wo die Überroutinierten auf allen Gebieten Schiffbruch erleiden, nichts mehr zu bestellen"[94]. In einem anderen kritischen Beitrag zur Tonfilmoperette heißt es: „Die Folge ist eine Überfütterung des Publikums mit derartigen Filmen und die Überanstrengung derjenigen Filmschaffenden, die für die Lieferung der Handlungen, der Texte und der Musik für Operettenfilme in Betracht kommen. Wenn durchschnittliche Komponisten gezwungen werden, in wenigen Monaten die Musik für sechs bis acht Operettenfilme zu liefern, so muß diese Massenproduktion notgedrungen eine Senkung des Niveaus mit sich bringen"[95]. Arnheim argumentierte zwar aus einem anderen Blickwinkel, kam aber zum selben Ergebnis. Nach der Feststellung: „Der Durchschnitt aber hat es sich in einer Weise bequem gemacht, die uns zum Gähnen zwingt", fährt er fort, „die Kunst ist fakultativ geworden". Seine Behauptung exemplifiziert er an der Tonfilmoperette: „Erst der Tonfilm hat uns gelehrt, wie unnaturalistisch der Stil einer Theateraufführung ist. Bunt geschminkte Menschen bewegen sich, aufdringlich gestikulierend und überlaut in einem Schaukasten – das ist auf jeden Fall so wirklichkeitsfern, daß es kein Stil-

---

[93] z. B. Rudolf Braune, Verschwundene Filme, in: Weltbühne 10. 6. 1930, Nr. 24, 26. Jg., S. 859 f.; Herrmann Sinsheimer, Die neuen Wege des Tonfilms, in: Berliner Tageblatt Nr. 458/ 28. 9. 1930, 59. Jg.; Heinz Pol, Wohin geht der deutsche Ton-Film? Hoffentlich wird er besser, Vossische Zeitung Nr. 1 / 1. 1. 1931; Ernst Angel, Das Geheimnis des Tonfilms. Die ästhetische Krise, in: Vossische Zeitung Nr. 31/ 19. 1. 1931
[94] h.s.: Tonfilm in der Krise, in: Berliner Tageblatt 19. 6. 1932, Nr. 288, 61. Jg.
[95] Operettenfilme sind Trumpf. Das Publikum wird überfüttert, in: FK 2. 9. 1930, Nr. 207, 12. Jg.

bruch wird, wenn in einer Bühnenoperette die Schauspieler mitten im sogenannten unstilisierten Dialog plötzlich choreographisch zu hüpfen und Liednummern zu absolvieren beginnen. Auf den Film übertragen, wirkt dies Verfahren unleidlich, wovon man sich jeden Tag wieder überzeugen kann"[96]. Mit diesen Ausführungen widersprach Arnheim all jenen Kritikern, die im frühen Tonfilm etwas Theaterhaftes sahen[97], auch wenn bestimmte szenische Teilaspekte und Sensationen des Theaters in den Filmen aufgegriffen wurden.

Kritiker, die die Tonfilmoperette mit dem Tonfilm gleichsetzten, übersahen nicht nur, daß neben den vielen seriellen Filmthemen z. B. das Problem menschlicher Fremdbestimmtheit ein weiteres wichtiges Spielfilmsujet am Anfang der 30er Jahre darstellte. Genannt seien hier nur die Lang-Filme *M – Mörder unter uns* bzw. *Das Testament des Dr. Mabuse*, die in der Historie angesiedelten Oswald-Filme: *Der Hauptmann von Köpenick* und *Dreyfuß* sowie *Mensch ohne Namen* (Regie: Gustav Ucicky und Roger Le Bon)[98]. Weitgehend unreflektiert blieb auch, daß sich in Deutschland die Anfänge eines den USA vergleichbaren Starsystems entwickelten, das wiederum auf standardisierten Rollenzuweisungen beruhte.

In der Tonfilmästhetik kam es bereits 1930 zu wichtigen Veränderungen. Bei *Melodie des Herzens* waren Bild- und Taktfrequenz der Musik noch identisch. 1930 produzierte Spielfilme, wie *Abschied* (Regie: Robert Siodmak) oder der von der deutschen Kritik mit Lob überhäufte französische Film *Sous les Toits de Paris* (Regie René Clair) deuteten aber bereits die neuen künstlerischen Möglichkeiten des Tonfilms an. Sie zeigen, daß trotz aller Kritik[99] die Regisseure schnell lernten, Stimme und Körper zu trennen und die partielle Trennung von Bild und Ton als neue und erweiterte künstlerische Möglichkeit zu nutzen. In *Abschied* sind noch die anfänglichen Schwächen der Kameraführung zu erkennen. So werden die handelnden Personen nur selten in der Totale abgebildet. Die schwere unbewegliche Ausrüstung konnte dem Spiel der Schauspieler nicht folgen und zwang diese, in die statische Kamera zu spielen. Die auditive Ebene vermittelt aber bereits eine visuell nicht darstellbare, permanente Geräuschkulisse. Dazu zählen die an jedem Ort der Handlung im Hintergrund wahrnehmbaren Stimmen der in den jeweiligen Szenen nicht abgebildeten Pensionsgäste, das Schnarren des Telefons und nicht zuletzt ein alles übertönendes Klavier. Die differenzierte Geräuschkulisse vermittelt dem Zuschauer einen sehr spezifischen, dichten und realitätsnahen Eindruck – gewissermaßen ein Raumgefühl – des sehr

---

[96] Rudolf Arnheim, Tonfilm auf Abwegen, in: Berliner Tageblatt 13. 3. 1932, Nr. 124, 61. Jg.
[97] vgl. S. 216 ff.
[98] vgl. auch: Matthias Knop, Mensch ohne Namen, in: filmwärts Nr. 23/ August 1992, S. 34 ff.
[99] vgl. u. a.: Piel Jutzi: Zurück zum Film! S.M. der Ton, in: FK 1. 1. 1931, Sondernummer, 13. Jg.

bescheidenen Niveaus der Pension, in der die Liebesgeschichte spielt. *Sous les Toits de Paris* beginnt mit einem langen Schwenk über die Dächer der Stadt. Danach gleitet die Kamera an einem Haus langsam herunter. Die Fahrt endet mit dem letzten Takt bei den Musikanten, deren Lied die gesamte Eingangsfrequenz begleitet. In beiden Filmen wurde das aristotelische Prinzip der Einheit von Raum, Zeit und Handlung noch annähernd gewahrt. Bereits kurze Zeit später durchbrach zum Beispiel Fritz Lang dieses Prinzip in seinem 1931 gedrehten Kriminalfilm *M – Mörder unter uns*. Mittels einer Tonassoziationsmontage zog er gegen Ende des Films mehrmals die Sprachfetzen aus der Gerichtsverhandlung der Bettler und Diebe zu der gleichzeitig stattfindenden Polizeikonferenz hinüber.

Sowohl die Tonassoziationsmontage als auch das musikalische Leitmotiv stehen stellvertretend für eine Reihe dramaturgischer Mittel für filmische Gestaltung, die das dem Tonfilm inhärente Spannungs- und Verweisverhältnis von Bild und Ton aufzeigen. Bereits in den frühen Tonfilmen wurden die Möglichkeiten von Bild-, Ton- und Zeichenebenen zu Intensitätsverschiebungen und -überschneidungen genutzt. Durch die wechselnde Beeinflussung beider Darstellungsebenen ergänzten sich beide zugleich und bildeten auch in der Dissonanz ein neues Ganzes. Mit den neuen, vielfältigeren dramaturgischen Elementen emanzipierte sich der Tonfilm nicht nur vom Stummfilm, sondern auch von den Tonbildern. Bei letzteren diente der Ton als Untermalung der Handlung bzw. die Handlung als Untermalung des Tons. Alle Bestrebungen konzentrierten sich dort wie auch bei den Tonfilmexperimenten auf eine möglichst „naturgetreue" Tonwiedergabe. Eine Dramatisierung des Tons mittels einer Tonassoziationsmontage oder eines optisch-akustischen Leitmotivs war im Rahmen der Tonbilder nicht möglich.

Sehr schnell wurden in der Praxis weitere Vorteile des Tonfilms gegenüber dem Stummfilm und dem Tonbild deutlich, die in der Folgezeit auch künstlerisch genutzt wurden. Dazu zählten die Möglichkeit, die Erzähltiefe und -ökonomie zu steigern, präziser und begrifflich faßbarer zu erzählen, das Einführen von Seitensträngen in die Plotlinien und die Akzentuierung durch Ausschweifungen und Hervorhebungen[100].

Verallgemeinernd kann man sagen: Das durch Technik erreichte höhere Maß an scheinbarer Natürlichkeit verdrängte das im Stummfilm erreichte Niveau einer deutlich kunstvollen filmischen Narration. Als aber neue Geldquellen zur Verfügung standen bzw. eine Verbilligung der Produktionskosten eintrat, konnten zeitlich versetzt zur Einführung der neuen Technik auch wieder künstlerische Momente partiell ausgestellt werden. Eine solche diskontinuierliche Bewegung ist übrigens für viele Abschnitte der Mediengeschichte konstitutiv.

---

[100] ausführlich: Kasten, a. a. O., S. 53

4.2. Zum Problem der Internationalität des Tonfilms

In der Stummfilmzeit war die Internationalität des Mediums Films unproblematisch. Für einen importierten Film mußten lediglich die Zwischentitel übersetzt und einkopiert werden. Bis 1929 eignete sich deshalb außer der Schallplatte kein anderes Medium in vergleichbarem Umfang zur internationalen Verbreitung. Deshalb konnte der Stummfilm staatlicherseits u. a. in der zweiten Hälfte des Ersten Weltkrieges massiv für die Auslands- und Inlandspropaganda eingesetzt werden. Auch während der Weimarer Republik riß die Diskussion um den Film als Propagandamedium des Auslandes oder für das Ausland nicht ab.

Bereits im Rahmen der ersten Reflexionen über den Tonfilm klang die Besorgnis an, der Film könnte seinen internationalen Charakter verlieren, wenn sich die Erfindung von Vogt, Massolle und Engl durchsetzen würde[101]. Die ersten Erfahrungen mit orginalsprachigen Tonfilmen, wie die *The Man and the Moment* (Regie: George Fitzmaurice), die auf Grund fehlender Sprachkenntnisse beim deutschen Publikum nur geringen Anklang fanden, schienen diese Befürchtungen zu bestätigen. Auf Grund ungeklärter Patentfragen und mangelnden Interesses an englischsprachigen Filmen in Deutschland und anderen europäischen Ländern schien sich Anfang 1930 der Sprechfilm für die amerikanische Filmindustrie zunehmend zu einem Exportproblem zu entwickeln[102]. Ab Dezember 1929/Januar 1930 dominierten einheimische Produktionen die Spielpläne der Tonfilmkinos in Deutschland. Vor diesem Hintergrund und angesichts der zunehmend besseren Beherrschung der Tonfilmtechnik in Deutschland entstand um die Internationalität des neuen Mediums eine Diskussion, die auch mit wirtschaftlichen Argumenten geführt wurde. Vor allem die Skeptiker der Tonfilmentwicklung machten geltend, daß das neue Medium nicht oder nur begrenzt zu exportieren sei. Die deutsche Filmindustrie sei auf Grund ihrer nicht ausreichenden Amortisationsmöglichkeiten im Inland auf den Export angewiesen, so daß der Tonfilm der deutschen Filmindustrie überwiegend schaden würde, da die meisten Filme ihre Produktionskosten nicht mehr einspielen könnten. Hugo Corell, der entscheidenden Anteil an der Tonfilmumstellung innerhalb der Ufa hatte[103], entgegnete diesen Kritikern bereits im Frühsommer 1929, daß in der Stummfilmzeit nur wenige deutsche Filme großen internationalen Erfolg gehabt hätten. Die meisten Produktionen seien dagegen nur in wenigen Ländern aufgeführt worden. Darüber

---

[101] vgl. S. 27
[102] Interview mit dem Leiter der Filmabteilung im Handelsministerium in Washington. Der Sprechfilm wird zum Exportproblem Amerikas. Rekord-Ausfuhr 1929 – Geringe Aussichten für 1930 – Deutschland, das große Fragezeichen – Südamerika unzufrieden, in: Der Film 22. 2. 1930, Nr. 3, 15. Jg.
[103] BArch R 8119 / 19067 Bl. 17

hinaus sei bei Musik- und Geräuschfilmen die Internationalität gewährleistet und am Problem der Mehrsprachigkeit werde bereits gearbeitet. Insofern sei es nur eine Frage der Zeit, bis auch Sprechfilme in mehreren Sprachen erscheinen könnten[104]. Wie auch andere Zeitungen sah die „Lichtbild-Bühne" in der Verwendung von Musik in der Spielhandlung die entscheidende Möglichkeit für den Tonfilm, die bisherigen Hemmnisse des deutschen Films auf dem ausländischen Markt zu überwinden. Der Tonfilm nutze – so die These – vor allem die Musik, damit träten die psychologisch-soziologischen Handlungen, die den Stummfilm geprägt hätten, in den Hintergrund. In der Musik hätten die Deutschen große Leistungen aufzuweisen, so daß Deutschland gegenüber den Amerikanern in Zukunft große Vorteile hätte[105]. Andere Befürworter des Tonfilms meinten, daß in der vermeintlich zerstörten Internationalität des Tonfilms „die Rettung der deutschen Filmindustrie vor dem übermächtigen Ansturm der kapital- und absatzkräftigeren amerikanischen Konzerne liege. Die erdrückende Konkurrenz würde sich dann von selbst fast ganz eliminieren – und die deutsche Filmindustrie wäre in der Lage, den deutschen Bedarf an Tonfilmen ohne Furcht vor Konkurrenz decken zu können"[106].

Unabhängig von der eher theoretischen Diskussion begannen mit der Produktion der ersten Tonspielfilme auch Versuche, die Sprachgrenzen des Tonfilms zu überschreiten und damit seine zukünftige Exportfähigkeit zu sichern. Derartige Versuche waren notwendig, da die durchschnittlichen Herstellungskosten eines Tonfilms um 30 bis 50 Prozent über den durchschnittlichen von Stummfilmen lagen[107] und der deutsche im Unterschied zum amerikanischen Markt in der Regel nicht ausreiche, um die Herstellungskosten wieder einzuspielen. Insofern hing die Amortisation der Kosten – in diesem Punkt hatten die Tonfilmkritiker recht – wesentlich von der Exportfähigkeit des neuen Mediums ab.

British International Pictures (BIP) war das erste europäische Unternehmen, daß seine Filmproduktion mit Hilfe von RCA auf den Tonfilm umstellte. Das Bestreben von BIP, „einen profitablen Anteil am Weltmarkt zu halten, ging nicht von Besitz an Patentrechten aus oder der Verbindung mit einem exklusiv-europäischen Kartell, sondern sah die Herstellung von Mehrsprachen-Produktionen vor und den weiteren Ausbau von Handelsniederlassungen in Übersee. Die Politik einer internationalisierten Produktion wurde durch die Strategie ergänzt, mehrere Sprachversionen jedes

---

[104] Hugo Corell: Tonfilm und Internationalität, in: FK 1. 6. 1929, Sondernummer, 11. Jg.
[105] Deutschlands Führerrolle im Tonfilm. Die große Chance auf dem Weltmarkt – Internationale Normalisierung notwendig – Gespräch mit Nathan Burkan, in: LBB 24. 7. 1928, Nr. 177, 22. Jg.
[106] Fred H. Cremer, Der Tonfilm. Die Rettung der deutschen Filmindustrie, in: Berliner Tageblatt 12. 6. 1929, Nr. 280, 58. Jg.
[107] Entwicklung der Filmwirtschaft, in: Wochenbericht des Instituts für Konjunkturforschung 2. 11. 1932, Sonderbeilage zu Nr. 31, 5. Jg.

Tonfilms herzustellen"[108]. Bei BIP und in Co-Produktion mit Emelka drehte Dupont mit *Atlantic* den wahrscheinlich ersten Tonfilm in drei Sprachversionen. Neben der deutschen erschienen gleichzeitig auch eine englische und eine französische Version. Diese wurde zeitgleich weitgehend vor denselben Kulissen, aber mit unterschiedlichen Schauspielern aus den jeweiligen Ländern und für die französische Version auch mit einem anderen Regisseur gedreht. Die Auswahl der jeweiligen Crew wie auch der folgenden Versionen orientierte sich an dem jeweiligen nationalen Markt.

Der Aufwand für diese Art der Produktion war sehr hoch, zumal „die Erfahrung bewies, daß das Drehbuch für jede Version überarbeitet werden mußte"[109]. Die ersten amerikanischen Filme mit einkopierten Untertiteln scheiterten, so Erich Pommer rückblickend, „abgesehen von der technischen Unzulänglichkeit, immer wieder daran, daß man anscheinend die stoffliche Enge amerikanischer Mentalität nicht auf den europäischen Geschmack übertragen konnte. Der Hebel mußte also im Geistigen angesetzt werden. Aber gleichzeitig war man sich darüber klar, daß der 'geistig exportfähige Stoff' noch nicht allein Attraktion und Mittler sein konnte. Das Weltpublikum in Berlin, Paris, London und New York wollte auch nicht in der neuen Aera auf den gewohnten Star verzichten". Pommer plädierte vielmehr nachhaltig für die verschiedensprachigen Versionen, sie seien das „Esperanto für den Tonfilm"[110]. An anderer Stelle heißt es zur Frage der jeweils spezifischen nationalen Färbung der Sprach- und Inszenierungsversionen: „Dabei ist der Text nicht wörtliche Übersetzung, sondern wird jeweils dem spezifischen Empfinden des Landes angepaßt ... Die äußeren Formen einer Gerichtsverhandlung, eine Trauung oder eine Stadtverordnetenversammlung sind beinahe in jedem Land irgendwie in Nuancen verschieden. Der Börsenbetrieb in London unterscheidet sich grundlegend von dem in Berlin. Die Regelung des Autoverkehrs ist in New York anders als etwa in Berlin"[111]. Die Originalfassung und die Versionen der frühen Tonfilme verweisen im internationalen Rahmen auf eine anfänglich relativ niedrige Produktionsstandardisierung des neuen Mediums[112].

Vor diesem Hintergrund entstand die Frage nach dem geeigneten Tonfilmsujet. In Ländern, für die keine Versionen existierten, wurden in die Spielfilme meist Untertitel einkopiert. Um die vom zeitgenössischen Publi-

---

[108] Higson, FILM-EUROPA, S. 97
[109] ebenda, S. 98
[110] Pommer, Tonfilm, S. 13. In einer Zuschrift an den Film-Kurier wurde im Rahmen der Diskussion um die Internationalität des Films vorgeschlagen, in Zukunft alle Filme nur noch in Esperanto zu drehen. Walter Dempwolff: Tonfilm und Esperanto, in: FK 4. 8. 1930, Nr. 182, 12. Jg.
[111] Film in sechs Sprachen, in: Filmwelt 6. 7. 1930, Nr. 27; vgl. auch Erich Pommer, Einleitende Worte zur „Dramaturgie des Tonfilms", in: Kahan, Dramaturgie, S. 6
[112] Diesen Aspekt verdeutlicht u. a. Michaela Krützen, die die deutsche und die englische Fassung von *Der blaue Engel* vergleicht. Krützen, „Esperanto ...", S. 137 ff.

kum als störend empfundenen Schriftzüge so gering wie möglich zu halten, hob Erich Pommer bereits im Vorfeld der Premiere von *Melodie des Herzens* hervor, daß auch die Musik ein „internationales Verständigungsmittel" sei. Mit ihrem Einsatz könnten die „Fremdheiten der Sprachen" im Tonfilm überbrückt werden[113]. Musikdramatische Filme schienen sich innerhalb dieser Annahme besonders gut für eine internationale Verwertung zu eignen: „Die Tonfilmoperette ist so alt wie der Tonfilm selbst und das ist kein Wunder, denn nur die Musik vermag dem Tonfilm jene Internationalität wiederzugeben, die dem stummen Film innewohnte"[114]. Hans Kahan, der das erste deutschsprachige Buch über die Tonfilmdramaturgie verfaßte, meinte: „In erster Linie brauchen wir Stoffe, die von der ganzen Welt verstanden werden. Stoffe deren Mentalität die meisten angeht, die in Freude oder Trauer, Liebe oder Haß gleichermaßen auf einer sozusagen primitiven Naturbasis bleiben". Nach einigen Beispielen fährt der Autor einschränkend in bezug auf die filmische Umsetzung solcher Themen fort: „Andernteils wird nur zu oft bei uns eine Szene zwischen Mann und Frau vorkommen, wobei der Mann in einer berechtigten Aufwallung der Frau gegenüber das stärkere Geschlecht ins Treffen führt, sich an der Frau sogar tätlich vergreift, wir werden es, logisch in der Handlung verankert, unbedingt gutheißen, während in Amerika der Mann mit dieser Szene jede Publikumssympathie einfach verloren hat"[115]. Einige Kritiker warnten vor zu viel Unterhaltung, die zwar auf dem internationalen Markt gut absetzbar wäre, weil die Inhalte leicht verständlich seien, sie fürchteten aber, daß der Film auf diese Weise an Bodenständigkeit einbüße[116]. Ein Kulturhistoriker hielt dagegen, daß seit langem Märchen, Sagen, Epen sowie Theaterstücke und schöngeistige Literatur in fremde Sprachen übersetzt würden. Auch Werke der bildenden Kunst hätten einen internationalen Markt. Er plädierte im Hinblick auf den Tonfilm für einen Mittelweg. So wie in der Kunst immer wieder Werke entstanden seien, die von seiten des Auslandes nicht oder nur bedingt verstanden würden, könne es auch Filme geben, die nur in einem Land erfolgreich seien. Andererseits gäbe es sicher auch anspruchsvolle Sujets, die im internationalen Maßstab auf Resonanz stießen[117]. Ein französischer Kritiker forderte auch die deutschen Autoren auf, Stoffe zu entwickeln, „die an und für sich internationalen Charakter tragen, nicht an ein bestimmtes Milieu, ein bestimmtes Volk gebunden sind ... Film-

---

[113] L.Sp.: Melodie des Films, in: Vossische Zeitung 8. 12. 1929, Nr. 580
[114] Fritz Friedemann-Frederich, Operette in der Landschaft, in: Berliner Tageblatt 13. 11. 1932, Nr. 540, 61. Jg.
[115] Kahan, a. a. O., S. 65 f., vgl. auch L.H.: Zur Situation des Films, in: Berliner Tageblatt 30. 7. 1930, Nr. 354, 59. Jg.
[116] Der deutsch-amerikanische Producer-Regisseur Friedrich Zelnik, in: FK 2. 8. 1930, Nr. 181, 12. Jg.
[117] Richard Otto, Das internationale Problem: Die Version. Der Kulturhistoriker macht Anmerkungen. Die ausländische Fassung, in: FK 2. 8. 1930, Nr. 181, 12. Jg.

europa braucht ein europäisches Drehbuch und nicht etwa einen deutschen, französischen oder spanischen Schnitt"[118]. Diese Forderung, die zum Teil in der heute aktuellen Diskussion um den europäischen Film wieder auftaucht, wurde jedoch von der nationalen Kinematographie kaum aufgegriffen oder gar umgesetzt.

Auf technischem Gebiet gab es mehrere Möglichkeiten, Versionen zu drehen. Meistens wurden – wie bei *Atlantic* – bei gleichem Aufbau der Handlung in derselben Dekoration nacheinander die verschiedenen Versionen gedreht. Wesentlich kostenintensiver war die Neuaufnahme fremdsprachiger Versionen, d. h. ein bereits angelaufener Film wurde im selben oder in einem anderen Atelier in einer oder mehreren fremdsprachigen Versionen nachgedreht[119]. Eine dritte Form bestand in der stummen Aufnahme der Handlung und dem nachträglichen Besprechen der Tonspur. Die Schwierigkeit bestand hier in der Synchronität der Lippenbewegung der Schauspieler, die in etwa dem gesprochenen Text entsprechen mußte. Um dem Eindruck eines Sprechfilms gerecht zu werden, wurde bei diesen Filmen auf Großaufnahmen des Gesichts verzichtet"[120]. Vom juristischen Standpunkt aus waren die Versionen ein Bestandteil des sogenannten Weltverfilmungsrechts, das sich die Filmproduzenten in den Verträgen mit den Drehbuchautoren und den Komponisten sicherten. Die Versionen bildeten einen Teil der „Befugnis, den fertigen Film in der ganzen Welt zu verbreiten", galten prinzipiell als Original und wurden im juristischen Sinne der Nachsynchronisation bzw. dem Einfügen fremdsprachlicher Titel gleichgestellt[121].

Am 18. November 1929 beauftragte der Ufa-Vorstand sein Mitglied, Berthold von Theobald, mit ausländischen Geschäftspartnern Gespräche über die Kostenübernahme von zukünftigen Ufa-Tonfilmversionen aufzunehmen[122]. Dieser Beschluß stand offensichtlich im Zusammenhang mit dem ersten Ufa-Tonfilm *Melodie des Herzens*, von dem insgesamt fünf Fassungen gleichzeitig gedreht wurden. Neben einer deutschen und einer unabhängigen stummen Fassung entstanden auch je eine in englisch, französisch und ungarisch[123]. Vor der Premiere von *Melodie des Herzens* hatten bereits die Dreharbeiten zu *Liebeswalzer*, *Der unsterbliche Lump* und *Der blaue Engel* begonnen, von denen jeweils eine englische Version gedreht wurde.

---

[118] René Leclère, Filmeuropa braucht ein europäisches Drehbuch, in: FK 19. 8. 1930, Nr. 195, 12. Jg.

[119] Die französiche Fassung des Wiene-Films *Der Andere*, die unter dem Titel *Le Procureur Hallers* in den französischen Kinos gezeigt wurde, drehte der gleiche Regisseur z. B. erst, als das deutschsprachige Orginal bereits angelaufen war. L.M.: „Der Andere" in französischer Fassung. Interessenten-Vorführung der Terra im Marmorhaus, in: FK 2. 9. 1930, Nr. 207, 12. Jg.

[120] Karl Ritter, Die Versionen, in: Beiblatt zum FK 7. 8. 1930, Nr. 18, 12. Jg.

[121] Sprenkmann, Filmurheberrecht, S. 106 f.

[122] BArch R 109 I / 1027b, Bl. 379

[123] Krützen, a. a. O., S. 119

Die anfängliche Zurückhaltung der Ufa im Drehen französischer Sprachversionen hatte für das Unternehmen negative Folgen. Der Erstaufführung von *Der unsterbliche Lump* in der englischen Fassung, in die einige französische Untertitel und Dialoge einmontiert wurden, stieß in Frankreich auf völlige Ablehnung und führte zu politischen Angriffen einiger französischer Zeitungen gegen die Ufa[124]. Der Konzernvorstand lernte rasch aus diesem Vorfall. In der Folgezeit wurden in Frankreich Ufa-Filme nur noch in französischer Sprache öffentlich vorgeführt. Vom *Liebeswalzer* wurde noch im Juni 1930 unter der Regie von Germaine Dulac und Wilhelm Thiele eine französische Version nachgedreht[125]. Insgesamt drehte die Ufa 1930/31 20 Spielfilme, davon fünf mit Versionen, 1931/32 17 Spielfilme, davon elf mit Versionen und 1932/33 20 Spielfilme, davon zwölf mit Versionen[126].

Mit *Lummox* (Regie: Herbert Brenon), der in Deutschland unter dem Titel *Der Tolpatsch* lief, startete United Artists im Januar 1930 den ersten Versuch, einen amerikanischen Spielfilm in deutscher Sprache synchronisiert auf den Markt zu bringen[127]. Die Leitung für die Herstellung der deutschen Fassung hatte der bekannte deutsche Stummfilm-Regisseur Friedrich Zelnik übernommen. Die Filmkritik erkannte überwiegend den Versuch an, auf diese Weise die Internationalität des Films kostengünstig sicherzustellen. Allerdings wurde die Ausführung der Synchronisation heftig kritisiert: „Von einer Tonregie keine Spur; von Tonplastik und Tiefenwirkung, von Entfernung und Annäherung keine Rede. Ferner sei gerügt eine starke Unlogik in der Durchführung der Geräusche: einmal hört man die zufallende Tür, ein anderes Mal nicht. Der Stimmklang der Schauspieler war an sich nicht schlecht, aber viel zu gleichförmig; ein ewiges Lamentoso, aus dem sich das Geschrei eines Babys angenehm heraushob ... Es wurde zu wenig Musik gemacht. Lange Strecken liefen stumm, wenn man von dem scharfen Nebengeräusch des Wiedergabeapparates absieht, das oft empfindlich störte"[128]. Alle Kritiker waren sich einig, daß die fehlende Übereinstimmung von Mundbewegung und Ton sich negativ auswirkt: „Die Töne steigen tief aus unsichtbaren Bäuchen. Sie passen nicht zu den sprechenden Mündern. Und sie sind heulend trivial. Wenn das international ist..."[129]. An anderer Stelle heißt es: „Endlich aber ist auch rein technisch die Kongruenz zwischen dem Bild-darstellenden und dem Wort-darstellenden Künstler herzustellen, nicht gelungen. Die Illusion, daß die auf der Leinwand agie-

---

[124] Das Sprachproblem des Tonfilms. Deutsche Filme in Paris, in: FK 10. 7. 1930, Nr. 161, 12. Jg.
[125] Germaine Dulac überwacht französische Liebeswalzer-Version, in: FK 13 6. 1930, Nr. 138, 12. Jg.
[126] BArch R 8119 / 19068, Bl. 20; allgemeine Zahlen in: Krützen, a. a. O., S. 128 ff.
[127] vgl. auch S. 353
[128] K.L.: Tonübertragung, Synchronisation, in: Der Film 18. 1. 1930, Nr. 3, 15. Jg.
[129] Leo Hirsch, Der Tolpatsch, in: Berliner Tageblatt 19. 1. 1930, Nr. 32, 59. Jg.

renden Darsteller selbst sprechen, will nicht zustande kommen. Oder doch wenigstens nur in einigen einzelnen Szenen"[130].

Diese Einschätzungen sind aus heutiger Sicht mit Vorsicht zu bewerten. Denn auch nach den ersten deutschen Tonfilmerfolgen, die die Leistungsfähigkeit der Aufnahme- und Wiedergabegeräte unter Beweis stellten, fahndeten die Kinobesucher auch weiterhin nach der für sie noch ungewohnten Synchronität von Ton und Bild: „Wer gegenwärtig Tonfilme besucht, hat sich vom Reiz der Neuheit noch nicht völlig losgelöst; er hat täglich gelesen, was Synchronismus ist, wie das Frequenzband beschaffen sein muß usw. und kennt alle Fehler, auf die er stoßen kann, theoretisch – mit dem Erfolge, daß er sie ganz bestimmt bei der Vorführung bemerkt. Er sieht den Sprechern und Sängern auf den Mund, wie er es in der Wirklichkeit niemals tun würde, und verfolgt die Lippenbewegungen, um festzustellen, ob sie synchron sind, ob vielleicht zu einer Aufnahme eines amerikanischen Sprechers nachträglich ein deutscher Dialog hinzusynchronisiert ist"[131]. Diesen Aspekt unterstreicht z. B. die Filmkritik Erich Kästners zur deutschen Fassung von *The Great Gabbo* (Regie: James Cruze): „Die Darsteller reden also erstens mit einer Stimme, die ihnen nicht gehört und ihrem Charakter nicht entspricht; und sie reden zweitens Worte und Sätze, zu denen die sichtbaren Mundbewegungen nicht stimmen können, sosehr sich der Textübersetzer bemühen mag, ähnliche Laut- und Abläufe zu finden. Die nachträglichen Dialogbearbeitungen fremdsprachlicher Filme garantieren von vornherein Mängel, die es unmöglich machen, daß solche Tonfilme künstlerischen Wert behalten ... Wenn man sich nicht entschließt, jeden Tonfilm von vornherein in mehrsprachiger Besetzung aufzunehmen ... soll man den Film in der Originalsprache vorführen oder es ganz lassen. Die nachträgliche Umtextierung grenzt an Unsinn"[132].

Mit der Unterzeichnung des Pariser Tonfilmabkommens waren die internationalen Probleme der Tonfilmherstellung weitgehend geklärt. Der technische Vorsprung Deutschlands in Europa und die hier bereits gedrehten Tonfilme führten dazu, daß die deutschen Spielfilme in einer Vielzahl europäischer Länder und in den USA zum Teil mit großem Erfolg liefen. Da auch das Publikum anderer europäischer Länder synchronisierte oder mit Untertiteln versehene Filme ablehnte[133], waren die Filmproduzenten zur internationalen Zusammenarbeit gezwungen. Infolgedessen be-

---

[130] .W-z: Internationalisierung des Sprechfilms. Ein Experiment der United Artists, in: LBB 14. 1. 1930, Nr. 12, 23. Jg.
[131] Hans Pander, Die Illusion beim Tonfilm, in: Die Kinotechnik 5. 9. 1930, Nr. 17, 12. Jg., S. 471
[132] Kästner, a. a. O., S. 390
[133] vgl. u. a.: Die Stimme des Publikums. Das Reich will keine Fremdsprache treffen, in: FK 2. 8. 1930, Nr. 181, 12. Jg.

gannen die Hollywood-Firmen[134] zunehmend in Europa – vorzugsweise in Frankreich – Versionen ihrer Tonfilme zu produzieren[135], und Ende 1930 war Europa bereits mit einem Netz an Produktionsabkommen überzogen, die meist die Herstellung von Versionen einschlossen. So existierten im Frühsommer 1930 bereits elf Verträge zwischen deutschen und französischen Firmen. Ein Abkommen zwischen der Tobis und Schweden sah die Produktion von sechs Filmen vor. Je einen Gemeinschaftsfilm drehte Deutschland mit Spanien und Dänemark[136]. Im August 1930 verhandelte auch die amerikanische Fox mit deutschen Regisseuren und Schauspielern[137]. Die abgeschlossenen Verträge enthielten zum Teil auch Regelungen zur Finanzierung. So finanzierte die deutsche Ondra-Lamac-Film GmbH auch die tschechische Version von *Der k.u.k. Feldmarschall* (Regie: Carl Lamac)[138]. Der polnische Regisseur Mieczysław Krawicz nahm die Tonaufnahmen für seinen Spielfilm *Janko muzykant* in deutschen Studios auf, während der Bildteil zuvor in Polen gedreht worden war[139]. Infolge der Vielzahl von Verträgen war kaum noch ein europäisches Unternehmen in der Lage, auf die Unterstützung ausländischer Filmfirmen zu verzichten. Insofern vollzog sich mit geringer Verzögerung in der Filmproduktion ein den internationalen Patentabkommen vergleichbarer Prozeß. Die Internationalisierung des neuen Mediums setzte sich demnach, wie zuvor schon in der Schallplattenindustrie, auf mehreren Ebenen, der patentrechtlichen, der wirtschaftlichen und der künstlerischen durch.

Unter den neuen Bedingungen arbeiteten Produzenten und Schauspieler immer wieder im Ausland. Deutsche Schauspieler reisten vor allem 1930 in europäische Studios wie auch nach Hollywood, um Versionen zu drehen[140]. Für den deutschen Film erwies es sich als Vorteil, daß mehrere große Schauspieler fließend und zum Teil akzentfrei verschiedene Sprachen beherrschten. So spielte Olga Tschechowa nicht nur in der deutschen, sondern auch in der französischen Fassung von *Die drei von der Tankstelle* die Hauptrolle. Emil Jannings und Marlene Dietrich spielten ihre Rollen in der

---

[134] Bis zu diesem Zeitpunkt planten die amerikanischen Unternehmen, vor allem spanische Versionen für den südamerikanische Kontinent zu produzieren. Fremdversionen, aber nicht Deutsch, in: FK 17. 6. 1930, Nr. 141, 12. Jg.

[135] Hollywood gibt die Versionen auf. Fox-Versionen in Europa, in: FK 11. 11. 1930, Nr. 267, 12. Jg.

[136] Deutscher Tonfilm vorherrschend in europäischen Ländern. Kontingent und Gemeinschaftsproduktion. Deutsche Fassungen laufen im Norden und Süden, in: Der Film 28. 7. 1930, Nr. 30, 15. Jg.

[137] Fox stellt deutsche Versionen her. Großzügige Produktion in Deutschland geplant, in: Der Film 16. 8. 1930, Nr. 33, 15. Jg.

[138] Prag: Deutschland finanziert die tschechische Version, in: FK 19. 8. 1930, Nr. 195, 12. Jg.

[139] Warschau: Sienkiewicz-Film wird in Deutschland synchronisiert, in: FK 19. 8. 1930, Nr. 195, 12. Jg.

[140] vgl. u. a. Dan Jela, Filmarbeit im Ausland, in: Film Woche 5. 11. 1930, Nr. 45, 8. Jg., S. 1423 f.

englischen Version von *Der blaue Engel* wie in der deutschen Originalfassung. Den Spitzenplatz in der Besetzung von fremdsprachigen Versionen nahm in Deutschland Lilian Harvey ein, die zwischen 1930 und 1936 insgesamt zwölf deutsche, sechs englische und zehn französische Parts drehte[141]. Insgesamt wurden auf diese Weise 1930 neben den 101 deutschen noch etwa 70 deutschsprachige Tonfilme hergestellt[142].

Die erheblichen Fortschritte auf dem Gebiet der Synchronisation, die innerhalb kurzer Zeit erreicht wurden, verdeutlichte die deutschsprachige Fassung von *All Quiet on the Western Front*, die im Dezember 1930 erstmals vorgeführt wurde. Dennoch blieb dieses Verfahren wie auch das Drehen von Versionen noch recht lange umstritten. Einer der Kritiker, Rudolf Arnheim, beschränkte das Problem allerdings nicht nur auf den Film, sondern sah als Weltbürger das Sprachproblem des neuen Mediums nur als Vorläufer einer allgemeinen wirtschaftlichen, politischen und kulturellen Entwicklung: „Der Rundfunk, das Telefon, die Verbesserungen des Postverkehrs und des Reisens bringen die Völker in immer stärkeren Kontakt miteinander. Hinzu kommen die politischen Bestrebungen zur Internationalität ... Die Landesgrenzen, die schon durch die Erfindung des Flugzeugs zu komischen Anachronismen geworden sind, werden auf Dauer nicht hindern können, daß die Menschen in immer alltäglichere Berührung mit fremden Sprachen kommen. Aus dem Lautsprecher klingen englische Lieder, im Kino läuft ein französischer Film, die Post bringt einen schwedischen Brief, und ein paar Stunden später fährt oder fliegt man nach Italien. Bald wird dieser Kontakt mit der Welt auch für die große Masse kommen – und was dann? Man muß Sprachen lernen"[143]. Gegen den „Synchronisierungs-Unfug" argumentierte auch ein anderer Autor, im Unterschied zu Arnheim aber weitgehend ästhetisch. Er räumte zwar ein, „die Mehrzahl der Menschen beherrscht keine fremde Sprache und möchte daher lieber in der eigenen Sprache angeredet werden", stellt aber anschließend die Frage: „Es fragt sich aber sehr, ob diesem Bedürfnis jedes Opfer gebracht werden darf". Seine Antwort war ein klares Nein. In der Begründung heißt es ähnlich wie bei Kästner drei Jahre zuvor u. a.: „Die Selbstverständlichkeit, gegen die bei der Synchronisation der Filme verstoßen wird, liegt auf der Hand: Man kann nicht Organe oder Funktionen von zwei verschiedenen Lebewesen miteinander austauschen, weil das schlicht aus biologischen Gründen und erst recht aus ästhetischen, eben einfach nicht geht". Das Ende dieses „Unfugs" müsse in Kürze kommen, weil er „an einer höchstwertigen, entscheidenden Stelle des seelischen 'Erlebnis-Systems' unseres Volkes verübt wird: es wird jener Sinn verfälscht, mit dem man lebende Ganz-

---

[141] Krützen, a. a. O., S. 130
[142] Das voraussichtliche Angebot: Rund 200 deutschsprachige Tonfilme, in: FK 15. 8. 1930, Sondernummer, 12. Jg.
[143] Arnheim, Film als Kunst, S. 312 f.

heiten sieht und erfaßt und unterscheidet von Mißgeburten, Zwittergebilden, mechanischen Krüppel-Produkten". Vor diesem Hintergrund ließ der Autor alle wirtschaftlichen Einwände der Filmindustrie, die auf eine bessere Vermarktung ihrer Produkte zielten, nicht gelten[144].

Trotz der Versionen fand die Mehrheit der deutschen Produktionen auf dem nordamerikanischen Kontinent nur ein gering interessiertes Publikum. So kam George F. Deutsch, der die Tobis-Interessen in New York vertrat, nach der Premiere der *Dreigroschenoper* (Regie: Georg Wilhelm Pabst) zu der generalisierenden Feststellung: „Die Kritiken, besonders die von 'Variety', die diesem Film beiliegen, sind ganz ausgezeichnet. Trotzdem hat der Film kein Publikum gefunden, weil erstens der Stoff zu kompliziert ist, die Schnitte, die gemacht worden sind, beinahe zur Unverständlichkeit führen, die Handlung zu langsam ist und das Broadway Publikum an einen anderen Stil gewöhnt ist ... Der Publikum-Mißerfolg ist ein erneuter Beweis dafür, daß deutsche Filme, besonders aber deutsche Qualitätsfilme, nur in spezialisierten Theatern, die sich langsam ein Publikum erziehen müssen, gespielt werden können und daß kein deutsch- oder französischsprachiger Film dem Laufpublikum am Broadway gefallen wird"[145]. Diese Entwicklung veranlaßte den Regisseur Ewald A. Dupont, Anfang 1931 die These von dem „Ende der Internationalität des Films" trotz einiger Einschränkungen zu vertreten[146].

Deutsche Spielfilme, wie Sternbergs *Der blaue Engel*, Langs *M – Mörder unter uns*, Charells *Der Kongreß tanzt* oder die Papst-Produktion *Kameradschaft*, hatten vor allem auf dem europäischen Markt zum Teil mehr Erfolg als im Inland[147]. Unter diesem Gesichtspunkt und unter ausdrücklicher Einbeziehung des René-Clair-Films *Sous les Toits de Paris* stellte Guido Bagier im Mai 1932 fest: „Seit ungefähr zwölf Monaten aber ist ein bemerkenswerter Umschwung eingetreten. Es zeigte sich, daß für die Nachbarländer unter Umständen ein großer Reiz darin liegt, das Produkt des angrenzenden Sprachgebiets kennenzulernen"[148].

Nach dem 30. Januar 1933 sank der deutsche Filmexport sprunghaft[149]. Die Gründe lagen vor allem in Boykottaufrufen nach den ersten antijüdi-

---

[144] Harald Landry, Der Synchronisierungs-Unfug, in: Vossische Zeitung 30. 11. 1933, Nr. 546

[145] BArch R 109 I / 987a

[146] E.A. Dupont, Der Fall Film, in: Berliner Tageblatt 24. 1. 1931, Nr. 41, 60. Jg.

[147] Deutsche Filme im Ausland. Ein Rückblick, in: Berliner Tageblatt 31. 7. 1932 / 360, 61. Jg.

[148] Guido Bagier, Tonfilm international, in: Berliner Tageblatt 1. 5. 1932, Nr. 206, 61. Jg.

[149] Das Auslandsgeschäft der Ufa entwickelte sich wie folgt:
1931/32   11 146 000,- RM   1935/36   3 300 000,- RM
1932/33   9 500 000,- RM   1936/37   3 100 000,- RM
1933/34   6 300 000,- RM   1937/38   2 550 000,- RM
1934/35   4 000 000,- RM
BArch R 8119 / 19108 Bl. 307, S. 15

schen Pogromen, in einer verstärkten Eigenproduktion in den ehemaligen Exportgebieten und in den für das Ausland uninteressanten Inhalten vieler Filme. Von den wenigen Spielfilmen, die für das Ausland akzeptabel zu sein schienen, wurden vor allem französischsprachige Versionen hergestellt. Die Ufa produzierte in der Saison 1937/38 von ihrer Jahresproduktion, die 33 Spielfilme betrug, noch sechs französischen Versionen. Von den Kulturfilmen wurden in der Regel mehrere Sprachfassungen hergestellt, während die Tonkurzfilme nur in deutscher Fassung produziert wurden. Die Amerikaner und Briten synchronisierten dagegen zu diesem Zeitpunkt bereits alle Exportfassungen ihrer Filme[150], weil die fremdsprachigen Versionen zu geringe Gewinne erbrachten[151].

In bezug auf den deutschen Filmimport trat 1933 insofern ein Wandel ein, daß sich die Zahl amerikanischer Filme jährlich verringerte, während die Gesamtzahl ausländischer Filme erst in der Saison 1936/37 deutlich zurückging. Vor allem Österreich, Frankreich und Italien exportierten nach 1933 ihre Filme in das Dritte Reich. Dort herrschte landesweit 1936/37 eine große Nachfrage nach ausländischen Filmen, weil die nationale Filmproduktion den Bedarf auch in kleineren Orten nicht decken konnte[152]. Unter Berücksichtigung der Tatsache, daß der Machtantritt Hitlers grundlegende Veränderungen in der deutschen Filmindustrie implizierte und Zahlen zur Filmwirtschaft der NS-Zeit nur in ungenügendem Maße zur Verfügung stehen, scheint doch offensichtlich zu sein, daß Filmversionen bis zum Ausbruch des Zweiten Weltkriegs für den Export von großer Bedeutung waren. Selbst wenn das Problem der Nichtübereinstimmng von Lippenbewegung und Ton nach 1933 nicht mehr thematisiert wurde, scheint es zumindest für große Teile der Bevölkerung noch ein Problem gewesen zu sein. Dieses Ergebnis läßt die Vermutung zu, daß erst im Nachkriegsdeutschland nachsynchronisierte Filme landesweit akzeptiert wurden.

4.3. Tonfilm und Rundfunk

Ein vergleichbarer kapitalmäßiger Zusammenschluß von Tonfilm- und Rundfunkindustrie wie in den USA konnte in Deutschland auf Grund der unterschiedlichen wirtschaftlichen Strukturen nicht entstehen. Eine Beteiligung seitens der Elektrokonzerne, der Patenthalterfirma Tobis oder der

---

[150] Der letzte deutsche Spielfilm, von dem in den Studios der BIP eine englischsprachige Version produziert wurde, war *Dreyfuß* von Richard Oswald. Higson, FILM-EUROPA a. a. O., S. 98
[151] B.I.P. gibt Auslandsversionen auf. Verminderter Reinverdienst – 5 Prozent Dividende, in: FK 15. 9. 1932, Nr. 218, 14. Jg.
[152] Wandlungen der Filmwirtschaft, in Frankfurter Zeitung 5. 12. 1937, Nr. 619-620, 82. Jg.

Filmproduzenten, wie der Ufa, an dem halbstaatlichen deutschen Rundfunk war ebenso ausgeschlossen wie eine Beteiligung der Sendegesellschaften an der Filmproduktion. Insofern konnten sich die beiden Medien, obwohl sie technisch viele Gemeinsamkeiten hatten und ähnliche Probleme gelöst werden mußten, letztlich nur inhaltlich aufeinander beziehen. So unterstanden beide der staatlichen Zensur, deren Abwehr eine wichtige Gemeinsamkeit zwischen den beiden Medien darstellte[153].

Nach den ersten Experimenten im Sommer 1928 wurden die Hörer im Rahmen spezieller Sendungen des Wortprogramms 1929 ausführlich und zum Teil sehr detailliert über die Tonfilmproblematik informiert[154]. Im gleichen Zeitraum wurden auch die Übertragungen von Stummfilmmusiken fortgesetzt[155]. 1929 waren vereinzelt auch wieder Tonfilme im Rundfunk zu hören. So strahlte die Berliner Funk-Stunde eine akustische Filmvorführung aus. Einleitend versetzte ein Sprecher die Hörer in ein Kino, die anschließend eine komplette akustische Vorführung mit Wochenschau, Hauptfilm und Grotesken erlebten. „Die vielfache Resonanz wurde dabei sehr sorgfältig durchgeführt. Doch man folgte dabei zu genau und blindlings dem Beispiel des Films. So mußte die Wochenschau, ohne den für die Funkreportage notwendigen Reiz, der Aktualität entbehren. Der akustische Hauptfilm 'Berlin, die Stadt ohne Schlaf' ging auf den wirklichen Film *Berlin, die Stadt der Arbeit* zurück, blieb aber als Hörbild unklar und verschwommen. Ausgezeichnet dagegen die Grotesken, die in ihrem Stil und ihrer Knappheit wirklich filmisch aufgezogen waren"[156]. Der gleiche Sender übertrug auch den kompletten Tonfilm *Atlantic*. Zu diesem Zweck wurde der Ton unmittelbar von der Klangfilm-Apparatur im Gloria-Palast abgenommen und über eine Telefonleitung zum Vox-Haus am Potsdamer Platz übertragen. Eine zweite Leitung zwischen einem Mikrophon im Kinopalast und dem Sender diente dem vor Ort anwesenden Mitarbeiter der Berliner-Funk-Stunde für erläuternde Worte, die dem Hörer das Geschehen auf der Leinwand nahebringen sollten[157]. Während eines weiteren Versuchs, einen Film zu übertragen, schilderte der Rundfunkmitarbeiter Paul Laven im Frühjahr 1930 aus einer im Zuschauerraum installierten Telefonkabine für die Hörer des Südwestdeutschen Rundfunks den Stummfilm *Menschen am Sonntag* (Regie: Robert Siodmak, Edgar Ulmer)[158].

---

[153] vgl. u.a Frank Warschauer, Film und Funk. Tagung des Sozialistischen Kulturbundes, in: Vossische Zeitung 16. 10. 1929, Nr. 242
[154] vgl. u. a. Zobeltitz, Die Gesamtheit, S. 136
[155] vgl. u. a. Übertragung von Filmmusik im Rundfunk, in: Deutsche Filmzeitung 17. 1. 1930, Nr. 3, 9. Jg., S. 5; Film im Sender, Auftakt zur Rundfunk-Kritik. Rundfunk-Debatte zwischen Herbert Ihering und Manfred Georg, in: Film und Ton 8. 2. 1930, Nr. 6
[156] M.: Katastrophen im Spiel und in der Wirklichkeit, in: Funk-Woche Nr. 29/1929, 4. Jg.
[157] Tonfilm im Rundfunk, in: Der Film 9. 11. 1929, Nr. 45, 14. Jg.
[158] Paul Laven schildert einen Film, in: Der Deutsche Rundfunk 28. 3. 1930, Nr. 13, 8. Jg., S. 67

Die nur vereinzelte Verbindung zwischen Rundfunk und Tonfilm nach dem Erfolg des Ruttmann-Films *Deutscher Rundfunk* auf der 5. Funkausstellung korrespondierte mit einem Abebben der Diskussion über die Verwendung des Tonfilms im Rundfunk. Erst ein Jahr nach der Übertragung von sogenannten akustischen Tonfilmen durch die Berliner Funk-Stunde wurde im Rahmen der Baden-Badener Kammermusikfestspiele der Zusammenhang beider Medien erneut thematisiert. Entsprechend dem Veranstaltungscharakter konzentrierte sich die Aufmerksamkeit der Teilnehmer u. a. auf das Verhältnis von Rundfunk- und Tonfilmmusik[159]. Guido Bagier führte dort einige der neuesten Musikfilme der Tobis auf, die u. a. von Paul Hindemith, Paul Dessau, Wolfgang Zeller und Paul Gronostay gestaltet wurden. Ruttmann zeigte eine von ihm überarbeitete Fassung des Films *Melodie der Welt*[160]. Für die weitere Entwicklung von Rundfunk und Tonfilm blieb diese Veranstaltung der Musikavantgarde folgenlos.

Im Dezember 1929 erhielt der Intendant der Schlesischen Funkstunde, Fritz Walther Bischoff, von der RRG den Auftrag, vom Hörspiel „Hallo – Hier Welle Erdball!", das nach seiner Uraufführung über mehrere Sender ausgestrahlt wurde, einen Hör-Tonfilm in den Ateliers der Tri-Ergon herzustellen. Hierbei handelte es sich um einen erstmaligen Versuch, durch die Herstellung eines Photophonogramms weitere Inszenierungen des Stücks überflüssig werden zu lassen[161]. Inhaltlich bot sich das Stück insofern besonders für eine Zelluloidaufnahme an, als Bischoff bestimmte Ereignisse aus Bergwerken, Häfen, Fabriken, von der Straße usw. kontrapunktisch mit literarischen Texten verband[162]. Ähnlich arbeitete auch Ruttmann in seinem sogenannten Hörfilm „Weekend", der am 13. September 1930 erstmals von der Berliner und der Schlesischen Funkstunde ausgestrahlt wurde. Hier schnitt der Regisseur, wie bei seinen Filmen, Geräuschfetzen und Wortsplitter gegeneinander und übereinander[163].

Von wenigen Ausnahmen abgesehen[164], wurde das Tri-Ergon-Verfahren für Rundfunkzwecke nicht weiter genutzt. Die Gründe hierfür lagen zum einen in den mit der Gründung der Tobis einsetzenden Patentstreitigkeiten, die zunächst eine Weiterentwicklung des Verfahrens für den Rund-

---

[159] Max Butting, Rundfunk und Tonfilm in Baden-Baden, in: Der deutsche Rundfunk 19. 7. 1929, Nr. 29, 7. Jg.
[160] Erfolgreiche deutsche Musikfilme. Baden-Baden als Anreger. Musikfilme der Tobis zum Kammermusikfest, in: FK 24. 7. 1929, Nr. 174, 11. Jg.
[161] „Hallo – Hier Welle Erdball!". Der erste Hör-Tonfilm im Lautsprecher, in: Film und Ton 21. 12. 1929, Nr. 51
[162] Als Hörfilm wurde das Stück auch als „Hallo Welle Erdball" bezeichnet.
[163] ausführlich Goergen, Walter Ruttmanns, S. 2 ff.
[164] Die Ravag nutzte für ihre aktuelle Abteilung ein Lichtton-Aufnahmegerät. Das belichtete Negativ wurde mit Hilfe eines von der Selenophon GmbH entwickelten Verfahrens auf Cellophanstreifen gedruckt. Das auf diese Weise entstandene Ton-Positiv konnte dann im Sender abgespielt werden. Kann der Rundfunk die Schallplatte entbehren?, in: Industrie-Kurier 2. 1. 1932, Nr. 1, 16. Jg., S. 4

funk verhinderten[165]. Zum anderen traten in der Folgezeit im Rundfunk an die Stelle des Lichttonverfahrens Schallplatten, die preiswert produziert werden konnten[166]. Dieser Wechsel deutete sich bereits während der Feierstunde zum fünfjährigen Bestehen der Reichs-Rundfunk-Gesellschaft an. Aus diesem Anlaß wurde neben „Hallo – Hier Welle Erdball!" und „Weekend" auch die Rundfunkinszenierung vom „Woyzzek" unter der Regie von Ernst Hardt am 15. Mai 1930 uraufgeführt. Letztere zählte im Rahmen des Hörspiels zu den frühesten Plattenaufnahmen[167]. Mit der Zurückdrängung des Nadeltonverfahrens im Kino endete die kurze Zeit, in der Tonfilm und Rundfunk mit der gleichen Technologie arbeiteten.

Die Bedeutung der drei Uraufführungen am fünften Gründungstag der Reichs-Rundfunk-Gesellschaft reicht über die Einführung neuer Speichertechnologien hinaus. Bis zu diesem Zeitpunkt wurde, von den genannten Experimenten und den morgendlichen Schallplattenkonzerten abgesehen, fast alles live gesendet. Reproduktionsmöglichkeiten, wie sie die Schallplatte und der Film boten, blieben ausgeschlossen. Infolge der neuen Technik trat „das Einmalige" der jeweiligen Sendung in den Hintergrund. Statt dessen konnten nun beliebige Produktionen an verschiedenen Orten in gleicher Qualität gesendet werden. Diese Entwicklung führte tendenziell einerseits zur Einschränkung der thematischen Vielfalt im Rundfunk, weil ein Programmaustausch mit Hilfe von Schallplatten möglich wurde, andererseits konnten die Sender stärker als bisher an den kulturellen Spitzenleistungen der einzelnen Regionen des Reiches und am internationalen Programmaustausch partizipieren, was insgesamt zur Anhebung qualitativer Maßstäbe innerhalb der Programmauswahl führte.

Auf dem Gebiet der aktuellen Berichterstattung erfand Flesch die aktuellen Schallplattenrückblicke[168]. Sie sollten den Hörern wichtige Ereignisse des vergangenen Monats noch einmal ins Gedächtnis rufen. Auch andere Sender nutzten Schallplatten zur aktuellen Berichterstattung, so die Werag in Köln für Sportübertragungen und die Mirag in Leipzig für die Übertragung eines Vortrages, den ein französischer Gelehrter gehalten hatte. Auf der Funkausstellung 1930 sprach der Intendant des Nordischen Rundfunks, Hans Bodenstedt, seinen Bericht am Stand einer Schallplattenfirma. Sein auf Wachsplatte aufgezeichneter Beitrag wurde anschließend nach Hamburg geflogen und noch am Abend ausgestrahlt. Insgesamt blieb die

---

[165] Hans Philipp Weitz, Tonfilm und Rundfunk, in: Funk 25. 10. 1929, Nr. 43, 6. Jg., S. 197 f.
[166] Eberhard von Wiese, Hörspiel, Tonfilm, Schallplatte, in: Vossische Zeitung 9. 7. 1930, Nr. 318
[167] Auf der Rundfunk-Jubiläumstagung Hörfilme, in: Berliner Börsen-Courier 16. 5. 1930, Nr. 226, 62. Jg.
[168] ausführlich zu den Verdiensten der Rundfunkarbeit von H. Flesch/Marianne Weil, Hans Flesch – Rundfunkintendant in Berlin. Ein Beitrag zu seinem hundersten Geburtstag, in: Rundfunk und Geschichte Nr. 4/ 1996, 22. Jg., S. 223 ff.

Schallplattennutzung im Rahmen der aktuellen Berichterstattung 1930 noch die Ausnahme[169].

Nach dem Erscheinen der ersten Tonfilm-Wochenschauen in den deutschen Kinos im September 1930 wurden sofort Stimmen laut, die nach dem Vorbild der Wochenschau im Kino auch eine solche für den Rundfunk forderten. Allerdings war zu diesem Zeitpunkt bereits klar, daß eine direkte Übernahme der Tonfilmwochenschau für den Rundfunk nicht möglich war[170]. In den Rundfunkgesellschaften selbst fehlte es zur gleichen Zeit auch noch an den notwendigen Plattenaufnahmegeräten, um mit ihnen den Wochenschauen vergleichbare Rückblicke zu gestalten.

Die Nutzung gleicher Tonträger im Rundfunk und beim Film verweist auch auf technische Gemeinsamkeiten und Probleme, die innerhalb der beiden Medien zu lösen waren. Sowohl in den Ateliers als auch in den Sendestudios bestimmten neben den Wahrzeichen der akustischen Aufzeichnung, den Mikrophonen, die herabhängenden Stoffe, die Polsterungen gegen Fremdgeräusche und die relativ kleinen Türen das äußere Bild der Räume. Allerdings waren die akustischen Probleme bei der Filmproduktion größer, nicht zuletzt auf Grund der erheblichen Verstärkung der Töne in den Lichtspielhäusern. So wirkten sich etwa die Nachhalleffekte in den Sendestudios kaum auf die Parameter der Rundfunkübertragungen aus, sie beeinträchtigten die Qualität der Tonaufnahme beim Film aber erheblich[171]. Probleme hatte dagegen der Rundfunk im Unterschied zum Tonfilm mit der Darstellung von Massenszenen. Unter den Bedingungen der mechanischen Tonaufnahme gab es hier weniger Schwierigkeiten, weil die relativ schwerfälligen Membranen Einzelstimmen nivellierten. Das empfindlichere elektroakustische Aufnahme- und Wiedergabeverfahren erforderte eine Reihe von Experimenten, bis es gelang, unerwünscht dominante Einzelstimmen innerhalb von Massenszenen auszuschalten[172]. Bei Filmaufnahmen bestanden diesbezüglich keine Schwierigkeiten, da derartige Tonaufnahmen das Bild weitgehend illustrierten. Dominant hörbare Einzelstimmen stimmten zudem mit dem Geschehen auf der Leinwand überein. Das visuelle Geschehen strukturierte und erläuterte das Hörgeschehen und wirkte aus diesem Grund nicht störend[173].

---

[169] zel.: Rundfunkmöglichkeiten der Tonfilm-Wochenschau. Ein neuer Beitrag zum aktuellen Programm, in: Funk 10. 10. 1930, Nr. 41, 7. Jg., S. 200
[170] zel.: Rundfunkmöglichkeiten der Tonfilm-Wochenschau. Ein neuer Beitrag zum aktuellen Programm, in: Funk 10. 10. 1930, Nr. 41, 7. Jg., S. 200; Wo bleibt die Funk-Wochenschau?, in: Europastunde 3. 10. 1930, Nr. 40, S. 3
[171] Hans Philipp Weitz, Tonfilmregie – Hörspielregie, in: Funk 13. 6. 1930, Nr. 24, 7. Jg., S. 125 f.
[172] Die Mikrophone waren „für die nahen und leisen Töne ungleich empfindlicher als für die fernen und lauten". Rehlinger, a. a. O. S. 72
[173] Sti.: Vorbild Film: Hörspiel in Berlin, in: Berliner Börsen-Courier 26. 6. 1930, Nr. 291, 62. Jg.

Diese technischen Schwierigkeiten verweisen zugleich auf den wesentlichen Unterschied zwischen Hörspiel und Tonfilm. Die Töne und Geräusche treten bei beiden als Einzelfolgen auf, die durch Pausen unterbrochen werden. Stille wird im Hörspiel wie im Film zum künstlerischen Ausdrucksmittel. Da der Film keine Bildpausen kennt, kann er Stille bzw. Schweigen zeigen. Dem Rundfunk fehlt jedoch eine akustische Entsprechung zur visuellen Kontinuität des Films, Pausen sind hier mehrdeutig: Sie können dramatische Leerstelle, Funkstille, technische Störung oder Abschluß einer Sendung bedeuten.

Während sich die Filmdramaturgien mit dem Übergang zum Tonfilm änderten, hatte die Einführung der Schallplatte keine wesentliche Auswirkung auf die Hörspieldramaturgie. Nach ersten negativen Erfahrungen wurde in bezug auf das Sendespiel auf eine relativ einheitliche, in sich stringente und klar strukturierte Handlung mit möglichst wenigen Personen Wert gelegt. Wie verschiedene Versuche zeigten, konnten nur unter diesen Voraussetzungen die Zuhörer am heimischen Empfangsgerät dem Geschehen folgen und die einzelnen Stimmen besser auseinanderhalten[174]. Dies bedeutete auch, daß im Unterschied zum Film und zum Theater retardierende Momente, die durch die Einführung einer oder mehrerer neuer Personen bewirkt wurden, im Hörspiel nur in Ausnahmefällen Verwendung finden konnten. Im Unterschied zum Stummfilm und zum Hörspiel ermöglichte der Tonfilm vielfältigere Erzählstrategien, wie das Einführen von Seitensträngen oder das Akzentuieren von Handlungen durch dialogische Ausschweifungen.

Vor dem Hintergrund der Tonfilmumstellung, die die Filmberichterstattung sowohl im Rundfunk als auch in der Presse wesentlich bestimmte, lud die SPIO auf Anregung des Verbandes der Filmindustriellen die Standesvertretung der Deutschen Presse „wegen der Handhabung der Filmkritik" im Dezember 1929 ein. Die Begründung für diesen ungewöhnlichen Schritt lautete: „Filme von durchaus ernsthaften künstlerischen Absichten sind von Zeitungen, die ihrerseits ernstgenommen werden müssen, zum Teil in einer Form abgelehnt worden, die sich dem Bewußtsein ihrer Hersteller als objektiv ungerechtfertigt darstellte". In diesem Zusammenhang definierten einige der bekanntesten Berliner Kritiker ihr Selbstverständnis von Filmkritik. Die Antworten waren sehr unterschiedlich. Ernst Blaß vom „Berliner Tageblatt" betonte: „Im Grunde gibt es keine Kritik, die dem Filmschaffen entgegenstünde". „Der jede Kritik fundierende Akt ist ein Akt der Sympathie" betonte Kurt Mühsam von der „B.Z. am Mittag" und fuhr einschränkend fort: „Solange die deutsche Filmindustrie bei der Herstellung ihrer Erzeugnisse sich nach dem Geschmack des so oft zitierten 'Ladenmädchens von Kottbus' richtet oder mit dem einen Auge nach dem

---

[174] Mn.: Hörspielkursus in der Rundfunkversuchsstelle, in: Funk 13. 6. 1930, Nr. 24, 7. Jg., S. 124

amerikanischen, mit dem anderen Auge nach dem deutschen Geschäft schielt, solange wird eine tiefe Kluft zwischen dem gähnen, was die Filmproduzenten gerne in der deutschen Presse über ihre Filme lesen möchten und dem, was eine verantwortungsbewußte Filmkritik tatsächlich schreibt". Heinz Pol von der Vossischen Zeitung sah den Grund für die seines Erachtens zu vielen mittelmäßigen Filme in den schlechten Manuskripten. Kurt Pinthus vom „8-Uhr-Abendblatt" hob die „einzigartige Zwitterstellung der Filmproduktion, die einerseits Industrie sein muß und andererseits Kunst sein will" hervor. Er kommt zu dem Schluß: „Weil sie Kunst sein will, fordert sie Kritik; weil sie aber Industrie sein muß, fordert sie Förderung des Geschäfts. Die Filmproduktion hat recht, beides anzustreben. Sie darf von sich aus alles tun, um (durch Propaganda, noch besser: durch gute Filme) ihr Geschäft zu fördern; darf aber nicht fordern, was sie allzuoft irrtümlich tut, daß die Kritik dies Geschäft fördere"[175].

Vor dem Hintergrund der angespannten Situation zwischen Filmproduktion und dem Feuilletonteil der Presse befragte die Zeitschrift „Der Film" fünf Journalisten ebenfalls in der zweiten Dezemberhälfte 1929 nach ihrer Meinung zu der Frage: „Warum keine Filmkritik im Berliner Rundfunk?" Die Ansichten zu diesem Thema variierten zwischen Zustimmung bis Ablehnung[176]. Wenige Tage später nahm der Intendant der Berliner Funk-Stunde, Hans Flesch, während seiner Neujahrsansprache 1930 im Kontext einer allgemeinen Beschreibung der zukünftigen Programmgestaltung auch Stellung zum Film und zur Schallplatte. Beide Medien sollten seiner Auffassung nach in Zukunft verstärkt für das Hörspiel und für akustische Rückblicke nutzbar gemacht werden. Darüber hinaus kündigte er an, Sendereihen zur Theater- und Filmkritik zu etablieren[177].

Nachdem verschiedene Versuche, eine Filmkritik im Rundfunk zu etablieren, so 1926 beim Süddeutschen Rundfunk in Stuttgart[178] oder 1928 bei der Funk-Stunde in Berlin[179], gescheitert waren, hatte 1929 die Schlesische Funkstunde in Breslau als „erste europäische Radiostation" eine entsprechende Sendereihe gestartet. Sie wurde jeden Samstag ausgestrahlt. Da die Filmproduzenten bzw. -verleiher von negativen Kritiken eine Geschäftsschädigung erwarteten[180], beobachteten sie die jeweiligen Beiträge mit großer Skepsis. Ein Filmverleiher versuchte sogar, die Schlesische

---

[175] Fünf Kritiker nehmen das Wort. Zur Vertrauenskrise zwischen Film und Kritik, in: LBB 1. 1. 1930, Nr. 1, 23. Jg.

[176] Fünf Journalisten über die Frage: Warum keine Filmkritik im Berliner Rundfunk?, in: Der Film 21. 12. 1929, Nr 51, 14. Jg.

[177] Hans Flesch, Der Rundfunk im Jahre 1930, in: Funk 10. 1. 1930, Nr. 2, 7. Jg., S. 6

[178] K.W.: Stuttgarter Ereignisse, in: Der deutsche Rundfunk 7. 11. 1926, Nr. 45, 4. Jg., S. 3186

[179] Anthos und Aros, in: Der deutsche Rundfunk 27. 7. 1928, Nr. 31, 6. Jg., S. 1016

[180] Gad M. Lippmann, Filmkritik im Rundfunk, in: Der deutsche Rundfunk 20. 9. 1929, Nr. 38, 7. Jg., S. 1217

Funkstunde wegen Geschäftsschädigung auf Grund einer ihm ungerecht erschienenen Kritik in der Sendereihe „Blick auf die Leinwand" zu verklagen. Er verlor den Prozeß[181]. Auch in Berlin versuchte die Kinopresse umgehend nach der Ankündigung Fleschs, mit Hinweisen auf die wirtschaftliche Situation der deutschen Filmindustrie, den inhaltlichen Rahmen dieser Reihe abzustecken[182].

Zur Auftaktsendung diskutierten zunächst die beiden bekannten Berliner Film- und Theaterkritiker Herbert Ihering und Manfred Georg über die inhaltliche Gestaltung der Filmkritik im Rundfunk. In der laut Zeitungsbericht kontrovers geführten Debatte unterbreitete Manfred Georg den interessanten Vorschlag, neben dem Kritiker auch Hörer in der Sendung zu Wort kommen zu lassen. „Das Publikum als lenkender Mitarbeiter der Produktion soll in dieser Weise zu Worte kommen, daß eine Suggestion durch tendenziös eingestellte Beurteiler ausgeschlossen bleibt und nur das tiefere, das grundsätzliche Problem erörtert wird"[183]. Der ausführliche Hinweis in der Branchenpresse auf den Vorschlag Georgs verweist auf die Sorge der Industrie, durch negative Kritiken Publikums- und damit finanzielle Einbußen hinnehmen zu müssen. Die Berliner Funk-Stunde schien möglicherweise auch vor dem Hintergrund der wirtschaftlichen Situation Konflikte, wie sie in Breslau aufgetreten waren, vermeiden zu wollen. Die sonnabendliche Sendereihe „Zehn Minuten Film" gab „dem Hörer meist keine besonderen Anregungen", so eine Kritik, die auch eine Begründung für diesen Zustand nannte: „Der betreffende Fachreferent, der am letzten Sonnabend sprach, ist Schriftleiter eines Fachblattes und kann es mit den Fabrikanten nicht verderben. Deshalb wurden drei Durchschnittsfilme mehr gelobt, als sie es verdienten; der interessanteste Fall der laufenden Woche aber, ein durchgefallener Film, vollkommen übergangen. 'Zehn Minuten Film' sollten aber neutral sein und über alles berichten. Doch schon vorher war etwas passiert, was an der Neutralität des Rundfunks an filmischen Dingen Zweifel auftauchen läßt. Es war nämlich die Übertragung eines Tonfilmschlusses angekündigt worden, und als der Film durchfiel, nahm man schleunigst von dieser Darbietung Abstand. Ja, soll denn nun dem Rundfunkhörer durch eine solche Übertragung der Stand der Tonfilmindustrie gezeigt werden, oder sollen ihm nur die Beifallstürme, über deren Zustandekommen hier nicht zu reden ist, vorgeführt werden? Der

---

[181] H. Ta.: Die Reichs-Rundfunk-Gesellschaft gegen Filmkritik? in: Der deutsche Rundfunk 4. 4. 1930, Nr. 14, 8. Jg., S. 10
[182] Filmkritik im Funk. Eine Unterredung mit dem Intendanten Dr. Flesch, in: Kinematograph 16. 1. 1930, Nr. 13, 24. Jg.; Film im Sender. Reichsrundfunk-Gesellschaft und Filmkritik, in: LBB 12. 4. 1930, Nr. 88, 23. Jg.
[183] Film im Sender, Auftakt zur Rundfunk-Kritik. Rundfunk-Debatte zwischen Herbert Ihering und Manfred Georg, in: Film und Ton 8. 2. 1930, Nr. 6

Funk stellt sich hiermit allzu eindeutig auf die Filmindustrie ein"[184]. An anderer Stelle heißt es: „Nur fern vom Schuß bleiben – nur keine Tatsachen wiedergeben, die anderen unbequem klingen könnten! Lieber farblos, allem Aktuellen gegenüber vornehm verschleiert! Sehr charakteristisch ist dafür auch das Einerseits – Andererseits der Filmkritiken, in denen höchstens einmal als Kuriosität ausnahmsweise ein lauter Ton durchdringt"[185].

Mit der inhaltlichen Gestaltung der Filmkritik beschäftigte sich nicht nur die Berliner Funk-Stunde, sondern auch der Sender in Breslau. Dort fand im März 1930 vor dem Mikrophon eine Diskussion mit dem Pressechef der Ufa, Heinrich Pfeiffer, und dem Rundfunkkritiker Herbert Bahlinger statt. Im Vorfeld der Sendung legte letzterer seine Auffassung zum Thema in einem längeren Artikel dar. Zusammenfassend stellte er fest: „Eins ist klar, es lohnt sich nur, den ganzen gewaltigen Apparat der Kritik in Bewegung zu setzen, wenn überhaupt der Film über genügend positive Qualitäten verfügt. Es gibt konventionellen Gewohnheitskitsch, der unter aller Kritik ist. Er bleibt das Massenvergnügen aller ewig gestrigen. Nur wo er anspruchsvoll wird, ist er abzuweisen. Sonst schweige man ihn tot. Denn das Ziel ist nie aus den Augen zu verlieren, die Förderung des guten Filmes. Gerade im Augenblick ist es dringend geboten, die vereinzelten positiven Resultate des Tonfilmexperimentes sicherzustellen, zugleich aber auch die Schönheit des stummen Films nicht in Vergessenheit geraten zu lassen. Jede Kunstkritik ist ein pädagogischer Versuch auf lange Sicht, ihr Ziel die möglichste Stabilisierung des Guten"[186]. In ähnlicher Weise äußerte sich die RRG. Nachdem der Filmkritiker der Schlesischen Funkstunde, Gad M. Lipmann, von der erwähnten Anklage freigesprochen und der Kinobesitzer zu einer Geldstrafe von 40,- RM verurteilt wurde, wurde der Rundfunkgesellschaft in Breslau von der RRG „anheimgestellt, Filme, deren Minderwertigkeit zweifelsfrei ist, im Rahmen des 'Blickes auf die Leinwand' nicht zu besprechen, sondern nur solche Filme, die zur lohnenden Diskussion Anlaß bieten"[187]. Im Gegensatz zu Filmkritikern, die den Tonfilm und insbesondere die Qualität der Tonaufnahmen hervorhoben, fühlte sich ein Rundfunkkritiker, im Vergleich mit dem Rundfunk, „selbst bei den als gelungen bezeichneten Produkten der tönenden Leinwand ... in die Kinderzeit des Rundfunks vor sieben Jahren zurückversetzt. Was seitdem in jahrelangen Mühen erreicht worden ist – an subtilster Einstellung

---

[184] Achtung! Achtung! Hier ist die Kritik! Deutsch für Anfänger – Der Fall Auditor – Rundfunk und Film, in: Funk-Woche Nr. 43/1930; 5. Jg.

[185] sti: Literatur im Rundfunk. Sommer schon im Frühlingsprogramm, in: Berliner Börsen-Courier 22. 3. 1931, Nr. 137, 63. Jg.

[186] Herbert Bahlinger, Filmkritik im Rundfunk, in: Der Rundfunk-Hörer 23. 3. 1930, Nr. 12, 7. Jg., S. 4

[187] Die Reichsrundfunk-Gesellschaft gegen Filmkritik im Rundfunk, in: Funk 4. 4. 1930, Nr. 14, 7. Jg., S. 84; vgl. auch: H.Ta.: Die Reichs-Rundfunk-Gesellschaft gegen Filmkritik?, in: Der Deutsche Rundfunk 4. 4. 1930, Nr. 14, 8. Jg., S. 10

vor dem Mikrophon, an sorgfältigster Behandlung des empfindlichen Instruments, an akustischer Charakterisierung und Raumgebung, an richtiger und vorsichtiger Verwendung von Sprache, Gesang, Musik und Geräuschen – alles das läßt sich natürlich nicht in einigen Wochen aus dem Ärmel schütteln"[188].

Die in der Fachpresse publizierten Stellungnahmen[189] verdeutlichen vor allem das differenzierte Medienselbstverständnis in Rundfunk und Film. Der Film galt vielen Kritikern allein schon deshalb als minderwertig, weil er, um sich wirtschaftlich zu behaupten, den Massengeschmack berücksichtigen mußte. Ihm schienen somit inhaltlich und formal enge Grenzen gesetzt zu sein. Der halbstaatlich gebührenfinanzierte Rundfunk unterlag kaum ökonomischen Zwängen und konnte aus der Sicht der Kritik deshalb geistig und ästhetisch anspruchsvolle Programmelemente senden, die den Massengeschmack negierten.

Die überwiegende Mehrheit der Filmproduzenten bemühten sich insbesondere vor dem Hintergrund einer schwächer werdenden Nachfrage, massenattraktive Filme anzubieten, die sich am Markt durchsetzen. Gelang ihnen dies nur teilweise oder nicht, mußten sie ihre Unternehmen aufgeben. Die Bedingungen im gebührenfinanzierten Rundfunk lagen dagegen anders. Auch hier ist am Ende der 20er Jahre eine Steigerung unterhaltsamer Sendungen unübersehbar. Ihre musikalische Untermalung übernahmen aber zunächst überwiegend Salonkapellen mit einem „Repertoire, das um die Mitte des vorigen Jahrhunderts seine Existenzberechtigung gehabt haben mag"[190]. Auch der Filmmusik lagen überwiegend traditionelle Kompositionsmuster zugrunde. Sie bildeten die Basis für neue Melodien und Schlager. Die Rundfunkgesellschaften pflegten dagegen traditionelle Musik ohne moderne Unterhaltungsformen zu berücksichtigen. Die Musikauswahl korrespondierte mit großen Teilen des Wortprogramms, das sich nicht zuletzt auf Grund eines volksaufklärerischen Verständnisses von Rundfunk an bildungsbürgerlichen Maßstäben orientierte. Diese bezogen sich insbesondere auf das Vergangene und ein im Gegensatz zum Massengeschmack stehendes Kunstverständnis, was einen Kritiker zu folgender

---

[188] Hans S. von Heisler, Kritik des Tonfilms, in: Der Deutsche Rundfunk 31. 10. 1930, Nr. 44, 8. Jg., S. 4 Vergleichbar argumentierten bereits zwanzig Jahre zuvor die Kinoreformer, die den Film als reines Kunstprodukt interpretierten und dessen Inhalte mit denen des Theaters verglichen. Vgl.: Mühl-Benninghaus, Frühes Kino, S. 172 ff.

[189] Die hier aus der Funkpresse zitierten Auffassungen lassen sich vereinzelt auch in der Filmpresse nachweisen. So heißt es an die Rundfunkverantwortlichen gewandt in einem Beitrag des Reichsfilmblatts: „An der Hebung des Filmniveaus zu arbeiten ist heute Pflicht aller derer, die irgendwie Einfluß darauf nehmen können. Es handelt sich nicht um eine kleinliche, prüde Reformarbeit, sondern um eine großzügige künstlerische Aufbauarbeit, die auch durchaus den wirtschaftlichen Notwendigkeiten Rechnung tragen muß. Dieser Weg zu einer gesunden Reform wird teilweise immer wieder über das Publikum gehen, d. h. über die Beeinflussung der Konsumenten". Richard Mukkermann, Film und Rundfunk, in: Reichsfilmblatt 25. 10. 1930, Nr. 43, 8. Jg. S. 4

[190] Edmund Nick: Unterhaltungsmusik im Rundfunk, in: Melos 1929, 8. Jg. S. 546

Äußerung veranlaßte: „Die Hörer wollen Gestriges und Vorgestriges nicht mehr wissen, wollen nicht zum hunderttausendstenmal erfahren, daß Goethe unser größter Dichter und Beethoven unser größter Musiker ist, wollen nicht nur Einmachrezepte und langweilige Wanderungen durch die Ruinen der Antike"[191]. Da in Berlin überdies der Intendant noch in besonderem Maße die klassische Moderne in den Musikprogrammen pflegte und in der Stadt zugleich eine größere Zahl von Rundfunkprogrammzeitschriften ihren redaktionellen Sitz hatte, war hier die Spannbreite der Meinungen über die Rundfunkinhalte besonders groß. Die Mehrheit der Fachpresse kritisierte nicht grundsätzlich die angebotenen Programminhalte, sondern nur einzelne Sendungen, so auch den Versuch der Berliner Funk-Stunde, sich im Hinblick auf den Film am Massengeschmack des Publikums zu orientieren. Kleinere Blätter stellten dagegen um so intensiver die Frage nach der programmlichen Gestaltung und der Zielgruppenorientierung des Mediums: „Zahlen wir zwei Mark monatlich, um uns in unserer Freizeit gut unterhalten zu lassen, oder haben wir dieses Geld zuzüglich der Apparateunkosten in unserem Lebensetat vorgesehen, nur um uns von Herrn Dr. Flesch und seinem Stabe auf die erheblichen Lücken in unserer Bildung aufklären zu lassen". Der Autor kommt zu dem Schluß: „Der Rundfunk dient der Unterhaltung! Und wenn Herrn Flesch das nicht paßt, soll er sich die Kroll-Oper pachten und unseretwegen täglich Schönberg, Hindemith, Krenek und Weill spielen! Volle Kassen wird er bestimmt nicht haben"[192]. An anderer Stelle heißt es: „Die Rundfunkleiter betrachten es als ihre kulturelle Aufgabe, Uraufführungen von Musikwerken zu veranstalten und wir wollen dazu weiter nichts bemerken als das, was die Mehrzahl aller Rundfunkhörer längst bemerkt hat, nämlich daß hier Lobenswertes am untauglichen Objekt versucht wird. Es ist nicht die Aufgabe des Rundfunks, die Versäumnisse der Konzertgesellschaften wie der Konzertorchester und der Konzertdirektionen, die Mutlosigkeit der Verleger wettzumachen"[193]. Diese Meinungsäußerung korrespondierte mit einer Vielzahl von Zuschriften, die von der Sendeleitung unterhaltsamere Programme forderte, und mit den Ergebnissen einer Hörerbefragung[194]. Im Kontext des Suchens nach neuen Rundfunkinhalten und -darstellungsformen galt vielen der Film als mögliches Vorbild im Sinne massenmedialer Unterhaltung[195].

---

[191] Fred A. Angermeyer, Rundfunk und Kino, in: Das Rundfunkwesen 14. 9. 1928, Nr. 38, 5. Jg., S. 485
[192] Eres.: Der verkannte Rundfunk – Wann kommt der richtige Mann?!, in: Funk-Woche Nr. 11/ 1930, 5. Jg.
[193] Tonfilm-Lieder, die der Rundfunk boykottiert, in: Film und Ton 30. 8. 1930, Nr. 35
[194] Reinhold Scharnke, Was wollen Sie hören? Das Ergebnis unserer Hörer-Rundfrage, in: Funk-Woche Nr. 35/ 1930, 5. Jg.; vgl. auch Hans von Benda, Rundfunkprogramm und Rundfunkhörer, in: Melos 1/ 1931, 10. Jg., S. 1 ff.
[195] Sti.: Vorbild Film: Hörspiel in Berlin, in: Berliner Börsen-Courier 26. 6. 1930, Nr. 291, 62. Jg.

Die Unterschiede zwischen Film und Rundfunk beschränkten sich nicht nur auf die Inhalte, sondern auch in wirtschaftlicher Hinsicht differierte die Situation der Funkindustrie und der Produktion von Aufnahme- und Wiedergabegeräten von Tonfilmen, obwohl für beide Industriezweige Patentmonopole charakteristisch waren. Die Radioindustrie konnte am Ende der 20er und zu Beginn der 30er Jahre mit einer wesentlich verbesserten Technik aufwarten. Neben besseren Lautsprechern und der Möglichkeit, die Geräte an das Stromnetz anzuschließen, zählte auch eine Steckverbindung für Plattenspieler dazu, die Anfang der 30er Jahre bereits zum Standard gehörte. Der Lautsprecher des Radios konnte seit dieser Zeit auch für das Abspielen von Platten genutzt werden. Infolge der innovativen Verbesserungen ersetzten viele Radiohörer ihre alten Geräte durch neue. Außerdem nahm die Zahl der Rundfunkteilnehmer zu Beginn der 30er Jahre permanent zu, wenn sich diese Entwicklung auch gegenüber der Zeit vor 1930 – bedingt durch die Weltwirtschaftskrise – verlangsamte[196]. Beide Momente sicherten eine relativ konstante Binnennachfrage. In den Großstädten mit mehr als 500 000 Einwohnern verfügte im April 1932 fast jeder zweite Haushalt über ein Radiogerät, das sich zunehmend zu einem Gebrauchsgegenstand entwickelte. Auf dem Gebiet des Exports sank der wertmäßige Umsatz von 1931 auf 1932 um mehr als die Hälfte. Die Gründe lagen hier vor allem im internationalen Preisverfall für Radiogeräte, der vor allem durch die USA ausgelöst wurde, und in den allgemein bestehenden Exporthindernissen auf Grund zunehmender wirtschaftlicher Abgrenzungs- und Autarkiebestrebungen der Industriestaaten. Insofern waren von der allgemeinen Krise nur wenige Kleinanbieter von Rundfunkgeräten existentiell betroffen, während die großen Produzenten beim Binnenabsatz verhältnismäßig geringe Umsatzeinbußen verkraften mußten[197].

Die Kosten der Sender wuchsen kontinuierlich bis 1931. 1932 hingegen sanken sie in den Rundfunkgesellschaften deutlich[198]. Die Gründe hierfür

---

[196] Konkrete Zahlenangaben auf S. 202
[197] Vor der neuen Funksaison. Hoffnungen auf den Binnenmarkt, in: Berliner Tageblatt 16. 8. 1932, Nr. 386, 61. Jg.
[198] Die Entwicklung der jährlichen Unkosten ausgewählter Rundfunkgesellschaften zwischen 1930 und 1932:

Berliner Funk-Stunde AG: Mitteldeutscher Rundfunk AG: Süddeutscher Rundfunk AG:

Jahr	Kosten	Jahr	Kosten	Jahr	Kosten
1930[1]	8 209 402,28 RM	1930[3]	4 540 553,28 RM	1930[5]	1 778 409,61 RM
1931[1]	8 623 259,90 RM	1931[3]	4 803 919,14 RM	1931[5]	2 243 061,07 RM
1932[2]	6 915 823,43 RM	1932[4]	3 064 081,09 RM	1932[6]	1852 673,44 RM

[1] BArch R 8135 / 5282 Bl. 76   [3] BArch R 8135 / 4718 Bl. 267   [5] BArch R 8135 / 1379 Bl. 182
[2] BArch R 8135 / 5281 Bl. 85   [4] BArch R 8135 / 2672 Bl. 102   [6] BArch R 8135 / 1566 Bl. 104

lagen in den geringeren Sendezeiten[199], den Einnahmeausfällen infolge gesunkener Gebühreneinnahmen und der höheren Abgaben an die Reichspost, die mit den Rundfunkgebühren Defizite in anderen Bereichen beglich.

Im Unterschied zu Telefunken setzte die Klangfilm als der wichtigste deutsche Produzent von Aufnahme- und Wiedergabeapparaturen für Tonfilme ihren Monopolanspruch erst mit Hilfe mehrerer Prozesse, die sich über Jahre hinzogen, durch. Unter dem Druck ausbleibender Kinobesucher gewährten die Lichtspieltheaterbesitzer eine Reihe von Preisnachlässen. Da am Anfang der Umstellung vom Stummfilm auf den Tonfilm nur eine unausgereifte Technik zur Verfügung stand und sich die Aufnahme- und Wiedergabetechnik sprunghaft weiterentwickelte, mußten in der Folgezeit permanente Veränderungen an den Geräten vorgenommen werden. Infolge der erhöhten Anfälligkeit der frühen Wiedergabeapparaturen und ihrer permanenten Verbesserung unterhielt die Klangfilm ein eigenes sehr umfangreiches und kostspieliges Servicenetz[200], weil im Unterschied etwa zu den Radiogeräten nur relativ wenige Spezialisten für Reparaturen und Garantieleistungen zur Verfügung standen. Erst 1933 konnte man nach einer Vielzahl von Umbauten an den Projektoren von einer anerkanntermaßen guten und stabilen Wiedergabequalität der Tonfilme sprechen, ohne daß zu diesem Zeitpunkt bereits alle Aufnahme- und Wiedergabeprobleme von Tonfilmen gelöst waren[201].

Die hohen Abschreibungskosten der Ufa spiegeln den Werteverfall der ersten Tonfilmapparaturen zwischen 1929 und 1933[202]:

Jahr	Abschreibungen in RM
1929/30	150 000
1930/31	694 000
1931/32	701 000
1932/33	535 000

Nachdem die deutschen Kinos mit den neuen Apparaturen ausgestattet waren und diese stabil funktionierten, konnte die Klangfilm auf dem deutschen Markt kaum noch größere Aufträge realisieren. Der ausländische Markt war trotz des Pariser Abkommens insofern beschränkt, als die Devisenbewirtschaftung in vielen Ländern dem Export enge Grenzen setzte. Die Kosten für die Filmproduktion konnten in den Krisenjahren nicht gesenkt

---

[199] Vaessen, Daten, S. 56
[200] vgl. S. 153
[201] vgl. S. 391
[202] BArch R 8119 / 19068 Bl. 59

werden. Dagegen verminderte sich die Zahl der in Deutschland produzierten Spielfilme[203]:

Jahr	Anzahl der produzierten langen Spielfilme	Kosten insgesamt (in Millionen RM)	Durchschnittliche Kosten pro Film (in Millionen RM)
1930	146	35,5	0,243
1931	144	39,4	0,273
1932	132	36,1	0,273

Ein wirtschaftlicher Vergleich zwischen Rundfunk und Tonfilm während der Weltwirtschaftskrise zeigt, daß sich die ökonomischen und sozialen Rahmenbedingungen auf die Geräteproduktion beider Medien bestimmend auswirkten. Die Unterschiede zwischen beiden Medien lagen vor allem im privaten Gebrauch. Die auf den individuellen Konsum ausgerichtete Rundfunkindustrie hatte langfristig einen relativ stabilen Absatz, der nicht zuletzt durch die wesentlich verbesserten Geräte nach 1928/29 die Konsumenten zu Ersatzinvestitionen veranlaßte. Die Produzenten von Aufnahme- und Wiedergabegeräten für Tonfilme konnten dagegen nach der erfolgten Umstellung nur in begrenztem Maße mit Ersatzinvestitionen rechnen.

4.4. Tonfilm – Rundfunk – Schallplatte

Im Hinblick auf die Standortfrage ist eine analoge Entwicklung zwischen Schallplatten- und Filmindustrie erkennbar. Nach dem Ende des Ersten Weltkriegs gab es in beiden Industriezweigen noch eine Vielzahl unterschiedlicher Produktionsstätten[204]. Am Ende der 20er Jahre konzentrierte sich die Filmproduktion auf die Städte Berlin und München und die der Schallplatte ausschließlich auf Berlin und Hannover. Die Dominanz Berlins für beide Medien erklärt sich aus dem großen Reservoir der hier vorhandenen Arbeitskräfte und der zentralen Stellung der Hauptstadt für die nationale und internationale Kunst. In keiner anderer deutschen Stadt fanden so viele Uraufführungen in allen Theatersparten statt und nirgends sonst lebten vergleichbar viele Stars. Von ihnen waren beide Medien in erheblichem

---

[203] Alexander Jason, Handbuch des Films 1935/36, Berlin o.J., S. 83. Die niedrigeren Durchschnittskosten für das Jahr 1930 sind den 45 Stummfilmen geschuldet, die in diesem Jahr noch gedreht wurden. 1931 entstanden noch zwei Stummfilme, so daß 1932 insgesamt ein leichter Kostenrückgang gegenüber dem Vorjahr zu erkennen ist.

[204] Im Jahr 1922 gab es in Deutschland 181 Schallplattenbetriebe, die vor allem in Berlin, Dresden, Hamburg und Leipzig angesiedelt waren. Krebs, phonographische Industrie, S. 32.

Maße abhängig, da bekannte Namen die Verkaufserlöse von Platten und Kinoeintrittskarten wesentlich stimulierten.

Ein Artikel der „Lichtbild-Bühne" stellt Mitte März 1929 fest, daß in den Stummfilmen vermehrt Plattenspieler in die Spielhandlungen einbezogen worden seien. Im weiteren verweist der Beitrag auf die Schwierigkeiten für die Kapellmeister in den Kinos, die in irgendeiner Form die im Film gespielte Musik imitieren müßten, wenn sie die Filmhandlung mit der Musik in Übereinstimmung bringen wollten. Dieser Intention ständen aber zwei für das Orchester kaum lösbare Schwierigkeiten entgegen. Zum einen könne es die Tonwiedergabe einer Sprechmaschine nicht imitieren und zum zweiten müsse sich der Kapellmeister mit seiner Musik den Bewegungen der Tanzenden auf der Leinwand anpassen, was für die meisten Orchester eine Überforderung darstelle und daher nur in den seltensten Fällen gelänge[205]. Im Mai des gleichen Jahres klagten die Musikverleger auf der Hauptversammlung ihres Vereins über einen starken Absatzrückgang im abgelaufenen Geschäftsjahr. Als Ursache dafür wurde unter anderem der Ersatz vieler Unterhaltungskapellen durch die Installation von Sprechmaschinen genannt. In die Zukunft blickend befürchtete man, daß der Absatz in den kommenden Jahren weiter zurückgehen werde, weil mit dem Tonfilm auch die Kinoorchester durch die technische Musikwiedergabe verdrängt würden[206].

Beide Stimmen sind insofern signifikant, als sie den sprunghaften Anstieg der Schallplattenproduktion und den steigenden Absatz von Sprechmaschinen in der zweiten Hälfte der 20er Jahre aus der Sicht des Films spiegeln. Vor dem Hintergrund der rasant steigenden Nachfrage fehlte es nicht an warnenden Stimmen, die in der nachfrageorientierten Schallplattenproduktion eine Gefahr für die Volksbildung sahen. So hieß es in einem längeren Aufsatz in der „Weltbühne", der das Verhältnis von Schlager und Rundfunk kritisierte und damit indirekt auch zur Schallplattenproduktion Stellung bezog: „Hier handelt es sich einfach darum, daß eine Industrie, die auf gewisse kulturfeindliche Strebungen unserer nervenzerstörenden Zeit spekuliert und die leichte Schlagermusik dazu benutzt, um sich in einer Zeit allgemeinen wirtschaftlichen Niederganges eine ungeheure Macht über das Gebiet der gesamten Weltmusik zu schaffen ... Wenn man bedenkt, daß jährlich fünftausend Schlager in Deutschland erzeugt werden und daß diese Schlager in Hunderttausenden von Exemplaren nach einem sorgsam ausgearbeiteten System an Kapellen, Sänger, gastronomische Betriebe, Schallplattenfirmen, Tonfilmgesellschaften und Rundfunkstationen verschickt werden, so begreift man, was für eine Gefahr für den Geschmack

---

[205] Die Schallplatte als Requisit des Films. Filmisch – musikalische Unmöglichkeiten, in: Film und Ton 16. 3. 1929, Nr. 11
[206] Die Hauptversammlung der Musikverleger. Der Geschäftsbericht Klagen und Sorgen, in: Ton und Bild 25. 5. 1929, Nr. 21, vgl. auch: Stagnation im Musikverlagswesen durch den Tonfilm, in: Film und Ton 21. 9. 1929, Nr. 38

der breiten Masse eine solche systematische Überflutung mit minderwertiger Unterhaltungsware bedeutet. Daß dieser Geschmack von Natur aus schlecht ist, ist eine Lüge der Produzenten. Verfolgt man die Emsigkeit, mit der diese Kreise ihren Schund propagieren, dann wundert man sich nicht mehr über die sich immer vergröbernde Geschmacksorientierung"[207]. Um dieser entgegenzuwirken, richtete die katholische Bildungsorganisation in der Berliner Friedrichstraße eine gesonderte Beratungsstelle allein zu dem Zweck ein, Interessierten bei der Plattenauswahl zu helfen[208]. Unerwähnt blieb in den genannten und anderen Stellungnahmen[209], daß auf Schallplatten gepreßte klassische Musik keinen Anklang fand. So verkaufte etwa die Polyphon von einzelnen Schlagern mehr als 100 000 Platten, während etwa von der vom Philharmonischen Orchester unter der Leitung von Richard Strauß eingespielten 5. Symphonie Beethovens zur gleichen Zeit nur 2 400 Stück abgesetzt wurden. Dieses Ergebnis galt bereits als Erfolg, denn von der 3. Sinfonie Beethovens konnten trotz gleich hochrangiger Besetzung nur 1 200 Exemplare abgesetzt werden[210].

Diese vormundschaftliche Haltung gegenüber der nach der Jahrhundertwende gesetzten und danach unhinterfragten „Zweitklassigkeit" von Film-, Radio- und Schallplattenproduktionen resultierte aus dem vorherrschenden zeitgenössischen Kunstverständnis. Dieses orientierte sich, wie am Beispiel der Hörspieldiskussion im Umfeld der Tri-Ergon-Versuche bereits deutlich wurde, vorrangig an der Einmaligkeit und Unwiederholbarkeit des Ereignisses, quasi dem kultischen Erleben des Ereignisses. Dieses konservative Kunstaxiom blieb der großen Masse der Bevölkerung unverständlich und unzugänglich. Beide Momente wurden der Materialität des Zeitgeistes gegenübergestellt, der sich überwiegend in der Mechanisierung und Rationalisierung des gesamten Lebens und in der Dominanz der Masse innerhalb der Gesellschaft ausdrücke und damit zur Kulturkrise führen müsse. Film, Rundfunk und Schallplatten galten unter diesem Blickwinkel schlechthin als Ausdruck des neuen Zeitgeistes und somit einerseits als etwas Minderwertiges und andererseits als Produkte, deren Inhalte kontrolliert und zensiert werden müßten. Das Lichtspielgesetz von 1920 sowie die Begründung von Carl Severing zu dessen Verschärfung[211] verweisen ebenso in diese Richtung, wie all jene Bemühungen, die politischen und künstlerischen Ausdrucksmöglichkeiten des Rundfunks zu nor-

---

[207] Herbert Connor, Die Schlagerindustrie im Rundfunk, in: Die Weltbühne 14. 7. 1931, Nr. 28, 27. Jg., S. 67
[208] vgl. u. a.: R.M.S.: Die Bedeutung der Schallplatte, in: Der Gral Juni 1929, Nr. 9, 23. Jg.
[209] Die liberale Frankfurter Zeitung forderte in diesem Zusammenhang sogar die zuständigen Reichsstellen auf, sich dieser Sache anzunehmen. Schlager im Rundfunk, in: Frankfurter Zeitung 18. 7. 1931, Nr. 529, 75. Jg.
[210] Die Sanierung der deutschen Grammophon AG, in: Phonographische und Radio Zeitung 15. 1. 1935, Nr. 2, 36. Jg., S. 25
[211] vgl. S. 149

mieren. Gegenüber den im Rundfunk und für den Film geschaffenen Kontrollgremien blieben die Versuche, auf die Inhalte von Schallplatten einzuwirken, gering. Schließlich war die Plattenproduktion vollständig in der Hand von in hohem Maße internationalisierten Industrieunternehmen und die Rezeption völlig individuell. Diese scheinbare Ausnahmestellung der Schallplatte war zudem ihrer weitgehenden Begrenzung auf musikalische Inhalte geschuldet, die in etwa vergleichbar denen der Unterhaltungsliteratur als weniger gefährlich eingestuft wurden. Neben der vielfachen kulturbürgerlichen Kritik am Film, am Rundfunk und an der Schallplatte kann nicht übersehen werden, daß sowohl staatliche Stellen als auch private Organisationen bestimmte Medieninhalte aktiv förderten und sie etwa auch im Rahmen der Volksbildung einsetzten[212].

Mit dem angedeuteten Kunstverständnis korrespondierte die Kunstkritik in allen großen deutschen Tageszeitungen, die Probleme der Literatur, des Theaters, der klassischen Musik und der bildenden Kunst erheblich mehr Aufmerksamkeit schenkten als Medienprodukten. Film und Rundfunk wurden in den großen bürgerlichen Tageszeitungen in der Regel einmal pro Woche besprochen, Schallplatten, denen in der zweiten Hälfte der 20er Jahre überhaupt erst publizistische Aufmerksamkeit zuteil wurde, noch seltener[213]. Von daher galten auch Kritiker, die sich überwiegend mit Massenkommunikationsproduktionen beschäftigten, innerhalb ihres Verbandes als zweitklassig. Um diesen Zustand zu ändern, brachte der deutsche Kritiker Frank Warschauer auf dem internationalen Kritikerkongreß in Prag eine Resolution ein, in der es unter anderem heißt: „Der Kongreß stellt fest, daß auf dem Gebiete des Tonfilms, des Rundfunks und der Schallplatte neue wesentliche Aufgaben der Kritik liegen. Sie können nur gelöst werden, wenn Klarheit darüber herrscht, daß diese technischen Verbreitungsmittel, die den Weg von einem Volk zum anderen eröffnen, von kulturförderndem und kulturschädigendem Einfluß sein müssen. Andererseits steht der Raum, der der Kritik dieser unmittelbar künstlerischen Darbietungen im Zeitungswesen eingeräumt wird, heute in keinem Verhältnis zu

---

[212] Am Beginn der dreißiger Jahre beschrieb Ernst Schoen, Leiter des Südwestdeutschen Rundfunks das abivalente Verhältnis der Öffentlichkeit zu Schallplatte und Film in wie folgt: „Auf der einen Seite werden sie von der Regierungsgewalt der Volksbildung mit Wohlwollen betrachtet, gelegentlich sogar verhätschelt und wohl auch bevormundet. Auf der anderen Seite werden sie von manchem berufenen und unberufenen Hüter intimerer Kunstäußerungen des privaten Lebens als die verbündeten Instrumente befehdet, mittels derer der Teufel des Modernismus seinen Einzug in die Familien hält". Ernst Schoen: Schallplatte und Rundfunk, in: Kultur und Schallplatte. Mitteilungen der Carl Lindström AG, Nr. 7/ 1931, 2. Jg., S. 138

[213] Die phonographische Industrie feierte diesen Fortschritt bereits als allgemeine Anerkennung ihrer künstlerisch wertvollen Produktionen. Dieter Bassermann: Schallplatte und Musik-Kritik in: Jahrbuch für den Sprechmaschinenhandel 1928. Herausgegeben vom Reichsverband des deutschen Sprechmaschinen- und Schallplatten-Handels e.V. 1. Jg., S. 33 ff.

der überragenden Bedeutung der neuen Gebiete mechanischer Verbreitung. Es muß dafür gesorgt werden, daß die Kritik der mechanischen Verbreitungsmittel jeder anderen gleichgeordnet wird. Es ist ferner das größte Gewicht darauf zu legen, daß die Kritik dieser Gebiete in keiner Weise eingeschränkt oder beeinflußt wird durch die privatwirtschaftlichen Interessen der dabei in Betracht kommenden Unternehmungen"[214]. Bis auf eine folgenlose dreitägige Veranstaltung des Deutschen Instituts für Zeitungskunde zum Thema Filmkritik, die Ende 1930 stattfand[215], hatte die Resolution in der Folgezeit keine erkennbaren Auswirkungen.

Mit der Einführung des Tonfilms änderte sich die Kinomusik grundlegend. Große Orchester und Spezialkapellen traten in den Studios die Nachfolge der Kinoorchester an. Diese konnten im Unterschied zur bis dahin üblichen Live-Musiktradition in den Lichtspielhäusern die Instrumentierung mit den Bildinhalten genau abstimmen. Dies war um so leichter, als die den Filmmusiken zugrunde liegenden Kompositionen sich an den speziellen dramatischen Situationen des jeweiligen Tonfilms orientierten. Deshalb fand auch die Mitte Juli 1930 von der Schlesingers Buch- und Musikalienhandlung herausgebrachte Sammlung mit Kompositionen, die analog den Kinotheken zur Illustration von Tonfilmen genutzt werden sollte[216], in der Folgezeit keine erkennbare Verwendung. Statt dessen wurde für jeden Spielfilm eine eigene Musik komponiert.

Die Drehbücher der ersten Tonfilme waren weitgehend auf den singenden Star abgestellt, der meist mehrmals im Verlauf eines Films das gleiche oder mehrere Lieder sang. In Spielfilmen, wie *Melodie des Herzens*, scheint es noch so, als ob mitten in der Handlung der Kapellmeister seinen Stock hebt, alle schweigen und der Star sein Lied singt. In der Folgezeit lernten die Regisseure – nicht zuletzt auf Grund der Erfahrungen Ruttmanns – rasch, Musik als ein dramaturgisches Mittel einzusetzen, um Bildvorgänge einzuleiten, zu begleiten und um bestimmte Filmsequenzen hervorzuheben, zu steigern oder zu kontrastieren. In Spielfilmen, wie *Die Drei von der Tankstelle*, gehen Liedtexte und Handlung bereits kontinuierlich ineinander über, verzahnen, steigern und kommentieren sich gegenseitig. In der Folgezeit stellte sich schnell heraus, daß die Musik durchaus einen eigenen Stellenwert innerhalb der Filmhandlung einnehmen konnte. So demonstrierte Friedrich Holländer im Spielfilm *Der Mann, der seinen Mörder sucht* (Regie: Robert Siodmak), daß die musikalische Untermalung einzelner Szenen durchaus beweglicher sein kann als das Bild. In *Kohlhiesels Töchter*

---

[214] F.S.: Kritik der Kritik. Der internationale Kritikerkongreß in Prag, in: Der Deutsche Rundfunk 3. 10. 1930, Nr. 40, 8. Jg., S. 10; vgl. auch: Frank Warschauer, Kritiker-Internationale und Rundfunk, in: ebenda 10. 10. 1930, Nr. 41, 8. Jg., S. 4

[215] Tonfilm und Presse. Das Deutsche Institut für Zeitungskunde veranstaltet einen Tonfilm-Kursus für Journalisten, in: LBB 21. 11. 1930, Nr. 279, 23. Jg.

[216] Die erste deutsche Tonfilm-Illustrationsmusik. „Synchrono" – Eine Sammlung moderner Tonfilmmusik, in: Film und Ton 19. 7. 1930, Nr. 29

(Regie: Hans Behrendt) singt Henny Porten mit sich selbst zweistimmig und in *Der Herr auf Bestellung* arbeitet der Regisseur Geza von Bolvary mit einem Stimmdoubel. Paul Dessaus Musik in *Stürme über dem Montblanc* (Regie: Arnold Fank) bewies unter anderem mit dem Überleiten vom Brausen des Sturms in symphonische Musik endgültig, daß auch mit einer insgesamt zurückhaltend angelegten musikalischen Untermalung eigenständige filmmusikalische Werke entstehen können. Der Tonfilm unterschied sich also nicht nur in bezug auf den Einsatz von Sprache, sondern auch in der Verwendung von Musik von den Tonbildern und dem Stummfilm.

Die inhaltlichen Beziehungen zwischen Film und Schallplatten fanden zunächst im Nadeltonverfahren ihren sinnfälligsten Ausdruck. Hier wurden der stumme Film und die Schallplatte über eine Apparatur so miteinander verbunden, daß im Kinosaal die Wahrnehmung der unterschiedlichen Medien zu einer Einheit verschmolz. Darüber hinaus gab es eine zweite Form der Beziehung. Schon im Mai 1929 beschloß der Ufa-Vorstand, die zukünftigen Tonfilme auch mit Hilfe des Rundfunks zu verbreiten, da man sich hiervon eine „starke Propagandawirkung" versprach[217]. Des weiteren verweisen die Verträge der Ufa mit dem Wiener Bohème Verlag, die zur Gründung der Ufaton am 22. Juli 1929 führten, und die Verhandlungen mit der Lindström AG[218] auf die Absicht des Konzerns, nach dem Vorbild der USA[219] Tonfilmlieder von Anfang an großflächig zu vermarkten. In diesem Zusammenhang profitierte die Ufa auch von einem Vertrag, den der Bohème Verlag mit dem Süddeutschen Rundfunk in Stuttgart und dem Südwestdeutschen Rundfunk in Frankfurt abgeschlossen hatte. Gegen eine Gebühr verbreitete der Verlag seine Schlager über die beiden Sender[220].

Die Premiere der Emelka-Produktion *Ich glaub' nie mehr an eine Frau* am 3. Februar 1930 im Filmtheater Capitol in Berlin wurde ausschnittweise vom Rundfunk übertragen[221]. In dem Film spielte Richard Tauber die Hauptrolle. Er war zu diesem Zeitpunkt der beliebteste deutsche Schallplattensänger. Der Umsatz seiner Platten übertraf den der anderen Sänger erheblich[222]. Bereits vor der Premiere hatte die Lindström AG drei Platten

---

[217] BArch R 109 I / 1027a Bl. 43
[218] vgl. S. 143 f.
[219] In den USA kaufte z. B. Warner Brothers im September zur besseren Auswertung der Tonfilmlieder den größten Musikverlag des Landes, die Harms Inc., während Fox zur gleichen Zeit mit mehreren Schallplattenfirmen und Rundfunkstationen verhandelte. Film-Schallplatte-Musikverlag-Radio. Warner Brothers als Musikverleger, Fox im Radio- und Schallplattengeschäft, in: Film und Ton 7. 9. 1929, Nr. 36
[220] Herbert Connor, Die Schlagerclique dementiert, in: Die Weltbühne 28. 7. 1931, Nr. 30, 27. Jg., S. 150
[221] Film im Sender. LBB 25. 1. 1930, Nr. 22, 23. Jg.
[222] Richard Tauber war in den 20er Jahren vor allem als Interpret der für ihn konzipierten lyrischen Operetten von Franz Lehár bekannt geworden, die durch eine stilistische Vielfalt bei weitgehendem Verzicht auf musikalische Kontraste gekennzeichnet sind.

mit den bekanntesten Liedern aus dem Tonfilm, wie „Ich glaub' nie mehr an eine Frau", „Übers Meer, übers Meer" und das „Mutterlied" auf den Markt gebracht[223]. Bereits zuvor waren Platten mit Tonfilmmelodien, so etwa „Sonntag um halb vier" aus der Ufa-Produktion *Melodie des Herzens* produziert worden.

Mit Richard Tauber spielte erstmals ein von der Bühne und über die Schallplatte bekannter Sänger in einem Tonfilm mit. Die Übereinstimmung von Lied- und Spielfilmtitel, die in der Folgezeit mehrfach zu beobachten ist, deutet darauf hin, daß auch die Emelka von Anfang an die sekundäre Vermarktung des Tonfilms durch die Schallplatte im Blick hatte. Mit dem Spielfilm *Ich glaub' nie mehr an eine Frau* begann in Deutschland nun insofern ein neuer Abschnitt in der Beziehung Schallplatte und Tonfilm, als hier erstmals für beide Seiten wirtschaftlich sehr erfolgreich die gegenseitigen Interdependenzen deutlich wurden. In den folgenden Monaten wurde das Kaufverhalten von Schallplatten und Noten von den sogenannten Tonfilmschlagern dominiert, während sogenannte freistehende Schlager nur in Ausnahmen noch starken Absatz fanden. Zu letzteren zählte z. B. „La Paloma", von dem die Polyphon 140 000 Platten verkaufte. Von dem Schlager „Das gibt's nur einmal" aus *Der Kongreß tanzt* verkaufte das gleiche Unternehmen 120 000 Platten[224]. Die Bindung der Tonfilmmusiken an die Filmstars hatte zur Folge, daß die Nachfrage nach Markenplatten stieg, während die sogenannten Kampfplatten, auf denen die Tonfilmmelodien nur

---

Signifikant für letzteres ist vor allem das sogenannte Tauber-Lied, das stets im Mittelpunkt des zweiten Aktes plaziert ist. Nach einer kurzen prägnanten Orchestereinleitung hat es in der Regel eine stereotype A B A – Form. Die Teile umfassen jeweils sechzehn Takte, die je in vier viertaktige Phrasen gegliedert sind. Der A-Teil macht das Tauber-Lied durch seine melodische Prägnanz zum Schlager und erfüllt die Funktion eines Refrains. Jede Phrase beginnt mit einer relativ langen Note, „aus der sich dann die folgenden entwickeln". Die anderen drei viertaktigen Phrasen verhalten sich symetrisch dazu und weisen oft rhytmische Entsprechungen auf oder bilden Sequenzen. Der B-Teil hat gleichsam die Funktion einer Strophe. Der Text des Tauber-Liedes richtet sich immer an eine imaginäre zweite Person, wie z. B. „Dein ist mein ganzes Herz ..." in der Operette „Land des Lächelns", die 1930 unter der Regie von Max Reichmann mit Tauber in der Hauptrolle verfilmt wurde. „Da beim Tauber-Lied der Sänger immer allein auf der Bühne steht, hat der Text keinen bühnenimmanenten Bezug mehr, sondern meint, ins Publikum gesungen, jeden einzelnen Zuschauer". Frey, Franz Lehár, S. 156 ff. Die Kompositionen und die Stilmittel der Lehárschen Operette trugen demnach wesentlich zum Erfolg Taubers in den Medien bei. Erstere konnte trotz der Schwächen der technischen Tonaufzeichnungsmöglichkeiten um 1930 (vgl. S. 204) ohne Verluste aufgezeichnet und wiedergegeben werden. Die Nummerndramaturgie, die stilistische Vielfalt und der scheinbar individuell angesprochene Zuschauer bzw. Hörer waren ihrerseits zentrale Adaptionsansätze für die Verbreitung von Teilen der Operette durch Schallplatte und Rundfunk („Frasquita" war die erste Operette, die vollständig vom Rundfunk übertragen wurde).

[223] H.w-g.: Schrittmacher des Tonfilms. Die Wechselwirkung: Schallplatte und Film, in: Bild und Ton 1. 2. 1930, Nr. 5

[224] Die Sanierung der Deutschen Grammophon AG, in: Phonographische und Radio Zeitschrift 15. 1. 1935, Nr. 2, 36. Jg., S. 25

mit zweitklassigen Sängern aufgenommen wurden, geringeren Absatz fanden[225].

Am Beispiel der Schallplatten vom *Blauen Engel* wird jedoch deutlich, daß die unterschiedlichen Versionen differenziertere Musikinteressen bedienen konnten: „In Electrola singt Marlene Dietrich selbst. Die Singstimme dominiert, durch sie die Persönlichkeit. Die Aufnahmen sind glänzend, aber es zeigt sich, daß der, womöglich gegenüber dem Film noch gesteigerte Grad von Gemeinheit der Wiedergabe doch an Wirkung einbüßt. Im Film wurden alle diese Hilfsmittel: das Umschlagen der Stimme, das Zurückfallen in ordinäres Sprechen, der Wechsel der Register durch eine unnachahmliche Gestik getragen. Bei der Platte bleibt ein etwas übler Nachgeschmack. In den gleichen Aufnahmen durch Grammophon ist die Singstimme belanglos, dagegen hält der instrumentale Teil ein ganz anderes Gewicht. Seine feine Ausgestaltung ist ein Ersatz für das Fehlen des unmittelbaren Zwecks als Platte"[226].

Die Beziehungen zwischen Lichtspielhaus und Schallplatte beschränkten sich nicht nur auf die Filmmusik. Laut Gesetz waren die Kinos verpflichtet, kirchlichen Feiertagen, wie etwa der Karwoche und hier insbesondere dem Karfreitag, mit ihren Programmen Rechnung zu tragen. In großen Häusern spielten zu diesem Anlaß vor dem Beginn der Vorstellung Orchester bzw. traten Sänger mit geistlichen Liedern auf. Für die übrigen Lichtspieltheater boten Firmen Schallplattensammlungen mit geistlicher Musik an, die gekauft oder geliehen werden konnten. Die Ultraphon offerierte 1931 neben ihrer Plattenkollektion unter dem Titel „Musica sacra" auch zur Karwoche passende Dias an, die während des Schallplattenkonzerts auf die Leinwand projiziert werden konnten[227].

Während die phonographische Industrie das Ausstrahlen von Schallplatten durch die Sender zu Beginn der 30er Jahre als eine hervorragende Möglichkeit der kostenlosen Werbung für ihre Produkte begrüßte[228], kritisierte die Filmpresse die begrenzte Auswahl an Tonfilmmelodien. Sie beschränke sich, so der Vorwurf, nur auf einige Firmen und die „bereits arrivierten Komponisten". Auf Grund der gesendeten Melodien müßten die Rundfunkhörer „den Eindruck gewinnen, daß die Musikliteratur des Tonfilms sich ausschließlich auf einen bestimmten Typ festgelegt hat, während bei einer loyalen Durchführung der Rundfunkprogramme manche hübsche musikalische Leistung durch die Gunst der Rundfunkhörer schon vor Auf-

---

[225] K.F.: Tonfilmschlager reorganisiert den Musikhandel! Tonfilmlieder, Tonschallplatten bevorzugt, in: Film und Ton 22. 3. 1930, Nr. 12
[226] Hans Mersmann, Schlagerplatte und Persönlichkeit, in: Melos Nr. 1/ 1931, 10. Jg., S. 19
[227] Musik aus dem Osterkreis für die Karwoche des Lichtspielhauses, in: Film und Ton 28. 3. 1931, Nr. 13
[228] Arno Hach, Schallplatten-Geschäft und Rundfunk, in: Phonographische Zeitung 15. 5. 1929, Nr. 10, 30. Jg., S. 783

führung des Tonfilms populär gemacht würde"[229]. Neben den technischen Medien intonierten im Laufe des gleichen Jahres zunehmend auch Kapellen in Cafehäusern und Tanzsälen Tonfilmschlager[230]. Insofern erreichte die neue Filmmusik auch jene Bevölkerungskreise, die nicht oder nur selten ins Kino gingen.

Die „Illustrierte Monatsschrift für Musikfreunde. Die Stimme seines Herrn" bot in ihrer März-Ausgabe bereits mehr als 50 Tonfilmmusikwerke auf Platte an[231]. Auf Grund der zunächst großen Nachfrage beim Verkauf von Schallplatten mit Tonfilmmelodien erwog die Schallplattenindustrie bereits im Februar 1930, mit den Lichtspielhäusern zusammenzuarbeiten[232], d. h. sie suchte nach neuen Vertriebssystemen. Dieses Vorhaben wurde in Berlin durch eine Polizeiverordnung vom März 1930 insofern begünstigt, als diese ausdrücklich den Verkauf von Noten, Postkarten, Broschüren und dergleichen mehr in den Kinos auch nach den Ladenöffnungszeiten und an Sonn- und Feiertagen erlaubte. Vor allem die Ufaton nutzte die Gelegenheit, um in den konzerneigenen Kinos ihre Platten zu verkaufen. Nach einem Protest des Reichsverbandes des Deutschen Sprechmaschinen- und Schallplatten-Handels e.V., der sich gegen die seiner Meinung nach wettbewerbsverzerrende Ausnahmeregelung wandte, wurde der Schallplattenverkauf in Lichtspielhäusern nach den Ladenschlußzeiten am 18. Oktober 1930 ausdrücklich verboten[233].

Der Verband der Schallplattenhändler erhob jedoch keinen Einspruch zum Verkauf von Schallplatten in den Kinos kleinerer und mittlerer Städte, denn dort gab es in der Regel nur kleine oder keine Plattengeschäfte. Bereits im ersten Quartal 1930 hatten dort einige Großhändler bzw. Plattengeschäfte mit Kinobetreibern Verträge über den gemeinsamen Plattenverkauf und abgestimmte Werbemaßnahmen abgeschlossen[234]. Die Haltung des Reichsverbandes des Deutschen Sprechmaschinen- und Schallplatten-Handels e.V. zum Verkauf von Schallplatten in den Lichtspielhäusern wurde bestimmt von der Sorge über die erheblichen Umsatzeinbrüche auf dem Schallplatten- und Sprechmaschinenmarkt, die 1929/30 erstmals deutlich wurden. Zwar stieg der Export 1929 um knapp drei Millionen RM gegenüber dem Vorjahr auf die Rekordsumme von 17 Millionen RM, aber im Inland sank der Verbrauch im gleichen Zeitraum bereits um 10 Prozent. 1930 sank auch der Export gegenüber dem Vorjahr um 15 Prozent. Der Inlandsumsatz fiel in den ersten neun Monaten des gleichen Jahres noch ein-

---

[229] Tonfilm-Lieder, die der Rundfunk boykottiert, in: Film und Ton 30. 8. 1930, Nr. 35
[230] Der Tonfilm macht die Musik, in: FK 1. 1. 1931, Sondernummer, 13. Jg.
[231] Tonfilm beeinflußt Schallplatten-Produktion in: Film und Ton 6. 3. 1930, Nr. 10
[232] Der Sieg des Tonfilms ist entschieden, in: Kinematograph 7. 2. 1930, Nr. 32, 24. Jg.
[233] Schallplatten und Ladenschlußzeiten. Der Abendverkauf im Kino ist und bleibt unzulässig, in: Phonographische Zeitschrift 15. 11. 1930, Nr. 22, 31. Jg., S. 1588 ff.
[234] Walter Steinhauer, Der Tonfilm fördert die Schallplatte!, in: Die Film-Musik 24. 4. 1930, Nr. 14

mal um 11 Prozent, in der Hochsaison, dem vierten Quartal sogar um 30 Prozent gegenüber dem gleichen Quartal des Vorjahrs[235].

Die Gründe für die Krise in der Schallplatten- und Sprechmaschinenproduktion lagen nicht nur in der Geldknappheit potentieller Konsumenten, die der Weltwirtschaftskrise geschuldet war, sondern auch im Medium selbst begründet. Zum einen zögerte das Kartell der Plattenfirmen zu lange, bis es die Preise für die 25 cm-Platte, die bei 3,50 RM und höher lagen, der veränderten Wirtschaftslage anpaßte. Lediglich die Ultraphon bot mit ihrer Adler-Elektro-Platte qualitativ ansprechende Erzeugnisse bereits für 2,- RM an. Damit lag der niedrigste Preis einer hochwertigen Platte auf dem Niveau der monatlichen Rundfunkgebühr. Ein weiteres Problem waren die Nadeln für die Tonabnahme. Sie hielten meist nur kurze Zeit. Da die Nadeln relativ schwer waren, minderten sie die Haltbarkeit der Platten, so daß deren Lebensdauer sehr begrenzt blieb. Darüber hinaus erzeugten die Stahlnadeln unangenehme Nebengeräusche, die den Hörgenuß einschränkten. Ein weiteres Problem war die Spieldauer. Mit 78 Umdrehungen pro Minute betrug sie bei einer Schallplatte mit 25 cm Durchmesser etwa vier bis fünf Minuten. In den Rundfunkgesellschaften oder anderen öffentlichen Einrichtungen, die Platten spielten, konnte die kurze Spieldauer durch Plattenwechsler bedingt aufgefangen werden, für den privaten Konsum wirkte sich dies negativ aus, da die Platten permanent gewechselt werden mußten. Längere zusammenhängende Musikstücke erforderten die Langspielplatte, die aber nicht angeboten wurde[236]. Alle technischen Probleme waren vor dem Beginn der Weltwirtschaftskrise bekannt. Dennoch stagnierte der Produktionsstandard von Schallplatten und phonographischen Geräten.

Nicht nur 1930, sondern auch in den beiden folgenden Jahren erschien eine Vielzahl von Musikfilmen mit sogenannten Tonfilmschlagern. Die individuellen Konsumeinschränkungen unter den Bedingungen der Weltwirtschaftskrise führten trotz staatlich verordneter Preissenkungen[237] zu einem Nachfragerückgang an den entsprechenden Schallplatten. Die

---

[235] Die Nachfrage nach Schallplatten sank langsamer als die nach Plattenspielern. Wiggers, Zur Lage in der Phonoindustrie, in: Jahrbuch für den Sprechmaschinenhandel 1931. Herausgegeben vom Reichsverband der deutschen Sprechmaschinen- und Schallplatten-Handels e.V. 4. Jg., S. 8 ff. Da die meisten Plattenhersteller auch die Geräte herstellten, mußten in der Folgezeit viele Unternehmen schließen, weil sie nicht schnell genug die Produktion von Sprechmaschinen einstellten.

[236] E J 604: Rundfunkübertragung verboten. Schallplatten-Industrie gegen Rundfunk, in: Industrie-Kurier 23. 1. 1932, Nr. 4, 16. Jg., S. 3 f.

[237] Bis zum Herbst 1930 kostete eine 25-Zentimeter-Platte 3,50 RM. Am 21. 1. 1931 verfügte die Reichsregierung eine Preissenkung. Die Schallplattenindustrie zog diese bereits auf den Dezember 1930 vor. Die gleiche Platte kostete nun 3,15 RM. Am 8. Dezember 1931 erfolgte eine erneute regierungsseitig verordnete Preissenkung, so daß der Plattenpreis nun bei 2,80 RM lag. Sanierung der Deutschen Grammophon AG, in: Phonographische und Radio Zeitschrift 15. 1. 1935, Nr. 2, 36. Jg., S. 25

Industrie schob die Schuld an diesem Prozeß auch auf die Überfülle an Schlagern, die sich „auf das Interesse am Kauf der einzelnen Platte sehr ungünstig" auswirke[238]. Eine genauere Marktbeobachtung in Berlin zeigte jedoch, daß diese Einschätzung nur bedingt den tatsächlichen Verhältnissen entsprach. Im Berliner Osten hatten im Gegensatz zum Westen der Stadt die neuesten Tonfilmschlager kaum Rückwirkungen auf das Kaufverhalten. Statt dessen wurden hier vor allem Walzer, Volkslieder, sentimentale Schlager und Salonstücke verkauft, die im Westen niemand hören wollte. Im Westen der Stadt hing die Nachfrage nach Tonfilmschlagern wesentlich von der Lage des Geschäftes ab. In der Nähe der Gedächtniskirche, also in der unmittelbaren Umgebung der großen Berliner Lichtspielhäuser, wurden vor allem Schallplatten mit den neuesten Tonfilmschlagern gekauft[239].

In dem Maße, wie auch der Rundfunk zu Beginn der 30er Jahre zunehmend Unterhaltungsmusik spielte[240], verschwand der entscheidende Vorteil der Schallplatte gegenüber dem Rundfunk: die freie Wahl der Musikstücke. Insofern handelte es sich bei der Krise innerhalb der phonographischen Industrie um eine Sonderkrise, die durch den allgemeinen Niedergang der Wirtschaft und dem mit ihm verbundenen Kaufkraftschwund verstärkt wurde. Für die Lichtspielbesitzer erwies sich der Preisverfall insofern von Vorteil, als sie die Platten, die sie in den Pausen abspielten, nun billiger erwerben und auf diese Weise die Betriebskosten senken konnten[241].

Mitte 1930 waren alle Rundfunkgesellschaften in der Lage, auch komplizierte Montagen mit Hilfe von Schallplatten zu übertragen. Hörspiele wie Bischoffs „Hallo! Hier Welle Erdball" oder „Woyzzeck" zeigen, daß die Rundfunkgesellschaften nicht nur industriell gefertigte Platten ausstrahlten, sondern zunehmend dazu übergingen, eigene Produktionen mit Hilfe der Schallplatten-Technik herzustellen. Seit diesem Zeitpunkt entwickelte sich die Schallplatte zu einem unentbehrlichen Tonträger für Musik- und Wortbeiträge, was deutliche Rückwirkungen auf das Programm hatte. Infolgedessen änderten sich 1930/31 die Programminhalte der Rundfunksender deutlich. Die Vormittags- und Nachmittagsschiene wurden überwiegend mit Schallplatten unterschiedlicher musikalischer Genres sowie

---

[238] Ende der Spekulations-Aera. Ein Nachwort zur Polyphon-Generalversammlung, in: Berliner Tageblatt 15. 9. 1932, Nr. 439, 61. Jg.
[239] Heinrich Strobel, Wer spielt Musik?, in: Melos Nr. 1/ 1931, S. 4 ff.
[240] An einem normalen Tag spielten die Berliner Funk-Stunde und die Deutsche Welle zusammen 16 Stunden Unterhaltungsmusik. Hans Mersmann, Was verbraucht Berlin an Musik?, in: Melos Nr. 1/ 1931, S. 12 ff.. Zwischen dem 1. 11. und dem 15. 11. 1932 sendete die Berliner Funkstunde insgesamt 136 Stunden Musik. Davon waren 110 Stunden den unterhaltenden Genres vorbehalten. Hanns Guttman, Wege der Musik zum Mikrophon, in: Melos 2/ 1933, 12. Jg., S. 55
[241] Hans Hirsch, Auswirkung der Plattenverbilligung auf Kino und Tonfilm, in: Film und Ton 24. 1. 1931, Nr. 4

anderen unterhaltsamen Beiträgen bestritten[242]. Darüber hinaus konnten literarische Programme leichter und besser als bisher mit musikalischer Untermalung angereichert und so abwechslungsreicher gestaltet werden. Da zunehmend auch aktuelle Ereignisse auf Platten aufgenommen wurden, entstanden mit monatlichen Schallplattenrückblicken nach dem Vorbild der Filmwochenschauen neue publizistische Sendeformen, in denen auch Originalmaterialien von Veranstaltungen verwendet wurden, die nicht direkt im Rundfunk übertragen werden konnten[243]. Auf diese Weise entstanden auch die ersten Plattenarchive, die neben musikalischen auch publizistische und wortkünstlerische Ereignisse dokumentierten.

Mit dem vermehrten Einzug der Schallplatte gelang es zunehmend, rundfunkgerechtere Formen zu finden. Zum einen konnten die Mitarbeiter der Rundfunkgesellschaften auf Spitzenproduktionen zurückgreifen und waren nicht mehr von Zufälligkeiten und Qualitätsschwankungen abhängig. Des weiteren änderten sich auch die Programminhalte. So wurden z. B. früher künstlerische Werke geschlossen aufgeführt. Diese bestimmten in der Regel das gesamte Abendprogramm. Schallplatten erlaubten und erforderten hingegen, Ausschnitte aus größeren Werken zu senden und damit auch in einer Sendung das Genre zu wechseln. Auf diese Weise konnte den unterschiedlichen Erwartungen, die an das Rundfunkprogramm von seiten der Hörer herangetragen wurden, besser als früher Rechnung getragen werden. Kritiker bemängelten eine fehlende inhaltliche Abstimmung zwischen den Redaktionen, die dazu führe, daß einige Musikstücke in bestimmten Zeiträumen in allen Programmen besonders häufig gespielt würden[244].

Durch den vermehrten Schallplatteneinsatz verbesserte sich nicht nur die Qualität der Programme, sondern die Rundfunkgesellschaften sparten auch die Honorare für jene Künstler, die durch die Platte ersetzt wurden. Vor allem für die Musiker bedeutete diese Entwicklung, daß sie in den Lichtspielhäusern keine und in den Rundfunkgesellschaften nur noch bedingt Verdienstmöglichkeiten fanden. Für die Komponisten lag dagegen die wirtschaftliche Seite anders. Sie erhielten mit dem Tonfilm neue Aufträge. Mit dem Abspielen der Kompositionen im Rundfunk nahm der Bekanntheitsgrad des Urhebers zu, was sich einerseits auf den Noten- und andererseits auf den Plattenverkauf positiv auswirken konnte. Insofern kompensierte die Mehrfachauswertung von Musikstücken die Verdienstausfälle der Komponisten infolge des insgesamt verringerten Notenverkaufs, der vor allem dem Abbau an Musikkapellen geschuldet war.

---

[242] Wilhelm Ehlers: Rundfunk und Schallplatte, in: Europa Stunde 27. 3. 1931, Nr. 13, S. 4 f.
[243] Südwestdeutscher Rundfunk. Epigonen im musikalischen Programm, in: Rundfunkjahrbuch 1931. Hrsg. Reichs-Rundfunk Gesellschaft Berlin, Berlin 1931, S. 72
[244] Felix Stössinger, Schallplatte und Rundfunk, in: Die Sendung 7. 8. 1931, Nr. 32, 8. Jg., S. 624 f.

Am 5. Juli 1929 schloß der Rundfunk mit der Vereinigung der Bühnenverleger einen Tarifvertrag, „der auf die Sendung geschützter dramatischer Werke (Opern, Operetten, Schauspiele usw.) und auf die Übertragung solcher Werke aus Theatern Bezug" nahm. Mit dem Ziel, ermäßigte Gebühren einzuführen, kündigte die RRG den Vertrag zum 31. Dezember 1931. Da die Verhandlungen zu diesem Zeitpunkt noch nicht beendet waren, wurde der Vertrag zunächst um einen Monat verlängert[245].

Im Juli 1930 tagte die Hauptversammlung des Deutschen Musikalien-Verleger-Vereins. Hier wurden erstmals Stimmen laut, die forderten, daß die Rundfunkgesellschaften für die Ausstrahlung von Schallplatten gesonderte Gebühren zahlen müßten, weil die öffentlichen Aufführungsrechte der Musikstücke im Preis für die Platten nicht enthalten seien[246]. Auf derselben Jahrestagung gab der Verein keine Stellungnahme zu möglichen Veränderungen in der Distribution von Schlagermusik. Bis zu diesem Zeitpunkt war es üblich, daß neue Schlager vor allem über bekannte Salonkapellen und Vortragskünstler popularisiert wurden. Diese erhielten die Noten kostenlos von den Verlagen zugeschickt. Alle übrigen Interessenten mußten die gewünschten Noten relativ teuer erwerben. So beliefen sich die Kosten für die Klaviernoten eines Schlagers auf 2,- RM. Auf diese Weise konnten die Verlage auch die Unkosten für jene Partituren decken, die sie gratis versandt hatten. Die Filmindustrie verließ sich ausschließlich auf die Wirkung der Melodien während der Filmvorführungen und verzichtete von Anfang an auf die Popularisierung ihrer Schlager durch bestimmte Künstlergruppen. Die Musikverleger sparten so die kostenlose Abgabe der Schlagernoten, verkauften diese aber 1930 dennoch auf dem bisherigen Preisniveau. Demgegenüber bot die Metro-Goldwyn-Musikproduktion über einen deutschen Verlag die bekanntesten amerikanischen Tonfilmschlager für einen wesentlich geringeren Preis an[247] und der Alberti-Verlag verschenkte auf Anfrage die Noten des ersten in Deutschland aufgeführten amerikanischen Farbtonfilms *The Vagabond King* (Regie: Ludwig Berger)[248].

Ab Herbst 1930 machte nach den Musik-Verlegern auch die phonographische Industrie vor allem den Rundfunk für die eigenen Umsatzeinbußen verantwortlich. Im Sommer 1931 wurden diese Stimmen zunehmend lauter: „Das Publikum ist durch das Vielzuviel der Schallplattensendungen in einem Ausmaß übersättigt, daß bereits ernstliche Folgen auf das Geschäft des Phonohändlers nachweisbar sind. Wir gehören gewiß nicht zu denen, die den Wert der Rundfunkpropaganda unterschätzen oder ganz leugnen,

---

[245] Deutsches Rundfunkarchiv (DRA) RRG 1/002 Geschäftsbericht 1931 der Reichs-Rundfunk-Gesellschaft S. 18
[246] Tonfilm und Schallplatte. Bearbeitungen und Übersetzungen musikalischer Werke für Schallplatten Entschädigung für Rundfunkgebühren – Die Tozentra beginnt ihre Arbeit, in: Film und Ton 12. 7. 1930 / 28
[247] Tonfilm senkt die Luxuspreise für Schlagerlieder, in: LBB 9. 8. 1930, Nr. 32, 23. Jg.
[248] Schlager werden durch Tonfilm populär, in: Film und Ton 8. 3. 1930, Nr. 10

trotzdem ihre Zahl gerade in unserer Branche keine geringe ist. Aber auch wir müssen zugeben, daß auf diesem Gebiete jetzt die Dinge überaus im argen liegen und daß aus dem Segen der Rundfunkpropaganda für uns ein Unsegen geworden ist, der von Monat zu Monat katastrophalere Ausmaße annimmt"[249]. Differenziert wurden die Angaben von seiten der Industrie nicht. Eine genauere Analyse zeigt, daß zwischen den Rundfunkgesellschaften erhebliche Unterschiede in bezug auf die Ausstrahlung von Schallplattenkonzerten zu beobachten sind. Ihr Anteil an den Gesamtdarbietungen schwankte zwischen 2,6 Prozent und 22 Prozent[250]. „Umgerechnet auf das Musikprogramm des Rundfunks, das im Reichsdurchschnitt 63 Prozent des Gesamtprogramms ausmacht, beläuft er (Anteil der Schallplattensendungen- M.B.) sich für das Reich auf durchschnittlich 17 Prozent"[251].

Die quantitativen Unterschiede in den Schallplattensendungen lagen in den jeweiligen Sendekonzepten der Rundfunkgesellschaften begründet. So gestatteten etwa der Südwestdeutsche Rundfunk und der Süddeutsche Rundfunk den Plattenfirmen, Sendezeiten zu kaufen, um ihre Neuproduktionen vorzustellen. Andere Gesellschaften sendeten an bestimmten Tagen Schallplatten von nur einer Firma. Die Unternehmen waren ihrerseits bemüht, möglichst schnell ihre neusten Erzeugnisse in den Rundfunkprogrammen zu positionieren. Die Händler erhielten dagegen manchmal erst Wochen später die Platten zugesandt. Inzwischen wurden die Titel bereits mehrfach im Radio gespielt, ohne daß den Hörern die Möglichkeit gegeben wurde, die Platten zu erwerben. Auf diese Weise verkehrte sich die Werbewirkung des Rundfunks teilweise in ihr Gegenteil, weil die potentiellen Rezipienten, als die Musikplatten in den Geschäften vorrätig waren, diese bereits so oft gehört hatten, daß ihr anfängliche Interesse verflogen war[252].

Neben wirtschaftlichen Fragen spielte in dem Streit über die Aufführung von Schallplatten im Rundfunk auch die Frage des Urheberrechts eine wichtige Rolle. Die Musikschutzverbände, die Gesellschaft für musikalische Aufführungs- und musikalische Vervielfältigungsrechte (GEMA), die Genossenschaft Deutscher Tonsetzer (GDT) und die österreichische Gesellschaft für Autoren, Komponisten und Musik-Verleger (AKM)[253] hatten mit

---

[249] Der Einfluß der Schallplattensendungen im Rundfunk auf das Verkaufsgeschäft des Phonohandels, in: Phonographische Zeitschrift 15. 11. 1931, Nr. 22, 31, Jg., S. 1584

[250] Die meisten Schallplattenkonzerte wurden von der Berliner Funk-Stunde und vom Süddeutschen Rundfunk übertragen, die wenigsten vom Mitteldeutschen Rundfunk, etwas höher lagen die Prozentsätze beim Nordischen Rundfunk. Jahrbuch der deutschen Musikorganisation 1931, Hrsg. Leo Kestenberg, Berlin o.J., S. 256, 988, 1027, 1192

[251] Georg Roeber, Schallplattenkonzerte im Rundfunk, in: Archiv für Funkrecht Bd. 5/ 1932, S. 42

[252] Der Einfluß der Plattensendungen im Rundfunk auf das Verkaufsgeschäft des Phonohandels, in: Phonographische Zeitschrift 15. 11. 1930, Nr. 22, 31. Jg., S. 1584

[253] Da zwischen der AKM und der GEMA ein bis 1937 befristeter Kartellvertrag bestand, verhandelte die österreichische Gesellschaft auch in Deutschland und die GEMA zu-

dem Reichskartell der Musikveranstalter Deutschlands e. V. am 7. August 1929 einen Vertrag über besondere Vorzugsbedingungen beim Abschluß von Einzelverträgen abgeschlossen. Der Vertrag enthielt keinen Passus über Rundfunkübertragungen. Nachdem die Musikveranstalter in ihren Tarifsätzen auch Eintrittspreise für Vergnügungen eingeführt hatten, in deren Verlauf Rundfunkübertragungen zur Unterhaltung genutzt wurden, forderten die Musikschutzverbände entsprechende Tantiemen, da es sich bei diesen Veranstaltungen – ihrer Meinung nach – um eine öffentliche Musikaufführung handele. Die Veranstalter nahmen dagegen, unterstützt von der RRG und dem Bund der Saal- und Konzertlokalinhaber, den Standpunkt ein, daß es sich im strittigen Fall um eine Verbreitung von Musik im Sinne der entsprechenden Verträge mit der RRG handle. Nachdem bereits am 12. Mai 1926 das Reichsgericht entschieden hatte, daß die Rundfunksendung eines Schriftwerks eine gewerbsmäßige Verbreitung darstelle und deshalb von der Genehmigung des Urhebers abhängig sei[254], mußte nun ein generelles Urteil über den Status des Mediums gefällt werden. Am Gegenstand der Schallplattenkonzerte mußte entschieden werden, ob Rundfunksendungen als „Aufführung" oder als „Verbreitung" anzusehen seien. Entschied sich das Gericht für den letzteren Fall, durften auch zukünftig keine Tantiemen für Rundfunkaufführungen von Schallplatten durch die Schutzverbände erhoben werden. Das Berliner Landgericht entschied in einem ersten Urteil zugunsten des Urhebers, während die Berufungsinstanz am 19. Oktober 1931 „die Tantiemenfreiheit der Lautsprecherdarbietungen zu gewerblichen Zwecken bejaht" hatte. Die phonographische Industrie verlangte nach diesem Urteil von den Rundfunkgesellschaften, „daß die Benutzung von Schallplatten zur Wiedergabe im Rundfunk nur mit ihrer Genehmigung, d. h. praktisch: nur gegen Zahlung eines besonderen Entgelts oder bei Erfüllung ihrer sonstigen Wünsche (Beschränkung der Wiedergabe auf bestimmte Tage und Tageszeiten) zulässig sei. Sie haben auch bereits begonnen, diese ihre Ansicht durch den Aufdruck auf den Schallplatten zum Ausdruck zu bringen: 'Radiosendung ohne Genehmigung verboten' (so z. B. Platten von Parlophon und Odeon)"[255].

Vor dem Hintergrund dieses juristischen und wirtschaftlichen Streits führten die Schallplattenunternehmen Verhandlungen mit der RRG über eine Beschränkung der Sendezeiten und über Tantiemenzahlungen. Da die RRG, gestützt auf das Urteil des Berliner Kammergerichts vom 19. Oktober

---

gleich in Österreich mit. Zentralisierung der Musikgebühren! Die Rolle der Wiener „AKM" – Notwendigkeit gesetzlicher Regelung – Das Beispiel Englands, in: Film und Ton 14. 12. 1929, Nr. 50

[254] Alfred Baum, Rundfunk und Schallplatte, in: Gewerblicher Rechtsschutz und Urheberrecht, Nr. 3/ 1932, 37. Jg., S. 259

[255] von Grolman: Die Schallplattenwiedergabe des Rundfunks, in: Archiv für Urheber- Film- und Theaterrecht Nr. 2/ 1932, 5. Jg., S. 123

1931, nicht einlenkte, versuchten die international über Patente bzw. Kapitalien miteinander verflochtenen Firmen, die Gesellschaft ultimativ zu zwingen, ihre Forderungen anzuerkennen[256]. Nachdem die großen Schallplattenfirmen der RRG untersagt hatten, weiterhin ihre Platten in den Rundfunkprogrammen zu spielen, waren ab dem 6. Dezember 1931 nur noch Ultraphon-, Clausophon- und Kristall-Platten auf den Frequenzen des Rundfunks zu hören. Die Rundfunkgesellschaften „waren sich darüber einig, daß der deutsche Rundfunk es ablehnen müsse, Bedingungen anzuerkennen, die in die Programmaßnahmen der Rundfunkgesellschaften in unbequemer Weise eingreifen oder die eine mehrjährige Bindung des Rundfunks zum Ziele haben. An die Stelle der ausgefallenen Schallplattensendungen wurden zum Teil Konzerte von erwerbslosen und anderen Orchestern eingesetzt"[257]. Mit diesem Konzept stießen die Rundfunkgesellschaften allerdings schnell an ihre Grenzen. „Man klammerte sich an die zur Übertragung freibleibenden ringfreien Platten und spielte sie oft mehrmals täglich herunter, schaltete dann und wann irgendein Behelfsorchester ein ... Wie wenig die Rundfunkhörer mit einer solchen Regelung zufrieden sind, geht aus der Riesenzahl von täglichen Zuschriften hervor. Aber man findet nicht den Weg, nun wirklich diese Sendestunden auszubauen und in ihnen einen vollwertigen Ersatz für die bisherigen Schallplatten zu bieten"[258].

Dieser erste Schallplattenstreit endete im März 1932 noch vor dem Reichsgerichtsurteil im Juni 1932. Die Firmen einigten sich mit der RRG dahingehend, daß jede der neun Rundfunksellschaften monatlich 60 Stunden Schallplattenmusik senden durfte. Die notwendigen Platten lieferte die Industrie kostenlos. Nicht einbezogen wurden in diese Rechnung jene Sendungen, die die Firmen zu Werbezwecken belegten und „auch die Zeiten, welche das Senden von Schallplatten im Rahmen anderer – geschlossener – Darbietungen erfordert. Der Rundfunk hat demgegenüber nur die Verpflichtung zur Wahrung einer gewissen Parität sowie zur Ansage des Titels, der Katalognummer und des Herstellers der jeweils gesendeten Platte übernommen"[259]. Darüber hinaus verpflichteten sich die Sender, jede Schallplatte nur einmal wöchentlich zu senden und sie nach vier Wo-

---

[256] Phonowirtschaftliche Umschau, in: Phonographische Zeitschrift 5. 12. 1931, Nr. 25, 32. Jg., S. 1349 f. Strukturell vergleichbare Entwicklungen gab es bereits am Beginn der 20er Jahre im Zusammenspiel von Buchmarkt und Lichtspielhäusern. Damals wurden die Bücher zu den Filmen oft nicht zeitgleich zur Filmvorführung angeliefert, so daß die gegenseitigen Verweise für den Buchhandel wirtschaftlich nicht zum Tragen kamen. vgl. u.a.: Filmbuch und Buchhandel, in: Der Kinematograph 15,5, 1921, Nr. 743, 15. Jg.

[257] DRA RRG 1/002 Geschäftsbericht 1931 der Reichs-Rundfunk-Gesellschaft, S. 18

[258] W.H.F.: Der leidige Schallplattenkrieg, in: Der deutsche Rundfunk 12. 2. 1932, Nr. 7, 10. Jg., S. 4

[259] Rückzug der Schallplatten-Industrie. Vor einem neuen Siemens-Monopol?, in: Industrie-Kurier 2. 4. 1932, Nr. 13/14, 16. Jg., S. 5

chen den Plattenfirmen zurückzugeben. Der Vertrag, der von beiden Seiten nicht immer buchstabengerecht eingehalten wurde[260], war zunächst bis zum 31. März 1933 befristet. Anschließend einigten sich beide Seiten noch einmal auf eine Verlängerung bis zum 30. Juni. Mit diesem Ergebnis hatte sich die Reichs-Rundfunk-Gesellschaft weitgehend durchgesetzt, denn gegenüber der Zeit vor dem 6. Dezember 1931 hatte sich in bezug auf die Programmgestaltung nichts Wesentliches geändert.

Das Einlenken der Schallplattenindustrie resultierte aus den Folgen der Zahlungseinstellung der zum Küchenmeisterkonzern gehörenden Deutschen Ultraphon AG am 26. Juli 1931, nachdem sie weder die laufenden Ausgaben noch die fälligen Kredite, Steuern und Wechsel zahlen konnte. Obwohl die Ultraphon Tonfilm GmbH, die die Schallplatten von den bei der Tobis gedrehten Filmen für die Nadelton-Wiedergabe produzierte und an der die Deutsche Ultraphon AG mit über 90 Prozent beteiligt war, eine halbe Million Mark Reingewinn erzielt hatte, konnten die Verluste des übrigen Schallplatten- und Sprechmaschinengeschäftes nicht ausgeglichen werden[261]. Nach der Vox war dies das zweite große Unternehmen der phonographischen Industrie in Deutschland, das zum Sanierungsfall wurde. Zu diesem Zeitpunkt hoffte die Holding des holländisch-deutschen Küchenmeisterkonzerns, die N.V. Küchenmeister's Internationale Maatschappyi voor Accoustiek, noch, neue Geldgeber für ihr angeschlagenes Unternehmen zu finden, denn „im Falle der Liquidation würde ... an Stelle der jetzigen Scheinaktivität mit einem fast völligen Ausfall aller ungesicherten Passiven zu rechnen sein, da die Eigenart des Schallplattengeschäfts eine Abwicklung außerordentlich erschwere. Die vorhandenen Schallplatten dürften nur verkauft werden, wenn zuvor Lizenzgebühren bezahlt werden, andererseits stehen Schallplatten unter Markenschutz, so daß im Falle des Verschleuderns der Restbestände die Händlerschaft, die noch Schallplatten der Gesellschaft auf Lager hat, hohe Schadensersatzforderungen gelten machen könnte"[262]. Die weiteren Unternehmensgeschäfte kontrollierte zunächst ein Gläubigerausschuß, der auch einen gerichtlichen Vergleich anstrengte. Die Clausophon GmbH, die wenige Wochen vor der Zahlungseinstellung durch die Ultraphon AG aus dem Konzern ausgegliedert worden war, übernahm vorläufig den Weiterverkauf der Ultraphon-Schallplatten[263]. Im Spätherbst 1931 übernahm die Telefunken-Platte GmbH, eine der Tochterfirmen von Siemens & Halske und AEG den Ultraphon-Matrizenstock.

---

[260] Hie Rundfunk – hie Schallplatte, in: Phonographische und Radio Zeitschrift 1. 5. 1935, Nr. 9, 36. Jg., S. 184
[261] Gläubigerversammlung Ultraphon, in: Frankfurter Zeitung 4. 8. 1931, Nr. 573, 76. Jg.
[262] „Sanierungs"-Projekte bei Ultraphon, in: Phonographische Zeitschrift 15. 8. 1931, Nr. 17, 22. Jg., S. 946
[263] Ausführlich zur Ultraphon-Problematik siehe S. 361 ff.

Beide Konzerne hatten mit diesem Schritt alle Industriebereiche der Elektroakustik, also die Sende- und Empfangstechnik für den Rundfunk, die Produktion von Aufnahme- und Wiedergabeapparaturen für den Tonfilm sowie die Schallplattenproduktion, unter ihrem Dach vereinigt. Entsprechend ihrer Produktionspalette besaßen sie darüber hinaus bereits gute Beziehungen zum Rundfunk[264]. Bei einem Weiterbestehen der Blockadehaltung wäre Telefunken darüber hinaus über einen längeren Zeitraum ein kostenloses Werbemonopol im Rundfunk zugefallen.

Die Deutsche Grammophon versuchte über einen Patentprozeß, die Übernahme der Ultraphon durch Telefunken zu verhindern. Sie berief sich dabei auf jene Verträge, die ihre Vorgängerin, die Polyphon, am 25. Oktober 1926 mit General Electric bzw. Brunswick geschlossen hatte. Da Telefunken-Platte infolge der Patentabkommen zwischen General Electric und AEG die gleichen Patente nutzte wie die Grammophon, glaubte diese, deren Produktionsbeginn verhindern zu können. Sie klagte gegen General Electric, da diese „nach Zweck und Inhalt des Lizenzvertrages ... jeden Wettbewerb auf dem Gebiete der Herstellung von Schallplatten, gleich in welchem Verfahren, unterlassen müsse. Dieser Verpflichtung ... habe die Beklagte dadurch zuwidergehandelt, daß sie der Schallplattenanfertigung durch die Telefunken GmbH zugestimmt habe". Mit ihrer Rechtsauffassung konnte sich die Deutsche Grammophon in allen drei Instanzen durchsetzen. Das Reichsgericht verurteilte General Electric am 10. Februar 1934 zu einem Schadensersatz in Höhe von 50 000,- RM nebst Zinsen[265].

Infolge der permanent sinkenden Nachfrage nach Schallplatten und phonographischen Geräten[266] ging die Zahl der Schallplattenproduzenten auf dem deutschen Markt bereits bis zum Ende der Weltwirtschaftskrise rapide zurück. Neben der Deutschen Ultraphon AG und der Vox-Schallplatten- und Sprechmaschinen AG überstanden auch die Tri-Ergon Musik AG und eine Reihe kleiner Firmen, wie die Clausophon, die Star Record und die Homophon die Krise nicht. Andere Firmen mußten ihr Kapital neu strukturieren. So setzte die Polyphon am 14. September 1932 ihr

---

[264] Vergleichbare Entwicklungen zeichneten sich auch im internationalen Schallplattengeschäft ab. So schlossen sich im März 1931 die Columbia Gramophone und die Gramophone Company zusammen und gründeten eine gemeinsame Holding-Gesellschaft. An der Gramophone Co. hielt die RCA über 50%. Zusammenschluß Columbia-HMV. Errichtung einer gemeinsamen Holding-Gesellschaft mit über 6 Mill. £ Kapital. Neue Großmacht in der britischen Schallplattenindustrie, in: Berliner Börsen-Courier 22. 3. 1931, Nr. 137, 63. Jg.

[265] Deutschland. Vertragsauslegung, in: Gewerblicher Rechtsschutz und Urheberrecht Nr. 4/1934, 39. Jg., S. 264

[266] So sanken z. B. die Umsätze der Deutschen Grammophon, die sich 1929 auf 22 Millionen RM beliefen, 1930 auf 15 Millionen RM, 1931 auf 5 Millionen RM, 1932 auf 3,1 Millionen RM, 1933 auf 2,4 Millionen RM und 1934 auf 1,8 Millionen RM. Der Umsatzschwund bei Polyphon. Opposition verlangt weniger scharfe Zusammenlegung, in: Berliner Tageblatt 29. 12. 1934, Nr. 612, 63. Jg.

Kapital von 17,06 Millionen RM auf 10,79 Millionen RM herab[267]. In Deutschland trat sie seit diesem Zeitpunkt nur noch unter dem Namen Deutsche Grammophon AG auf dem Markt in Erscheinung[268]. Ende 1934 mußte die Carl Lindström AG, nach einem Verlust von sechs Millionen RM und der Auflösung aller Reservefonds ihr Aktienkapital im Verhältnis zehn zu eins zusammenlegen und neue Aktien im Wert von 400 000,- RM auf den Markt bringen[269]. In der Folgezeit versuchte das Unternehmen, durch den Bau von Radioteilen den weiteren Umsatzrückgang in der Schallplatten- und Sprechmaschinenproduktion auszugleichen.

Trotz der Entlassung von fast 2 700 Mitarbeitern innerhalb von drei Jahren und Versuchen, das Unternehmen umzustrukturieren, mußte am 23. Dezember 1934 die Generalversammlung der Deutschen Grammophon AG beschließen, das Gesellschaftskapital im Verhältnis von sieben zu eins herabzusetzen[270]. Auch in den folgenden Jahren verschlechterten sich die Umsätze des Industriezweigs, der bis zum Ende der 30er Jahre kontinuierlich schrumpfte[271]. Unter diesen Bedingungen beschloß die Generalversammlung der Deutschen Grammophon AG, auf ein gemeinsames Angebot der Deutschen Bank und Telefunken einzugehen. Dieses sah vor, die Aktiengesellschaft zu liquidieren und umzufirmieren in AG für Grundstücksverwertung Berlin/Leipzig. Die Gesellschaft sollte sich in Zukunft nur noch um die Veräußerung ihrer Grundstücke in der Berliner Markgrafenstraße und Leipzig-Wahren beschäftigen. Mit den Sacheinlagen der Schallplattenproduktion und den Bareinlagen von Telefunken und der Deutschen Bank wurde die Deutschen Grammophon GmbH gegründet. Die Schallplattenproduktion von Telefunken und Deutscher Grammophon wurde unter Beibehaltung der Firmennamen in Hannover konzentriert. Die Schallplattenproduktion von Telefunken in Berlin wurde aufgelöst und die etwa 100 Mitarbeiter in anderen Unternehmenszweigen beschäftigt[272].

Ab dem 1. Juli 1933 bestand zwischen den Schallplattenfirmen und der RRG ein vertragsloser Zustand. Im November 1933 schlossen sich sämtliche Schallplattenfabriken zur International Federation of the Phonographic Industry zusammen. Diese beschäftigte sich ausschließlich mit urheberrecht-

---

[267] Die Aktienkäufe der Polyphon-Verwaltung. Generalversammlung lehnt Revisionskommission ab, in: Berliner Tageblatt 15. 9. 1932, Nr. 438, 61. Jg.
[268] Schulz-Köhn, Schallplatten, S. 19
[269] Die Sanierung der Carl Lindström AG, in: Phonographische und Radio Zeitschrift 1. 12. 1934, Nr. 23, 35. Jg., S. 567
[270] Geheimes Staatsarchiv Preußischer Kulturbesitz, Ministerium für Handel und Gewerbe Rep. 120 Abt. XII Fach V Nr. 1 Bd. 19 Bl. 127
[271] 1955 wurden in der Bundesrepublik erstmals wieder mehr Schallplatten verkauft als 1929. Werthmann, Schallplattenindustrie, S. 19
[272] Konzentrationsbestrebung in der deutschen Schallplattenindustrie, in: Berliner Börsen-Zeitung 22. 5. 1937, Nr. 233, 82. Jg.; vgl. auch: Deutsche Grammophon, in: ebenda: 26. 11. 1937, Nr. 554, 82. Jg.

lichen Fragen der Schallplattenproduktion[273]. Nach entsprechenden Einsprüchen von Berufsmusikern legte ein gemeinsamer Runderlaß des Reichs- und Preußischen Ministeriums des Innern und des Preußischen Finanzministeriums vom 30. November 1934 fest, daß das Halten von Rundfunkgeräten in Gaststätten vergnügungssteuerpflichtig sei. Den Einwänden der Gaststättenleiter, sie würden ihre Geräte auch zum Abhören von Übertragungen politischer Großveranstaltungen zur Verfügung stellen, wurde von seiten des Innen- und Finanzministeriums nur eine untergeordnete Bedeutung beigemessen[274].

Im April 1934 senkte Telefunkenplatte die Preise. Damit kündigte das Unternehmen den 1933 abgeschlossenen sogenannten Phonowirtschaftsvertrag, der zum einen den fortlaufenden Preisverfall auf dem Schallplattenmarkt und zum zweiten eine weitere Ausbreitung der billigen Warenhausplatten, die von Außenseitern produziert wurden, verhindern sollte. Die beide angestrebten Ziele konnten mit dem Kartellvertrag ebenso wenig erreicht werden, wie die mit ihm verbundene Absicht, den weiteren Rückgang des Schallplattenabsatzes zu stoppen[275].

Der Streit zwischen den Plattenproduzenten und der RRG schwelte weiter. Unabhängig von den internen Auseinandersetzungen um Marktanteile warfen die Schallplattenfirmen dem Rundfunk vor, nach dem Auslaufen des Vertrages von 1932 sich vor allem in zwei Punkten signifikant von den damaligen Regelungen entfernt zu haben: „Man hat bei den Sendegesellschaften vertragswidrig einmal zum Füllen von vorherzusehenden, aber auch besonders von nicht vorherzusehenden Pausen Schallplatten benutzt, und zwar in diesen Fällen ohne Angabe der betreffenden Marke und ihrer Verkaufsnummer. So sind beispielsweise ... bei Funkreportagen über sportliche und andere Veranstaltungen, um die Zwischenzeiten zwischen dem Eingreifen der Funkberichterstatter auszufüllen, vielfach Schallplatten, dann allerdings zumeist unter Angabe, daß es sich um solche handelt, herangezogen worden, man hat sie aber auch verwendet, wenn das Programm, etwa durch das unvermutete Ausbleiben oder das verspätete Eintreffen eines Mitwirkenden eine Störung erfuhr. Ferner ist die Schallplatte vielfach zur musikalischen Untermalung von Sendespielen und Rezitationen verwendet worden, ohne daß man den Hörer überhaupt davon verständigt hat, daß es sich um Schallplattenmusik handelt, ja es wird sogar behauptet und unter Beweis gestellt, daß in der Ansage Solisten als vor dem Mikrophon stehend begrüßt und zum Ablegen einer Probe ihrer Kunst aufgefor-

---

[273] Schallplatte contra Rundfunk, in: Phonographische und Radio Zeitschrift 1. 6. 1935, Nr. 11, 36. Jg., S. 220
[274] Ministerial-Blatt für die Preußische Innere Verwaltung 1934, Nr. 50, 95. Jg, S. 1496
[275] Neuer Preiskampf auf dem Schallplattenmarkt!, in: Phonographische und Radio Zeitschrift 1. 5. 1934, Nr. 9, 35. Jg., S. 227 f.

dert sind, während an ihrer Stelle in Wirklichkeit die Schallplatte in Tätigkeit getreten ist"[276].

Im März 1935 verlangten die Schallplattenunternehmen schließlich angemessene Lizenzzahlungen für die Benutzung ihrer Schallplatten im Rundfunk. Die Höhe des Entgelts sollte sich nach der Zuhörerzahl des jeweiligen Reichssenders richten. Die RRG verweigerte die Zahlungen unter anderem mit dem Hinweis auf die Reklamewirkung der Schallplattensendungen. Die Plattenfirmen argumentierten dagegen, daß das häufige Spielen von Schallplatten die potentiellen Käufer abhalte, weil sie sich an der Musik bereits überhört hätten. Eine empirische Überprüfung beider Standpunkte fand nicht statt. Zur Klärung der Ansprüche reichten sieben Plattenfirmen[277] am 8. April 1935 eine Klage vor dem Berliner Landgericht ein. Diese sollte dem Rundfunk zunächst nur das Spielen von Schallplatten verbieten. Am 3. Mai antwortete die RRG, daß sie ab dem 4. Mai bis auf weiteres keine Schallplatten der sieben klagenden Firmen in den Reichssendern spielen werde, um den Firmen „die in der Rundfunksendung liegende Werbewirkung nicht ... zukommen lassen zu wollen"[278]. Am 5. Mai wurden alle Schallplattenarchive des deutschen Rundfunks versiegelt[279]. In der Folgezeit verzichteten die Reichssender völlig auf die Ausstrahlung von Industrieschallplatten und sendeten ausschließlich Livemusik bzw. Platten, die von ihnen selbst produziert worden waren. Die offizielle Propaganda warf den international agierenden Plattenfirmen vor, sie wollten den deutschen Rundfunk um drei bis vier Millionen Mark schädigen, ohne die Künstler an dem zusätzlichen Gewinn zu beteiligen[280]. In der Folgezeit folgte die Veröffentlichung zahlreicher Protestschreiben, die sich gegen das Vorgehen „einer in internationaler Solidarität zusammenstehenden Wirtschaftsgruppe" wandten[281]. Die Propaganda bezog sich dabei auf Prozesse in gleichgelagerten Fällen, die in Dänemark, der Schweiz, Ungarn und Jugoslawien geführt wurden[282].

---

[276] Hie Rundfunk – hie Schallplatte, in: Phonographische und Radio Zeitschrift 1. 5. 1935, Nr. 9, 36. Jg., S. 184

[277] Als Kläger traten gemeinsam auf: Lindström, Grammophon, Telefunken-Platte, Electrola, Kristall, Clangor und Tempo.

[278] Entscheidungen des Reichsgerichts in Zivilsachen, Bd. 153 Berlin/Leipzig 1937, S. 28

[279] Statt Schallplatten mehr Unterhaltungsmusik. Ab 5. Mai sind die Schallplattenarchive des deutschen Rundfunks versiegelt, in: Mitteilungen der Reichsrundfunkgesellschaft 1935/ I, 7. 5. 1935, Nr. 464, S. 2

[280] Ist die Schallplattenindustrie international gebunden? Auslandskapital in der deutschen Schallplattenindustrie, in: Völkischer Beobachter (Norddeutsche Ausgabe) 24. Mai 1935, Nr. 144, 48. Jg.

[281] Schallplattenkrieg und öffentliche Meinung. Einmütige Ablehnung der unberechtigten Forderungen der Schallplattenindustrie durch die deutschen Hörer, in: Mitteilungen der Reichsrundfunkgesellschaft 1935 / I, 16. 5. 1935, Nr. 465, S. 5

[282] Keine Schallplatten mehr im Rundfunk?, in: Mitteilungen der Reichsrundfunkgesellschaft 1935/ I, 15. 4. 1935, Nr. 462, S. 3

Da die Entscheidung der RRG, die Plattensendungen einzustellen, die Klage vor dem Landgericht hinfällig werden ließ, erweiterten die Industriefirmen ihre Klage auf Schadensersatz für die Ausfälle an Lizenzgebühren, die ihnen zwischen dem 8. April und dem 4. Mai 1935 entstanden seien.

Sowohl das Berliner Landgericht als auch das dortige Kammergericht schlossen sich der Rechtsauffassung der RRG an. Daraufhin gab Josef Goebbels die Anweisung, ab dem 15. März 1936 die seit Mai 1935 unterbrochenen Schallplattensendungen wieder aufzunehmen[283]. Dieser sogenannte zweite Schallplattenkrieg endete mit dem Revisionsurteil des I. Zivilsenats des Reichsgerichts am 14. November 1936, das weitgehend den Rechtsstandpunkt der Schallplattenfirmen stützte und damit die RRG zwang, für Schallplattensendungen Tantiemen zu zahlen[284].

---

[283] Reichssendeleiter Hadamovsky zur Wiederaufnahme der Musik-Schallplattensendungen, in: Mitteilungen der Reichsrundfunkgesellschaft 1936/ I, 10. 3. 1935, Nr. 492, S. 3

[284] Zum Prozeß der Schallplattenindustrie und der RRG vgl. auch: S. 313 f.

5. Exkurse:

5.1. Bemerkungen zum Verhältnis von Tonfilm und Theater

In den 20er Jahren hatten sich vielfältige Beziehungen zwischen der Filmindustrie und den Sprechbühnen herausgebildet. Dazu zählte die Verfilmung erfolgreicher Theater- und Operettenstücke, wie *Alt-Heidelberg* (Regie: Hans Behrendt), *Die Hose* (Regie: Hans Behrendt) und *Die Weber* (Regie: Friedrich Zelnik) oder *Der Walzertraum* (Regie: Ludwig Berger), *Keusche Susanne* (Regie: Richard Eichberg) sowie *Die Prinzessin Olala* (Regie: Robert Lang). Besonders in den Zentren der deutschen Filmproduktion wechselten Schauspieler und Regisseure zwischen Bühne und Film. Vertreter der Theateravantgarde, wie Erwin Piscator[1], aber auch bekannte Sprechtheater, wie das Berliner Schillertheater[2], und Varietétheater, wie die Scala, griffen im Rahmen ihrer Inszenierungen auf den Film als ein künstlerisches Mittel zurück. Einige Kinos sahen in Bühnenschauen, die meist außergewönliche Live-Darstellungen boten, eine Ergänzung des stummen Films. Mit den unterschiedlichen Darbietungen versuchten sie, das Bedürfnis der Zuschauer nach umfassender Unterhaltung zu befriedigen und Anreize zu schaffen, um Besucher in die Kinos zu locken[3]. Die Bühnenschauen, nach dem Vorbild des Vaudevilles[4] gestaltet, erfreuten sich lange Zeit großer Beliebtheit bei Teilen des Publikums[5]. Zunächst waren die Künstler meist Kriegsheimkehrer, die an anderer Stelle keine Arbeit gefunden hatten. Im Laufe der Zeit traten in den Kinopalästen zunehmend auch Künstler berühmter Varieté-, Sprech- und Musiktheater auf. Am Ende der 20er Jahre wurden nach amerikanischem Vorbild in einigen Lichtspielhäusern Revuen, Sketche, Opern und Operetten in Tableauform von bis zu einstündiger Spieldauer vor der Filmvorführung aufgeführt. Die Befürworter

---

[1] Fiebach, Craig, S. 300 ff.
[2] Im Oktober 1928 wurde im Schiller-Theater Ernst Kamnitzers „Der verlorene Sohn" inszeniert. Für den raschen Szenenwechsel wurde ein Draht über die gesamte Bühnebreite gespannt, über den die Bilder gezogen wurden. Auf diese Weise wurde unter ausdrücklicher Bezugnahme auf den Film der Eindruck einer rollenden Wand vermittelt. Das Berliner Staatstheater lernt vom Film, in: FK 24. 10. 1928, Nr. 254, 10. Jg.
[3] Bühnenschau oder nicht? in: Bühnenschau. Beiblatt der LBB Nr. 27/ 20. 7. 1929, 1. Jg.; vgl. auch: Tonfilm contra Bühnenschau. Der Beschluß der I.G.F. – Kurzsichtige Politik, in: FK 7. 6. 1930, Nr. 134, 12. Jg.
[4] Bühne, auf der derb-komische Stücke gespielt wurden.
[5] Bühnenschau in Berliner Kinos, in: FK 18. 2. 1928, Nr. 43, 10. Jg.

der Darbietungen betrachteten sie nicht selten als Hauptattraktion des gesamten Kinoprogramms[6]. Insgesamt gab es also am Ende der 20er Jahre eine Reihe von Momenten, die auf ein Aufweichen der Trennungslinie von Bühne, Varieté und Kino verwiesen.

Unter den Bedingungen des Tonfilms gewannen jene Stimmen an Gewicht, die Bühnenschauen abschaffen wollten. Neben den höheren Kosten argumentierten die Gegner des künstlerischen Vorprogramms unter anderem mit dem meist feststehenden Repertoire, das sich – im Unterschied zu den Film- und Rundfunkprogrammen – kaum dem Jahresablauf einschließlich seinen verschiedenen Feiertagen anpassen könne. Deshalb wirke das standardisierte Programm der Bühnenschauen für viele Besucher antiquiert[7]. Größere Lichtspielhäuser, wie der Phoebus-Palast oder der Concordia-Palast, deren Programme sich vor allem an ein Laufpublikum wandten, verzichteten jedoch auch in der Folgezeit nicht auf Bühnenschauen mit internationalen Spitzenkünstlern, die unter anderem auch im Berliner Wintergarten[8] oder in Opernhäusern[9] auftraten. Sie behielten in den genannten Großkinos auch nach der Umstellung auf den Tonfilm ihre traditionelle Aufgabe, potentielle Zuschauer durch zusätzliche Attraktionen in die Kinos zu locken.

Von seiten des Theaters waren die Einschätzungen des Tonfilms ebenso konträr wie die gesamte öffentliche Diskussion. Sie unterschied sich partiell insofern von anderen Meinungsäußerungen, als hier immer zugleich die Auswirkungen auf das eigene Medium reflektiert wurden. Der Vizepräsident der deutschen Bühnengenossenschaft, Erich Otto, erklärte vor dem österreichischen Bühnenverband im März 1930, daß seine Organisation überlege, Theaterschauspielern und Sängern die Mitwirkung an Tonfilmen zu verbieten. „Zu diesem Schritt sei die Bühnengenossenschaft in Deutschland gezwungen, weil sie nicht zulassen könne, daß ihre eigenen Mitglieder eine Konkurrenz förderten, die schließlich den Bestand des Theaters vernichte ... Wie sich die Konkurrenz der Kinos auswirke, sei deutlich aus einem Beispiel ersichtlich, wo die Einnahme einer Berliner Bühne um rund drei bis viertausend Mark pro Abend zurückgegangen sei, als der Hauptdarsteller des Repertoirestücks gleichzeitig im Tonfilm aufgetreten sei"[10]. Der Präsident der Bühnengenossenschaft, Karl Wallauer,

---

[6] Ungesunde Überfütterung des Publikums, in: Kinematograph Nr. 42/ 19. 2. 1930, 24. Jg.
[7] Mehr Aktualität auf der Kinobühne! Fort mit dem veralteten Repertoire! in: Bühnenschau. Wochen-Beiblatt der LBB Nr. 10/ 8. 3. 1930, 2. Jg.
[8] Bühnenschau, in: Film und Ton 21. 3. 1931, Nr. 12
[9] So stellte ein Berliner Lichtspielhaus eine Kurzrevue bestehend aus den bekanntesten Tenorpartien aus Wagners Ring der Nibelungen an den Anfang einer Filmvorführung. Für dieses Experiment waren zunächst zehn Vorstellungen vorgesehen, der Sänger wurde aber bereits nach seinem sechsten Auftritt entlassen. „Ring" als Kurzrevue, in: Berliner Börsen-Courier 26. 6. 1930, Nr. 291, 62. Jg.
[10] Theateroffensive gegen den Film, in: Kinematograph 22. 3. 1930, Nr. 69, 24. Jg.

sah dagegen wenige Monate später im Tonfilm keine Gefahr für die Bühnen, denn beim Tonfilm würden nur prominente Schauspieler beschäftigt, die keines Schutzes bedürften. Im Ergebnis einer heftigen Diskussion auf dem 3. Internationalen Schauspielerkongreß, der Ende Juni 1930 in Wien stattfand, wurde eine Resolution verabschiedet, die zum Ausdruck brachte, daß der Tonfilm die „lebendige Bühne" gefährde. Zugleich unterstrich das Papier, daß nun auch im Film der Künstler Vorrang gegenüber dem Laienschauspieler haben müsse. Zugleich begrüßte der Kongreß die Möglichkeit, daß beim Tonfilm Darsteller unterschiedlicher Nationalitäten miteinander arbeiten könnten, was die gegenseitige Verständigung unterstütze[11].

Differenzierte Positionen zum Tonfilm spiegelten sich auch in den Ergebnissen einer 1930 vom Film-Kurier gestarteten Umfrage zum Verhältnis von Tonfilm und Theater. So fürchtete der Intendant des Kölner Opernhauses, Fritz Hofmüller, um seine Oper, da der Tonfilm in wirtschaftlich schwierigen Zeiten immer mehr Besucher von den Bühnen abziehe. Georg Hartmann, Intendant des Stadttheaters Breslau, meinte dagegen: „Ich zweifele nicht daran, daß das deutsche Theater neben dem Tonfilm bestehen kann und auch in seinen wesentlichen Bühnen bestehen wird, ja als Künstler fühle ich mich sogar dem Tonfilm zu Dank verpflichtet, da er das Theater zwingt, sich auf das ureigenste Element, die Wirkung des Persönlichen, zu konzentrieren". Der Generalintendant des Hessischen Landestheaters, Darmstadt, Carl Ebert, forderte beide Medien auf, ihre Erfahrungen auszutauschen: „Vielleicht wird der Tonfilm vom Theater die geistige Selbstkontrolle und ein empfindliches künstlerisches Verantwortungsbewußtsein, das Theater vom Tonfilm die Knappheit und Beweglichkeit der auf Mitarbeit der Publikumsphantasie eingestellten Darstellungsweise lernen können"[12]. Der Intendant des Königsberger Opernhauses sah für das Theater überwiegend Vorteile in der Ausbreitung des Tonfilms, denn dieser würde das „'Schmierentheater' zu Fall bringen. Das ist aber kein Fehler, denn im Sinne einer künstlerischen Erziehung des Publikums ist es zehnmal besser, wenn die Einwohner einer Stadt von 10- oder 20 000 Einwohnern einen guten Tonfilm als eine schlechte Opern- oder Schauspielvorstellung erleben"[13]. Der Intendant des Chemnitzer Städtischen Theaters, Hanns Hartmann, war davon überzeugt, daß der Tonfilm das Theater fördern würde. „Das Kino ist kein Kunstinstitut, sondern eine Vergnügungs- und Zerstreuungsstätte". Insofern sei der Film etwas völlig anderes als das Theater und erlaube letzterem, seinen künstlerischen Charakter voll zu entfalten[14].

---

[11] Schauspieler-Kongreß zum Tonfilm, in: LBB 1. 7. 1930, Nr. 156, 23. Jg.
[12] Theater-Intendanten nehmen Stellung zum Tonfilm, in: FK 25. 10. 1930, Nr. 253, 12. Jg.
[13] Hans Schüler, Wer bedauert das Ende der Schmiere?, in: FK 1. 11. 1930, Nr. 259, 12. Jg.
[14] Hanns Hartmann, Tonfilm fördert das Theater, in: FK 1. 11. 1930, Nr. 259, 12. Jg.

In den folgenden beiden Jahren riß die Diskussion zum Verhältnis von Theater und Tonfilm nicht ab. Die Stellungnahmen zu diesem Problem verdeutlichen, daß in dem Maße, wie das neue Medium seine eigenen Dramaturgien und Ästhetiken ausprägte, das Konkurrenzverhältnis von Theater und Tonfilm in den Hintergrund trat. Statt dessen wurde die Verschiedenheit beider Kunstformen betont, die sich möglicherweise ergänzen, nicht aber miteinander konkurrieren könnten.

Die von einigen Intendanten 1930 geäußerten Vorbehalte gegenüber dem neuen Medium waren überwiegend wirtschaftlich motiviert[15]. Während des weiteren Verlaufs der Weltwirtschaftskrise gerieten immer mehr Theater in eine finanzielle Krise. Einige Städte versuchten, dem Verfall ihrer Theaterlandschaft durch Steuererlasse und Subventionen entgegenzuwirken. So unterstützte der Senat der Hansestadt Hamburg 1931 das Stadttheater mit mehr als 300 000,- RM und dem Erlaß der Lustbarkeitssteuer. Da die Lichtspielhäuser zur gleichen Zeit weder Steuervergünstigungen noch Subventionen erhielten, machten die Branchenblätter immer wieder darauf aufmerksam, daß die wenigen, die sich noch einen Theaterbesuch leisten konnten, staatliche bzw. städtische Subventionen erhielten, während das „Volkskino" ohne Unterstützung auskommen müßte[16]. Auf dem Höhepunkt der Weltwirtschaftskrise wurde die Diskussion über das Verhältnis von Theater und Kino erneut unter dem Gesichtspunkt des Verdrängungswettbewerbs geführt. So sahen Kritiker die Ursache für das weitgehende Verschwinden des Repertoiretheaters am Beginn der dreißiger Jahre im Tonfilm, weil inhaltlich überwiegend vergleichbare Stoffe bearbeitet würden: „Es wurde durch diese Entwicklung in die Situation eines Nachspieltheaters gebracht, hat auf diese Weise viel von seinem speziellen Typ verloren, und so auch, geschäftlich gesprochen, nicht mehr die Rentabilitätsmöglichkeit, die ihm früher gegeben war"[17]. Andere Stimmen formulierten noch radikaler und meinten, daß der „beispiellose Niedergang des Welttheaters" den steilen Aufstieg des Films erst ermöglicht hätte[18].

Die Auseinandersetzungen hielten auch während der nationalsozialistischen Herrschaft an. Nachdem das Reichspropagandaministerium feste Preise für alle Kinos eingeführt, das Zweischlagersystem verboten und die Werbemöglichkeiten eingeschränkt hatte, besaßen die Lichtspielbesitzer kaum einen Gestaltungsspielraum, um durch spezifische Angebote zusätzliche Zuschauer zu erreichen. Im Gegensatz dazu konnten die steuerlich

---

15 vgl. auch: Heinrich XLV, Erbprinz Reuß: Tonfilm und Theater, in: Vossische Zeitung 21. 9. 1930, Nr. 226
16 vgl. u. a.: In Hamburg: Steuerfreiheit für Subventionstheater, aber keine Hilfe für das Volkskino, in: LBB 20. 10. 1931, Nr. 251, 24. Jg.
17 Johannes Eckardt, Krisis der Repertoire-Kinos, in: Berliner Tageblatt 21. 2. 1932, Nr. 88, 61. Jg.; vgl. auch: Tonfilm-Konflikt bei den Sprechbühnen. Bühnenverein vor dem Arbeitsministerium, in: LBB 5. 5. 1931, Nr. 107, 24. Jg.
18 Kahan, Dramaturgie, S. 9

ohnehin begünstigten Theater und Varietés ihre Preise nach Belieben senken. Unter diesen Umständen lagen an manchen Orten die Preise der Theater- und Varietékarten wesentlich unter den billigsten der einfachen Kinos. Das Publikum machte die Kinobesitzer für die seines Erachtens zu hohen Eintrittspreise verantwortlich. Vor diesem Hintergrund befürchteten viele Kinobesitzer, der Theaterkonkurrenz auf Dauer zu unterliegen[19].

Weitgehend unabhängig von diesen Diskussionen wechselten 1930 wie schon in der Stummfilmzeit und auch in den folgenden Jahren viele Schauspieler von der Bühne zum Film und wieder zurück. Auch im Tonfilm wurden mediendisponible Schauspieler zur Regel. In bezug auf die Schauspieler unterschied sich die deutsche Tonfilmentwicklung grundlegend von der amerikanischen. In Deutschland legten die Bühnen immer großen Wert auf eine ausgefeilte Sprechausbildung. Deshalb konnten nach der Tonfilmumstellung die meisten Künstler beim Film weiter beschäftigt werden. Diese Kontinuität stand im Gegensatz zu gleichzeitigen Entwicklungen in Hollywood. Eine Vielzahl von Schauspielerkarrieren endeten dort mit dem Tonfilm abrupt. Vom New Yorker Broadway kam eine neue Filmschauspielergeneration an die Westküste. In Deutschland kam der Nachwuchs für die schrumpfende deutsche Filmproduktion fast ausschließlich von den Berliner Bühnen. Schauspieler von den Provinztheatern hatten auf Grund ihrer mangelnden Popularität kaum Chancen, in Tonfilmen zu spielen.

Für den Film hatte die enge Verbindung zur Bühne den Vorteil, daß für kleinere und Nebenrollen immer ausreichend gut ausgebildete Kräfte zur Verfügung standen. Die Berliner Theater profitierten insofern vom Film, als die Schauspieler durch die Mitarbeit in den Ateliers zusätzliche Einnahmen erhielten und deshalb auf ein besseres Bühnenengagement in der Provinz verzichteten[20].

Der Tonfilm stellte völlig neue dramaturgische Anforderungen an den Filmstoff. In der seit 1928 geführten Diskussion um das neue Medium spielte die Abgrenzung vom Theater eine besondere Rolle. Anders als bei den Tonbildern vor 1914, die sich vor allem an dramaturgischen Kurzformen der Berliner Unterhaltungstheater orientierten und der ersten Tonfilmvorführung im September 1922, die ebenfalls ein kurzes Bühnenstück beinhaltete, forderten erste Stimmen für den zukünftigen Tonfilmeinsatz ein Abfilmen von Theater- und Opernaufführungen, um diese auch in Kleinstädten und Dörfern zu zeigen[21]. In dieser kulturbürgerlichen Traditi-

---

[19] Betz: Vorrecht wird Unrecht, in: Der Film 29. 9. 1934, Nr. 39, 19. Jg. Die steuerliche Begünstigung korrespondierte mit der Zusammenlegung von Besucherorganisationen und der massiven Propagierung des Theaters als kulturell-/künstlerische Institution durch die Führungsschichten des Dritten Reiches. Der Film wurde dagegen als Wirtschaftsgut betrachtet, das sich über sein Unterhaltungsangebot refinanzieren mußte.
[20] Schafft die Voraussetzungen für den lebendigen Tonfilm, in: Film und Ton 14. 3. 1931, Nr. 11
[21] vgl. u. a. J.U.: Akustische Filme, in: Der Kinematograph 24. 9. 1922, Nr. 814, 16. Jg.

onslinie argumentierte z. B. auch Erich Kästner noch im Herbst 1928. Nach einer öffentlichen Vorführung ausgewählter Tonfilme im Tauentzien-Palast lehnte er die Produktion von Tonspielfilmen ab. Die Zukunft des neuen Mediums sah er in: „Aufklärung, Unterricht, Nachrichtendienst, Geschichtsvermittlung ... Außerdem kann er, wie Alfred Kerr von der Leinwand aus betonte, später einmal ins kleinste entlegenste Dorf die Reproduktion guter Theater- und Kabarettaufführungen tragen und so einer der wichtigsten Kulturfaktoren werden"[22]. Selbst der Filmtheoretiker Béla Balázs glaubte, „daß der ganz durchgesprochene Film seinen besonderen Filmcharakter verlieren und bloß eine Reproduktionstechnik des Theaters sein wird. Das hat auch seine kulturelle Berechtigung. Millionen werden auf diese Weise gutes Theater sehen, die sonst überhaupt kein Theater kennen". Das Abfilmen und Dokumentieren von Theaterereignissen wurde jedoch bald als nicht mediengerecht erkannt. Intensiv wurde in der Folgezeit deshalb die spezifische und eigenständige Ästhetik des Tonfilms diskutiert. Der Komponist des ersten deutschen Tonfilms, Edmund Meisel, hob im September 1928 unter diesem Gesichtspunkt hervor: „Vor allem muß der Tonfilm nicht nach einem Manuskript, sondern nach einer Partitur angefertigt werden. Diese Partitur darf aber nicht etwa aus Noten, sondern sie muß aus Bildern, Bildtexten, Geräuschtönen, Musiktönen, gesprochenem und eventuell auch gesungenem Text bestehen, deren Auswahl und kontrapunktische Zusammensetzung nach dem jeweiligen Sujet dann die Filmhandlung ergeben. Nur so können die veränderten und erweiterten Mittel, die der Tonfilm der Entwicklung der gesamten Kinematographie an die Hand gibt, ausgenutzt werden, und nicht etwa durch Aufnahme von bestehenden Opern, Operetten oder gar Schauspielen"[23]. Wie Meisel sah auch Balázs den Unterschied zwischen Theater und Tonfilm „in den akustischen Erlebnissen, die das neue Medium vermitteln könne"[24].

Das Feuilleton zum Tonfilmmanuskript, das die „Lichtbild-Bühne" Ende Juli 1929 publizierte, argumentierte differenzierter. Im Unterschied zu Meisel und Balázs, die vor allem in der Gestaltung des Akustischen den Unterschied zwischen Tonfilm und Theater sahen, forderte der Verfasser, daß der Tonfilmschriftsteller ein einheitliches Gebilde aus Bild und Ton schaffen müsse. Tonfilm solle in Zukunft auf Theaterdialoge verzichten, weil diese das Publikum ermüden würden. „Der Manuskriptschreiber muß sich vor allem darüber klar sein, daß die Mannigfaltigkeit der akustischen Möglichkeiten den Zauber des Tonfilms ausmacht". Gleiches gelte für zu lange Kameraeinstellungen. Bezogen auf Bild und Ton liege die Wirkung

---

22 Kästner, Gemischte Gefühle, S. 355
23 Eduard Meisel, Der Tonfilm hat eigene Gesetze. Eine Mahnung, in: Die Film-Musik 13. 9. 1928, Nr. 28
24 Béla Balázs, Das Tonfilm-Manuskript, in: FK 1. 6. 1929, Sondernummer, 11. Jg. Ähnlich sah es der Mitarbeiter des Deutschen Lichtspiel-Syndikats, R. Meissner, Der Tonfilm, seine Möglichkeiten und seine Grenzen, in: Szene Jg. 1929, S. 229 ff.

des Films „in der Dynamik, in dem Wechsel, in dem Überraschenden"[25]. Da die ersten Tonfilme des Jahres 1929 dieses nicht bzw. nur partiell leisteten, zog die zeitgenössische Kritik immer wieder das Theater im abwertenden Sinn als Vergleich heran. Signifikant ist in dieser Hinsicht die folgende Äußerung zum Spielfilm *Land ohne Frauen*: „Wieder mußte man die Beobachtung machen, daß das, was den stummen Film bisher auszeichnete, das Tempo, im Tonfilm verloren geht. Die 'Vertonung' zieht den Film in die Länge, er wird auf ein Streckbett gebracht, die Szenen stehen still, so daß man manchmal (gut) fotografiertes Theater zu sehen glaubt"[26]. Dennoch zeigt auch dieser Spielfilm Momente, die über das Theater hinausweisen. Am Ende will die Frau eines Goldgräbers mit ihrem Geliebten fliehen. Sie findet ihn tot. Ihre stille Trauer über den Selbstmord wird übertönt von dem Jubelschrei der heimkehrenden Goldgräber, die reiche Funde entdeckt haben. Dieser optische und akustische Kontrast ist auch auf der Bühne darstellbar. Der Unterschied zwischen beiden Medien besteht in dieser Szene vor allem in der Intensität des Dargestellten, die im Film auf Grund der größeren Möglichkeiten im Hinblick auf die Ausstattung und durch die Kameraeinstellungen stärker ist.

Diese und andere Szenen, die von Kritikern immer wieder als fotografiertes Theater abgewertet wurden, verweisen auch auf einen zweiten Punkt. Sprachliche und mimische Übertreibungen auf der Bühne, die den räumlich-akustischen Gegebenheiten des Theaters geschuldet sind, haben im Tonfilm keine Entsprechung. Der Schauspieler auf der Bühne muß auch noch in der letzten Reihe des Saales verstanden werden, das Mikrophon geht dagegen wie die Kamera an die Tonquelle heran und kann auf diese Weise auch die leiseste Äußerung des Schauspielers noch erfassen. Sprachlich wie optisch kann der Tonfilm auf viele Formen von Übersteigerung, derer sich das Theater bedient, verzichten. Die gegenüber dem Bühnenbild größere „Realitätsnähe" des Film zwingt zudem nicht zu deklamatorischer Geschlossenheit, sondern erlaubt es, etwa bei Katastrophensituationen, Sprache als Geräusch unter Geräuschen aufzunehmen. Beim Film kann also im Unterschied zum Theater, so im Rahmen von Milieuschilderungen der „akustisch-sinnliche Eindruck ausschlaggebend sein, nicht das 'Inhaltliche'"[27].

Die darstellerischen Schwächen innerhalb der frühen Tonfilme bildeten den negativen Bezugspunkt zur Bühne. Vor allem die Musikfilme am Beginn der dreißiger Jahre erschienen vielen Zeitgenossen als „filmisch nachgeahmte Bühnenoperetten". Diese Filme hätten deshalb „wenig Existenzberechtigung, sie sind eine ästhetisch unlautere Konkurrenz für die

---

[25] Das Tonfilm-Manuskript, in: LBB 25. 7. 1929, Nr. 176, 22. Jg.
[26] Walter Kaul, Capitol: Das Land ohne Frauen, in: Berliner Börsen-Courier 1. 10. 1929, Nr. 458, 62. Jg.
[27] Rehlinger, Filmisch, S. 73

Theater"²⁸. Nach den Premieren von *Der blaue Engel* und *Die letzte Kompagnie* änderte sich partiell die Kritik, die in der Folgezeit zunehmend die dramaturgische und ästhetische Eigenständigkeit des neuen Mediums anerkannte. So hob Charlotte Demmig, eine der wenigen deutschen Filmkritikerinnen, hervor: „Bewegt sich der Dialog im gleichen Rhythmus wie auf der Sprechbühne, so muß also notwendig, je nachdem (ob) Ton oder Bild das Dominierende ist, der Rhythmus des einen durch den anderen gestört werden. Diese Feststellungen bedeuten keineswegs eine Verurteilung des Wortes überhaupt. Aber es ergeben sich daraus einige Notwendigkeiten. Und zwar einmal, die Anwendung des gesprochenen Wortes nach Möglichkeit zu beschränken, es nur in knapper Form, sei es zur Untermalung oder zur Steigerung des Rhythmus, der Spannung oder auch als selbständiger handlungstragender oder handlungstreibender Faktor auftreten zu lassen ... Die überraschende Wirkungskraft eines solchen Wortes in knappster Form, sowohl in bezug auf Klang wie auf Sinndeutung und Eindruck, läßt es sogar denkbar erscheinen, daß aus dem, was vielfach als eine Gefahr für das Theater gefürchtet wurde, eine Gesundung der Sprache hervorwachsen könnte, über deren Überschwenglichkeit und Vernachlässigung auf der Sprechbühne bekanntlich seit langem schon Klage geführt wird"²⁹.

Eine andere Ebene im Verhältnis von Tonfilm und Theater bildete – wie bereits in der Stummfilmzeit – die Verfilmung erfolgreicher Theaterstücke. Allein in den ersten beiden Tonfilmjahren lassen sich an Hand übereinstimmender Titel 25 Berliner Bühnenstücke benennen, die zur gleichen Zeit im Theater und in den Kinos gezeigt wurden.

Die folgende Tabelle verdeutlicht den Anteil von Theaterstoffen und Literatur an der gesamten Filmproduktion zu Beginn des Tonfilmzeitalters³⁰:

Jahr	Tonfilme insgesamt	Tonfilme auf der Basis von				
		Roman	Novelle	Schauspiel	Lustspiel	Operette
1929	8	2	-	-	-	-
1930	101	5	1	5	5	5
1931	142	17	3	11	21	6
1932	132	15	3	4	21	3

Bei der Bearbeitung von Theaterstücken für den Film entfiel vor allem die oft langwierige Stoffsuche. Unter dem Zeichen einer verschärften Film-

---

28 Hermann Sinsheimer, Die neuen Wege des Tonfilms, in: Berliner Tageblatt 28. 9. 1930, Nr. 458, 59. Jg.
29 Charlotte Demmig, Der Tonfilm, in: Der Gral, September 1930, Nr. 12, 24. Jg.
30 Gerhard Eckert, Gestaltung eines literarischen Stoffes in Tonfilm und Hörspiel (Neue deutsche Forschungen. Abteilung Neue deutsche Literaturgeschichte Bd. 6), Berlin 1936, S. 53; Alexander Jason: Handbuch der Filmwirtschaft 1935/36, Berlin o.J., S. 24

zensor, wie sie mit Beginn der Weltwirtschaftskrise ausgeübt wurde[31], belastete dieses Problem alle deutschen Produktionsfirmen erheblich[32]. Zugleich verminderte sich das Produktionsrisiko insofern, als rasch deutlich wurde, daß mit erfolgreichen Theateraufführungen in der Regel auch hohe Einnahmen an den Kinokassen zu erzielen waren. Sozialkritische Bühnenstücke als Tonfilmvorlagen bildeten wie in der Stummfilmzeit eine Ausnahme. „Cyankali" von Friedrich Wolf, auf dem der als Stummfilm konzipierte gleichnamige Tonfilm basierte, blieb ohne Nachfolger.

Die filmische Umsetzung der jeweiligen Theaterstoffe war sehr verschieden. Die Erfahrungen mit Verfilmungen von Bühnenstoffen während der Stummfilmzeit hatten schon vor dem Ersten Weltkrieg gezeigt, daß unbearbeitete Übernahmen von Theaterstücken durch den Film von Publikum und Kritik abgelehnt wurden[33]. Das Beispiel des Musikfilms *Land des Lächelns* zeigte, daß die schon beim Stummfilm gewonnenen Erkenntnisse auch für das neue Medium galten. Die gleichnamige lyrische Operette hatte im Oktober 1929 im Berliner Metropoltheater Premiere. Der Komponist Franz Lehár dirigierte wie später auch im Film das Orchester selbst. Den Schauspielern, die während der Operettenpremiere umjubelt wurden, begegnet man – bis auf eine Ausnahme – im Film wieder[34]. Er wurde im Herbst 1930 uraufgeführt. Die Verfilmung setzte die Operettenaufführung auf einer Freilichtbühne in Szene und ergänzte sie lediglich mit einer Rahmenhandlung. Mit diesem Spielfilm unterstrich der Tonfilm, mit dem Tauber zum letzten Mal Erfolg im Filmgeschäft feierte, noch einmal, daß er in der Lage war, Melodien weitgehend originalgetreu wiederzugeben. Die folgenden Tauberfilme konnten die Produktionskosten nicht decken, so daß die 1930 gegründete Tauber-Film GmbH bereits im September 1932 Bankrott anmelden mußte. Der Grund lag offensichtlich im mangelnden Publikumsinteresse.

Die fehlende Publikumsresonanz auf die späteren Tauberfilme erweist sich bei einer näheren Betrachtung als Differenz von Darstellung im Film und auf der Bühne. Auf dieses Phänomen verwies im Zusammenhang mit Richard Tauber bereits die erste Filmkritik von Hans Flemming zu *Das Land des Lächelns*: „Man sah ganz einfach die mechanische Kopie eines erfolgreichen Theaterstückes. Die Mimen traten auf, gingen ab, sangen ihre Nummer, die Szene blieb starr, kein Gott und kein Teufel fuhr dazwischen. So wird man also eines schönen Tages den 'Troubadour' oder den 'Nibelungenring' verarzten und die Maschine in den Dienst einer Pseudokunst stellen, die dem Theater Publikum entzieht und dem guten Filmgeschmack

---

[31] vgl.: Jahrbuch der Filmindustrie, Jahrgang 5 1930/31, Berlin 1933, S. 532
[32] B R 8119 Nr. 19070 Bl. 123/ 1 ff.
[33] Mühl-Benninghaus, *Don Juan*
[34] vgl. u.a.: Karl Westermeyer: Franz Lehár: „Das Land des Lächelns", in: Berliner Tageblatt 11.10. 1929, Nr. 481, 58. Jg.

unendlichen Schaden zufügt"³⁵. Eine andere Filmkritik zum gleichen Film formuliert das Problem noch schärfer: „Selbst auf die Gefahr hin, von der Industrie standrechtlich erschossen zu werden, erklärt sich der Referent für außerstande, dieses Produkt ernst zu nehmen. In einem solchen Film ist eigentlich nur der Opern- oder Operettenkritiker am Platze. -- Oder will man uns wirklich weiß machen, daß diese Sorte schlechtillustrierter Grammophonmusik etwas mit Film zu tun habe? Ja, wahrhaftig, man will es! Mehr noch, *Das Land des Lächelns* wurde als 'künstlerisch wertvoll' erklärt. Dabei stellt dieser Singfilm inmitten aller entgegengesetzten Versuche der letzten Zeit wieder mal einen vollkommenen Verzicht auf bildlichen Ausdruck, auf filmische Wirkung dar. Es ist fotografierte Operette, deren Unzulänglichkeit man durch eine alberne Rahmenhandlung für den Tonfilm genießbar zu machen glaubte ... Es war nicht nur der Verzicht auf das Bild, es war auch ein Verzicht auf den Schauspieler"³⁶. Aus denselben Gründen kritisierten auch Teile der Branchenpresse den Spielfilm: „Die Darsteller blieben Figuren und Teile der Ausstattung. Melodie und Kulisse waren zu sehr Hauptsache ... Für die Glätte und Schönheit ihrer Gewänder hat ein Kostümhaus gesorgt. Für die Wirkung und Schönheit ihrer Worte und Bewegungen tat ihr Regisseur nichts"³⁷. An anderer Stelle heißt es: „Es ist ohnehin noch genug der Langeweile in diesem Tonfilm bei freier Übertragung und Einrahmung durch eine Vorhandlung. Wir haben einen Vorgeschmack von der Ausnützung der Tonfilmerfindung zu Konservierungszwecken ... Tauber verträgt erstens keine Großaufnahme, wie wir schon deutlich genug bei seinem ersten Film feststellten, zweitens ist er zu wenig Chinese, drittens ist er zu wenig Liebhaber, um die Freude an seinem Gesang zu der von der Tauberton vorausgesetzten Extase anschwellen zu lassen. Die Suchy ist weder mimisch noch filmerscheinungsmäßig auf der Höhe. Der Lichtblick in der Darstellung ist Georg John als alter Chinese³⁸. Trotz vereinzelter Einwände gegen *Das Land des Lächelns* stand am Beginn der Tonfilmära vor allem die orginalgetreue Wiedergabe des Tons und weniger die schauspielerische Leistung im Mittelpunkt der Aufmerksamkeit des Publikums. Insofern konnte Tauber in seinem ersten Operettenfilm im Gegensatz zu den späteren noch überzeugen.

Die Kritiken zum verfilmten Bühnenstück verdeutlichen auch die visuellen Unterschiede von Bühne und Film. In der Salonoperette dominierten die Stars, die durch ihr Aussehen und ihren Gestus zu Idealtypen ihrer Epoche wurden, und das Bühnenbild. In der zweiten Hälfte der zwanziger Jahre hatten der Film und die Revue beide längst vereinnahmt und die ent-

---

35 Hans Flemming: „Das Land des Lächelns". Capitol, in: Berliner Tageblatt 20.11. 1930, Nr. 547, 59. Jg.
36 Mersus: Das Land des Lächelns. Capitol, in: Berlin am Morgen 19.11. 1930, Nr. 271, 2. Jg.
37 Betz: Im Capitol: Das Land des Lächelns, in: Der Film 22.11. 1930, Nr. 47, 15. Jg.
38 Das Land des Lächelns, in: Deutsche Filmzeitung 7.11. 1930, Nr. 45, 9. Jg.

sprechenden Zielpublika an sich gezogen. Deshalb konnte die lyrische Operette, wie „Land des Lächelns", auf diese visuellen Elemente weitgehend verzichten. Das Gestische verlor hier ebenso an Bedeutung, wie auch die Helden der Lehárschen Operetten nicht mehr zu den Leitbildern ihrer Zeit gehörten. Der Film zeigte vor allem den Lebemann, den Draufgänger und andere vergleichbare Helden, die späte Operette präsentierte dagegen weiche, nach innen gekehrte Typen, wie Sou-Chong und Alexej im „Zarewitsch". Unter diesen veränderten Bedingungen konnte Richard Tauber, der „mit seinem Monokel und dem beim Singen unschön verzogenen Mund"[39] eher komisch wirkte und dem jede agile schauspielerische Begabung fehlte, zum Operettenstar aufsteigen. Selbst als er nach langer schwerer Krankheit als Sou-Chong erstmals wieder auf der Rotter-Bühne stand, sich aber nur linkisch und steif bewegen konnte, hatte er noch Erfolg[40]. Schauspielerische Fähigkeiten waren in der späten Operette offensichtlich bedeutungslos geworden. Auch die zeitgenössischen Kritiker schwiegen meist über das schauspielerische Talent des Tenors. Sie beschränkten sich in der Regel auf die Beschreibung seiner wunderbaren Stimme. Hieß es in der Tanzoperette Offenbachs noch: „Wir stürzen wir in den Strudel, Strudel, Strudel", sangen am Ende der zwanziger Jahre meist füllige und steife Sänger der Oper allein auf der Bühne und fast unbeweglich das Tauberlied[41]. In der Operette gab es neben dem Orchesterglanz auch noch die „schönen Stimmen", die das durch die Avantgardemusik verprellte und verunsicherte zeitgenössische Opernpublikum in den Opernhäusern zunehmend vermißte[42]. Die sentimentale Operette wurde zum Opernersatz.

Infolge der mangelhaften Technik waren die Drehbücher der ersten Tonfilme noch weitgehend auf den singenden Star abgestellt, der mehrmals im Verlauf eines Films das gleiche oder mehrere Lieder sang. Obwohl sich die Technik nur unwesentlich geändert hatte und im Spielfilm *Die Drei von der Tankstelle* bis auf wenige Ausnahmen Schwenks fehlen, zeigt er dennoch, daß Regisseure schon Mitte 1930 Musik als ein dramaturgisches Mittel einsetzten, um Bildvorgänge einzuleiten, zu begleiten oder um bestimmte Filmsequenzen hervorzuheben, zu steigern bzw. zu kontrastieren: Das zu Beginn des Films gesungene Lied „Ein Freund, ein guter Freund" wird im Laufe des Films mehrfach wiederholt. Die jeweilige Inszenierung der Musik korrespondiert dabei mit der jeweiligen Stimmungslage der drei Helden und umfaßt – entsprechend des Handlungsverlaufs – die gesamte Gefühlspalette zwischen übermütig und ironisch-wehleidig. Der Gerichtsvollzieher pfändet im Tanzschritt zum Song „Lieber Herr Gerichtsvollzieher" und bleibt von den Stepversuchen der drei Freunde völlig ungerührt.

---

[39] Schneidereit, Tauber, S. 75
[40] Grünberg, Operette, S. 72
[41] Arthur M. Rabenalt: Der Operetten-Bildband. Bühne-Film-Fernsehen, Hildesheim/New York 1980, S. 17
[42] Frey, Franz Lehár, S.169 ff.

Zur gleichen Melodie werden tote Gegenstände lebendig und die Villa in Stepschritten ausgeräumt, der Rechtsanwalt erledigt seine Post in Chansons und das Autohupen wird von der Musik aufgegriffen und weitergetragen. Die Musik stiftet Überleitungen zwischen Schauplätzen und Personen, so etwa, wenn an der Tankstelle jeder der drei Freunde für Lilian Harvey „Hallo, Du süße Frau" singt, mit der sie „den Weg ins Paradies" zu finden glauben. Aber nur mit Willy Fritsch, ihrem späteren Filmgatten, singt sie das Duett „Liebling, mein Herz läßt Dich grüßen". Der Schluß von *Die Drei von der Tankstelle* verweist parodistisch auf die Bühnenoperette, indem sich im Schlußbild der Vorhang nicht vor, sondern hinter den beiden Liebenden schließt. Die angedeutete Verbeugung der beiden Protagonisten vor dem imaginären Publikum „verrät", daß das Gesehene – wie im Theater – nur ein Spiel war. Dennoch enthält die Filmoperette keine, wie in den Tauber-Filmen zu beobachten, vertonten Szenen, sondern inszenierte Melodien, die auch Stimmungslagen und Wünsche der Protagonisten offenbaren.

Den Anforderungen der von der Bühne sich weitgehend unterscheidenden Ästhetik und Dramaturgie konnte Tauber, der sich auch im Aussehen mit Stars wie Willy Fritsch nicht vergleichen konnte, nicht gerecht werden. Er hatte deshalb im Tonspielfilm, zu dessen Etablierung er als einer der ersten Stars, die in diesem Medium auftraten, einen wichtigen Beitrag leistete, auf Dauer keinen Erfolg.

Ernst Hugo Correll beschrieb das veränderte Verständnis von der jeweiligen Medienspezifik bereits Anfang Mai 1930, indem er feststellte, daß der Tonfilm sich vom Theater durch „die sinnvolle Zielstrebigkeit des gesprochenen Wortes" unterscheide. In bezug auf das neue Medium führte er weiter aus: „Es (das Wort – M.B.) wird sich weniger im Dialog um debattierende Menschen, sondern um in Worten sich entwickelnde Handlung handeln. Nicht daß und wie die Menschen im Tonfilm sprechen ist interessant, sondern daß sie mit ihren Worten die Handlung vorwärtstreiben und beeinflussen. Das nächste Gebiet des Tonfilmes wird also der stark dramatische 'Reißer' sein, das Stück also, dessen Handlungsablauf den Zuschauer (-hörer) ständig in Atem hält, das sich aber vom Bühnenstück durch beweglicheren Aufbau, leichteren Szenenwechsel, Sparsamkeit der Diktion und bildliche Wirkungen unterscheidet"[43]. Ein Jahr später schrieb Richard Oswald im Zusammenhang mit der Uraufführung des von ihm verfilmten Lustspiels von Ladislaus Fodors *Arm wie eine Kirchenmaus* zum gleichen Thema: „Die filmische Bearbeitung hat dort einzusetzen, wo die bewegliche Kamera, die kontinuierliche Bildfolge des Films die Raumgrenzen der Bilder sprengt. Was auf der Bühne der Dialog an Handlung hinter der Bühne, zwischen den Akten verrät, muß der Film zeigen, bildlich nahebringen. Er muß darüber hinaus die Atmosphäre des Ortes, hier also Paris, New York,

---

[43] Ernst Hugo Correll: Der Tonfilmstoff. Der Produzent hat das Wort, in: LBB 9.5. 1930, Nr. 111, 23. Jg.

Wien, die Großbank, das Luxushotel, einfangen und durch das Auge und das Ohr leichter, flüssiger, intensiver und abwechslungsreicher vermitteln, als es die Bühne vermag"[44]. Anders ausgedrückt: Das Mikrophon muß sich dem Geschehen auf der Leinwand unterordnen, da das in sich geschlossene Bühnenstück durch eine Vielzahl von Bildern, die die Grundlage einer Filmhandlung sind, aufgelöst wird.

5.2. Zu rechtlichen Konsequenzen der Umstellung vom stummen auf den Tonfilm

Im Kontext der Entstehung und Ausbreitung des Tonfilms sowie der Entwicklung des Radios zum Gebrauchsgegenstand fielen eine Reihe juristischer, vor allem das Urheberrecht betreffender Entscheidungen, die sich im Spannungsfeld von Kunst, Recht, Ökonomie und Technik bewegten.

Zum Zweck des Beitritts zur 1886 gegründeten Berner Union verabschiedeten der Reichstag und der Bundesrat 1901 das Gesetz betreffend das Urheberrecht an Werken der Literatur und der Tonkunst (LUG)[45], das unter anderem auch die Vervielfältigung von Musik durch Schallplatten regelte, und 1907 das Gesetz betreffend das Urheberrecht an Werken der bildenden Kunst und der Photographie (KUG)[46]. Das KUG schützte, trotz der sich sprunghaft ausbreitenden Kinematographie, nur die einzelnen Fotografien, aus denen sich der Film zusammensetzte, denn das Gesetz erwähnte das Medium nur indirekt in § 15 Abs. 1 Satz 1: „Der Urheber hat die ausschließliche Befugnis, das Werk zu vervielfältigen, gewerbsmäßig zu verbreiten und gewerbsmäßig mittels mechanischer oder optischer Einrichtungen vorzuführen; die ausschließliche Befugnis erstreckt sich nicht auf das Verleihen". Zwischen 1907 und 1910 war der Film als Bildfolge bzw. Handlungszusammenhang demnach urheberrechtlich kein relevantes Schutzobjekt, noch wurde er als eigene Werkgattung anerkannt.

1908 wurde die zweite Revisionskonferenz der Berner Übereinkunft nach Berlin einberufen, um über die neuen technischen Formen mechanischer und kinematographischer Werkwiedergabe zu beraten. Die Revidierte Berner Übereinkunft zum Schutze von Werken der Literatur und Kunst (RBÜ) stellte in Artikel 2 und 3 Schallplatte und Film urheberrechtlich den Werken der Literatur und Kunst gleich. Artikel 13 legte für die Schallplatte und Artikel 14 für die Kinematographie die urheberrechtlichen Rahmenbestimmungen fest[47].

---

[44] Richard Oswald, Ich verfilme Bühnenwerke, in: FK 5. 11. 1931, Nr. 260, 13. Jg.
[45] RGBl. 1901 S. 227 ff.
[46] RGBl. 1907, S. 7 ff.
[47] Revidierte Berner Übereinkunft zum Schutze von Werken der Literatur und Kunst, in: Gewerblicher Rechtsschutz und Urheberrecht Nr. 11/ 1908, 13. Jg., S. 333 ff.

Am 22. Mai 1910 wurde das Gesetz zur Ausführung der revidierten Berner Übereinkunft zum Schutze von Werken der Literatur und Kunst vom 13. November 1908 erlassen[48]. Es bildete die Anpassung von LUG und KUG an die 1908 in Berlin beschlossenen Änderungen der RBÜ. Als § 15a KUG wurden folgende Vorschriften ergänzt: „Ist ein im Wege der Kinematographie oder eines ihr ähnlichen Verfahrens hergestelltes Werk wegen der Anordnung des Bühnenvorganges oder der Verbindung der dargestellten Begebenheiten als eine eigentümliche Schöpfung anzusehen, so erstreckt sich das Urheberrecht auch auf die bildliche Wiedergabe der dargestellten Handlung in geänderter Gestaltung. Der Urheber hat die ausschließliche Befugnis, das Werk öffentlich vorzuführen". Die Bestimmungen der §§ 31 und 32 Abs. 1 im vierten Abschnitt – Rechtsverletzungen – wurden jeweils um einen gleichlautenden zweiten Satz erweitert: „Der gewerbsmäßigen Vorführung steht, soweit die Kinematographie oder ein ihr ähnliches Verfahren angewandt wird, die öffentliche Vorführung gleich"[49]. Damit wurden kinematographische Werke im Sinne des Urheberrechts als Kunstwerke anerkannt und die Rechte ihrer Urheber unter Schutz gestellt. Inhaltlich orientierte sich das neue Gesetz sowohl am Bühnenrecht als auch am Schutz fotografischer Werke.

Das LUG wurde in bezug auf den Film geändert, um literarische Werke gegen unerlaubte Verfilmung zu schützen. § 12 legte fest, daß sich die ausschließlichen Befugnisse des Urhebers auch auf die Bearbeitungen seines Werks erstrecken. Im Gesetz von 1910 wurde die Aufzählung der Arten der Bearbeitungen im Hinblick auf die Kinematographie in § 12 Abs. 2 ergänzt um: „6. die Benutzung eines Schriftwerkes zu einer bildlichen Darstellung, welche das Originalwerk seinem Inhalt nach im Wege der Kinematographie oder eines ihr ähnlichen Verfahrens wiedergibt"[50]. Unter Bezug auf den neu hinzugefügten § 1 Abs. 2 („Choreographische und pantomimische Werke werden auch dann wie Schriftwerke geschützt, wenn der Bühnenvorgang auf andere Weise als schriftlich festgelegt ist.") stellte § 12 Abs. 2 Punkt 6 sinngemäß fest, daß die Kinematographie dem Inhalt nach ein Schriftwerk wiedergibt. Als zentraler Urheber hätte demnach der Drehbuchautor zu gelten.

Mit dem Aufkommen des Tonfilms zu Beginn der dreißiger Jahre begann eine rechtswissenschaftliche Diskussion über die urheberrechtliche Bewertung des neuen Mediums. In den entsprechenden Abhandlungen divergierten die Beurteilungen. Ein Teil der Autoren vertrat unter Bezug auf die bisherige Rechtslage die Auffassung, daß der Tonfilm urheberrechtlich

---

[48] RGBl. 1910, S. 793 ff.
[49] Der Begriff Vorführung orientierte sich an §§ 15, 31, 32, 36, 37 KUG.
[50] Unter § 12 Abs. 2 Nr. 5 wurde in bezug auf die Schallplatten festgelegt: Als Bearbeitung hat zu gelten „5. die Übertragung des Werkes auf Vorrichtungen für Instrumente, die der mechanischen Wiedergabe für das Gehör dienen, insbesondere auf auswechselbare Scheiben, Platten, Walzen, Bänder und sonstige Zubehörstücke solcher Instrumente;"

den Werken der Literatur gleichzustellen sei. Andere hingegen sahen im Tonfilm eine Werkverbindung im Sinne § 5 LUG, der ursprünglich nur Opern und Operetten erfaßte: „Wird ein Schriftwerk mit einem Werke der Tonkunst oder mit Abbildungen verbunden, so gilt für jedes dieser Werke dessen Verfasser auch nach der Verbindung als Urheber". Die Übertragung von § 5 LUG auf den Tonfilm lag in der Auffassung begründet, daß es für den Tonfilm kein einheitliches Urheberrecht geben könne.

Ein zweites urheberrechtliches Problem in bezug auf die Massenkommunikation entstand zur gleichen Zeit mit dem vermehrten Abspielen von Schallplatten im Rundfunk. Im Gesetz vom 22. Mai 1910 wurde einzig für die Schallplattenindustrie unter § 22 LUG eine Zwangslizenz eingeführt: „(Abs. 1) Gestattet der Urheber eines Werkes der Tonkunst einem anderen, das Werk zum Zwecke der mechanischen Wiedergabe (§ 12 Abs. 2 Nr. 5) gewerbsmäßig zu vervielfältigen, so kann, nachdem das Werk erschienen ist, jeder Dritte, der im Inland eine gewerbliche Hauptniederlassung oder den Wohnsitz hat, verlangen, daß ihm der Urheber gegen eine angemessene Vergütung gleichfalls eine solche Erlaubnis erteile; für die Entstehung des Anspruchs begründet es keinen Unterschied, ob der Urheber dem anderen die Vervielfältigung mit oder ohne Übertragung der ausschließlichen Befugnis gestattet. Die Erlaubnis wirkt nur auf die Verbreitung im Inland und die Ausfuhr nach solchen Staaten, in denen der Urheber keinen Schutz gegen die mechanische Wiedergabe des Werkes genießt. Der Reichskanzler kann durch Bekanntmachung im Reichs-Gesetzblatt für das Verhältnis zu einem Staate, in dem er die Gegenseitigkeit für verbürgt erachtet, bestimmen, inwieweit ein Dritter, auch wenn er im Inland weder eine gewerbliche Niederlassung noch den Wohnsitz hat, die Erlaubnis verlangen darf und daß die Erlaubnis auch für die Ausfuhr nach jenem Staate wirkt. (Abs. 2) Gehört als Text zu dem Werke der Tonkunst ein geschütztes Schriftwerk, dessen Urheber einem anderen gestattet hat, es zum Zwecke der mechanischen Wiedergabe gewerbsmäßig zu vervielfältigen, so finden die Vorschriften des Abs. 1 auch auf den Text Anwendung. An Stelle des Urhebers des Textes ist jedoch der Urheber des Werkes der Tonkunst berechtigt und verpflichtet, die Erlaubnis zu erteilen; er hat, wenn er die Erlaubnis erteilt, dem Urheber des Textes einen angemessenen Teil der Vergütung auszuzahlen".

§ 22a LUG legte einzig in bezug auf die Wiedergabe von Schallplatten fest: „(Abs. 1) Vorrichtungen, die auf Grund einer gemäß § 22 erteilten Erlaubnis hergestellt sind, dürfen mit der im § 22 Abs. 1 Satz 2 festgesetzten Beschränkung ohne eine weitere Erlaubnis zu öffentlichen Aufführungen benutzt werden. Hat der Urheber vor oder nach dem Inkrafttreten dieser Vorschrift die ausschließliche Befugnis zur Aufführung einem anderen übertragen, so hat er dem anderen einen angemessenen Teil der Vergütung auszuzahlen. (Abs. 2) Die Vorschriften des Abs. 1 finden auch dann Anwendung, wenn der Urheber freiwillig einem anderen die Erlaubnis erteilt, das Werk zum Zwecke der mechanischen Wiedergabe zu vervielfältigen".

Der Gesetzgeber konnte 1910 auf Grund des noch nicht existierenden Rundfunks nur die Vorführung einer Schallplatte in der eigenen Wohnung sowie im Rahmen von gewerblicher Nutzung, also im Restaurant, im Café oder im Kaufhaus, die sogenannten kleinen Aufführungsrechte, im Blickfeld gehabt haben. Auf Grund der Klagen von Schallplattenfirmen mußte gerichtlich geklärt werden, ob der Begriff der „öffentlichen Aufführung" einer Schallplatte nach § 22a LUG auch die Wiedergabe im Hörfunk einschließt „ohne erneute Erlaubnis des an der Platte urheberrechtlich Berechtigten"[51]. Im Umfeld dieser beiden zentralen urheberrechtlichen Fragestellungen mußten insbesondere für den Tonfilm noch eine Reihe weiterer Entscheidungen gefällt werden[52], die in ihrer Gesamtheit den urheberrechtlichen Schutz des Tonfilms und der Schallplatte bis zur Verabschiedung des Urheberrechtsgesetzes von 1965 bestimmten.

Die in den dreißiger Jahren ausgetragenen Rechtsstreitigkeiten, die zum Teil erst vom Zivilsenat des Reichsgerichts entschieden wurden, beinhalteten auch eine soziale Komponente. Mit der zunehmenden Verbreitung künstlerischer Produkte durch Film, Schallplatte und Hörfunk und der permanent sinkenden Nachfrage nach Instrumenten für den häuslichen Gebrauch[53] veränderte sich die Kulturlandschaft erheblich. Einmal produzierte Bilder und Töne konnten nun beliebig oft an verschiedenen Orten reproduziert werden, ohne daß sie, wie bisher, neu eingeübt oder aufgeführt werden mußten. Unter diesem Blickwinkel mußte mit Hilfe der Rechtsprechung geklärt werden, inwieweit die sogenannte mechanische Wiedergabe künstlerischer Werke zur Sicherung des Lebensunterhalts des Künstlers mit herangezogen werden konnte oder nicht.

Auf dem zweiten Kongreß der Union Internationale des Artistes im Juli 1928 in Paris sprach der Präsident der Genossenschaft deutscher Bühnenangehöriger, Karl Wallauer, zu Rechtsproblemen, die in erster Linie das Verhältnis von Schauspieler und Rundfunkaufführung betrafen. Darüber hinaus äußerte er sich auch zum aufkommenden Tonfilm. Der Referent bemängelte vor allem die schlechte Wiedergabe der menschlichen Stimme und der Instrumentalmusik im Rundfunk, die eine „Berufsschädigung der

---

[51] Alexander Elster, Schallplattenkonzerte im Rundfunk, in: Archiv für Urheber-, Film- und Theaterrecht Nr. 2/ 1932, 5. Jg., S. 115. Dieses Problem muß auch vor einem von den Bühnenschiedsgerichten entschiedenen Rechtsstreit gesehen werden. In diesem hatte „sich die Inhaberin des 'ausschließlich bühnenmäßigen Aufführungsrechts' an der Musik von Grieg zu Ibsens 'Peer Gynt' mit Erfolg gegen die Verwendung der Schallplatten mit dieser Musik bei einer bühnenmäßigen Aufführung von 'Peer Gynt' gewehrt". von Grolman: Die Schallplattenwiedergabe des Rundfunks, in: Archiv für Urheber- Film- und Theaterrecht Nr. 2/ 1932, 5. Jg., S. 125

[52] ausführlich: Heydenreich, Das Urheberrecht, S. 4 ff.

[53] Genaue Zahlenangaben zu dieser Entwicklung bei Braune, Schallplatte, S. 36 ff.; vgl. auch Heinrich Strobel, Wer spielt Musik?, in: Melos Nr. 1/ 1931, S. 4 ff.

Bühnenkünstler" verursache. Bezug nehmend auf die Schallplatten- und Tonfilmproduktion verwies er „auf die Schutzlosigkeit gegen den Mißbrauch der Darbietungen" und verlangte vom Gesetzgeber, „für den notwendigen Schutz zu sorgen"[54]. Vermögensrechtliche Probleme wurden hier also als Urheberpersönlichkeitsrechte angesprochen.

Am 13. März 1929 unterzeichnete die RRG mit der GEMA, der GDT und der AKM[55] einen Vertrag über die Abgeltung der Musikrechte durch die deutschen Rundfunkanstalten. Dieser bezog sich ausschließlich auf das Spielen von Livemusik. Vergleichbare Verträge existierten während der Stummfilmzeit auch zwischen der GEMA und einzelnen Kinobetreibern, die für das Spielen geschützter Musikwerke durch die Kinoorchester in den Lichtspielhäusern Schutzgebühren an die Verwertungsgesellschaften abführten. Auf Grund mangelnder Kontrollmöglichkeiten zahlten jedoch nur einzelne Kinos[56]. Für das Abspielen von Schallplatten in den Rundfunkanstalten und in den Lichtspielhäusern waren keine Schutzgebühren zu zahlen. Hier waren alle Schutzrechte abgegolten, wenn der Urheber für die Vervielfältigung seines Werkes von der Plattenfirma eine pauschale Entschädigung erhalten hatte[57]. Diese rechtliche Regelung wurde auch von der Tonfilmproduktion übernommen. Nach einer einmaligen Zahlung für den Komponisten bzw. Drehbuchautor verfügte der Produzent über alle Urheberrechte an dem jeweiligen Film. Von den Tonfilmunternehmen wurden also § 22 LUG (Zwangslizenz) und § 22a LUG (Freigabe der öffentlichen Aufführung)[58], die der Gesetzgeber ausschließlich für die Zwecke der Phonoindustrie erlassen hatte, sinngemäß angewendet.

---

[54] V.R.F.: Der Bühnenkünstler und das Radio. Radio auf dem internationalen Schauspielerkongreß in Paris, in: Berliner Tageblatt 7. 7. 1928, Nr. 317, 57. Jg.
[55] Der AKM entsprach in Deutschland die GEMA
[56] Über das Verhältnis von Schutzgebühren zahlenden und nicht zahlenden Kinobetreibern konnten keine Angaben gefunden werden.
[57] 1927 beliefen sich die an die Autorenverbände überwiesenen Entschädigungszahlungen der deutschen phonographischen Industrie auf insgesamt etwa 1,7 Millionen und ein Jahr später auf etwa zwei Millionen RM. Alfred Baum, Urheberrechtsfragen und Phonobranche, in: Jahrbuch für den Sprechmaschinenhandel 1929. Herausgegeben vom Reichsverband des deutschen Sprechmaschinen- und Schallplatten-Handels e.V. 2. Jg., S. 17 ff.
[58] In der Urteilsbegründung des Zivilsenats vom 5. April 1933 wird die diesbezügliche Rechtslage wie folgt begründet: „Bei Musikwerken sei (nach § 22a LUG) die öffentliche Aufführung mit Hilfe der im § 12 Abs. 2 Nr. 5 genannten Vorrichtungen (für Instrumente zur mechanischen Wiedergabe für das Gehör, insbesondere auswechselbare Scheiben, Platten, Walzen, Bänder) in jedem Fall, bei freiwilliger wie bei unfreiwilliger Genehmigung der Herstellung jener Vorrichtungen, jedermann ohne Zustimmung des Urhebers gestattet. Jene mechanischen Vorrichtungen stellten an und für sich Vervielfältigungen des Werkes (§ 11 Abs. 1 LUG) dar (vgl. § 20 Abs. 3, § 22 Abs. 1 Satz 1, Abs. 2 Satz 1; § 22a Abs. 2). Daß die Übertragung auf Vorrichtungen zu mechanisch-musikalischer Wiedergabe dennoch im Gesetz nicht als Vervielfältigung (§§ 11, 15), sondern als Bearbeitung (§ 12 Abs. 2 Nr. 5) gekennzeichnet werde, erkläre sich aus dem Zweck der neuen Vorschriften, einen Schutz für die Industrie der mechanischen Mu-

Im September 1929 gründete die GEMA das Bureau International de l'Edition Musico-Mecanique. Mit seiner Tätigkeit bezweckte das Büro, die „Rechte der Inhaber musikalischer Urheberrechte gegenüber der Schallplatten- bzw. der Tonfilmindustrie, ganz besonders hinsichtlich der Höhe der Lizenzgebühr" zu wahren[59]. Zur gleichen Zeit warnte die GDT ihre Mitglieder vor einer Abtretung von Tonfilmrechten. Sie machte sie darauf aufmerksam, daß sie gedenke, „auf diesem Gebiete neue wirtschaftliche Quellen für unsere Mitglieder und Bezugsberechtigten zu erschließen". Nach Meinung der Gesellschaft sollte der Preis für das Recht, ein Musikzitat von maximal zweieinhalb Minuten im Tonfilm zu spielen, etwa 25 Dollar pro Aufführungsland kosten. Für das Weltrecht veranschlagte die Genossenschaft 100 Dollar[60]. Angesichts dieser Preisvorstellungen, so rechnete ein Produzent aus, konnte jede Produktionsfirma für weniger Geld einen guten Komponisten beauftragen, den geplanten Film durchzukomponieren[61].

Ende November 1929 beschäftigte sich der Ufa-Vorstand mit einem Schreiben der GEMA, in dem sie Lizenzzahlungen für die Vorführung von Tonfilmen forderte[62]. Am 17. Dezember 1929 veröffentlichte die Lichtbild-Bühne eine entsprechende Pressemitteilung des Schutzverbandes, in der alle Kinobesitzer aufgefordert wurden, Lizenzzahlungen für Tonfilmaufführungen zu entrichten. Mit dieser einseitigen Forderung betrat die Gesellschaft Neuland, denn bis zu diesem Zeitpunkt wurden für öffentliche akustische Musikvorführungen, wie Schallplattenkonzerte, keine Tantiemen verlangt. Ein entsprechender Beschluß der Generalversammlung wur-

---

sikinstrumente zu schaffen und in das vorhandene Gesetzesgefüge einzugliedern. Die Übertragung auf Schallplatten stelle hiernach begrifflich eine Vervielfältigung dar; sie sei vom Gesetz als Bearbeitung nur deshalb gekennzeichnet worden, um neben dem ausschließlichen Recht des Urhebers selbst gegen die Übertragung auf die Schallplatte auch ein urheberrechtausschließliches Recht des industriellen Unternehmens an der Schallplatte selbst zu begründen". Entscheidungen des Reichsgerichts in Zivilsachen. Herausgeben von den Mitgliedern des Gerichtshofes und der Reichsanwaltschaft, Bd. 140, Berlin/Leipzig 1933, S. 238; vgl. auch: Urteil I 9/31 vom 14. 11. 1931, in: ebenda Bd. 132, Berlin/Leipzig 1932, S. 198 ff.

[59] Immer höhere Abgaben für Musik und Musikalien. Gründung einer neuen Urheberrechts-Zentrale für mechanische Musik, in: Film und Ton 20. 7. 1929, Nr. 29

[60] GDT und Tonfilmrechte. Honorarsätze zur Abgeltung der Tonfilmrechte, in: LBB 22. 7. 1929, Nr. 173, 22. Jg.

[61] Was der Tonfilmhersteller wissen muß! Unmögliche Preistarife für Tonfilm-Musikrechte. Eine Antwort an die GDT aus Produzentenkreisen, in: LBB 25. 7. 1929, Nr. 176, 22. Jg.

[62] B R 109 I Nr. 1027b Bl. 372. Für die Aufführung von Musik bei der Vorführung von Stummfilmen bezahlte die Ufa an die GEMA und die AKM 1,25 Pf. pro Sitzplatz und Spieltag abzüglich 15% Rabatt pro Jahr. Die GDT erhielt 0,4 % des Gesamtaufwandes an Musikerlöhnen. Im Laufe der Verhandlungen zwischen Ufa und Schutzverbänden verlangten letztere für Kinos mit weniger als 800 Plätzen 4,40 RM pro Sitzplatz und Jahr und für die größeren Häuser 4,95 RM pro Sitzplatz und Jahr. B R 109 I Nr. 502

de am 15. Januar 1930 mit zwei Gegenstimmen herbeigeführt[63] und die Satzungsänderung am 18. Februar 1930 im Genossenschaftsregister eingetragen. Um ihre Ansprüche durchzusetzen, führten die Musikschutzverbände einen Musterprozeß gegen die Ufa[64]. Die GEMA und die beiden anderen Schutzverbände stellten sich auf den Rechtsstandpunkt, daß der Tonfilm etwas grundsätzlich Neues sei. Beim Stummfilm, so die Argumentation, gäbe es nur eine vom Kapellmeister den Verhältnissen des Kinos angepaßte und ausgewählte Begleitmusik. Beim Tonfilm ging es um die Frage, ob der Komponist, der mit einem Filmhersteller einen Vertrag abgeschlossen hatte, als Urheber der im Film verwandten Musik berechtigt ist, für die einzelne Vorführung vom Lichtspieltheaterbesitzer Tantiemen zu verlangen bzw. eine ohne seine Genehmigung beabsichtigte Aufführung zu unterbinden[65].

Am 15. Oktober 1930 verlangten die GEMA, die GDT und die AKM von der RRG und vom Reichskartell der Musikveranstalter, zu denen neben den Musikveranstaltern auch Gastwirte, Lichtspielbühnenbesitzer usw. gehörten, Tantiemen für Rundfunkübertragungen. Das Kartell nahm dagegen den Standpunkt ein, daß die gewerbliche Darbietung von Rundfunkmusik weder eine öffentliche Aufführung noch die gewerbsmäßige Verbreitung eines musikalischen Werkes sei. In diesem ersten Prozeß wurden Bühnen- und Opernaufführungen aus dem Verfahren ebenso ausgeklammert wie die Übertragung von Schallplattenkonzerten.

In seinem Urteil zum Rechtsstreit der Schutzverbände gegen die Ufa vom Oktober 1931 bestätigte das Berliner Kammergericht die bisherige Rechtspraxis der Ufa[66]. In seiner Urteilsbegründung verband das Gericht § 15a und § 11 Abs. 2 KUG mit § 12 Abs. 2 Nr. 6 LUG. Danach erwarb der Filmproduzent analog dem Vertrag mit dem Drehbuchautor vertraglich auch vom Komponisten die musikalischen Tonfilmurheberrechte. Im Zuge der Vervielfältigung und des Verleihs konnte er Tantiemen erheben, die aber mit den Verleihgebühren verrechnet wurden. Mit diesem Urteil wurde die Filmmusik urheberrechtlich dem Kinematographenrecht untergeordnet

---

[63] Alle Musikrechte dem Tonfilm-Produzenten. GEMA und Tonfilmmusik – Die entlarvte Gema-Politik, in: Bild und Ton 1. 3. 1930, Nr. 9
[64] Durch einen am 1. 10. 1931, also kurz vor der Urteilsverkündung des Berliner Kammergerichts unterzeichneten Vergleichsantrag einigten sich die Musikschutzverbände und die Ufa darauf, in diesem Rechtsfall ein Urteil der höchsten richterlichen Instanz herbeizuführen. Die Ufa zahlte in der Zwischenzeit 4,95 RM pro Sitzplatz im Jahr an die Musikschutzverbände, erhielt aber für ihre Bereitschaft den Prozeß auch in dritter Instanz zu führen, einen Rabatt von 33 1/3 % eingeräumt. In der Zwischenzeit sollte von weiteren Klagen abgesehen werden. Mit dem Ergebnis des Prinzipienprozesses wollten die Schutzverbände eine einheitliche Regelung für alle Lichtspieltheater durchsetzen. B R I 109 Nr. 502; B R 8119 Nr. 19070 Bl. 114 f.; vgl. auch: Der Prinzipienprozeß um die Tonfilm-Tantiemen, in: LBB 15. 10. 1931, Nr. 247, 14. Jg.
[65] Der Appetit der Gema wächst. Ansprüche auf Tonfilm-Tantiemen ohne gesetzliche Grundlage, in: LBB 17. 12. 1929, Nr. 300, 22. Jg.
[66] Prozeßsieg über die Gema. Kammergericht verneint Tantieme für Lautsprecher-Musik, in: LBB 20. 10. 1931, Nr. 251, 24. Jg.

und ihr eine Stellung analog der von Beiträgen für Zeitungen, Zeitschriften und Sammelwerke zugewiesen[67].

Nachdem das Berliner Landgericht und das Berliner Kammergericht die Ansprüche der Schutzverbände gegenüber der RRG und dem Reichskartell der Musikveranstalter bereits abgewiesen hatten, schloß sich der Zivilsenat des Reichsgerichts am 11. Juni 1932 diesen Urteilen an. Unter Bezugnahme auf § 11 Abs. 1 LUG[68] lehnte es das Gericht ab, „auf die Rundfunkmusik den gesetzlichen Begriff der Vervielfältigung eines Tonwerkes anzuwenden". Statt dessen käme für die Rundfunkmusik der Begriff „öffentliche Aufführung" § 11 Abs. 2 LUG[69] zur Anwendung. In bezug auf die Benutzung von Hörfunkübertragungen in gewerblichen Betrieben stellte das Gericht fest, daß diese keinen besonderen Tatbestand darstelle, „der die an sich erlaubte Hörbarmachung der Rundfunkmusik vor einer unbestimmten Menschenmenge urheberrechtlich unerlaubt mache". Mit diesem Urteil lehnte es die Tatiemenpflicht für das Spielen von Rundfunkmusik in öffentlich zugänglichen Räumen ab[70].

Im Januar 1933 tagte ein Internationaler Kongreß der Filmproduzenten in Paris, der sich ausführlich mit Urheberrechtsfragen beschäftigte. Im Ergebnis dieser Tagung verabschiedeten die Teilnehmer aus zwölf europäischen Ländern eine Resolution, in der sie ihre Auffassung zum Urheberrecht darlegten:

„a) Unter die Zahl der konventions-geschützten Werke ist auch das 'Werk der Kinematographie' aufzunehmen (Art. 2 RBÜ).

b) Dem Art. 14 RBÜ ist folgende Fassung zu geben:
   1. Werke der Kinematographie (Stummfilm, Sprechfilm, Tonfilm) genießen gleichen Schutz wie Werke der Literatur und der Kunst.

---

[67] § 11 Abs. 1 und 2 KUG lauten: „(Abs. 1) Über einen Beitrag, der für eine Zeitung, eine Zeitschrift oder ein sonstiges periodisches Sammelwerk zur Veröffentlichung angenommen wird, darf der Urheber anderweit verfügen, sofern nicht aus den Umständen zu entnehmen ist, daß der Verleger das ausschließliche Recht zur Vervielfältigung und Verbreitung erhalten soll. (Abs. 2) Über einen Beitrag, für welchen der Verleger das ausschließliche Recht zur Vervielfältigung und Verbreitung erhalten hat, darf, soweit nicht ein anderes vereinbart ist, der Urheber anderweit verfügen, wenn seit dem Ablaufe des Kalenderjahrs, in welchem der Beitrag erschienen ist, ein Jahr verstrichen ist".

[68] § 11 Abs. 1 LUG lautet: „Der Urheber hat die ausschließliche Befugnis, das Werk zu vervielfältigen und gewerbsmäßig zu verbreiten; die ausschließliche Befugnis erstreckt sich nicht auf das Verleihen. Der Urheber ist ferner, solange nicht der wesentliche Inhalt des Werkes öffentlich mitgeteilt ist, ausschließlich zu einer solchen Mitteilung befugt".

[69] § 11 Abs. 2 LUG lautet: „Das Urheberrecht an einem Bühnenwerk oder an einem Werke der Tonkunst enthält auch die ausschließliche Befugnis, das Werk öffentlich aufzuführen".

[70] Verletzt der Rundfunkteilnehmer ein Urheberrecht des Tonsetzers, wenn er geschützte Musik durch seinen Lautsprecher zu gewerblichen Zwecken ertönen läßt?, in: Entscheidungen des Reichsgerichts in Zivilsachen Bd. 136, Berlin/ Leipzig 1932, S. 377 ff.

Erzeugnisse der Kinematographie, die keine eigentümlichen Schöpfungen sind, werden als Photographien geschützt.
2. Die Urheber von Werken der Literatur und der Kunst haben das ausschließliche Recht, die Wiedergabe, die Bearbeitung und die öffentliche Vorführung ihrer Werke durch die Kinematographie zu gestatten.
3. Soweit die Werke der Kinematographie eine Bearbeitung eines Werkes der Literatur darstellen, die durch das Zusammenwirken vieler unter der Leitung des Filmunternehmers entstanden ist, steht das Recht, die öffentliche Vorführung und die Vervielfältigung des neuen Werkes zu gestatten, lediglich dem Filmunternehmer zu, gleichviel, ob es sich um eine natürliche oder juristische Person handelt".

In bezug auf die Filmmusik nahm der Kongreß den Standpunkt ein, daß in den Filmen nur neue Musik als Originalwerk zur Aufführung zu bringen ist. „Bei den gewerbsmäßig hergestellten kinematographischen Werken bedarf es zu deren Wiedergabe und gewerbsmäßiger Verwertung nicht der Zustimmung der ausübenden Künstler, die beim Film mitgewirkt haben. Die Rechte dieser Personen werden durch ihre besonderen Abkommen mit dem Produzenten geregelt"[71].

Einen weiteren Gegenstand juristischer Auseinandersetzungen bildete die Frage nach dem Urheberrecht bei der Nachsynchronisation eines Films in fremder Sprache. Der stumme Film ging in nur einer Fassung in den internationalen Verleih. In der Regel wurden lediglich die Zwischentitel in die Sprachen der Einfuhrländer übersetzt. Mit der Einführung fremdsprachiger Versionen beim Tonfilm war eine Reihe von Rechtsfragen verbunden: Ist die Version im urheberrechtlichen Sinn eine Übersetzung oder eine Bearbeitung? Darf der Filmhersteller neben den Rechten an der Originalfassung auch die an den Versionen vergeben? Wie verhält es sich mit den Rechten der Lizenznehmer, des Drehbuchautors, des Regisseurs und der übrigen Mitwirkenden? Am 23. Januar 1933 fällte das Berliner Kammergericht ein abschließendes Urteil zur Übertragung des Verfilmungsrechts bei Tonfilmen und zur Berechtigung des Herstellers zur Produktion fremdsprachiger Versionen. Verhandlungsgegenstand war der Spielfilm *Der Schrecken der Garnison* (Regie: Carl Boese). Der Drehbuchautor Bobby E. Lüthge verklagte die Aco-Film GmbH, weil letztere der französischen Firma André Hugon in Paris das Drehbuch zur Herstellung einer französischen Version verkauft hatte. Der Kläger machte geltend, daß er am 12. Dezember 1930 einen Vertrag zur einmaligen Herstellung des Films unterzeichnet habe und die Herstellerfirma deshalb nicht im Besitz der Urheberrechte an den fremdsprachigen Versionen sei. Das Landgericht hatte

---

[71] Willy Hoffmann, Internationaler Kongreß der Filmproduzenten, Paris 1933, in: Gewerblicher Rechtsschutz und Urheberrecht Nr. 3/ 1933, 38. Jg., S. 221 f.

die Klage am 8. Juli 1932 abgewiesen. Diesem Urteil schloß sich das Kammergericht an, da „zur erschöpfenden Auswertung des Filmrechts ... auch der Vertrieb in fremdsprachlichen Ländern erforderlich" sei. Diesbezüglich wies der Vertrag keine Einschränkungen auf. In seiner Begründung verwies das Gericht darauf, daß es sich bei allen drei Formen der notwendigen Bearbeitung, um den Tonfilm im Ausland zur Aufführung zu bringen, d. h. bei dem Einkopieren von Untertiteln, bei der Nachsynchronisation und bei der Herstellung von Versionen, nicht um eine Zweitverfilmung handele, sondern um eine „Übersetzung des Manuskripts bezüglich der Dialoge"[72]. Mit diesem Urteil wurden alle fremdsprachigen Bearbeitungen von Filmen nach § 12 in Verbindung mit § 37 LUG rechtlich der Übersetzung literarischer Werke gleichgestellt[73].

Am 5. April 1933 fällte der Zivilsenat des Reichsgerichts sein Urteil im Musterprozeß der Schutzverbände gegen die Ufa. In dem Verfahren mußten insgesamt fünf Streitfragen geklärt werden:
„1. Finden auf den Tonfilm die Vorschriften über mechanische Wiedergabe von Tonkunstwerken entsprechende Anwendung?
2. Unterliegt die Vertonfilmung den Regeln für die Bearbeitung von Werken?
3. Erstreckt sich der Vertrag, welcher die Bewertung der urheberrechtlichen Befugnisse bezweckt und die Vertonfilmung des Werkes mitumfaßt, auch auf die Aufführung des Tonfilms?
4. Übertragung der Urheberrechte an künftigen Werken auf Schutzverbände, deren Mitglieder die Urheber sind.
5. Anforderungen an die Bestimmtheit des Klageantrags und der Urteilsformel".

In einem zum Urteil des Berliner Landgerichts vom Oktober 1931 gegensätzlichen Urteil und in Übereinstimmung mit dem Kammergerichtsurteil vom Mai 1932[74] gab das Reichsgericht den Ansprüchen der Schutzverbände statt. In seiner Entscheidung heißt es dazu, daß Filmunternehmen kein Recht haben, urheberrechtlich geschützte Musikstücke in Tonfilmen ohne Erlaubnis aufzuführen. In der Urteilsbegründung legte der I. Zivilsenat einerseits die Ausnahmestellung der Phonoindustrie dar und hob andererseits hervor, daß der Tonfilm sich gleichzeitig an Ohr und Auge wende und deshalb kein Wiedergabeinstrument im Sinne des § 12 Abs. 2

---

[72] Urheber und Vertragsrecht. Deutschland, in: Gewerblicher Rechtsschutz und Urheberrecht Nr. 6/ 1933, 38. Jg., S. 510 ff.
[73] Urheberrechtsverletzungen durch Nachsynchronisation eines Films in fremder Sprache, in: Archiv für Urheber- Film- und Theaterrecht Nr. 2 / 1933, 6. Jg. S. 95 ff. Günter Pinziger ist in seiner Interpretation des Urteils der Auffassung, daß dieser Sachverhalt auch für die nachträgliche Vertonung von Stummfilmen gilt. Ders.: Rechtsverletzung durch Nachsynchronisation, in: Gewerblicher Rechtsschutz und Urheberrecht Nr. 8/ 1933, 38. Jg., S. 621 ff.
[74] Kammergericht zugunsten der Tonfilm-Tantieme, in: LBB 9. 5. 1932, Nr. 107, 25. Jg.

Nr. 5 LUG sei. Auch die Anwendung des § 22 LUG (Zwangslizenz) und
§ 22a LUG (Freigabe der öffentlichen Aufführung) fänden für die Vorführung von Tonfilmen keine Anwendung. Folglich „ergibt sich, daß der Urheber ausschließliche Rechte hat. Und zwar erstrecken sich diese sowohl auf die Herstellung des Tonfilms selbst, als auf die Benutzung zu öffentlichen Aufführungen". In bezug auf die Rechtmäßigkeit der Übertragung von Urheberrechten auf die Schutzverbände stellte das Reichsgericht fest: „Die Beklagte macht geltend: In der aus den ausgeführten Satzungsbestimmungen ersichtlichen Weise hätten Urheberrechte, die schon vor Eintritt der Mitglieder in die Genossenschaft entstanden (oder erworben) oder während der Mitgliedschaft entstanden (oder erworben) seien, nicht so allgemein übertragen werden können. Die satzungsmäßigen Übertragungen seien unwirksam, weil es ihnen für die Vergangenheit, ganz besonders aber für die Zukunft an der nötigen Bestimmtheit fehle. Das Berufungsgericht findet diese Ausführung unzutreffend"[75].

Das Reichsgericht subsumierte mit seinem Urteil den Tonfilm völlig unter § 15a KUG. Die Übertragbarkeit von § 12 Abs. 2 Nr. 6 vom Stummfilm auf den Tonfilm lehnte das Gericht mit dieser Entscheidung ab. „Nur der Stummfilm gebe ein literarisches Werk seinem Inhalte nach, d. h. ohne Worte, nur durch die Art und Weise der Gestaltung und Aufeinanderfolge stummer, pantomimischer Szenen wieder. Zwar liege das kennzeichnende Merkmal des Tonfilms in der organisch durch den Schöpfer gewollten Verbindung von Bild und Ton. Gleichwohl liege keine nach allgemeinen Kriterien zu beurteilende Werkschöpfung vor. Bei der 'Vertonfilmung' handele es sich vielmehr um eine besondere Art der Bearbeitung, nämlich eines literarischen Werkes und eines Tonkunstwerkes. Da der Tonfilm nicht als eigene Kunstgattung, sondern als Verbindung eines Werkes der Literatur mit einem Werk der Tonkunst betrachtet wurde, gab es für das RG keine Urheber des Filmwerks selbst. Wem die Bildfolge urheberrechtlich zuzuordnen sei, blieb zunächst offen"[76].

Trotz des Reichsgerichtsurteils, das innerhalb der Filmindustrie auf einhelligen Widerstand stieß, und den Urteilen der Nachfolgeprozesse enthielt die Satzung der auf Betreiben des Reichsministeriums für Volksaufklärung und Propaganda Ende Mai 1933 gegründeten Filmkreditbank[77] als Voraussetzung für den Abschluß eines Finanzierungsvertrages den Passus: „Eigentum des Herstellers am Negativ und Verfügungsberechtigung des

---

[75] Entscheidungen des Reichsgerichts.... Bd. 140, a. a. O., S. 232 ff.
[76] Christine Reupert, Der Film im Urheberrecht. Neue Perspektiven nach hundert Jahren Film (=Schriftenreihe des Archivs für Urheber-, Film-, Funk- und Theaterrecht, Hrsg. Manfred Rehbinder, Bd. 134) Baden-Baden 1995, S. 35
[77] ausführlich: Wolfgang Mühl-Benninghaus, The German Film Credit Bank, Inc. Film Financing during the First Years of National-Socialist Rule in Germany, in: Film History Vol. 3/1989, p. 322 ff.

Herstellers über alle urheberrechtlichen Befugnisse"[78]. Man ging davon aus, den Hersteller eines Tonfilms als Inhaber sämtlicher urheberrechtlicher Befugnisse anzusehen, d. h. das Propagandaministerium sah in gleicher Weise wie der Internationale Kongreß der Filmproduzenten in Paris den Tonfilm als urheberrechtsschutzfähige Einheit und damit als ein eigenständiges Werk an. Doch erst mit dem Urheberrechtsgesetz von 1965, das am 1. Januar 1966 in Kraft trat, wurde der Film als gestaltete und synchronistische Werkeinheit definiert[79].

Am 4. Juli 1933 verabschiedete die Reichsregierung das Gesetz über die Vermittlung von Musikaufführungsrechten[80], das am 8. Juli in Kraft trat. Es berücksichtigte ausschließlich die Aufführungen in Hotels, Lichtspielhäusern, Restaurants usw., also die sogenannten kleinen Aufführungsrechte. Die dort vorhandenen Formen der Musikauswertung waren für die Komponisten besonders wichtig geworden, weil der Verkauf von Noten während der Weltwirtschaftskrise permanent zurückgegangen war. Dagegen nahmen die Einnahmen aus den Aufführungsrechten von Schallplatten stetig zu. Des weiteren setzte das Gesetz über die Vermittlung von Musikaufführungsrechten die Staatlich genehmigte Gesellschaft zur Verwendung musikalischer Urheberrechte (Stagma) als alleinige Rechtsnachfolgerin der GEMA und der GDT ein. Die AKM wurde insofern von diesem Gesetz betroffen, als ihre Ansprüche in Deutschland in der Folgezeit ebenfalls von der Stagma mitvertreten wurden. Künftig mußten sich alle Musikveranstalter beim Abschluß von Verträgen an die Stagma wenden. Die Bedingungen und Voraussetzungen für die Genehmigung von Musikveranstaltungen behielt sich der Reichsminister für Volksaufklärung und Propaganda vor. Zur Sicherung der Urheberrechte mußte mit Inkrafttreten des Gesetzes jeder Musikveranstalter eine polizeiliche Genehmigung einholen. Auf diese Weise entfiel das Kontrollsystem der Schutzverbände. Über die Höhe der Musiktantiemen entschied laut § 4 des Gesetzes eine paritätisch besetzte Schiedskommission, die durch eine gemeinsame Anordnung des Propagandaministers, des Reichsministers für Justiz und des Reichswirtschaftsministers besetzt wurde. Des weiteren gehörten ihr der Schutzverband und die verschiedenen Verbände der Musikveranstalter an. Mit der Einführung der polizeilichen Überwachung nahm der Gesetzgeber den Gegnern des Ausbaus der Urheberrechte eines ihrer bis zu diesem Zeitpunkt wichtigsten Argumente, die Unüberprüfbarkeit der Aufführungen. So hatte etwa das Reichskartell der Musikveranstalter am 1. Februar 1931 vor der 21. Zivilkammer des Berliner Landgerichts, das über die Tantiemenpflicht von Lautsprecherübertragungen von Radiosendungen zu ent-

---

[78] Seeger, Gesetze, S. 40
[79] Wichtige Entwürfe zur Änderung des Urheberrechtsgesetzes, die seit 1936 zirkulierten, sind in das Gesetz mit aufgenommen worden.
[80] RGBl 1933 I, S. 452

scheiden hatte, argumentiert, daß jeder einzelne Betrieb dann mit der GEMA einen Vertrag abschließen müsse, was für den gewerblichen Mittelstand schwerwiegende Folgen hätte[81].

Gegründet wurde die Stagma als neue Schutzgesellschaft am 15. Februar 1934 durch die Verordnung zur Durchführung des Gesetzes über die Vermittlung von Musikaufführungsrechten. Sie erhielt in § 1 Abs. 2 das Recht eingeräumt, die Musiktantiemen rückwirkend zum 1. Oktober 1933 einzuziehen[82]. Am 13. Dezember 1934 wurden per Gesetz die Schutzfristen im Urheberrecht gemäß LUG und KUG von dreißig auf fünfzig Jahre verlängert[83].

Die Lichtspieltheaterbesitzer klagten in der Folgezeit vor der Spezialkammer des Berliner Landgerichts für Urheberrecht. Diese folgte dem Reichsgerichtsurteil von 1933 und erklärte den Anspruch des Schutzverbandes „dem Grunde nach" als gerechtfertigt[84]. Allerdings erkannte das Gericht „einen Ausgleichsanspruch des Lichtspieltheaterbesitzers bzw. Filmherstellers auf volle oder jedenfalls teilweise Rückzahlung der dem Komponisten zuviel gezahlten Beträge an, wenn 'der Komponist bereits eine Entschädigung erhalten hat, nach deren Höhe er als verpflichtet anzusehen ist, dem Filmhersteller und damit unmittelbar zugleich den Theaterbesitzern auch das Aufführungsrecht zu verschaffen'"[85]. Das Gericht folgte im Rahmen des Reichsgerichtsurteils vom 5. April 1933 den Forderungen der Praxis und der sogenannten Einheitstheorie, die sich bereits in den dreißiger Jahren partiell in der rechtswissenschaftlichen Diskussion herauskristallisierte[86].

Um ihren Anspruch durchzusetzen, verklagte die Stagma, die zunächst ihre Forderungen an die Musikveranstalter ohne äußere Einflüsse festsetzte, in einem Musterprozeß dreizehn Kinobesitzer auf einen Durchschnittssatz von 13 912,- RM. Offen blieb, inwieweit die Gesellschaft auch rückwirkende Forderungen in diese Summe einbezogen hatte. Unter Bezugnahme auf das Reichsgerichtsurteil vom 5. April 1933 erhielt die Stagma in einem Grundsatzurteil recht[87]. In der Folgezeit kam es zwischen dem Reichsverband der deutschen Filmtheaterbesitzer und der Stagma unter Einschluß der Reichskulturkammer zu Verhandlungen über die Höhe der Tantiemen, die zukünftig die Lichtspieltheaterbesitzer abführen sollten, und darüber,

---

[81] Der neue Autoren-Vorstoß. Der Kampf um die mechanische Musik-Aufführung, in: LBB 2. 2. 1931, Nr. 28, 24. Jg.
[82] RGBl. 1934 I, S. 100
[83] RGBl. 1934 II, S. 1395
[84] Egberts, Beitrag zur Frage der Musiktantieme bei Tonfilmen, in: Archiv für Urheber- Film- und Theaterrecht Nr. 2 / 1934, 7. Jg. S. 179 ff.
[85] Sprenkmann, Filmurheberrecht, S. 95
[86] vgl. u. a. Julius Kopsch, Filmwerk und Filmschöpfer, in: Gewerblicher Rechtsschutz und Urheberrecht Nr. 5/ 1937, 42. Jg., S. 331
[87] Betz, Hier irrte Leipzig, in: Der Film 3. 2. 1934, Nr. 5, 19. Jg.

in welchem Umfang sie Nachzahlungen zu entrichten hatten[88]. Ein erster Vertrag wurde am 20. April 1934 veröffentlicht: Dieser legte in § 1 fest, daß die Stagma den Kinobesitzern die öffentliche Musikaufführung des jeweils ihrer Verwaltung unterstehenden gesamten Musikrepertoires gestattete, unabhängig davon, ob es sich um die Aufführung von Tonfilmen, durch Orchester bzw. einzelne Musiker oder Schallplatten handelte. § 1 Abs. 2 bestimmte, daß das Recht des Komponisten, die Benutzung seiner Musik für die Verwendung in Tonfilmen zu gestatten, hiervon unberührt bliebe. Die Lichtspielbesitzer wurden somit rechtlich Musikveranstaltern im Sinne von § 3 des Musikvermittlungsgesetzes vom 4. Juli 1933 gleichgestellt. In § 7 verzichteten Stagma, GEMA und GDT (die letzteren beiden in Liquidation) auf Tantiemen für Tonfilmaufführungen in der zurückliegenden Zeit. § 10 legte fest, daß nach dem Abschluß von Einzelverträgen zwischen dem Schutzverband und den Theaterbesitzern alle anhängigen Prozesse als erledigt anzusehen seien[89]. Im Kontext des Abkommens erklärte sich die Stagma bereit, allen Lichtspielhäusern bezogen auf ihre ursprünglichen Forderungen einen gestaffelten Preisnachlaß zu gewähren. Er sollte im zweiten Vierteljahr 9 % und in den folgenden drei Monaten 6 % bzw. 3 % der im letzten Vierteljahr errechneten Summe des Durchschnittssatzes betragen. Nach diesem ersten Erfolg kündigte der Reichsverband an, mit der Stagma weiter verhandeln zu wollen[90]. Das Problem aus Sicht des Reichsverbands bestand vor allem in der von der Stagma anvisierten Lösung, alle Kinos im gleichen Umfang mit Tantiemen zu belegen. Aus der Sicht der Kinobesitzer erschien dies ungerechtfertigt, weil die Einnahmen in den jeweiligen Kinos von einer Vielzahl unterschiedlicher Faktoren abhingen, wie der geographischen Lage des Lichtspieltheaters, der sozialen Zusammensetzung der Bevölkerung im Einzugsgebiet und der Zahl der Kinos in der Umgebung. Vor allem diese drei Faktoren standen aus der Sicht des Reichsbundes pauschalisierten Tantiemenzahlungen entgegen.

Im Mai 1934 wurde ein Vertrag zwischen der Reichskulturkammer, der Reichsfilmkammer und der Reichsmusikkammer, dem Reichsverband Deutscher Filmtheater e.V., der Filmkreditbank GmbH, dem Reichskartell der Musikveranstalter e.V., der Stagma, der GEMA und der GDT unterzeichnet, in dem die Stagma-Tarife für die jeweiligen Lichtspielhäuser festgeschrieben wurden. Danach wurden die Kinos in fünf Sitzplatzkategorien eingeteilt. Lichtspielbesitzer hatten als Normaltarif ab dem 20. April 1934 zwischen 0,50 RM für Kinos mit bis 200 Plätzen und 1,30 RM für Kinos mit über 1 000 Plätzen pro Jahr zu zahlen. Für Filmtheater, die nur einmal pro

---

[88] Stagma-Belastung untragbar! Fühlungnahme mit Wirtschafts- und Propaganda-Ministerium erwogen, in: Der Film 27. 1. 1934, Nr. 4, 19. Jg.
[89] Das Vertragswerk Reichsverband – Stagma über die Tonfilmtantiemen, in: FK 7. 5. 1934, Nr. 106, 16. Jg.
[90] Ermäßigungen auf die Stagmagebühren für das Jahr 1934, in: Der Film 19. 5. 1934, Nr. 20, 19. Jg.

Woche spielten, ermäßigte sich die Abgabe um 50%, und bei gewerblichen Aufführungen mußten pro Tag und Sitz 0,05 RM gezahlt werden[91].

Trotz der relativ niedrigen Tantiemenzahlungen forderte der Reichsverband der deutschen Filmtheaterbesitzer im Juni 1934 auf seiner Trierer Jahrestagung vom Gesetzgeber, das im Sinne der Einheitstheorie formulierte Urheberrecht zu ändern[92].

Im Oktober 1934 wurden die Gebührensätze nochmals geändert. Die insgesamt fünf Sitzplatzkategorien der ersten Gebührenordnung erschienen dem Reichsverband besonders im Hinblick auf die wirtschaftlich schwachen Kinohäuser zu wenig differenziert:

Theater	Musikabgabe pro Sitzplatz und Jahr (in RM)
bis einschließlich 200 Plätze	0,90
bis einschließlich 300 Plätze	0,95
bis einschließlich 400 Plätze	1,00
bis einschließlich 500 Plätze	1,05
bis einschließlich 600 Plätze	1,10
bis einschließlich 700 Plätze	1,20
bis einschließlich 800 Plätze	1,25
bis einschließlich 600 Plätze	1,30
bis einschließlich 1 000 Plätze	1,35
über 1 000 Plätze	1,50

Theater mit nur einer Vorführung pro Woche zahlten rückwirkend zum 1. April 1934 nur 50% und Kinos, die nur zwei bis drei Tage pro Woche spielten, 75% der im Oktober 1934 beschlossenen Normaltarife[93].

Am 14. November 1936 fällte der I. Zivilsenat des Reichsgerichts das letzte Urteil bezüglich Urheberrecht und Massenkommunikationsmitteln. Geklagt hatten sieben Schallplattenunternehmen gegen die RRG. Nachdem vorinstanzlich das Berliner Landgericht den Klagen in bezug auf die Wiedergabe von Schriftwerken, Reden und Vorträgen stattgegeben, die Klagen in bezug auf die Musikschallplatten aber abgewiesen hatte, und sich das Kammergericht dieser Rechtsauffassung im wesentlichen anschloß, mußte das Reichsgericht zu zwei Punkten Stellung beziehen:

„1. Gehört die rundfunkmäßige Sendung von Musikschallplatten zu den öffentlichen Aufführungen, die keinem gewerblichen Zwecke dienen und zu denen die Hörer ohne Entgelt zugelassen werden?

---

[91] Die Lösung der Stagma-Angelegenheit durch das Abkommen mit dem Reichsverband, in: Der Film 12. 5. 1934, Nr. 19, 19. Jg.
[92] Die Entschließungen der Trierer Tagung, in: Der Film 23. 6. 1934, Nr. 25, 19. Jg.
[93] Zusatzvereinbarung zu dem Vertrag vom 20. April 1934, in: Der Film 6. 10. 1934, Nr. 40, 19. Jg.

2. Umfaßt der urheberrechtliche Begriff 'öffentliche Aufführung' ausnahmslos auch die Sendung von Musikschallplatten im Rundfunk?"

Das Reichsgericht stellte fest: „Der Hauptantrag der Klage ist in vollem Umfang berechtigt für Platten, welche enthalten:

a) Wiedergabe eines Werkes der Tonkunst, sei es in Verbindung mit einem Schriftwerk oder ohne solche (Gegenstand dieser Revision) und

b) Wiedergabe eines Schriftwerks, einer Rede oder eines Vortrags (vom Landgericht anerkannt, vom Kammergericht bestätigt, mit Revision nicht angegriffen).

Das in der Formel des landesgerichtlichen Urteils unter 1 ausgesprochene Verbot ist also auf die Musikschallplatten zu erstrecken".

In seiner Begründung zum zweiten Punkt argumentierte das Gericht in Fortsetzung des Reichsgerichtsurteils vom 5. April 1933. In der Urteilsbegründung stellte es unter anderem fest: „Während also 'öffentliche Aufführung' in § 11 umfassende Bedeutung hat und die Rundfunksendung in sich einschließt, kommt dem Ausdruck in der Ausnahmevorschrift von § 22a nur die enge Bedeutung zu, welche man beim Erlaß des Gesetzes vom 22. Mai 1910, dem damaligen Entwicklungsstande der Technik gemäß im Auge hatte". Die RRG wurde zur Auskunftserteilung zum Zwecke der Feststellung ihrer Schadensersatzpflicht für die Zeit zwischen dem 8. April und dem 4. Mai 1935 verurteilt. Das Gericht erkannte das Verhalten der RRG gegenüber den Schallplattenfirmen als schuldhaft und fahrlässig (§ 276 Abs. 1 Satz 2 BGB)[94]. Mit diesem Urteil wurden Musik und Wort im Rahmen von Massenkommunikation erstmals in der deutschen Rechtsprechung hinsichtlich des Urheberrechts gleichgestellt.

---

[94] Entscheidungen des Reichsgerichts in Zivilsachen, Bd. 153, Berlin/Leipzig 1937, S. 1 ff.

6. Die Entwicklung der deutschen Tonfilmindustrie bis zur Unterzeichnung des Tobis-Klangfilm-Abkommens im Mai 1933

6.1. Die Lizenzpolitik und die Tonfilmherstellungskosten der Tobis

Infolge des Patentrechts mußte mit Ausnahme der Ufa und der Emelka jeder deutsche Filmproduzent vor Drehbeginn eine Reihe von Verträgen abschließen, von denen allein drei mit dem Patentmonopol in unmittelbarem Zusammenhang standen. Zu den Verträgen gehörten im einzelnen: der Lizenzvertrag mit der Tobis, der Lizenzvertrag mit Sprekfilm durch die Tobis für die übrigen Staaten, der Tonlieferungs- oder Gemeinschaftsproduktionsvertrag mit der Tobis-Industrie GmbH (Tiges)[1], der Atelier-Vertrag, der Materialbeschaffungsvertrag, der Verleihvertrag, der Exportvertrag, der Vertrag mit lizensierter Kopieranstalt zwecks Lieferung von Kopien und der Lizenz-Vertrag mit USA-Elektrokonzernen (wenn der Film in den USA aufgeführt werden sollte)[2].

Die Lizenzverträge ermöglichten es dem Syndikat, Einfluß auf die inhaltliche Gestaltung der Filmproduktion zu nehmen. Die Tobis war primär an publikumswirksamen und somit kommerziell erfolgreichen Filmsujets interessiert. Deshalb machte sie „ihre Macht dahin geltend, daß sie von den Produzenten verlangte, daß sie Militärlustspiele, Sensationsfilme u.ä. drehten, die bei künstlerischer Minderwertigkeit große Kassenerfolge waren (*Drei Tage Mittelarrest, Reserve hat Ruh'* usw.)"[3].

Über ihre Patentstellung versuchte die Tobis, die bis zum Ende des Geschäftsjahres 1930/31 anhaltende große Nachfrage nach Tonfilmen zu nutzen, um ihre Investitionen in die Anlagen möglichst schnell zu amortisieren. So bemühte sich das Unternehmen, seine Tonfilmkameras möglichst langfristig zu vermieten und bevorzugte Abnehmer, die langfristige Mietverträge abschlossen. Sie gestattete jedoch auch kleinen Produzenten, Filme

---

[1] Die Tobis-Industrie GmbH bestand aus drei Unternehmensbereichen, der Produktions-, der kaufmännischen und der Rechtsabteilung. Der Tiges waren darüber hinaus noch eine Reihe selbständiger Betriebe zugeordnet: Vorführapparate, Schneideeinrichtungen, Ergänzungs- und Nachsynchronisation, Double-Einrichtung, Kodak-Musterkopieranstalt und Aufnahmeapparate, ihr war auch die Jofa-GmbH, also die Ateliers der Tobis in Berlin-Johannisthal, zugeordnet. NF NL Struve, Nr. 37
[2] NF NL Struve, Nr. 37
[3] Strohm, Umstellung, S. 60

herzustellen. Nach dem Ausbau ihres eigenen Ateliers versuchte sie, die noch vorhandene starke Nachfrage nach Aufnahmegeräten dahingehend zu nutzen, daß sie „an die Vermietung von Tonapparaturen Bedingungen knüpfte, die ihr die Beschäftigung ihrer eigenen Ateliers garantieren sollten. Dieses Ziel erreichte sie, indem sie die Produzenten, die bei ihr um Vermietung einer Aufnahmeapparatur nachsuchten, diesen eine solche nur zur Verfügung stellte, wenn sie ihren Tonfilm in den Jofa-Ateliers drehten ... Gleichzeitig trat die Tobis zu den freien Ateliergesellschaften in ein unfaires Konkurrenzverhältnis ein, indem sie diesen nur die Kundschaft übrig ließ, die sie selbst wegen Vollbeschäftigung ihrer eigenen Ateliers nicht mehr versorgen konnte. Wenn dann überhaupt Apparaturen an fremde Ateliers leihweise abgegeben wurden, dann waren es meist alte, qualitativ minderwertige Tobis-Geräte, während in den Jofa-Ateliers neue, vollwertige Klangfilm-Apparaturen in Betrieb waren ... Bald nach dem Atelierzwang führte die Tobis den Kopierzwang ein. Wer mit ihr einen Apparaturen- und Ateliervertrag abschloß, mußte sich gleichzeitig verpflichten, die zum Tobis-Konzern gehörende Köpenicker Kopieranstalt mit der Lieferung des Rohfilms und mit dem Entwickeln und Kopieren zu beauftragen"[4]. Die Produzenten durften keine anderen als die Schneideräume der Tobis benutzen. Diese stellte das Unternehmen während der Aufnahmen und zehn Tage nach Abschluß der Dreharbeiten kostenlos zur Verfügung, für jeden weiteren Tag forderte es 1 500,- RM. Für die Nachsynchronisation von Filmen verlangte die Tobis ebenfalls 1 500,- RM pro Tag. Im Durchschnitt veranschlagte die Tobis 1931 pro Spielfilm drei bis sieben Tage zur Durchführung aller damit zusammenhängenden Arbeiten[5].

Die Einflußnahme der Tobis auf die deutsche Filmindustrie ist jedoch dahingehend zu relativieren, daß alle Atelierbetriebe den Film als ein Industrieprodukt betrachteten, das auf dem Markt Gewinn einspielen sollte. Von daher waren letztlich alle an der Filmproduktion Beteiligten nur an Stoffen, Sujets und Inszenierungsformen interessiert, die mindestens die Unkosten wieder einspielten. Insofern existierte zwar eine durch das Patentmonopol ermöglichte inhaltliche Einflußnahme auf die deutsche Filmproduktion von seiten der Tobis. Sie relativierte sich einerseits durch die Konkurrenz der Atelierbetriebe auf dem deutschen Filmmarkt und andererseits durch die noch zu beschreibende partielle Vorfinanzierung bzw. Kreditierung der Produktion durch die Tobis. Freie Produzenten konnten außerdem bei der Ufa in Babelsberg und in Tempelhof, bei dem Deutschen Lichtspielsyndikat, der Europäischen Film-Alliance, der Grunewald-Film-Atelier GmbH sowie bei der Emelka in München Atelierkapazitäten nutzen.

Das Tonfilmmonopol hatte vor allem wirtschaftliche Konsequenzen: Die wesentliche Verteuerung der Produktion durch die Lizenzzahlungen,

---

[4] Ebd., S. 49 f.
[5] Achtung, Herr Dr. Goerdeler: Tobis! in: Industrie-Kurier 2. 1. 1932, Nr. 1, 16. Jg., S. 10

die Mietkosten für die Tonfilmkameras sowie die Durchsetzung der Standardisierung des Mediums auf dem internationalen Markt. Alle in Deutschland abgedrehten Filme wurden auf patentrechtlich einwandfreien Apparaturen produziert und konnten daher prinzipiell in jedem Land der Erde ohne Schwierigkeiten aufgeführt werden. Diese Bedingungen waren nicht in allen europäischen Ateliers gegeben. Für Filme, die auf patentrechtlich nicht geschützten Apparaturen gedreht wurden, ergaben sich Einschränkungen auf den internationalen Märkten. Einschneidender als diese Beschränkungen waren in der Folgezeit die Miet- und Lizenzzahlungen, die von den Produzenten an die Monopolinhaber zu zahlen waren. Ihre Einnahmen setzten sich zusammen aus der Vermietung von Aufnahmeapparaturen und den Lizenzen zur Filmherstellung, d. h. den sogenannten Heimatlizenzen, den Lizenzen aus dem Filmexport, den Lizenzen aus dem Import fremder Filme, dem Verkauf bzw. der Vermietung von Wiedergabegeräten und den Kopierlizenzen. Die Verteilung der anfallenden Lizenzzahlungen sowie die Anteile am Gewinn aus dem Apparategeschäft der Klangfilm regelte der Tobis-Klangfilm-Vertrag[6].

Vor dem und im Umkreis des Pariser Tonfilmfriedens hatte vor allem der Schutz deutscher Interessen gegenüber einer drohenden amerikanischen Spielfilm- und Geräteinvasion im Zentrum der publizistischen Aufmerksamkeit gestanden. In der Folgezeit verlagerte sich der Diskussionsschwerpunkt auf die Vielzahl und die Höhe der Lizenzgebühren, die Anfang August 1930 bekanntgegeben wurden. Im einzelnen berechnete die Tobis:
- pro Meter zensierter Negativlizenz in Deutschland 3,- RM,
- Lizenzgebühren für den Export, deren Höhe nach den jeweiligen Ländergruppen variierte, die Exportlizenzgebühr für die gesamte Welt mit Ausnahme von Nordamerika betrug 10,- RM pro Meter,
- die Staffelabgabe von den Bruttoeinnahmen aus dem Film nach Abzug der Verleihspesen: 3 Prozent für die ersten 250 000,- RM , 4 Prozent für die zweiten 250 000,- RM, 5 Prozent für die dritten 250 000,- RM und 6 Prozent für alle Gewinne über 750 000,- RM,
- Kopiergebühren in Höhe von 0,11 RM pro Meter und für alle weiteren Abzüge 0,05 RM pro Meter[7],
- Lizenzgebühren für die Filmauswertung im Ausland, die unabhängig von den Inlandseinnahmen eingefordert wurden,
- Leihmiete für eine Aufnahmeapparatur einschließlich der sie bedienenden fünf Mitarbeiter pro zehnstündigen Drehtag 2 500,- RM[8], un-

---

[6] vgl. S. 107 ff.
[7] Achtung, Herr Dr. Goerdeler: Tobis! in: Industrie-Kurier 2. 1. 1932, Nr. 1, 16. Jg., S. 10
[8] Die Ufa, die in ihren Ateliers keine Mitarbeiter der Tobis beschäftigte, sondern auf der Basis des Ufa-Klangfilm-Vertrages diese Arbeit mit eigenen Mitarbeitern ausführte, berechnete ebenfalls 2 500,- RM pro Drehtag. BArch R 109 I / 1028b Bl. 97 f.

abhängig davon, ob – etwa aus Gründen schlechter Witterung – tatsächlich gedreht werden konnte oder nicht.
- Außerdem kassierte das Syndikat vom Produzenten etwa 5 Prozent des durch den Film eingespielten Reingewinns als Lizenzgebühren[9].

Ausgehend von diesen Zahlen errechnete die „Lichtbild-Bühne" an einem theoretischen Beispiel die zusätzlichen Kosten für die Lizenzzahlungen: Ein 3 000 m langer Spielfilm kostete danach an Herstellungskosten 200 000,- RM, von denen etwa 112 000,- RM an Kosten für die Aufnahmeapparatur und deren Bedienung entfielen. Für Kopierlizenzen mußte der Produzent weitere 15 000,- RM zahlen. Nach der Modellrechnung spielte der Film in Deutschland und zwei europäischen Verleihgebieten nach seiner Fertigstellung 300 000,- RM ein. Von dem erzielten Reingewinn hatte der Produzent für die in Anspruch genommenen Patente an die Tobis 41 600,- RM abzuführen[10].

Bestandteil jedes Vertrages mit der Tobis war eine Klausel über die laufende Zahlung der Miet- und Lizenzgebühren. Der Hersteller trug somit die Amortisations- und Zinslasten allein. Solange ein Film Gewinn abwarf, konnten diese bei der Endabrechnung vom Reingewinn abgezogen werden. Wenn der Film beim Publikum keinen Anklang fand, gingen bei kleineren Firmen die angefallenen Kosten in die Konkursmasse ein.

Eine Hochrechnung des von der „Lichtbild-Bühne" publizierten Rechenexempels auf die gesamte deutsche Filmproduktion ergab, daß die Monopolinhaber über den gesamten Vertragszeitraum des Pariser Abkommens jährlich mehrere Millionen Reichsmark an Lizenzgebühren kassiert hätten. Für die Richtigkeit dieser Berechnung sprach, daß die Tobis auf ihr zwölf Millionen RM betragendes Aktienkapital im Geschäftsjahr 1929/1930 8 Prozent an Dividenden zahlte[11]. Der Jahresumsatz der Klangfilm betrug 1930 etwa sechs Millionen RM. Nach eigenen Angaben konnte das Unternehmen seinen Platz auf dem Weltmarkt sowohl in bezug auf die Aufnahmegeräte als auch auf die Wiedergabeapparaturen festigen. Für das Jahr 1931 rechnete die Klangfilm mit einem ähnlichen Ergebnis. Die Gewinne wurden allerdings durch die laufenden Patentprozeßkosten geschmälert. Vor dem Hintergrund der allgemeinen Wirtschaftslage war das Unternehmen mit den im Jahre 1930 erzielten Ergebnissen zufrieden[12].

Alle Verbände der Filmindustrie protestierten nach der Bekanntgabe der Tobisforderungen gegen das Geschäftsgebaren des Syndikats, insbesondere gegen die nach Meinung der Kritiker zu hohen Lizenzzahlungen.

---

[9] L.H.: Zur Situation des Films, in: Berliner Tageblatt 27. 7. 1930, Nr. 350, 59. Jg.
[10] Tobis „schützt deutsche Filmindustrie". Ein lehrreiches Rechenexempel, in: LBB 12. 8. 1930, Nr. 192, 23. Jg.; vgl. auch: Entwicklung der Filmwirtschaft in: Wochenbericht des Instituts für Konjunkturforschung 2. 11. 1932, Nr. 31, Sonderbeilage, 5. Jg.
[11] NF NL Struve, Nr. 7
[12] H.F. Geiler, Das Zukunftsprogramm der Klangfilm. Jahresumsatz 1930: gegen 6. Mill. Mark, in: Berliner Börsen-Zeitung 12. 3. 1931, Nr. 119, 76. Jg.

Das Elektrokartell argumentierte dagegen, daß erst im Oktober 1929 die eigentliche Tonfilmproduktion in Deutschland angelaufen sei. Bis zu diesem Zeitpunkt seien ihm erhebliche Investitions- und Entwicklungskosten entstanden, die zum Teil bis in das Jahr 1925 zurückreichten. Darüber hinaus hätte die Produktion der Kurztonfilme, die zur Propagierung des Tonfilms gedreht worden seien, einen Verlust von etwa einer Millionen Mark verursacht. Nur durch erhebliche Vorinvestitionen sei es dem Syndikat überhaupt gelungen, den amerikanischen Vorsprung innerhalb weniger Monate einzuholen. Die Lizenzzahlungen seien nun in erster Linie erforderlich, um die verauslagten Gelder wieder zurückzubekommen[13]. Diese Aussage war zumindest teilweise eine Schutzbehauptung. Zum einen mußten aus den Einnahmen der Tobis die Bankanleihen aufgebracht werden[14] und zum zweiten zeigt das Einkommen Massolles – er hatte eine Bruttobeteiligung in Höhe von 1,2 Prozent der von der Tobis vermieteten Apparaturen durchgesetzt und verdiente dadurch allein 200,- RM pro Tag zusätzlich[15] – daß die Tobis zum Teil sehr hohe Gehälter zahlte.

Nach mehreren Verhandlungsrunden mit der SPIO[16] und auf Druck des Reichswirtschaftsministeriums[17] erklärte sich die Tobis Ende 1930 bereit, ab dem 12. Drehtag die Aufnahmelizenz um 5 Prozent und ab dem 20. Drehtag um weitere 5 Prozent zu senken. Das Syndikat begründete den Schritt mit dem Wunsch, seinen Beitrag zur Erhöhung der Tonfilmqualität zu leisten. „Denn die Höhe der Lizenz hat die Filmhersteller bisher dazu verführt, den Ton in höchster Eile in wenigen Aufnahmetagen herzustellen"[18]. Die Klangfilm reagierte ihrerseits mit der Aufnahme von Verhandlungen, die der Reichsbund der Lichtspieltheaterbesitzer seit längerer Zeit angestrebt hatte. Er wollte für seine Mitglieder bessere Konditionen für den Erwerb von Klangfilmapparaturen und günstigere Regelungen in bezug auf den weiteren Betrieb von patentrechtlich nicht einwandfreien Geräten durchsetzen.

Im Mai 1931 wurde auf einer Versammlung der deutschen Filmindustriellen unter anderem hervorgehoben, daß die Tobis in Deutschland wesentlich höhere Lizenzzahlungen ansetzte, als sie im Ausland für die gleichen Leistungen verlange. Darüber hinaus bekämen ausländische Firmen, die in Deutschland arbeiteten, günstigere Konditionen eingeräumt als ein-

---

[13] Erwin Baer, Kino-Krise. Die Umstellung der Filmproduktion – Das erste Tonfilmjahr – Neues Kontingentgesetz? in: Berliner Börsen-Courier 2. 6. 1930, Nr. 252, 62. Jg.
[14] ausführlich: S. 362 ff.
[15] Bell, Bilder, S. 78 f.
[16] vgl. u. a. Verhandlungen mit der Tobis. Noch kein Resultat. Weitere Besprechungen, in: FK 4. 9. 1930, Nr. 209, 12. Jg.; Tobis und Filmfabrikanten. Günstige Besprechungen bei der SPIO, in: FK 21. 10. 1930, Nr. 249, 12. Jg.
[17] Siehe S. 185 ff.
[18] H.F. Geiler, Die Lizenzen im deutschen Tonfilm. Versuche zur Preissenkung – Erfolge und Ziel – Drohung mit dem Kartellgericht, in: Hannoverscher Kurier 8. 1. 1931, Nr. 10/11, 83. Jg.

heimische Produzenten. So müsse eine ausländische Firma in Deutschland statt 2 500,- RM nur 800,- RM pro Tag an Miete für die Aufnahmeapparatur zahlen. Auch würden Filmproduzenten im Ausland eine geringere Miete für die Tobis-Klangfilm-Aufnahmeapparaturen zahlen als in Deutschland. Dort entfielen darüber hinaus die Reingewinn- und Umsatzbeteiligung sowie die Kopierlizenz. Schließlich liege auch die Exportlizenz der Tobis prozentual um ein Vielfaches über den Sätzen, die Kunden der amerikanischen Konkurrenz zu zahlen hätten. Zusammenfassend stellten die Filmindustriellen fest, daß ihnen aus der Ungleichbehandlung von seiten der Tobis ein entscheidender Wettbewerbsnachteil gegenüber der ausländischen Konkurrenz erwachse[19].

Nach einer Drohung von seiten des Reichsministerium des Innern, die Regelungen zur Filmkontigentierung zu lockern, um auch deutsche Produzenten in den Genuß niedrigerer Lizenzzahlungen kommen zu lassen[20], trafen sich am 18. Juni 1931 repräsentative Vertreter der deutschen Filmindustrie und der Tobis. Auf der Sitzung stellte die Tobis ihre neuen Lizenzgebühren vor. Nach den Ausführungen der Tobis-Vertreter sollte in Zukunft die Staffelabgabe, also die Beteiligung am Verleihumsatz entfallen. Dafür würde die Grundlizenz von 3,- RM auf 5,- RM pro Meter erhöht. Die Exportlizenz erführe dahingehend eine Änderung, daß die Aufteilung in Ländergruppen entfiele und statt dessen die Lizenzen pro Land berechnet würden. Infolge der neuen Rechnungslegung sollten nur noch für jene Länder Kosten anfallen, in denen der jeweilige Film auch wirklich aufgeführt würde. Schließlich erklärte die Tobis, daß ausländischen Firmen in Zukunft keine Sonderkonditionen eingeräumt würden. Im Rahmen der Aussprache mit Vertretern der Filmindustrie schlug die Tobis kleinen Firmen vor, Produzentengruppen zu bilden, die gemeinsam Ateliers und Apparaturen für einen gewissen Zeitraum nutzten. Solchen Vereinigungen könne das Sydikat erhebliche Rabatte gewähren. Für die Folgezeit stellte die Tobis weitere Gespräche über die Höhe der Tonherstellungskosten und über die Kopierlizenz in Aussicht[21]. In Auswertung des von der Tobis vorgelegten Entwurfs über die Höhe der Lizenzgebühren trat die Ufa mit der Klangfilm in Verbindung, um für Wochenschauen sowie Kultur- und Kurzfilme die von der Tobis eingeräumten Vergünstigungen ebenfalls zu erhal-

---

[19] Die Filmindustriellen-Entschließung zu den Ton-Lizenzen. Vier Fragen an Tobis-Klangfilm, in: LBB 13. 5. 1931, Nr. 114, 24. Jg. Die Bevorzugung ausländischer Firmen hing mit dem zu diesem Zeitpunkt noch nicht unterzeichneten Pariser Abkommen zusammen. Ausländische Firmen, die auf amerikanischen Apparaturen arbeiteten, zahlten deshalb noch keine Lizenzen an die Tobis. Vgl. S. 345 und S. 367. Um ihre Anlagen auszulasten, mußte die Tobis deshalb den ausländischen günstigere Konditionen einräumen als den einheimischen.
[20] BArch R 901 / 69590 Bl. 167
[21] Industrie-Aussprache mit der Tobis. Ausgangspunkt zu weiterer Zusammenarbeit, in: LBB 19. 6. 1931, Nr. 146, 24. Jg.

ten[22]. In einem nach längeren Verhandlungen erzielten Ausgleichsabkommen vom 30. Juni 1932 gestand die Klangfilm der Ufa einen Preisnachlaß von 170 000,- RM für zu viel gezahlte Lizenzgebühren zu[23].

Am 16. Dezember 1931 gab die Tobis Preissenkungen bekannt, die am 23. Januar 1932 in Kraft treten sollten. Danach mußten bei der Spielfilmproduktion für eine Aufnahmeapparatur einschließlich ihres Bedienungspersonals bis zu 20 Tagen 1 665,- RM je Tag, bis zu 40 Tagen 1 540,- RM je Tag und bis zu 73 Tagen 1 420,- RM je Tag von den Filmproduzenten gezahlt werden. Für die Benutzung der Apparatur über die Zeitspanne hinaus fielen die Mietkosten auf 1 295,- RM pro Tag. Die Drehtage, die zwischendurch unterbrochen werden konnten, sollten rückwirkend vom 1. Juli 1931 an gezählt werden. Für die Benutzung der Ateliers einschließlich der Inanspruchnahme des Personals sowie aller Strom- und Heizkosten wurden die Preise je nach Benutzungsdauer während der Dreharbeiten auf 600,- RM bis 800,- RM je Tag und für Bautage auf 450,- RM bis 500,- RM je Tag festgelegt. Öffentlich begründete das Unternehmen nach Rücksprache mit der Ufa seinen Schritt mit der Rücksichtnahme „auf die sich aus der gegenwärtigen Wirtschaftslage ergebende gefahrdrohende Gestaltung der Verhältnisse innerhalb der deutschen Filmindustrie"[24].

Während die Tobis sich nicht bereit erklärte, die Lizenzgebühren zu senken, verurteilte das Oberste Gericht der USA am 24. November 1931 mehrere amerikanische Filmfirmen zu hohen Geldstrafen, weil sie gegen die Antitrust-Gesetze verstoßen hatten[25]. Bereits im September hatten die RCA, General Electric, Westinghouse Electric und die American Telephone & Telegraph Co. und die ihnen angeschlossenen Gesellschaften mit De Forest Radio Corp. ein Vergleichsabkommen unterzeichnet. Letztere erhielt als Schadensersatz eine Million Dollar. Gleichzeitig wurde mit dem Vertrag eine Einigung über die Herstellung von Vakuumröhren erzielt und damit ein Patentprozeß beendet, den 21 unabhängige Produzenten gegen die Elektrokonzerne angestrengt hatten, weil diese ihr Patentmonopol, so die Ansicht der Kläger, mißbraucht hätten, um sie vom Radio- und Funkmarkt fernzuhalten. Insgesamt bereinigte das Abkommen Schadensansprüche von rund 47 Millionen Dollar[26].

Unabhängig von den Vorgängen in den Vereinigten Staaten beharrte die Tobis auf der von ihr festgelegten Höhe der Lizenzgebühren. Daraufhin wandte sich die SPIO im Dezember 1931 mit Unterstützung des Auswärtigen Amtes[27] mit einer Eingabe an den Reichskommissar für Preisüberwachung, Carl Goerdeler. Die Vertreter des Spitzenverbandes schilderten auf

---

[22] BArch R 109 I / 1028b Bl. 96
[23] BArch R 109 I / 1028c Bl. 185 S. 7
[24] BArch R 109 I / 284
[25] BArch R 901 / 45552 Bl. 147 ff.
[26] BArch R 901 / 45552 Bl. 217 f.; 222
[27] BArch R 901 / 69590 Bl. 115 ff.

der am 12. Januar 1932 stattgefundenen Besprechung die schwierige Lage des Industriezweigs und machte auf die Rolle des Films als deutscher Kulturträger im Ausland aufmerksam, dessen Existenz auch infolge der Wettbewerbsverzerrung zwischen den USA und Deutschland in Gefahr sei[28]. Zugleich beschuldigten die SPIO-Vertreter die Tobis, mit den Geldern der deutschen Filmindustrie den angeschlagenen Küchenmeisterkonzern in den Niederlanden sanieren zu wollen[29]. Während der Besprechung stellte sich das Reichskommissariat auf den Rechtsstandpunkt, daß der Film eine „lebenswichtige Leistung zur Befriedigung des täglichen Bedarfs" sei[30]. Diese Definition des Mediums erlaubte es Carl Goerdeler, unter Berufung auf die 4. Notverordnung vom 8. Dezember 1931, am 15. Februar 1932 eine umfangreiche Verordnung zum Filmwesen zu erlassen, die zunächst bis zum 31. Dezember 1932 gelten sollte. Danach mußten die Rohfilmpreise um 10 Prozent gesenkt werden. In bezug auf die Apparatepreise bestätigte die Verordnung die von der Tobis am 16. Dezember 1931 bekanntgegebenen Mietpreise für Aufnahmeapparaturen. Darüber hinaus enthielt sie spezielle Richtlinien für Kultur-, Lehr-, Reklame-, Industriewerbe- und Kurzspielfilme. Bei Atelieraufnahmen durften nur noch Mietkosten für Aufnahmeapparaturen von 900,- RM und bei Außenaufnahmen von 1 330,- RM erhoben werden. Bei Kultur- und Lehrfilmen mußten die Preise noch einmal um mindestens 10 Prozent gesenkt werden. Für Atelierkosten setzte die Verordnung einen Krisenrabatt von 10 Prozent zu den vom 16. Dezember 1931 neu festgelegten Preisen fest. Umfangreiche Preisnachlässe mußte die Tobis auch auf die Lizenzen gewähren. Die Herstellungslizenz mußte um 12,5 Prozent auf 4,375 RM pro Meter gesenkt werden, die entsprechenden Lizenzen für Sprachversionen mußten von 2,40 RM auf 1,60 RM vermindert werden. Für Exportlizenzen im deutschen Sprachgebiet wurde die Obergrenze mit 0,30 RM festgesetzt. Für Kulturfilme[31] durfte im Inland auf Anweisung des Reichskommissars nur noch eine Lizenz von einer Mark pro zensiertem Meter erhoben werden. Für die Beurteilung eines Kulturfilms sollte das Drehbuch den Ausschlag geben. Die Klangfilm mußte einige ih-

---

[28] vgl. S. 343 ff.
[29] BArch R 901 / 69590 Bl. 163 ff.; Zur Lage der Tobis vgl. Kap. 6.6.
[30] ebenda Bl. 162
[31] In einer Mitteilung des Reichskommissars für Preisüberwachung heißt es zur Definition des Kulturfilms: „Bildstreifen, auch wenn sie auf Grund der Reichsratsbestimmungen über die Vergnügungssteuer als künstlerisch anerkannt worden sind, gelten neben dem volksbildenden Film und dem Lehrfilm nur dann als Kulturfilm ... wenn die Befriedigung des Unterhaltungsbedürfnisses hinter der künstlerischen Durchgestaltung großer menschheitsbewegender Gedanken oder Lebensäußerungen wesentlich zurücktritt. Die hinsichtlich der künstlerischen Gestaltung solcher Kulturfilme zu stellenden Anforderungen müssen über die an volksbildende Filme und an Lehrfilme zu stellenden Anforderungen hinausgehen. Darüber, ob ein als künstlerisch anerkannter Bildstreifen als Kulturfilm ... anzusehen ist, entscheiden die zuständigen amtlichen Bildstellen". BArch R 109 I / 250

rer Preise für Bauteile zwischen 10 Prozent und 40 Prozent senken. Die Filmproduzenten, die Verleiher und die Lichtspielbesitzer wurden aufgefordert, die mit der Verordnung erzielten Preissenkungen an ihre Kunden weiterzugeben[32].

Am 17. Februar 1932 gab die Tobis weitere Einzelheiten über Preissenkungen bekannt. Für lehr- und volksbildende Filme wollte das Syndikat nach vorheriger Rücksprache mit der Sprekfilm Amsterdam in Zukunft die Lizenzzahlungen denen von Kulturfilmen angleichen und nur noch eine symbolische Lizenz von einer Mark erheben. Auf die Forderung der Filmindustrie, auch künstlerisch wertvolle Filme in die Regelung einzubeziehen, reagierte die Tobis ablehnend[33]. Für Nachsynchronisationen berechnete die Tobis in Zukunft nur 0,50 RM pro Negativmeter. Die Kopierlizenz betrug 0,03 RM pro Meter. Für die Vertriebslizenz in allen Ländern des deutschen Exklusivgebiets berechnete die Tobis 1,90 RM pro Meter. Für einzelne Länder lag die Lizenzhöhe zwischen 0,05 RM für Bulgarien bzw. Finnland und 0,30 RM für Österreich, Schweiz und die Tschechoslowakei. Die Lizenzkosten für einen Spielfilm von 2 300 m Länge betrugen unter Einschluß der Kopierkosten vom Stichtag an zwischen 3,04 und 8,08 Prozent der gesamten Herstellungskosten. Die Kosten für eine Tonaufnahme-Apparatur einschließlich aller Dienstleistungen sanken für Nachsynchronisationen auf 810,- DM. Für Werbe- und Industriefilme sanken die Lizenzgebühren um 33,33 Prozent und für Wochenschauen um 70 Prozent. Im Durchschnitt mußten für die Tonfilm-Apparatur einschließlich ihrer Bedienung und sonstiger Nebenkosten 1932 zwischen 5,18 und 12,1 Prozent der Gesamtherstellungskosten von Tonfilmen aufgewendet werden. Der Anteil der von der Tobis erhobenen Schutzrechtlizenzen und der Tonaufnahmekosten beliefen sich um 1932 auf maximal 15 Prozent der Gesamtherstellungskosten von Tonfilmen bzw. auf etwa 3 Prozent der Bruttoeinnahmen aller deutschen Lichtspieltheater[34].

In einem am 16. März 1932 von der Tobis und der Ufa unterzeichneten Vertrag verpflichteten sich beide Unternehmen zum strikten Einhalten der neuen Tarife einschließlich der vereinbarten Zahlungsbedingungen. Vor dem Hintergrund einer zunehmend geringeren Auslastung der Ateliers[35] beschlossen beide Seiten darüber hinaus, sich gegenseitig Kunden zuzu-

---

[32] Dr. Goerdelers Filmrichtlinien, in: FK 16. 2. 1932, Nr. 41, 14. Jg.
[33] Tobis legt ihre Politik dar, in: LBB 19. 2. 1932, Nr. 42, 25. Jg.
[34] BArch R 8136 / 2586. Die entsprechenden Preissenkungen wurden zwischen Klangfilm und Ufa abschließend durch ein Schreiben vom 30. Juni 1932 geregelt. BArch R 109 I / 1028 c.
[35] Der Fassungsraum deutscher Ateliers entwickelte sich wie folgt: 1928: 37 500 m², Mitte 1930: 20 472 m², 1932 standen 34 555 m² zur Verfügung. Vor dem Hintergrund einer schrumpfenden Filmproduktion konnte ein großer Teil der zur Verfügung stehenden Atelierfläche nur mangelhaft ausgelastet werden. Hans Hirsch, Krisenjahr 1932. Die Spuren der Depression im Zahlenbild, in: LBB 1. 1. 1933, Nr. 1, 26. Jg.

führen, wenn die eigenen Anlagen ausgebucht wären[36]. Mit diesem Vertrag entstand in Berlin und Umgebung endgültig ein einheitlicher Markt für die Filmproduktion, der nur im Hinblick auf die Ateliermieten Sonderkonditionen zuließ.

6.2. Die wirtschaftliche Entwicklung der Ufa nach dem Pariser Tonfilmabkommen

Nach der Aufsichtsratssitzung vom 17. November 1930 veröffentlichte die Ufa ihren Abschluß für das erste Tonfilmjahr. Danach hatte der Konzern trotz aller technischen Schwierigkeiten im Zuge der Tonfilmumstellung und verminderter Einnahmen durch die faktische Entwertung der stummen Filme einen Reingewinn von 14 248,- RM erzielt. Das Ergebnis zeigte, so die Meldung, daß es gelungen war, „den Anschluß an die Tonfilmbewegung nicht nur technisch, sondern auch finanziell zu vollziehen. Es ist der Gesellschaft gelungen, ihre Machtposition auf dem Gebiet des Tonfilm-Geschäftes auszubauen"[37].

Von der relativ guten Bilanz der Ufa nach dem ersten Tonfilmjahr kann nicht auf die deutsche Filmindustrie im allgemeinen geschlossen werden. Dieser mangelte es vor allem an dem notwendigen Eigenkapital für die Spielfilmproduktion. Da die Filmherstellung sich gegenüber der Stummfilmzeit wesentlich verteuert hatte, erhöhte sich auch die notwendige Kreditaufnahme. Die fälligen Kreditzinsen steigerten ihrerseits wiederum die Produktionskosten kleiner und mittlerer Unternehmen. Da sich die Banken bei der Kreditvergabe für Filmprojekte sehr zurückhielten, kamen Firmen, die Produktionsanlagen vorhielten, wie die Ufa oder die Tobis, immer stärker in die Rolle von Filmkreditinstituten. So stundete die Tobis zum Teil die Lizenzgebühren und die Kosten für die Tonherstellung. Mitte Juni 1931 beliefen sich die Außenstände des Konzerns auf etwa 2,5 Millionen RM. Zum gleichen Zeitpunkt besaß die Tobis außerdem Wechsel im Wert von 1,5 Millionen RM[38].

Vor diesem Hintergrund sowie angesichts der sich verschlechternden Wirtschaftslage und des nicht absehbaren weiteren Einnahmerückgangs in den Kinotheatern, der seinerseits wiederum das Investitionsrisiko der Filmproduktion permanent erhöhte, reagierte die Ufa auf die sich abzeichnenden Schwierigkeiten in der Filmfinanzierung entsprechend einem Beschluß des Vorstandes vom 14. April 1931 mit großer Zurückhaltung bei der Kreditvergabe an Fremdfirmen. „Hinsichtlich des Ateliergeschäfts

---

[36] BArch R 109 I / 284
[37] BArch R 8119 / 19072 Bl. 144
[38] Industrie-Aussprache mit der Tobis. Ausgangspunkt zu weiterer Zusammenarbeit, in: LBB 19.6. 1931, Nr. 146, 24. Jg.

wurde als Richtlinie festgestellt, daß eventuell der Geschäftsverkehr auf 8 – 10 gut qualifizierte Firmen beschränkt werden soll, denen die Ateliers gegen Barzahlung zu Vorzugspreisen vermietet werden können, wobei die Preise für die Recording pro Tag auf 2 250,- RM, 2 000,- RM, äußerstenfalls auf 1 800,- RM herabgesetzt werden können. Alle anderen Firmen mit fraglicher Zahlungsfähigkeit sollen abgewiesen werden"³⁹. Eines der ersten Opfer der Ufa-Finanzpolitik wurde die Süd-Film AG., die unter anderem so bekannte Spielfilme wie *Dreyfus*, *Atlantic* oder *Sous les Toits de Paris* im Verleih anbot. Diese und andere wurden in den Berliner Ufa-Lichtspielhäusern uraufgeführt und auch in der Provinz in Ufa-Häusern gespielt. Beide Unternehmen erzielten auf diese Weise sehr hohe Gewinne. Die Süd-Film erwarb 1931 unter anderem für 210 000,- $ auch den Chaplin-Film *City Lights*. Da es an notwendigen Geldern fehlte, nahm die Firma einen größeren Kredit auf und vermietete den Spielfilm an die Ufa. Letztere behielt die erste Garantiesumme ein, da die Süd-Film ihr mindestens eine entsprechende Summe infolge anderer Transaktionen schuldete. Daraufhin geriet die Süd-Film in Zahlungsschwierigkeiten. Diese lösten eine Vertrauenskrise bei anderen Gläubigern aus, so daß das Unternehmen plötzlich mit einer Reihe weiterer finanzieller Forderungen konfrontiert wurde⁴⁰. Erst mit Hilfe einer Stützungsaktion von seiten der Tobis in Höhe von etwa 80 000,-RM konnte die Süd-Film weiterbestehen⁴¹. Auch der Terra gelang es nur mit Hilfe eines Überbrückungskredits, über finanzielle Schwierigkeiten hinwegzukommen. Vor dem Hintergrund der spektakulären Krisen großer deutscher Filmbetriebe einigten sich die Ufa und die Tobis auf ein Verfahren über die Verteilung der hinterlegten Sicherheiten, die jedem Unternehmen bei zukünftigen Firmenzusammenbrüchen zustehen sollten. Gerichtlichen Auseinandersetzungen sollte auf diese Weise vorgebeugt werden. Danach verzichtete die Tobis bei jenen Firmen, die bei der Ufa arbeiteten, zunächst auf alle Ansprüche. Mußte eine Firma Konkurs anmelden, so verpflichtete sich die Ufa, aus den ihr hinterlegten Sicherheiten die Ansprüche der Tobis im prozentualen Verhältnis zu den existierenden Forderungen beider Unternehmen zu befriedigen⁴².

Am Ende der ersten Hälfte des Geschäftsjahres 1930/31 hatte die Ufa ihren Rohüberschuß gegenüber dem gleichen Zeitraum des Vorjahres mehr als verdoppelt. Allein der Spielfilm *Das Flötenkonzert von Sanssouci* (Regie: Gustav Ucicky) spielte in Deutschland einen Nettoüberschuß von 1,5 Millionen RM ein. Mit den Einnahmen von *Die Drei von der Tankstelle* und *Einbrecher* (Regie: Hanns Schwarz) erreichte der Konzern nach eigenen Angaben fast ebenso hohe Einspielergebnisse, wie mit *Liebeswalzer* und *Der*

---

³⁹ BArch R 109 I / 1027b Bl. 17 f.
⁴⁰ Paul E. Wegge, Ein Kampf um die Herrschaft. Ufa-Tobis-Südfilm, in: Berliner Tageblatt 24. 6. 1931, Nr. 293, 60. Jg.
⁴¹ BArch R 109 I / 226
⁴² BArch R 109 I / 248

blaue Engel[43]. Im Juli 1931, nach der Beendigung des zweiten Tonfilmjahres, äußerte sich der wenige Wochen zuvor zum Generaldirektor ernannte Ludwig Klitzsch vor Mitarbeitern des Konzerns zur wirtschaftlichen Situation des Unternehmens und zur Filmpolitik. Für die Ufa war demnach die Tonfilmumstellung im wesentlichen abgeschlossen. In den vergangenen beiden Jahren hätten sich die Ufa-Filme, so der Direktor, „als die zugkräftigsten aller europäischen Filmproduktionen erwiesen". Nach eigenen Schätzungen hatte der Konzern mit 20 Millionen RM etwa ein Drittel des gesamten deutschen Verleihumsatzes realisiert. 40 und mehr Prozent des Theaterumsatzes wurde in den eigenen Kinos erzielt. Trotz des Konjunktureinbruchs im Theatergeschäft konnte die Ufa durch den Verkauf von zehn weniger rentablen und den Kauf von elf hochwertigen Lichtspielhäusern ihren Umsatz in dieser Sparte weitgehend stabil halten. Die durchschnittliche Zahl der Sitzplätze in den Ufa-Kinos lag über eintausend. Da in vielen europäischen Ländern ein Mangel an Spielfilmen herrschte, konnte die Ufa mit ihren Versionen dort erhebliche Gewinne verbuchen und so partielle Einbrüche im Inland ausgleichen. Die bisherigen Kosten für die Tonfilmumstellung in den Ateliers Babelsberg und Tempelhof bezifferte Klitzsch mit sechs Millionen RM. Den jährlichen deutschen Bedarf an Spielfilmen schätzte er auf 160 bis 180. Die Ufa, so der Generaldirektor weiter, wolle auch in Zukunft nur etwa 25 bis 30 Spielfilme pro Jahr produzieren. Ernstzunehmende Filmfirmen würden von seiten der Ufa auch weiterhin Kredithilfen für ihre Produktionen bekommen und deshalb werde der diesbezügliche Kreditrahmen erweitert. Im Juli 1931 würde dessen Höhe „bereits in die Millionen gehen". Allen Vorwürfen gegen Monopolbestrebungen des Konzerns, die im Zusammenhang mit dessen Vorgehen gegen die Süd-Film AG in der Presse geäußert wurden, erteilte Klitzsch eine strikte Abfuhr[44].

Eine genauere Analyse der optimistischen Ausführungen des Generaldirektors zeigen ein etwas differenzierteres Bild. Die einzelnen Bilanzsummen weisen aus, daß auch die Ufa die allgemeine Konsumzurückhaltung in Deutschland zu spüren bekam. Während alle Betriebe wie Kopierwerke, Atelierbetriebe, Verleihorganisationen usw. ihre Umsätze verdoppeln konnten, gingen in den Lichtspielhäusern, deren Einnahmen unmittelbar von dem Besucherandrang abhängig waren, die Überschüsse im Geschäftsjahr 1930/31 zurück. Auf das vorsichtige Geschäftsgebahren der Ufa lassen zwei Bilanzpositionen schließen. Zum einen waren die Außenstände relativ gering: Die weitaus größte Schuldnerin des Konzerns war mit über vier Millionen RM die ACE-Paris, mit der die Ufa die französischsprachi-

---

[43] BArch R 8119 / 19072 Bl. 184 f.
[44] Ufa zahlt Dividende. Generaldirektor Klitzsch über Filmpolitik, in: Berliner Tageblatt 14. 7. 1931, Nr. 327, 60. Jg.

gen Versionen drehte[45]. Hier konnte der Ufa-Vorstand mit Recht davon ausgehen, daß die gesamte, wenigstens aber ein sehr großer Teil der Summe im folgenden Geschäftsjahr im Zuge der Auslandsauswertung der Filme wieder eingespielt würde. Zum zweiten wurden alle zwischen 1927 und 1929 gedrehten stummen Filme in der Bilanz nicht mehr bewertet. Der Konzern trug damit seiner Einschätzung Rechnung, daß die Zeit des Stummfilms endgültig vorbei sei und von daher nur noch mit Tonfilmen Einnahmen erwirtschaftet werden könnten. Der Klangfilm schuldete die Ufa noch zwei Millionen RM. Nach den hohen Abschreibungskosten im Geschäftsjahr 1930/31 erwartete der Vorstand vor allem auf der Basis eines erweiterten Auslandsgeschäfts für das kommende Jahr ähnlich positive Ergebnisse wie 1929/30[46].

Nach den Verlusten der Österreichischen Kreditanstalt setzte im Frühjahr 1931 ein zunehmender Devisenabfluß in Deutschland ein. In dieser Situation erhielt die Ufa von der Treuhandanstalt für das deutsch-niederländische Finanzabkommen (Trefina) einen auf drei Jahre befristeten Kredit von drei Millionen Gulden zu einem Zinssatz von 5,5 Prozent angeboten. Als Sicherheit dienten jene Grundstücke, die die Ufa für den inzwischen zurückgezahlten Drei-Millionen-Mark-Kredit für die Tonfilmumstellung aufgenommen hatte. Neben Eintragungen einer neuen Grundschuld auf die genannten Grundstücke übernahm auch der Scherl-Verlag eine zusätzliche Bürgschaft[47].

Das Trefina-Abkommen wurde am 3. Juli unterzeichnet[48], also wenige Tage vor dem Zusammenbruch der Darmstädter und Nationalbank (Danat-Bank), in dessen Folge in Deutschland eine Bankenkrise ausbrach, die ihrerseits eine Kreditsperre, eine Stillegung des Zahlungsverkehrs, eine Steigerung der Zinssätze und damit verbunden eine Bargeldnot zur Folge hatte[49]. Vor dem Hintergrund erheblicher Kursschwankungen auf den internationalen Devisenmärkten, wegen der Unsicherheiten in bezug auf die Stabilität der deutschen Banken und zur Sicherung des Kapitals für die Filmproduktion schlossen im Oktober 1931 die August Scherl GmbH und die Ufa einen Vertrag über die Verwendung des Trefinakredits. Danach verpflichtete sich das Verlagshaus gegenüber dem Filmunternehmen, einen Teil der Kreditsumme vorläufig zu verwalten und in diesem Zeitraum die Kreditzinsen in voller Höhe zu zahlen[50].

---

[45] Mit ihrer Finanzpolitik verfolgte die Ufa eine dem Bankgewerbe vergleichbare Kreditpolitik. Auch die Banken gewährten vor allem Großkredite, während sie das kleine und mittlere Kreditgeschäft weitgehend vernachlässigten. Schneider, Liquidität, S. 70; vgl. auch Haebler, Kreditbankenwesen, S. 56 f.
[46] BArch R 8119 / 19072 Bl. 338 f.
[47] BArch R 8119 / 19072 Bl. 342
[48] BArch R 109 I / 91
[49] Lehmann, Industriefinanzierung, S. 112 ff.
[50] BArch R 8119 / 19070 Bl. 115

Nach den Erfolgen einiger Tonfilmoperetten verstärkte die Ufa Ende 1931 ihr Engagement in der Musikverwertung. Am 19. Dezember kaufte der Konzern den Wiener Bohème-Verlag für 500 000,- RM und wurde damit zu einem der größten Musikproduzenten Europas[51]. Mit dieser Transaktion erwarb die Ufa auch ein Drittel der Anteile an der Ufaton-Verlag GmbH, die von dem Inhaber des Bohème-Verlages, Otto Hein, gehalten wurden. Nach dem Verkauf erhielt der ehemalige Inhaber des Verlages eine führende Position in der Ufaton-GmbH. Durch den Kauf erhielt die Ufa den bedeutendsten in einer Hand befindlichen deutschen Schlagerverlag, der einige der größten deutschen Schlagererfolge herausgebracht hatte. Dazu zählten unter anderem die Erfolge von Fred Raymond: „Ich hab' das Fräulein Helen baden seh'n" und „Ich hab' mein Herz in Heidelberg verloren" oder der Schlager von Franc Silver und Cohn: „Ausgerechnet Bananen". Auf Grund dieser und anderer Melodien genoß Hein, der in Fachkreisen als einer der besten Kenner der Schlagermusik galt, auch im Ausland ein großes Ansehen. Bedeutsam für die Ufa war neben seiner fachlichen Qualifikation auch Heins Mitgliedschaft im Vorstand der AKM. Seine letztgenannte Funktion hoffte der Filmkonzern nutzen zu können, um die urheberrechtlichen Ufa-Interessen durchzusetzen[52].

Da der Vertrag zwischen der Ufa und dem Wiener Benjamin – Verlag über die Ufaton nur bis zum 31. Mai 1934 lief, sollte anschließend der Wiener Bohème-Verlag die Musikrechte von Ufaton übernehmen und dessen Arbeit fortsetzen. Nach dem Urteil des Berliner Kammergerichts vom Oktober 1931 im Streit zwischen Ufa und den Schutzverbänden um die Aufführungsrechte[53] war es das Ziel des Konzerns, dem Verlag „auf Grund der bestehenden und noch weiter auszubauenden internationalen Beziehungen der Ufa auf musikverlegerischem und urheberrechtlichem Gebiete stärkste Geltung (zu) verschaffen. Zu den Aufgaben der Wiener Bohème-Verlag GmbH gehörten weiterhin die Beratung der Produktion in musikalischen Dingen sowie die Beschaffung von Urheberrechten an wirksamen musikalischen Stoffen"[54]. Die Erwartungen des Ufa-Vorstands erfüllten sich jedoch nicht, denn wirtschaftlich konnte der Verlag in der Folgezeit nicht mehr an seine früher erzielten Ergebnisse anknüpfen. Vor allem in den zwanziger Jahren hatte er Noten der genannten und vieler anderer Schlager in Auflagen von teilweise mehreren hunderttausend Exemplaren verkauft. Angesichts der Krise und der Verringerung der Musikkapellen sah es die Ufaton dagegen bereits als Erfolg, daß sie von den Spielfilmen *Liebeswalzer* und *Drei von der Tankstelle* 30 000 bzw. 75 000 Klavierauszüge verkaufen konnte. Bei weniger bekannten Spielfilmen lagen die Verkaufszahlen bedeutend

---

[51] BArch R 8119 / 19070 Bl. 199
[52] BArch R 109 I / 1028b Bl. 196 ff.
[53] vgl. S. 305 f.
[54] BArch R 109 I / 1028b Bl. 204

niedriger. Im ersten Geschäftsjahr 1932/33 gab die Wiener Bohème-Verlags GmbH insgesamt heraus: 21 Einzelnummern, 36 Tanzlieder aus 18 Tonfilmen, 14 Tanzlieder aus vier Operetten des Wiener Bohème-Verlags und drei Potpourris[55]. Insgesamt endete das erste Geschäftsjahr des Verlags mit einem Verlust von 15 847, 54 RM. Infolgedessen schloß die Ufa umgehend die Wiener Außenstelle des Musikverlags. In der Folgezeit war sein ausschließlicher Dienstsitz Berlin[56].

Um die Rechte an deutschen Tonfilmschlagern international noch besser ausnutzen zu können, schloß der Ufaton-Verlag im Mai 1932 einen Vertrag mit der britischen Firma Francis, Day & Hunter. Ihr übertrug die Ufa für das Empire das ausschließliche Recht zum Druck und Verkauf von Noten von konzerneigenen Tonfilmschlagern, alle Aufführungs- und Schallplattenrechte. Im Gegenzug für den Zweijahresvertrag garantierte die englische Firma der Ufa eine Mindestsumme von 1 700,- £[57].

Den finanziellen Verlusten infolge des rapiden Besucherrückgangs 1931/32 versuchte der Ufa-Vorstand mit einer Reihe unterschiedlicher Strategien entgegenzuwirken. Dazu zählten die Senkung von Löhnen und Gehältern[58], geringere Lizenzzahlungen und Absprachen mit der Tobis über die Auslastung der Ateliers zuungunsten weiterer Anbieter[59]. Neben den ökonomischen Maßnahmen setzte der Konzern die von Klitzsch im ersten Tonfilmjahr herausgegebene Linie, sich zukünftig auf qualitativ hochwertige Spielfilme zu konzentrieren, fort[60]. Im Zuge der Bemühungen, durch qualitativ anspruchsvolle Produktionen Zuschauer in die Ufa-Filme zu bekommen, ließ der Ufa-Vorstand nach dem Vorbild Hollywoods von der Dramaturgieabteilung auch Kriterien für die Stoffauswahl für Spielfilme ausarbeiten. Sie sollten sicherstellen, daß einerseits die Zensurstellen keinen Anlaß sahen, den Film nicht freizugeben, und andererseits sollten die Inhalte bei einer Vielzahl von Besuchern das Interesse an konzerneigenen Filmen wecken. Letzteres war nicht zuletzt einem veränderten Besucherverhalten geschuldet. Hatte in den 20er Jahren vor allem der Kinobesuch im Vordergrund des Interesses gestanden, orientierte sich das Publikum zu Beginn der 30er Jahre vorwiegend an den Filminhalten, ob und welches Lichtspielhaus es zu besuchen gewillt war[61]. Auf die deutsche Spielfilmproduktion hatte diese Umorientierung des Publikums insofern

---

[55] BArch R 109 I / 558
[56] BArch R 109 I / 15
[57] BArch R 109 I / 1028b Bl. 13 f.
[58] vgl. S. 351
[59] vgl. S. 323 f.
[60] BArch R 8119 / 19065 Bl. 731
[61] Umstellung in der Filmwirtschaft. Die Rationalisierungsverhandlungen der Spitzenproduktion, in: Deutsche Allgemeine Zeitung 19. 12. 1932, Nr. 579, 71. Jg.

Bedeutung, als die Filme von der Dramaturgie bis zur Werbung zunehmend auf den Star zugeschnitten wurden[62].

Im Ergebnis ihrer Analysen erarbeitete die Dramaturgieabteilung der Ufa eine mehrseitige interne „Aufstellung nicht zu verfilmender Stoffe". Aus Zensurgründen schieden aus „außen- und innenpolitisch bedenkliche Stoffe", „Stoffe, in denen das religiöse Empfinden verletzt wird" oder „Stoffe, die einzelne Berufe oder Stände zu verletzen geeignet sind (auch Stoffe, bei denen Ausnahmefälle als typisch aufgefaßt werden könnten)". In einer zweiten Kategorie wurden Filminhalte zusammengefaßt, „die erfahrungsgemäß nicht behandelt werden dürften". Dazu zählten: „Stoffe mit einseitiger politischer Tendenz", „Stoffe, in denen kein Liebesthema enthalten ist", „Stoffe, die stark problematischer Natur sind und deren Problematik nicht durch Aktualität allgemeingültig und allgemeinverständlich sind", „Stoffe, die nur einen kleinen Kreis Intellektueller interessieren, also möglicherweise für Buchwiedergabe, nicht für Filmwiedergabe geeignet sind" und „Stoffe, die optisch unergiebig sind". In einer dritten Gruppe wurden all jene Ablehnungsgründe zusammengefaßt, „die im Milieu liegen": „Märchenfilme können nach den gemachten Erfahrungen kein Geschäft sein", „Stoffe aus weit zurückliegender historischer Zeit, wenn man nicht starke innere Beziehungen zwischen Publikum und Stoff voraussetzen kann" oder „Stoffe, deren Handlung ausschließlich oder zum größten Teil in einem exotischen Milieu spielen (Notwendigkeit von Expeditionen; Kosten, die in keinem Verhältnis zur Ausnutzungsmöglichkeit stehen)". In den beiden letzten Gruppen wurden Gründe finanzieller Art und der Besetzung aufgeführt, die verhindern sollten, daß das Publikum einen Spielfilm ablehnen könnte[63]. Im gleichen Zusammenhang heißt es an anderer Stelle: „Darüber hinaus muß es sich um Themen handeln, die nicht nur ganz allgemein interessieren, sondern auch um Themen, die man im Kino, auch wenn man sich entspannen will – und das ist ja heute fast gleichbedeutend mit der Absicht eines Kinobesuchs – gern sehen und erörtert haben will. Ergo können auch zeitnahe Themen nur gewählt werden, wenn sie dem Entspannungswillen nicht zuwider laufen, wenn sie in einem optimistischen und nicht in einem pessimistischen Sinne behandelt werden können; denn es ist in einer Zeit furchtbarster wirtschaftlicher Katastrophen und politischer Gegensätze nicht möglich, Stoffe mit pessimistischer Tendenz zu bringen"[64]. Um zu sichern, daß alle Ufa-Spielfilme den selbst gestellten Qualitätskriterien entsprechen, beschloß der Vorstand am 23. März 1932, in Zukunft nicht nur die deutschsprachigen, sondern auch alle

---

62 K.H. Ruppel, Die Zukunft des deutschen Films in: Kölnische Zeitung 9. 8. 1933, Nr. 429
63 BArch R 8119 / 19070 Bl. 119 S. 5 ff.
64 BArch R 8119 / 19070 Bl. 123, S. 7

Versionen im Hinblick auf die Schauspieler und die Regieführung stärker zu kontrollieren[65].

Auf der Ufa-Tagung im Juli 1932 hob Klitzsch in seiner Ansprache an die versammelten Mitarbeiter hervor, daß sich die Besucherzahl in den Lichtspielhäusern des Konzerns im abgelaufenen Geschäftsjahr gegenüber dem Vorjahr um eineinhalb Millionen Besucher erhöht habe. Auch die Verleiherlöse hätten sich durch einen erweiterten Kundenkreis trotz Preissenkungen insgesamt erhöht. Auf diese Weise könne die Ufa trotz der internationalen Währungsschwierigkeiten gegenüber dem Vorjahr 45 Prozent mehr an Devisen nach Deutschland transferieren. Mit den zusätzlichen Einnahmen würden Einnahmerückgänge im Schallplattengeschäft und im Musikalienhandel sowie Ausfälle infolge der Devisenbewirtschaftung in verschiedenen Ländern ausgeglichen[66].

Insgesamt schloß die Ufa das Geschäftsjahr 1931/32 mit einem Gewinn von etwa zwei Millionen RM ab. Die Höhe der Abschreibungen entsprach in etwa der Größenordnung des Vorjahres. Obwohl die Besucherzahlen, wie Klitzsch in seiner Ansprache betont hatte, gestiegen waren, sanken die Bruttoeinnahmen aus dem Kinogeschäft um 3,6 Millionen RM, da die durchschnittlichen Kartenerlöse von 1,17 RM auf 1,- RM gesunken waren. Deutliche Verluste zeigte das Ufa-Geschäft in den USA. Unter dem Druck der Weltwirtschaftskrise mußte der Konzern das Ufa Cosmopolitan Theatre in New York wieder aufgeben. Gleichzeitig weigerten sich die bisherigen amerikanischen Geschäftspartner der Ufa, erfolgreiche Spielfilme, wie *Der Kongreß tanzt* oder *Bomben auf Monte Carlo* (Regie: Hanns Schwarz), in das Verleihprogramm aufzunehmen. Um dennoch auf dem amerikanischen Markt präsent sein zu können, suchte die Ufa neue Verleiher, die sich nur gegen erhebliche Abstriche in der Gebührenhöhe bereit erklärten, deutsche Spielfilme zu vermarkten.

Die größten Umsatz- und Einnahmerückgänge im Inlandsgeschäft verzeichneten die Atelierbetriebe und die Kopierwerke. So fiel die Atelierauslastung von 83 Prozent im Geschäftsjahr 1930/31 auf 66 Prozent im folgenden Jahr. Entscheidend für das positive Gesamtergebnis des Konzerns erwiesen sich die innerbetrieblichen Rationalisierungsmaßnahmen sowie die Verringerung der Gehälter und Löhne, von denen allerdings die Stargagen nicht berührt wurden[67]. Der diesbezügliche Jahresetat sank um etwa vier Millionen RM[68]. Trotz zum Teil geschäftlich sehr erfolgreicher Spielfilme erzielte die Ufa ihr außergewöhnlich positives Ergebnis nicht nur in der Filmproduktion, im Verleih und mit den Kinoeinnahmen, sondern auch durch die parallel laufende strikte innerbetriebliche Rationalisierung und

---

[65] BArch R 109 I / 1028b Bl. 45
[66] BArch R 8119 / 19070 Bl. 147
[67] BArch R 901 / 69590 Bl. 166
[68] BArch R 8119 / 19070 Bl. 198 ff.

Kostenreduzierung. Ohne letztere wäre die Ufa, wie viele andere deutsche Filmunternehmen, auch in die roten Zahlen abgerutscht.

6.3. Zu den ersten tönenden Wochenschauen in Deutschland

Im August 1929 stellte die Generalvertretung der Fox-Film Corp. für Zentral- und Osteuropa, die Deutsche Vereins-Film-AG, ihr Verleihprogramm für die laufende Saison in Berlin vor. Insgesamt beabsichtigte das Unternehmen, 20 Stummfilme und fünf „Sprechgroßfilme" auf den deutschen Markt zu bringen. Als besondere Attraktion für die Kinobetreiber wurden in diesem Zusammenhang auch die wöchentlich erscheinende *Fox Tönende Wochenschauen* angekündigt[69]. In Teilen der Fachwelt keimte nach dieser Pressemitteilung die Hoffnung auf, daß trotz aller Auseinandersetzungen in Kürze amerikanische Tonfilme in Deutschland zu sehen sein würden[70]. Die Defa ließ am 24. August 1929 die ersten beiden Fox-Wochenschauen von der Berliner Prüfstelle zensieren[71]. Infolge der beschriebenen Patentauseinandersetzungen konnten sie öffentlich jedoch trotz erfolgter Zensur nicht gezeigt werden.

Da die Hollywoodfirmen in Deutschland vor dem Pariser Tonfilmfrieden keine Tonaufnahmen herstellen durften, unterblieb über Monate hinweg in den frühen amerikanischen Wochenschauen die Berichterstattung aus dem Reich[72]. In Deutschland liefen vor den frühen Tonfilmen in der Regel zum Teil bereits mit Ton unterlegte Vorfilme, aber immer stumme Wochenschauen mit musikalischer Untermalung von Kinoorchestern bzw. von Schallplattenmusik. Diese Aufführungspraxis führte zu einem Bruch innerhalb der Aufführung zwischen dem Vorprogramm und dem Hauptfilm. Da in der ersten Hälfte des Jahres 1930 nur eine geringe Zahl an Lichtspielhäusern mit der neuen Wiedergabetechnik ausgerüstet war, wählten die Zuschauer bewußt diese Kinos aus, um sich Tonfilme anzuschauen. Das stumme Vorprogramm stand somit im Gegensatz zu der allgemeinen Rezipientenerwartung. Von daher desavouierte sich die stumme Wochenschau und der stumme Kulturfilm in den Tonfilmkinos[73].

Zum Zeitpunkt der Unterzeichnung des Pariser Tonfilmabkommens besaß Fox Movietone bereits 110 auf Lastkraftwagen montierte Tonfilmka-

---

[69] Das Fox-Programm, in: Kinematograph 13. 8. 1929, Nr. 4900, 23. Jg.
[70] Und doch amerikanische Tonfilme. Vor einer günstigen Wendung der Tonfilm-Entwicklung, in: FK 23. 8. 1929, Nr. 200, 11. Jg.
[71] Für diesen Hinweis sowie weitere Angaben zur Aufführung der Fox-Wochenschau bedanke ich mich bei Martina Werth-Mühl vom Bundesarchiv
[72] Deutschland ohne Tonwochenschau, in: FK 1. 3. 1930, Nr. 53, 12. Jg.
[73] Die tönende Wochenschau muß endlich kommen, damit die Pionierarbeit für das Tonkino mit Erfolg weitergeleistet werden kann, in: Der Film 14. 6. 1930, Nr. 24, 15. Jg.

meras, die in vielen Teilen der Welt stationiert waren[74]. Weltweit verfügte die Fox damit über die größte Organisation an Drehstäben für Wochenschauaufnahmen[75]. Noch im Sommer 1930 begann das Unternehmen auch in Deutschland, mit drei Kameras Aufnahmen für die Fox-Movietone-Wochenschau zu drehen. Am 11. September 1930 führte der Konzern als einziges amerikanisches Unternehmen in Deutschland eine eigene tönende Wochenschau unter dem Titel *Die Stimme der Welt* im Rahmen einer Trade Show im Berliner Mozartsaal vor[76]. In den folgenden Tagen wiederholte das Unternehmen diese Veranstaltungen in Hamburg, Düsseldorf und Baden-Baden[77]. Gleichzeitig gab die Fox bekannt, daß sie wie in New York und anderen Großstädten der Vereinigten Staaten auch in Berlin ein oder zwei Kinos einrichten wolle, die ausschließlich Wochenschauaufnahmen zeigen sollten. Das Vorhaben scheiterte allerdings bereits nach drei Wochen, weil die Besucher ausblieben. Dessen ungeachtet gehörten in einer Reihe von Lichtspielhäusern bis zum Beginn des 2. Weltkriegs Fox-Wochenschauen zu einem festen Bestandteil des Kinoprogramms. Im Sommer 1935 gab die Fox ihre beiden deutschen Niederlassungen auf. Daraufhin beschloß der Aufsichtsrat der Tobis am 30. September 1935, die Fox-Wochenschau weiterzuführen[78]. Dazu kam es aber nicht, denn die Fox bot bis zur Nummer 35/1939 Wochenschauen mit eigenen Inhalten an. Danach wurde sie, wie auch alle anderen Wochenschauen, gleichgeschaltet. Das hieß, die Ufa erhielt als einziges Unternehmen unter finanzieller Zwangsbeteiligung der verbliebenen vier übrigen Wochenschauproduzenten[79] die Erlaubnis, Wochenschaumaterial zu produzieren. Die übrigen Firmen erhielten als Gegenleistung Kopierausgangsmaterial, das sie mit ihrem eigenen Label versehen konnten. Inhaltlich gab es zwischen den Wochenschauen bereits keine Unterschiede mehr. Die letzte Nummer der Fox-Wochenschau trug die Nummer 26/1940 und entsprach der Deutschen Wochenschau 512/1940. Kurze Zeit später wurden auch die Deulig- und die Tobis-Wochenschauen eingestellt.

Während der Stummfilmzeit hatte sich die Ufa fast eine Monopolstellung in bezug auf das Wochenschaugeschäft gesichert[80]. Noch im November 1928 hatte der Vorstand beschlossen, alle großen ausländischen Nachrichtenquellen „zu stopfen", „um unsere Monopolstellung zu stär-

---

[74] Truman Tallay, Chef der Fox-Wochenschau über Weltorganisation der „tönenden Zeitung", in: FK 28. 8. 1930, Nr. 203, 12. Jg.; An anderer Stelle werden 40 Aufnahmewagen genannt, von denen vier in Deutschland stationiert seien, Nun tönt auch die Wochenschau, in: Die Film Woche Nr. 39/1930, 8. Jg., S. 1231
[75] Fielding, Newsreel, S. 189
[76] Fox-Wochenschau – tönt, in: FK 12. 9. 1930, Nr. 216, 12. Jg.
[77] Fox-Wochenschau tönt im Reich, in: FK 16. 9. 1930, Nr. 219, 12. Jg.
[78] BArch R 109 I / 223
[79] 1939 produzierten neben der Ufa die Deulig, die Fox und die Tobis Wochenschauen.
[80] vgl. 2.5.

ken"[81]. Mit dem Aufkommen des Tonfilms und unter dem Eindruck der zu erwartenden amerikanischen Konkurrenz änderte das Unternehmen weitgehend seine Strategie. In bezug auf das neue Medium lautete im Mai 1930 der Beschluß: „Die Wochenschau soll vorwiegend deutschen Charakter tragen, ausländische Aufnahmen sind erwünscht, soweit dieselben möglichst im Austauschverfahren ohne längerfristige Bindungen zu erreichen sind"[82]. Um das notwendige internationale Material zu erhalten, unterzeichnete der deutsche Konzern Ende August 1930 ein Abkommen mit der Paramount Public Corporation über die Verwendung von Materialien der beiden in den USA erscheinenden Paramount-Wochenschauen, *Paramount News* und *The Eyes and Ears of the World*, und deren europäischer Version, die ab März 1931 in London produziert werden sollte. Die Ufa sollte dafür wöchentlich zunächst 1 500,- $ und ab März 1931 1 750,- $ zahlen. Außerdem sollte sie für dieselben Zwecke noch 15 000 Fuß nicht aktuelles Material pro Jahr für insgesamt 15 000,- $ erhalten. Die Aufführungsrechte wurden auf Deutschland, Danzig und das Memelgebiet beschränkt. Der Vertrag galt zunächst bis zum 31. Dezember 1931 und verlängerte sich um jeweils ein Jahr, wenn er nicht drei Monate zuvor gekündigt wurde[83]. Nach der Genehmigung des Vertrages durch den Ufa-Vorstand am 29. August 1930 wurden die parallel laufenden Verhandlungen mit der Fox abgebrochen[84], da diese „die technische Führung und eine hohe Gewinnbeteiligung am Ergebnis des Wochenschaugeschäftes" verlangt hatte[85]. Im November erweiterte die Ufa ihre internationalen Wochenschau-Beziehungen noch durch ein Abkommen mit Pathé in London[86].

Die Vorbereitungen für die Ablösung der stummen Wochenschauen hatten schon 1929 begonnen. Die Gründe für das lange Hinauszögern der Umstellung lagen vor allem in den fehlenden mit einer Tonfilmkamera ausgestatteten Fahrzeugen. Nach den Fehlschlägen von Außenaufnahmen bei Spielfilmen[87] beschloß der Ufa-Vorstand am 6. Juni 1930, so lange mit der Herstellung tönender Wochenschauen zu warten, bis zunächst das Spezialfahrzeug von der Klangfilm geliefert worden war[88]. Im Sommer 1930 erhielt die Ufa den ersten der von ihr bestellten Lastkraftwagen und führte am 10. September 1930 im Berliner Lichtspieltheater Universum die erste deutschsprachige Wochenschau, die *Ufa-Tonwoche*, vor dem Spielfilm *Die Lindenwirtin* (Regie: Georg Jacoby) auf. Zwei Tage später lief die Wo-

---

[81] BArch R 109 I / 1027 a Bl. 238;
[82] BArch R 109 I / 1027 b Bl. 246
[83] BArch R 109 I / 1027b Bl. 169
[84] Ebd.
[85] BArch R 8119 / 19072 Bl. 99
[86] BArch R 109 I / 1027b Bl. 112
[87] vgl. S. 139
[88] BArch R 109 I 1027b Bl. 230

chenschau dann in allen Berliner Ufa-Kinos[89]. Von allen Wochenschauen produzierte die Ufa zunächst je eine stumme, eine Lichtton- und eine Nadeltonfassung, um sie tendenziell in allen Kinos vorführen zu können. Die erste vertonte *Ufa-Auslands-Woche* wurde ab dem 19. September 1930 als Tonwoche herausgegeben[90]. Allerdings beschloß der Ufa-Vorstand erst am 23. Februar 1932, die Auslands-Ton-Wochenschau vollständig mit Tönen zu unterlegen[91]. Bis auf die *Deulig-Woche*, die ab dem 1. Januar 1932 mit Ton erschien, stellte die Ufa die Herausgabe der übrigen Wochenschauen in den folgenden Monaten ein. Die *DLS-Wochenschau* wurde infolge der wirtschaftlichen Schwierigkeiten des Lichtspiel-Syndikats ab dem 4. März 1931 im Ufa-Verleih herausgegeben. Am 10. Februar 1932 stellte das D.L.S. das Erscheinen ihrer Wochenschau ein[92].

Vor dem Erscheinen der ersten Nummer der ersten tönenden Wochenschau hatte die Presse bereits mehrfach über deren Entstehen berichtet, d. h., wie schon vor der Uraufführung von *Melodie des Herzens*, versuchte die Ufa nun, auch für ihre neue Wochenschau mit einer zielgerichteten PR-Aktion zu werben[93]. Im Auftaktbild der ersten *Ufa-Tonwoche* fungierte Emil Jannings als eine Art Ansager, der mit kurzen Worten die neue Form der Nachrichtenübermittlung eröffnete[94]. Die unter Leitung von Vorstandsmitglied Hermann Grieving entstandene aktuelle Berichterstattung griff damit in ihrer ersten Ausgabe auf ein Gestaltungsmittel zurück, das bereits Vogt, Massolle und Engl für die erste Vorführung ihres Verfahrens genutzt hatten[95]. An die Frühformen des Tonfilms erinnern zum Teil auch die übrigen Bilder dieser Ausgabe, wie etwa Äußerungen von Max Liebermann über die wirtschaftlichen und künstlerischen Aussichten der Malerei und Musik, die in der Wohnung des Malers aufgenommen wurden, und der Beitrag „Musik und Bewegung in der modernen Gymnastik". Weitere Inhalte der ersten Tonwoche waren ein in Berlin ausgetragener Tennisländerkampf Deutschland gegen England, die Ankunft des deutschen Ozeanfliegers in New York, ein Kinderfest im Berliner Lunapark, ein mohammedanisches Volksfest in Jerusalem[96].

Das Themenspektrum der ersten Ausgabe entbehrte offensichtlich jeder Aktualität. Auch die Tonqualität ließ viele Wünsche offen. Diese Einschätzung ist ersten Reaktionen auf die Uraufführung, der Kritik zum Pro-

---

[89] Uraufführung der *Ufa-Ton-Woche* Nr. 1, in: FK 9. 9. 1930, Nr. 213, 12. Jg.
[90] Traub (Hg.), Die Ufa, S. 87
[91] BArch R 109 I / 1028b Bl. 85
[92] 25 Jahre Wochenschau, S. 21
[93] vgl. u. a.: Wie die tönende Wochenschau entsteht. Lebendige Zeitchronik auch in Deutschland in: FK 4. 9. 1930, Nr. 209, 12. Jg.
[94] 25 Jahre Wochenschau, a. a. O., S. 19
[95] vgl. S. 23
[96] E.J.: Der Start der tönenden Aktualitäten. Ufa-Tonwoche Nr. 1, in: FK 11. 9. 1930, Nr. 215, 12. Jg.

gramm der Fox-Wochenschau und schließlich der Kritik zur Ausgabe der *Ufa-Tonwoche* zu entnehmen. Der „Film-Kurier" stellte in seiner Reaktion auf das Ereignis nur allgemeine Betrachtungen zur Wochenschau an und nahm weder zur Aktualität noch zur Qualität der Aufnahmen Stellung. Im Unterschied dazu stellte die gleiche Zeitung einen Tag später in bezug auf *Die Stimme der Welt* unter anderem heraus: „Das gebotene Programm war außerordentlich reichhaltig. Man sah Aufnahmen aus allen Gebieten, die bisher als Basis für stumme Wochenschauen gedient hatten. Durch das Hinzukommen des Tons haben aber die Aufnahmen bedeutend an Plastik gewonnen". Weiter unten heißt es: „Technisch wirkt namentlich bei der hervorragenden Wiedergabe im Mozartsaal jede einzelne Aufnahme vollendet. Selbst die kurze illustrierende Musik zu jedem einzelnen Titel ist mit Geschmack unterlegt. Welchen Kulturwert das tönende Zeitarchiv besitzt, beweisen ganz besonders auch die Ansprachen von Hindenburg, Stresemann, Direktor Guttmann (Dresdener Bank) und der Monolog von Bernard Shaw, der sich mit Humor von allen Seiten betrachten läßt"[97]. In der zweiten Ausgabe zeigte die Fox u. a. Bilder vom Zeppelin, vom Manöver der Reichswehr bei Königshofen, das Hindenburg auf einem Pferd sitzend beobachtete, und von Außenminister Julius Curtius beim Völkerbund.

Auch mit ihren folgenden Wochenschauen blieben die von der Ufa selbst produzierten Aufnahmen infolge der noch mangelnden Erfahrungen mit der auf dem Lastkraftwagen installierten Technik[98] auf Berlin und Umgebung beschränkt. So zeigte die dritte Ufa-Tonwoche den Empfang des deutschen Ozeanfliegers in der Heimat nicht im Zielflughafen in Hamburg, sondern bei dessen Eintreffen am Templiner See. Als zweiten eigenen Beitrag brachte sie eine Modenschau auf der Rennbahn im Grunewald[99]. Für die Folgezeit ist das Bemühen erkennbar, die Bilder zunehmend durch aktuelle Aufnahmen anzureichern. So zeigte die Ufa Mitte Oktober Aufnahmen vom Luftschiff-Unglück in Paris und die Enthüllung eines Stresemann-Denkmals. Der Durchbruch schien allerdings erst mit der siebenten Nummer der Ufa-Wochenschau gelungen zu sein. Ende Oktober 1930 schrieb der „Film-Kurier": „Der starke Beifall ist durchaus berechtigt, denn die Ufaton-Woche hat sich in erstaunlich kurzer Zeit aus zaghaften Anfängen heraus zu einer Vollkommenheit entwickelt, die bewundernswert ist. Die gestrige Vorführung war geradezu eine Musterschau dafür, wie eine Wochenschau aussehen soll"[100].

Die erste tönende *Emelka-Tonwoche*, die am 24. September 1930 also vierzehn Tage nach der ersten Ufa-Tonwoche erschien[101], setzte sich aus-

---

[97] Fox-Wochenschau-tönt, in: FK 12. 9. 1930, Nr. 216, 12. Jg.
[98] vgl. S. 178 f.
[99] Ufa-Tonwoche Nr. 3, in: FK 25. 9. 1930, Nr. 227, 12. Jg.
[100] Ufa-Tonwoche – ein Erlebnis. Vorbildliche Reichhaltigkeit und Aktualität, in: FK 23. 10. 1930, Nr. 251, 12. Jg.
[101] Wolf/ Kurowski, Kinobuch, S. 92

schließlich aus Sujets der Tobis-Melophon und der amerikanischen Producers Distributing Corporation (PDC) zusammen. Vergleichbar zur ersten Ufa-Woche beschränkten sich die Eigenproduktionen des Münchner Unternehmens auf den Berliner Zoo, der einen großen See-Elefanten erworben hatte, und auf ein Sportfest des SCC Berlin. Auch hier zeigte sich, daß Hollywood der deutschen Tonfilmkonkurrenz in bezug auf Bild und Ton überlegen war. Von der PDC stammten offensichtlich die übrigen Beiträge der *Emelka-Tonwoche*: Die Ankunft der Flieger Coste und Bellonte auf dem Flughafen bei New York und ihr anschließender Empfang in der Stadt, Knabenchöre, die während eines Gottesdienstes singen, Bilder vom Tod des Auto-Rekordrennfahrers Ray Keech und von Tankmanövern des amerikanischen Heeres. Der „Film-Kurier" urteilte abschließend: „Die Aufnahmen überraschten durch Bild und Ton (vor allem die amerikanischen)"[102]. Im Unterschied zur Ufa war der Emelka also bereits mit ihrer ersten Wochenschau gelungen, die Kritik mit der Qualität ihrer Beiträge zu überzeugen.

Nach der Sanierung der Emelka im Oktober 1930, an der sich u. a. die französische Pathé-Nathan beteiligte[103], unterzeichneten beide Firmen einen Vertrag über die Lieferung von Wochenschaumaterial. Danach lieferten das deutsche und das französische Unternehmen je 150 m Material für die Emelka-Tonwoche[104].

Im Unterschied zu späteren Wochenschauen, in denen die Musik und die Stimme des Sprechers aus dem Off mit den Originaltönen wechselten, versuchten die frühen Wochenschauen, den Zuschauern möglichst den Originalton des Geschehens zu vermitteln. So hebt eine kurze Kritik der ersten Ufa-Wochenschau ausdrücklich hervor: „Eines der interessantesten Bilder ist das eines Tenniskampfes Rot-Weiß, bei dem der feine singende Ton der vibrierenden Racketsaiten überraschend klar zu hören ist"[105]. An anderer Stelle wird eine zunehmende Rasterung, d. h. eine noch nicht wirklichkeitsnahe Verwendung des Tons, deutlich. „Der Flieger von Gronau kommt eben mit seinem Ozean-Vogel nieder auf das Flugfeld von New York. Es rauscht und rattert: ein Drittel technisches Geräusch der Tonfilm-Apparatur; ein Drittel Volksgemurmel der aufgeregten Leute von New York ... Plötzlich wie Gottes Stimme spricht aus dem Wolkendunst der Tongeräusche der amerikanische Ansager in unserem geliebten Deutsch: 'ät thiet ther majestettisch auth'. Das Publikum bei Mozarts freut sich diebisch und lacht sich eins. Die Tonfilm-Technik besitzt vor Eintritt weiterer Verbesserungen den internationalen Vorteil, daß jeder Zisch- und S-Laut zum englischen Ti eetsch verwandelt wird ... Jetzt noch die Geräusche vom Trachtenfest in Rothenburg ob der Tauber mit Biedermeier-Tanz und mit

---

[102] Die erste tönende *Emelka-Woche*, in: FK 27. 9. 1930, Nr. 229, 12. Jg.
[103] ausführlich: Putz, Waterloo, S. 89 f.
[104] NF NL Struve, Nr. 77
[105] Die erste Ufa-Tonwoche, in: Der Tag 11. 9. 1930, Nr. 217

den zweispitzgekrönten Häuptern der Blechmusik, der jedes weitere Naturgeräusch (bis auf den mächtigen Applaus) in musikalische Watte packt und zudeckt ... Aber beim Mariendorfer Pferde-Wagen-Rennen klappern wieder Hufe; und es setzt ziemlich genau der gleiche Lärm ein wie beim Empfang der Flieger in Amerika: ein Drittel technisches Geräusch von Pferd und Wagen; und ein letztes Drittel Volksgemurmel"[106]. Die Beschreibung des Tons in dieser Fox-Wochenschau verweist auf die technischen Mängel der frühen Tonfilmtechnik, die leise Geräusche oder Stille durch Eigengeräusche überschattete. Die in späteren Wochenschauen beobachtbare musikalische Unterlegung von Wochenschauausschnitten hatte demnach nicht nur eine dramaturgische Funktion, sondern diente auch zum Übertönen ungewollter Nebengeräusche. In die gleiche Richtung verweist auch die Dramaturgie der frühen Tonfilme, in denen eine permanente, jedoch noch wenig differenzierte Geräuschkulisse zu beobachten ist.

Anfang Oktober 1930 thematisierte das „Berliner Tageblatt" „die tönende Wochenschau" unter journalistischen Gesichtspunkten und fällte ein vernichtendes Urteil: „Die Auswahl nun aus den Weltbegebenheiten, die man zu sehen und zu hören bekommt, ist heute – nach drei Kostproben der letzten Woche zu urteilen – weder planmäßig noch programmatisch, noch mit dem Instinkt für das journalistisch Fesselnde zusammengestellt. Die Wochenschau ist noch ein provinzielles Organ, das von Klischees und vom Zufall lebt. Sie hascht Effekte: gestellte Tänzerinnen in Hawaii, die nur statt eines Theaterprospektes das wirkliche Meer im Rücken haben, oder immer wieder ein Flugzeug oder ein Fußballer, ein Ölbrand oder eine Schloßparade. Das ist eine Welt, daß heißt eine Welt! Arm und nicht mal ehrlich"[107].

Die vorgetragene Kritik an den Inhalten der Wochenschau korrespondierte mit einer zweiten gleichzeitig laufenden Diskussion über den kulturellen Wert der Wochenschauen. Die Anerkennung eines Films als „lehr- oder volksbildend" bzw. „künstlerisch wertvoll" konnte nach freiwilliger Vorlage eines Films bei dem Prüfausschuß der Bildstelle des Zentralinstituts für Erziehung und Unterricht erfolgen. Nach seinem Vorsitzenden wurde dieses Gremium verkürzt Lampe-Ausschuß genannt. Die Prädikatverleihung war für die Kinobetreiber insofern von Bedeutung, als sie bei der Vorführung prädikatierter Filme zwischen drei und acht Prozent an der Lustbarkeitssteuer sparen konnten. Eine Regierungsverfügung vom Mai 1926 verbot dem Ausschuß, Wochenschauen mit dem Ziel der Steuersenkung auf ihren kulturellen Wert zu prüfen. Gegen diese Verfügung hatte die SPIO mehrfach vergeblich protestiert. Ende September 1930 hob das Ministerium unter Verweis auf die Tonfilmumstellung das Verbot auf, so

---

[106] Bernhard Diebold, Tönende Wochenschau, in: Frankfurter Zeitung 15. 9. 1930, Nr. 688, 75. Jg.
[107] Hermann Sinsheimer, Die tönende Wochenschau, in: Berliner Tageblatt 5. 10. 1930, Nr. 470, 59. Jg.

daß Wochenschauen dem Lampe-Ausschuß wieder vorgelegt werden konnten[108]. Daraufhin erfolgte am 2. Oktober eine erste Prüfung von Wochenschauen, mit dem Ergebnis, daß den Firmen empfohlen wurde, Wochenschauen auf alle Fälle dem Ausschuß vorzulegen. „Bei der Verhandlung wurde außerdem erwogen, den Firmen eine gemeinsame Herausarbeitung von Gesichtspunkten vorzuschlagen, nach denen die neue für das Prädikat 'Volksbildend' geeignete Ton-Wochenschau gearbeitet sein soll"[109].

In der Folgezeit kristallisierten sich deren Strukturen heraus. Wie bereits in den USA zeigten auch die deutschen Wochenschauen eine bunte Mischung von mehr oder minder wichtigen politischen Ereignissen, Serien von Katastrophen und am Ende Sport, Modenschauen und dergleichen mehr. Insgesamt bildeten sie also eine Mischung von Information und Unterhaltung, mitunter auch angereichert durch Beiträge aus der Kulturszene oder, insbesondere bei der Ufa, mit Berichten über fremde Länder – in den USA ein typisches Kennzeichen der Paramount-Wochenschauen[110]. Die bunte, meist kurze Art der Berichterstattung, die sich bis 1933 mehr an Sensationen als an politischen Interessen und Vollständigkeitsvorstellungen orientierte, bereitete offensichtlich dem Lampe-Ausschuß wie auch Teilen der Kritik Schwierigkeiten. So endet der Abschnitt im „Berliner Tageblatt" über die Emelka-Wochenschau, auf deren Inhalte die Regierung über ihre Beteiligung an diesem Unternehmen hätte Einfluß nehmen können: „Was könnte sie für ein Propagandamittel für die Zwecke des Staatswesens sein! Nun sehe man sich so eine Emelka-Wochenschau an: wie mit einer Wochenschau-fel zusammengetragen, ein Schauder und keine Schau, eine tönende Gartenlaube aus Reichsmitteln. Da ist wieder eine Gelegenheit verpaßt worden!"[111]. Eher kultur- und gesellschaftskritisch ob des mangelnden realen Widerspiegelungsgehaltes hatte bereits Herbert Ihering in bezug auf die Ufa-Wochenschau argumentiert: „Spätsommer 1930, eine aufgewühlte, unruhige Welt – und hier wieder idyllische Arrangements, das lebhafteste, zeitnächste – ein Tennismatch"[112].

Unberücksichtigt blieben bei den Forderungen nach politischer Aktualität die Wünsche des Publikums. In zwei Berliner Emelka-Lichtspielhäusern wurde kurz vor dem Erscheinen der ersten Tonwochenschauen versucht, eine Wahlrede des Reichskanzlers Brüning zur Aufführung zu bringen. In beiden Häusern kam es während der Vorstellung zu tumultartigen Szenen. Einige der Zuschauer verließen sogar den Saal, weil sie mit Politik im Kino nicht belästigt werden wollten. Sie forderten ihr Ein-

---

[108] Die Tonwochenschau vor dem Lampe-Ausschuß, in: FK 30. 9. 1930, Nr. 231, 12. Jg.
[109] Die Prüfung der Ton-Wochenschau, in: FK 3. 10. 1930, Nr. 234, 12. Jg.
[110] Fielding a. a. O., S. 195
[111] Hermann Sinsheimer, Die tönende Wochenschau, in: Berliner Tageblatt 5. 10. 1930, Nr. 470, 59. Jg.
[112] Herbert Ihering, Die Wochenschau spricht, in: Berliner Börsen-Courier 13. 9. 1930, Nr. 428, 62. Jg.

trittsgeld zurück, was ihnen jedoch verwehrt wurde. In beiden Fällen mußte der Auftritt Brünings im Tonfilm abgebrochen werden[113]. Dieser Vorfall korrespondiert offensichtlich mit den Erfahrungen und der ablehnenden Haltung breiter Bevölkerungsschichten zur Kriegsberichterstattung im Kino in der zweiten Hälfte des Ersten Weltkriegs[114]. Auch diese stieß auf einen zunehmenden Widerstand des Publikums, so daß immer mehr Kinobesitzer auf die Aufführung solcher Bilder verzichteten. Die Analogie verweist offensichtlich darauf, daß das Kinopublikum in politisch wie wirtschaftlich schwierigen Zeiten an der Behandlung politischer Themen im Kino, dem Ort von Entspannung und Erholung, nur sehr bedingt interessiert war. Insofern trug die bunte Mixtur von Themen und Bildern, die überwiegend aktuelle und sensationelle Stoffe ausstellten, den Bedürfnissen des Publikums eher Rechnung als die von Teilen der Kritik geforderten Inhalte.

6.4. Aspekte der Internationalisierung der Tonfilmproduktion und die weiteren Verhandlungen zwischen den europäischen und amerikanischen Tonfilmgruppen

Nach Schätzungen der Küchenmeistergruppe betrug zum Zeitpunkt des Pariser Tonfilmabkommens das in die Weltfilmindustrie investierte Kapital etwa 15 Milliarden RM. Davon entfielen etwa acht Milliarden RM auf die amerikanische und zwei Milliarden auf die deutsche Industrie. In den USA wurden in die Filmherstellung jährlich etwa 500 Millionen RM und in Deutschland etwa 75 Millionen RM investiert[115].

Infolge des Pariser Tonfilmabkommens fanden noch im Juli 1930 Vergleichsverhandlungen zwischen Warners Brothers und der N.V. Küchenmeisters Internationale Maatschappij voor Spreekende Films statt. Diese waren notwendig geworden, weil die Ausnahmestellung von Warners auf dem europäischen Markt durch die Pariser Verträge entfiel. Im Ergebnis der Verhandlungen mußte das niederländische Unternehmen 750 000,- $ an das amerikanische vorzeitig zurückzahlen. Um den Warners-Kredit weiterhin abzusichern, bildeten sowohl Grundstücke der Heinrich J. Küchenmeister KG als auch die Tobisanteile der Sprekfilm die notwendigen Sicherheiten für Warners[116].

---

[113] Politische Krawalle in den Emelka-Lichtspieltheatern. Das Publikum wehrt sich gegen einen Wahltonfilm des Reichskanzlers, in: Der Tag 11. 9. 1930, Nr. 217
[114] Mühl-Benninghaus, Newsreel, p. 179 ff.
[115] Willi Haas, Aufschwung und Kapitalmacht der Welt-Tonfilm-Industrie, in: Germania 13.9. 1930, Nr. 427, 60. Jg.
[116] BArch R 109 I / 282

Die mit dem Pariser Abkommen eröffneten Möglichkeiten der internationalen Zusammenarbeit bezogen sich neben der gemeinsamen Herstellung von Versionen und der Synchronisation von Spielfilmen auch auf die Verbesserung der Tonfilmtechnik und den Austausch von Filmmaterial für Wochenschauen. Im Drehen der Filme erwies sich das System in Hollywood als wesentlich effektiver. Dort probte das Ensemble zwei Wochen alle Filmeinstellungen. Anschließend wurde die Mehrzahl der Spielfilme mit Hilfe von drei gleichzeitig laufenden Kameras – eine für die Totale, eine für die Nahaufnahme und eine für die Aufnahme des Kopfes – in einer für europäische Verhältnisse sehr kurzen Zeit abgedreht. Die fehlende Konzentration in der europäischen Filmproduktion sowie fehlende Aufnahmegeräte verhinderten eine vergleichbare Effektivität der Arbeit in den europäischen Ateliers. Dennoch wirkten sich die amerikanischen Erfahrungen, die Schauspieler und Regisseure in Hollywood gesammelt hatten, dahingehend aus, daß auch in den deutschen Studios in der Folgezeit effektiver gearbeitet wurde.

Auf technischer Seite war die Verbesserung der Verstärker und Lautsprecher eines der von den amerikanischen und europäischen Elektrokonzernen zu lösenden Hauptprobleme. Während am Beginn des Jahres 1930 diesbezüglich die Klangfilmapparaturen zunächst besser als die aus Übersee waren, zeigte in der zweiten Hälfte des Jahres ein Vergleich der nach dem Pariser Agreement nach Österreich importierten Geräte, daß die US-Firmen den deutschen Vorsprung nicht nur eingeholt hatten, sondern partiell bereits überlegen waren[117].

Am 19. September 1924 hatte die Ufa in New York eine eigene Verkaufs-, Vertriebs- und Verleihfiliale gegründet. Die Filiale arbeitete trotz mehrerer Umstrukturierungen permanent defizitär. Nachdem in New York die ersten Tonfilme anliefen, wurde es für die Ufa New York noch schwieriger, ihre deutschen Filme gewinnbringend zu vermarkten[118]. Dieser Zustand änderte sich erst, als Tonfilme, wie *Liebeswalzer*, vor allem aber *Der blaue Engel*, angeboten wurden. Der Ufa-Vorstand war davon überzeugt, mit weiteren Eigenproduktionen an diese erstmaligen Erfolge auf dem US-Markt anknüpfen zu können[119]. Das diesbezüglich entscheidende Hindernis sah der Konzern im amerikanischen Verleihsystem, das deutsche Filme nur mangelhaft vermarktete. Deshalb begann man in Berlin Anfang 1931 über die Gründung eines Ufa-eigenen Verleihs in Nordamerika intensiv nachzudenken. Im März 1931 führte die Ufa erste diesbezügliche Verhandlungen mit dem Generaldirektor von Paramount[120]. In deren Ergebnis übernahm das amerikanische Unternehmen den Verleih der englischsprachigen Ver-

---

[117] Willy Forst, Tonfilm als Fortschritt, in: Reichsfilmblatt 18. 10. 1930, Nr. 42, 8. Jg.
[118] BArch R 109 I / 380
[119] *Der blaue Engel* lief nach eigenen Ausagen der Ufa in den USA in 23 Großstädten mit Erfolg.
[120] BArch R 8119 / 19072 Bl. 184 f.

sionen der Ufa-Filme in Übersee. Des weiteren beschloß der Vorstand am 14. April 1931, dem Angebot des amerikanischen Zeitungskönigs William Randolph Hearst näher zu treten und sein Cosmopolitan-Lichtspieltheater zu mieten[121]. In der ersten Maihälfte unterzeichneten beide Seiten den Mietvertrag für das Ufa-Theater am Broadway[122].

Die Sprekfilm gründete am 31. März 1931 drei Gesellschaften in den USA. Die Tobis Incorporated hatte nach dem Pariser Abkommen die Aufgabe, mit der Radio Corporation of Amerika und der Electrical Research Company Inc. alle weiteren juristischen und technischen Patentfragen zu klären. Die Tobis of America Inc. sollte mit Hollywoodfirmen Kontakt aufnehmen, um sie zu bewegen, in Zukunft alle deutschsprachigen Versionen in Ateliers der Tobis zu produzieren. Die Tobis-Foreign Films Inc. fungierte als Verwertungsfirma vornehmlich deutscher Filme in den USA, Canada und Mexiko. Ihr war die Tobis-Theatre-Corporation zugeordnet, die eine größere Zahl an amerikanischen Kinos erwerben sollte, „bei denen nach den gemachten Erfahrungen ein für deutsche Filme interessiertes Publikum vorhanden ist"[123].

Die neu gegründeten Gesellschaften waren nominell mit einem Kapital von je 5 000,- $ ausgestattet. Personell waren sie durch den Professor für deutsche Sprache und Literatur an der Universität Los Angeles-Westwood, Milton Diamond, miteinander verbunden, der an der Spitze aller drei Unternehmen stand und zugleich als Treuhänder der Sprekfilm und der Klangfilm in den USA fungierte[124]. Die geringe Kapitalausstattung der Unternehmen verweist darauf, daß die Sprekfilm sich, ebenso wie die Ufa, nur sehr vorsichtig auf dem nordamerikanischen Markt bewegte.

Im September 1931 mietete die Tobis in der Nähe des Broadways für fünf Jahre das Vanderbilt-Cinema. Desweiteren schloß die Tobis-Theatre-Corporation mit weiteren Kinos in New York, Philadelphia, Boston und Baltimore Vorrechtsabmachungen ab, die es der Tobis erlaubten, zwischen 20 und 26 Wochen pro Jahr von ihr ausgesuchte Spielfilme vorzuführen. Darüber hinaus unterschrieben in den folgenden Monaten die Ufa Films Inc. und die Tobis-Theatre-Corporation mit einem Kino in Chicago und einem weiteren in Cincinnati im Bundesstaat Ohio Verträge über die Vorführung deutscher Produktion ab. Sie erlaubten der Tobis und der Ufa in einem Zeitraum von je 20 bzw. 15 Wochen, ihre Filme in den jeweiligen Kinos aufzuführen[125].

Die Bemühungen der Tobis und der Ufa, sich auf dem nordamerikanischen Kontinent zu etablieren, fielen mit den insgesamt gestiegenen Exporterfolgen des deutschen Films zusammen. In ihrer Folge und auf Grund

---

[121] BArch R 109 I / 1027b Bl. 18; 20
[122] Deutsches Ufa-Theater am Broadway, in: LBB 13. 5. 1931, Nr. 114, 24. Jg.
[123] BArch R 109 I / 987b; vgl. ebenda Nr. 981
[124] BArch R 109 I / 987b
[125] BArch R 109 I / 987a

der quantitativen Abnahme ausländischer Tonfilme in Deutschland[126] wies die deutsche Film-Außenhandelsbilanz von 1930 erstmals nach der Währungsstabilisierung ein Positivsaldo aus. Die erzielten Exportüberschüsse unterstrichen das internationale Interesse am deutschen Tonfilm[127]:

Jahr	Aktiv-Seite (in Millionen RM)	Passiv-Seite (in Millionen RM)	Aktiv-Saldo (+) Passiv-Saldo (-)
1926	12	18	- 6
1927	13	17	- 4
1928	15	17	- 2
1929	10	14	- 4
1930	15	3	+ 12
1931	18	3	+ 15

Zwischen dem 25. Januar und dem 6. Februar 1932 trafen sich die Unterzeichner des Pariser Tonfilmabkommens erstmals wieder zu einer neuen Tonfilmkonferenz. Als Tagungsort wählten sie erneut Paris. Neben offenen Lizenzfragen verhandelten die Vertragspartner ein gemeinsames Vorgehen in Patentstreitigkeiten und Fragen des Transfers von Wiedergabeapparaturen. Die amerikanischen und europäischen Verhandlungsführer waren sich in bezug auf die Aufnahmeapparaturen einig, daß weder deren Herstellung noch ihre Benutzung durch Dritte lizensiert werden dürften. Auf Grund der Unübersichtlichkeit der Anbieter von Wiedergabeapparaturen in den Nicht-Exklusivgebieten einigten sich die Vertragspartner darauf, daß jeder seine Patente lizensieren dürfe, die jeweils konkreten Fälle aber von einer gemeinsam zu bildenden, ständigen Kommission überwacht und mit dieser abgestimmt werden sollten.

Dem Druck der durch die Weltwirtschaftskrise bedingten Konsumeinschränkungen und fallenden Einnahmen in den Lichtspielhäusern versuchten die Vertragspartner, mit unterschiedlichen Strategien zu begegnen. Diese wurden im Streit über das Erheben von Herstellungslizenzen im Nicht-Exklusivgebiet signifikant. Die amerikanische Seite beharrte auf den im Agreement von 1930 vorgesehenen 500,- $ als feste Basis für Lizenzzahlungen in den umstrittenen Gebieten. Die Europäer betrachteten diese Zahl hingegen als Richtwert, der jedoch auf Grund der schwachen wirtschaftlichen Lage nicht durchsetzbar sei. Für das Erheben von Lizenzen in Frankreich und England schlugen die Amerikaner vor, Holdinggesellschaften zu gründen, um die gemeinsamen Lizenzansprüche durchzusetzen. In den Nicht-Exklusivgebieten sollten die Lizenzzahlungen zukünf-

---
[126] vgl. S. 345
[127] Karl Wolffsohn (Hg.), Jahrbuch der Filmindustrie, 5. Jg. Berlin 1933, S. 338; infolge der Devisenbewirtschaftung sind die in der Folgezeit erhobenen Daten zum deutschen Filmexport und -import mit den vorliegenden nicht vergleichbar.

tig entfallen. Am Ende der Verhandlungen einigten sich beide Seiten auf die Erarbeitung eines Vertrages in bezug auf die Producerlizenzen für das Nicht-Exklusivgebiet. Er sollte einen Passus enthalten, der die Lizenznehmer zwang, im Rahmen des Verleihs die Lizenzrechte der jeweils anderen Seite anzuerkennen und gegebenenfalls entsprechende Zahlungen zu leisten. Durch die elastischere Gestaltung der Lizenzzahlungen wollte man die jeweilige Spezifik eines Landes besser berücksichtigen[128].

In der Frage des Transfers der Wiedergabeapparaturen konnten sich beide Parteien nicht einigen. Bereits am 31. März 1931 hatte sich die Klangfilm bei der amerikanischen Seite beschwert, da diese nicht bereit wäre, vor dem 6. August 1930 im deutsch-niederländischen Exklusivgebiet installierte Wiedergabegeräte abzubauen bzw. entsprechende Zahlungen an die europäische Seite zu leisten. Auch über die Verwendung der Wochenschauaufnahmen der Hollywoodfirmen in Europa wurde kein einheitlicher Standpunkt gefunden. Während die Europäer meinten, daß diese Aufnahmen nur im amerikanischen Exklusivgebiet gezeigt werden dürften, verweigerten die Amerikaner jede Form der Einschränkung[129].

Trotz der offenen Fragen und dem von europäischer Seite wiederholten Standpunkt, daß die bisherigen Verhandlungsergebnisse nur ein Vorvertrag seien, erklärte die N.V. Küchenmeister's Internationale Maatschappyi voor Accoustiek mit ihrem Brief vom 20. April 1932 das Pariser Agreement vom 22. Juli 1930 als unterzeichnet[130].

In der Folgezeit wurden die Verhandlungen zwischen der europäischen und amerikanischen Seite fortgesetzt. Zunächst sprachen die Klangfilm und die Electrical Research Products am 27. Juli 1932 in Köln über jene amerikanischen Wiedergabeapparaturen, die von Western Electric vor dem Vertragsabschluß im deutschen Exklusivgebiet installiert worden waren. Beide Seiten einigten sich, daß die Amerikaner in den folgenden zehn Jahren nur Reparaturarbeiten und Modernisierungen der Geräte vornehmen dürften, wenn dies vor dem Juli 1930 vereinbart worden sei. Des weiteren gestand die Klangfilm zu, daß im Zuge der Ersatzbeschaffung ausgebaute US-Apparaturen mit Ausnahme Deutschlands in allen Ländern des europäischen Exklusivgebietes neu installiert werden dürften. Schließlich einigte man sich dahingehend, das Pariser Agreement nicht neu zu verhandeln[131].

In einem Brief vom 24. September 1932 bestätigten sich Tobis und Klangfilm Einigkeit in drei Punkten: 1. Das Pariser Agreement vom Jahre 1930 gelte als endgültige Abmachung und nicht als Vorvertrag. 2. Der British Pool sollte, wie in den Pariser Verträgen vorgesehen, bestehen bleiben.

---

[128] Tobis legt ihre Politik dar, in: LBB 19. 2. 1932, Nr. 42, 25. Jg.
[129] BArch R 109 I / 993
[130] BArch R 109 I / 997
[131] BArch R 109 I / 997

Sämtliche Abrechnungen und Zahlungen aus der Vergangenheit sollten gegenseitig beglichen werden[132]. 3. Die Tobis-Klangfilmgruppe erklärte sich bereit, mit den Amerikanern über die Festsetzung einer Mindestlizenz in den Nicht-Exklusivgebieten (insbesondere England, Frankreich, Spanien, Italien) zu verhandeln und eine solche zu akzeptieren, falls sie nicht zu hoch bemessen würde[133].

In Fortsetzung der Anfang des Jahres 1932 in Paris begonnenen Verhandlungen fanden zwischen dem 17. und 24. Oktober des gleichen Jahres in London erneut Beratungen zum Pariser Agreement statt, ohne daß eine der offenen Fragen gelöst werden konnte.

6.5. Die Krise der deutschen Filmwirtschaft am Beginn der 30er Jahre

Die Filmsaison 1930/31 verlief für Teile der deutschen Filmindustrie noch positiv. Der nationale Markt wurde überwiegend von deutschen Tonfilmen bestimmt. Tendenziell verbesserten sich damit die Amortisationsmöglichkeiten der nationalen Filmindustrie[134]:

Anteil der deutschen und ausländischen Tonfilme auf dem deutschen Markt:

Herkunft	1929	1930	1931
deutsche Tonfilme	40 %	66,6 %	58 %
ausländische Tonfilme	60 %	33,3 %	42 %
amerikanische Tonfilme allein	50 %	20,0 %	24 %

Vielfach konnte mit den am Beginn erzielten Sensationseinnahmen, die der Neuheit des Mediums geschuldet waren, der Besucherrückgang im Frühjahr 1931 ausgeglichen werden.

Mit der Umstellung auf den Tonfilm änderte sich jedoch nichts an der Produktionsstruktur der deutschen Filmindustrie. Vor, während und nach der Tonfilmumstellung wurde die Mehrzahl der deutschen Spielfilme von kleinen Firmen produziert. Allerdings bewirkten die Erhöhung der Pro-

---

[132] Dieser Punkt regelte die Rechte der Associated Sound Film Industries LTD (ASFI). Diese hatte eigene Tonfilmpatente und produzierte eigene Aufnahmeapparaturen, die Bootlegging Equipments, mit denen im Sommer 1932 bereits 27 englische Ateliers ausgestattet waren. Der Klangfilm-Tobis-Vertrag vom 13. 3. 1929 hatte die Rechte der ASFI anerkannt. Auf der Pariser Tonfilmkonferenz weigerte sich die Klangfilm, die ASFI als gleichberechtigten Vertragspartner zu betrachten. Mit dem Brief vom 24. 9. 1932 gestand die europäische Seite dem britischen Unternehmen die Gleichberechtigung in bezug auf das Pariser Agreement zu. Nun mußten noch die amerikanische Seite zustimmen, die bisher alle Lizenzeinnahmen der ASFI kassiert hatte.
[133] BArch R 109 I / 998
[134] Paschke, Tonfilmmarkt, S. 46 f.

duktionskosten pro Film und der Kaufkraftschwund, den die Ende 1929 ausgebrochene Weltwirtschaftskrise hervorgerufen hatte, ein quantitatives Schrumpfen der Spielfilmproduktion. Die entsprechenden Zahlen lagen hier vor allem 1929/30 wesentlich höher als vergleichbare Zahlen in der Industrie[135]:

Anzahl der von kleinen und großen Produzenten hergestellten Filme am Ende der Stummfilmzeit und zu Beginn des Tonfilms[136]:

Jahr	Gesamt-zahl der Filme	von Kleinproduzenten (1-5 Filme pro Jahr) hergestellte Filme		von Großproduzenten (über 5 Filme pro Jahr) hergestellte Filme	
			c: b in %		e: b in %
a	b	c	d	e	f
1927	242	176	72	66	28
1928	224	122	52	102	48
1929	183	140	76	43	24
1930	146	101	69	45	31
1931	144	101	70	43	30
1932	132	108	82	24	18
1933	114	82	72	32	28

Die Mehrzahl der kleinen Produzenten verfügte nur mit Hilfe von Krediten über die notwendige Liquidität, um die Produktionskosten eines oder zweier Filme zu finanzieren. Die Aufnahmeapparaturen und Ateliers wurden von ihr bei großen Unternehmen gemietet. Der Mangel an fixem Kapital übte letztlich kaum Druck auf die Kosten aus und verursachte keinen Zwang zur Kontinuität. Wenn der von ihnen produzierte Film an den Kinokassen seine Herstellungskosten nicht einspielte[137], konnten die Miet- und Lizenzverträge auf Grund der fehlenden Kapitaldeckung nicht oder nur teilweise beglichen werden. In diesem Fall mußten die geldgebenden Banken, die Lizenzgeber für Tonfilmapparaturen und die Vermieter von Ateliers, Apparaturen und Fundus miteinander nach einem Ausgleich suchen, der je nach Vertragsgestaltung die Gewinnspanne von Großproduzenten und Lizenzgebern belastete. Unter diesen Bedingungen konnten die Insolvenzen kleiner Unternehmen nicht zu einer weiteren Konzentration innerhalb der deutschen Filmindustrie führen. Vielmehr bildete die indirekte Finanzierung von Filmproduktionen kleiner Produzenten

---

[135] Deutsche Industrieproduktion 1928 – 1932 (1928 = 100)
1929 = 100   1931 = 70
1930 = 87   1932 = 58
Wochenbericht des Instituts für Konjunkturforschung 15. 1. 1936, Nr. 2, 9. Jg., S. 8
[136] Hürfeld, Unternehmungsgröße, S. 69
[137] Hellmich Finanzierung, S. 68 f.

durch größere Unternehmen einen Grund für den Konkurs mehrerer großer Filmfirmen in der zweiten Hälfte der Weltwirtschaftskrise. Dennoch änderte sich die Struktur des Wirtschaftszweiges bis 1931/32 nicht grundlegend. Vielmehr ist zu beobachten, daß trotz des erheblichen Investitionsrisikos die Zahl der Kleinunternehmen 1931 noch einmal anstieg[138]:

Anzahl der Produktionsunternehmen und ihr prozentualer Anteil an der Gesamtzahl (1926 – 1931):

	1926		1927		1928		1929		1930		1931	
Größengruppe	Zahl	in %	Zahl	in %	Zahl	in %	Zahl	in %	Zahl	in %	Zahl	in %
mit je 1 Film	42	51,8	47	42,2	29	42,2	42	50,6	34	53,9	42	62,7
mit je 2 Filmen	18	22,3	15	18,9	13	18,9	19	22,9	11	17,5	11	16,4
mit je 3-5 -"-	14	17,2	27	23,3	16	23,3	17	20,4	13	20,7	10	14,9
mit je 6-9 -"-	6	7,4	6	8,3	6	8,3	4	4,9	4	6,4	2	3,0
mit 10 und mehr Filmen	1	1,3	3	3,1	5	7,3	1	1,2	1	1,5	2	3,0

Da die notwendigen Gelder für die Filmfinanzierung immer schwieriger zu beschaffen waren, bildeten sich im Laufe des Jahres 1931 zwei sogenannte Filmgemeinschaften, die Fröhlich-Filmgesellschaft und die Kollektiv-Film GmbH. Hierbei handelte es sich um den Zusammenschluß mehrerer kleiner Produzenten zu genossenschaftlichen Produktionsgebilden. Zur Filmproduktion nahmen die Gemeinschaften ein Darlehn auf, das sofort nach den ersten Einnahmen zurückgezahlt wurde. Die Bezahlung der Mitarbeiter und Schauspieler erfolgte über sogenannte Filmgutscheine, die in dem Maße eingelöst wurden, wie die Verleihgelder an die Gemeinschaften zurückflossen. Der Vorteil dieser Finanzierungsform bestand in einer geringeren Kreditaufnahme, der Ausnutzung von Rabatten, die Produzentengruppen von der Tobis gewährt wurden[139], und der gleichmäßigen Verteilung des Risikos auf das gesamte Kollektiv[140].

Vor dem Hintergrund der sich permanent verschlechternden Wirtschaftslage und der Meldungen aus Frankreich über die geplante Gründung einer Filmkreditbank[141] begann 1930/31 in Deutschland ein intensives Nachdenken über die zukünftige Finanzierung der Filmproduktion[142]. Einen ersten Vorschlag unterbreitete das ehemalige Vorstandsmitglied der

---

[138] Paschke, a. a. O., S. 102
[139] vgl. S. 320
[140] Neue Wege der Film-Finanzierung, in: LBB 19. 1. 1932, Nr. 15, 25. Jg.
[141] Wie sich Frankreich helfen will. Die Filmbank – ein Bedürfnis, in: FK 6. 8. 1929, Nr. 185, 11. Jg.
[142] Zu den verschiedenen Versuchen der Filmfinanzierung in der Weimarer Republik: Wolfgang Mühl-Benninghaus: The German Film Credit Bank, Inc. Film Financing during the First Years of National-Socialist Rule in Germany, in: Film History Vol. 3/1989, p. 317 ff.

Tobis, Heinz Auerbach, der sich nach seinem Ausscheiden aus dem Konzern im Auftrag der Tobis mit Fragen der Filmfinanzierung beschäftigte. Er schlug die Gründung einer Treuhandgesellschaft vor, die „die Produktionspläne und Geschäftsvorhaben nach den Grundsätzen vernünftiger Finanzgebarung prüft und begutachtet und dadurch die Branche mehr als bisher sozusagen bankfähig macht"[143]. Die Tobis ihrerseits versprach sich von dem Vorschlag, daß bei ihr die zeit- und kraftaufwendige Prüfung der bei ihr eingereichten Filmprojekte entfallen würde.

Vor diesem Hintergrund und angesichts der sich infolge des Zusammenbruchs der Danat-Bank abzeichnenden Kreditkrise forderte auch die „Lichtbild-Bühne" im Juli 1931 die Gründung einer Treuhandgesellschaft oder einer Filmbank. Als Einleger sollten sich vor allem große Unternehmen, wie die Kodak, die Agfa oder die Tobis, zur Verfügung stellen. Jeder Finanzierungszusage durch die zu gründende Gesellschaft sollten intensive Prüfungen aller Voraussetzungen für das geplante Filmprojekt vorausgehen. Wenn der Film trotzdem nicht die erwarteten Einnahmen einspielte, sollte die Treuhandgesellschaft gegebenenfalls auch für Ausfallbürgschaften haften. Von einer derartigen Organisationsstruktur versprach sich die Zeitung eine Verbesserung der wirtschaftlichen Situation der gesamten Filmindustrie. Zugleich könnten auf diese Weise negative Erscheinungen auf dem deutschen Filmmarkt, wie das Blindbuchen[144], verschwinden[145].

Bereits im September/Oktober 1931 mußten die gesamten Kalkulationen für das laufende Geschäftsjahr der deutschen Filmindustrie nach unten korrigiert werden. Im Inland war diese Entwicklung sowohl der Abwanderung auf billigere Plätze als auch der Senkung der Eintrittspreise geschuldet[146]. Die aus dieser Entwicklung resultierenden Minderausgaben wurden verstärkt durch die einsetzenden Schwierigkeiten im Export. Sie waren erstens der wirtschaftlichen Depression in den traditionellen Exportländern geschuldet, die ebenfalls zu Ausfällen im Kinogeschäft führten. Wesentlich stärker wirkte sich aber das Chaos in der deutschen und internationalen Devisenwirtschaft aus, das nach dem Zusammenbruch der Danat-Bank ausbrach. Die deutsche Filmproduktion refinanzierte sich bereits zur Zeit des Stummfilms durchschnittlich zu 40 Prozent aus Exporteinnahmen. Im Sommer 1931 hatten alle Länder, in die Deutschland traditionell Filme exportierte und auch jene, die mit der Tonfilmumstellung hinzugewonnen wurden, also Österreich, die Länder auf dem Balkan und in Skandinavien, Polen, die Tschechoslowakei und Ungarn, Devisenbestimmungen erlassen. Um einen Währungsabfluß zu vermeiden, durften aus all diesen Ländern – ebensowenig wie aus Deutschland – weder Dollars, die

---

[143] P.J.: Film-Treuhand. Eine Anregung der Tobis, in: Deutsche Allgemeine Zeitung 9. 4. 1931, Nr. 157, 70. Jg.
[144] Unter Blindbuchen versteht man das Leihen von Filmen, ohne deren Inhalt zu kennen.
[145] Selbsthilfe! Projekt der Treuhandgesellschaft aktuell, in: LBB 8. 7. 1931, Nr. 162, 24. Jg.
[146] vgl. S. 196 ff.

Basiswährung des internationalen Verleihs, noch andere Valuten ohne Erlaubnis ausgeführt werden. Die erschwerten Exportmöglichkeiten konnten nur partiell durch die Verleihfirmen überwunden werden. Mit dem Ausfall der Auslandsnachfrage verlor die deutsche Industrie eine wesentliche Finanzierungsbasis.

Um dieser Entwicklung entgegenzuwirken, versuchte die deutsche Filmindustrie vergeblich, die zuständigen Reichsstellen und die Reichsbank zur Einrichtung einer Clearingstelle zu bewegen. Mit ihrer Hilfe sollten die auf ausländischen Sperrkonten liegenden Gelder nach Deutschland transferiert und der zukünftige Filmexport sichergestellt werden. Um dennoch einen Teil der Auslandseinnahmen realisieren zu können, organisierten einige Filmexporteure einen Tauschhandel auf der Ebene der Naturalwirtschaft. Dieser erforderte wiederum Zwischenhändler, die ihrerseits versuchten, durch hohe Provisionen am Filmgeschäft mitzuverdienen[147]. Von daher konnten selbst die teilweise erheblichen Auslandseinnahmen von großen internationalen Filmerfolgen, wie *Kameradschaft*, *Die Dreigroschenoper*, *Der Kongreß tanzt* oder *M Mörder unter uns* kaum in neue Produktionen investiert werden.

Vor diesem Hintergrund wurde erneut die Frage nach den staatlich erlassenen Filmkontingenten aufgeworfen. In der Saison 1930/31 standen neben 210 Stummfilm- 90 Tonfilmkontingente zur Verfügung. Darüber hinaus verfügte das Reichsministerium des Innern noch über einen Dispositionsfond von 20 Filmen. Obwohl die Kontingente nicht voll ausgenutzt wurden, erhöhte das Ministerium das des Tonfilms im folgenden Jahr auf insgesamt 125 Filme, während nur noch 70 ausländische Stummfilme eingeführt werden durften. Zu berücksichtigen ist bei den genannten Zahlen, daß die vor allem in Frankreich produzierten deutschsprachigen Versionen ausländischer Filme im Reich zu den deutschen Filmen gerechnet wurden. Die zuständigen Stellen begründeten die Heraufsetzung der Importzahlen mit einer „Förderung des gesunden Wettbewerbs". Gegen das Gesetz regte sich vor allem innerhalb der SPIO Widerstand, die in dieser Regelung auch vor dem Hintergrund zunehmender Kontingentierungsmaßnahmen in traditionellen deutschen Exportgebieten eine Begünstigung der ausländischen Seite auf dem deutschen Filmmarkt sah. Gleichzeitig kam es zu Spannungen in den deutsch-französischen Filmbeziehungen. Die von der Emelka und ihren französischen Aktionären geplanten deutsch-französischen Gemeinschaftsproduktionen ruhten zunächst[148].

In der Folgezeit wurde die Frage nach den Kontingenten weiter diskutiert, ohne eine abschließende Bewertung zu erfahren. So betonte z. B. Gui-

---

[147] Hans Tintner, Probleme des Tonfilm-Exports. Es geht um die Internationalität des Films, in: FK 1. 1. 1933, Nr. 1, 15. Jg.
[148] Film-Einfuhr 1931/32. Mehr Tonfilm-Kontingente, in: Berliner Tageblatt 28. 3. 1931, Nr. 148, 60. Jg.

do Bagier, daß das neue Medium dem „Sichkennenlernen, der gemeinsamen Anregung und gegenseitigen Befruchtung" diene. Die neue Weltgeltung des deutschen Films wirke sich seiner Meinung nach auch auf die einheimische Wirtschaft positiv aus[149]. Dieser Auffassung widersprach Seymour Nebenzahl von der Nero-Film AG. Er unterstrich zwar wie Bagier, daß Deutschlands Stellung in der Filmwelt durch den Tonfilm gestiegen sei, dennoch forderte er eine Begrenzung der deutschen Sprachdouplierungen auf ein Fünftel des Gesamtkontingents. Nebenzahl begründete seinen Vorschlag mit einem Hinweis auf den Herstellungspreis synchronisierter Tonfilme. Dieser liege erheblich unter dem Herstellungspreis eines deutschen Tonfilms. Letzterer müsse daher zu erheblich höheren Preisen auf dem einheimischen Markt angeboten werden als synchronisierte Filme, die sich bereits weitgehend in ihren Heimatländern amortisiert hätten. Auf diese Weise entstehe, so der Vertreter der Nero-Film, ein ungleicher Wettbewerb, dem mit Hilfe der Kontingente entgegengewirkt werden müsse[150].

An den entgegengesetzten Auffassungen entzündete sich 1931/32 ein heftiger Streit. Ende 1931 hatte die Tobis die gesamte Filmproduktion der RKO eingekauft. In diesem Zusammenhang erhielt die Tobis auch einen Kredit von 175 000,- RM für die Herstellung des Films *Allô Berlin ... ici Paris* (Regie: Julien Duvivier). Wie auch andere amerikanische Studios hatte die RKO bereits im Frühjahr 1931 die Herstellung von fremdsprachigen Versionen eingestellt. In der Originalsprache waren amerikanische Filme auf dem deutschen Markt nicht absetzbar. Deshalb synchronisierte die Tobis sie und bot sie insbesondere Bezirksverleihern zu einem Fünftel des Preises an, den diese für einen deutschen Spielfilm zahlen mußten. Bis zum März 1932 waren bereits die ersten drei Filme auf dem Markt und an weiteren wurde gearbeitet. Auf Anfrage teilte die Tobis mit, daß sie das Geschäft abgeschlossen habe, um zu verhindern, daß auf dem deutschen Markt minderwertige amerikanische Spielfilme angeboten würden. Vertreter der SPIO warfen der Tobis vor, ein doppeltes Spiel zu betreiben. Einerseits verlange das Unternehmen hohe Lizenzen, um die deutsche Filmindustrie zu schützen, andererseits untergrabe man den Absatz einheimischer Produktionen mit Hilfe billiger amerikanischer Spielfilme[151].

Neben den Schwierigkeiten im Auslandsgeschäft verlangten auch die Lichtspielbesitzer ein Senken der Produktionskosten und entsprechend geringere Verleihgebühren. Unter dem Druck von Abzahlungen für die Tonfilmtechnik und geringerer Einnahmen durch den Besucherrückgang hofften sie auf diese Weise, die eigene Existenz retten zu können. Vor allem auf den Verbandssitzungen des Reichsverbandes der Deutschen Lichtspiel-

---

[149] Guido Bagier, Tonfilm international, in: Berliner Tageblatt 1. 5. 1932, Nr. 206, 61. Jg.
[150] Deutsche Filmpolitik nach deutschen Filminteressen. Nach einer Unterredung mit S. Nebenzahl (Nero-Film AG), Berlin, in: LBB 9. 5. 1932, Nr. 107, 25. Jg.
[151] Barch R 901 / 69590, Bl. 208 ff.

theaterbesitzer wurden immer wieder Stimmen laut, die Eingriffe des Reichskommissars für Preisüberwachung in die Filmproduktion forderten[152].

Unter den gegebenen Bedingungen wurden sich die Filmindustriellen rasch einig, die Herstellungskosten pro Film zu senken. Im Herbst 1931 wurde einhellig der Beschluß gefaßt, allen in der Filmproduktion beschäftigten Schauspielern, Arbeitern und Angestellten ab sofort zwanzig Prozent weniger an Gagen, Löhnen oder Gehältern zu zahlen. Hinsichtlich der Stargagen, die die deutschen Filmkosten mit bis zu zwanzig Prozent belasteten, wurden Ausnahmen zugelassen. Darüber hinaus forderte die Filmindustrie von der Tobis eine weitere Senkung der Lizenzzahlungen[153].

Ende Oktober 1931 gelang es dem Regisseur Karl Grune, für die Emelka mit der Klangfilm einen Vertrag auszuhandeln, der weitgehend dem Ufa-Klangfilm-Vertrag vom März 1930 entsprach. Danach erhielt das Münchner Unternehmen zwei neue Aufnahmeapparaturen für je 115 000,- RM auf zehn Jahre überlassen[154]. Durch diesen Vertrag und die Konzentration aller Produktionsvorhaben bayerischer Unternehmen in den Emelka-Studios unter der Leitung von Karl Grune und Max Schach erlebte die süddeutsche Filmproduktion zwischen November 1931 und dem Herbst 1932 noch einmal eine kurze Blütezeit[155].

Mit der Notverordnung zu den Kontingentbestimmungen des Jahres 1932 siegten jene Kräfte in Deutschland, die eine weitere Abschottung des Inlandsmarktes befürworteten. Erstmalig wurde – noch von der Regierung Brünig angeregt[156] – per Verordnung der Begriff „deutscher Film" näher umrissen. Unter „deutsch" wurden jene Filme verstanden, die mit Hilfe deutscher Staatsangehöriger hergestellt wurden. Österreich und Ungarn durften nicht führend und nur zu insgesamt 25 Prozent mitwirken[157]. Mit dieser Regelung entpuppte sich das Gesetz auch als Angriff auf die Freiheit der inländischen Produktion, denn nicht wenige Künstler, die den frühen deutschen Tonfilmen ihre heitere Note gegeben hatten, kamen aus Gebieten der ehemaligen k.u.k. Monarchie. Gleichzeitig spielten viele deutsche Filme insbesondere in Wien, was ihre Verbreitung in Südosteuropa wesentlich beförderte. Des weiteren galten nun deutschsprachige Versionen nicht mehr

---

[152] Zur heutigen Vorstandssitzung des Reichsverbandes. Zerfall ...? Um die Einheit der Filmindustrie, in: LBB 22. 1. 1932, Nr. 18, 22. Jg.
[153] Hans Wollenberg, Filmsaison 1931/32. Rückgang der Einnahmen, Abbau der Kosten, in: Berliner Tageblatt 13. 11. 1931, Nr. 537, 60. Jg.; vgl. S. 318 f.
[154] Deutsche Filmzeitung 22. 12. 1931
[155] ausführlich Putz, a. a. O., S. 90 ff.
[156] Die deutsche Kontingentverschärfung, in: Deutsche Filmzeitung 8. 7. 1932, Nr. 28, 11. Jg.
[157] Erste Veröffentlichung des endgültigen Wortlautes: Der amtliche Kontingent-Text, in: FK 1. 7. 1932, Nr. 153, 14. Jg.

als deutsche Filme, so daß auch die künstlerische und wirtschaftliche Existenz von deutschen Schauspielern, Regisseuren und anderen, die in den internationalen Studios der USA, Frankreichs und Großbritanniens arbeiteten, gefährdet wurde. Unabhängig von den Einzelschicksalen gehörte zu den Folgen der Kontingentbestimmungen ein weiteres Steigen der Verleihpreise, da die geringere Zahl an deutschen Tonfilmen zu einem Spielfilmmangel insbesondere in der Provinz führte. Im Unterschied zu den Großstädten fanden dort nachsynchronisierte, mit Untertiteln versehene oder fremdsprachige Spielfilme kaum ein Publikum, so daß sie in den für den wirtschaftlichen Erfolg wichtigen Kleinstadtkinos auch nicht gespielt wurden. Darüber hinaus bedrohte die Verordnung auch den Bestand ausländischer Niederlassungen in Deutschland. Deren Abwanderung hatte zwangsläufig negative Folgen für die photochemische Industrie, die Kopieranstalten und die Werbewirtschaft[158]. Vor allem der Reichsverband deutscher Lichtspieltheaterbesitzer protestierte in scharfer Form gegen das neue Gesetz. Er fürchtete nicht nur die höheren Verleihpreise, sondern noch niedrigere Besucherzahlen verursacht durch das Ausbleiben vieler Stars. Von dem neuen Gesetz waren von den Regisseuren unter anderem Fritz Lang, Joe May, E.W. Emo, Geza von Bolvary, Carl Lamac sowie Gustav Ucicky und von den Schauspielern unter anderem Grit Haid, Marta Eggert, Willi Forst, Elisabeth Bergner, Richard Tauber, Oskar Sima, Wolf Albach-Retty, Käthe von Nagy sowie Szöke Szakall betroffen[159]. Obwohl die Filmgeschichte zeigt, daß in der Folgezeit Ausnahmen vom Gesetz zugelassen wurden, begann das Deutsche Reich sich mit dieser sich autarkisch gebärdenden nationalistischen Gesetzgebung vom internationalen Filmmarkt zu verabschieden[160]. Rein statistisch nahm das Verhältnis von deutschen zu ausländischen Filmen 1931/32 zu 1932/33 um sieben Prozent ab[161].

Da auch andere europäische Länder zu vergleichbaren Mitteln der Abschottung des heimischen Marktes griffen, wurde die Auswertung kosten-

---

[158] hs.: Schutz dem deutschen Film, in: Berliner Tageblatt 3. 7. 1932, Nr. 312, 61. Jg.
[159] Betz: Notverordnetes Kontingent, in: Der Film 2. 7. 1932, Nr. 27, 17. Jg.; vgl. auch: Proteste gegen Kontingent R.V.-Vorstand tritt baldigst zusammen – Dienstag zweite Zusammenkunft der Amerikaner, in: ebenda
[160] Die nationale Abschottung durch Kontingentgesetze nutzten nicht nur die deutsche Reichsregierung sondern auch andere Länder. So durften tschechoslowakische Kinobesitzer sechs ausländische Spielfilme zeigen, wenn sie einen einheimischen aufführten. Im September 1932 wurde das Kontingent auf fünf herabgesetzt. Vgl.u.a.: C.S.R. verschärft Kontingent-Quote. Von 1:6 auf 1:5 – Aufregung bei Theaterbesitzern und Verleihern. Die Kinotagung in Prag, in: FK 10. 9. 1932, Nr. 214, 14. Jg. In Polen wurden zeitweise überhaupt keine Tonfilme in deutscher Sprache aufgeführt. Deutsche in Oberschlesien besuchten deshalb die deutschen Kinos der deutschen Grenzstädte, wie etwa in Beuthen. Vgl. u. a.: Polen wird vernünftig. Polnische Kinobesitzer fordern Zulassung deutscher Tonfilme, in: FK 16. 8. 1932, Nr. 192, 14. Jg.
[161] Die Spielzeit 1932/33: 133 deutsche Filme. Nur drei Filme weniger als im Vorjahre – Einfuhr ausländischer Filme um 7 Proz. zurückgegangen, in: FK 8. 7. 1933, Nr. 158, 15. Jg.

intensiver Spielfilmproduktionen immer schwieriger. Um trotz der staatlichen Einschränkungen den Absatz ihrer Produkte sicherzustellen, handelten die Spitzenverbände der deutschen und französischen Filmindustrie eine gesonderte Kontingentregelung aus. Das erste, 1931 von der SPIO und der Chambre Syndicale Française unterzeichnete Akommen führte zu kurzzeitigen Spannungen, weil die französische Regierung mehrere Monate benötigte, um es zu ratifizieren[162]. Der zweite Vertrag vom November 1932 garantierte vor dem Hintergrund neuer Kontingentregelungen auch in Frankreich die strikte Gegenseitigkeit in den Austauschbeziehungen. Quantitativ legte es eine gegenseitige Filmlieferung von je 25 Versionen und 15 synchronisierten Filmen pro Jahr fest. Diese Zahlen kamen einem freien Filmaustausch sehr nahe.

Die intensivere Zusammenarbeit mit Frankreich hatte mehrere Gründe. Zum einen verfügten das Nachbarland und die übrigen französischsprachigen Länder über einen großen Kinopark, der eine kostengünstige Auswertung von Versionen ermöglichte. Zum zweiten wurde nicht zuletzt durch die Aufgabe des Ufa-Kinos in New York deutlich, daß der deutsche Film im anglo-amerikanischen Sprachraum nur schwer absetzbar war. In Deutschland sank zwar 1932 die Zahl angebotener amerikanischer Spielfilme beträchtlich, dennoch dominierten die Hollywood-Produktionen den deutschen Importmarkt[163]:

Zahl der von Deutschland importierten Spielfilme

Jahr	ausländische Filme insgesamt		amerikanische Filme		französische Filme	
	Zahl	in %	Zahl	in %	Zahl	in %
1930	138	49,5	79	27,9	14	5,0
1931	134	48,2	85	30,6	22	7,9
1932	81	38,0	55	25,8	10	4,7

Die Zahlen verdeutlichen, daß eine strikte Gegenseitigkeit in den deutsch-amerikanischen Filmbeziehungen nicht realisiert werden konnte. Dazu war das Zuschauerinteresse am deutschen Film auf dem Kinomarkt der USA viel zu gering.

Die wirtschaftlichen Schwierigkeiten der deutschen Filmindustrie wurden während der Weltwirtschaftskrise durch die staatliche Zensur noch verstärkt. Trotz zahlreicher Diskussionen[164] und Proteste[165] nahmen unter

---

[162] BArch R 901 / 69595 Bl. 206 ff.
[163] Alexander Jason: Handbuch des Films 1935/36, Berlin o.J. (1936), S. 110; zum deutschen Filmexport vgl. S. 343
[164] vgl. u. a.: Dr. Ernst Seeger – Herbert Ihering, Die Zensurdebatte geht weiter, in: Reichsfilmblatt 10. 1. 1931, Nr. 2, 9. Jg.
[165] vgl. u. a.: Brauchen wir eine Filmzensur?, in: Die Brücke des Berliner Tageblatts 31. 5. 1931, Nr. 21

den Bedingungen der immer labiler werdenden politischen Situation die Einwände der Zensurstellen am Beginn der dreißiger Jahre erheblich zu[166]:

Prozentualer Anteil der von der Berliner Zensurstelle abgelehnten zu den vorgelegten (100 %) Filmen

Jahr	Filme	Meter
1928/29	18	25
1929/30	21	30
1930/31	33	33
1931/32	51	50

Im Geschäftsjahr 1931/32 wurden 51 Prozent der in Berlin eingereichten Filme von der Zensur beanstandet. Nicht nur kleine, sondern auch große Firmen, wie die Ufa, waren unter diesen Bedingungen gezwungen, Teile aus ihren Filmen herauszuschneiden bzw. neu zu drehen. Zwar warf Carl von Ossietsky in der Weltbühne dem Konzern noch im März 1931 vor: „Ufa verbietet Konkurrenz"[167], doch mit *D-Zug 13 hat Verspätung* (Regie: Alfred Zeisler)[168] hatte die Ufa bereits wenige Tage nach dem Erscheinen des Artikels und einige Monate später mit *Voruntersuchung* (Regie: Robert Siodmak), *Ein blonder Traum* (Regie: Paul Martin), *Stürme der Leidenschaft* (Regie: Robert Siodmak) und vor allem mit *Der weiße Dämon* (Regie: Kurt Gerron)[169] erhebliche Zensurschwierigkeiten[170]. Durch die Zensur verordnete Schnitte oder Veränderungen im Handlungsverlauf erforderten in der Regel einen erheblichen Mehraufwand, der unter den gegebenen Umständen in den Kinos kaum wieder eingespielt werden konnte. Unter den Bedingungen des geringen Kapitals, über das die meisten kleinen Filmgesellschaften verfüg-

---

[166] K. Wolffsohn (Hg.), a. a. O., S. 532. Die Ablehnungen beschränkten sich weitgehend auf Berlin. In München wurde im wesentlichen auf dem Wege der Vorbesichtigung und entsprechender Beratung durch die Lichtbildstelle, weiter auch durch Manuskript-Begutachtung, bereits vor Produktionsbeginn bewirkt, daß sich die Gesamtzahl der vorgelegten Filme mit der der anerkannten weitgehend deckte. Zu den diesbezüglichen Ausnahmen zählte die Produktion der Bayerischen Filmgesellschaft *Fremdenlegionär 37*, den die Münchner Filmstelle am 11. 6. 1932 ablehnte. Mit diesem Urteil trug sie allerdings nur einer Anordnung der Berliner Oberprüfstelle Rechnung, die Filme über die Fremdenlegion als Gefährdung der öffentlichen Ordnung grundsätzlich ablehnte. Putz, a. a. O., S. 96

[167] Celsus (Synonym für Carl von Ossietzky- M.B.): Ufa verbietet die Konkurrenz, in: Die Weltbühne 24. 3. 1931, Nr. 12, 27. Jg., S. 433 ff.

[168] BArch R 1501 / 25864 Bl. 16

[169] *Der weiße Dämon* kam sechs Wochen später als geplant in die Kinos und mußte zuvor auf Veranlassung der Zensurstellen mehrfach verändert werden. BArch R 8119 / 19068 Bl. 2, S. 1

[170] Bei den genannten Spielfilmen mußte die Ufa teilweise erhebliche Kürzungen vornehmen. Darüber hinaus mußte sie folgende 1931/32 fertiggestellte Filme zweimal der Zensur vorlegen: *Das Ekel* (Regie: Franz Wenzler, Eugen Schüfftan), *Im Geheimdienst* (Regie: Gustav Ucicky), *Nie wieder Liebe* (Regie: Anatol Litwak), *Die Schlacht von Bademünde* (Regie: (Regie: Philipp L. Mayring) und *Kampf* (Regie: Friedrich Zelnik).

ten, und der erheblich gestiegenen Produktionskosten bedeutete ein verbotener Film in der Regel das Ende der jeweiligen Firma.

Infolge der zunehmenden Eingriffe durch die staatlichen Stellen kam es zu thematischen und filmkünstlerischen Einschränkungen innerhalb der Filmproduktion. In einem vertraulichen Bericht der Ufa heißt es, daß die Zensur „es fast unmöglich macht, andere als gänzlich neutrale Stoffe zu verfilmen. Politische und religiöse Züge begegnen sofort der Gefahr heftiger Diskussion und Ablehnung, desgleichen jeder Vorgang, in dem eine Bedrohung der öffentlichen Sicherheit sowie eine verrohende und entsittlichende Wirkung gesehen werden 'könnte' sowie Stoffe, die einzelne Berufe und Stände zu verletzen geeignet 'wären'"[171]. Da im Theater und in der Presse[172] bzw. auf dem Buchmarkt eine relative Zensurfreiheit herrschte und eine erheblich geringere Rezipientenzahl als beim Film notwendig war, damit sich die Druckerzeugnisse bzw. die Aufwendungen für die Vorstellungen amortisierten, konnten im Printbereich und auf der Bühne vergleichbare thematische Einschränkungen vor 1933 nicht beobachtet werden.

Die vielfachen äußeren Schwierigkeiten der deutschen Filmindustrie wurden noch durch die unsolide betriebswirtschaftliche Führung vieler Unternehmen verstärkt. Nicht selten fehlte eine saubere Buchführung und des öfteren wurde mit Wechselmanipulationen sowie einem spekulativen Einsatz von Kapital gearbeitet. Darüber hinaus wurden in allen Ebenen des Industriezweigs auffällig viele Personen beschäftigt, die in Skandale anderer Wirtschaftszweige verwickelt waren. An dem für viele Unternehmen typischen spekulativen Geschäftsgebahren scheiterten alle Vorschläge der SPIO, die Filmwirtschaft als Ganzes auf eine solidere Basis zu stellen[173]. Sowohl die äußeren Gegebenheiten als auch die innerbetrieblichen Mißstände führten zu einer Reihe von Firmenzusammenbrüchen bzw. Kapitalschnitten. Zu den ersten bekannteren Unternehmen, die infolge der geschilderten politischen und wirtschaftlichen Probleme in Zahlungsschwierigkeiten gerieten, gehörte im März 1931 die Hegewald-Film GmbH. Im August meldete die Berliner Mozartsaal GmbH Konkurs an, es folgten im September die Tauber-Film GmbH und im Dezember die Prometheus GmbH[174]. Zu den spektakulärsten Firmenzusammenbrüchen des Jahres 1932 zählten die Konkurse der Emelka und der Süd-Film AG im Sommer und des D.L.S. im Oktober. 1932 wurden insgesamt 89 Filmfirmen durch Konkurse, Liquidationen und Löschungen im Handelsregister ausgeschal-

---

[171] BArch R 8119 /, 19070 Bl. 119, S. 1
[172] Unter der Regierung Brüning wurden zwischen dem 28. 3. 1931 und dem 13. 6. 1932 280 Zeitungen verboten. In der Regierungszeit von Papens wurden zwischen dem 14. 6. und 10. 9. 1932 95 Zeitungen verboten. Hermann Kindt, Zeitungsverbote unter Brüning und Papen. Eine statistische Übersicht, in: Vossische Zeitung 24. 12. 1932, Nr. 616
[173] Entwicklungskrise der Filmindustrie, in: Frankfurter Zeitung 4. 12. 1932, Nr. 905-906, 77. Jg.
[174] K. Wolffsohn (Hg.), a. a. O., S. 41 ff.

tet, ohne daß eine Neugründung erfolgte. Allein die Aktiengesellschaften und die Gesellschaften mit beschränkter Haftung verzeichneten im gleichen Jahr einen Eigenkapitalschwund von insgesamt 10 224 800,- RM. 1931 betrug der diesbezügliche Nettozuwachs noch 1 727 400,- RM[175]. Demgegenüber konnte neben der Ufa lediglich die Aafa-Film AG eine überzeugende positive Bilanz vorweisen. Nach einer 10 prozentigen Dividende 1931 konnte sie ein Jahr später acht Prozent zahlen[176].

Ein Vergleich mit der Schallplattenindustrie[177] verdeutlicht, daß die Krise in der Filmindustrie nicht nur der Tonfilmumstellung anzulasten ist, sondern entscheidend durch die wirtschaftliche Depression und die durch sie bedingten Konsumeinschränkungen beeinflußt wurde. Diese Feststellung wird zusätzlich erhärtet durch die differenzierten Innovationsstrategien, mit denen die beiden Produktionszweige die Krise zu bewältigen suchten. Die Schallplattenunternehmen hatten ab Beginn der dreißiger Jahre ihre Produkte kaum verändert. Die Filmindustrie hatte dagegen mit der Umstellung vom stummen auf den Tonfilm ein neues Medium auf dem Markt eingeführt, das trotz vieler technischer und künstlerischer Unzulänglichkeiten auf ein großes Interesse bei den potentiellen Konsumenten stieß. Allein dadurch konnten Firmen wie die Ufa, die diese Umstellung forcierten, zeitweilig erhebliche zusätzliche Gewinne realisieren. Langfristig erwies sich die innovative Strategie als die erfolgreichere. Obgleich die deutsche Filmindustrie infolge der Eingriffe durch das Reichsministerium für Volksaufklärung und Propaganda und die Reichsfilmkammer nach 1933 nicht wieder an die frühen Erfolge anknüpfen konnte, verzeichnete sie doch nach dem Ende der Weltwirtschaftskrise wieder einen erheblichen Zulauf an Kinobesuchern[178]:

Besucher (in Millionen) und Bruttoeinnahmen (in Millionen RM) der deutschen Filmtheater

Jahr	Besucher	Bruttoeinnahmen
1928/29	352	274
1930/31	290	243
1932/33	238	176
1934/35	266	194
1935/36	306	226

---

175 Hans Hirsch, Krisenjahr 1932. Die Spuren der Depression im Zahlenbild, in: LBB 1. 1. 1933, Nr. 1, 26. Jg.
176 Günstiger Aafa-Abschluß, 8 Prozent Dividende für 1931 gegen 10 Prozent im Vorjahr, in: FK 5. 11. 1932, Nr. 262, 14. Jg.
177 vgl. S. 281 ff.
178 Walter Möhl, Die deutsche Filmwirtschaft nach der Krise, in: Der Wirtschafts-Ring 18. 12. 1936, Nr. 51/52, 9. Jg., S. 1429 f.

Die Schallplattenindustrie mußte hingegen auch in den Folgejahren erhebliche Umsatzeinbußen hinnehmen.

6.6. Die Krise des Küchenmeisterkonzerns und der Neuaufbau der Tobis

Am 30. Oktober 1930 tagte turnusmäßig der Aufsichtsrat der Tobis. Auf der Sitzung wurde zunächst die Einrichtung eigener moderner Filmproduktionsstätten besprochen. Des weiteren nahm das Gremium zustimmend zur Kenntnis, daß das Unternehmen für insgesamt nominell 210 000,- RM Aktien an der Polyphonwerke AG und für 21 000,- Schweizer Franken Anteile an der Polyphon Holding AG erworben hatte[179].
Ende November 1930 legte Küchenmeister dem Aufsichtsrat der N.V. Küchenmeisters Internationale Ultraphon Maatschappij (Intraphon) den Geschäftsbericht für das dritte Quartal 1930 vor, der unter anderem eine allgemeine Lageeinschätzung zum Schallplattenmarkt aus Sicht der Ultraphon enthielt. Nach den Ausführungen Küchenmeisters hatte die Intraphon neue Niederlassungen in Prag und in der Schweiz gegründet. Des weiteren standen die Verhandlungen mit der französischen Nobelgruppe über die Gründung einer weiteren Niederlassung unmittelbar vor dem Abschluß. Das Verhältnis seines neuen Unternehmens zu den Großfirmen der Schallplattenindustrie, wie der Carl Lindström AG oder Electrola GmbH, bezeichnete Küchenmeister als gespannt, nicht zuletzt, weil die Ultraphon den Boykottbeschluß der Phonoindustrie bezüglich eines Auftritts auf der Berliner Funkausstellung ignoriert hatte. Infolge ihrer Teilnahme an der Ausstellung konnte das Küchenmeister-Unternehmen Abschlüsse von mehr als einer Millionen RM tätigen. Zugleich stellte sie ihr gesamtes Verkaufsgeschäft auf die ausschließliche Belieferung von Zwischenhändlern um, die von diesem Zeitpunkt an alle Einzelhändler belieferten. Den Angaben Küchenmeisters zur finanziellen Situation der Holding wie auch der einzelnen Unternehmen zufolge war das Unternehmen gesund. Die Bestellung von zwei Millionen Platten per 31. Oktober 1931 würde garantieren, daß auch in Zukunft die Intraphon Gewinn abwerfe[180].
Am 31. Dezember 1930 wurde die Heinrich J. Küchenmeister & Co. KG aus dem Berliner Handelsregister gestrichen. Sie hatte nach der Unterzeichnung des Pariser Abkommens ihre Aufgabe als Patenthaltungsfirma erfüllt. Nach der Gründung der N.V. Küchenmeister's Internationale Maatschappyi voor Accoustiek bestand der Unternehmenszweck nur noch in der Konzentration der Aktienmajorität, um auf diese Weise die Tonfilmpatente zu sichern und sie gegenüber der amerikanischen Konkurrenz

---

[179] BArch R 109 I / 226
[180] NF NL Struve, Nr. 19

357

behaupten zu können. Die mögliche Verteilung der Aktien in verschiedene Pools wurde 1929 aus steuerlichen Gründen vermieden. Über eigene Patent- und Lizenzrechte verfügte die Accoustiek nicht.

Infolge der Weltwirtschaftskrise mußte die N.V. Küchenmeister's Internationale Maatschappyi voor Accoustiek vor allem der N.V. Küchenmeister's Internationale Ultraphoon Maatschappyi finanziell beistehen. Dies war zum einen notwendig, weil die Sprechmaschinen sehr schnell veralteten, so daß sie, um überhaupt verkauft werden zu können, technisch nachgerüstet werden mußten. Zweitens dauerte die Realisation der Verkaufserlöse bei den Sprechmaschinen durch die in der Branche allgemein üblichen Ratenzahlungen länger, als Betriebskapital für diese Zwecke vorgestreckt werden konnte. Im Rahmen einer ersten Produktanpassung verzichtete die Ultraphon auf die weitere Produktion der Wiedergabegeräte, obwohl der Maschinenpark zu diesem Zeitpunkt noch nicht veraltet war und daher steuerlich nicht abgeschrieben werden konnte. Statt dessen konzentrierte sich die Ultraphon bereits im Geschäftsjahr 1929/30 zunehmend auf die Schallplattenproduktion[181]. Allerdings ging sie bei der Auswahl ihrer Zwischenhändler relativ planlos vor. In Deutschland waren zum Teil fachfremde Mitarbeiter als Grossisten eingestellt worden, „die von der Branche keine Ahnung" hatten und die nicht in der Lage waren, „die Platten auf normalem Wege in den Handel zu bringen". Des weiteren fehlte es dem betroffenen Personenkreis an den notwendigen Marketingkonzepten, um die Platten ihrer Qualität entsprechend auf dem Markt zu plazieren. Diese Situation nutzten die Konkurrenzunternehmen, um die deutsche Ultraphon dem Fachhandel gegenüber in ein negatives Licht zu rücken[182].

Am 31. Dezember 1930 sahen die Bilanzen der Tochtergesellschaften der Heinrich J. Küchenmeister & Co. KG in bezug auf die Patente wie folgt aus: Die Sprekfilm hatte den Wert der Patente auf Grund des Warners-Vertrags erheblich abgeschrieben. Bei der Associated Sound Film Industries Ltd., London, deren Patente mit 500 000,- £ bewertet wurden, war die Sprekfilm mit 60 Prozent beteiligt. Die Ultraphon bewertete ihre Patente nur noch mit einem holländischen Gulden und die Küchenmeister's Internationale Radio Maatschappyi N.V. mit 1,5 Millionen RM. Die Tonbild-Syndikat AG bewertete ihre Patente noch mit 2 160 000,- RM. Dies waren 40 Prozent ihres ursprünglichen Kaufpreises. Höhere Abschreibungen waren per Gesetz in Deutschland im Unterschied zu den Niederlanden nicht möglich.

Die Überschüsse der einzelnen Gesellschaften waren am Jahresende 1930 sehr unterschiedlich. So erzielte die Sprekfilm trotz Rücklagen von mehr als zwei Millionen Gulden einen Betrag von 1,1 Millionen hfl, die Tiges wies nach den ersten sechs Monaten ihres Bestehens einen Gewinn von

---

[181] NF NL Struve, Nr. 12
[182] NF NL Struve, Nr. 13

1,6 Millionen RM aus und die Société des Films Sonores Tobis, Paris einen Nettogewinn von 2,6 Millionen frs. Unberücksichtigt blieben Zahlungen wie die Import- und Exportlizenzen, die erst 1931 realisiert wurden. Da keine der zur Holding gehörenden Firmen erhebliche Verluste verzeichnete, schloß das Gesamtunternehmen mit Gewinn ab. Dennoch lag die Bewertung der Aktienkurse der N.V. Küchenmeister's Internationale Maatschappyi voor Accoustiek im Winter 1930/31 nur bei etwa 70 Prozent ihres Wertes. Der Aufsichtsrat faßte den Beschluß, das Vermögen der Heinrich J. Küchenmeister & Co. KG so zu veräußern, daß dem Konzern und Küchenmeister selbst kein Schaden entstehen würde. Zu diesem Zweck wurde am 31. Dezember 1930 ein fünfköpfiger Ausschuß überwiegend aus Vertretern der am Konzern beteiligten Banken gebildet, der die Liquidation der Berliner Kommanditgesellschaft überwachen sollte[183].

Die Rohbilanz der Kommanditgesellschaft wies zum Zeitpunkt des Auflösungsbeschlusses einen Nettoverlust von 180 350,41 RM aus. Diesem standen Werte in Aktien an der Intraphon, der Emelka und anderen Unternehmen sowie an Inventar, Kautionen usw. in Höhe von zusammen knapp 270 000,- RM gegenüber. Im Zuge der Auflösung kam es zwischen dem Ausschuß und dem Vertreter der Heinrich J. Küchenmeister & Co. KG einerseits und Küchenmeister andererseits zu Streitigkeiten über die Bewertung der Tonfilmpatente und anderer Leistungen, die Küchenmeister persönlich in das Unternehmen eingebracht hatte. Durch einen am 6. Mai 1931 unterzeichneten Vergleich wurden die Auseinandersetzungen beendet. Danach wurden Küchenmeisters Ansprüche mit Aktien an der Accoustiek abgefunden, über die er nur im begrenzten Umfang frei verfügen konnte[184].

Am 11. Juni 1931 wurde dem Aufsichtsrat der Deutschen Ultraphon eine Zwischenbilanz für das laufende Geschäftsjahr vorgelegt. Danach erwartete die Gesellschaft zum Ende des Geschäftsjahres am 30. Juni 1931 einen Verlust von 150 000,- RM, da insbesondere im Mai und Juni die Verkaufszahlen erheblich zurückgegangen waren. Der Aufsichtsrat hoffte, im kommenden Jahr durch Veränderungen im Repertoire wieder schwarze Zahlen schreiben zu können. Darüber hinaus glaubte man, die Produktionspreise durch die Einführung neuster Produktionsverfahren im laufenden Geschäftsjahr erheblich senken zu können. Im Zuge eines allgemeinen Personalabbaus und der Bemühungen, die Unkosten insgesamt zu senken, wurde der ausschließliche Schallplattenvertrieb durch Grossisten wieder aufgegeben. Wertmäßig bot das Unternehmen zu diesem Zeitpunkt Platten in allen Preiskategorien an, die billigeren für 1,25 RM und 2,- RM unter den Firmennamen Adler bzw. Orchestrola, die teuren unter Ultraphon, deren Preis über 3,50 RM lag. Im Zusammenhang mit der personellen Umstrukturierung der Ultraphon verließ auch der bisherige Generaldirektor, Clemens

---

[183] NF NL Struve, Nr. 7
[184] NF NL Struve, Nr. 9

Klaus, das Unternehmen[185]. Ihm war von der N.V. Küchenmeisters Internationale Ultraphoon Maatschappij vorgeworfen worden, die wirtschaftlichen Schwierigkeiten des Unternehmens mit verschuldet zu haben[186].

Am 26. Juni 1931 tagte der Aufsichtsrat der Tobis, die am 29. Januar 1931 in Tobis Tonbild-Syndikat AG umfirmiert worden war[187]. Er bestätigte u. a. die mit der SPIO ausgehandelten neuen Lizenzgebühren. Um die bestehenden Zwistigkeiten zwischen Ultraphon und Polyphon zu beseitigen, wurde beschlossen, daß die Tobis mit letzterer eine Interessengemeinschaft zur Nachsynchronisation ausländischer Filme bilden würde[188]. Auf diese Weise sollte verhindert werden, daß dieser Geschäftsbereich sich völlig nach Frankreich verlagerte. Zu diesem Zeitpunkt war die Ultraphon in Liquiditätsschwierigkeiten geraten, verursacht durch die Expansion des Unternehmens und die Häufung fällig werdender Wechsel. Der Aufsichtsrat legte auf Vorschlag von Curt Sobernheim von der Commerzbank fest, dem Unternehmen weitere liquide Mittel zukommen zu lassen. Nach bereits gezahlten 500 000,- RM sollte nun noch einmal ein Betrag bis 750 000,- RM zur Verfügung gestellt werden. Darüber hinaus wurde der Sprekfilm jener Teil der Ultraphon angegliedert, der sich unmittelbar auf den Tonfilm bezog. Auf diese Weise sollte vor allem die Tonfilmplattenproduktion für die Zukunft sichergestellt werden und der Gesamtkonzern durch das Wegbrechen eines zentralen Produktionsbereichs vor Schaden bewahrt werden[189].

Mit dem Beschluß der Gründung eines gemeinsamen Unternehmens Tobis-Polyphon erreichte erstere ihr Ziel. Zu diesem Zeitpunkt hatte die Tobis bereits eineinhalb Jahre mit dem Schallplattenunternehmen verhandelt. Letztere hatte sich bereits mehrere Jahre mit Problemen der Synchronisierung mittels Nadelton-Apparaturen beschäftigt und ein neues Verfahren für die Nachsynchronisation fremdsprachiger Filme entwickelt, das nach Einschätzung der Tobis besser als die bisher bekannten war. Darüber hinaus brachten beide Unternehmen auch Patente anderer Synchronisierungsverfahren in die Tobis-Polyphon-Gesellschaft ein. Auf diese Weise sollte die Synchronisation von Filmen in alle gewünschten Sprachen möglich werden. In Zukunft wollte die neue Gesellschaft, die am 6. Oktober 1931

---

[185] NF NL Struve, Nr. 12
[186] Klaus gliederte sein sächsisches Unternehmen, die Clausophon GmbH, daraufhin aus der Ultraphon wieder aus und konnte so nach dem Zusammenbruch des Unternehmens vorläufig den weiteren Vertrieb der Ultraphon-Platte übernehmen. Vgl. S. 280
[187] BArch R 8135 / 2683 Bl. 4
[188] An diesem Beschluß war die Commerzbank sicherlich führend beteiligt, denn sie war nicht nur der wichtigste deutsche Geldgeber für die Küchenmeistergruppe, sondern auch an der Polyphon und der Tobis beteiligt.
[189] BArch R 109 I / 226

durch einen gemeinsamen Vertrag von Klangfilm, Tobis Polyphon und Tiges gegründet wurde, auch Filialen in Paris und London eröffnen[190].

Durch den Zusammenbruch der Danat-Bank verschlechterte sich die wirtschaftliche Situation der Ultraphon im Juli 1931. Am 15. Juli wandte sich die Geschäftsleitung des Unternehmens mit drei gleichlautenden Briefen an die N.V. Küchenmeister's Internationale Maatschappyi voor Accoustiek, an die N.V. Küchenmeister's Internationale Ultraphoon Maatschappyi und an die Heinrich J. Küchenmeister & Co. KG mit der dringenden Bitte um finanzielle Unterstützung, da weder die laufenden Kosten noch die fälligen Wechsel- und Steuergelder gezahlt werden könnten[191].

Am 19. Juli kam ein konzerninternes Papier zu dem Schluß, daß ein Zusammenbruch der Ultraphon verhindert werden müsse, weil ansonsten der gesamte Konzern, der personell wie wirtschaftlich auf das Engste miteinander verflochten sei, auseinanderbrechen würde[192]. Das Schreiben verdeutlichte drei Aspekte: Zum einen geriet durch die Zahlungsschwierigkeiten des Schallplattenunternehmens die Idee Küchenmeisters in Gefahr, einen auf einer weitgehend einheitlichen technischen Basis gegründeten Unterhaltungskonzern aufzubauen, noch ehe mit der Radioproduktion in nennenswertem Umfang begonnen wurde. Zum zweiten veranschaulicht es die intermedialen Verflechtungen zwischen Schallplatten- und Filmindustrie. Schließlich verweist die Zahlungsunfähigkeit der Ultraphon auf Schwierigkeiten, in denen sich auch andere Industrieunternehmen befanden[193]. Der Küchenmeisterkonzern expandierte innerhalb weniger Jahre im geschilderten Umfang nicht durch eine ausreichende Kapitalbildung, sondern vor allem mit Hilfe von Bankanleihen. Wie der Zusammenbruch der N.V. Küchenmeister's Internationale Maatschappyi voor Accoustiek, Amsterdam zeigte, hatte die Holding das Geld von den Banken vor allem in der Erwartung hoher Dividenden erhalten, d. h. die Anleihen waren auf der Seite des Unternehmens nicht im notwendigen Maße durch ausreichendes Kapital konsolidiert.

Am 27. Juli 1931 stellte die Ultraphon ihre Zahlungen ein. Am gleichen Tag meldeten Zeitungen, daß Küchenmeister seine Tonfilmpatente und die Rechte zum Bau von Tonfilm-Apparaturen zur Verfügung gestellt hätte[194]. Mit diesem Schritt war innerhalb des Küchenmeister-Konzerns geregelt, daß bei einem für möglich gehaltenen Zusammenbruch der N.V. Küchenmeister's Internationale Maatschappyi voor Accoustiek die Tonfilmpatente und die an sie gebundenen Lizenzzahlungen zumindest für Deutschland gesichert waren. Zugleich konnten die Aktivitäten der Tobis im Hinblick auf den Aufbau der Jofa-Ateliers, deren Kosten sich ohne Aufnahmegeräte

---

[190] BArch R 109 I / 987b
[191] NF NL Struve, Nr. 13
[192] BArch R 109 I / 2491
[193] Lehmann, a. a. O., S. 119 ff.
[194] Tonfilm-Umbau, in: Vossische Zeitung 27. 7. 1931, Nr. 349

auf etwa 450 000,- RM beliefen[195], ungeachtet der Zahlungsschwierigkeiten der Accoustiek weitergeführt werden.

Am 31. Juli 1931 fand die erste Versammlung der Großgläubiger der Ultraphon statt. Sie beschloß, einen Gläubigerausschuß zu wählen und einen gerichtlichen Vergleich anzumelden, um auf diese Weise die Fortführung des Unternehmens zu sichern. Am 3. August tagte das Gremium erneut und beriet über die vorläufige Bilanz. Als die wichtigsten Gründe für die Einstellung der Zahlungen nannte die Geschäftsleitung:
1. Das Fehlen stiller Reserven, weil die Konzentration auf die Schallplattenproduktion erst zu einem Zeitpunkt erfolgte, als die Konjunktur bereits rückläufig verlief.
2. Das Verwenden kurzfristiger Kredite für langfristige Investitionen, so daß es unter den Bedingungen der gesamtwirtschaftlichen Lage unmöglich wurde, die aus Holland zugesagten Kredite zu erhalten[196].

In der Presse wurden darüber hinaus weitere Gründe für die Schwierigkeiten des Unternehmens genannt. Dazu zählten vor allem die schnelle Expansion des Unternehmens durch die Übernahme einer Reihe von unrentablen Firmen, wie der Adler-Phonograph Comp. AG und der Orchestrola-Vocalion AG, sowie die Gründung neuer Firmen, die nur bedingt mit dem Kerngeschäft der Ultraphon in Verbindung ständen[197].

Nach Prüfung der Unterlagen kam der Gläubigerausschuß zu dem Ergebnis, daß der Unternehmensstatus aktiv sei und in- sowie ausländische Aufträge im Wert von 225 000,- RM vorlägen. Insgesamt würden die ermittelten Zahlen eine Fortführung des Unternehmens rechtfertigen. Entsprechend dem Beschluß vom 31. Juli wurde einstimmig eine Resolution zur Eröffnung eines gerichtlichen Vergleichsverfahrens angenommen[198].

Bereits wenige Tage später wurden in der Presse die Gesamtpassiva der Ultraphon nach Abzug von Kapital und Reserven mit 3,83 Millionen RM und die Gesamtaktiva mit 3,63 Millionen RM beziffert. In den Zahlen fehlten die Avalverpflichtungen von knapp einer Million RM, die Wechselobligationen von 686 139,- RM und die Verpflichtungen für laufende Verträge in Höhe von etwa 800 000,- RM. Unberücksichtigt blieben auch etwaige Schadensersatzansprüche und deren Verfahrenskosten. Nach der Zahlungseinstellung wurden darüber hinaus Zweifel laut, ob die Summe von 424 000,- RM für Lizenzen und Repertoire zu hoch angesetzt worden sei[199]. Nach Bekanntwerden der Zahlen mußte die Ultraphon einen Ver-

---

[195] BArch R 109 I / 226
[196] NF NL Struve, Nr. 12
[197] Wiggers: Phonowirtschaftliche Auswirkungen der Finanzkrise. Zahlungseinstellung der Deutschen Ultraphon AG, in: Phonographische Zeitschrift 1. 8. 1931, Nr. 16, 32. Jg., S. 860
[198] NF NL Struve, Nr. 12
[199] W.: „Sanierungs"-Projekte bei Ultraphon, in: Phonographische Zeitung 15. 8. 1931, Nr. 17, 32. Jg., S. 946

gleich mit dem Ziel der völligen Liquidation des Unternehmens anmelden. Zunächst trat lediglich die Clausophon GmbH als Kaufinteressentin auf, der infolgedessen auch der Schallplattenvertrieb des Ultraphon- und des Musica Sacra-Repertoires übertragen wurde[200].

Am 14. August 1931 erbat der europäische Vertreter von Warners Brothers Pictures Inc., Joseph Hazen, in London unter Verweis auf den gezahlten Kredit von 500 000,- $ genaue Geschäftsunterlagen der verschiedenen Gesellschaften des Küchenmeisterkonzerns, um sie nach New York zur Prüfung schicken zu können. Zugleich erklärte er, daß die Western Electric großes Interesse an einem wie auch immer gearteten Einfluß auf den Konzern habe, weil die Firma „noch immer nicht ihr Verhältnis zu den amerikanischen Producers vollständig hätte regeln können, während dies möglich sein könne, sobald er durch Übereinkunft mit dem Küchenmeister-Konzern eine kontrollierende Position mit Bezug auf die Patentrechte erhalten könne". Am 16. August 1931 äußerte sich der Chef der Western Electric, John E. Otterson, der sich in Paris aufhielt, gegenüber einem Vertreter des Küchenmeisterkonzerns, daß er jeden Vorschlag prüfen werde, der von dem deutsch/niederländischen Unternehmen an ihn herangetragen würde[201].

Am 22. August 1931 legte das Revisionsbüro Klynveld einen vorläufigen Bericht über die finanzielle Situation der N.V. Küchenmeister's Internationale Maatschappyi voor Accoustiek vor. Danach beliefen sich die Schulden der Holding auf mehr als sieben Millionen holländische Gulden. Die der Gesellschaft netto zufließenden Gewinne aus den Lizenzzahlungen hatten eine jährliche Höhe von 1,7 Millionen Gulden. Die Revision ging davon aus, daß sich diese Einnahmen jährlich steigern würden. Unter dieser Voraussetzung kam sie zu dem Ergebnis, daß die bestehenden Verbindlichkeiten unter vier Voraussetzungen in relativ kurzer Zeit abgetragen werden könnten und damit die Handlungsfähigkeit des Unternehmens auf Dauer gewährleistet sei: Von seiten der Kreditoren wird weiteres Betriebskapital zur Verfügung gestellt; die noch nicht ausgenutzten Möglichkeiten einer Verwertung vorhandener Patente werden forciert und zugleich wird die bisher nur mangelhafte Kontrolle der Lizenzzahlungen verstärkt; es erfolgt eine Reorganisation der Accoustiek mit dem Ziel, die Handlungsunkosten zu senken, um schließlich eine Verständigung mit den Kreditoren in bezug auf die bestehenden Sicherheiten zu erreichen[202].

Nach Bekanntwerden der Zahlen der Ultraphon und der Gesamtsituation des Küchenmeisterkonzerns begannen Überlegungen über dessen weitere Zukunft. Ende August 1931 wurde bei der Überprüfung der finanziellen Situation der Tobis festgestellt, daß die N.V. Küchenmeister's Inter-

---

[200] vgl. S. 280
[201] BArch R 109 I / 2491
[202] NF NL Struve, Nr. 39

nationale Maatschappyi voor Accoustiek im Juni 1930 1 330 Tobis-Aktien nicht eingezahlt hatte[203]. Zum gleichen Zeitpunkt beliefen sich die Außenstände der Sprekfilm auf 1,3 Millionen RM bzw. 1 158 Tobis-Aktien. Daraufhin bot das deutsche Unternehmen noch im August der Sprekfilm an, die eigenen Aktien zu kaufen und den Vertrag mit Warners zu sichern, um der Holding einen größeren finanziellen Freiraum zu geben. Auf das Angebot erhielt sie zunächst keine Antwort[204].

Am 25. September wandte sich die Tobis an zwei der holländischen Gläubigerbanken mit der Bitte, sich gegenüber der Sprekfilm dafür einzusetzen, daß sie ihrer deutschen Tochter mehr Befugnisse überließe. Neben ihrer Rolle als Co-Produzentin im Sinne der Zurverfügungstellung aller technischen Mittel, die für die Produktion von Tonfilmen erforderlich seien, sah sie eine weitere wesentliche Aufgabe im Zusammenführen von Firmen und Produzenten, die sich an der Herstellung von Versionenfilmen interessiert zeigten. „Die Kenntnis der Kunden, d. h. der Produzenten jedes Landes, das Zusammenhalten und Kombinieren von Produktion und Verleih in den einzelnen Ländern, der Aufbau nationaler Aufnahme-Positionen ist die Hauptaufgabe der Tobis. Hierfür braucht sie aber einen dauernden lebendigen Kontakt und Zusammenhang mit den Schwestergesellschaften in Paris und London. Für die finanziell potenten Produzenten Frankreichs, die bei der F.S.T. (Société des Films Sonores Tobis, Paris – M.B.) arbeiten, sucht die Tobis/Berlin einen deutschen Partner, umgekehrt für deutsche Produzenten einen französischen oder englischen Partner. Die Beschäftigung von Studios und Aufnahme-Apparaturen und der Eingang von Lizenzen und Gewinnbeteiligung kann nur durch eine solche Tätigkeit gesichert werden"[205]. Die Tobis beschränkte sich bei ihren Aktivitäten im europäischen Ausland in der Regel auf ein Studio und eine Firma, „damit nicht durch größere Konkurrenz in der Produktion alle zusammen schwach werden". Die Tobis rechnete es sich als Verdienst an, daß durch ihre geschickte Filmpolitik „in Deutschland, Tschechoslowakei, Österreich, Jugoslawien, Rumänien und in Skandinavien amerikanische Filme verschwunden und national-sprachige bzw. deutsche Filme deren Platz eingenommen haben". In Abstimmung mit den Tochterunternehmen in Paris und London sollte der Tobis in Berlin unter anderem erlaubt sein, eigene Gesellschaften zu gründen, Lizenzen zu erteilen, den Apparate-Verkauf bzw. die Vermietung allein durchzuführen und den freien Abschluß von Geschäften sowie deren Finanzierung zu gestatten[206]. Am 13. Oktober 1931 beschlossen die Leitungsgremien der Sprekfilm ein eigenes Sanierungskonzept, daß als ent-

---

[203] BArch R 109 I / 2491
[204] BArch R 109 I / 278
[205] BArch R 109 I / 2495
[206] Ebd.

scheidenden Punkt die Herauslösung der Holding aus dem Küchenmeisterkonzern vorsah[207].

Am 29. Oktober legten zwei niederländische Gläubigerbanken den Gläubigern von Accoustiek und Sprekfilm einen umfassenden Bericht zur Lage des Konzerns vor. Der Bericht bezifferte die Schulden beider Unternehmen auf fünf Millionen Gulden und kam zu dem Ergebnis, daß mit den direkten Lizenzeinnahmen der französischen und deutschen Tochtergesellschaften in Höhe von jährlich zwei Millionen Gulden das deutschniederländische Unternehmen innerhalb von zwei bis drei Jahren saniert werden könnte. Um dieses Ziel zu erreichen, müßten Tobis Berlin, Sonores Tobis und Française Tobis in Paris während dieses Zeitraums auf alle langfristigen Investitionen verzichten. Im Gegensatz zu dieser Forderung stand vor allem das Geschäftsinteresse der Tobis in Berlin. Sie hatte in den vergangenen zwölf Monaten insgesamt im Rahmen von Beteiligungen und Krediten etwa zwei Millionen RM fest angelegt. Ein Drittel dieser Summe war bereits als Verlust abgeschrieben worden. Hinzu kam noch etwa eine Million RM an Rechnungen, die Kunden nicht begleichen konnten. Trotz dieser Verluste und hoher Abschreibungen hatte die Tobis im Geschäftsjahr einen Gewinn von 896 000,- RM erzielt. Die Gläubiger drangen darauf, daß dieses Geld sofort ausgeschüttet werden sollte, um die ersten Darlehensschulden der Accoustiek und Sprekfilm zu bezahlen. Für die Tobis bedeutete dieser Beschluß, die Investitionen in die deutsche Filmindustrie in Zukunft zu unterlassen und ihre Aufgaben auf die Lizenzvergabe und das Kassieren von Lizenzgebühren einzugrenzen.

Mit den Geschäften der französischen Tobis waren die Banken zufrieden. Sie bemängelten aber die Geschäftspraxis der Associated Sound Film Industries Ltd., London, weil sie große Verluste durch Leerlauf verursacht habe. Die Konzernleitung wurde gerügt, weil sie sowohl im Hinblick auf die Betriebs- und Finanzpolitik als auch in bezug auf die Personalführung erhebliche Schwächen gezeigt hätte. Im Ergebnis ihrer Untersuchung empfahlen die Berichterstatter, daß die Gläubiger als Entgegenkommen für ihr Stillhalten eine gewisse Kontrolle über die Finanzen erhielten. Des weiteren verlangten sie den Rücktritt der gesamten Konzernleitung und des Aufsichtsrates. Auch in die Vorstände der Tochterunternehmen der Sprekfilm in Berlin, Paris und London sollte während des Stillhalteabkommens je ein Vertreter der Gläubigerbanken gewählt werden. Die Ergebnisse vierteljährlich durchgeführter Kontrollen sollten darüber entscheiden, ob das Stillhalteabkommen verlängert werde oder nicht[208].

Ende November 1931 mahnte die Tobis in Berlin auch in ihrer Funktion als Treuhänderin der Klangfilm und der Sprekfilm von Milton Diamond die Überweisung der Fox- und Metro-Lizenzgebühren an, die dieser jedoch

---

[207] Ebd.
[208] Ebd.

mit dem unbestimmten Hinweis auf ihm noch geschuldete Summen verweigerte. Auch über die Auswertung der ihm von der Tobis zur Auswertung in Nordamerika übersandten Filme lehnte Diamond jede Auskunft ab. Er verlangte, daß ein bevollmächtigter Vertreter der Tobis in die USA kommen solle, um mit ihm alle Einzelheiten zu besprechen. Um in Zukunft die Lizenzzahlungen dennoch sicherzustellen, wurde nun deutscherseits überlegt, inwieweit es möglich sei, die zukünftigen Lizenzzahlungen direkt auf deutsche Konten überweisen zu lassen[209]. Der Hintergrund des Streits bildete die Weigerung der europäischen Seite, die Pariser Verträge vom Juli 1930 endgültig zu unterschreiben. Die amerikanischen Produzenten teilten deshalb den europäischen Lizenzinhabern im Sommer 1931 mit, daß sie alle Zahlungen bis zur Unterzeichnung der Verträge aussetzen würden. Aus den gleichen Gründen zahlten die mit amerikanischen Apparaturen arbeitenden europäischen Lizenznehmer England, Frankreich, Italien usw. ebenfalls keine Lizenzen an das niederländisch/deutsche Kartell. Wie die Amerikaner betrachteten auch die Europäer das nicht unterzeichnete Pariser Agreement als nicht bindend[210].

Nach der Unterzeichnung des Stillhalteabkommens zwischen Accoustiek und Sprekfilm einerseits und deren Gläubigern andererseits kam es zum Streit zwischen Sprekfilm und Tobis. Der Grund war die Verpfändung der in der Hand der Sprekfilm befindlichen Tobisaktien, da sie zum Zeitpunkt der Vertragsunterzeichnung noch nicht bezahlt waren[211]. Die Auseinandersetzungen wurden schnell beigelegt, da die Tobis ihrerseits wenig Interesse an einer Einflußnahme des niederländischen Bankenkonsortiums auf ihre Geschäfte hatte. Gleichzeitig versuchte die Tobis, die Schwäche der Sprekfilm und die bestehenden Schwierigkeiten auf dem internationalen Devisenmarkt auszunutzen, um ihre Stellung innerhalb der N.V. Küchenmeister's Internationale Maatschappyi voor Accoustiek durch den Kauf von Aktienanteilen an ausländischen Unternehmen des Konzerns zu festigen. So bat sie Anfang 1932 bei der deutschen Stelle für Devisenbewirtschaftung um die Erlaubnis, fällige Zahlungen der Compagnie Française Tobis in Aktienanteile umwandeln zu dürfen. Seit Sommer 1931 war die deutsche Tobis bereits mit vier Millionen Francs an der französischen Schwestergesellschaft beteiligt. Die geplante Umwandlung der fälligen Zahlungen hätten der deutschen Tobis einen Aktienanteil von 51 Prozent gesichert[212].

Nachdem Telefunken den Liquidatoren der Deutschen Ultraphon AG ein besseres Angebot als die Clausophon GmbH unterbreitet hatte, begannen langwierige Verhandlungen, die insbesondere das Patent- und Mar-

---

[209] BArch R 109 I / 981
[210] BArch R 109 I / 997; vgl. S. 343 f.
[211] BArch R 109 I / 278
[212] BArch R 109 I / 283

kenschutzrecht berührten. Ende Februar 1932 wurden die entsprechenden Verträge unterschrieben. Sie ermöglichten die Auszahlung von 10 bis 15 Prozent der ausstehenden Forderungen. Zugleich konnten Grundstücke des Unternehmens in Berlin-Lichtenberg entschuldet werden, so daß deren Verkaufswert stieg[213].

Anfang März 1932 mußte der Küchenmeisterkonzern die Aktienpakete seiner Hauptgesellschaften an die Bankengläubiger aushändigen. Damit ging auch die Verfügungsgewalt über die Aktienmajorität der Tobis in die Hand verschiedener niederländischer Banken über, so der Hollandschen Bank voor Zuidamerika, der Incassobank und der Niederländisch Indischen Handelsbank[214].

Am 12. März 1932 fand die ordentliche Generalversammlung der Tobis Tonbild Syndikat AG in Berlin statt. Die veröffentlichte Bilanz des Unternehmens wies im Vergleich zum Vorjahr einen etwas höheren Bruttoüberschuß aus. Die Abschreibungen hatten sich jedoch mehr als verdreifacht[215]. Diese Summe entstand durch Liquidation der Ultraphon sowie durch Kredite, die Filmfirmen aufgenommen hatten und nach der Fertigstellung der Filme nicht zurückzahlen konnten. Insgesamt hatte die Tobis zu diesem Zeitpunkt bereits etwa zehn Millionen RM in die deutsche Filmwirtschaft investiert. Diese Summe setzte sich im wesentlichen aus drei unterschiedlichen Formen des Engagements zusammen: Aus der direkten Beteiligung an verschiedenen Unternehmen, wie an dem Deutschen Lichtspielsyndikat und an der Emelka; aus der Fertigstellung von Filmen, um die jeweiligen Produktionsfirmen zu entlasten – allein die Tiges, deren Betriebsergebnis in die Tobisbilanz einfloß, verwaltete Kundenwechsel in Höhe von über einer Million RM[216] – und aus den Geschäften mit der Deutschen Universal, die von der Tobis zur Wiederaufnahme ihrer Produktion veranlaßt wurde, indem sie an das Tochterunternehmen des Hollywoodproduzenten Aufträge vergab[217]. Im Ergebnis erzielte die Tobis im Geschäftsjahr 1930/31 nur einen Reingewinn von knapp 30 000,- RM. Unter diesen Umständen mußte auf eine Dividendenausschüttung verzichtet werden.

Infolge der Notstandsgesetze, die die Wahl von führenden Mitarbeitern großer Unternehmen in die Aufsichtsräte einschränkten, und infolge der Poolabsprachen zwischen den niederländischen Banken mußte der Direktor der Commerzbank, Curt Sobernheim, sein Amt als Vorsitzender des Aufsichtsrates abgeben. Nachfolger wurde sein bisheriger Stellvertreter, der ehemalige Ufa-Direktor Ferdinand Bausback. Von der niederländischen Gruppe legte Dirk Pieter Out sein Amt nieder. An seine Stelle trat Johannes

---

[213] NF NL Struve, Nr. 20
[214] BArch R 8135 / 2683 Bl. 5
[215] BArch R 109 I / 222
[216] Ebd.
[217] H.M.: Anderer Kurs oder vorsichtiger Schritt? Der Wechsel in der Tobis-Leitung, in: Berliner Tageblatt 29. 4. 1932, Nr. 203, 61. Jg.

367

Pieter van Tienhoven. Neben Heinrich J. Küchenmeister wurden noch drei Niederländer in das Gremium gewählt[218]. Am 6. April 1932 wurde Dr. Hans Henkel, der bereits 1928/29 der Tobisleitung angehört hatte, zum Generaldirektor ernannt. Gleichzeitig übte er in Paris die Funktion des Direktors der Film Sonores Tobis aus und war Aufsichtsratsvorsitzender bei der Compagnie Française Tobis. Letztere Funktion hatte er auch bei der belgischen Tobis in Brüssel inne. In Madrid war Henkel Mitglied des Aufsichtsrates und des Direktionsausschusses der Cea. Im Konzern der deutschen Tobis war er Aufsichtsratsvorsitzender der Cinema AG und der am 1. November 1932 gegründeten Europa Film Verleih AG. Bei der Sascha Film Industrie AG saß Henkel im Verwaltungsrat. Durch diese Machtkonzentration war Henkel die wichtigste und einflußreichste Persönlichkeit innerhalb der Tobis geworden. Mit seiner Ämterhäufung verkörperte er gleichsam die internationalen Geschäftsinteressen des Konzerns. Zum Stellvertreter Henkels bei der Tobis in Berlin wurde am 9. September 1932 der Berliner Rechtsanwalt Dr. Ernst Scheffler ernannt. Dieser war gleichzeitig alleinvertretungsberechtigter Geschäftsführer der Tobis-Industrie GmbH in Berlin (Tiges) sowie Vorstandsmitglied der Cinema AG und der Telegraphon AG, an der die Tobis mit 40 Prozent beteiligt war[219].

Die Stellung von Henkel und Scheffler in den Tochterunternehmen der Tobis verwies bereits auf eine Neuorientierung der Tobis, die ihre Stellung als ein auf internationaler Patentbasis stehendes Monopolunternehmen über die bisherigen Aktivitäten hinaus auszubauen versuchte. So ergänzte die Cinema AG die Aktivitäten der Europa-Film Verleih AG im Hinblick auf den Filmexport. Die Sascha Film Industrie AG war im Atelier- und Tonherstellungsgeschäft in Österreich engagiert. Die Tiges, die im April 1932 nur für die Tonherstellung bis zur Anfertigung von Musterkopien zuständig war, wurde in der Folgezeit so weit ausgebaut, daß sie ins reguläre Kopiergeschäft einsteigen konnte und zu einer wichtigen Konkurrentin der zur Ufa gehörenden Afifa wurde[220].

Mit der Wahl von Henkel wurde auch deutlich, daß die Tobis ohne Rücksichtnahme auf die wirtschaftlichen Interessen der Sprekfilm und der Accoustiek ihre Interessenpolitik fortsetzen würde. Deren schnelle Änderung wäre auch unter den gegebenen Umständen kaum möglich gewesen. Die Tobis war bereits so stark in die deutsche Filmwirtschaft integriert, daß ihr sofortiger Ausstieg nicht nur der Industrie insgesamt geschadet hätte, sondern auch dem Unternehmen selbst. So war auf Grund der Firmenstruktur in der deutschen Filmwirtschaft und ihres eigenen permanenten Kapitalmangels eine Auslastung der Jofa-Ateliers nur zu garantieren, wenn

---

[218] Tobis Tonbild-Syndikat AG, in: Berliner Börsen-Zeitung 12. 3. 1932, Nr. 122, 7. Jg.
[219] BArch R 8135 / 2683 Bl. 6 f.
[220] Die Ufa nutzte für ihre Filme Agfa-Materialien, die Tobis hatte entsprechende Verträge mit der Kodak abgeschlossen.

die Tobis Filmprojekte teilweise vorfinanzierte. Allerdings zeigten der auf 20 000,- RM geschrumpfte Reservefonds und der Gewinnvortrag von 9 731,- RM auf die Bilanz 1932/33[221], daß die Tobis nicht nur aus Rücksicht auf die Gläubiger der Sprekfilm und der Accoustiek im laufenden Geschäftsjahr vorsichtiger auf dem deutschen Markt agieren mußte als in den Jahren 1930 bis 1932.

An seine Vorschläge vom Juni 1931 anknüpfend[222], propagierte der Produktionschef der Tobis, Guido Bagier, im Frühjahr 1932 weiter sein Modell, daß sich kleinere und mittlere Hersteller zu einer Gruppe zusammenschließen sollten, welche mit Hilfe der Tobis in den Jofa-Ateliers, die zum damaligen Zeitpunkt mit der modernsten Technik ausgestattet waren[223], ständig drehen könnte[224]. Auf diese Weise sollte die Auslastung der teuren Anlagen sichergestellt werden. Des weiteren unterstützte die Tobis die Sanierung der österreichischen Sascha-Film-Gesellschaft, indem sie mit dem Unternehmen einen Spielfilm drehte und die Ausnutzung von dessen Ateliers garantierte. Daraufhin produzierte die Südfilm AG einige ihrer Filme in den Wiener Ateliers. Durch die Einbeziehung der Wiener Kiba-Gesellschaft in die Vertragsbeziehungen besaß die Tobis in Österreich das Ateliermonopol. Darüber hinaus schloß die Tobis mit der Wiener Selenophon GmbH, die ein eigenes Aufnahmesystem entwickelt hatte, einen Vertrag. Darin verpflichtete sich die österreichische Gesellschaft, mit ihrem System nur Kulturfilme herzustellen, für deren Verbreitung in Deutschland sich die Tobis einsetzen wollte[225]. Im Gegenzug erhielt das Unternehmen 10 Prozent aller Lizenzeinnahmen, die die Tobis für in Österreich hergestellte Filme erzielte. Nicht berücksichtigt wurden die Vertriebslizenzen für den Export dieser Filme in nicht deutsche Länder[226].

Nachdem offensichtlich wurde, daß die notwendigen Gelder zur Rettung des Küchenmeisterkonzerns weder kurz- noch längerfristig beschafft werden konnten, begannen unter dem Druck der Gläubiger im Juni 1932 die internen Verhandlungen zur Entflechtung bzw. Auflösung der N.V. Küchenmeister's Internationale Maatschappyi voor Accoustiek und der N.V. Küchenmeister's Internationale Maatschappyi voor Spreekende Films. Beide Gesellschaften besaßen zu diesem Zeitpunkt fast keine liquiden Mittel

---

[221] Tobis Tonbild-Syndikat AG, in: Berliner Börsen-Zeitung 12. 3. 1932, Nr. 122, 7. Jg.
[222] Industrie-Aussprache mit der Tobis. Ausgangspunkt zu weiterer Zusammenarbeit, in: LBB 19. 6. 1931, Nr. 146, 24. Jg.
[223] BArch R 109 I / 254
[224] Das gleiche Konzept wandten Karl Grune und Max Schach in München an und konnten auf diese Weise zwischen November 1931 und dem Herbst 1932 noch einmal die Produktion der Emelka zu einer kurzen Blütezeit führen. Putz, a. a. O., S. 93
[225] H.F.G.: Der Wiederaufbau der Tobis. Die Absichten der holländischen Gläubiger – Das neue Tobismonopol in Österreich, in: Berliner Börsen-Zeitung 23. 4. 1932, Nr. 189, 77. Jg.
[226] BArch R 2301 / 7029 Bl. 6

mehr[227]. Unter diesen Bedingungen führten am 9. Juni 1932 Vertreter der beiden Gesellschaften Gespräche mit der Tobis, die ihre Ansprüche an die Sprekfilm in Höhe von 2,8 Millionen RM und an die Accoustiek in Höhe von 2,7 Millionen RM anmeldeten. Die Höhe der Zahlungen entsprach im Falle der Sprekfilm der Höhe der Aktienanteile der Gesellschaft an der Tobis[228]. Das Ziel der Verhandlungen bestand vor allem im Erhalt der Sprekfilm, denn sie vereinigte die entscheidenden Majoritäten der einzelnen Ländergesellschaften und war im Besitz sämtlicher Auslandspatentrechte außerhalb des deutschen Sprachgebiets. Ferner war die Holding der Hauptpartner des Pariser Agreements, des Klangfilm- und des Warners-Vertrages. Insofern war die Reorganisation der Sprekfilm auch für die Tobis von entscheidender Bedeutung. Von dem Gelingen der Reorganisation hing ab, daß das bestehende Vertragsgeflecht erhalten blieb. Der Verlust der Auslandspatente hätte den deutschen Filmexport in einem starken Maße behindern können, weil mit hoher Wahrscheinlichkeit die einzelnen Patentinhaber für die jeweiligen Exportländer ihre Anspüche an Lizenzzahlungen zur Geltung gebracht hätten. Die im Pariser Abkommen garantierte Interchangeability wäre also im Falle eines Scheiterns der Reorganisation hinfällig geworden. Darüber hinaus wären die Forderungen der Tobis an Sprekfilm, die aus dem Verkauf der Auslandsrechte des Syndikats an die Küchenmeistergruppe am 12. Februar 1929 resultierten[229], restlos verlorengegangen. Demnach war der Weiterbestand der Tobis, die zu diesem Zeitpunkt noch relativ gewinnbringend arbeitete, abhängig vom Erhalt der Sprekfilm. Das Ziel der Reorganisation bestand in der Vereinigung aller Aktiven bei der Sprekfilm und in der Befreiung der Accoustiek von ihren Gläubigern, denn diese mußte der Sprekfilm ihr gesamtes Vermögen für die Reorganisation zur Verfügung stellen.

Am 10. Juni 1932 unterzeichneten Vertreter der Heinrich J. Küchenmeister & Co. KG und die Sprekfilm einen Vergleich über ihre gegenseitigen Ansprüche[230]. Er besiegelte das faktische Ende des Küchenmeisterkonzerns. Der Name des Erfinders verschwand in der Firmenbezeichnung. So nannte sich die N.V. Küchenmeister's Internationale Maatschappyi voor Spreekende Films infolge des Kontrakts nun: Internationale Tobis Maatschappyi N.V. (Intertobis). Am 17. Juni 1932 unterzeichnete letztgenannte einen Vertrag mit der Tobis. Er beglich in Form von Aktientransaktionen an Beteiligungsfirmen und von Rücküberweisungen von Lizenzzahlungen einen Teil der Schuld von Accoustiek gegenüber der Tobis. Die volle Schuld wurde durch die Abtretung aller Patentrechte und Lizenzzahlungen an die Tobis für Bulgarien, Dänemark, Finnland, Japan, Jugoslavien, Norwegen, Polen,

---

[227] BArch R 109 I / 2488a
[228] BArch R 109 I / 278
[229] vgl. S. 104
[230] BArch R 109 I / 2488c

Rumänien, Schweden, Schweiz, Tschechoslowakei, Ungarn und die Baltischen Staaten beglichen. Darüber hinaus erhielt die Tobis Auslandspapiere in Höhe von 800 000,- RM, so daß von seiten der Küchenmeistergruppe eine Restschuld von 2 Millionen RM verblieb[231]. Am 24. Juni 1932 verständigten sich die Kreditoren endgültig über die Reorganisation des Tobiskonzerns. Die Commerzbank verlangte als Bürgschaft für ihre Einwilligung die Industrie-Beteiligungs AG, da diese ihrerseits eine Rückbürgschaft von der Commerzbank für das Küchenmeisterkonsortium übernommen hatte. Nachdem sich Küchenmeister persönlich verpflichtete, die Hälfte der Ausfall-Rückbürgschaft zu übernehmen, stimmten die Gläubiger dem von van Tienhoven vorgelegten Reorganisationskonzept zu. Zur Sicherung der Intertobis wurden 7 Prozent- bzw. 5 Prozent-Obligationen in Höhe von 1 925 000,- hfl. ausgegeben. Mehr als die Hälfte entfielen dabei auf die Hollandsche Buitenland Bank, die ihrerseits den Bankenpool zusammenhielt. Warners Brothers besaß zwar nur vierzig 7 Prozent-Obligationen, sicherte sich jedoch im Zuge der Transaktionen Aktien an der Intertobis in Höhe von 1 020 000,- hfl. Um die Zinsen für die Obligationen bezahlen zu können, mußten jährlich 124 000,- hfl. aufgewendet werden. Die laufenden Betriebskosten beliefen sich auf 70 000,- hfl[232]. Um die jährlichen Zahlungen in Höhe von 194 000,- hfl aufbringen zu können, unterzeichneten die Tobis und die Intertobis am 13. Juli 1932 einen bis zum 31. Dezember 1944 gültigen Lizenzausgleichvertrag. Er legte fest, daß die Tobis die von ihr Anfang 1929 an die Sprekfilm abgetretenen Lizenzgebiete ab dem 1. Juli 1937 wieder zurückerhielt[233]. Zu diesen gehörten mit der Schweiz vor allem jene Länder, in denen deutsche Filme besonders häufig aufgeführt wurden und damit die Lizenzeinnahmen überdurchschnittlich hoch lagen[234]. Darüber hinaus beendete das Abkommen ab Juli 1937 die Überweisungen von Lizenzzahlungen von Deutschland in die Niederlande. Im Zeitraum von fünf Jahren, so hoffte die Intertobis, könne sie sich neue Ertragsquellen erschließen[235]. Mit dem Vertrag erkannte die Tobis darüber hinaus an, daß alle zwischen der N.V. Küchenmeister's Internationale Maatschappyi voor Spreekende Films und den anderen ausländischen Tobisunternehmen geschlossenen Verträge in bezug auf die Lizenzzahlungen ihre Gültigkeit behielten. Zu diesen zählte auch der am 21. Juli 1931 mit der Compagnie Française Tobis abgeschlossene Vertrag. Er sicherte dem französischen Unternehmen die Auswertung der von der Tobis-Klangfilm-Gruppe verwalteten Patente in Frankreich, Belgien, Italien, Spanien, Portugal und

---

[231] BArch R 109 I / 2491
[232] FA NL Struve Nr. 64
[233] BArch R 109 I / 2487; vgl. S. 104 f.
[234] vgl. S. 317
[235] BArch R 109 I / 2496. Der Zeitraum von fünf Jahren kam nach Rücksprache mit der deutschen Devisenstelle zustande, die keine längeren Fristen genehmigte. BArch R 109 I / 985a

Ägypten zu. Ein im Abkommen erhaltener Lizenzausgleichsvertrag regelte auch die Abrechnungs- und Zahlungsmodalitäten an den erzielten Einkünften zwischen der Tobis in Berlin und in Paris[236]. Durch die Höhe der Obligationen war absehbar, daß die Intertobis auf Dauer nicht existieren konnte. Diesem Gesichtspunkt trug der Bankenpool insofern Rechnung, als er seine Aktienanteile in den folgenden Jahren systematisch abschrieb[237].

Mit der Neuaufteilung der Lizenzgebiete wurde langfristig die Stellung der Tobis Tonbild-Syndikat AG gestärkt. Da in den ihr zugewiesenen Gebieten kaum Devisenbeschränkungen bestanden und darüber hinaus Deutschland der größte Filmproduzent in Europa war, konnte das Unternehmen mit relativ festen Lizenzeinnahmen rechnen. Demgegenüber hatte die Internationale Tobis Maatschappyi N.V. von Anfang an Probleme mit Ländern wie Polen, Ungarn oder der Tschechoslowakei. Von dort durften infolge nationaler Devisenbestimmungen die Lizenzgelder nicht in das Ausland transferiert werden, sondern wurden auf nationalen Bankenkonten eingefroren. Dies bedeutete, daß das niederländische Unternehmen zwar buchmäßig die Zahlungen als Einnahmen registrieren, aber nicht real über sie verfügen konnte[238].

Am 9. September 1932 beschloß der Aufsichtsrat der Tobis, der Generalversammlung eine Kapitalzusammenlegung von zwei zu eins vorzuschlagen und damit deutscherseits zur Reorganisation der Tobis beizutragen. Gleichzeitig sollten 1,2 Millionen RM des Aktienkapitals eingezogen werden. Als Grund für diesen Schnitt nannte das Gremium zum einen die schlechte Situation in der Filmwirtschaft, in deren Folge Kredite in Höhe von einer Million RM nicht zurückgezahlt wurden[239]. Zum zweiten habe der finanzielle Ausgleich mit den der Tobis nahestehenden holländischen Gesellschaften zu einem Verlust von insgesamt 2,6 Millionen Mark geführt[240]. Im Zusammenhang mit der Ankündigung der Tobis, ihr Aktienkapital zu halbieren, verwies das Unternehmen auch darauf, daß es zukünftig eine erhebliche Verschärfung ihrer Geschäftspolitik gegenüber den freien Produzenten im Sinne einer Kreditverknappung vornehmen müsse[241]. Mit dem Aktienschnitt bei der Tobis war die Reoganisation des Tobiskonzerns abgeschlossen und die internationale Stellung der Tobis als Patenthaltungsfirma in Europa und Japan bis Mitte der vierziger Jahre gesichert.

---

[236] Das Abkommen wurde im Zuge der Umstrukturierung des Küchenmeisterkonzerns am 5. Juli 1933 noch einmal von der Internationalen Tobis Maatschappyi N.V. gegengezeichnet. BArch R 109 I / 287
[237] BArch R 109 I / 985a
[238] BArch R 109 I / 259
[239] Tobis legt 2 : 1 zusammen. Ergebnis der Aufsichtsratssitzung. Neues Kapital 5,4 Millionen Mark. Erhebliche Abschreibungen notwendig, in: FK 10. 9. 1932, Nr. 214, 14. Jg.
[240] BArch R 8135 / 2683 Bl. 4
[241] Nach der Einigung Tri-Ergon-Tobis, in: FK 15. 11. 1932, Nr. 270, 14. Jg.

Die Emelka stellte am 24. August 1932 ihre Zahlungen ein[242]. Deshalb zählten die freien Produzenten, die am Münchner Geiselgasteig arbeiteten, bereits im September 1932 zu den ersten Opfern der verschärften Kreditkontrolle von seiten der Tobis. Die Filmhersteller beschwerten sich daraufhin am 7. Oktober beim bayerischen Außenministerium über die Lizenzpolitik der Tobis. Das Ministerium solle Druck auf die Tobis ausüben, die Filmproduktion in Bayern weiterhin zu ermöglichen. Unter den gegebenen Bedingungen mußte der Versuch scheitern[243].

Nachdem die Süd-Film AG am 25. September 1932 ihre Zahlungen eingestellt hatte, gründete die Tobis als Auffanggesellschaft die Europa-Filmverleih AG mit einem Kapital von 150 000,- RM und beteiligte sich an dem Unternehmen mit 51 Prozent. In der Begründung für diesen Schritt heißt es: „Um eine weitergehende Erschütterung der deutschen Filmindustrie zu vermeiden und dem deutschen Theaterbesitzer die fortlaufende Belieferung der bei der Süd-Film abgeschlossenen Filme zu sichern, sowie zur Wahrung des Interesses aller Gläubiger in der ungestörten Weiterführung des Verleihgeschäftes, wird von der Tobis die Gründung einer neuen Verleihorganisation vorbereitet"[244]. Ein entsprechender Vertrag zwischen dem Süd-Film-Gläubiger-Ausschuß und der Tobis wurde Anfang November unterzeichnet.

Wenige Tage später, am 6. November, unterzeichneten die Tobis Tonbild Syndikat AG, die Internationale Tobis Maatschappyi N.V. sowie die Tri-Ergon Holding AG St. Gallen und die übrigen drei Tri-Ergon Unternehmen einen Vergleich. Er beendete die jahrelangen gerichtlichen Auseinandersetzungen, die um zwei Forderungen der Holding geführt wurden: Erstens hatte die Tri-Ergon-Gruppe gefordert, daß alle Apparate und Filme, in welchen die Tri-Ergon-Patente wesentliche Bestandteile bildeten, mit der Markenbezeichnung „Tri-Ergon" neben anderen Markenbezeichnungen gekennzeichnet werden sollten[245]. Zweitens beanspruchte die Tri-Ergon

---

[242] Emelka stellt Zahlungen ein. Belastung durch Theater-Geschäfte macht Sanierung notwendig. Schafft Klarheit über Theaterbesitz!, in: FK 25. 8. 1932, Nr. 200, 14. Jg.
[243] vgl. Putz, a. a. O., S. 98. An dieser Stelle argumentiert die Autorin unter Zuhilfenahme historischer Quellen, die in den erschwerten Lizenzzahlungen eine Knebelung der freien Produzenten durch die Tobis sahen. Übersehen wurde von der Autorin, daß die Tobis sich selbst in finanziellen Schwierigkeiten befand und sie deshalb nicht mehr die Funktion einer Filmkreditbank für kleine Filmfirmen übernehmen konnte. Darüber hinaus ist die zeitgenössische Argumentation sehr einseitig, weil die Tobis bei der Emelka in Höhe von 1,4 Millionen RM beteiligt war und sie deshalb kein Interesse an deren Niedergang haben konnte. Unberücksichtigt blieb schließlich auch, daß die Tobis durch die Beantragung eines Vergleichs durch die D.L.S. am 27. 10 1932, der sich durch den Rücktritt des Vorstandsmitgliedes Alexander Meier am 9.9. 1932 bereits angekündigt hatte, ebenfalls erhebliche Verluste hinnehmen mußte.
[244] Südfilm stellt Zahlungen ein. Neuzugründende „Europa"-Film soll den Verleih weiterführen. Donnerstag Gläubiger-Versammlung, in: FK 26. 9. 1932, Nr. 237, 14. Jg.
[245] BArch R 109 I / 252

Holding das alleinige Herstellungsrecht für Schallplatten von Tonfilmen[246]. Beide Seiten einigten sich auf die Ausdehnung der von der Tobis mit dem Vertrag vom 30. August 1928 erhaltenen Generallizenz der Tri-Ergon auf Holland, Rußland und Japan und die Bildung einer neuen Interessengemeinschaft. Sie beinhaltete vor allem eine Realisierung von Filmprojekten von Tri-Ergon in den Jofa-Studios der Tobis. Die Tobis-Ateliers sicherten sich mit dem Vertrag die Auslastung ihrer Kapazität. Da die Patentsituation mit dem Vergleich weiter gestärkt wurde, konnte der Neuaufbau der Tobis zunächst als abgeschlossen gelten. Am 8. November unterzeichnete auch die Tiges das Vertragswerk[247]. Die Tobis agierte in den folgenden Jahren mit einer eigenen Produktion und dem Verleih auf zwei Ebenen der Filmwirtschaft.

Obwohl insgesamt die Zahl der Patent- und Gebrauchsmusteranmeldungen 1932 gegenüber dem Vorjahr sank[248], mußte die Tobis parallel zu ihren Bemühungen um die Reorganisation des Konzerns eine Reihe von neuen Patentprozessen führen, um den Erhalt ihres Patentmonopols zu sichern. So verklagte sie einige Kinobetreiber und die Zeiss-Ikon AG wegen einer Verletzung des sogenannten Hüllenpatents. Es „schützt die Anwendung von Abschirmungen für Röhren und bei Gesamtgeräten gegen Störungen, die von der Bogenlampe her auf die Tonapparaturen einwirken"[249]. Einen vergeblichen Versuch, eine lizenzfreie Apparatur zu entwickeln, unternahm Hellmut Heussner, der ein eigenes Lichttongerät konstruiert hatte. Er verlor den von der Tobis angestrengten Prozeß in der zweiten Instanz, weil er nach Auffassung des Gerichts gegen eines der geschützten Gebrauchsmuster verstoßen hatte[250]. Ein völlig neues Verfahren zur Gleich- und Nachsynchronisation von Filmen stellte Hans Frieß im August 1932 der Öffentlichkeit vor. Während die Tobis/Klangfilmgruppe mit der Photozelle arbeitete, beruhte die Aufzeichnung von Tönen bei Fries auf der Ausnutzung der Braunschen Röhre. Auch unter Fachleuten galt die Apparatur als lizenzfrei[251]. Deshalb interessierte sich auch die Ufa für das System und arbeitete mit dem Erfinder zusammen[252]. Da das Unternehmen mit der Apparatur keine befriedigenden Ergebnisse erzielte, beschloß der Ufa-Vorstand am 20. Dezember 1932, die Versuche nicht weiter fortzusetzen[253]. Um

---

[246] BArch R 109 I / 990a
[247] BArch R 109 I / 303
[248] Die Patentanmeldungen sanken von 1 741 im Jahr 1931 auf 1 650 im Jahr 1932. Im gleichen Zeitraum sank die Zahl der angemeldeten Gebrauchsmuster von 1 143 auf 1 075. Hans Hirsch, Krisenjahr 1932. Die Spuren der Depression im Zahlenbild, in: LBB 1. 1. 1933, Nr. 1, 26. Jg.
[249] Prozeß um das Hüllenpatent, in: FK 5. 11. 1932, Nr. 262, 14. Jg.
[250] Auch Kammergericht verurteilt Heusser, in: FK 4. 7. 1932, Nr. 196, 14. Jg.
[251] Friess ist fertig. Wird eine neue Situation geschaffen? Für Nachsynchronisation arbeitsbereit, in: FK 5. 8. 1932, Nr. 183, 14. Jg.
[252] BArch R 109 I / 1029 Bl. 152
[253] BArch R 109 I / 1028c Bl. 8 f.

Frieß als möglichen Konkurrenten auszuschalten, verklagte ihn die Tobis wegen der Verletzung eines Kopierpatents. Der Erfinder unterlag erstinstanzlich vor Gericht[254].

Auch die Hoffnungen, die von der internationalen Filmwelt auf die eigenständigen Entwicklungen der Erfindergruppen Peski-Breusing und Käsemann-Bolten-Baeckers gesetzt wurden, erfüllten sich nicht. Breusing hatte bereits 1926/27 Kurztonfilme nach England geliefert und 1931 waren acht der 140 deutschen Tonfilme nach dem System Breusing produziert worden, da Breusing der Tobis für einige von ihm genutzte Patente Lizenzen zahlte. Solange die Filmproduktion der Kurt Breusing GmbH sich in engen Grenzen hielt, gab es keine Schwierigkeiten[255]. Als die neuen Apparaturen nach dem System Breusing mit Unterstützung der Ufa[256] einsatzfähig waren, kam es innerhalb der Lignose-Hörfilm GmbH zu Streitigkeiten. In deren Folge gelang es der Tobis, zunächst 51 Prozent der Aktien des Unternehmens zu erwerben. Das Arbeitsgebiet der neuen Gesellschaft legte der Tobis-Aufsichtsrat am 26. Juni 1931 fest. Danach sollte das Unternehmen zunächst von zwanzig Spielfilmen, die nicht auf Tobis/Klangfilm-Apparaturen gedreht wurden, Versionen anfertigen[257]. Im Geschäftsjahr 1931/32 gelang es dem Syndikat, weitere zehn Prozent der Anteile zu erwerben und die entsprechenden Patente ihrem Komplex zuzuordnen[258]. Durch Aktienmehrheit sicherte sich die Tobis per Vertrag vom 8. Juli 1932 für alle der Lignose-Hörfilm zur Verfügung stehenden in- und ausländischen Schutzrechte eine kostenlose Lizenz[259]. Zeitgleich erwirkte die Tobis eine einstweilige Verfügung vor dem Landgericht gegen Kurt Breusing. Sie untersagte dem Erfinder, „Aufnahmeapparate, die von der Lignose-Hörfilm, System Breusing, hergestellt sind, oder Teile davon, insbesondere die Braunsche Röh-

---

[254] 1935 brachte Frieß einen eigenen Film, *Der blaue Diamant* (Regie: Kurt Bichnitzky), auf den Markt. Da dessen Tonqualität sehr schlecht war, sahen Klangfilm und Tobis keinen Grund, weiter gegen Frieß gerichtlich vorzugehen. BArch R 109 I / 259. Da sich der Film nicht auswerten ließ, mußte die Frieß AG Konkurs anmelden. Der Konkursantrag wurde mangels Masse abgelehnt und die Gesellschaft aus dem Handelsregister gestrichen. BArch R 109 I / 231

[255] Hans Fezer, Patentmonopol und Patentkämpfe um den Tonfilm, in: Der deutsche Volkswirt 14. 2. 1936, Nr. 20, 10. Jg., S. 910 f.

[256] BArch R 109 I / 1028b Bl. 13 ff. Die Ufa erhoffte sich von der Unterstützung der Lignose Hörfilm GmbH, wie auch von Hans Frieß, bessere Ausgangsbedingungen für die Verhandlungen um den Nachfolgevertrag mit der Klangfilm zu erreichen. Da sich alle diesbezüglichen Erwartungen zerschlugen, trat sie Ende 1932 an Zeiss-Ikon mit dem Ziel heran, das Unternehmen möge eine eigene Aufnahmeapparatur entwickeln. Es war offensichtlich das Ziel der Ufa, die Mietkosten für die Apparaturen nach Beendigung des laufenden Vertrages am 31. 12. 1933 mit Hilfe von Konkurrenzangeboten spürbar zu senken. SAA 11/ Li Nr. 126; vgl. auch ebenda 4 Lf Nr. 706

[257] BArch R 109 I / 226

[258] BArch R 8135 / 2683 Bl. 14

[259] BArch R 8135 / 14 Bl. 8

re, zu veräußern oder abzugeben oder die Apparate oder Teile aus den Räumen der Gesellschaft zu entfernen"[260].

Die Studiengesellschaft Kurt Breusing GmbH verklagte infolge des Vertrages die Tobis. Dennoch änderte sich dadurch nichts an der Gesamtsituation. Die Lignose hatte ihr System, wie auch Hans Frieß, unter Verwendung der Braunschen Röhre entwickelt. Die Deutsche Aufnahme-Gesellschaft für Bild und Ton mbH., die das System der Käsemann-Bolten-Baeckers-Gruppe verwaltete, arbeitete ebenfalls mit dieser Röhre. Sie galt nach dem Prozeß der Tobis gegen die Mechanisch-optischen Werkstätten GmbH (Mecho) als dem Kartell nicht zugehörig[261]. Da die Tobis mit dem Erwerb der Lignose auch über die entsprechenden Patente verfügte, hatte die von Käsemann und Bolten-Baeckers entwickelte Apparatur keine Chance, auf dem Tonfilmmarkt zu bestehen.

Am 17. November 1932 bestätige die Generalversammlung der Tobis die im September vom Aufsichtsrat beschlossene Kapitalzusammenlegung. Neben den bereits angeführten Gründen für den Kapitalschnitt nannte der Aufsichtsratsvorsitzende Ferdinand Bausback nun noch weitere: Diese betrafen den wirtschaftlichen Niedergang der Polyphon AG, die am 14. September 1932 ihr Kapital zusammengelegt hatte[262], den Zusammenbruch der D.L.S., wo die Beteiligung völlig abgeschrieben werden mußte[263], und die Wertberichtigung für die von der Küchenmeistergruppe übernommene Telegraphon AG, deren Aktien stark gefallen waren. Schließlich erforderten auch die infolge der schlechten Wirtschaftslage nicht gezahlten Lizenz- und Pachtgebühren für Tonaufnahmen erhebliche Abschreibungen. Die Generalversammlung wählte zusätzlich Adolph Sobernheim, Richard Frankfurter und Carl Spiecker in den Aufsichtsrat[264].

Die von Bausback vor der Generalversammlung genannten Probleme betrafen auch die Klangfilm. Im Rechenschaftsbericht des Siemens-Konzerns an den Aufsichtsrat zum Geschäftsjahr 1931/32 heißt es zwar sehr allgemein: „Der wirtschaftliche Erfolg blieb ... unbefriedigend. Wegen einer gewissen Sättigung des Marktes konnten überwiegend nur mittlere und kleinere Theater ausgerüstet werden; diese Entwicklung steigerte die Zahl der Einzelgeschäfte und dadurch auch die Unkosten; überdies entstanden Verluste aus einer Reihe von Zusammenbrüchen in der Kundschaft von Klangfilm. Ende 1932 wurde ohne jedoch die juristische Selbständigkeit der Gesellschaft zu berühren, der technische und der kaufmännische Betrieb von Klangfilm eng an die Organisation von Telefunken an-

---

[260] Abkommen Tobis-Lignose. Offizielles Kommuniqué, Geschäftsführer Schwarzkopf u. Hertel, in: Der Film 9. 7. 1932, Nr. 28, 17. Jg.
[261] Erneute Entscheidung im Tobis-Mecho-Streit. Weiterarbeiten mit dem Braunschen Rohr plus Verstärker, in: FK 3. 1. 1933, Nr. 3, 15. Jg.
[262] vgl. S. 281 f.
[263] vgl. S. 357
[264] Die Ursache der Tobisverluste. Doktor Bausbacks programmatische Ausführungen in der Generalversammlung, in: FK 18. 11. 1932 Nr. 272, 14. Jg.

geschlossen"[265]. In Wirklichkeit hatte die Klangfilm nur 1930 einen Gewinn von 500 000,- RM erzielt. In der Folgezeit waren die Außenstände des Unternehmens von 36 000,- RM im Jahr 1931 auf 214 000,- RM im folgenden Jahr angewachsen. Die Verluste waren zur gleichen Zeit von 794 000,- RM auf 2,8 Millionen RM gestiegen[266].

Im Ergebnis der gesamten Transaktionen und der Neugestaltung der Tobis war die Holdinggesellschaft N.V. Küchenmeister's Internationale Maatschappyi voor Accoustiek aufgelöst worden. In den folgenden Jahren blieben zwei Firmen mit einer Reihe von Tochterunternehmen übrig, die Internationale Tobis Maatschappyi N.V. und die Tobis in Deutschland. Beide Gesellschaften sicherten zusammen mit der Klangfilm in der Folgezeit die schutzrechtliche Vormachtstellung der deutschen Filmindustrie und das Monopol des Tobis-Klangfilm-Verfahrens in großen Teilen Europas.

Im Zuge der Rückzahlung des Warners-Kredits vereinbarten die Internationale Tobis Maatschappyi N.V. und die Tobis Tonbild-Syndikat AG mit dem amerikanischen Unternehmen am 11. Januar 1933 folgende Zahlungsmodalitäten: Bis zum 31. Dezember 1932 belief sich die Gesamthöhe der Aufnahme- und Vertriebslizenzen, die infolge des Pariser Tonfilmabkommens von amerikanischer Seite an die europäischen Patentgesellschaften zu zahlen waren, auf 200 000,- $. Von dieser Gesamtsumme entfielen 64,375 Prozent an die Tobis bzw. die Internationale Tobis. Diesen Anspruch, der bei der Electrical Research Product Inc. als Verrechnungsstelle der amerikanischen Seite angelaufen war, traten beide Unternehmen an Warners Brothers ab. Gleichzeitig verzichteten sie auch auf ihren Anteil an zukünftigen amerikanischen Lizenzeinnahmen zugunsten von Warners. Der amerikanische Konzern erhielt darüber hinaus alle Vollmachten, um gegebenenfalls gerichtlich alle an die Tobis und Intertobis fälligen Zahlungen in den USA eintreiben zu können[267]. Da die durch den Vertrag erlösten Summen nicht ausreichten, um den Warners-Kredit zurückzuzahlen, mußte die Tobis in den Folgejahren 50 Prozent ihrer Nettolizenzeinnahmen an das amerikanische Unternehmen abführen[268].

Nach der wirtschaftlichen Sanierung der Tobis und im Ergebnis langer Verhandlungen schlossen die Internationale Tobis Maatschappyi N.V., die Tobis Tonbild-Syndikat AG und die Klangfilm GmbH am 12. Mai 1933 einen Vertrag, der bis zum Ende des Zweiten Weltkriegs gültig blieb. Mit seiner Unterzeichnung beendeten beide Gruppen ihre gegenseitigen Anschuldigungen und legten im wesentlichen folgendes fest: Zwischen den Unternehmen wurde ein Patentaustausch vereinbart. Dieser war vor allem

---

[265] Der Siemens-Konzern im Jahre 1931/32. Krisentiefpunkt Mitte 1932 überwunden? Umzureichende Bestellungen der Reichspost und der Industrie, in: Berliner Börsen Zeitung 7. 2. 1933, Nr. 63, 78. Jg.
[266] SAA 11/ Li Nr. 126
[267] BArch R 109 I / 280
[268] BArch R 23.01 / 7029 Bl. 7

für die Tobis wichtig, weil die Klangfilm über wichtige Verstärker-, Röhren- und Lautsprecherpatente verfügte. Die beiderseitigen Arbeitsgebiete wurden wie folgt aufgeteilt: Der Klangfilm wurde das alleinige Recht zum Bau und Vertrieb von Wiedergabeapparaten und Aufnahmeapparaturen zugesprochen. Für den Vertrieb letzterer erhielt die Tobis 4,7 Prozent des Kaufpreises als Kommission. Die Tobis behielt ihr Recht auf die Erhebung von Filmlizenzen sowie das Aufnahmeapparaturverleihgeschäft entsprechend den Festlegungen des Pariser Agreements. Das von der Tobis ausgeübte Vertriebsmonopol der Aufnahmeapparaturen blieb bestehen. Aus dessen Einnahmen mußte sie 16,66 Prozent an die Klangfilm abführen. In gleicher Höhe hatte die Klangfilm die Tobis für die erhobenen Ufa-Lizenzen zu beteiligen. Der Vertrag zwischen Ufa und Klangfilm vom 13. März 1929 blieb von den neuen Vereinbarungen unberührt, während der gleichlautende Vertrag zwischen der Klangfilm und der sich in Liquidation befindlichen Emelka ausdrücklich mit dem Abkommen als beendet erklärt wurde[269]. Des weiteren wurde vertraglich bekräftigt, daß eine Lizensierung von Filmen, die auf Schwarzapparaturen aufgenommen wurden, im deutschen Exklusivgebiet nur ausnahmsweise erfolgen dürfe[270]. Dem Vertragswerk wurden eine Reihe von Zusatzabkommen beigefügt. So legten beide Seiten in strittigen Punkten ihre bisherigen Abrechnungen offen. Darüber hinaus gewährte die Tobis der Klangfilm einen Kredit von 750 000,- RM. Die Summe entsprach jener Pauschale, auf die sich Klangfilm und Tobis für die Abgeltung aller von der Klangfilm erhobenen Ufa-Lizenzen bis zum 30. September 1932 geeinigt hatten[271]. Schließlich enthielt die neunte Anlage eine vertragsaufschiebende Klausel. Sie bestimmte, daß das Abkommen erst in Kraft treten dürfe, wenn auch Warners Brothers diesem zugestimmt habe[272]. Ende Juli 1933 erklärte auch das amerikanische Unternehmen sein Einverständnis, so daß der Vertrag am 1. August 1933 rechtkräftig wurde[273].

---

[269] SAA 11/ Li Nr. 126
[270] vgl. auch: BArch R 109 I / 259
[271] BArch R 8135 / 2683 Bl. 47
[272] SAA 11/ Li Nr. 126
[273] BArch R 109 I / 256

7. Ausblick und Ende: Das Tonfilmmonopol während der NS-Herrschaft

7.1. Das Tonfilmmonopol in den dreißiger Jahren

Nach der Machtübernahme Hitlers überredete Heinrich J. Küchenmeister den Generaldirektor der Intertobis, Johannes P. van Tienhoven, und die holländischen Finanzkreise, die von ihnen gehaltene 70 % Aktienmajorität der Tobis zu wirtschaftlich vertretbaren Bedingungen in deutschen Besitz überzuleiten. Die wirtschaftliche Überprüfung des Unternehmens erfolgte durch die Reichs-Kredit-Gesellschaft, deren Vorstandsmitglied Franz Belitz auch Präsidialmitglied der Reichsfilmkammer war. Die wirtschaftlichen Verhandlungen wurden von permanenten Ausfällen der Reichsfilmkammer gegen das Patentmonopol der Tobis begleitet. Diese standen in der Tradition der seit 1930 von den Nationalsozialisten unterstützten Angriffe gegen das Tobismonopol und die mit ihm zusammenhängenden Lizenzgebühren[1]. So drohte der Präsident der Reichsfilmkammer nicht nur öffentlich, sondern auch in einem Vieraugengespräch mit van Tienhoven, „mit allen Mitteln gegen die Tobis vorzugehen". Das Ziel der Kammer bestand in der Herabsetzung der Patentlizenzgebühren und der Mietpreise für Tonapparaturen um 50 %[2]. Die Durchsetzung dieser Zielvorstellungen hätte nicht nur eine völlige Entwertung der über 700 von der Tobis verwalteten Patente, sondern auch einen Verstoß gegen das internationale Vertragsrecht bedeutet. An beidem konnte das Reichsministerium für Volksaufklärung und Propaganda letztlich kein Interesse haben. Es verdeutlichte seine Haltung im Streit der Klangfilm mit dem Reichsverband Deutscher Lichtspieltheaterbesitzer, indem es auf keine der beiden Seiten Druck ausübte[3]. Die unterschiedlichen Standpunkte innerhalb der nationalsozialistischen Filmhierachie zum Tonfilmpatentmonopol scheinen sich zunächst paralysiert zu haben, denn vorerst änderte sich an den Besitzverhältnissen der Tobis nichts.

Trotz permanenter Detailverbesserungen an den von der Klangfilm 1929/30 an die Ufa gelieferten Kameras entsprach deren Beweglichkeit

---

[1] vgl. u. a.: Marian Kolb, Die Lösung des Filmproblems im nationalsozialistischen Staate, in: Nationalsozialistische Monatshefte Nr. 21/ 1931, 2. Jg., S. 554 f.
[2] NF NL Struve Nr. 63
[3] vgl. S. 193 ff.

1933 nicht mehr den Anforderungen der Regie. In einem Schreiben des Ufa-Vorstands heißt es zu diesem Problem: „Die Beweglichkeit der Apparaturen ist besonders in der letzten Zeit sehr wichtig geworden, weil man immer mehr dazu übergeht, einen großen Teil der Aufnahmen ins Freie zu verlegen"[4]. Nach dem Umbau der Tempelhofer Ateliers für Tonfilmzwecke zu Beginn der dreißiger Jahre verfügte die Ufa zwar über ausreichende Atelieranlagen, mußte aber in Spitzenzeiten der Filmproduktion Aushilfsgeräte zusätzlich anmieten, was die Betriebskosten insgesamt erheblich erhöhte. Um auf Dauer wettbewerbsfähig zu bleiben und zugleich die Produktionskosten senken zu können, unterzeichnete die Ufa am 15. Dezember 1933 einen neuen Vertrag mit der Klangfilm. Er verlängerte den bisherigen vom 8. April 1929 nebst Beibriefen bis zum 30. Juni 1939. Insofern bestätigte das Abkommen im Hinblick auf die Lizenzzahlungen die Ausnahmestellung der Ufa innerhalb der deutschen Filmindustrie für die folgenden Jahre. Gleichzeitig beinhaltete der Vertrag eine Bestellung von insgesamt 17 neuen Aufnahmeapparaturen für die Ufa-Ateliers. Die Ufa erhielt von der Klangfilm eine auf zwei Jahre befristete Meistbegünstigung eingeräumt[5]. Zugleich erweiterte der Konzern seine Anlagen um fünf Apparaturen, so daß er zukünftig auch in Hochdruckzeiten über genügend eigene Kapazitäten verfügte[6]. Infolge des Auftrags erhielt die Ufa weltweit die modernsten Tonaufnahmegeräte, die sowohl innerhalb als auch außerhalb ihrer Ateliers gleichermaßen eingesetzt werden konnten. Die Klangfilm festigte ihrerseits mit dem Großauftrag ihre führende europäische Stellung als Apparateproduzent.

Ungeachtet der staatlicherseits geduldeten Angriffe gegen die Tobis führte diese eine Reihe von Patentprozessen zur Durchsetzung ihres Monopolanspruchs. Im Mittelpunkt der Auseinandersetzungen, die sich über mehrere Instanzen hinzogen, standen insbesondere die Kopierpatente. Sie bildeten zu diesem Zeitpunkt den zentralen Schlüssel für die mögliche Durchsetzung neuer Verfahren der Tonfilmproduktion. Zu diesen zählten vor allem jene Tonaufnahmeverfahren, die auf der Basis der Braunschen Röhre arbeiteten[7].

Parallel zu den gerichtlichen Auseinandersetzungen wurden im Sommer 1934 erste Verträge unterzeichnet, die im Herbst des gleichen Jahres zu einem höheren Grad an Selbständigkeit der Tobis AG gegenüber der internationalen Tobisgruppe führten. Am 20. Juni 1934 einigten sich die Tobis, die Deutsche Tonfilm AG und die Electrical Fonofilme Co. auf einen gemeinsamen Vertrag, der die über mehrere Jahre laufenden gerichtlichen

---

[4] BArch R 8119 / 19078 Bl. 9
[5] BArch R 109 I / 250
[6] Die größte Tonfilmanlage Europas. Die Aufnahmeeinrichtungen der Ufa, in: FK 1. 1. 1934, Nr. 1, 16. Jg.
[7] Das letzte Wort hat das Gericht. Im Kampf um die Patente entscheidet der Rechts-Spruch, in: FK 16. 4. 1934, Nr. 89, 16. Jg., vgl. auch S. 374 f.

Streitigkeiten über die Zahlung von Lizenzgebühren für die von der Tobis über ihre Majorität bei der Tonfilm AG[8] genutzten Patente des Petersen- und Poulsen-Verfahrens beenden sollte. In der ersten Instanz hatte die dänische Seite, in der zweiten die Tobis gewonnen. Um eine Auseinandersetzung vor dem Reichsgericht zu vermeiden, schlossen beide Seiten einen Vergleich. Gegen eine Summe von insgesamt 187 500,- RM erhielt die Tobis mit Vertragsunterzeichnung die umstrittenen Patente endgültig übertragen. Dem Kopenhagener Unternehmen wurde darüber hinaus das Recht eingeräumt, Apparaturen der Tobis/Klangfilm-Gruppe zu verkaufen[9]. Kurz vor Unterzeichnung des Vergleichs kam es zwischen den Vertragspartnern erneut zu Auseinandersetzungen, so daß er erst am 26. Juni 1935 unterzeichnet und damit rechtskräftig wurde. Die Unterschiede zwischen dem Vertragsentwurf und dem Abkommen bezogen sich auf mögliche Schutzrechtsoptionen, die die Fonofilm der Tobis zunächst eingeräumt hatte[10].

Im Juni 1934 unterzeichnete die Tobis einen Kreditvertrag mit Eastman-Kodak in New York in Höhe von zwei Millionen RM. Mit dem Geld wollte sich die Tobis AG von ihrem Anteil an dem zwischen Intertobis und Warners am 10. April 1930 abgeschlossenen Vertrag und dessen Modifizierungen vom 27. Juli 1930 und 17. Juni 1932 befreien. Am 11. Juli 1934 unterzeichneten die Tobisgruppe und Warners Brothers Inc. ein entsprechendes Abkommen, das weitere Zusätze enthielt. So verpflichtete sich die Tobis, in den von ihr ab dem 30. Juni 1937 kontrollierten Ländern[11] keine Lizenzgebühren für die Aufführungen von Warners-Produktionen zu erheben. Von der Regelung wurden lediglich die 16,66 prozentigen Anteile, die die Tobis an die Klangfilm abtrat, ausgenommen. Der Vertrag enthielt des weiteren eine spezielle Klausel, mit der sich die Tobis verpflichtete, Warners bei Bedarf die eigenen Anlagen zu Vorzugsbedingungen zu vermieten[12]. Das interne Verhältnis zwischen Tobis und Intertobis wurde von dem Vertrag mit Warners nicht berührt.

Zeitlich parallel zu den Gesprächen mit Warners begann die Tobis, auch mit den drei großen in Deutschland noch präsenten Hollywoodfirmen Fox, MGM und Paramount zu verhandeln. Den Streitpunkt bildeten die Kopier- und Exportlizenzen von amerikanischen Filmen, die in Deutschland nachsynchronisiert wurden. Alle drei Unternehmen hatten sich nach Unterzeichnung des Pariser Agreements auf den Standpunkt gestellt, daß mit den Importlizenzen alle Ansprüche der Tobis abgegolten seien. Darüber hinaus weigerten sich die Filmfirmen, der Tobis ihre gesamten, das Pariser Tonfilmabkommen betreffenden Abrechnungen vorzulegen, so daß das deutsche Unternehmen vermutete, auch hier noch nicht abgegoltene

---

[8] vgl. S. 94
[9] BArch R 109 I / 331
[10] BArch R 8135 / 2052 Bl. 10
[11] vgl. S. 104 f. und 371
[12] BArch R 109 I / 282

Außenstände zu finden. Da die Verhandlungen über einen längeren Zeitraum liefen, setzte die Tobis am 1. Juli 1935 die Lizensierung aller amerikanischen Filme aus. Um die Auseinandersetzung nicht weiter eskalieren zu lassen, beschloß der Aufsichtsrat der Tobis auf seiner Sitzung am 30. September 1935, ihren ehemaligen Generaldirektor Hans Henkel mit allen Vollmachten in die USA zu entsenden, um die Angelegenheiten zu klären[13]. Im Ergebnis der Verhandlungen unterzeichneten die vier Unternehmen am 22. November einen Vertrag über die Lizenzzahlungen in Höhe von 152 450,- RM[14]. Die übrigen Zahlungen verweigerten die amerikanischen Filmfirmen mit dem Ziel, die europäischen Lizenzgeber zu neuen Verhandlungen über die Gebührenhöhe zu veranlassen[15].

Am 10. Oktober 1934 teilte die Klangfilm der Tobis mit, daß der 1922 zwischen AEG und International General Electric geschlossene Vertrag, der zunächst nur bis 1941 galt, bis zum Jahr 1954 verlängert würde. Im gleichen Schreiben verwies die Klangfilm auch auf einen Vertrag, der zwischen International General Electric, RCA, Westinghouse sowie Philips am 19. März 1931 abgeschlossen und ebenfalls verlängert würde. In diesem wurden die Rechte des von Lieben-Patents auf die Produktion von Tonfilmgeräten ausgedehnt[16]. Aus der Sicht der Tobis stellte der Vertrag vom 19. März 1931 einen Bruch des Pariser Tonfilmabkommens dar, den sie aber hinnehmen mußte[17]. Philips profitierte insofern von der Vertragsverlängerung, als das Unternehmen Aufnahmegeräte in die Tschechoslowakei und nach Schweden liefern konnte[18].

Ende 1935 erklärte der Aufsichtsratsvorsitzende der Tobis, Ferdinand Bausback, auf der Generalversammlung der Tobis, daß das Unternehmen im Hinblick auf die Patentsituation bis auf unbedeutende „Gefechte" unangefochten dastehe, da alle Prozesse zugunsten der Tobis ausgefallen waren. Im Verlauf der weiteren Ansprache bezifferte er den aus der Ablösung des Warners-Vertrages zugeflossenen Gewinn mit 1,6 Millionen RM[19]. Trotz der sehr allgemein gehaltenen Aussage Bausbacks in bezug auf die Patentlage mußte sich die Tobis auch in der Folgezeit mit Konkurrenten auseinandersetzen. So unterzeichnete das Unternehmen am 19. Mai 1936 ein Abkommen mit der Breusing-Gruppe über den Erwerb der restlichen Anteile an der Lignose-Hörfilm GmbH[20]. Die Tobis zahlte dafür einmalig 190 000,- RM[21]. In der Fol-

---

[13] BArch R 109 I / 223
[14] BArch R 109 I / 337 Auf der Aufsichtsratsitzung wurde der ausstehende Betrag mit 350 000,- RM beziffert. BArch R 109 I / 223
[15] BArch R 109 I / 231
[16] vgl. S. 144 ff.
[17] BArch R 109 I / 996
[18] BArch R 109 I / 231
[19] BArch R 109 I / 336
[20] BArch R 8135 / 4600 Bl. 11. Nach Abschluß der Verträge forderte die Klangfilm die ihr zustehenden Geschäftsanteile an der Lignose-Hörfilm GmbH, die ihr von der Tobis vorenthalten wurden. Der Streit zwischen Tobis und Klangfilm wurde durch einen

gezeit hatte die Tobis vor allem noch einen Gegner, den Philips-Konzern, der die Monopolstellung der Tobis-Klangfilm-Gruppe nicht gefährden konnte, die Tobis aber durch Nichtigkeitsklagen immer wieder in Prozesse verwickelte[22].

Mitte 1936 begannen die Diskussionen um die Zukunft der Intertobis. Entsprechend der deutschen Devisengesetzgebung mußte die Intertobis davon ausgehen, daß ihr die Tobis nach dem 30. Juni 1937[23] keine Gelder mehr überweisen durfte. Die Gewinn- und Verlustrechnung der Intertobis betrug in den vergangenen fünf Jahren plus minus Null. Die geringen Gewinne, die in den ersten Jahren erzielt wurden, entfielen 1935/36 durch die infolge der französischen Filmkrise ausgebliebenen Einnahmen. Die Lage verschlechterte sich zusätzlich durch das 1936 erlassene Verbot des deutschen Finanzministers, die der Intertobis zustehende Dividende in die Niederlande zu überweisen. Infolgedessen konnte die Tobis 93 000,- hfl nicht transferieren. Darüber hinaus erhielt die Tobis bereits seit dem 8. Juli 1936 alle auf dem Gebiet der Tschechoslowakei erhobenen Lizenzgebühren. Insofern war frühzeitig absehbar, daß unter den gegebenen Bedingungen die Intertobis nicht überlebensfähig war. Da dem Unternehmen nach dem 1. Juli 1937 der Konkurs drohte[24], trug der Vorstand den Obligationären vor, ihre Papiere in Höhe von 1 925 000,- hfl. in Tobisaktien in der Höhe von 2 640 000,- RM umzuwandeln. Gleichzeitig schlug er den Aktionären vor, das Kapital des Unternehmens auf etwa 10 % zusammenzulegen[25].

Die Warners Brothers First National Films Inc. weigerte sich, ihre Obligationen gegen Tobisaktien einzutauschen. Nach Verhandlungen mit der Hollandschen Buitenlandbank beschloß der Aufsichtsrat der Tobis am 4. Juni 1937 unter Vorbehalt der deutschen Devisenstelle, daß die Bank Warners sofort endgültig auszuzahlen habe, um den amerikanischen Einfluß auf die Tobisgruppe für die Zukunft auszuschalten. Als Entschädigung trat die Tobis bis zum 30. Juni 1940 einen Teil ihrer Lizenzeinnahmen zugunsten der Intertobis ab. Mit den Einnahmen sollte dann die Intertobis die Ablösesumme für die Warners-Obligationen zurückzahlen[26].

Vertrag am 31. 12. 1940 beigelegt. Die Tobis Lignose verzichtete auf alle sich aus dem Tobis-Klangfilm-Vertrag ergebenden Ansprüche. Zugleich verzichtete die Tobis auf die 10 prozentige Abgabe, die ihr nach Auslieferung der von der Lignose bestellten Aufnahmeapparatur zustand. SAA 11/ Li, Nr. 126

[21] Von den 190 000,- RM zahlte die Klangfilm 60 000,- RM. SAA 11/ Li, Nr. 126
[22] BArch R 109 I / 231
[23] Bis zum 30. Juni 1937 lief der zwischen Tobis und Intertobis geltende Vertrag über die Lizenzzahlungen. Vgl. S. 371
[24] Die Nettolizenzeinnahmen der Intertobis aus den 13 Ländern, die der Tobis ab dem 1. Juli 1937 zufallen sollten, hatten sich zwischen 1934 und 1936 wie folgt entwickelt: 1934 – 220 282,14 RM; 1935 – 196 089,37 RM; 1936 – 131 700,90 RM. BArch R 109 I / 286a
[25] BArch R 109 I / 985a
[26] BArch R 109 I / 223

Am 14. Juni 1937 beschlossen Vertreter der Intertobis, der Tobis und der Hollandschen Buitenlandbank, daß die Intertobis als Kommissar im eigenen Namen auf Rechnung der Bank für 290 000,- hfl. von Warners Brothers alle Aktien, Obligationen, Patent- und Lizenzrechte kaufen sollte. Als Gegenleistung verpflichtete sich die Intertobis, für fünf Jahre 90 % ihrer Lizenzeinnahmen der Bank zu überlassen[27]. Das Geschäft wurde in den folgenden Tagen abgeschlossen. Dadurch wuchs das Aktivum „Patente" in der Bilanz der Intertobis. Zugleich entfielen die rund 50 % der Lizenzzahlungen, die von der Intertobis an Warners abzuführen waren[28].

Zu diesem Zeitpunkt hatte Goebbels bereits Max Winkler zum Reichsbeauftragten für die deutsche Filmwirtschaft ernannt. Der strebte über die vom Propagandaministerium finanziell ausgestattete Cautio-Treuhand GmbH eine Verstaatlichung und damit Vereinheitlichung der Filmindustrie an, um auf diese Weise die hohen Defizite der Filmwirtschaft abzubauen. Winkler genehmigte den Vertrag zwischen Intertobis und Tobis für drei Jahre. Zugleich verpflichtete sich die Cautio, alle Verluste, die der Tobis aus der Prolongation des Termins vom 30. Juni 1937 auf den 30. Juni 1940 entstanden, in voller Höhe in Reichsmark zu erstatten[29]. Nach der Unterzeichnung des Abkommens zwischen Cautio und Tobis genehmigte auch die deutsche Devisenstelle die Verlängerung des Vergleichsvertrages zwischen Tobis und Intertobis.

In der zweiten Hälfte des Jahres 1937 wurde die Tobis AG, die das Geschäftsjahr 1936/37 mit einem Verlust von 2,6 Millionen RM abgeschlossen hatte[30], völlig umgestaltet. Die Spielfilm- und Wochenschauproduktion sowie deren Verleih und Vertrieb wurden aus der Tobis Tonbild-Syndikat AG ausgegliedert und bei der Tobis Industriegesellschaft mbH zusammengefaßt. Deren ursprüngliches Kapital wurde durch die Cautio von einer Million auf acht Millionen RM erhöht und die Gesellschaft in Tobis Filmkunst

---

[27] BArch R 109 I / 995a
[28] BArch R 109 I / 985a
[29] BArch R 109 I / 286a
[30] Der Verlust wäre noch größer gewesen, wenn nicht die Tobis ihren Reservefonds aufgelöst, die Cautio ihr auf Forderungen einen Nachlaß gegeben und die Tobis Aktien der Sascha Filmindustrie AG Wien für 300 000,- RM (Nennwert 248 100,- Schilling) gekauft hätte. BArch R 2301 / 7030 Bl. 5 ff. Die Gründe für das Defizit der Tobis lagen nicht nur in der Filmproduktion oder im Verleih. Um die Verpflichtungen des Konzerns gegenüber der Intertobis erfüllen zu können, hatte er – im Unterschied zur Ufa – regelmäßig Dividenden ausgeschüttet, die als Verlustübernahme in das kommende Jahr mit übernommen werden mußten. Darüber hinaus ist zu berücksichtigen, daß die Tobis, anders als die Ufa, keinen eigenen Theaterpark besaß. Ab 1935/36 schrieb die Ufa hier wieder schwarze Zahlen. Mitte der 30er Jahre konnte sie darüber hinaus mit Gewinnen ihrer Ateliers, ihres Kopierwerks und der Werbefilmabteilung Verluste der Filmproduktion ausgleichen. BArch R 55 / 491 Bl. 21 ff.

GmbH umbenannt[31]. Bei der Tobis verblieben neben dem Verleih von Apparaturen und den Ateliers nur noch die Zuständigkeit für Patent-, Lizenz- und Vertragsfragen. Mit einem besonderen Vertrag mietete die Filmkunst die Ateliers der Tobis in Johannisthal und im Grunewald sowie die für die Filmproduktion notwendigen Apparaturen für vier Jahre mit einer Option auf weitere vier Jahre. Mit der Umstrukturierung der Tobis schied ihr ehemaliger Generaldirektor Hans Henkel aus[32]. Als neuer Generaldirektor wurde Ernst Scheffler bestätigt und zu seinem Stellvertreter Erich Müller-Beckedorff gewählt[33]. Die Kurz-, Kultur- und Werbefilme wurden weiter von der Tobis Lignose-Hörfilm GmbH hergestellt, die der Tobis zugeordnet blieb und einschließlich der ersten Kriegsjahre einen erheblichen Gewinn erwirtschaftete[34]. Des weiteren blieb der Tobis AG die Joseph Massolle GmbH zugeordnet.

Am 24. November 1938 beschlossen die Tobis und die Klangfilm im Verlauf einer gemeinsamen Kommissionssitzung, das Lizenzschema zu ändern. Zukünftig sollte die Meterabgabe, d. h. die Grundabgabe, die die Tobis der Klangfilm für jeden Meter zensierten Film zu zahlen hatte, entfallen. Statt dessen erhielt die Klangfilm anstelle von 16,66 % der von der Tobis erhobenen Lizenzeinnahmen zukünftig 21 % überwiesen[35].

Nicht nur die Tobis, sondern auch die Klangfilm mußte in den dreißiger Jahren um den Erhalt ihrer Führungsrolle kämpfen. Letzterer war durch die Tochter der Zeiss-Ikon, der Nitzsche AG 1935, eine neue Konkurrentin erwachsen. Auf der kinotechnischen Ausstellung, die anläßlich des Internationalen Filmkongresses in Berlin stattfand, stellte die Nitzsche AG eine eigene Aufnahmeeinrichtung vor und lieferte in der Folgezeit eine Versuchsapparatur an die Fernseh AG. Die Zeiss-Ikon zeigte sich gegen die Zahlung von 50 000,- RM bereit, die Nitzsche AG stillzulegen[36].

Obwohl die Klangfilm und die Tobis sich gegenüber Außenseitern immer wieder behaupten mußten, unterschieden sie sich offensichtlich in ihrem Geschäftsgebaren. Die Klangfilm arbeitete permanent, wie noch zu zeigen sein wird, an der Verbesserung ihrer Apparaturen. Die Entwicklung der Tobis verlief dagegen anders. Am Beginn des Unternehmens war ein erheblicher Teil der Mittel in die Forschung, Entwicklung und Anwendung der Patente geflossen. Danach dienten die weiteren Investitionen weitgehend zur Aufrechterhaltung der Patentsituation, der Prozeßführung bzw.

---

[31] Die Kapitalerhöhung durch die Cautio entsprach der Höhe eines Kredits, den die Treuhandgesellschaft der Tobis AG gewährt hatte und der jetzt von der Tiges übernommen wurde. BArch R 2301 / 7027 Bl. 2 ff.
[32] Hans Henkel hatte seinen Posten als Generaldirektor bereits am 21. 12. 1933 verloren. Er kaufte am 29. Juni 1938 die ehemalige Tobistochter, Film Sonores in Paris.
[33] BArch R 109 I / 259
[34] BArch R 109 I / 223
[35] BArch R 109 I / 259
[36] Ebd.

der Zahlung von Vergleichssummen an Konkurrenten. Für die Weiterentwicklung der Patente stand bei der Tobis nicht zuletzt deshalb nur wenig Geld zur Verfügung, weil sich die Tobis vor 1933 zu einer Art Filmkreditbank entwickelt und außerdem noch die Folgen der Unterkapitalisierung des Küchenmeister-Konzerns mit zu tragen hatte. Nachdem 1932/33 die Mehrzahl der Schwierigkeiten beseitigt waren, trat keine entscheidende Wende in der Geschäftspolitik ein. Obwohl die internationale Stellung der Tobis auf ihrem Patentmonopol basierte, verzichtete sie auch in den folgenden Jahren auf den forcierten Ausbau der eigenen Forschungsabteilung. Statt dessen übertrug sie die gesamten Aufgaben für Forschung und Entwicklung der Joseph Massolle GmbH, die sich überwiegend mit dem Bau von Zusatz- und Hilfsgeräten beschäftigte[37]. Insofern war abzusehen, daß das Patentmonopol der Tobis nur von relativ kurzer Dauer sein würde. Der Philips-Konzern versuchte offensichtlich mit seiner Politik, diesen Vorgang zu beschleunigen. Die Einnahmen aus den Lizenzzahlungen und den vertriebenen bzw. verliehenen Apparaturen verwandte die Tobis nach 1932 immer wieder zum Ausgleich für die Verluste, die sie im Rahmen ihrer Aktivitäten in der Filmproduktion realisierte[38]. Zu einer Umkehrung der Geschäftspolitik im Sinne einer intensiven Weiterentwicklung der technischen Apparaturen und der Anmeldung bzw. des Erwerbs neuer Patente war die Tobis bis zum Ende des Zweiten Weltkriegs nicht in der Lage.

Philips beschränkte seine Aktivitäten gegen die Tobis nicht nur auf das Führen von Prozessen, sondern brachte auch ein neues Tonaufzeichnungsverfahren auf den Markt, das die Tonspur sofort abzuhören erlaubte. Das sogenannte Gravier-Verfahren hatte Hans Frieß entwickelt, der nach der Firmenpleite der Frieß AG für Film- und Tongeräte von Philips Radio eingestellt worden war. Es basierte auf der Verwendung eines Spezialfilms in dessen schwarze Deckschicht der Ton eingezeichnet wurde. Im Ergebnis entstand eine Art Zackenschrift, die der Tonspur ähnelte. Auf diese Weise glaubte Frieß, die Vorteile der optischen Tonwiedergabe beizubehalten und gewisse Nachteile der photographischen Tonaufzeichnung, die vor allem in den hohen Frequenzbereichen lagen, ausschalten zu können[39]. Der Erfinder hatte das Verfahren bereits im Mai 1935 der Ufa angeboten, die es wegen technischer Mängel ablehnte[40]. Das neue Tonaufzeichnungssystem wurde in der Folgezeit unter anderem beim englischen und holländischen Rundfunk mit Erfolg verwendet. Am 12. Mai 1936 beschäftigte sich der Ufa-Vorstand

---

[37] BArch R 109 I / 223
[38] NF NL Struve Nr. 64. So beliefen sich die Verluste aus der Jofa zwischen dem Geschäftsjahr 1931/1932 und 1934/35 auf insgesamt 202 565,04 RM (BArch R 8135 / 2581 Bl. 3). Die Verluste der Tobis Cinema beliefen sich 1934 auf 52 053,38, RM (BArch R 8135 / 3046 Bl. 2) und stiegen bis zum Ende des Geschäftsjahres 1935/36 auf insgesamt 588 000,- RM (BArch R 8135 / 15 Bl. 10).
[39] Ein neues Tonfilmsystem? in: Der Volkswirt 30. 10. 1936, Nr. 5, 11. Jg., S. 210
[40] BArch R 109 I / 1030b Bl. 217

mit diesem Verfahren, das technisch noch nicht völlig ausgereift war. Im Protokoll heißt es dazu: „Da die Frage der Wahl eines anderen Tonsystems im Hinblick auf den Ablauf des Klangfilm-Vertrages im Jahre 1939 für die Ufa von besonderer Bedeutung ist, wird beschlossen, über das Philips-Miller-System eine Denkschrift zu verfassen, in welcher die technischen Vorgänge des Systems, die Patent-Situation, die wirtschaftlichen Aussichten und die rechtlichen Folgen in Beziehung auf das Klangfilm-Verfahren eingehend dargelegt werden"[41]. Im August 1936 heißt es in der gleichen Quelle, daß die bisherigen Schwächen des Philips-Miller-Systems beseitigt worden seien, bis zu einer endgültigen Entscheidung aber geprüft werden müsse, ob aus Devisengründen die Aufnahmeapparatur in Deutschland hergestellt werden könne[42]. Die Vorteile des Verfahrens sah die Ufa in der verkürzten Drehzeit. Nach Berechnungen der zuständigen Abteilung konnte der Konzern mit einem Einsatz dieses Verfahrens jährlich etwa 250 000,- RM bei der Erstellung der Musterkopie und im Atelierbetrieb einsparen[43].

Am 2. Oktober 1936 gründete Philips zur wirtschaftlichen Auswertung des Tonaufzeichnungsverfahrens unter dem leeren Mantel der Philips-Röntgen GmbH die Philips Schall GmbH. Der Ufa-Vorstand beschäftigte sich in der Folgezeit noch mehrfach mit der Einführung des Philips-Miller-Systems. Dies galt auch noch für einen Zeitpunkt, als Philips gegen die Tobis einen Patentprozeß vor dem Reichsgericht verloren hatte. Nach einer Vorführung von Probeaufnahmen zeigte sich der Ufa-Vorstand von den erzielten Ergebnissen der Wiedergabequalität beeindruckt. Allerdings wurden in diesem Zusammenhang auch die Nachteile des Verfahrens deutlich. Bis zum Erstellen der Musterkopie war das Philips-Miller-System dem Tobis-Klangfilmverfahren überlegen. Die endgültige Bearbeitung von Tonaufnahmen, wie Mischen oder Überblenden, konnte mit dem traditionellen System besser bewältigt werden[44].

Am 1. November 1938 teilte die Tobis dem Reichsbeauftragten für die deutsche Filmwirtschaft, Max Winkler, mit, daß man sich von amerikanischer Seite völlig desinteressiert an der wirtschaftlichen Ausbeutung des Philips-Miller-System zeige[45]. In den Vorstandsprotokollen und anderen Akten der Ufa lassen sich in der Folgezeit keine weiteren Hinweise mehr auf eine Beschäftigung mit dem Problem finden. Zu diesem Zeitpunkt befand sich bereits die überwiegende Mehrheit des Ufa-Aktienbesitzes in den Händen der Cautio. Möglicherweise untersagte Winkler alle weiteren Verhandlungen aus Devisengründen. Ein anderer Grund könnte der Philips-

---

[41] BArch R 109 I / 1031b Bl. 252
[42] BArch R 109 I / 1031b Bl. 127 f.
[43] BArch R 109 I / 1031b Bl. 26
[44] BArch R 109 I / 1033a Bl. 170
[45] BArch R 109 I / 1676

Konzern selbst gewesen sein, den die nationalsozialistischen Machthaber als „jüdisches Unternehmen" einstuften[46].

Während die Tobis vor allem bemüht war, den Status quo zu halten, entwickelte die Klangfilm ihre Aufnahme- und Wiedergabetechnik permanent weiter. Auf diese Weise konnte sie allen Kaufinteressenten nicht nur die jeweils modernsten Apparaturen liefern, sondern zu jedem Zeitpunkt aus der Sicht des Patentrechts auch deren uneingeschränkten Einsatz garantieren. Zu den grundlegenden Verbesserungen der Aufnahmetechnik gehörten in der zweiten Hälfte der dreißiger Jahre die Neuentwicklung der Tonaufnahmeapparatur, die „Eurocord", und ein verbessertes System der Rauschunterdrückung, das Noiseless-Verfahren. Beide technischen Neuerungen bildeten den vorläufigen Höhepunkt einer Vielzahl von Versuchen, die Tonqualität zu erhöhen. Beide Entwicklungen standen für die entscheidenden Forschungsrichtungen der Klangfilm. Einerseits versuchte sie die Aufnahme- und Wiedergabetechnik generell zu verbessern, andererseits experimentierte sie mit Veränderungen der Tonschrift. In historischer Reihenfolge wurden von der Klangfilm – zum Teil in Zusammenarbeit mit der Ufa – folgende Tonschriftarten entwickelt: die Zackenschrift, die Vielzakkenschrift, die Sprossenschrift, die Zackenschrift mit Gegentakt, die Sprossenschrift mit Gegentakt und schließlich die Schnürschrift[47]. Bis in die Kriegszeit arbeitete die Klangfilm an einer Verbesserung der Tonschrift[48], wenn auch die erzielten Ergebnisse praktisch nur begrenzt ausgenutzt werden konnten. 1940 nahm die Ufa den Film *Der laufende Berg* (Regie: Hans Deppe) nach dem von ihr entwickelten Gegentakt-A-Verfahren auf[49]. Nach ersten Versuchen auf dem Gebiet der Stereophonie im Jahr 1934 verfolgte die Ufa das Problem nicht weiter. Erst infolge entsprechender Nachrichten aus den USA am Ende der dreißiger und zu Beginn der vierziger Jahre begannen die Klangfilmlabors die unterbrochenen Experimente fortzusetzen[50].

Die „Eurocord" wurde – noch im Versuchsstadium – Ende 1936 erstmals vor einem begrenzten Publikum vorgestellt[51]. Im April 1937 demon-

---

[46] Auf die zuletzt geäußerte Annahme läßt der Kauf von Tri-Ergon-Aktien durch die Cautio schließen. Das Schutzrecht für deren wichtigste Patente waren 1937 ausgelaufen. Dennoch zahlte die Cautio einen ihres Erachtens erhöhten Preis für ein Tri-Ergon-Aktienpaket, damit es möglicherweise nicht dem „jüdischen Unternehmen" Philips angeboten wird. BArch 2301 / 7029 Bl. 10 RS. Nach der Besetzung der Niederlande durch deutsche Truppen ließ das Reichspropagandaministerium sofort eine Philips-Miller-Apparatur zu Versuchszwecken nach Deutschland holen. SAA 11/Li / 126

[47] Im Ufa-Palast am Zoo vorgeführt: Magnetton, ein Meilenstein der Tonfilmtechnik, in: FK 12. 6. 1941, Nr. 135, 23. Jg.

[48] BArch R 109 I / 250

[49] BArch R 109 I / 296

[50] SAA 11/ Li, Nr. 126

[51] Tonaufnahme: „Eurocord" – Die naturgetreue Tonaufzeichnung der Klangfilm, in: Kinotechnik 5. 12. 1936, Nr. 17, 12. Jg., S. 209 f.

strierte die Klangfilm dem Ufa-Vorstand eine technisch ausgereifte Apparatur[52]. Die mit einer neuen Tonschrift arbeitenden Geräte erzielten eine dem Philips-Miller-System vergleichbare Qualität. Da das neue Klangfilmsystem den Bau einer Reihe zusätzlicher Anlagen erforderte, war es teuerer als das holländische. Darüber hinaus verlangte die Klangfilm weiterhin Kopierlizenzgebühren, die die Ufa mit der Einführung des Philips-Miller-Systems sparen wollte. Über Verhandlungen zwischen der Ufa und der Cautio konnte nichts ermittelt werden. Sicher ist nur, daß es innerhalb des Konzerns einen längeren Klärungsprozeß über die zukünftigen Anlagen gab, denn die Ufa schob den Kündigungstermin ihres Vertrages mit der Klangfilm um mehrere Monate hinaus[53]. Am 13. April 1939 bestätigte der Ufa-Vorstand den neuen Vertrag mit dem deutschen Unternehmen. Der Konzern kaufte insgesamt vier neue Aufnahmegeräte zu je 63 400,- RM[54]. Die vorhandenen Apparaturen wurden mit Zusatzgeräten ausgestattet, so daß alle Aufnahmegeräte der Ufa in der Folgezeit mit einem System zur Rauschunterdrückung ausgestattet wurden[55].

Die Neuentwicklungen der Klangfilm bzw. der mit ihr verbundenen Firmen Siemens & Halske, AEG und Telefunken beschränkten sich nicht nur auf die neue Aufnahmeapparatur und die Tonschrift. In den dreißiger Jahren entwickelte vor allem Telefunken neue Röhren, die unter anderem in Verstärkern installiert wurden. Deshalb konnte das Unternehmen seine dominierende Marktposition und die von ihr abgeleiteten Lizenzzahlungen halten, obwohl die Zeit vieler ehemaliger Sperrpatente auf dem Gebiet der Lautsprechertechnik 1939/40 auslief. Theoretisch konnten somit ab 1940 patentfreie Aufnahmegeräte entwickelt, aber keine hochwertigen Tonaufnahmen realisiert werden[56].

Die intensive Diskussion des Ufa-Vorstands über verbesserte Tonaufnahmetechniken zielte neben der Suche nach Möglichkeiten zur Kostensenkung auch auf eine Verbesserung der Filmproduktion. Am 10. Februar 1937 diskutierte der Vorstand die schlechte Tonqualität der Spielfilme *Unter heißem Himmel* (Regie: Gustav Ucicky) und *Ball im Metropol* (Regie: Frank Wysbar)[57]. Im Januar des gleichen Jahres war bereits eine Anordnung an die Produktionsleiter und Regisseure ergangen, um auftretende Mängel in der Tonqualität zukünftig zu vermeiden. Trotz intensiver Bemühungen erreichten den Ufa-Vorstand in der Folgezeit immer wieder Klagen über die schlechte Tonqualität von Filmen. Infolgedessen ordnete der Vorstand am 21. März 1939 an, die Zusammenarbeit zwischen der Tontechnik und dem

---

[52] BArch R 109 I / 1032a Bl. 47
[53] BArch R 109 I / 260
[54] BArch R 109 I / 1033c Bl. 321
[55] BArch R 109 I / 1033a Bl. 177
[56] BArch R 109 I / 295
[57] BArch R 109 I / 1032a Bl. 125

Kopierwerk weiter zu verstärken und dessen Meßabteilung weiter auszubauen[58].

Auch die Tobis hatte Probleme mit den Eurocordapparaturen. Im Dezember 1940 stellt der Bericht des Aufsichtsrates dazu fest, daß die Tonqualität schlechter geworden sei. „Alle Bemühungen der Tobis AG, die Maschinen wenigstens von den größten Störanfälligkeiten zu befreien, und eine einigermaßen konstante Betriebssicherheit und Tonqualität zu erreichen, sind fehlgeschlagen"[59]. Trotz verschiedener weiterer Maßnahmen, wie des Ausbaus der Ufa-Forschungsabteilung, die mehrere patentreife Verbesserungen entwickelte[60] bzw. der Zusammenarbeit der Tobis Filmkunst GmbH mit Akustikern der Reichsrundfunkgesellschaft, konnte keine deutsche Produktionsfirma das Tonproblem endgültig beheben.

Auch die Branchenpresse griff das Thema auf. So wurde in einer Leserzuschrift an den „Film-Kurier" das Verhältnis von Ton und Musik bemängelt, vor allem während der Gesangspartien sei die Musik kaum zu hören. In der Folgezeit erschienen mehrere Stellungnahmen zu diesem Problem. In einem längeren redaktionellen Beitrag vom Februar 1941, der die geäußerte Meinung unterstützt, heißt es unter anderem: „Gegen Vorkommnisse, wie sie Ilse Deyk mit Bezug auf den Film *Ihr erstes Erlebnis* (Regie: Josef von Baky) anführt, 'wo man manchmal kein Wort des Textes verstand, weil die begleitende Musik alles andere übertönte', ist im Film-Kurier oft genug Stellung bezogen worden. Es wäre ... aufschlußreich, einmal von Musikern zu hören, woran es liegt, daß solche akustischen Unzuträglichkeiten immer wieder in Filmen vorkommen"[61].

7.2. Die Continuing Agreements[62] während der dreißiger Jahre

Ohne erkennbare Zusammenhänge mit den politischen Vorgängen in Deutschland verhandelten die Vertragspartner des Pariser Agreements über die Ausgestaltung der geschlossenen Verträge. Im Mittelpunkt einer ersten Verhandlungsphase stand 1934 der British Pool. Dieser bezog sich auf Großbritannien, Nordirland und den Irischen Freistaat. Im Pariser Agreement wurde diesbezüglich festgelegt: „Die von der deutschen Gruppe und den American Companies für Aufnahmen in diesem Gebiet eingenommenen Lizenzen sollen jedoch gepoolt werden für die Dauer von vier

---

[58] BArch R 109 I / 1033b Bl. 1 f.
[59] BArch R 55 / 491 Bl. 212
[60] BArch R 109 I / 1724
[61] Die Diskussion: Es geht um die Musik im Tonfilm. Frage an die Komponisten: Warum Zweikampf zwischen Musik und Dialog, in: FK 5. 2. 1941, Nr. 30, 23. Jg.
[62] Als Continuing Agreements wurden jene Verträge bezeichnet, die in der Nachfolge des Pariser Tonfilmabkommens zwischen 1934 und 1937 abgeschlossen wurden. BArch R 109 I / 2505

Jahren von der Unterzeichnung dieses Abkommens ab, wovon 75 % aus diesem Pool an die American Electric Companies und 25 % an die deutsche Gruppe ausgezahlt werden sollen"[63]. Am 30. April 1934 einigten sich die amerikanische und die deutsche Seite auf eine endgültige Abrechnung der in diesem Gebiet erzielten Lizenzeinnahmen. Danach mußten RCA Photophone Inc. an die Tobis und die Intertobis zusammen 7 725,- £ sowie an die Klangfilm 4 275,- £ zahlen. Die Electrical Research Products Inc. überwies an die Tobisgruppe 3 862,10 £ und die Klangfilm 2 137,10 £. Mit Überweisung der Geldbeträge nach dem 1. September 1934 wurde der Pool aufgelöst[64].

Ohne Vorverhandlungen sandten die RCA Photophone Inc. und die Electrical Research Products Inc. im Auftrag der amerikanischen Gruppe am 24. Mai 1934 gleichlautende Briefe an die Tobis- und an die Klangfilmgruppe. Demnach wollte die amerikanische Seite ohne Gegenleistung auf alle unter den Absätzen „special agreements as to recording" und „distributing" genannten Einschränkungen verzichten. Die Einengungen betrafen vor allem die Spezialbearbeitung von zur Aufführung in den USA bestimmten Filmen in amerikanischen Studios. Des weiteren verzichteten die amerikanischen Unternehmen ersatzlos auf alle Exclusivrechte, die ihnen unter dem Passus „Vertragsgebiet" im Hinblick auf die Aufnahme- und Wiedergabeapparaturen durch das Pariser Abkommen eingeräumt worden waren[65]. Ein Grund für den einseitigen Verzicht der amerikanischen Seite im Kontext der Verhandlungen des Pariser Abkommens ist an Hand der durchgesehenen Akten nicht erkennbar.

Im Zuge der Verhandlungen über die Export- und Kopierlizenzen wurde vereinbart, daß sich die deutsch/niederländische und die amerikanische Gruppe des Pariser Vertrages Ende Februar 1936 in New York treffen sollten, um über eine Veränderung der Lizenzen zu beraten. Bereits im Vorfeld der geplanten Begegnung wurden die unterschiedlichen Standpunkte deutlich. Auf der amerikanischen Seite verhandelten nicht die Elektrokonzerne, sondern die großen Filmfirmen. Letztere verlangten eine rigorose Senkung der Lizenzgebühren, während die europäische Seite möglichst hohe Zahlungen beibehalten wollte[66]. Im Ergebnis der Gespräche schrieb die Tobis am 18. März 1936 einen Brief an die Hollywoodfirmen. Darin wurden nur noch Regelungen für Deutschland und das deutsche Exklusivgebiet getroffen, während alle übrigen Gebiete ausgeklammert blieben. Insgesamt wurden die Lizenzgebühren erheblich gesenkt und Wochenschauen von der Lizenzpflicht generell ausgenommen. Im Unterschied zur bisherigen Regelung mußten die Lizenznehmer in Zukunft alle Kosten

---

[63] BArch R 109 I / 1000
[64] BArch R 109 I / 998
[65] BArch R 109 I / 1000
[66] BArch R 109 I / 231

in ihrer Landeswährung zahlen. Die amerikanische Seite verpflichtete sich unter Vorbehalt der deutschen Devisenbestimmungen, insgesamt 103 079,- $ auf das Konto der Intertobis bei der Hollandschen Buitenlandbank zu überweisen[67]. Mit den Schreiben vom 26. März und vom 30. März 1936 gaben die ERPI und die RCA Manufacturing Company Inc. ihre Zustimmung zum Abkommen der Tobis mit den amerikanischen Filmfirmen. Am 28. Mai 1936 schrieb die Tobis einen Brief an die Devisenbewirtschaftungsstelle des Reichs mit der Bitte, den Vertrag zu genehmigen. Diese gab am 17. September 1936 unter der Voraussetzung ihr Einverständnis, daß auch die zukünftigen Importlizenzen für das deutsche Exklusivgebiet von der amerikanischen Seite in effektiven Dollars beglichen werden würde[68]. Der Vorbehalt der Devisenbewirtschaftungsstelle erforderte erneute Verhandlungen, die Anfang 1937 für die Tobis erfolgreich abgeschlossen werden konnten[69]. Insgesamt zahlten alle amerikanischen Filmfirmen zwischen dem 1. Oktober 1936 und dem 30. Juni 1939 noch 324 634,11 $ für Filmexporte in das deutsche Exklusivgebiet[70].

Im Sommer 1936 begannen in Zürich erneut Verhandlungen zwischen den amerikanischen Elektrofirmen und der Tobis/Klangfilm-Gruppe mit dem Ziel, die in Paris 1930 offen gebliebenen Probleme endgültig zu beseitigen. Im Mittelpunkt des Interesses der deutsch/niederländischen Gruppe standen jene Verträge, die die RCA bereits vor der Unterzeichnung des Abkommens geschlossen hatte, insbesondere jene, die das amerikanische Unternehmen mit dem Philipskonzern getroffen hatte. Ende August wurden die Gespräche in Berlin fortgesetzt und wiederum ergebnislos abgebrochen. Daraufhin einigten sich beide Parteien, die Verhandlungen auf schriftlichem Weg fortzusetzen[71]. Eine für beide Seiten befriedigende Lösung konnte auch auf diesem Weg nicht erzielt werden, so daß die vor allem von der Tobis beanstandeten Punkte bis zum Ende des Abkommens am 31. Dezember 1945 nicht mehr geklärt werden konnten.

7.3. Zu Einschränkungen des Tonfilmpatentmonopols in den dreißiger und vierziger Jahren

Das Reichspropagandaministerium und die Reichsfilmkammer konnten das Tonfilmpatentkartell nicht umgehen, ohne eklatant gegen internationales Recht zu verstoßen. Deshalb griffen sie zu verschiedenen Mitteln, die letztlich das Patentmonopol durchlöcherten: Zunächst verabschiedete

---

[67] BArch R 109 I / 1000 Der Anteil der Tobis betrug insgesamt 130 863, 76 RM.
[68] BArch R 109 I / 2005
[69] BArch R 109 I / 2505
[70] BArch R 109 I / 1002
[71] BArch R 109 I / 231

der Reichsrat am 1. Juni 1933 die Erste Verordnung zur Änderung der Bestimmungen über die Vergnügungssteuer. In Artikel 1 Abs. 3 wurden Filme, denen die Prädikate „volksbildend", „kulturell", „staatspolitisch wertvoll" und „besonders wertvoll" verliehen wurden, in bezug auf die Lizenzen den Kultur- und Lehrfilmen gleichgestellt[72]. Nach der am 25. März 1937 geänderten Klassifizierung waren als mögliche Prädikate vorgesehen: „Staatspolitisch und künstlerisch besonders wertvoll", „staatspolitisch und künstlerisch wertvoll", „staatspolitisch wertvoll", „künstierisch wertvoll", „kulturell wertvoll" und „volksbildend"[73]. Die Kategorie jener Filme, für die in Zukunft nur noch symbolische Lizenzzahlungen[74] zu entrichten waren, wurden durch die zweimaligen Gesetzesänderungen erheblich erweitert[75]. Dennoch stellten die neuen Bestimmungen, die sich ausschließlich auf Deutschland bezogen und für den Filmexport keinerlei Auswirkungen hatten, die Patentsituation nicht prinzipiell in Frage.

1935 übte das Reichspropagandaministerium Druck auf die Tobis aus, den in Deutschland als antisemitisch interpretierten schwedischen Film *Petterson und Bendel* (Regie: Per-Axel Branner) im Reich aufzuführen[76]. Auf Grund „übergeordneter Belange, die stärker ins Gewicht fielen als unsere Bestrebungen um die Plazierung deutscher Apparaturen im Ausland und die Vereinbarung der Zahlung von Lizenzen durch ausländische Atelierbesitzer", gab die Tobis den Film, der nach ihrer Rechtsauffassung auf einer patentrechtlich nicht reinen Apparatur hergestellt worden war, für Deutschland frei. Als Goebbels von der Tobis forderte, weitere Filme der

---

[72] RGBl. 1933 I, S. 345
[73] BArch R 43 II / 389
[74] vgl. S. 323
[75] Die Lizenzeinnahmen korrespondierten auf der Ebene der Städte und Gemeinden mit geringeren Prozentsätzen für die Vergnügungssteuer für die Vorführungen prädikatierter Filme. Insofern wurden durch die Prädikate die Lichtspieltheater, die nach 1933/34 wieder ein erhebliches Anwachsen an Zuschauerzahlen verzeichneten, indirekt subventioniert. Filmunternehmen, die über einen eigenen Theaterpark verfügten, konnten auf diese Weise Produktionsverluste wieder ausgleichen. Da die Vergnügungssteuer ausschließlich den Städten und Gemeinden zufloß, konnten Reichsfilmkammer und Reichspropagandaministerium die Prädikate für den eigenen Haushalt weitgehend kostenneutral vergeben. Zugleich subventionierten sie durch die geringen Abgaben die Kinobesitzer. Vgl.: Nachhinkende Vergnügungssteuer. Steuerbegünstigte Veranstaltungen werden bevorzugt. – Der Einfluß der Filmprädikate, in: Frankfurter Zeitung 5. 12. 1937 Nr. 619-620, 82. Jg.; Otto Suhr, Konsolidierung der Filmwirtschaft, in: Der deutsche Volkswirt 11. 12. 1936, Nr. 11, 11. Jg., S. 542 ff.
[76] Der Spielfilm war bereits vor 1933 nach dem gleichnamigen Roman von Waldemar Hammenhöng entstanden. Der als „staatspolitisch wertvoll" eingestufte Spielfilm wurde in Deutschland vom Hammer-Verleih verliehen, dessen Eigentümer wenige Monate zuvor von Hitler persönlich 120 000,- RM zur Sanierung seines Unternehmens erhalten hatte. Nach diesem Geschenk gab die Filmkreditbank ihm 40 000,- RM zur Synchronisierung des Films. BArch R 8119 / 20901 Bl. 336; 343 S. 4

schwedischen Herstellungsfirma zu importieren, lehnte das Unternehmen unter Verweis auf die Patentsituation ab[77].

Mit den am 4. Oktober 1938 erlassenen „Richtlinien für die Zusammenarbeit der NSDAP und dem deutschen Filmschaffen" wurden die Lizenzzahlungen weiter eingeschränkt. Punkt VIII legte fest, daß für alle Filme der Reichspropagandaleitung oder für in deren Auftrag von der Deutschen Filmherstellungs- und Verwertungsgesellschaft mbH produzierten staatspolitischen oder parteipolitischen Propaganda- und Anschauungsfilme die Patentlizenzzahlungen entfielen[78].

Am 8. September 1938 verlangte die Ufa von der Klangfilm eine deutliche Herabsetzung der Exportlizenzen. Sie begründete ihre Forderung mit den geringen Erlösen, die sie im Ausland noch erzielen konnte, da in einigen Ländern die Auslandslizenz höher lag als die erzielten Einnahmen und in anderen Ländern nur sehr geringe Gewinne realisiert werden konnten. So betrug die Auslandslizenz 1930/31 für England 1,4 % der erzielten Gesamteinnahmen, 1937/38 machte sie 96,53 % aus. Zu den wenigen Ausnahmen zählten Länder, mit denen das Deutsche Reich bzw. die jeweiligen Spitzenorganisationen der Filmindustrie Austauschabkommen abgeschlossen hatte. Dies betraf Ungarn, Österreich, Frankreich und Italien[79]. So mußten für auf der Apenninenhalbinsel aufgeführte Spielfilme nur 4 % der Einnahmen als Auslandslizenzen abgeführt werden. In einer dem Schreiben beigelegten Übersicht nannte die Ufa jene Länder und Regionen, in denen deutsche Filme kaum noch aufzuführen waren. Dazu zählten Spanien, Portugal, England, Jugoslawien, Skandinavien, Mittel- und Südamerika, China, Japan und der Nahe Osten. Länder wie die Tschechoslowakei, Rumänien, Bulgarien und die Schweiz benannte der Konzern als „Kampfgebiete". Unter diesem Begriff faßte die Ufa jene Länder zusammen, in denen deutsche Filme nur noch in Konkurrenz mit vielen ausländischen Mitbewerbern absetzbar waren[80]. Die Zusammenstellung des Filmkonzerns erfaßte nur jene Länder, in denen zu Beginn der dreißiger Jahre deutsche Filme zum Teil sehr erhebliche Gewinne eingespielt hatten. Der erhebliche Nachfragerückgang nach deutschen Produktionen war nicht nur den Devisenschwierigkeiten und den Lizenzen geschuldet, sondern auch zwei weiteren Momenten: Zum einen breitete sich die antideutsche Stimmung und die mit ihr eng verbundene Ablehnung der Filme aus dem Dritten Reich im Ausland nach den ersten antijüdischen Pogromen zunehmend aus[81]. Zum

---

[77] BArch R 109 I / 1001
[78] BArch R 109 I / 1676
[79] Zusammenarbeit im europäischen Film, in: Der deutsche Volkswirt 13. 3. 1936, Nr. 24, 10. Jg.
[80] BArch R 109 I / 250
[81] Bereits im Jahr 1933 sanken die Auslandserlöse der Ufa um vier Millionen RM, die in einem internen Papier der Ufa ausschließlich als Folgen der antijüdischen Pogrome in Deutschland bewertet wurden. BArch R 8119 / 19078 Bl. 83, S. 3 ff.

zweiten hatten sich in traditionellen Absatzgebieten des deutschen Films zu Beginn der dreißiger Jahre nationale Filmproduktionen entwickelt, die, wie in Deutschland, staatlicherseits durch unterschiedliche Maßnahmen, wie Quotenregelungen, Synchronisationsabgaben, Filmkreditbanken oder verschiedene Subventionsformen gefördert wurden[82]. D. h. in der Filmwirtschaft sind in den dreißiger Jahren vergleichbare Tendenzen, wie sie die internationale Wirtschaft insgesamt kennzeichneten, erkennbar: Das Streben nach Autarkie und bilateralen Beziehungen wurde zum allgemeinen Kennzeichen des internationalen Filmaustauschs. Insofern war die Forderung von seiten der Ufa, die Exportlizenzen zu senken, der Politik und nicht dem wirtschaftlichen Unvermögen des Konzerns geschuldet. Nach entsprechenden Verhandlungen zwischen Vertretern der Tobis und der Klangfilm senkte die Gruppe die Exportlizenzen auf die Hälfte. Gleichzeitig entfielen nach dem Einmarsch der deutschen Wehrmacht in Österreich die Exportlizenzen in die ehemalige Alpenrepublik völlig. Ein internes Papier der Tobis bezifferte die Höhe der Lizenzerleichterung für die Filmindustrie, die aus beiden Maßnahmen resultierte, auf 160 000,- RM[83]. Darüber hinaus senkte die Tobis auch die Gesamtlizenz in Deutschland und in der Ostmark um 0,30 RM pro Meter[84]. Die verringerten Lizenzzahlungen wurden zum Teil kompensiert durch die Übernahme der Lizenzgeschäfte mit Polen am 20. April und mit Ungarn am 20. Juni 1939[85]. Des weiteren wurde auch die österreichische Selenophon liquidiert, die vor dem Einmarsch der deutschen Wehrmacht in das Nachbarland in erster Linie Wochenschauen produzierte. Damit erlosch der Tobis-Klangfilm-Selenophon-Vertrag und mit ihm die 10 prozentige Beteiligung des Unternehmens an den österreichischen Lizenzen. Die Tonfilmaufnahmeapparatur der Selenophon ging in das Eigentum der Tobis über[86].

Nach dem Ausbruch des Zweiten Weltkriegs entfielen im September 1939 die gegenseitigen Überweisungen von Lizenzgebühren an die jeweils feindlichen Länder. Allein die Schulden der Amerikaner bei der Intertobis betrugen 180 000,- RM, die auch in der Folgezeit nicht mehr gezahlt wurden[87]. Unter diesen Umständen sahen sich die Klangfilm und die Tobis im ersten Kriegsmonat nicht mehr in der Lage, ihre Aufgaben innerhalb des Tonfilmkartells im bisherigen Umfang auszufüllen. Sie befürchteten, daß ihre Schutzrechte verfallen oder Zwischennutzungsrechte entstehen könnten, die später vom Standpunkt der deutschen Firmen aus gesehen zur Schädigung der Lizenz- und Vertragssituation führen würden. Deshalb

---

[82] Walter Möhl, Nationale Filmproduktion und internationale Filmverständigung, in: Der deutsche Volkswirt 2. 10. 1936, Nr. 1, 11. Jg., S. 16 f.
[83] BArch R 109 I / 223
[84] BArch R 109 I / 1676
[85] BArch R 109 I / 286a
[86] SA 11 Li, Nr. 126
[87] BArch R 109 I / 223

richteten beide Unternehmen Briefe an die Vertragspartner des Pariser Agreements, in denen sie ihnen anheimstellten, die internationalen Schutzrechte aufrechtzuerhalten[88].

Nach der Besetzung Polens durch die Wehrmacht und die Rote Armee planten die beiden deutschen Unternehmen, mit Vertretern der russischen Filmindustrie in Kontakt zu treten, um die Lizenzzahlungen für den östlichen Teil Polens sicherzustellen. Polen gehörte zwar nicht zum deutschen Exklusivgebiet, sondern laut den Pariser Verträgen zu den freien Gebieten. In Polen hatte die Klangfilm 1939 noch mehrere Aufnahmeapparaturen installiert, die am 1. September 1939 nur zum Teil bezahlt waren. Das Unternehmen hoffte nach der Besetzung des Nachbarlandes, die noch ausstehenden Zahlungen zu bekommen und die Tobis spekulierte infolge des deutschen Nichtangriffspaktes mit der Sowjetunion auf die entsprechenden Lizenzzahlungen in den ehemaligen polnischen Ostgebieten.

Nach der Unterzeichnung des Waffenstillstandsabkommens mit Polen übernahm die Tobis – ohne erkennbare Rücksprache mit der Intertobis – alle laufenden Projekte mit Lettland und Litauen[89]. Zum Streit kam es zwischen Tobis und Intertobis Ende 1939 über die spanischen Lizenzzahlungen. Die Devisenbestimmungen der spanischen Regierung erlaubten keine finanziellen Transaktionen nach Holland, mit Deutschland gab es dagegen diesbezüglich keine Schwierigkeiten. Deshalb stellte sich die Tobis auf den Standpunkt, daß sie die spanischen Zahlungen auf ihren Konten verbuchen könne. Die Intertobis versuchte dies zu verhindern, weil auch Deutschland unter den Kriegsbedingungen keine Devisengeschäfte mit Holland erlaubte, die spanischen Lizenzzahlungen also für das holländische Unternehmen verloren wären[90].

Am 22. April 1940 stellte die Tobis bei der Devisenstelle des Berliner Oberfinanzpräsidenten den Antrag, den bis zum 30. Juni 1940 laufenden Vertrag zwischen ihr und der Intertobis um ein Jahr zu verlängern, da die Zahlungen an die Hollandsche Buitenland Bank noch nicht endgültig beglichen seien[91].

Bereits wenige Tage nach der Kapitulation der Niederlande dachte die Cautio über eine Zusammenlegung der Lizenzen nach[92]. In diesem Sinne schrieb am 7. August 1940 Max Winkler an die Tobis: „Ab 1. Juli werden Sie die von Ihnen kassierten sogenannten '13 Länder'-Lizenzen direkt vereinnahmen. Eine Verlängerung der Devisengenehmigung und Ihrer Vereinbarung mit der Intertobis bezüglich der Hinausschiebung des im Lizenzausgleichvertrages von 1932 festgelegten Termins, des 30. 6. 37, ist also nicht mehr erforderlich". Einen Tag später informierte die Tobis die Intertobis

---

[88] BArch R 109 I / 261
[89] BArch R 109 I / 286a
[90] BArch R 109 I / 1661
[91] BArch R 109 I / 286a
[92] BArch R 109 I / 250

über die Entscheidung der Cautio, die ihrerseits am 20. August 1940 den Empfang des Briefes bestätigte und die entsprechenden Maßnahmen einleitete[93].

Am 5. September 1940 fand zwischen Vertretern der Tobis und der Cautio eine Besprechung über die Zukunft der Intertobis statt. Im Ergebnis wurde beschlossen, die Intertobis zu liquidieren oder als bloße Mantelgesellschaft bestehen zu lassen. Es wurde geplant, daß die Intertobis ihre Aktien zusammenlegt und anschließend an die Tobis verkauft. Gleichzeitig sollte die Intertobis ihre Aktien an der Tobis der Cautio verkaufen. Die Transaktion schloß den kompletten Kauf aller bei der Intertobis vorhandenen Rechte und Patente durch die Tobis ein. Auf diese Weise sollte die Tobis in Berlin zur alleinigen Zentrale des Tobis-Patentbesitzes werden. Die Tobis investierte in die gesamte Transaktion 1,5 Millionen RM, die sie von der Cautio als zinsloses Darlehen erhielt[94]. Zwei Jahre nach der Übernahme durch die Tobis wurde die Intertobis im Zuge der Konzentration der deutschen Filmwirtschaft der Ufa-Amsterdam zugeordnet, aber als selbständiges Unternehmen erhalten[95].

Mit Ausbruch des Weltkrieges ging international die Filmproduktion zurück und infolge dessen sanken die Lizenzeinnahmen[96]. Die Nachfrage nach Aufnahme- und Wiedergabeapparaturen der Klangfilm stieg dagegen mit der Besetzung der Tschechoslowakei und in den ersten Kriegsjahren. Vor allem das Reichspropagandaministerium verlangte von der Klangfilm, den Bedarf in den besetzten Gebieten umgehend zu befriedigen. Zugleich existierte im Inland ein Nachfragestau. Die Ursache hierfür lag in der wirtschaftlichen Gesundung der Lichtspieltheater am Ende der dreißiger Jahre. Zudem gab es wesentliche Qualitätsunterschiede zwischen den zu Beginn der Tonfilmumstellung eingebauten Lautsprecher- und Verstärkeranlagen und dem erreichten technischen Entwicklungsstand zu Beginn des Zweiten Weltkriegs. Aus diesem Grund hatte 1939 die Ufa im Rahmen ihres Theatererneuerungsprogramms Ersatzinvestitionen bei dem Gerätehersteller in einer Gesamthöhe von 2,2 Millionen RM getätigt. Die Kosten für Lautsprecher und Verstärker beliefen sich allein auf 700 000,- RM[97].

Trotz des gewachsenen Bedarfs gelang es dem Tobis-Klangfilm-Kartell zu Beginn des Krieges noch, Schwarzapparaturen stillzulegen bzw. auszuschalten[98]. Gleichzeitig wurden in den besetzten Gebieten bestehende Ver-

---

[93] BArch R 109 I / 286a
[94] BArch R 109 I / 1024
[95] NF NL Struve Nr. 63
[96] So sanken in Deutschland die Herstellungslizenzen von 1 639 354,92 RM im Jahre 1936 auf 946 928,93 RM im Jahr 1940. BArch R 109 I / 1676
[97] BArch R 109 I / 1033c Bl. 216
[98] Im Protektorat Böhmen und Mähren wurden 1940 nur noch kleine Werbefilme auf sogenannten Schwarzapparaturen gedreht. Die ungarische Apparatur „Pulvary" war zum gleichen Zeitpunkt bereits stillgelegt worden. BArch R 109 I / 233

träge dahingehend ergänzt, daß sie die Stellung das Kartells festigten. So wurde mit Dänemark eine Neuregelung der Verträge mit der Petersen-Poulsen-Gruppe vereinbart[99]. Bereits nach der Beendigung des Krieges im Westen konnte die Klangfilm den plötzlich gewachsenen Bedarf nur noch bedingt befriedigen, da die für den Bau der entsprechenden Teile von Siemens & Halske, AEG und Telefunken benötigen Anlagen zunehmend durch die Kriegsproduktion ausgelastet waren[100]. In der zweiten Kriegshälfte kamen die Lieferungen völlig ins Stocken. Um die Filmproduktion nicht völlig zum Erliegen zu bringen, sah sich die Klangfilm nun gezwungen, sogenannte Schwarzapparaturen solange zu lizensieren, bis sie selbst in der Lage war, für den notwendigen Ersatz zu sorgen. So hatte allein das französische Unternehmen Eclair insgesamt 18 Tonaufnahme-Apparaturen verkauft, die aus der Sicht der Tobis patentrechtlich nicht einwandfrei waren. Für diese und andere Apparaturen konnte das Tobis-Lizenzschema nicht angewandt werden, da die meisten von ihnen bisher lizenzfrei arbeiteten und die Einführung von Lizenzen zu erheblichen Mehrbelastungen geführt hätte, die man den französischen Produzenten nicht zumuten konnte oder wollte[101]. Im Inland spürte vor allem die Tobis Filmkunst GmbH die Lieferschwierigkeiten der Klangfilm. Im Januar 1942 wollte das Unternehmen seine neue Tonzentrale in den Ateliers in Berlin-Johannisthal in Betrieb nehmen. Da die Klangfilm sich nicht in der Lage sah, die bestellten Eurocordapparaturen zu liefern, mußte der Termin mehrfach verschoben und bei der Filmproduktion permanent improvisiert werden[102]. Insgesamt arbeiteten 1942 von den 57 großen europäischen Ateliers etwa zwei Drittel mit Tobis-Klangfilm-Apparaturen[103].

Anfang der vierziger Jahre lief der Vertrag zwischen Siemens und AEG über die Gründung von Telefunken aus. Aus diesem Anlaß unterzeichneten die beiden Elektrokonzerne am 24. September 1941 einen Vertrag, der die gesamte deutsche elektroakustische Industrie neu strukturierte. Während Telefunken rückwirkend zum 1. Januar 1941 von AEG übernommen wurde, erhielt Siemens & Halske die Klangfilm, die Bergmann Elektrizitätswerke AG, die Signalwerke GmbH und die Deutsche Grammophon. Gleichzeitig wurde zwischen Siemens und Telefunken ein Erfahrungs- und Patentaustausch vereinbart, der Siemens die Mitnutzung aller Telefunkenpatente gestattete. Mit diesem Vertrag sicherte sich Siemens nicht nur die Nutzung der Röhrenpatente für die eigenen Fertigungslinien, sondern auch die dominante Stellung der Klangfilm auf dem Gebiet der Aufnahme- und Wie-

---

[99] BArch R 109 I / 1676 In welchem Umfang die Tobis-Klangfilm-Gruppe die einzelnen Verträge mit Hilfe staatlicher Stellen erzwang, ist aus den durchgesehenen Unterlagen nicht erkennbar.
[100] SAA 11/ Li / 126
[101] BArch R 109 I / 262
[102] BArch R 109 I / 28
[103] BArch R 109 I / 256

dergabeapparaturen[104]. Im Unterschied zu anderen Teilen des Vertragswerks waren die Vereinbarungen über die Klangfilm an die Laufzeiten des Tobis-Klangfilmvertrags geknüpft[105].

Die Zentralisierung der deutschen Filmindustrie in der Ufa Film GmbH (Ufi) am 1. März 1942 führte zu Auseinandersetzungen zwischen der Tobis AG und der Ufa um die Patente[106]. Während alle Patente, die der Tobis und der Klangfilm zugeordnet wurden, ein gegenseitiges Mitbenutzungsrecht einschlossen, galt ein solches für die 26 Ufa-Patente nicht. Diese bezogen sich vor allem auf Zusatzeinrichtungen für die Filmproduktion. Die Cautio entschied, daß die 1941 getroffene Regelung beibehalten werden sollte. Danach wurden alle Patente bei der Tobis AG zentralisiert, einschließlich der Verwaltung der Ufa-Patente. Deren Rechtslage blieb von diesem Vorgang unberührt.[107] In der Folgezeit wurden alle das Filmgebiet betreffenden Patentanmeldungen bis auf die der Ufa auf den Namen der Tobis eingetragen. Die Tobis erhielt außerdem völlige Freiheit in allen Fragen der Patentbearbeitung und Aufrechterhaltung[108].

Nach der im Laufe des Jahres 1942 abgeschlossenen Zentralisation der gesamten deutschen Produktion, des Verleihs und von Teilen des Theaterbetriebs im Ufa/Ufi-Konzern teilte Winkler am 22. Dezember 1942 intern mit, daß er beabsichtige, die Filmtechnik 1943 zu zentralisieren. Ihr sollten drei Bereiche zugeordnet werden: Die wissenschaftliche Forschung, die in Form der von Küchenmeister geleiteten Forschungsgesellschaft für Film und Funk bereits existierte, eine neu zu gründende Abteilung für Patente und eine für Betriebs- und Gebrauchstechnik. Um nicht von einem Industrieunternehmen abhängig zu sein, beabsichtigte Winkler, auch die Klangfilm aus dem Siemenskonzern herauszulösen. Mit ihrem Plan, in diesem Zusammenhang auch die Lizenzzahlungen für deutsche Filme abzuschaffen, konnte sich die Gruppe um Winkler allerdings nicht durchsetzen. Vor allem die Klangfilm wies darauf hin, daß sie das Geld brauche, um auch in Zukunft über die notwendigen Forschungsmittel zu verfügen. Man einigte sich deshalb auf eine Vereinfachung des Lizenzschemas. Im Ergebnis der ersten Gespräche kündigte die Ufa in einem Schreiben vom 29. Dezember 1942 die Lizenzzahlungen zum 31. Dezember 1943[109].

Am 1. Juni 1943 wurde die Tobis Tonbild-Syndikat AG in eine Gesellschaft mit beschränkter Haftung überführt. Das Unternehmen schloß das letzte verkürzte Geschäftsjahr mit einem Gewinn von 1,4 Millionen RM ab,

---

[104] Aufgabenteilung in der elektroakustischen Industrie, in: Frankfurter Zeitung 30. 9. 1941, Nr. 498-499, 86. Jg.
[105] BArch R 109 I / 259
[106] BArch R 109 I / 176
[107] BArch R 109 I / 296
[108] BArch R 109 I / 1724
[109] SAA 11/ Li / 126

die der Ufa-Film GmbH gutgeschrieben wurden[110]. Ende Juni veröffentlichte die Tobis das neue Lizenzschema für deutsche Filme. Danach mußte rückwirkend zum 1. Juni 1943 pro Spielfilm nur eine Lizenzpauschale in Höhe von 20 000,- RM gezahlt werden. Für Kultur-, Kurz- und Wirtschaftsfilme wurde eine Pauschale in Höhe von 2,- RM pro Meter erhoben. Für Wochenschauen entfielen weiterhin alle Lizenzzahlungen, für ausländische Filme wurden die bisherigen Regelungen beibehalten. Mit den Pauschalsätzen war auch die Nutzung aller Patente der Tobis durch die deutschen Filmfirmen verbunden. Darüber hinaus stellte das Unternehmen in Form eines internen Informationspapiers den Filmfirmen die neuesten internationalen Entwicklungen in der Filmindustrie zusammen. Trotz dieser für den Ufa/Ufi-Konzern insgesamt günstigen Regelung gewannen wieder jene Kräfte an Bedeutung, die eine völlige Beseitigung der Zahlungen forderten. Dennoch blieben bis zum Kriegsende die Lizenzzahlungen erhalten. In den letzten drei Geschäftsjahren realisierte die im Zuge der Zentralisierung der deutschen Filmwirtschaft in eine GmbH umgewandelte Tobis folgende Lizenz-Einnahmen: 1942/43 – 2 616 099,55 RM; 1943/44 – 2 276 356,52 RM und 1944/45 – 972 351,50 RM. Im letzten regulären Geschäftsjahr 1943/44 überwiesen die ausländischen Unternehmen der Tobis noch 95 038,09 RM[111].

7.4. Die Entwicklung der Patentsituation nach dem Ende des II. Weltkrieges

Noch vor Kriegsende verlagerte die Klangfilm ihre wichtigsten technischen Einrichtungen von Berlin nach Südbaden. Zunächst stark gehindert durch Zonengrenzen, Materialknappheit und Demontagen begann das Unternehmen nach Kriegsende zunächst, beschädigte Apparaturen in den Kinos und Ateliers zu reparieren. In der Folgezeit entwickelte sich das Unternehmen wieder zu einem maßgeblichen Produzenten von Aufnahme- und Wiedergabegeräten.

Mit Kriegsende wurden alle ausländischen Patente und Patentanmeldungen deutscher Staatsbürger bzw. Unternehmen enteignet oder beschlagnahmt. Die Proklamation des Alliierten Kontrollrates Nr. 2 vom 20. September 1945 stellte die gesamte deutsche Filmtätigkeit in Deutschland unter alliierte Kontrolle. Die Proklamation bildete zugleich die Grundlage für die Beschlagnahme der Vermögenswerte der reichsmittelbaren Filmindustrie[112]. Somit lief das Pariser Agreement, das bis zum 31. Dezember 1945 gelten sollte, de facto am 8. Mai 1945 aus.

---

[110] BArch 2301 / 7028 Bl. 717 ff.
[111] BArch R 109 I / 1724
[112] Roeber/ Jacoby, Handbuch, S. 85

Ein Verlängerungsabkommen wäre ohnehin kaum durchsetzbar gewesen, weil die entscheidenden Patente, auf denen das Agreement von 1930 basierte, 1941 bzw. 1943 ausgelaufen waren. Bereits in den dreißiger und vierziger Jahren beruhte das Patentmonopol von Western Electric, RCA, Klangfilm und Tobis kaum noch auf den ursprünglichen Patenten, sondern zunehmend auf Nachfolgeentwicklungen, wie dem Noiseless-Verfahren. Insofern war vor allem die patentrechtliche Position der Tobis am Kriegsende sehr schwach.

Ungeachtet der faktisch überholten Patente und der Proklamation des Alliierten Kontrollrates Nr. 2 begannen am 21. September 1945 Überlegungen auf deutscher Seite, wie man nach dem verlorenen Krieg die bisherige Patentsituation wieder herstellen könnte[113]. Im Ergebnis schlossen Tobis und Klangfilm am 15. Juli 1946 erneut einen Vertrag, der im wesentlichen die bestehenden Verhältnisse fortschrieb. In bezug auf die Höhe der Lizenzzahlungen einigte man sich jedoch auf erheblich niedrigere Sätze, deren Verteilung gleichfalls neu geregelt wurde. Die Tobis sollte zukünftig 30 % der Gesamteinnahmen als Entschädigung für ihre prognostizierten Aufwendungen erhalten. Die verbleibenden 70 % sollten den beiden Parteien je zur Hälfte zustehen.

Um ihre Lizenzansprüche durchzusetzen, versuchten Vertreter von Klangfilm und Tobis, den American Film Commissioner Erich Pommer zu überreden, die vor und während des Krieges vereinbarten Lizenzverpflichtungen anzuerkennen. Alle diesbezüglichen Bemühungen scheiterten.

Die im Mai 1946 von Oberst Tjul'panov in der SBZ lizensierte Defa zahlte nach Rücksprache mit Moskau keine Lizenzen[114]. Damit entfielen auch für die Lichtspielbesitzer im Osten alle Verpflichtungen, die sich aus dem Lizenzschema ergaben. Die neue Bundesregierung regelte mit dem am 8. Juli 1949 erlassenen ersten Überleitungsgesetz die Patentsituation in der Bundesrepublik. Danach hätte die Tobis noch bis zum 31. Dezember 1949 Lizenzen erheben dürfen. Die Vermögenswerte der deutschen Filmwirtschaft, zu denen auch die Patente der ehemals zum UFI-Konzern gehörenden Tobis gehörten, waren zu diesem Zeitpunkt jedoch noch beim UFA Liquidation Comitee blockiert. Insofern blieb für die wiederentstehende Filmindustrie das Überleitungsgesetz folgenlos. Erst nach der Verabschiedung des UFI-Gesetzes durch den Deutschen Bundestag am 5. Juni 1953 wurden Vermögenswerte der Filmindustrie durch die Alliierten freigegeben. Zu diesem Zeitpunkt war die Lizenzfrage längst gegenstandslos geworden.

Die Filmpolitik der westlichen Alliierten ließ bereits sehr früh erkennen, daß sie nicht nur kein Interesse an einer starken deutschen Nachkriegsfilmindustrie hatten, sondern auch Strukturen einführten, die das

---

[113] BArch R 109 I / 1003
[114] RCChIDNI op. 17 F. 128 Nr. 153 Bl. 114, 173

Entstehen einer solchen weitgehend verhinderten[115]. Unter diesen Bedingungen verkaufte die Klangfilm bereits Ende der 40er Jahre ihre Apparaturen, ohne die Nutzer auf ein Lizenzschema zu verpflichten. Die Tobis konnte unter den gegebenen Bedingungen gegen diese Abschlüsse keinen Einspruch erheben.

---

[115] vgl.: Roeber/ Jacoby, a. a. O. S. 91 ff.

8. Schlußbemerkungen

Die vorliegende Studie unterscheidet sich von den bisherigen Arbeiten zur Umstellung vom Stumm- auf den Tonfilm grundlegend durch eine umfassende interdisziplinäre Betrachtungsweise. Diese ist aus mehreren Gründen unerläßlich:

Seit dem Beginn des 20. Jahrhunderts nutzen die Rezipienten zunehmend mehrere Medien. Die Vielfalt unterschiedlicher medialer Angebote prägen zunehmend die kommunikativen Erfahrungen, Gewohnheiten und Erwartungshaltungen ihrer Konsumenten. Der Prozeß von der Umstellung des stummen auf den Tonfilm verdeutlichte, daß die soziale Akzeptanz neuer Kommunikationstechnologien um so schneller zu erreichen ist, wenn sowohl tradierte als auch neue Inhalte in dem zu etablierenden Medium verschmelzen und auf diese Weise erweiterte ästhetische Ausdrucksmöglichkeiten hervorbringen.

Alle audiovisuellen Medien basieren seit Ende der 20er Jahre auf der Schwachstrom- bzw. Röhrentechnik. Filmapparaturen, Plattenspieler, Radiogeräte und die Sendetechnik in den Funkhäusern bestanden zum Teil aus den gleichen Bauteilen, die zu unterschiedlichen Zeiten für zunächst jeweils bestimmte Medien entwickelt wurden. Infolge von internationalen, auf dem Patentbesitz beruhenden Kartellbildungen großer amerikanischer und deutscher Elektrokonzerne verfügten zu Beginn der 30er Jahre nur wenige Firmen über die rechtlich notwendigen Rahmenbedingungen, elektrotechnische Unterhaltungsgeräte zu produzieren.

Die Kongruenz in der Technik ermöglichte die Verwendung eines ästhetischen Produkts oder eines Teils davon in unterschiedlichen Medien. Tonfilmschlager etwa waren zu Beginn der 30er Jahre nicht nur in den Sälen der Lichtspielhäuser, sondern auch im Radio und auf der Schallplatte zu hören. Die unterschiedlichen medialen Auswertungsformen, die noch durch traditionelle Unterhaltungsangebote, wie Tanzveranstaltungen und Konzerte zu ergänzen wären, nahmen inhaltlich aufeinander Bezug und beförderten damit ihren Absatz gegenseitig. Medienprodukte wurden demnach als Verbund – und nicht als einzelne Elemente von Film-, Rundfunk- oder Musikgeschichte – begriffen.

Unternehmensgeschichtlich wird am Beispiel der Ufa, des Küchenmeisterkonzerns, der Klangfilm und der Telefunken deutlich, daß die Unternehmensstrategien sowohl im Hinblick auf die Technik als auch auf die Verwertung ästhetischer Produkte an Medienverflechtungen ausgerichtet sind und diese zusätzlich befördern.

Die hohen Hardwarekosten zwangen die Filmunternehmen und die Lichtspielbetreiber, die erworbene Technik optimal zu nutzen, um sie in kurzer Zeit zu amortisieren. Insofern ist das schnelle Verschwinden des Stummfilms aus den Kinos wohl eher eine Folgeerscheinung der technologischen Veränderungen und von betriebswirtschaftlichen Erwägungen, als den Intentionen der Regisseure und Schauspieler geschuldet. Da für die Tonfilmherstellung bzw. -wiedergabe das beim Stummfilm eingesetzte technische und zum Teil auch das künstlerische Personal, die Fundi sowie die Lichtspielhäuser weiter genutzt werden konnten, wurde das alte Medium durch das neue vollständig verdrängt. In der absoluten Verdrängung des stummen durch den Tonfilm lag eine grundlegende Besonderheit des beschriebenen Prozesses. Mit dem Verschwinden des Stummfilms war bei keiner der abgegebenen Prognosen gerechnet worden. Vergleichbare Vorgänge haben sich bisher in der Mediengeschichte auch noch nicht wiederholt.

Die Geschichte der technischen Entwicklung des Tonfilms, die Investitionen, die zur Gründung der Tobis führten, der Kampf zwischen den USA und Deutschland um die Märkte, aber auch die frühen Tonfilme verweisen auf den spekulativen Charakter einer Vielzahl von betriebswirtschaftlichen Entscheidungen, die einerseits den Gesamtprozeß wesentlich beförderten, andererseits aber auch zu erheblichen finanziellen Einbußen der Beteiligten führten. Diese Tatsache impliziert auch die Feststellung, daß von der anfänglichen Neugier vorwiegend technisch Interessierter auf das neue Medium bis zu seiner Etablierung in breiten Kreisen der Bevölkerung eine längere Zeitspanne verging, in deren Verlauf erhebliche Kosten aufliefen, die zwischenfinanziert werden mußten. Der Konstituierungszeitraum des Tonfilms war von mehreren Faktoren abhängig, wie von der Akzeptanz und den finanziellen Möglichkeiten potentieller Rezipienten, vom technischen Grad der Reife des neuen Systems, von den durch andere Medien gesetzten Standards und von der Entwicklung eigenständiger Inhalte und Ästhetiken.

Medienentwicklungen sind schließlich in hohem Maße von den rechtlichen Rahmenbedingungen abhängig. In der vorliegenden Monographie wird dieser Aspekt am Beispiel des Patent- und des Urheberrechts exemplifiziert. So nahm Telefunken durch das von Lieben-Patent nicht nur erheblichen Einfluß auf die Produktion von Rundfunkgeräten, sondern auch auf die Herstellung von Aufnahme- und Wiedergabegeräten von Tonfilmen. Der Küchenmeisterkonzern nutzte gemeinsam mit der Klangfilm die Patentsituation, um die amerikanische Konkurrenz vom deutschen Filmmarkt fernzuhalten.

Mehrere Urteile des Reichsgerichts in den 20er und 30er Jahren stärkten das Recht der Autoren und Komponisten gegenüber den Medienproduzenten. In dem Maße, wie das höchste deutsche Gericht im Urheberrecht vorhandene Sonderkonditionen für die industrielle Verwertung von ästhetischen Produktionen beseitigte, leistete es nicht nur einen Beitrag zur existentiellen Absicherung der Autoren und Komponisten, sondern es berücksichtigte auch die veränderten Verwertungs- und Rezeptionsbedingungen, die sich zu Beginn der 30er Jahre herauskristallisierten.

In der Monographie wird nachgewiesen, daß die genannten Aspekte sich gegenseitig bedingten und zur Beschreibung des Gesamtprozesses in Beziehung zu setzen sind.

Neben der interdisziplinären Betrachtungsweise des Medienumbruchs am Ende der 20er und zu Beginn der 30er Jahre zeichnet die vorliegende Monographie erstmalig auch die den Gesamtprozeß begleitenden Prognosen und die schließlich erzielten Ergebnisse nach. Von den deutschen Tonfilmentwicklern sind aus den 20er Jahren nur wenige zurückhaltende Äußerungen überliefert. Sowohl das Erfinderteam des Tri-Ergon-Verfahrens als auch Küchenmeister selbst hofften ebenso wie die jeweiligen Geldgeber, mit dem neuen Verfahren große Gewinne erzielen zu können. Diese Erwartungen erfüllten sich nur in einem sehr beschränkten Maße. Die häufige Presseberichterstattung über die Tonfilmerfolge in den USA förderte offensichtlich die diesbezügliche Investitionsfreudigkeit in Europa. Später trugen entsprechende Artikel mit dazu bei, daß die Systeme technisch vervollkommnet wurden. Zeitlich parallel, aber weitgehend unabhängig von technischen und wirtschaftlichen Fragen, die relativ einhellig beantwortet wurden, diskutierten vor allem Filmkritiker und -praktiker in der Öffentlichkeit über Inhalte und formalästhetische Fragen des Tonfilms. Die geäußerten Standpunkte reichten von einer euphorischen Begeisterung angesichts der Möglichkeiten des neuen Mediums bis zu dessen strikter Ablehnung. Den jeweiligen Argumenten lagen unterschiedliche Bewertungsmaßstäbe bezüglich des Films zugrunde. Die Gegner und Befürworter des Umbruchs argumentierten fast ausschließlich unter künstlerischen Gesichtspunkten und klammerten die Frage des Films als Unterhaltungsmedium völlig aus. Nur wenige sahen, daß sich das neue Medium nur über seine massenhafte Akzeptanz bei den Zuschauern durchsetzen konnte. Die Etablierung des Neuen war nur über die Inhalte und deren filmische Umsetzung zu erreichen. Insofern trugen die meisten Prognosen über den Tonfilm überwiegend akademischen Charakter, da der Doppelcharakter des Films, bestehend aus seiner Verwertbarkeit als Ware und aus seinen im weitesten Sinne ästhetischen Inhalten, in der Diskussion ausgeblendet blieb.

Die Ansicht, daß sich der Tonfilm vor allem über den Kultur- und Werbefilm etablieren werde, zeigte besonders deutlich, daß die zeitgenössischen Reflexionen die Umstellung vom Stummfilm auf den Tonfilm beeinflußten. Sie sind demnach ein integraler Bestandteil des dargestellten Medienumbruchs und Bestandteil der interdisziplinären Betrachtungsweise. Die Frage, inwieweit die am Beispiel der Tonfilmumstellung herausgearbeiteten Punkte als Charakteristika für Medienumbrüche generell gelten können, bedarf weiterer intensiver Untersuchungen. Beobachtungen der gegenwärtigen Veränderungen lassen jedoch, wie in der Einleitung angedeutet, Parallelitäten erkennen.

Die Berücksichtigung der interdisziplinären Betrachtungsweise und der beschriebenen vierstufigen Abfolge von Medienumbrüchen erweisen sich als die entscheidenden methodischen Momente, um grundlegende Veränderungen von Kommunikationstechnologien in ihrer Komplexität und in ihren Folgen erfassen zu können. Bestimmte historische Probleme wurden nur insoweit angeschnitten, wie sie für das Verständnis des Gesamtprozesses notwendig erschienen. Insofern verstehen sich die vorliegenden Ausführungen auch als mögliche Grundlage zur weiteren Erforschung mediengeschichtlicher Zusammenhänge und Produktionen in den 20er und 30er Jahren und als Diskussionsbeitrag zur methodischen Beschreibung von Medienumbrüchen überhaupt.

Quellen und Auswahlbibliographie

I. Quellen

1. Ungedruckte Quellen

Bundesarchiv
R 55	Reichsministerium für Volksaufklärung und Propaganda
R 109 I	Universum Film Gesellschaft
R 901	Auswärtiges Amt
R 901	Auswärtiges Amt, Zentralstelle für Auslandsdienst
R 1501	Reichsministerium des Innern
R 2301	Rechnungshof des Deutschen Reiches
R 3001	Reichsjustizministerium
R 3101	Reichswirtschaftsministerium
R 4301	Reichskanzlei
R 4701	Reichspostministerium
R 8119	Deutsche Bank
R 8135	Deutsche Revision- und Treuhand AG
R 8136	Reichskreditgesellschaft
80 IG 1 AW	IG Farben
80 IG 1	IG Farben
N 2106	Nachlaß Hamann
N 1275	Nachlaß Messter
N 2203	Nachlaß Mumm

Geheimes Staatsarchiv Stiftung Preußischer Kulturbesitz, Berlin-Dahlem
Hist. Abt.	Historische Abteilung
Rep. 76	Ministerium für Wissenschaft, Kunst und Volksbildung
Rep. 120	Ministerium für Handel und Gewerbe

Deutsches Rundfunkarchiv
DRA RRG	Reichs-Rundfunk-Gesellschaft

Niederländisches Filmmuseum
NF NL Struve   Nachlaß Struve

Siemens-Archiv
SAA 11/Li Nr. 126   S&H Klangfilm

SAA 4 / Lf Nr. 706 von Buol

Stadtarchiv Frankfurt
S 1 / 58   Nachlaß Carl Adolf Schleußner

Altbankarchiv Dresdener Bank, Niederlassung Berlin,
Nr. 11977

Russijskij Centr Chranenija i Izučenija Dokumentov novejšej Istorii
RCChIDNI op. 17   Zentralkomitee der KPdSU
RCChIDNI op. 538 Sekretariat der Komintern

2. Gedruckte Quellen

1. Quellensammlungen
Entscheidungen des Reichsgerichts in Zivilsachen. Herausgeben von den Mitgliedern des Gerichtshofes und der Reichsanwaltschaft
Verhandlungen des Reichstags. III. und IV.Wahlperiode. Stenographische Berichte

2. Gesetzblätter
Reichsgesetzblatt (RGBl)

3. Zeitungen und nichtamtliche Periodika
Archiv für Funkrecht
Archiv für Urheber- Film- und Theaterrecht
Berliner Börsen-Courier
Berliner Börsen-Zeitung
Berliner Lokal-Anzeiger
Berliner Morgenpost
Berliner Tageblatt
Blätter der Volksbühne e.V
Das Kino-Orchester. Beilage der Lichtbild-Bühne
Das Rundfunkwesen
Das Theater
Der deutsche Lichtbildtheaterbesitzer
Der deutsche Rundfunk
Der deutsche Volkswirt
Der Film
Der Gral
Der Kinematograph
Der Rundfunkhörer
Der Tag
Der Wirtschafts-Ring
Deutsche Allgemeine Zeitung

Deutsche Filmzeitung
Deutsche Rundschau
Deutsche Zeitschrift des Kunstwarts
Die Film-Musik. Beiblatt zum Film-Kurier
Die Kinotechnik
Die Photographische Industrie
Die Sendung
Die Tat
Die vierte Wand
Die Weltbühne
Europastunde
Film und Ton (Beilage der Lichtbild-Bühne)
Film und Volk
Film History
Film-Kurier (FK)
Film-Woche
Filmwelt
Frankfurter Zeitung
Funk
Funk Korrespndenz
Funk-Woche
Germania
Gewerblicher Rechtsschutz und Urheberrecht
Hannoverscher Kurier
Illustrierte Film-Zeitung. Wochenschrift des Berliner Tageblatts
Industrie-Kurier
Kinematographische Umschau
Kinotechnische Rundschau
Kölnische Zeitung
Kultur und Schallplatte. Mitteilungen der Carl Lindström AG
Lichtbild-Bühne (LBB)
Media Perspektiven
Melos
Mitteilungen der Reichsrundfunkgesellschaft
Nachrichtenbrief des Verbandes Deutscher Drehbuchautoren
Nationalsozialistische Monatshefte
Neue Züricher Zeitung
Österreichische Rundschau
Das Parlament – Beilage zur Wochenzeitung
Phonographische Zeitschrift

Phonographische und Radio Zeitung

Radio-Jahrbuch

Reichsfilmblatt

RR-Rundfunk-Rundschau

Rundfunk und Geschichte. Mitteilungen des Studienkreises Rundfunk und Geschichte

Staatsbürger-Zeitung

Szene

Telefunken Zeitung

Völkischer Beobachter (Norddeutsche Ausgabe)

Vossische Zeitung

Wochenbericht des Instituts für Konjunktur-Forschung

4. *Jahrbücher*
Handbuch der Filmwirtschaft

Handbuch des Films 1935/36

Jahrbuch der deutschen Musikorganisation

Jahrbuch der Filmindustrie

Jahrbuch der Reichsfilmkammer

Jahrbuch für den Sprechmaschinenhandel

Radiojahrbuch

Rundfunkjahrbuch

II. Auswahlbibliographie

25 Jahre Wochenschau der Ufa. Geschichte der Ufa-Wochenschauen und Geschichten aus der Wochenschau-Arbeit. Hg. Ufa-Lehrschau, Berlin o.J. (1939),

Adorno, Theodor W. / Eisler, Hanns: Komposition für den Film. Leipzig 1977

Aleksandrov, Grigorij; Pudovkin, Vsevolod; Sergej Ejsenstejn: Die Zukunft des Tonfilms. Ein Manifest, in: Sergej Ejsenstejn: Das dynamische Quadrat, Schriften zum Film (Hg. Oksana Bulgakova, Dietmar Hochmuth), Leipzig 1988

Arnheim, Rudolf: Film als Kunst. Mit einem Vorwort zur Neuausgabe. Nachwort zur Taschenbuchausgabe von Helmut H. Diederichs, Frankfurt am Main 1979

Bagier, Guido: Das tönende Licht, Berlin 1943

Balázs, Béla: Schriften zum Film. Hg.: Helmut H. Diederichs, Wolfgang Gersch, Berlin 1984

Behrens, Tobias: Die Entstehung der Massenmedien in Deutschland. Ein Vergleich von Film, Hörfunk und Fernsehen und ein Ausblick auf die Neuen Medien (= Europäische Hochschulschriften Reihe XL Kommunikationswissenschaft und Publizistik), Frankfurt/M 1986

Bell, Frank: Als die Bilder sprechen lernten, in: Pioniere, Tüftler, Illusionen: Kino in Bielefeld, Hg.: Bell, Frank; Jacobson, Alexander; Schumacher, Rosa. Bielfeld 1995

Bernhard, Ludwig: Der 'Hugenberg-Konzern'. Psychologie und Technik einer Großorganisation der Presse, Berlin 1928

Bock, Hans Michael; Töteberg, Michael (Hg.): Das Ufa-Buch. Kunst und Krisen, Stars und Regisseure, Wirtschaft und Politik, Frankfurt/M 1992

Braune, Gerd: Der Einfluß von Schallplatte und Rundfunk auf die deutsche Musikinstrumentenindustrie (Diss.), Berlin 1934

Clair, René: Vom Stummfilm zum Tonfilm. Kritische Notizen zur Entwicklungsgeschichte des Films 1920 – 1950, München 1952

Das wandernde Bild. Der Filmpionier Guido Seeber. 1879-1940 Erfinder Kameramann Techniker Künstler Filmemacher Publizist. Hg.: Stiftung Deutsche Kinemathek, Berlin 1979

Dettke, Karl Heinz: Kinoorgeln und Kinomusik in Deutschland, Stuttgart, Weimar 1995

Dibbets, Karel: Sprekende films. De komst van de geluidsfilm in Nederland 1928 – 1933, Amsterdam 1993

Dietrich, Valeska: Alfred Hugenberg. Ein Manager in der Publizistik, Berlin 1960

Elsaesser, Thomas: Moderne und Modernisierung. Der deutsche Film der dreißiger Jahre, in: montage/av 3/2/1994

Fiebach, Joachim: Von Craig bis Brecht. Studien zu Künstlertheorien der ersten Hälfte des 20. Jahrhunderts, Berlin 1991

Fielding, Raymond: The American Newsreel 1911-1967, Oklahoma 1972

Frey, Stefan: Franz Lehár oder das schlechte Gewissen der leichten Musik, Tübingen 1995

Fuchs, Friedrich: Telegraphische Nachrichtenbüros. Eine Untersuchung über die Probleme des internationalen Nachrichtenwesens, Berlin 1919

Gapinski, Felix: Die Stellung der deutschen Elektro-Industrie innerhalb der internationalen Elektro-Wirtschaft in der Gegenwart (Diss.), Berlin 1931

Garncarz, Joseph: Hollywood in Germany. Die Rolle des amerikanischen Films in Deutschland: 1925 – 1990, in: Der deutsche Film. Aspekte seiner Geschichte von den Anfängen bis zur Gegenwart, Hg.: Jung, Uli. Trier 1993

Goergen, Jeanpaul: Walter Ruttmanns Tonmontagen als ars acustica, in: MuK Veröffentlichungen zum Forschungsschwerpunkt Massenmedien und Kommunikation an der Universiät Gesamthochschule Siegen Nr. 89, Siegen 1994

Groth, Otto: Die unbekannte Kulturmacht. Grundlegung der Zeitungswissenschaft (Periodik) Bd. 4, Berlin 1962

Ingrid Grünberg: Operette und Rundfunk. Die Entstehung eines spezifischen Typs massenwirksamer Unterhaltungsmusik, in: Argument Sonderband AS 24, Angewandte Musik – 20er Jahre. Exemplarische Versuche gesellschaftsbezogener musikalischer Arbeit für Theater, Film, Radio, Massenveranstaltung, hrsg. von Wolfgang Fritz Haug, Berlin 1977

Haas, Willy: Der Kritiker als Mitproduzent. Texte zum Film 1920 – 1933. Wolfgang Jacobsen, Karl Prümm, Benno Wenz (Hg.), Berlin 1991

Haebler, Ilse: Die Krise im deutschen Kreditbankenwesen und die Mittel zu ihrer Überwindung (Diss.), Hamburg 1934

Hahn, Ines: Das Metropol-Theater. Theater als sichere Geldanlage, in: Ruth Freydank (Hg.): Theater als Geschäft. Berlin 1995

Hanisch, Michael: Vom Singen im Regen. Filmmusical gestern und heute, Berlin 1980

Hellmich, Hans: Die Finanzierung der Deutschen Filmproduktion (Diss.), Breslau 1935

Heydenreich, Gerhard: Das Urheberrecht und die Version beim Tonfilm (Diss.), Düsseldorf 1934

Higson, Andrew: FILM-EUROPA. Dupont und die britische Filmindustrie, in: Ewald André Dupont, Autor und Regisseur. Ein CineGraph Buch. Hg.: Hans-Michael Bock, Wolfgang Jacobsen, Jörg Schönig, München 1992

Höhne, Hansjoachim: Die Geschichte der Nachricht und ihre Verbreiter (Report über Nachrichtenagenturen Bd. 2), Baden-Baden 1977

Hürfeld, Werner: Die optimale Unternehmungsgröße in der Filmproduktion, Düsseldorf 1958

Ihering, Herbert: Von Reinhardt bis Brecht. Vier Jahrzehnte Theater und Film. Bd. II 1924 – 1929 Hg.: Deutsche Akademie der Künste zu Berlin, Berlin 1959

Jacobsen, Wolfgang (Hg.): Babelsberg, 1912 Ein Filmstudio 1992, Berlin 1992

Jossé, Harald: Die Entstehung des Tonfilms. Beitrag zu einer faktenorientierten Mediengeschichtsschreibung. Freiburg/ München 1984, S. 81 ff.

Kahan, Hans: Dramaturgie des Tonfilms, Berlin o.J. (1930)

Kahlenberg, Friedrich P.: Der wirtschaftliche Faktor „Musik" im Theaterbetrieb der Ufa in den Jahren 1927 bis 1930, in: Stummfilmmusik gestern und heute, Hg.: Stiftung Deutsche Kinemathek, Berlin 1979

Kallmann, Alfred: Die Konzernierung in der Filmindustrie erläutert an den Filmindustrien Deutschland und Amerikas. Würzburg 1932

Kasten, Jürgen: Vom visuellen zum akustischen Sprechen. Das Drehbuch in der Übergangsphase vom Stumm- zum Tonfilm, in: Gustav Ernst (Hg.) Sprache im Film. Wien 1994

Kästner, Erich: Gemischte Gefühle. Literarische Publizistik aus der „Neuen Leipziger Zeitung" 1923-1933 Bd. 1, Berlin/ Weimar 1989

Kittler, Friedrich A.: Grammophon, Film, Typewriter, Berlin 1986

Kittler, Friedrich A.: Aufschreibesysteme: 1800 – 1900, München 1995

Klumpp, Dieter: Marktplatz Multimedia. Praxisorientierte Strategien für die Informationsgesellschaft, Mössingen-Thalheim 1996

Kopper, Gerd G.: Medien- und Kommunikationspolitik der Bundesrepublik Deutschland. Ein chronologisches Handbuch 1944 bis 1988, München, London, New York, Paris 1992

Kösser, Uta/ Lippold, Monika: Zur Lebensweise und zum Kulturverhalten in der deutschen Arbeiterklasse 1918 – 1933 in: Kultur-Kunst-Lebensweise. Hg.: Autorenkollektiv unter Leitung von Erhard John, Berlin 1980

Krebs, Rolf: Die phonographische Industrie in Deutschland unter besonderer Berücksichtigung ihres Exports, (Diss.) Greifswald 1926

Kreimeier, Klaus: Die Ufa-Story. Geschichte eines Filmkonzerns, München Wien 1992

Krützen, Michaela: „Esperanto für den Tonfilm" Die Produktion von Sprachversionen für den frühen Tonfilm-Markt, in: Michael Schaudig (Hg.): Positionen deutscher Filmgeschichte. 100 Jahre Kinematographie: Strukturen, Diskurse, Kontexte (= diskurs film. Münchner Beiträge zur Filmphilologie Band 8), München 1996

Kullmann, Max: Die Entwicklung des deutschen Lichtspieltheaters (Diss.) Kallmünz 1935

Lehmann, Karin: Wandlungen der Industriefinanzierung mit Anleihen in Deutschland (1923/24 – 1938/39) (= Beiträge zur Wirtschafts- und Sozialgeschichte Bd. 71), Stuttgart 1996

Lichte, Hugo; Narath, Albert: Physik und Technik des Tonfilms. Leipzig 1941

Loiperdinger, Martin: Lumières Ankunft des Zugs. Gründungsmythos eines neuen Mediums, in: Aufführungsgeschichten (= Kintop 5 Hg.: Frank Kessler, Sabine Lenk, Martin Loiperdinger) Basel, Frankfurt/M 1996

Lucae, Gustav: Vierzig Jahre Rundfunkwirtschaft in Deutschland 1923 – 1963, Düsseldorf o.J. (1963)

Meier, Hedwig: Die Schaubühne als musikalische Anstalt. Studien zu Geschichte und Theorie der Schauspielmusik, München 1998 (im Druck)

Messter, Oskar: Mein Weg mit dem Film. Berlin 1936

Möhl, Walter: Die Konzentration im deutschen Filmtheatergewerbe (Diss.), Berlin 1937

Mühl-Benninghaus, Wolfgang: *Don Juan heiratet* und *Der Andere* – zwei frühe filmische Theateradaptionen, in: Grenzgänge. Das Theater und die anderen Künste, Hg.: Helga Finter, Gabriele Brandstetter, Markus Weißendorf (=Forum modernes Theater 24) Tübingen 1998 (im Druck)

Mühl-Benninghaus, Wolfgang: Frühes Kino und Theater. Versuch einer Annäherung, in: Theater und Medien an der Jahrhundertwende, Hg.: Joachim Fiebach/ Wolfgang Mühl-Benninghaus (Berliner Theaterwissenschaft Bd. 3) Berlin 1997

Mühl-Benninghaus, Wolfgang: Newsreel Images of the Military and War, 1914 – 1918, in: A Second Life. German Cinema's First Decades (Ed. Thomas Elsaesser), Amsterdam 1996

Mühl-Benninghaus, Wolfgang: Oskar Messters Beitrag zum Ersten Weltkrieg, in: Oskar Messter, Erfinder und Geschäftsmann, (=Kintop 3 Jahrbuch zur Erforschung des frühen Films. Hg.: Frank Kessler, Sabine Lenk, Martin Loiperdinger) Frankfurt 1994.

Müller, Corinna: Frühe Deutsche Kinematographie. Formale, wirtschaftliche und kulturelle Entwicklungen. Stuttgart Weimar 1994

Nipperdey, Thomas: Deutsche Geschichte 1866-1918, Bd. 1. Arbeitswelt und Bürgergeist, München 1991

Paschke, Gerhard: Der deutsche Tonfilmmarkt (Diss.), Berlin 1935

Pommer, Erich: Tonfilm und Internationalität, in: Universal Filmlexikon 1932 Hg.: Frank Arnau, Berlin London 1932

Porten, Henny: Vom „Kintopp" zum Tonfilm. Ein Stück miterlebter Filmgeschichte, Dresden 1932

Pringsheim, Klaus: Filmmusik, in: Kunst und Technik. Hg.: Leo Kestenberg. Berlin 1930

Produktivkräfte in Deutschland 1917/18 bis 1945, Hg.: Institut für Wirtschaftsgeschichte der Akademie der Wissenschaften der DDR. Berlin 1988

Prost, Antoine: Grenzen und Zonen des Privaten, in: Geschichte des privaten Lebens. Hg.: Ariès, Philippe; Duby, Georges, Bd. 5. Vom Ersten Weltkrieg zur Gegenwart, Hg.: Prost, Antoine; Vincent, Gérard. Frankfurt 1993

Putz, Petra: Waterloo in Geiselgasteig. Die Geschichte des Münchner Filmkonzerns Emelka (1919-1933) im Antagonismus zwischen Bayern und Reich mit einer Konzern-Filmographie von Uli Jung (= Filmgeschichte International. Schriftenreihe der Cinémathèque Municipale de Luxembourg Bd. 2), Tier 1996

Rauh, Reinhold: Sprache im Film – Die Kombination von Wort und Bild im Spielfilm. Münster 1987

Rehlinger, Bruno: Der Begriff Filmisch (= Die Schaubühne. Quellen und Forschungen zur Theatergeschichte Bd. 18), Emsdetten 1938

Riedel, Heide: 70 Jahre Funkausstellung. Politik, Wirtschaft, Programm, Berlin 1994

Ristow, Jürgen: Vom Geisterbild zum Breitwandfilm. Aus der Geschichte der Filmtechnik, Leipzig 1986

Roeber, Georg/Jacoby, Gerhard: Handbuch der filmwirtschaftlichen Medienbereiche. Die wirtschaftlichen Erscheinungsformen des Films auf den Gebieten der Unterhaltung, der Werbung, der Bildung und des Fernsehens, München 1977

Schneider, Erich: Die Liquidität der Berliner Großbanken in den Jahren 1928 bis 1932 (Diss.), Rostock 1934

Schneidereit, Otto: Richard Tauber. Ein Leben – Eine Stimme, Berlin 1974

Schubotz, Hermann: Politik und Rundfunk, in: Bredow, Hans: Aus meinem Archiv. Heidelberg 1950

Schulz-Köhn, Dietrich: Die Schallplatten auf dem Weltmarkt, Berlin 1940

Schumacher, Renate: Programmstruktur und Tagesablauf der Hörer, in: Leonhard, Joachim Felix (Hg.): Programmgeschichte des Hörfunks in der Weimarer Republik mit Beiträgen von Horst O. Halefeldt, Theresia Wittenbrink und Renate Schumacher, München 1997

Seeger, Ernst: Die Gesetze und Verordnungen über das deutsche Filmwesen. Vom 13. März bis 24. August 1933, Berlin o.J

Sennett, Richard: Verfall und Ende des öffentlichen Lebens. Die Tyrannei der Intimität, Frankfurt/M 1993

Soppe, August: Die Einführung des Rundfunks in Deutschland. in: Massen, Medien, Politik. Hg.: Haug, Wolfgang Fritz (Das Argument, Sonderband 10). Karlsruhe 1976

Spiker, Jürgen: Film und Kapital. Der Weg der deutschen Filmwirtschaft zum nationalsozialistischen Einheitskonzern, Berlin 1975

Sprenkmann, Wolfgang: Zum Filmurheberrecht (=Heidelberger Rechtswissenschaftliche Abhandlungen, Hg. Juristische Fakultät Bd. 21), Heidelberg 1936

Strohm, Walter: Die Umstellung der deutschen Filmwirtschaft vom Stummfilm auf den Tonfilm unter dem Einfluß des Tonfilmpatentmonopols (Diss.), Freiburg i. Br. 1934

Traub, Hans (Hg.): Die Ufa. Ein Beitrag zur Entwicklungsgeschichte des deutschen Filmschaffens – 25 Jahre Ufa, Berlin 1943

Umbehr, Heinz: Der Tonfilm. Grundlagen und Praxis seiner Aufnahme, Bearbeitung und Vorführung, Hrsg.: Hans Wollenberg Berlin 1930,

Umbehr, Heinz: Der Tonfilm. Grundlagen und Praxis seiner Aufnahme, Bearbeitung und Vorführung, Hrsg.: Hans Wollenberg (zweite neubearbeitete Auflage) Berlin 1932

Vaessen, Kurt: Daten aus der Entwicklung des Rundfunks. Mit Vergleichszahlen aus der Geschichte des Films, der Presse und des Verkehrswesens (=Zeitung und Leben, Schriftenreihe des Instituts für Zeitungswissenschaft an der Universität München Band 50), Würzburg 1938

Vogt, Hans: Die Erfindung des Tonfilms. Ein Rückblick auf die Arbeiten der Erfindergemeinschaft Engl-Massolle-Vogt, Erlau 1954

Weinwurm, Edwin H.: Der Filmverleih in Deutschland (Diss.), Würzburg 1931

Werthmann, Eberhard: Die Entwicklung der deutschen Schallplattenindustrie, ihre gegenwärtige Situation und ihre Marktformen (Diss.), Graz 1958

Wolf, Sylvia; Kurowski, Ulrich: Das Münchner Film und Kinobuch, Ebersberg 1988

Zielinski, Siegfried: Audiovisionen. Kino und Fernsehen als Zwischenspiele in der Geschichte, Reinbek 1989

Zobeltitz, Fedor v.: Die Gesamtheit der Vorträge, in: Fünf Jahre Berliner Rundfunk. Ein Rückblick 1923-1928 Hg.: Funk-Stunde AG. Berlin o.J.,

Personenregister

Akermann, Walter 165
Albach-Retty, Wolf 352
Aleksandrov, Grigorij 210
Arnheim; Rudolf 216; 238; 249
Asagaroff, Georg 236
Auerbach, Heinz 348

Bacon, Lloyd 102
Bagier, Guido 31; 33f; 40; 42; 68ff; 86; 98; 132; 202; 207; 250; 253; 350; 369
Bahlinger, Herbert 259
Baky, Josef von 390
Balázs, Béla 208f; 220; 292
Basch, Felix 233
Bausback, Ferdinand 36; 96; 367; 376f; 382
Beethoven, Ludwig van 54; 261
Behrendt, Hans 269; 287
Belitz, Franz 379
Benjamin, Walter 73
Berger, Ludwig 276; 287
Berglund, Sven 28
Bergner, Elisabeth 352
Bernhard, Georg 69
Bichnitzky, Kurt 375
Bierbaum, Otto Julius 12
Bischoff, Fritz Walther 67; 253
Blaß, Ernst 256
Blattner, Adolf
Bodenstedt, Hans 63; 254
Boese, Carl 235; 237; 307
Bolt, Peter 141
Bolten-Baeckers, Heinrich 19; 28; 41; 45; 376
Bolvary, Geza von 223; 233; 237; 269; 352
Branner, Per-Axel 393
Braun, Alfred 61; 67; 208
Brecht, Bertolt 223f
Bredow, Hans 53; 70
Brenon, Herbert 246

Breusing, Kurt 28; 121; 375
Bronnen, Arnold 223
Brückmann, Heinrich 39; 86ff; 91ff; 95ff; 103; 107; 111
Brüning, Heinrich 164; 339
Burkan, Nathan 89
Busch, Wilhelm 101

Canty, George R. 137
Capras, Frank 119
Chaplin, Charles 149; 205
Charell, Erik 233; 250
Clair, René 1; 239; 250
Cohn 328
Conradi, Hans 132
Correll, Ernst Hugo 99; 107; 116; 135; 138; 202; 241; 298
Crosland, Alan 43
Cruze, James 247
Curti, Arthur 29
Curtius, Julius 336
Czeja, Oskar 71f

David, Constantin J. 233
DeMille, Cecil B. 101
Demming, Charlotte 293
Deppe, Hans 388
Dessau, Paul 51; 253; 269
Dessoir, M. 215
Deutsch, George F. 250
Deyk, Ilse 390
Diamond, Milton 343; 365f
Dietrich, Marlene 248
Donner 134
Dudow, Slatan 4
Dulac, Germaine 246
Dupont, Ewald André 142; 218f; 221; 237; 243; 250
Duskes, Alfred 13; 16
Duviver, Julien 350

Ebert, Carl 289
Eggert, Marta 352
Eichberg, Richard 141; 287
Ejsenstejn, Sergej 4; 210
Emo, Emerich Josef Wojtek 352
Engl, Adolf 152
Engl, Joseph 21ff; 27ff; 37; 53; 78; 227; 241; 335

Fairbank, Douglas 34
Fank, Arnold 269
Fischer, Erich 29
Fischknecht, Arthur 37;40; 69
Fitzmaurice, George 241
Flesch, Hans 254; 257; 261
Flotow, Friedrich von 20
Fodor, Ladislaus 298
Forst, Willi 352
Fox, William 162
Fraenkel, Heinrich 27
Frankfurter, Richard 96; 167; 376
Freund, Karl 93
Frieß, Hans 374ff; 386
Fritsch, Willy 228; 298
Froelich, Carl 95; 138; 222; 231
Fürst, Artur 24

Gallone, Carmine 138; 221
Georg, Manfred 258
Gerron, Kurt 354
Goebbels, Josef 25; 384; 393
Goerdeler, Carl 321f
Goethe, Johann Wolfgang 261
Goulding, Edmund 225
Grabe, Georg 139
Graetz, Paul 90
Grau, Alexander 89; 99; 134; 198
Gregor, Joseph 210; 216
Grieving, Hermann 100; 112; 165; 335
Gronostay, Paul 253
Grune, Karl 351; 369
Guter, Johannes 237
Gutmann, Luis 90
Guttmann, Herbert M. 336

Haas, Willy 215f; 224
Haid, Grit 352
Hammenhöng, Waldemar 393
Händel, Georg Friedrich 54

Hardt, Ernst 254
Hartl, Karl 237
Hartmann, Georg 289
Hartmann, Hanns 289
Harvey, Lilian 231; 249; 297
Hays, Otterwill H. 167
Hazen, Joseph 363
Hearst, William Randolph 342
Heberlein, Hugo
Hein, Otto 328
Henkel, Hans 36; 97; 107; 368f; 382; 385
Heusser-Staub, J. 41
Heussner, Hellmut 374
Hindemith, Paul 51; 253; 261
Hindenburg, Paul 336
Hitchcock, Alfred 136; 223
Hitler, Adolf 379
Hoffmann-Harnisch, Wolfgang 98; 226
Hofmüller, Fritz 289
Holländer, Friedrich 268
Hugenberg, Alfred 3f; 117

Ihering, Herbert 24ff; 217f; 258; 339
Iklé, Richard 37;40; 96

Jacoby, Georg 181; 334
Jannings, Emil 66; 248; 335
Jekelius, Gerhard 54
Jessner, Leopold 73
Joachim, Josef 25
John, Georg 296
Jolson, Al 231
Jutzi, Piel 4;

Kahan, Hans 244
Kahn, Wilhelm 6
Käsemann, 376
Kästner, Erich 247; 249, 291
Keech, Ray 337
Kerr, Alfred 291
Kestenberg, Leo 51
Kettelhut, Erich 233
Kirn, Max 165
Klaus, Clemens 360
Klitzsch, Ludwig 40; 99; 113; 116; 118; 134f; 139; 141; 149; 155ff; 180; 184f; 319f; 326; 329ff
Körner, Theodor 56f
Kortner, Fritz 219

Krauß, Werner 63
Krawicz, Mieczslaw 246
Krenek, Ernst 261
Küchenmeister, Heinrich J. 38f; 81ff; 88; 90; 95; 357; 359; 368; 371; 377; 379; 399
Kunze, Reimar 208
Kyser, Hans 33

Lamac, Carl 248; 352
Lamprecht, Gerhard 233
Lang, Fritz 32; 62; 143; 155; 240; 352
Lang, Robert 287
Lasky, Jesse L. 163
Lauste, Eugène Augustin 19
Laven, Paul 252
LeBon, Roger 239
LeBon, Gustav 55
Léhar, Franz 295
Lehmann, Paul 124
Leithäuser, Gustav 36
Lieben, Robert von 20
Liebermann, Max 54; 335
Liedke, Harry 98
Lindbergh, Charles 74
Linke, Paul 13
Lipmann, Gad M. 259
Liszt, Franz 25
Litwak, Anatol 354
Lund, Inge 231
Lüschen, Fritz 102; 126
Lüthge, Bobby E. 307

Mack, Max 90
Magnus, Kurt 70;72
Mamroth, Paul 121f
Mann, Heinrich 235
Mannheim, Luice 222
Martin, Paul 354
Marx, Salomon 113; 117
Massolle, Joseph 21ff; 27ff; 38; 53; 74; 78; 97; 208; 227; 241; 319; 335
Matz, Elsa 56
May, Joe 63; 107; 124f; 135; 138f; 154; 352
Mayring, Philipp L. 354
Meier, Alexander 373
Meisel, Edmund 91; 212f; 292
Merivate, Bernard 223

Messter, Oskar 11; 13ff; 23; 45; 75; 87, 94ff; 103; 119; 128; 227
Mittler, Leo 236
Moholy-Nagy, László 220
Morath, Albrecht 57
Mörike, Eduard 52
Mozart, Wolfgang Amadeus 37;
Mühsam, Kurt 256
Müller-Beckedorff, Erich 385
Mumm, Reinhard 56
Murnau, Friedrich Wilhelm 237
Mysz-Gmeiner, Lulu 54

Nagy, Käthe von 352
Nebenzahl, Seymour 350
Niblo, Fred 134f
Nielsen, Asta 63; 90

Obal, Max 15
Offenbach, Jaque 297
Ondra, Anny 229
Ossietsky, Carl von 354
Oswald, Richard 61; 67; 232; 251; 298
Otterson, John E. 89; 135; 162ff; 363
Otto, Erich 288
Out, Dirk Pieter 104f; 367

Pabst, Georg Wilhelm 91; 250
Paganini 25
Pfeiffer, Heinrich 259
Pick, Lupu 214
Pinschewer, Julius 61
Pinthus, Kurt 257
Piscator, Erwin 287
Pol, Heinz 257
Pommer, Erich 36; 107; 227f; 243f; 401
Porten, Henny 14; 269
Prittwitz, von und Gaffron, Friedrich Wilhelm 161
Pudovkin, Vsevolod 210

Rappé, Ernö 49
Raskin, Adolf 216f
Raymond, Fred 329
Reichmann, Max 138; 237
Reutter, Otto 13
Ridley, Arnold 223

Ruhmer, Ernst 19
Ruttmann, Walter 98; 177; 208ff; 253

Schach, Max 351; 369
Scheffler, Ernst 368; 385
Schleußner, Carl Adolf 69
Schoen, Ernst 267
Schoenfelder, Erich 47
Scholz, Wilhelm von 69
Schönberg, Arnold 261
Schreck, Carl 57
Schreiber, Georg 56
Schubert, Franz 54
Schüfftan, Eugen 354
Schünzel, Reinhold 233
Schwarz, Hanns 106; 125; 233; 325; 331
Seeber, Guido 13; 15f
Seibt, Georg 30
Seidler-Winkler, Bruno 77;
Severing, Carl 149
Shaw, Bernard 208; 336
Siemens, Carl Friedrich von 119; 155
Silver, Frank 328
Sima, Oskar 352
Siodmak, Robert 239; 252; 268; 354
Smith, Courtland 37
Sobernheim, Curt 39; 94; 96; 158; 161; 166f; 360; 367; 376
Somló, Josef 150
Spiecker, Carl 185; 320; 376
Stauss, Emil Georg von 36;39; 112f; 117; 121f; 155; 165; 183f
Steidl, Robert 13
Sternberg, Josef von 165; 250
Stille, Kurt 101
Stresemann, Gustav 69; 71; 142; 336
Stroheim, Erich von 123
Sudermann, 218
Szakall, Szöke 352
Székely, Hans 224

Tallay, Truman 333
Tauber, Richard 228; 269f; 295f; 352

Theobald, Berthold von 100; 245
Thiele, Wilhelm 155; 233; 246
Tienhoven, Johannes Pieter van 368; 371; 379
Tjul'panov, Sergej 401
Tschechowa, Olga 248

Ucicky, Gustav 135; 155; 239; 325; 352; 354; 389
Ulmer, Edgar 252
Unruh, Fritz von 215
Urson, Frank 48

Valentin, Hermann 221
Vogt, Hans 21ff,; 27ff; 38; 53; 68; 227; 241; 335

Wallauer, Karl 288; 302
Walsh, Raoul 34
Walther-Fein, Rudolf 132; 237
Warner, Harry 163
Warschauer, Frank 267
Waschneck, Erich 138
Weill, Kurt 261
Weinschenk, August 150
Wellmann, William 163
Wendel, Karl 54
Wenzler, Franz 354
Wiedeke, Grete 16
Winkler, Max 384; 387; 396; 399
Wittenberg, Alfred 54
Wohlmuth, Robert 223
Wolf, Friedrich 295
Wolkoff, Alexander 154
Wysbar, Frank 389

Zeisler, Alfred 9; 354
Zeller, Wolfgang 212; 253
Zelnik, Friedrich 246; 354
Zimmer, Hermann 120
Zucker, Paul 63
Zukor, Adolph 163

Abkürzungsverzeichnis

Aafa	Aafa-Film AG
AEG	Allgemeine Elektricitäts-Gesellschaft
Afifa	Aktiengesellschaft für Filmfabrikation
AKM	österreichische Gesellschaft für Autoren, Komponisten und Musik-Verleger
ASFI	Associated Sound Film Industries LTD
BArch	Bundesarchiv
BIP	British International Pictures
Defa	Deutsche Vereins-Film-AG
D.L.S.	Deutsches Lichtspiel-Syndikat
Degeto	Deutsche Gesellschaft für Ton und Bild
ERPI	Electrical Research Products Inc.
F.S.T.	Société des Films Sonores Tobis
FK	Film-Kurier
F.P.S.-Film	F.P.S.-Film GmbH
GDT	Genossenschaft Deutscher Tonsetzer
GEMA	Gesellschaft für musikalische Aufführungs- und musikalische Vervielfältigungsrechte
HMV	HMV Gramophone Co. England
Intertobis	Internationale Tobis Maatschappyi N.V.
KUG	Urheberrecht an Werken der bildenden Kunst und der Photographie
LBB	Lichtbild-Bühne
LUG	Urheberrecht an Werken der Literatur und der Tonkunst
MGM	Metro-Goldwyn-Mayer

NF	Niederländisches Filmmuseum Amsterdam
PDC	Producers Distributing Corporation
RBÜ	Revidierte Berner Übereinkunft zum Schutze von Werken deutscher Literatur und Kunst
RCA	Radio Corporation of America
RKO	Radio-Keith-Orpheum
RMdI	Reichsministerium des Innern
RPM	Reichspostministerium
RRG	Reichs-Rundfunk-Gesellschaft
RWM	Reichswirtschaftsministerium
SAA	Siemens Archiv Akte
SBZ	Sowjetische Besatzungszone
SPIO	Spitzenorganisation der deutschen Filmindustrie
Stagma	Staatlich genehmigte Gesellschaft zur Verwendung musikalischer Urheberrechte
Tobis	Ton-Bild-Syndikat
Tobis	Tonbild-Syndikat AG
Ufa	Universum Film AG
Ufi	Ufa Film GmbH
WTB	Wolffsches Telegraphenbüro

Danksagung

Die vorliegende Monographie wurde angeregt vom Präsidenten des Bundesarchivs, Professor Dr. Friedrich P. Kahlenberg, der den Fortgang der Arbeit mit Hinweisen und weiterführenden Inspirationen begleitete. Dafür danke ich ihm ebenso wie für die Möglichkeit, in der Reihe des Bundesarchivs publizieren zu können. Für viele ausführliche Gespräche, Anregungen und Kritiken danke ich vor allem Dr. Jürgen Kasten sowie Dr. Jörg Bochow und Dr. Ansgar Diller. Ihren Einwänden, Fragen und Ideen verdanke ich, daß ich einige der in der vorliegenden Monographie aufgezeigten Entwicklungen präziser und umfassender darstellen konnte, als es mir zunächst möglich schien. Den Mitarbeiterinnen und Mitarbeitern aller von mir genutzten Archive, insbesondere aber denen des Bundesarchivs, danke ich für ihre fachliche Unterstützung und den Einsatz, mir die benötigten Akten – wenn erforderlich auch mehrfach – zur Verfügung zu stellen. Gleiches gilt für die Bibliothekarinnen der Kinemathek Berlin, ohne deren Rat ich wichtige zusätzliche Informationen nur schwer gefunden hätte. Für die Hilfe bei der Durchsicht von Zeitungen und Zeitschriften danke ich Sandra Kasunic und Holger Kuhla.

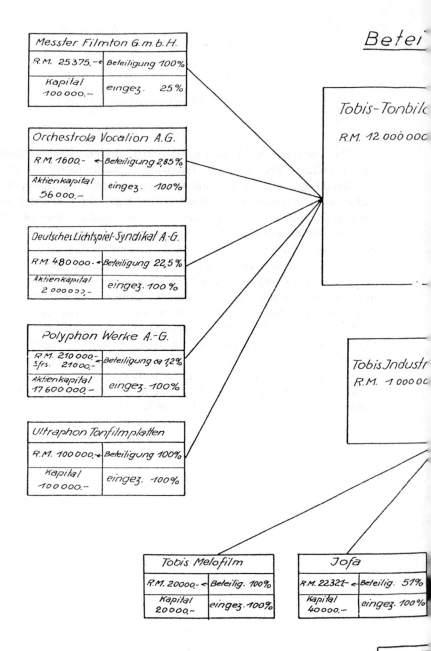

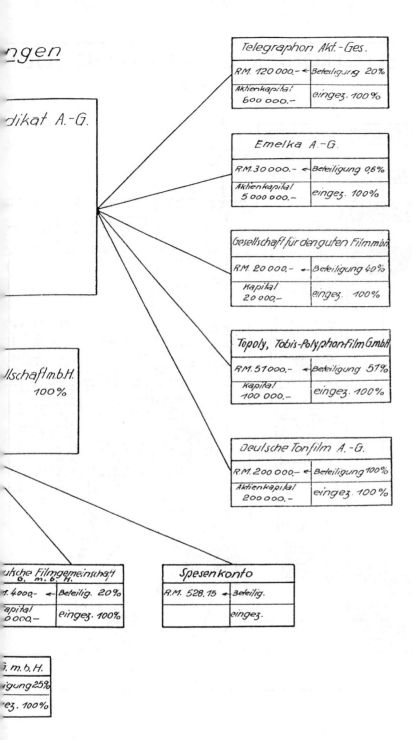

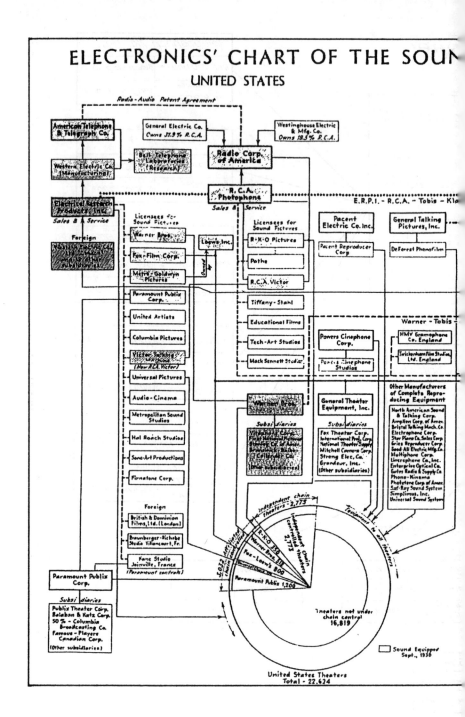

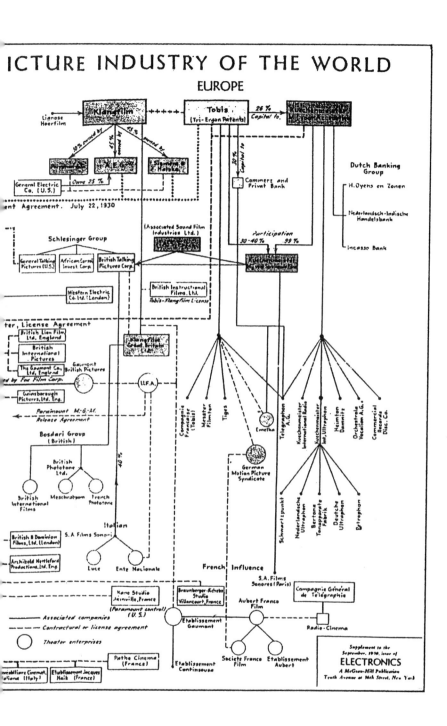

MM Knr.: 114082 | HARTLEBEN A. BUCHHANDLUNG &
1140 WIEN, HÜTTELDORFERSTRAS:

MÜHL-BENNINGHAUS, TONFILM
DROSTE VERLAG

3-7700-1608-4

tel   0001/0001/3000
Beleg: 3574319 10/11/04

inkl. 10% MwSt
€ 41,10   [A]